소비자행동

박종오

Consumer

Behavior

북넷

"Meeting Customer Needs Profitably."

이는 세계적인 마케팅 석학 Philip Kotler 교수가 제시한 세상에서 가장 단순한 마케팅에 대한 정의로, 마케팅 활동의 핵심은 기업이 소비자의 욕구를 충족시키면서 동시에 이윤을 창출하는 것이라고 해석할 수 있다. 즉 마케팅 개념은 제품이나 서비스를 생산하기 전에 먼저 소비자의 욕구나 필요를 파악하고, 이에 부합되는 제품이나 서비스를 생산하여 소비자의 욕구를 만족시키고 수익을 창출하는데 초점을 두고 있다. 따라서 마케팅 개념에 입각한 기업의 마케팅 활동은 소비자에 대한 이해로부터 시작해서 소비자의 시각에서 관리되어야 한다는 소비자 중심적 혹은 고객지향적 마케팅이어야 한다는 것이다.

소비자 중심적 혹은 고객지향적 마케팅을 위해서는 우선 소비자가 왜 제품이나 서비스를 구매하는지를 이해하고 있어야 한다. 소비자는 일상생활 속에서 욕구나 필요가 결핍이 되었다고 느끼면, 이를 충족시키기 위해서 제품이나 서비스를 구매하게 된다. 즉 소비자는 갈증해소를 위해서 생수나 음료수를 구매하고 싶어하는 기능적 욕구, 영화·음악·공연예술 등의 제품이나 서비스를 소비함으로써 기쁨이나 즐거움 및 쾌락 등과 같은 감정이나 환상을 경험하려는 경험적 욕구, 자기이미지, 자동차·주택·의류 및 액세사리 등의 가시성이 높은 제품을 통해 사회적 지위, 소속감, 정체성 등을 표현하고 싶어하는 상징적 욕구 등을 충족하기 위해서 다양한 제품과 서비스를 구매한다.

따라서 소비자 중심적 혹은 고객지향적 마케팅을 실행하기 위해서, 마케터가 가져야 할 마케팅의 궁극적인 목표는 소비자에게 욕구충족을 위한 최선의 대안을 제공하고 지속적인 선택을 유도하는 것이며, 이에 따라 소비자의 선택행동과 관련된 제반 인지적, 감성적, 행동적 특성을 이해하는 것은 매우 중요한 과업이라고 할 수 있다. 또한 소비자 역시 사회의 구성원이기 때문에 심리학, 사회학, 행동경제학, 소비자 미학, 문화인류학 등 소비자행동과 관련된 다양한 영역의 기초 학문에 대한 이해 역시 필수적이라 볼 수 있다. 이러한 소비자행동 분야의 다양한 기초 학문에 대한 이해를 바탕으로 본서를 집필하게 되었다.

본서는 크게 5개의 부분으로 구성되어 있으며, 주요 특징과 기본 방향은 다음과 같다.

첫째, 소비자행동의 기초 학문 분야인 마케팅과 심리학의 제반이론에 대한 이해도가 다소 낮을 수 있는 대학생과 대학원생, 그리고 마케팅 실무자들을 대상으로 소비자행동의 핵심적인 이론과 실무적 시사점들을 다양한 사례를 통해 좀 더 쉽게 설명하려고 하였다. 특히 제1부에서는 소비자행동의 개관으로써 소비자행동의 이해, 소비자행동 연구의 패러다임 변화로 구성되어 있다.

제1장의 소비자행동의 이해부분에서는 소비자 욕구, 욕구조사와 분석방법, 새로운 욕구분석 접근법과 마케팅 활용 등에 대해 소개하고 있다. 이는 앞으로 소비자행동을 배우고 연구하는데 새로운 인사이트를 제공하려고 하였다.

제2장의 소비자행동 연구의 패러다임 변화부분에서는 대부분 소비자행동 교재에서 주로 다루고 있는 소비자의 정보처리과정 관점뿐만 아니라, 경험적·행동적 관점에서 바라보는 소비자행동에 대한 내용을 사례와 함께 쉽게 전달하고자 노력하였다. 그리고 최근에 디지털 정보화 사회에서 소비자 의사결정과정의 패러다임 변화에 대해서도 자세하게 소개하고 있다.

둘째, 제2부와 제3부에서는 소비자행동에 영향을 미치는 내외적 영향요인으로 제3장의 문화와 사회계층, 제4장의 준거집단과 가족, 제5장의 동기·관여도와 소비자 학습, 제6장의 사이코그래픽스 : 개성·가치·라이프스타일 등으로 구성되어 있으며, 기존의 이론을 중심으로 사례 및 광고물을 통해 이해하기 쉽게 소개하였다.

셋째, 제4부에서는 소비자 정보처리 및 태도와 관련된 내용으로 제7장의 소비자 지각, 제8장의 소비자 기억과 지식, 제9장의 태도 I : 신념과 태도 형성, 제10장의 태도 II : 태도의 측정과 변화 등으로 구성되어 있다. 이들 내용은 소비자 심리학에 기초를 둔 이론적인 내용을 사례와 광고물을 통해 가급적 이해하기 쉽게 전달하려고 하였다.

마지막으로, 제5부에서는 소비자 구매의사결정과정과 관련된 내용으로 제11장의 구매 전 의사결정 : 문제인식, 정보탐색과 대안평가, 제12장의 구매의사결정, 제13

장의 구매 후 행동으로 구성되어 있다. 이와 관련된 내용도 마찬가지로 소비자 구매 의사결정과정과 관련된 이론들을 사례와 광고물을 통해 이해하는데 도움을 주려고 하였다.

이 외에도 각 장의 다양한 마케팅 사례나 관련 그림, 표, 광고물 등은 소비자행동의 주요 이론적인 내용을 이해하는데, 많은 도움을 줄 것으로 보인다. 그리고 본서의 내용을 더 잘 이해하고 도움이 될 수 있도록 전반적으로 문장이나 문체를 다듬는데, 많은 노력을 기울였다.

본서를 집필하면서, 저자에게 마케팅 인사이트를 주고 소비자행동 연구와 배움으로 이끌어 주신 (故) 송용섭 중앙대학교 교수님과 선배 은사님들께 다시 한번 감사드린다. 그리고 원고집필과정에 많은 도움을 주신 주희엽 박사님과 출판과정에 많은 성원을 해주신 도서출판 북넷의 류재식 사장님과 임직원, 그리고 편집과정에 세심하게 도움을 주신 (주)척척미디어의 김미애 대표님께도 깊은 감사의 말씀을 드리고자 한다. 그리고 멋진 표지디자인으로 창의적인 영감을 불러일으켜 주신 한욱현 교수님께도 진심으로 큰 고마움을 전하고 싶다.

마지막으로, 본서가 앞으로 다양한 영역에서 소비자행동을 이해하고 마케팅 분야에 활용하고자 하는 많은 독자들에게 큰 도움이 되길 바란다.

2023년 9월
저자 박종오

제 1 부 소비자행동의 개관

제 2 부 소비자행동의 외적 영향요인

제 3 장 문화와 사회계층

제 4 장 준거집단과 가족

제 3 부 소비자행동의 내적 영향요인

제 5 장 동기, 관여도와 소비자 학습

제 6 장 사이코그래픽스 : 개성, 가치, 라이프스타일

제 4 부 소비자 정보처리 및 신념과 태도

제 9 장 태도 I : 소비자의 신념과 태도

제10장 태도 II : 태도의 측정과 변화

제 5 부 소비자 구매의사결정과정

제11장 구매 전 의사결정 : 문제인식, 정보탐색과 대안평가

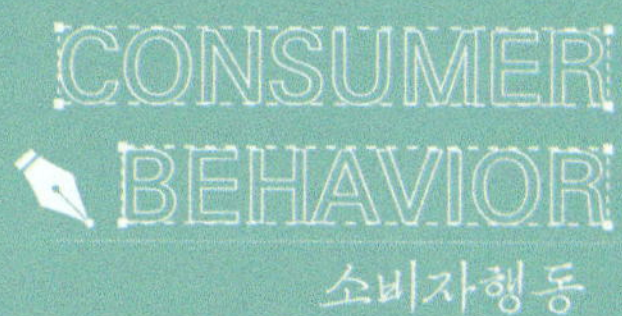

PART 01
소비자행동의 개관

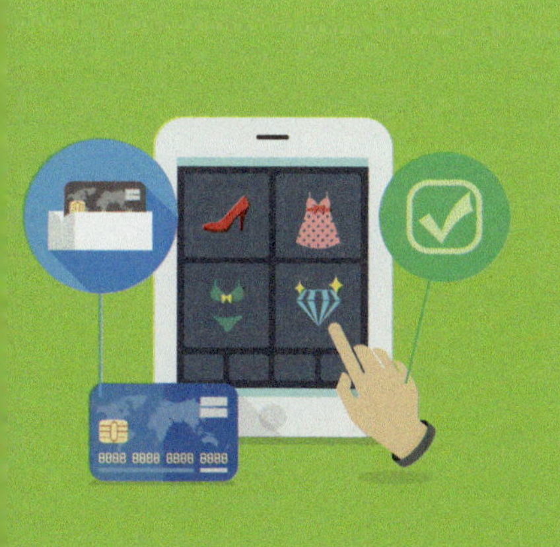

CHAPTER

1

소비자행동의 이해

1. 소비자행동의 개념
2. 소비자 욕구와 분석

[화장품 니즈에 대한 빅데이터 분석]

트리트먼트 트렌드 분석

트리트먼트 구매 고려사항 높은 관심 '효과' 언급 압도적

시대의 변화에 따라, 소비자의 취향에 따라 화장품에 대한 니즈가 다양해지듯, 최근에는 헤어케어에 대한 관심도 구체화되고 있다. 코로나19로 외부활동이 자유롭지 못했던 시기 자리잡은 셀프 뷰티 트렌드가 엔데믹 이후에도 이어지고 있는 데다 탈모, 비건 등 수요가 제품구입에 영향을 주는 모습이다.

트리트먼트에 대한 니즈도 마찬가지다. 최근 소비자들은 트리트먼트의 탈모완화 기능, 비건인증, 함유하고 있는 성분 등 다양한 속성을 탐색 후 구매를 결정하고 있다.

빅데이터 분석 전문기관 인사이트코리아는 빅데이터 분석을 통한 트렌드 보고서의 일환으로 '트리트먼트' 트렌드를 분석했다. 인사이트코리아는 급변하는 시장을 선도하는 최적의 마케팅 인사이트 창출을 위해 Netnography 기법을 적용한 빅데이터 분석 서비스를 제공하고 있다.

트리트먼트 연관어

(단위 : 건, %)

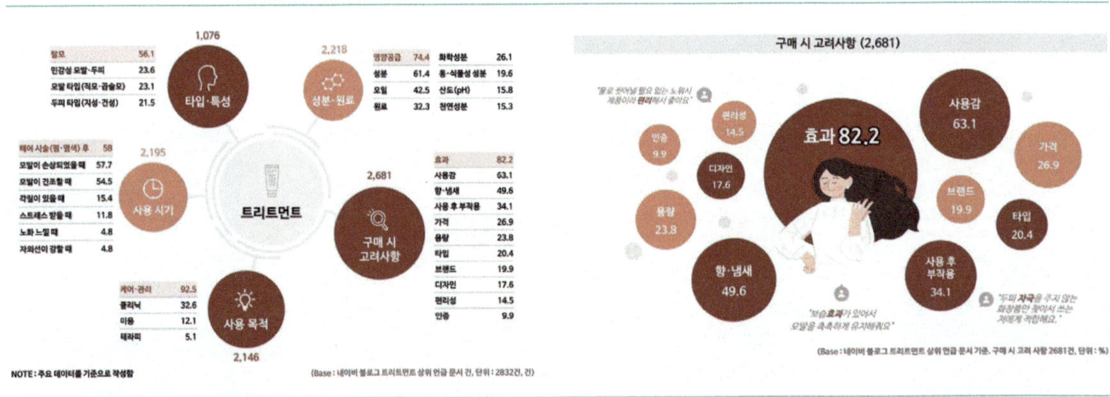

트리트먼트 성분·원료

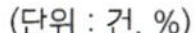

(단위 : 건, %)

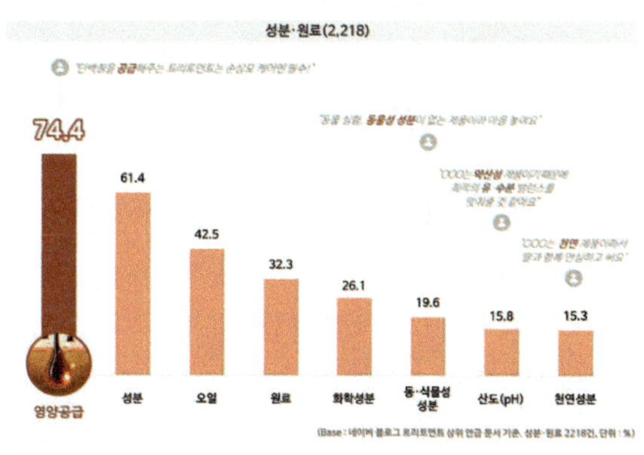

트리트먼트 사용시기

(단위 : 건, %)

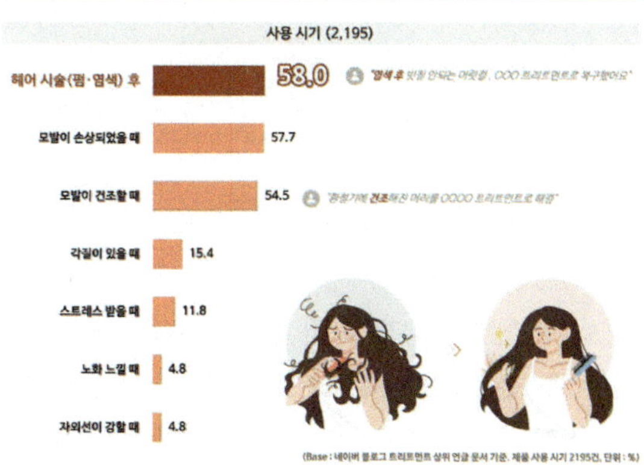

이번 보고서는 인사이트코리아의 빅데이터 분석 서비스인 Deep MininG 자체 기획분석으로 2022년 9월 9일부터 10월 9일까지의 소셜 빅데이터를 분석한 결과와 인사이트를 담고 있다.

인사이트코리아는 트리트먼트에 대한 연관어 분석을 통해 성분·원료, 구매 시 고려사항, 사용목적, 사용시기, 모발두피의 타입·특성 등을 확인했다. 트리트먼트의 연관어를 보면 구매 시 고려사항, 성분·원료, 사용시기, 사용목적, 모발두피의 타입·특성 순으로 언급량이 높게 나타났다.

빅데이터 분석에 따르면 소비자들은 트리트먼트 구매 시 고려사항으로 효과, 사용감, 향·냄새 등을 주요하게 여기는 것으로 조사됐다. 이 중에서도 효과와 관련한 언급량이 전체의 82.2%로 압도적이었다. 이외에도 사용 후 부작용, 가격, 용량, 타입, 브랜드, 디자인, 편리성, 인증 등이 트리트먼트 구매 시 고려사항으로 꼽혔다.

인사이트코리아 관계자는 “VOC 확인결과, 물로 씻어낼 필요가 없는 ‘노워시’ 제품에 대한 니즈로 인해

트리트먼트 사용목적

(단위 : 건, %)

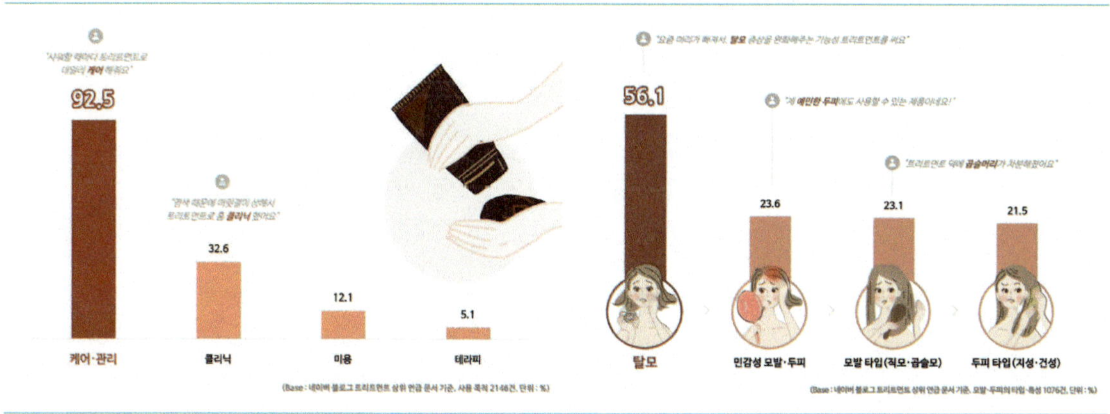

편리성에 대한 언급량이 높은 것으로 확인됐다"고 설명했다.

트리트먼트의 성분·원료로는 단백질, 미네랄 등 영양공급 성분이 가장 높은 언급량을 차지했다. '영양공급'에 관한 언급량은 전체의 74.4%, '성분'에 대한 언급량은 61.4%에 달했다.

소비자들은 이와 관련, '단백질을 공급해 주는 트리트먼트는 손상모 케어엔 필수' 등의 반응을 보였다.

소비자들은 트리트먼트를 사용하는 시기는 언제일까? 인사이트코리아의 빅데이터 분석결과 헤어시술(펌·염색) 후, 모발의 손상, 건조함을 느낄 때가 주된 트리트먼트 사용시기로 나타났다. 이와 관련해 '염색 후 빗질 안되는 머리결, OOO 트리트먼트로 복구했어요', '환절기에 건조해진 머리를 OOO 트리트먼트로 해결' 등 실제 언급도 확인됐다.

인사이트코리아 측은 "트리트먼트가 두피에 닿아선 안된다는 의견들이 있으나, 일부 소비자들은 트리트먼트를 두피에 발라 각질을 제거하는 용도로도 사용하고 있음이 확인됐다"면서 "VOC 확인결과, 자외선이 강할 때 자외선 차단기능이 있는 트리트먼트에 대한 니즈가 나타나기도 했다"고 덧붙였다.

트리트먼트의 사용목적으로는 케어·관리(92.5%)에 대한 언급량이 가장 높았다. 이 밖에 클리닉(32.6%), 미용(12.1%), 테라피(5.1%) 등이 트리트먼트 사용목적으로 제시됐다.

인사이트코리아 관계자는 '샤워할 때마다 트리트먼트로 데일리 케어 해줘요', '염색 때문에 머릿결이 상해서 트리트먼트로 홈 클리닉 했어요' 등의 언급과 관련, "미용실에서 받는 전문적인 클리닉을 대체하기 위한 수요로서 트리트먼트를 찾는 경향이 나타났다"고 분석했다.

트리트먼트 사용자의 모발·두피타입·특성으로서 탈모의 언급량이 가장 높았다. '요즘 머리가 빠져서 탈모증상을 완화해주는 기능성 트리트먼트를 쓴다'는 게 실제 소비자들의 반응이다.

• 자료원 : 이효진, COS'IN, 2022년 11월 1일, 인사이트코리아 DeepMininG (내용일부 수정함)

소비자들은 일상생활 속에서 때때로 발생하는 욕구와 필요를 충족시키기 위해서, 시장에서 제품이나 서비스를 찾게 되고, 이와 관련된 다양한 의사결정과정을 통해서 구매행동으로 나타나게 된다. 이런 구매행동에서 소비자들이 어떤 의사결정과정을 거치는지, 어떤 반응을 나타내는지 등을 마케터가 사전에 어느 정도 예측 가능하다면, 좀 더 효과적인 마케팅전략을 전개할 수 있을 것이다.

더욱이 최근 디지털시대에 소비자들은 이용가능한 제품과 서비스가 과거 어느 때보다도 다양해졌으며, 소비자들은 더 차별화된 구매행동을 보이고 있다. 또한 소비자들은 의사결정과정에서 인터넷이나 모바일을 통해 검색과 소셜미디어를 중심으로 다양한 콘텐츠와 정보를 소비하면서, 구매의사결정과정을 진행한다.

이런 관점에서 소비자의 구매행동과 관련된 연구들이 학자들에 의해 꾸준히 이루어져 왔는데, 이를 요약해서 설명하고 있는 것이 소비자행동 모델이다. 대부분의 소비자행동 모델은 소비자의 구매의사결정에 영향을 미치는 주요 요인들로, 외부 환경요인들 중에서 사회·문화적 요인과 개인의 심리적 요인 등을 중심으로 분석하여 소비자의 구매행동을 이해하는데 초점을 두고 있다. 그래서 마케터는 표적시장의 소비자 구매의사결정과정에 영향을 미치는 사회·문화적 요인 및 개인의 심리적 요인들에 대한 폭넓은 이해를 바탕으로 마케팅전략을 수립한다면, 소비자에게 자사의 제품이나 서비스의 특성을 효과적으로 전달하고 설득하여, 긍정적이고 호의적인 태도로 변화시켜서, 궁극적으로 자사가 원하는 바람직한 반응을 얻어낼 수 있을 것이다.

따라서, 본 장에서는 소비자행동의 개념, 소비자 욕구와 분석 등을 중심으로 살펴보기로 한다.

1 소비자행동의 개념

소비자행동은 예전부터 항상 주요 마케팅 이슈가 되어 왔다. 왜냐하면 소비자들이 어떻게 구매의사결정과정을 거치며, 왜 하는지를 기업이 알 수 있다면, 그들의 마케팅전략을 개선시키는데 도움을 줄 뿐만 아니라, 시장에서 더 성공할 수 있다는 사실 때문이다. 더욱이 오늘날 대부분의 마케터들이 직면한 과제는 자사의 제품이나 서비스에 대해 소비자들에게 어떻게 호의적으로 구매의사결정에 영향을 미치느냐 하는 것이다.

그동안 소비자행동에 관한 연구는 소비자들이 기존의 제품이나 서비스, 아이디어, 경험, 브랜드 등의 대안들 중에서 어떻게 생각하고 느끼며, 논의되고 선택하는지, 그리고 문화, 사회계층, 준거집단, 가족 등의 환경요인들과 소비자의 동기, 지각, 개성, 자기개념 등의 개인적인 요인들이 소비자들에게 어떻게 영향을 미치는지 등에 대해서 심리학 관점에서 주로 조명되고 있다.

소비자행동의 개념정의는 학자들에 따라 다양하게 내리고 있지만, 일반적으로 소비자행동이란 개인이나 집단이 그들의 욕구를 충족시키기 위해 제품이나 서비스, 경험 그리고 아이디어 등과 같은 다양한 제공물을 선택할 때, 이와 관련된 일련의 과정이라고 할 수 있다. 이러한 과정은 소비자가 제품이나 서비스 등을 취득하고, 소비하며, 마지막으로 처분하는 단계를 거치는 교환과정이라고 할 수 있다. 그리고 교환과정 전후로 동반될 수 있는 소비자의 감정적, 인지적, 행동적 반응들까지 소비자행동에 포함될 수 있다.

1.1 교환과정

교환과정은 마케팅이나 소비자행동 분야에서 기본적인 요소라고 할 수 있다. 교환이라고 하는 것은 두 개 이상의 사회적 행위자 간에 유형적이거나 무형적인 것, 실제적 혹은 상징적인 무엇인가를 이전하는 것이라고 할 수 있다. 이러한 교환과정에서 교환당사자에는 제품이나 서비스를 판매하는 기업 이외에도 비영리조직, 정부기관, 정치후보자, 거래나 빌리려고 하는 또 다른 소비자 등도 포함될 수 있다. 그리고 교환상대자에는 구매의사결정을 하는 개별소비자 이외에도 가족, 집단, 기업 등이 될 수 있다. 다시 말해서, 교환과정은 흔히 기업과 소비자 간에 발생할 수도 있지만, 원재료, 부품이나 반제품 등 산업재인 경우에는 기업들 상호 간에 발생할 수도 있고, P2P 거래인 경우에는 소비자들 상호 간에도 발생할 수 있다는 것이다.

또한, 교환과정에서 교환자원으로는 일반적으로 소비자의 욕구를 충족시킬 수 있는 제품과 서비스, 아이디어, 경험 이외에도 화폐, 정보, 지위, 감정 등이 있다. 흔히 소비자가 제품이나 서비스를 구매할 때, 화폐를 지불하고 소유권을 이전받게 되며, 기업은 광고, 판매촉진, 인적판매 등의 촉진수단을 통해 소비자에게 다양한 정보를 주고, 소비자는 기업이 마케팅조사나 판매원과의 접촉과정에 다양한 의견표출로 인해 정보를 제공하게 된다. 그리고 지위(status)는 명성, 존중, 경의 등을 나타내는 평판을 말하며, 교환자원의 유형으로서의 지위는 이해하기 어렵지만, 그럼에도 불구하고 많은 교환에서 중요한 구성요소이다. 소비자들이 제품이나

그림 1-1 소비자와 기업의 교환과정

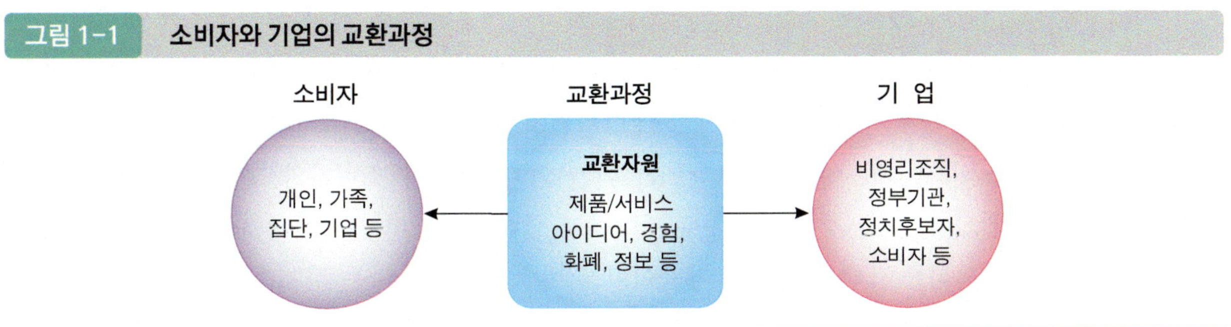

서비스를 구매할 때, 그들은 자기 자신들을 판매하는 소매업체나 브랜드에 연결하기도 한다. 어떤 제품이나 서비스를 판매하는 소매점의 지위는 브랜드와 관련이 있으며, 궁극적으로는 소비자의 자기개념과 연관이 될 수도 있다.

감정도 교환과정에서 쌍방 간의 이전되는 자원이 될 수 있다. 교환이 이루어질 때 나타나는 감성적 반응은 미래 교환자원의 이전이 발생할 지 여부에 중요한 영향을 미칠 수 있다. 판매원이 고객에게 친절하고 우호적일 때, 긍정적인 감정이 나타나기 쉬우며, 이러한 행위는 미래 교환 가능성을 증가시키는 보상으로 나타날 수 있다.

1.2 소비자 활동

소비자행동의 개념정의에서 교환과정은 제품이나 서비스 등과 같은 다양한 제공물을 취득하는 활동으로 시작해서, 소비를 위해 이전하고 처분하는 일련의 활동들을 거치는 것이라고 한다.[1)]

첫째, **제공물의 취득활동**(acquisition activities)에서는 제품이나 서비스에 관한 정보수집과 평가, 취득하는 장소선택 등과 같이 구매로 이어지는 모든 행동들이 포함된다. 그리고 주로 제품이나 서비스를 구매하거나 거래, 리스, 공유 등과 같은 취득방법들이나 배달, 설치, 보증 등 추가적으로 원하는 서비스 등에 따라 취득활동에 영향을 미칠 수도 있다. 이런 취득과정에 소비자는 취득하는 이유, 방법, 시점, 장소, 빈도, 양, 기간 등과 관련된 다양한 의사결정들을 필요로 한다.

이런 취득활동과 관련된 소비자행동 연구에서는 주로 정보처리과정(information processing)이나 제품상징주의(product symbolism) 관점에서 주로 연구들이 많이 이루어졌다. 정보처리과정 관점은 소비자가 제품이나 서비스를 취득하는 과정에 마케터가 제공하는 다양한 정보에 노출이 되고, 이를 처리하는 과정에서 소비자는 정보탐색, 장·단기기억, 신념과 태도 형성 등의 정보처리과정을 통해 구매의사결정을 하게 된다는 것이다. 그리고 제품상징주의 관점은 소비자에게 제품이나 브랜드가 어떤 의미를 주며, 소비자가 그것을 구매하고 사용하면서 무엇을 경험하는지를 나타내는 것이라고 한다. 즉 소비자들은 타인들에게 자신들의 어떤 생각이나 의미를 표현하기 위해 제품이나 서비스를 취득한다는 것이다.

둘째, **소비/사용활동**(consumption/use activities)에서는 소비자가 제품이나 서비스 등의 제공물을 취득한 후에 소비/사용하는 과정이며, 소비자행동의 핵심이라고 할 수 있다. 제품에 따라서는 아이스크림이나 헤어컷처럼 취득 후에 즉시 소비되는 경우도 있고, 해외여행을 위한 항공티켓처럼 소비가 지연될 수도 있다. 그리고 제품이 생일, 휴가, 웨딩처럼 특별한 이벤트 행사의 일부로 소비될 수도 있다.

소비자가 소비/사용하는 제품이나 서비스 혹은 경험은 자신의 신분, 가치관, 신념 등을 나타내는 상징적인 역할을 한다고 할 수 있다. 상징으로써 제품이나 서비스는 소비자들이 사회구성원들과 커뮤니케이션하는 수단으로서 뿐만 아니라, 사회적 자기개념을 형성시키고, 유지·확대시키기 위해 사용된다고 할 수 있다. 따라서 제품의 상징적 이미지는 사회구성원들 간의 상호작용을 통해 서로 비언어적인 커뮤니케이션(Nonverbal communication)을 하는데 매우 중요한 수단으로 이용될 수 있다. 이와 관련된 제품상징주의에 관한 선행연구 관점에서 보면, 소비자들은 자동차, 의류 및 액세서리, 주택 및 가구 등의 제품들을 구매한 후에 소비과정에서 이들 제품들을 통해서 자기이미지를 주로 표현하는 것으로 나타났다. 그리고 소비자들은 자신들의 자기이미지와 유사한 이미지를 갖고 있는 제품들을 선호하는 것으로 나타났다. 즉 자기이미지(self-image)와 제품이미지(product image)의 일치성과 소비자선택에 관한 연구에서도 소비자들은 자기이미지와 제품이미지를 대응시켜서 제품을 사용하거나 소유함으로써 자기 자신의 개성이나 특성을 표현한다고 하였다.

또한, 오페라 및 현대무용, 놀이동산, 영화 및 록 콘서트, 스포츠 등과 같은 산업의 경우에는 소비경험이 구매의 중요한 이유가 될 수 있다. 이러한 제품이나 서비스 등의 경우에는 소비자가 정서적 동기에서 구매행동을 하며, 소비과정에서 즐거움, 환타지 등과 같은 쾌락적인 좋은 감정을 경험한다는 것이다. 이러한 쾌락적·경험적 관점에서 소비자행동 연구는 제품이나 서비스를 단순히 물리적인 속성들의 집합으로만 보는 것이 아니라, 기쁨, 사랑, 즐거움, 긍지 등을 표현하는 주관적인 상징물(subjective symbol)로 본다는 것이다. 따라서 쾌락적·경험적 관점에서 소비자는 주로 제품이나 서비스의 상징적인 가치 때문에 구매가 이루어지며,

그림 1-2 소비자행동의 개념 : 소비자 활동과 반응

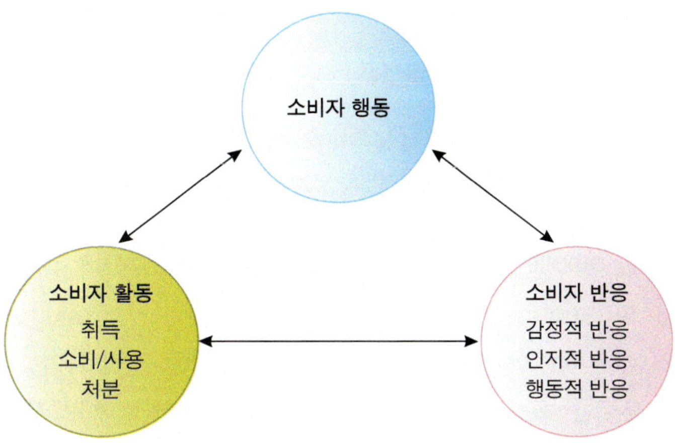

자료원 : Kardes et al.(2008), Consumer Behavior, South-Western Cengage Learning.

제품이나 서비스의 사용경험으로부터 얻는 쾌락적 감성과 상징적 의미에 의한 자기이미지 강화 등을 평가기준으로 이용된다는 것이다.

마지막으로 처분활동(disposition activities)에서는 소비자가 소비 후 제품 및 포장을 제거하는 방법으로 제품폐기, 재활용, 재사용 및 재판매가 포함될 수 있다. 이처럼 소비자가 구매한 제공물을 사용하고 난 후에 처분하는 과정으로써, 마케터에게는 중요한 시사점을 준다. 소비자들은 흔히 제품이나 서비스를 다 사용한 후에 버리거나 재사용할 수도 있고, 자선단체에 기부할 수도 있고, 중고상을 통해 팔 수도 있고, 사용료를 받고 임대를 할 수도 있다. 이러한 처분과정에는 처분하는 시점, 방법, 이유 등에 관한 의사결정을 내리게 된다. 그리고 처분과정에는 환경문제가 소비자나 마케터에게는 중요한 이슈로 부각되고 있다. 평소에 공해, 수질오염, 환경오염 등 환경문제에 관심이 많은 소비자는 재활용 재료로 만들어진 자연분해 제품을 구매할 것이고, 처분할 시에는 환경을 오염시키지 않는 제품을 선택할 것이다.

추가적으로 이런 처분단계에서 소비자는 제품이나 서비스를 구매한 이후에, 경험하게 되는 만족과 불만족의 수준과도 관련이 있다. 소비자는 제품과 서비스를 취득, 소비/사용, 처분단계를 거치면서, 사전에 갖고 있었던 기대치와 실제로 사용하고 경험하면서 느낀 실제 성과치와 비교를 통해 만족이나 불만족을 느끼게 된다. 이런 경우에 그 수준이 어느 정도인냐에 따라 차후에 소비자행동에도 크게 영향을 미칠 수 있다.

1.3 소비자 반응

소비자가 제품이나 서비스를 취득하고, 소비하며, 처분하는 교환과정이라고 하는 소비자행동에 관한 개념정의의 중심은 기업에서 제공하는 마케팅 자극과 교환과정에 동반되는 소비자의 감정적, 인지적, 행동적 반응들이라고 할 수 있다.[2)]

첫째, **감정적 반응(emotional responses)**은 정서적 반응(affective responses)이라고도 하는데, 소비자의 감정(emotions), 느낌(feelings), 그리고 무드(moods) 등을 반영하는 것이다. 감정은 어떤 사건이나 생각에 대한 인지적 평가의 결과로 발생되며, 사랑스러움, 혐오, 슬픔, 증오, 공포, 분노 등의 느낌 상태를 포함하는 것이다. 감정은 흔히 몸짓이나 얼굴표정 등의 신체적 표현으로 나타난다. 예를 들면, 호텔 레스토랑에서 정당한 서비스를 받지 못했다고 판단되는 경우에, 소비자는 강한 불쾌감을 느끼고, 맥박이 뛰면서 서비스 제공자에게 고함을 치고 싶은 충동을 느끼기도 한다. 무드는 특정 상황이나 시점에서 갖게 되는 어떤 느낌 혹은 감정 상태로써, 비교적 일시적이며 감정보다 그 강도가 약하다. 그리고 무드는 감정을 유발한 어떤 사건의 잔존효과(lingering effect)로도 볼 수 있다. 예를 들면, 긍정적인 감정을 유발하는 사건이나 부정적 감정을 유발하는 사건 등에 의해 영향을 받을 수 있다. 즉 소비자가 기대하지 않은 보너스를 받았거나, 혹은 자동차 접촉사고로 인한 스트레스를 유발하는 사건을 당했을 때 영향을 받을 수 있다.

둘째, **인지적 반응(cognitive responses)**은 정신적 반응(mental responses)이라고도 하는데, 제품이나 서비스에 관한 소비자의 사고, 의견, 신념, 태도 그리고 의도 등이 포함된다. 예를 들어, 소비자가 자동차를 구매할 때, 사전에 자금조달의 장단점을 평가하고, 자동차가 갖추어야 할 속성의 목록을 만들고, 그 자동차를 운전하는 자신을 상상하는 것은 소비자가 자동차를 구매할 때, 경험할 수 있는 인지과정의 일부라고 할 수 있다.

인지적 반응은 무언가에 가치를 부여하여 판단을 내리는 것과 관련하여 평가적일 수 있고, 또한 가치판단을 하지 않고 무언가에 대해 생각하는 것과 관련하여 비평가적일 수도 있다. 그리고 인지적 반응은 매우 구체적일 수 있으며, 하나의 브랜드 또는 그 해당 브랜드의 속성 하나를 표현할 수도 있지만, 때론 매우 광범위하고 제품의 전체범주를 다룰 수도 있다

마지막으로, **행동적 반응(behavioral responses)**은 소비자가 제품이나 서비스의 취득, 소비 및 처분단계에서 하는 활동들 중에서 소비자의 확실한 의사결정과 행동들이 포함된다. 예를 들면, 소비자가 제품이나 서비스를 구매하기 전에 광고물에 주의를 기울여 읽어본다든지, 제

조사 홈페이지 자료를 검색한다든지, 샘플을 사용해본다든지, 소비과정에 친구나 가족들에게 인정받고 싶어 물어본다든지 등의 행동반응들이 있다.

2 소비자 욕구와 분석

소비자행동을 연구하고 마케팅전략수립에 활용하기 위해서는 무엇보다도 소비자 욕구를 이해하는 것부터 시작해야 될 것이다. 그래서 소비자 욕구란 무엇이며, 욕구, 가치, 품질 간에는 어떤 관계가 있는지, 욕구분석을 통해 마케팅전략에 어떻게 활용되는지에 대해 살펴보려고 한다.

2.1 소비자 욕구란 무엇인가?

마케팅이나 소비자행동 개념의 출발점이 소비자의 욕구나 필요를 파악하고, 이를 충족시키기 위해서 제공물을 교환하는 과정이라고 하였다. 일반적으로 소비자의 욕구나 필요를 결합해서 욕구라고 통칭하기도 하지만, 욕구(needs)는 본원적 욕구(generic needs)를 의미하며, 필요(wants)는 구체적 욕구(specific wants)로 구분할 수 있다.

본원적 욕구(generic needs)는 인간이 가지고 있는 어떤 기본적인 욕구의 만족이 결핍된 상태를 말한다. 다시 말해서, 욕구는 소비자가 기대하거나 바람직한 상태와 현재 상태 간의 불일치로 경험하게 되는 내적 긴장상태를 말한다. 예를 들면, 우리가 배가 고프다든지, 갈증을 느끼는 경우에, 이런 불일치(긴장상태)로 인해 결핍상태를 채우려는 동기가 부여되고, 음식이나 음료수를 찾게 되고 구매해서 먹음으로써 긴장상태를 해소하게 되면 욕구가 충족된다.

Maslow의 욕구계층이론에 따르면, 일반적으로 인간은 의식주와 같은 생리적 욕구(음식, 물, 수면)와 안전욕구(주거, 안전, 보호), 사회적 욕구(소속감, 애정, 관계), 존경의 욕구(자존감, 인정, 성취), 자아실현욕구(자기완성, 삶의 보람, 자기만족) 등을 가지고 있는데, 이런 기본적인 욕구가 결핍된 것을 느낄 때 본원적 욕구가 발생한다. 이런 욕구계층이론에서는 하위계층의 욕구가 충족되어야 상위계층의 욕구를 추구하고 충족시키려고 한다는 것이다. 하지만,

소비자들은 일상에서 취직이 안되어 소속감이 없지만, 영화나 연극관람 등 문화생활을 영위할 수 있는 것처럼 욕구계층 순위에 상관없이 욕구충족이 이루어지기 때문에 마케터는 욕구계층이나 순서보다는 어떤 욕구가 결핍이 되었으며, 욕구충족을 위해서 찾는 제품이나 서비스가 무엇인가에 초점을 두는 것이 바람직할 것이다.

이런 욕구는 소비자가 어떤 욕구를 충족하기 위해서 제품이나 서비스를 선택하느냐에 따라, 기능적 욕구, 상징적 욕구, 경험적 욕구, 쾌락적 욕구 등으로 분류할 수 있다.[3)]

- **기능적 욕구**(functional needs) : 제품소비와 관련해서 기능적이고 실용적인 문제를 해결하거나, 또는 삶을 영위하는 데 있어 필수적인 기본적인 욕구를 충족시키기 위한 수단으로써 제품을 추구하는 욕구이다. 예를 들면, 갈증해소를 위해서 생수나 음료수를, 원거리를 편리하고 안전하게 이동하기 위한 수단으로 자동차를 구매하고 싶어 하는 것은 기능적 욕구라고 할 수 있다. 이러한 기능적인 욕구를 충족하기 위해서 제품을 선택하는 데에는 소비자들이 인지적인 정보처리과정이 요구된다. 그리고 특정한 기능적 욕구에 동기화되어 소비하는 행동을 기능적 소비라고 한다.
- **경험적 욕구**(experimental needs) : 제품을 소비하는 과정에서 기쁨, 쾌락이나 즐거움 등과 같은 감정이나 환상을 경험하려는 욕구이다. 소비자들은 이러한 경험적 욕구를 충족하려고 할 경우에는 상표대안을 평가하는데 있어서도 기능적 평가보다는 사용경험, 환상적인 느낌, 감정 등 정서적 평가를 기준으로 한다. 예를 들면, 영화, 음악, 엔터테인먼트, 놀이동산, 공연예술, 레저, 패션, 디자인 등의 산업들의 제품이나 서비스들을 소비하는 것은 경험적 욕구라고 할 수 있다.
- **상징적 욕구**(symbolic needs) : 소비자가 자신이 소비하는 제품을 통해 준거집단이나 특정 집단의 구성원들에게 자기이미지, 정체성, 소속감, 사회적 지위, 가치관, 역할 등을 표현하고 싶어 하는 욕구이다. 예를 들면, 소비자가 자신의 사회적 지위와 부를 나타내기 위해서 자동차, 주택 및 가구, 의류 및 액세서리 등의 가시성이 높은 제품을 통해 표현하고자 하는 것은 상징적 욕구라고 할 수 있다. 이러한 상징적 욕구를 충족하기 위해서 제품을 선택할 때에는 인지적인 정보처리를 하는 기능적 제품과는 달리, 소비자들의 정보처리과정에서 상징적 의미에 의해 평가되고 소비된다. 이런 상징적 소비는 소비자가 어떤 제품을 구매할 때, 그 제품의 기능이나 성능을 기초로 의사결정을 해서 제품을 구매하기보다는 그 제품에 담긴 사회적, 주관적, 정서적 의미 및 제품을 소비하는 과정에 느낄 수 있는 감정, 이미지 등에 기초하여 제품을 구매하는 행동을 말한다.

- **쾌락적 욕구(hedonic needs)** : 소비자가 제품이나 서비스를 소비하는 경험을 통해 재미, 느낌, 환상 등을 추구하는 욕구를 말한다. 쾌락적 소비는 제품소비의 경험적 측면을 강조했던 경험적 소비에 관한 연구에서 파생된 것으로, 소비자의 제품이나 서비스의 사용경험에 관한 다감각적(multisensory)이고 환상적이며, 정서적인 소비자행동 측면들을 나타내며, 제품이나 서비스가 갖는 감정적 특성과 환상적인 느낌 등에 초점을 두고 소비하는 것을 말한다.

한편, 구체적 욕구(specific wants)는 인간의 본원적 욕구를 만족시켜주는 구체적인 수단에 대해 필요로 하는 것을 말한다. 이는 인간의 지식, 문화, 개성 등에 의해서 형성되는 욕구이다. 소비자가 배고픔을 느낄 때 배고픔을 채워줄 수 있는 음식은 무엇이든지 본원적 욕구에 해당된다. 만일 배가 고파서 식사를 하기 위해 식당을 찾는 경우에 소비자들은 우선 한식당, 중식당, 일식당 등을 선택해야 할 것이고, 일단 식당이 선정되면 그 다음에는 된장찌개, 불고기, 자장면, 짬뽕, 회초밥 등 식당의 주요 메뉴 중에서 선택함으로써 구체화될 수 있다. 이와 같이 구체적인 욕구는 소비자가 속한 문화나 사회에 의해 영향을 받아서 형성되며, 본원적 욕구를 충족시켜주는 구체적인 수단들이라고 할 수 있다.

2.2 욕구, 가치, 품질의 관계

마케팅전략을 수립하는 마케터는 일반적으로 고객의 욕구를 이해하고, 탁월한 고객가치를 제공하는 우수한 품질의 제품이나 서비스를 개발하고, 효과적인 제품, 가격, 유통, 촉진 등 마케팅믹스 전략을 수립하여 실행에 옮기는 것이 기본 과업일 것이다. 이때 소비자의 욕구, 고객가치 그리고 품질 등의 관계는 어떠한 차이가 있을까 한번 파악해 볼 필요가 있다. 더욱이 넓은 의미로 마케팅은 개인과 조직들이 자신들이 원하는 것을 가치창출하고, 거래상대방과의 가치교환을 통해 얻으려고 하는 사회적·관리적 과정이라고도 한다. 이와 같이 가치에 대한 개념이 그 쓰임새가 욕구와 혼용되게 사용되고 있다.

따라서 욕구, 가치 그리고 품질 등의 개념이 상호 간에 어떤 차이점이 있는지 그 관계를 살펴볼 필요가 있다. 이들 세 가지 개념 간의 관계는 [그림 1-3]과 같이, 순차적이면서 상호연결된 개념이다. 다시 말해서, 욕구는 소비자 중심적인 표현이고, 품질은 기업 중심적인 표현이며, 가치는 중간정도의 표현이다. 그래서 가치는 소비자 측면에서 사용할 때는 고객가치라고 하고, 마케터 측면에서는 가치제안(value proposition)이라고 한다. 그리고 욕구는 매우

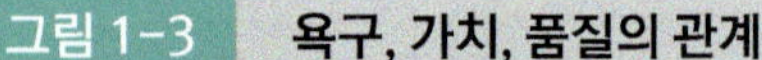

그림 1-3 욕구, 가치, 품질의 관계

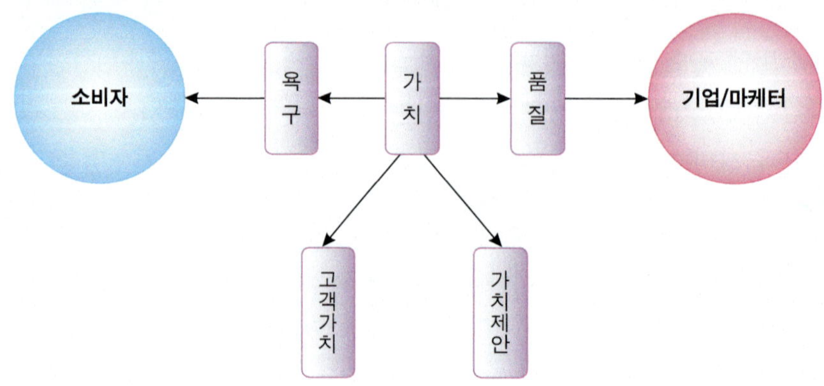

자료원 : http://www.dbpia.co.kr/Article/NODE02068121

추상적이며 근본적이지만, 가치는 중간정도로 구체적이며, 품질은 매우 구체적인 개념으로 그 범위가 각기 다르다고 할 수 있다. 이러한 욕구, 가치, 그리고 품질의 개념에 대해 좀 더 자세하게 살펴보면, 다음과 같다.[4)]

(1) 욕 구

욕구(needs/wants)는 앞서 설명한 바와 같이, 본원적 욕구(generic needs)이든지, 구체적 욕구(specific wants)이든지 간에 만족이 결핍된 상태에 놓이게 되면, 구매하는 제품이나 서비스 등의 제공물을 통해 소비자가 충족되기를 바라는 것을 말한다. 이러한 욕구에 대해서 좀 더 자세하게 살펴보면, 욕구는 [그림 1-4]와 같이, 결핍영역과 추가영역으로 나누어지는데, 결핍영역은 원상을 되돌리려는 회복욕구이고, 추가영역은 삶의 질을 더 높이려는 향상욕구로 구분할 수 있다. 예컨대, 옷이 더러우면 세탁을 맡기고, 몸이 아프면 병원에서 치료를 받는 것은 원상 회복욕구이며, 공연예술이나 영화 등을 관람하러 가는 것은 향상욕구라고 할 수 있다.[5)]

결핍영역과 추가영역은 쾌락적 중립(hedonic neutrality)으로 구분하는데, 결핍이 회복되어 일시적으로 안도감을 느끼는 상태가 쾌락적 중립이라고 할 수 있다. 이때 추가영역에서 향상욕구가 충족된 상태인 상상적 중립(imaged neutrality)상태에서 느끼는 결핍은 결핍영역에서의 결핍과 구분하기 위해서 점선으로 표시하고 상상적 결핍(imaged deficit)이라고 한다. 그리고 이런 쾌락적 중립상태는 일시적인 경우가 많은데, 소비자는 더 큰 욕구나 또 다른 욕구를 추구하기 때문에 금방 결핍을 느끼고 이를 해소하려고 노력하기 때문이다.

그림 1-4 **회복욕구와 향상욕구의 관계**

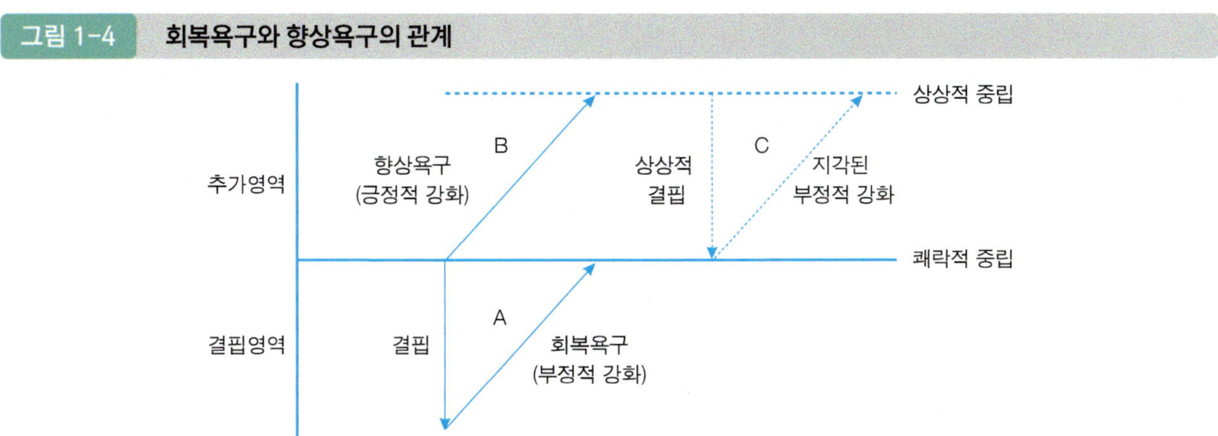

자료원 : Richard L. Oliver(1997), Satisfaction: A Behavioral Perspective on the Consumer, McGraw-Hill, p.137.

유기체는 결핍을 느끼면 이 상태에서 벗어나려는 모티베이션을 갖기 때문에 욕구는 소비자를 포함한 유기체의 행동을 추동하는 근원적 모멘텀이다. 욕구가 행동의 모멘텀으로 연결되는 과정은 회복욕구의 부정적 강화와 향상욕구의 긍정적 강화로 설명될 수 있다. 소비자가 어떤 결핍상태를 느끼면 이를 충족시키려고 노력하는 것은 부정적 강화인데, 충족하고 나면 정상상태 혹은 쾌락적 중립으로 회복하여 욕구가 사라진다(그림 1-4의 A: 부정적 강화). 이에 반해 긍정적 강화는 소비자의 만족상태에 추가적인 향상을 가져오는 강화로써, 소비자의 삶이 이제는 회복이 아니라 풍요로워지기 위해서 또 다른 종류의 욕구충족으로 만족을 제공하는 것이다. 다시 말해서, 다른 상황에서 충족된 소비자에게 추가적인 효용을 제공하는 것이다. 예를 들며, 소비자가 삶의 질을 향상시키고 건강을 위해서 헬스클럽에서 운동을 하기 시작했는데(그림 1-4의 B: 긍정적 강화), 몇 달이 지나자 근육도 생기고 균형잡힌 몸매가 되니까(상상적 중립), 바디프로필 사진을 찍고 싶은 새로운 욕구로 인해서 상상적 결핍상태에 놓이게 되고, 이를 달성하려고 더 열심히 노력하게 된다는 것이다(그림 1-4의 C: 지각된 부정적 강화).

이와 같이, 긍정적 강화와 지각된 부정적 강화는 욕구충족을 통해서 느끼는 최종상태의 묘사는 매우 다르지만, 소비자의 쾌락적 상태에서 긍정적 향상을 제공하고 있다. 결핍영역에서 부정적 강화는 항상 부정적 영역에서 시작하기 때문에, 회복욕구는 안도감을 주고 중립상태로 돌아간다. 반면에, 추가영역에서 긍정적 강화는 중립상태나 혹은 더 낮은 수준의 기쁨상태에서 시작하기 때문에, 향상욕구는 상상적 중립에 이르는 기쁨이나 즐거움, 의기양양함 등을 느끼게 해준다고 할 수 있다.

이처럼 소비자는 향상욕구를 통해 달성된 더 높은 수준의 제품성능, 서비스 등에 익숙해지면 정상수준을 재정의할 수 있다. 즉 이전에 기쁨의 긍정적인 강화의 수준이었던 것이, 이제는 중립상태가 된다. 그리고 더 높은 제품성과 수준에서 또다시 느끼는 부족함이 회복되기를 원하는 결핍상황이 되는 것이다(상상적 결핍). 이러한 과정은 사실상 소비자 개인이 더 높은 수준의 만족상태를 추구한다는 것을 알 수 있는데, 이를 '쾌락의 쳇바퀴(hedonic treadmill),' 혹은 '만족의 쳇바퀴(satisfaction treadmill)'라고 한다. 이런 단계적으로 확대되는 욕구는 앞서 설명한 Maslow의 욕구계층이론과 유사한 맥락에서 이해될 수 있다. 즉 낮은 수준에서 욕구가 충족(회복, 결핍)되면, 또 다른 더 높은 수준의 욕구가 생겨난다는 것이다. 이런 과정은 소비자가 자기실현가치와 같은 삶의 궁극적인 목표에 대한 만족을 얻을 때까지 추구한다는 것이다.

(2) 가 치

가치(value)는 소비자 측면에서 사용할 때는 고객가치(customer value)라고 하고, 마케터 측면에서는 소비자에게 제시하는 고객가치를 가치제안(value proposition)이라고 한다.

① 고객가치

가치에 대한 개념이 마케팅이나 소비자행동 분야에서 중요한 개념으로 대두되기 시작한 것은 AMA(American Marketing Association, 2008)의 새로운 마케팅 정의에서 살펴볼 수 있다. 즉 '마케팅은 소비자와 의뢰인, 파트너 그리고 사회전반에 가치있는 제공물을 창출하거나 커뮤니케이션하고 제공하며, 교환하는 일련의 활동, 제도 및 프로세스'라고 하면서 고객과 파트너의 유용한 가치를 강조하고 있다.

고객가치는 일반적으로 재품나 서비스를 사용함으로써 느끼는 만족의 크기라고 할 수 있는데, 다시 말해서, 고객의 욕구를 만족시키거나 고객에게 편익을 제공하는 제품이나 서비스의 능력이라고 할 수 있다.

고객가치에 대한 개념정의는 연구자들에 따라 다양한데, Woodruff는 고객가치가 속성, 결과, 목적의 계층구조를 이루고 있다고 했다.[6] 즉 제품을 구매하기 전에 제품으로부터 기대하는 속성과 성과가 존재하며, 이 단계에서 만족하게 된다면 제품속성에 근거한 만족이라고 한다. 그 후에 제품을 사용하는 상황에서 고객이 바라는 결과를 얻게 되고, 이것은 결과에 근거해 만족을 이끌어 낸 것이라고 한다. 마지막으로 제품이나 서비스 이용이 고객의 목적과 용도에 부합했다면, 이것은 목표에 근거한 만족으로 나타날 수 있다는 것이다. 그리고 Bojanic은 고객가치를 다양한 가치형태로 나타나는 지각된 가치(perceived value)라고 정의하면서, 가

그림 1-5 고객가치와 혜택, 비용 간의 관계

고객가치 (CPV)	=	총 고객혜택 (total customer benefits)	-	총 고객비용 (total customer costs)
		▪ 기능적 가치 ▪ 상징적 가치 ▪ 재무적 가치 ▪ 유능한 직원 가치 등		▪ 금전적 비용 ▪ 시간적 비용 ▪ 심리적 비용 ▪ 노력 비용 등

치형태는 동등한 가격에 동등한 품질을 제공하는 것, 프리미엄 가격에 우수한 품질을 제공하는 것, 그리고 할인가격에 낮은 수준의 품질을 제공하는 것이라고 하였다.[6] Holbrook은 지각된 가치를 제품이나 서비스가 제공하는 가치의 의미에 따라, 효율성과 탁월성의 목표를 충족시켜 주는 경제적 가치(economic value), 정서적 목표를 충족시켜 주는 쾌락적 가치(hedonic value), 지위강화와 호의적 인상창출, 존경여부 등 수단적 목표를 충족시켜 주는 사회적 가치(social value), 이타적 목표를 충족시켜 주는 이타적 가치(altruistic value) 등을 구분하여 정의하고 있다.[8]

이러한 고객의 지각된 가치(CPV: Customer Perceived Value)는 [그림 1-5]와 같이, 소비의 주체인 소비자가 느끼는 고객가치를 말하며, 고객이 제품이나 서비스를 통해 요구하는 총 고객혜택(total customer benefits)에서 이들을 얻기 위해 지불해야 하는 총 고객비용(total customer costs)을 차감하는 것이라고 할 수 있다. 총 고객혜택은 고객이 제품이나 서비스에 기대하는 기능적 가치, 상징적 가치, 재무적 가치, 유능한 직원 가치 등의 모든 편익을 합친 것을 의미하며, 총 고객비용은 고객이 제품이나 서비스를 얻기 위해 지불해야 되는 금전적 비용, 시간적 비용, 심리적 비용, 노력 비용 등을 말한다. 이런 지각된 고객가치를 통해서 제품이나 서비스가 고객이 기대했던 것 이상으로 가치가 있으면 고객만족으로 나타나게 된다.

따라서 고객은 일반적으로 시장에서 판매되고 있는 제품이나 서비스에 대한 지각된 가치를 비교평가해서, 가장 높게 지각된 고객가치를 제공하는 기업의 제품이나 서비스를 구매하게 된다는 것이다. 또한, 기업은 고객의 욕구를 이해하고 고객가치를 창출하며, 그리고 강력한 고객관계를 구축하기 위해 노력해야 한다. 그리고 기업은 탁월한 고객가치를 창출한 대가로 보상을 받게 되는데, 보상은 매출, 이익, 그리고 장기적인 고객자산의 형태로 고객들로부터 기업가치를 획득하게 된다.

② 가치제안

가치제안(value proposition)은 기업이 소비자에게 고객가치를 제안하는 것으로, 소비자의 욕구를 충족시키기 위해서 제공하겠다고 약속한 편익 혹은 가치의 집합을 말한다. 즉 기업이 소비자가 어떤 제품이나 서비스를 구매할 때, 지불하는 비용(cost)보다 얻게 될 가치(value)가 더 크다는 것을 보여주는 것이다. 예를 들면, 스타벅스에서 아메리카노 커피 한잔을 구매하는 경우에, 가치로는 갈증해소, 졸음해소, 집중력 향상, 에어컨이나 난방이용, 화장실, 와이파이 이용을 통한 인터넷 사용 등이 있으며, 비용으로는 커피값 4,500원, 공간이용시간, 개인정보 등이 사용된다. 소비자가 스타벅스에서 커피 한 잔을 구매하는 행동은 가치가 비용보다 크다고 지각할 때 발생한다. 기업은 항상 소비자에게 자사의 제품이나 서비스에 대한 가치제안을 하고 있다. 그 가치는 어떤 대가를 지불하고 구매행동을 통해 교환과정이 발생한다. 즉 소비자가 제품이나 서비스를 구매한다는 것은 단순히 제품이나 서비스만이 아니라, 그 제품이나 서비스로부터 얻을 수 있는 가치 혹은 효용의 집합을 구매하는 것이다.

예를 들면, 삼성전자의 생활가전 비스포크(BESPOKE)는 가전제품의 혁신을 통해 집이라는 공간이 어떻게 변화될 수 있는지를 비스포코 홈을 통해 보여주고자 맞춤형·모듈화·세련된 디자인을 기반으로 소비자들의 주방을 넘어 집안 모든 공간에서 새로운 경험과 재미를 느끼게 해준다. 삼성 비스포크 냉장고, 라이프스타일 TV '더 프레임', 포터블 스크린 '더 프리스타일' 등의 가전제품들을 단순하게 전자제품으로만 정의하지 않고, 집안을 꾸미는 하나의 가구이자 액세서리로 가치제안을 하고 있다. 이는 전자제품을 단순히 기능적인 하나의 상품으로만 보지 않고, 소비자에게 제공하고자 하는 무형의 가치를 통합적인 콘셉트로 생각한 결과라고 할 수 있다.

따라서 가치제안은 기업이 경쟁사 브랜드들로부터 차별화시킬 수 있는 요소이며, 이는 왜 고객들이 경쟁사 브랜드를 선택하기보다는 자사 브랜드를 구매해야 하는지를 말해 주고 있는 것이다. 그래서 기업은 표적시장 내에서 최고의 경쟁우위를 확보할 수 있는 강력한 가치제안을 설계할 수 있어야 한다.

한편, 기업의 가치제안을 효과적으로 분석하기 위해서, Osterwalder and Pigneur 등은 비즈니스 모델 개발도구인 가치제안 캔버스(Value Proposition Canvas)를 제안했다.[9] 이는 비즈니스 모델 캔버스(Business Model Canvas) 상에 있는 고객 세그먼트, 가치제안, 채널, 고객관계, 핵심자원, 핵심활동, 핵심파트너 등 7가지 블록, 그리고 비용구조와 수익구조 등 전체 9가지 구성요소로 이루어져 있다. 이들 구성요소 중에서, 가치제안 캔버스는 가장 핵심적인 고객 세그먼트(customer segment)와 해당 고객 세그먼트에게 제공하는 가치제안(Value

광고 1-1 **삼성 비스포크 냉장고 : 키친핏 편**

Proposition) 등의 2가지 요소를 보다 상세하게 작성하기 위한 도구라고 할 수 있다.

기업이 고객에게 전달하는 가치제안을 완벽하게 정의하기 위해서는 고객에 대한 이해와 고객의 과업, 즉 문제를 해결하기 위한 자사의 제안이다. 그래서 가치제안 캔버스는 [그림 1-6]과 같이, 고객에 대한 이해를 정리하는 고객 프로필(customer profile)과 고객에게 전달하는, 그리고 고객이 인지하는 가치에 대한 내용을 정리하는 가치 맵(value map)이다. 고객 프로필은 고객 세그먼트를 좀 더 체계적으로 상세히 설명해 주는 기능을 하며, 고객활동, 불만, 혜택 등으로 구분된다. 그리고 가치맵은 기업이 제공하는 가치의 특징을 더욱 체계적이고 상세히 설명해 주는 기능을 하며, 제품/서비스, 불만해결방안, 혜택창출방안 등으로 나뉜다. 즉 고객에게 전달하는 가치제안을 정리하기 위해 2가지 영역요소의 총 6가지 블록으로 구성된다.

- 고객 세그먼트(customer segment) : 기업이 목표로 하는 고객집단(세분시장)은 누구이고, 어떤 문제, 과업, 욕구 등을 갖고 있는지에 대해서 정의한다. 즉 고객 세그먼트는 고객들의 핵심욕구를 파악하고, 이를 바탕으로 고객을 분류하는 것이다. 핵심욕구란 고객이 제품이나 서비스를 이용하면서 가지는 근본적인 요구사항을 말한다.
  고객 세그먼트 분석하기 위해서, '누가 제품이나 서비스를 이용할까?,' '고객들은 어떤 핵심욕구를 가지고 있을까?,' '고객들은 어떤 문제를 가지고 있을까,' 등의 질문을 바탕으로 고객을 분류하고, 각 고객 세그먼트의 핵심욕구와 문제점을 파악할 수 있다.
  또한, 고객 세그먼트에는 다양한 유형들이 있는데, 예를 들면, 대중시장(mass market), 틈새시장(niche market), 세분시장(segment market) 그리고 두 개 이상의 개별적인 표적집단을 대상으로 하는 멀티사이드 시장(multi-sided market)으로 마켓플레이스(marketplace), 플랫폼(platform) 등이 있다.
- 가치제안(Value Proposition) : 특정 고객 세그먼트가 필요로 하는 가치를 창출하기 위한 제품이나 서비스의 조합을 의미한다. 가치제안을 정리할 때는 단순하게 자사가 제공하는 모든 제품이나 서비스를 망라하는 것보다는 타겟으로하는 고객 세그먼트가 가지고 있는

그림 1-6 Value Proposition Canvas

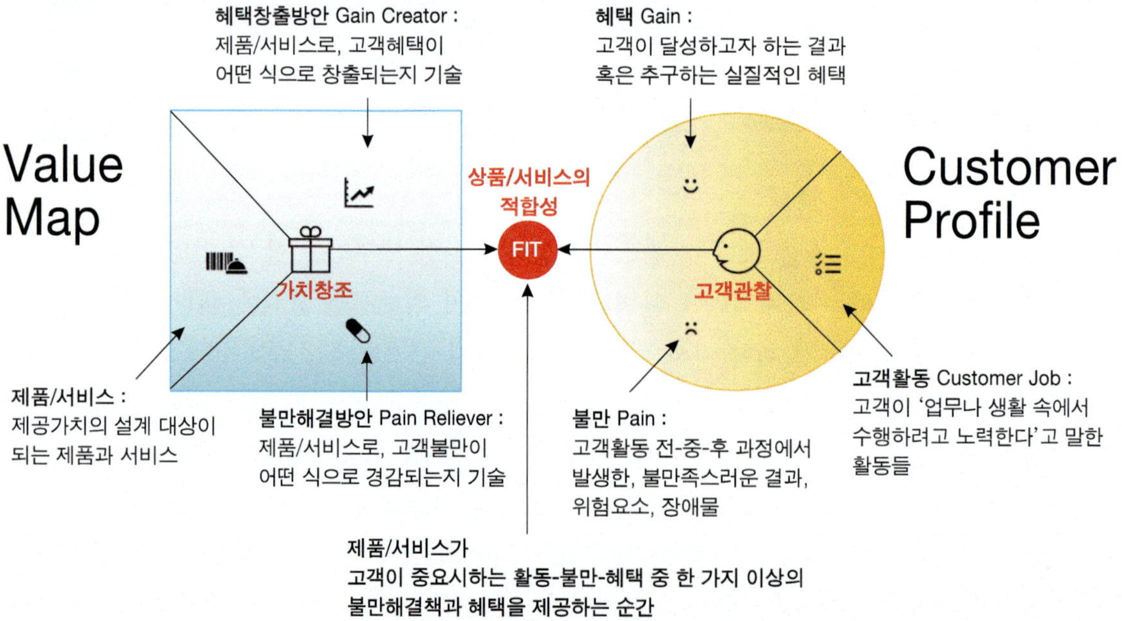

혜택창출방안 Gain Creator :
제품/서비스로, 고객혜택이
어떤 식으로 창출되는지 기술

혜택 Gain :
고객이 달성하고자 하는 결과
혹은 추구하는 실질적인 혜택

Value Map

상품/서비스의 적합성

FIT

Customer Profile

가치창조

고객관찰

제품/서비스 :
제공가치의 설계 대상이
되는 제품과 서비스

불만해결방안 Pain Reliever :
제품/서비스로, 고객불만이
어떤 식으로 경감되는지 기술

불만 Pain :
고객활동 전-중-후 과정에서
발생한, 불만족스러운 결과,
위험요소, 장애물

고객활동 Customer Job :
고객이 '업무나 생활 속에서
수행하려고 노력한다'고 말한
활동들

제품/서비스가
고객이 중요시하는 활동-불만-혜택 중 한 가지 이상의
불만해결책과 혜택을 제공하는 순간

자료원 : https://makeaprofit.tistory.com/242?category=399567

가장 큰 문제, 과업, 욕구 등에 대해 자사만이 차별적으로 해결해 줄 수 있는 뚜렷한 무언가를 정리하는 것이 필요하다.

가치제안을 분석하기 위해서, '제품이나 서비스가 고객에게 제공하는 가치는 무엇인가?,' '고객들은 제품이나 서비스를 이용함으로써 어떤 이점을 얻을까?,' '제품이나 서비스가 고객의 핵심욕구와 어떻게 연결되는가?' 등의 질문을 바탕으로 제품이나 서비스가 고객에게 제공하는 가치를 분석하고 이를 통해 가치제안을 개선할 수도 있다.

특정 고객 세그먼트가 가치로 생각할 수 있는 요소로는 디자인, 브랜드 지위, 가격, 비용절감, 접근성, 편리성이나 유용성, 성능, 새로움 등의 가치요소로 가치제안을 정의할 수 있다. 이때 단순히 빠른 속도, 저렴한 가격 등으로 표현하기보다는 상대 경쟁브랜드나 혹은 무엇보다 더 저렴한 가격, 몇 퍼센트 가량 속도향상 등으로 비교해서 가치제안을 정의하면 이해도를 높일 수 있다.

(3) 품 질

품질(quality)은 제품이나 서비스를 구매할 때 고객이 고려하는 가장 기본적인 경쟁우위 요소로써 고객만족과 밀접한 관련이 있으며, 기업에게는 시장점유율과 수익성을 높이는데 중요한 역할을 한다. Ferdows and De Meyer의 모래성 모델(Sand Cone Model)에서는 [그림 1-7]과 같이, 품질(Quality)–신뢰성(Dependability)–속도(Speed)–유연성(Flexibility)–원가효율성(Cost efficiency) 순으로 기업의 핵심 경쟁력을 쌓기 위해서 품질이 기본이 되어야 한다는 것이다.[10] 즉 모래성을 쌓기 위해서 품질향상의 기초가 형성되어야 하며, 더 많은 모래를 추가하여 신뢰성이나 속도, 유연성, 원가효율성 등을 연차적으로 높일수록 품질의 기초가 더욱 강화되어야 한다는 것이다.

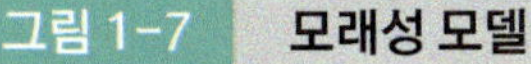
그림 1-7 모래성 모델

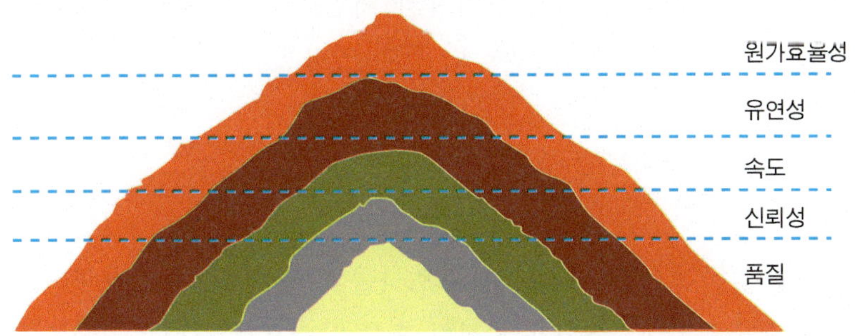

따라서 품질이 보장되지 않은 제품이나 서비스는 다른 핵심적인 요소로 경쟁력을 쌓을 수 없으며, 품질을 갖춘 기업만이 품질에 더해서 차별적인 경쟁우위를 확보할 수 있다는 것이다.

품질에 대한 개념정의는 다양하지만, 일반적으로 명시적 혹은 묵시적인 고객의 욕구를 충족시킬 수 있는 능력에 영향을 미칠 수 있는 제품이나 서비스의 기능 및 특성들 전체가 품질이라고 한다. 이런 품질의 정의는 분명히 고객중심적이라고 할 수 있다. 일반적으로 품질의 수준이 높아질수록 마찬가지로 가격도 더 높아지고, 가끔 비용이 더 낮은 경우도 있지만, 흔히 더 큰 고객만족을 초래할 수 있다.

그동안 기업은 제품중심으로 전사적 품질관리(TQM: Total Quality Management)와 식스 시그마(Six Sigma) 품질혁신활동 등까지 품질향상을 위해서 많은 노력을 기울여 왔다. 유형제품은 소비자가 품질에 대한 판단이 비교적 객관적이고 명확하여, 구매하기 전에 경쟁제품과 품질특성을 비교평가하고 구매의사결정하기가 비교적 용이하다. 하지만 서비스는 무형적인 특성으로 인해서 품질을 객관적으로 측정하고 평가하기가 매우 어려우며, 소비자 개개인마다 품질에 대한 주관적인 인식이 다르다는 특징이 있다.

서비스 품질에 대한 평가는 연구자에 따라 다양하게 평가되고 있으며, 기본적으로 서비스 품질의 속성들을 유형성, 신뢰성, 반응성, 확신성, 공감성 등 5개의 서비스 품질의 차원을 SERVQUAL 측정도구로 측정한다. 이렇게 측정한 서비스 품질은 고객의 기대와 실제로 제공된 서비스 성과 간의 차이로 평가되며, 고객은 기대보다 성과가 같거나 높으면 품질에 대해 만족을 할 것이고, 반대로 성과가 더 낮으면 불만족할 것이다.

2.3 소비자 욕구조사방법

소비자 욕구조사를 통해 마케팅전략에 활용하기 위한 방법으로 전통적인 조사방법으로 설문조사, 실험, 인터뷰 등이 있으며, 소비자의 내면적인 욕구를 조사하는 새로운 방법으로는 소비자행동관찰법, 소비자 신체반응관찰법 등이 있다.

1. 전통적인 조사방법

마케터가 가장 일반적으로 소비자 욕구조사를 위해 사용하는 마케팅조사방법으로는 질문조사, 실험조사 등이 있는데, 소비자가 직접 혹은 서면으로 답하는 방식이다.

(1) 질문조사

질문조사는 표적집단면접법(FGI), 심층면접법, 서베이조사법 등에 주로 이용이 되며, 기술적 정보(descriptive information)를 수집하는데 가장 적합한 방법이다.

① 표적집단면접법

표적집단면접법(FGI: Focus Group Interview)은 일반적으로 6~8명 정도의 조사대상자에게 2시간 이내에 10~30가지 문항을 묻는 식으로 조사가 이루어지는데, 운용이 비교적 쉽고 비용이 적게 들기 때문에 널리 사용되고 있다. 하지만, 실제로 FGI 조사방법은 조사하려고 하는 정보는 많은데 개인에게 주어진 시간은 짧기 때문에 즉흥적인 반응을 얻는 경우가 대부분이고 상호토론의 기회도 제한적일 때가 많다. 그래서 제품의 디자인이나 사용편의성 등과 같은 것에 대한 반응을 확인할 수는 있지만, 신제품 콘셉트개발이나 평가 등 소비자의 심층적 사고와 감정 등을 파악하는데는 한계가 있다.

② 심층면접법

심층면접법(in-depth interview)은 한 명의 응답자와 조사자 간의 집중적인 면담을 통해 개별적으로 질문하여 자료를 수집하는 방법으로, 신축성이 매우 높은 조사방법이다. 즉 숙련된 면접자의 경우에는 장시간 동안 응답자의 주의를 끌어 어려운 질문이나 상황에 따라 새로

광고 1-2 FGI 조사장면

자료원 : https://blog.naver.com/neoinwoo/221332899569

운 질문을 한다든지, 특정 주제에 대해 심도 있는 내용을 조사하려고 할 때 주로 사용된다.

③ 서베이 조사

서베이조사(survey research)는 표본으로 선정된 조사대상자에게 질문지를 이용하여 다수의 조사대상자들로부터 자료를 수집하는 방법이다. 예를 들어, 전반적인 시장상황, 자사와 경쟁기업에 대한 이미지 또는 선호도, 자사제품에 대한 구매행동과 관련된 질문들을 소비자들에게 함으로써 수집된 자료를 분석하여 마케팅의사결정에 활용하게 된다. 이러한 서베이조사는 1차자료를 수집하는데 가장 널리 이용되는 방법이다. 이러한 서베이조사의 가장 큰 장점은 상대적으로 저렴한 비용으로 다수의 조사대상자들로부터 많은 양의 자료를 용이하게 수집할 수 있다는 것이다. 이는 다수의 조사대상자들로부터 얻어진 자료 특성상 분석결과를 일반화하여 해석할 수 있게 해 준다. 하지만, 설문지의 개발이 쉽지 않고, 조사자의 오류가능성이 존재하며, 응답자가 부정확하고 성의없이 응답을 하는 경우에 얻어진 자료가 무용지물이 될 수도 있다. 그리고 서베이조사는 응답자와의 접촉하는 방법에 따라 대인면접, 전화면접, 우편조사법, 인터넷조사법 등으로 구분된다.

(2) 실험조사

실험조사(experimental research)는 인과관계를 규명하는 인과정보를 수집하는데 가장 적합한 방법이다. 다시 말해서, 실험조사는 원인변수와 결과변수와의 관계를 파악하여 현상에 대한 설명 및 미래에 대한 예측을 목적으로 실시되는 조사이다.

실험조사를 통하여 인과관계를 명확하게 밝히기 위해서는 원인변수와 결과변수에 영향을 미칠 수 있는 다른 변수, 즉 외생변수들의 영향을 배제한 상태에서 원인변수와 결과변수 간의 변화를 살펴보아야 한다. 따라서 결과변수에 영향을 미칠 수 있는 외생변수들의 배제가 어려운 경우에, 조사자는 다른 영향변수들을 완전히 제거하기 위하여 실험이라는 엄격하고 통제가능한 조사방법을 실시하게 된다.

이와 같이 전통적인 소비자 욕구조사는 이미 많은 기업들이 사용하고 있으며, 비슷한 조사들이 반복적으로 이루어지다 보니, 정형화된 문구로 쉽게 상상할 수 있는 응답들이 많이 나오는 경우가 많다. 그리고 소비자들은 실제로 자신들의 욕구를 잘 모르는 경우도 있고, 또 욕구를 표현하는 말과 실제 행동사이에는 괴리가 있을 수도 있다. 그래서 소비자의사결정의 핵심동인이 무엇인지에 대한 고유한 통찰력을 얻기가 어려운 점이 있다.

2. 관찰조사법

전통적인 조사방법의 한계점을 극복하고 소비자의 내재적인 욕구를 파악하기 위해 새로운 조사방법으로는 소비자의 행동을 관찰하는 방법과 소비자의 신체반응를 관찰하는 조사방법들이 있다.

(1) 행동관찰법

소비자의 행동을 관찰하는 조사법은 소비자에게 질문을 하지 않고, 조사자가 특정 환경에서 소비자행동을 자세하게 관찰할 수 있어서 소비자가 자신의 느낌이나 태도를 명확하게 모르고 있더라도 필요한 정보를 수집할 수 있다는 장점이 있다. 즉 소비자의 주관적 경험에 크게 영향을 미치는 실제 제품을 사용하는 환경에서 소비자행동을 관찰하기 때문에 무의식적인 동기나 태도를 조사해서 알아낼 수 있다는 것이다. 하지만 관찰을 통한 자료분석과 해석에 시간과 비용이 많이 들며, 관찰이 불가능한 상황이나 행동이 있을 수 있고, 조사자의 편견이 개입될 수 있는 단점이 있다.

이러한 소비자행동을 관찰하는 조사방법은 소비자의 내면적인 심리를 탐구하거나 체험마케팅 등에 관심이 높아지면서 신상품기획이나 제품사용상의 평가 등에 주로 활용되기도 한다.

관찰조사방법은 〈표 1-1〉과 같이, Shadow Tracking, Video Ethnography, Home Visiting, POP(point of purchase) 등이 주로 많이 사용되는 기법이다.

표 1-1 소비자행동 관찰법의 종류

구분	방법	목적
Shadow Tracking	이동상황의 소비자 관찰 및 인터뷰	소비자의 생활상, 제품사용패턴, 이동상황과 관련된 행동특성 파악과 이해 및 욕구 발견
Video Ethnography	고정 비디오카메라 촬영	소비자의 제품사용행태나 구매행동의 관찰로 욕구 발견
Home Visiting	가정 내에서 소비자 관찰 및 인터뷰	가정 내 상황과 관련 라이프스타일과 제품사용행태 이해 및 욕구 발견
POP	매장관찰 및 판매원 인터뷰	매장내 쇼핑행동, 매장환경 및 고객 구매행동 관찰을 통한 욕구 발견

자료원 : Embrain, "NPD Consulting Introduction

① 섀도 트래킹

섀도 트래킹(Shadow Tracking)은 소비자의 생활상, 제품의 사용패턴, 응답자의 이동경로에 따른 행동특성을 파악하기 위해서 소비자의 일상생활을 동영상 촬영을 통해 관찰하는 방식이다. 신제품이나 서비스 기회를 파악하기 위해, 혹은 실제 사용자의 욕구를 심도 있게 파악하고자 할 때 많이 사용한다. 예를 들면, 조사대상자가 마트에서 생활용품을 구매하고, 카페에서 커피 마시면서 시간을 보내고, 레스토랑에서 친구 만나는 모습 등을 촬영하는 방식이다.

② 비디오 에스노그래피

비디오 에스노그래피(Video Ethnography)는 특정 제품이나 환경에 대한 소비자의 사용행태를 특정 지점에 카메라를 고정설치해서 기록하고 관찰하는 방식이다. 조사대상자의 거실에 카메라를 설치해 놓고, 가정에서 냉장고, TV 등 가전제품을 실제 사용하는 과정상의 문제점을 파악하거나 대형마트의 식품매장 등 특정 환경에서 소비자들이 매장을 어떻게 이용하는지 움직이는 동선이나 제품 디스플레이, 판매대 위치 등을 관찰해서 문제점을 파악하고, 이를 개선하거나 새로운 아이디어를 도출할 때 활용한다.

③ 홈 방문

홈 방문(Home Visiting)은 조사대상 가구를 방문하여 가정환경이나 구성원들과 인터뷰 등을 통해 라이프스타일 및 제품사용행태 등을 파악하는 방식이다. 일반적으로 가정에서 많이 사용하는 세탁기, 공기청정기, 진공청소기 등의 제품들을 실제로 어떻게 사용하고 있는지를 관찰하고, 사용하면서 느끼는 불편한 점이나 개선요구사항 등을 인터뷰를 통해 조사할 수 있다.

④ POP

POP(point of purchase)는 소비자가 구매시점(POP)에 매장 내에서 어떻게 쇼핑행동을 하고, 진열상태, 동선 등 매장을 관찰하고 판매원과 인터뷰를 통해 매장환경을 분석하고, 소비자의 구매행동을 관찰하고 문제점을 찾아내는 방식이다. 이를 통해 매장환경을 개선하고 소비자 구매행동을 분석하여 진열대 배열이나 상품구성 등을 조정하고 판매전략을 수립하는데 주로 활용될 수 있다.

(2) 신체반응관찰법

소비자의 신체반응을 관찰하는 조사법은 최근에 첨단의료장비의 발달로 뇌영상(brain imaging), 뇌파(brain wave), 시선추적(eye tracking) 등 다양한 뇌 과학기술을 이용해 소비자 잠재의식 속의 뇌세포 활성화나 자율신경계변화 등을 측정하여 소비자심리 및 행동적 특성을 파악하는 기법이다. 이런 뇌 과학을 활용한 뉴로마케팅(neuromarketing)은 뇌 속에 정보를 전달하는 신경뉴런(neuron)과 마케팅을 결합한 단어로, 주요 연구기법으로는 뇌와 신경혈류 간의 상호작용을 시각적으로 표현하는 뉴로이미징 기법, 뇌파를 분석하여 뇌 영역의 전기적인 활동성을 측정하는 수면뇌파측정(EEG: Electroencephalography)기법, 뇌로 가는 혈류흐름을 측정하여 뇌의 활동을 측정하는 기능적 자기공명영상(fMRI) 등이 있다. 뉴로마케팅은 소비자가 무의식적으로 느끼는 감정변화, 시선의 움직임, 심리와 행동변화 등을 연구해 이를 신제품개발 및 개선, 광고효과측정 등에 활용하려는 시도이다. 그리고 시선추적(eye tracking)조사는 동공의 움직임과 동선을 추적하여 소비자 탐색반응을 계량적으로 수치화하는 방법이다. 소비자들이 매장에 방문해서 쇼핑할 때, 시선의 움직임을 분석하여 판매매장을 최적화하고 효과적인 디스플레이 방안을 도출하는 등을 위해 이용된다.

(3) 무의식 세계 조사법

소비자의 무의식 세계 조사법은 최근에 인지심리학이나 뇌 생리학 등 인간의 신체, 심리, 내면의 세계에 대한 통찰을 통해 소비자의 무의식 세계를 조사하는 방법들이 나타나고 있다. 이런 방법 중에서 대표적인 조사방법으로 잘트만식 은유추출법(ZMET: Zaltman Metaphor Elicitation Technique), 브랜드 개념도(brand concept map) 등이 있다. ZMET 방법은 인간의 사고는 언어가 아닌 이미지를 기반으로 하고 있으며, 의사소통의 대부분은 비언어적 소통, 즉 접촉, 공간이나 시간단서, 눈짓 등으로 이루어지고, 은유는 사고과정의 중심이라는 것을 전제로 하고 있다. 그리고 이러한 이미지, 은유 등을 파악하여 언어를 통해서 잘 드러나지 않는 보다 심층적인 의미를 파악할 수 있다.

실무적으로는 〈표 1-2〉와 같이, ZMET 방법을 통해 조사할 때에는 조사대상자에게 키워드를 주고, 이에 관한 사진이나 그림 등을 가져오도록 주문하고, 이렇게 준비된 이미지를 기반으로 이 안에 담긴 은유, 심층적 의미, 감성 등을 발견해 나가게 된다. 이런 방법으로 조사내용을 분석한 결과로 공유개념도(consensus map)와 심층은유를 파악할 수 있다. 즉 소비사들이 공유하는 맥락과 상황에서 그들이 경험한 사고와 감정을 파고들면, 그들이 공유하는 중요한 개념을 도출할 수 있는데, 이것이 공유개념도가 되는 것이다.

ZMET 방법은 주로 브랜드나 제품콘셉트 발굴, 포지셔닝 재정립, 소비자의 중요한 욕구발굴, 신상품 기회발굴, 회사 이미지창출, 커뮤니케이션 전략개발 등에 주로 활용된다.

또한, 브랜드 맵(brand map) 방법은 소비자들의 의식 및 잠재의식 속에 형성된 제품이나

표 1-2 ZMET 진행단계

사전준비	2주 전에 참가 안내문을 발송하고, 6~8장의 그림을 준비해 오게 한다
스토리텔링 단계	참여자가 가져온 그림에 대해 이야기한다. 면담자는 참가자에게 그림의 의미를 묻거나 예를 들어 보라고 하며, 결과에 대해 이야기 하도록 한다. 각 그림에 대해 10~30분 정도 인터뷰를 진행한다.
그림틀 확장 단계	가져온 그림의 틀을 확장했다면, 어떤 인물이나 상황이 포함될지를 묻는다. 틀을 깨고 더 많은 사고와 감정을 이야기하고 상상력을 발휘할 수 있다.
3각 비교법 단계	임의의 그림 3개를 두고, 유사한 2개와 다른 1개를 고르게 한다. 그 후에 유사한점과 차이점을 비교하게 한다.
감각이미지 단계	주제에 대한 생각과 감정을 촉각, 후각, 미각, 청각, 색깔로 표현하도록 한다. 체화된 은유를 더욱 잘 나타나게 한다.
작품만들기 단계	주제를 중심으로 영화나 연극을 만들어 이야기하게 한다. 특정 배경에서 살아 움직이는 인물을 사건을 통해 표현하게 한다. 새로운 사고를 자극하여 추출한다.
디지털이미지 단계	참여자가 가져온 그림들을 스캔해서 참여자가 원하는 대로 조합하여 하나의 이미지를 만들어낸다. 주제를 한 장의 그림으로 압축하여 표현하게 함으로써 참여자가 가져온 그림 간의 관계를 시각적으로 이해할 수 있다.

자료원 : https://blog.naver.com/ryanplee/140105058404

브랜드에 대한 연상들을 심층면접을 통해 규명하고, 하나의 공유개념도를 통해 브랜드 개념도(brand concept map)를 도출하는 기법이다. 예를 들면, [그림 1-8]과 같이, 스타벅스 커피의 브랜드 개념도를 통해서 소비자는 1차적으로 연상되는 개념은 리더브랜드, 커피, 커피점, 서비스, 분위기 등이며, 이러한 개념들을 통해 2차 혹은 3차적으로 연상개념들을 도출할 수 있다. 그리고 이들 각각의 개념들 간의 연관성 강도에 따라, 강한 연상, 중간 연상, 약한 연상 등은 화살표 선의 굵기에 따라 구분하고 있다.

그림 1-8 스타벅스 커피의 브랜드 개념도

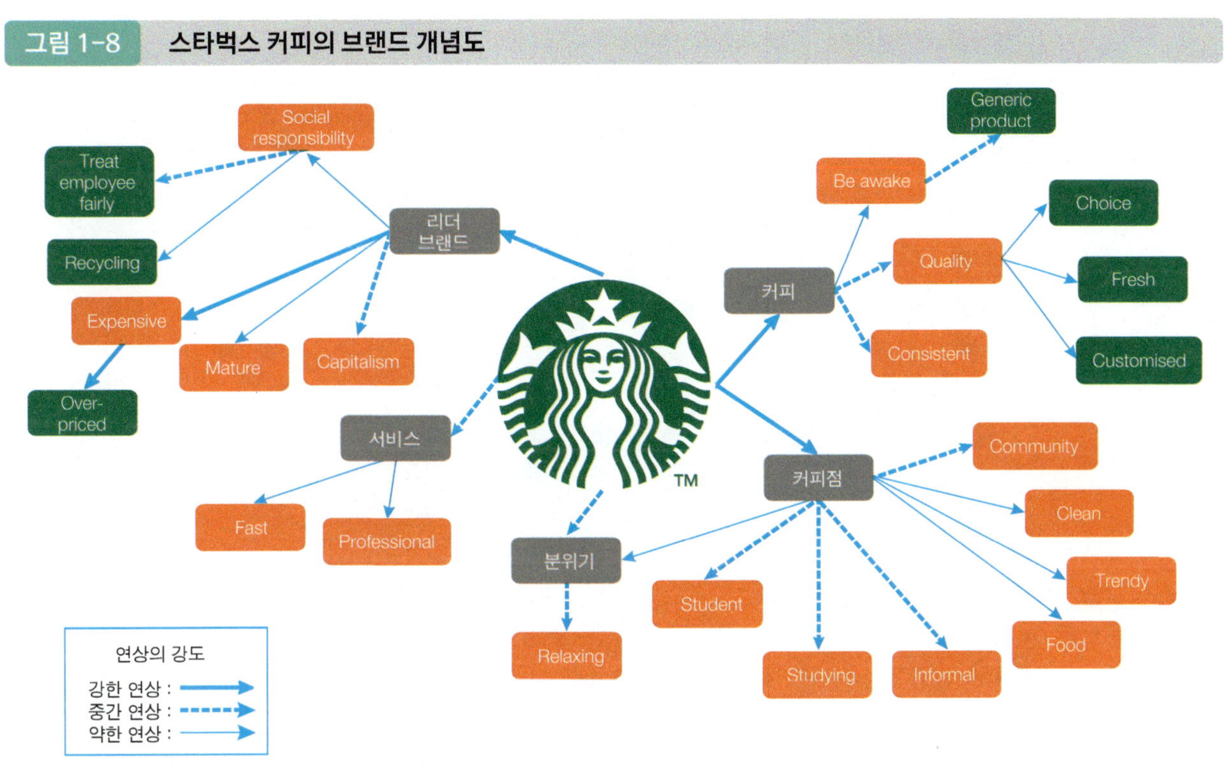

자료원 : https://marketinghacker.weebly.com/what-is-a-brand.html

2.4 소비자 욕구분석방법

소비자의 욕구조사에 대해서 살펴본 바와 같이, 전통적으로 질문조사, 실험조사 등을 통해 이루어졌으며, 소비자의 내면적인 욕구조사는 소비자행동관찰법, 소비자 신체반응관찰법 등을 주로 사용하였다. 이러한 고객의 욕구를 조사하고 분석한 결과를 파악하여, 마케팅관리적 관점에서 마케팅전략의 핵심인 시장세분화, 표적시장의 선정, 그리고 제품포지셔닝 등을 결정하는데 중요한 지침을 제공해 준다.

1. 기존의 욕구분석 방법과 마케팅 활용

기존의 욕구분석은 주로 NPD/NSD(New Product/Service Development) 접근법으로 소비자의 욕구를 분석하고 이해하는 점에서 출발한다. 제품중심의 경우에는 표준화나 규격화

그림 1-9 시장세분화, 표적시장 선정 및 제품포지셔닝의 주요 단계들

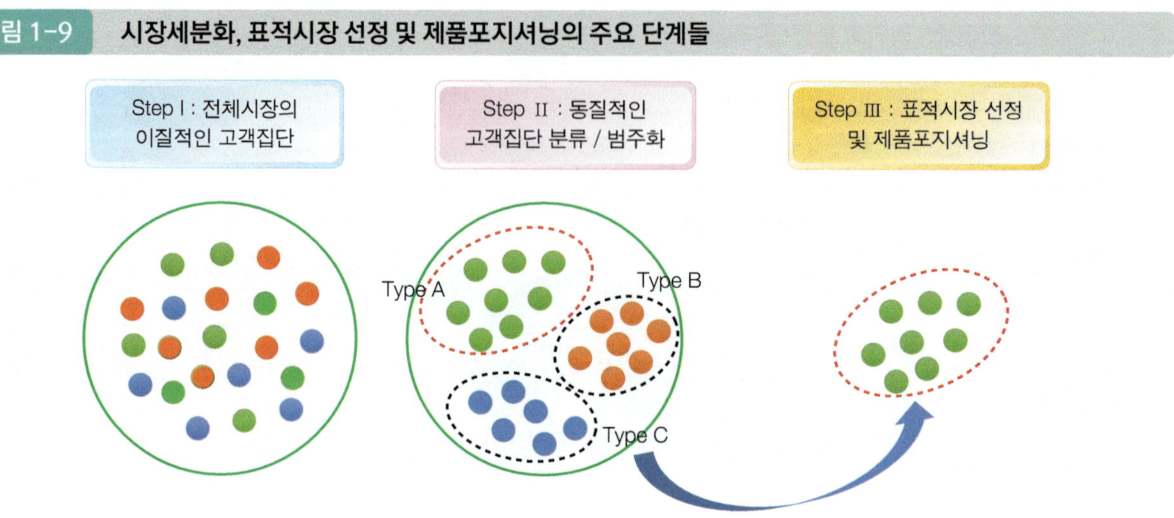

등으로 대량생산, 대량유통 및 대량촉진 등을 통해 전체시장을 공략하기 위해서, 비용절감과 품질관리 측면에서 소비자의 욕구를 반영할 때는 구매하는 소비자들의 기대수준의 평균에 맞추어 진행하게 된다. 이는 전체 소비자 시장을 공통된 욕구를 가진 하나의 동질적인 시장(homogeneous market)으로 인식하고, 기업은 하나의 제품이나 서비스를 가지고 전체시장을 공략하는 전통적인 대량마케팅(mass marketing) 전략이다. 하지만 전체시장을 하나의 시장으로 보고 접근하는 대량마케팅 전략은 크게 효과를 거두기가 어렵다. 왜냐하면, 전체시장은 실제로는 다양한 소규모의 이질적인 여러 개의 소비자 집단으로 구성되어 있기 때문이다.

따라서 소비자의 욕구를 효과적으로 충족시키고, 기업의 한정적인 자원을 효율적으로 활용하기 위해서는 [그림 1-9]와 같이, 이질적인 다양한 욕구집단으로 구성되어 있는 전체시장을 적절한 기준에 따라 소규모 동질적인 소비자 집단들로 세분시장을 분류하고 그룹화하는 시장세분화를 해야 한다.

그리고 세분화된 시장들 중에서 차별화된 마케팅믹스 전략으로 공략할 수 있는 표적시장을 선정하여, 이러한 표적시장에 경쟁우위를 달성할 수 있는 제품의 위치를 확보하여 바람직한 브랜드 이미지를 정립할 수 있는 제품포지셔닝 개념을 결정해야 한다.

이와 같이 표적시장에 바람직한 제품포지셔닝이 결정되면, 마케터는 포지션에 맞는 제품, 가격, 유통, 촉진 등 마케팅믹스 전략을 개발하고 실행함으로써, 자사의 브랜드 개성을 형성하고, 소비자의 욕구도 효과적으로 충족시켜서 기업의 성과를 달성할 수 있을 것이다. [그림 1-10]은 시장세분화, 표적시장의 선정, 제품포지셔닝 등 표적시장의 마케팅전략 수립과정을

그림 1-10 **표적시장의 마케팅전략 수립과정**

시장세분화 (Segmentation)	· 소비자 욕구가 동질적인 세분화를 위한 기준 및 변수 선정 · 각 세분시장의 대표적 프로파일 특성 파악
표적시장 선정 (Targeting)	· 각 세분시장의 매력도 평가 및 자사의 자원능력의 적합성 평가 · 세분시장 중에서 가장 효과적으로 평가되는 최적의 표적시장 선정
제품포지셔닝 (Positioning)	· 표적시장의 소비자분석과 경쟁제품 포지션 분석 · 자사브랜드의 차별성과 이상적인 포지셔닝 개념 정립
마케팅믹스 (Marketing Mix)	· 포지셔닝 개념에 가장 부합되는 마케팅 믹스 전략 개발 · 마케팅믹스 전략을 통한 효과적인 고객욕구 충족

나타낸 것이다.

(1) 시장세분화

전체시장은 서로 다른 욕구와 특성을 가진 소비자들로 구성되어 있기 때문에, 소비자들은 개인적인 특성뿐만 아니라 구매행동도 서로 다른 양상을 보인다. 그래서 마케터는 서로 다른 욕구를 가진 소비자들의 욕구를 효과적으로 충족시키기 위해서는 각기 다른 제품이나 서비스들로 시장에 접근해야 된다. 이런 경우에 비용이 매우 크게 상승하여 수익성이 떨어져서 경제성이 없다. 그렇지 않으면, 개별 소비자들의 욕구를 무시하고 전체시장을 동질적인 것으로 보고 하나의 표준화되고 규격화된 제품이나 서비스로 마케팅믹스 전략을 실행하는 경우라도 마찬가지로 비효과적이라서 바람직하지 않을 것이다.

따라서 마케터는 서로 이질적인 개별 소비자들의 욕구를 충족시켜주고 비용효율성을 높여 수익성을 증대시키기 위해서, 소비자들을 적절한 기순으로 몇 개의 삭은 세분시상(market segments)으로 구분하여 시장을 공략하는 것이 더 효과적일 것이다. 즉 전체시장을 특정 제품군에 대한 소비자 욕구, 태도, 의견, 구매행동 등이 유사한 동질적인 집단으로 분류하고 범주화하는 것이 시장세분화(market segmentation)이다.

시장세분화는 소비자들을 구분하는 것이므로, 소비자의 욕구, 태도, 의견, 구매행동 등의 특성들이 집단 내의 동질성과 집단들 간의 이질성을 얼마나 극대화할 수 있느냐 하는 것이 가장 중요한 기준이 된다.

시장세분화 기준으로는 인구통계적, 심리분석적, 행동적, 지리적 변수 등이 있다. 인구통계적 변수는 연령, 성별, 소득, 직업, 교육수준, 가족수명주기, 종교 등으로 자료수집이 쉽고, 객관성이 높아서 가장 널리 이용되고 그 유용성이 높다. 심리분석적 변수는 소비자들의 개성, 가치관, 라이프스타일, 사회계층 등으로, 소비자 개인의 심리적 특성이 소비자행동에 크게 영향을 미치기 때문에 중요한 변수가 될 수 있다. 행동적 변수는 제품으로부터 추구하는 편익, 구매량, 구매빈도, 브랜드 충성도 등으로, 소비자가 제품이나 서비스를 구매하고 사용하는데 직접적으로 관련된 변수들이다. 지리적 변수는 지역, 기후, 인구밀도 등으로, 소비자가 거주하는 지리적 특성이나 제반 환경 특성에 따라 구매행동들이 다르게 나타나는 경우에 중요한 변수가 될 수 있다.

(2) 표적시장의 선정

전체시장을 소비자의 욕구에 따라 여러 개의 세분시장으로 구분하는 시장세분화 과정을 거친 후에는 각 세분시장에 대한 매력도를 분석해서 표적시장을 선정하게 된다. 표적시장(target market) 선정은 시장세분화 과정을 통해 구분된 전체 세분시장들 중에서 기업이 마케팅 자원과 활동을 집중적으로 수행하여 마케팅 성과를 창출하고자 하는, 하나 혹은 여러 개의 세분시장을 선정하는 과정이다.

표적시장을 선정하기 위해서는 각 세분시장의 매력도를 평가해야 하는데, 세분시장의 매력도 평가는 고객측면, 경쟁사 측면, 자사측면 등에서 이루어질 수 있다. 고객측면에서는 세분시장의 규모, 성장성, 수익성 등에서 매력적인 시장인가를 평가하는 것이다. 세분시장의 규모는 현재 및 미래의 성장성과 수익성에도 중요한 문제이기 때문에 충분한 규모 이상이 되어야 한다. 경쟁사 측면에서는 충분한 규모의 시장이라고 할지라도 많은 수의 경쟁사가 진출해 있다든지, 아니면 진출가능성이 높은 시장이라면 신중한 결정을 해야 한다. 자사측면에서는 진출할 표적시장이 자사의 목표, 문화, 전략, 이미지, 기술 등과 적합성을 고려해야 한다.

이런 과정에서 매력적인 세분시장이라서 표적시장으로 선정했다면, 기업이 선택할 수 있는 전략으로 비차별화 마케팅, 차별화 마케팅, 집중화 마케팅전략 등이 있다.

비차별화 마케팅전략은(undifferentiated marketing strategy)이란 기업이 세분시장 간의 소비자들의 욕구 차이점보다는 동질성에 초점을 두고 전체시장을 대상으로 한 가지 제품을 가지고 표준화된 마케팅믹스를 개발하여 마케팅 활동을 하는 것을 의미하는 것이다. 이는 대중마케팅처럼, 규모의 경제를 통해 비용효율성이 높지만, 고객의 욕구를 효과적으로 충족시키기가 어렵다는 단점이 있다.

차별화 마케팅전략(differentiated marketing strategy)은 여러 세분시장 각각에 서로 다른 마케팅믹스 프로그램을 적용하는 것을 의미한다. 기업은 차별적 마케팅전략을 통하여 다양한 제품을 해당 세분시장에 제공함으로써 전체적인 매출과 시장점유율을 증가시킬 수 있다. 이는 비용이 많이 드는 단점이 있지만, 세분시장의 소비자 욕구를 효과적으로 충족시킬 수 있는 장점이 있다.

집중화 마케팅전략(concentrated marketing strategy)은 기업이 하나의 주요한 세분시장을 선정하고, 해당 세분시장의 소비자 욕구를 충족시킬 수 있는 하나의 제품으로 마케팅믹스 전략을 제공하는 일에 자사의 모든 역량을 집중하는 것을 의미한다. 제한된 자원을 보유한 기업은 한정된 자원을 효율적으로 활용하기 위하여 특정한 시장이나 틈새시장(niche market)을 선정하고 집중함으로써 효익을 얻을 수 있다.

(3) 제품포지셔닝

기업이 시장세분화를 하고 자사의 마케팅 역량을 집중할 표적시장을 선정한 후에는 표적시장의 소비자들 마음속에 어떤 위치에 자사의 브랜드를 포지셔닝할 것인지를 결정해야 한다. 제품포지션(product position)은 상대 경쟁제품과 비교해서 소비자의 마음속에서 차지하는 위치로서, 제품이나 브랜드를 경쟁사에 비해 상대적으로 어떻게 인식하고 있는지를 나타내는 것이다. 마케터는 여러 세분시장 중에서 표적시장을 선정하고, 그 시장 내에서 효과적인 마케팅활동을 수행하고자 할 때에는 자사제품이 상대 경쟁제품들과 다른 차별적 특징을 보유하여 소비자의 욕구를 보다 잘 충족기켜줄 수 있다는 인식을 소비자에게 심어주어야 하는데, 이러한 과정을 제품포지셔닝(product positioning)이라고 한다. 즉, 제품포지셔닝은 표적시장 소비자의 마음속에 경쟁사에 대비한 자사제품의 바람직한 이미지를 창조하고 유지하기 위하여 제품개념을 정하고, 개발된 제품을 소비자들의 지각 속에 적절히 위치시키려고 하는 활동과정이라고 할 수 있다. 포지셔닝의 유형에는 제품속성에 의한 포지셔닝, 이미지에 의한 포지셔닝, 경쟁제품에 의한 포지셔닝, 사용상황에 의한 포지셔닝, 제품사용자에 의한 포지셔닝 등 여러 가지가 있다.

① 제품속성에 의한 포지셔닝

제품속성에 의한 포지셔닝은 자사제품의 속성이 경쟁제품에 비해 차별적 속성을 지니고 있어서 그에 대한 편익을 제공한다는 것을 인식시켜주는 전략을 말한다. 이 방법은 경쟁제품과 차별화되는 특징이나 소비자가 중요시 여기는 자사제품의 속성을 부각시키기 위해 사용되고

광고 1-3 **펩시콜라 광고**

있다. 예를 들면, 칼슘성분을 강화한 '서울우유의 뼈에 속속 고칼슘우유', 안전을 강조하는 'Volvo 자동차' 등은 제품속성을 기준으로 포지셔닝한 것이다. 그리고 최근에 펩시콜라는 '제로 슈가' 속성을 강조하면서 포지셔닝시키고 있다.

② 이미지 포지셔닝

이미지 포지셔닝은 제품의 상징적이고 감각적인 편익이나 속성, 혜택을 강조하는 방법, 즉 제품이 지니고 있는 추상적인 편익을 소구하는 전략이다. 주로 보석, 고급시계, 고급화장품, 고급 패션의류 등의 명품 브랜드의 제품이미지를 통해 자아이미지를 향상시키고자 하는 소비자심리에 소구하는 방법이다. 예를 들면, 샤넬의 향수브랜드 코코마드모아젤(Coco Mademoiselle)은 파리를 배경으로 미드〈가십걸〉로 유명한 배우 휘트니피크(Whitney Peak)가 등장하는 광고를 통해 럭셔리한 향수 한 병 구매로, 이 모든 것을 향유할 수 있는 듯한 이

광고 1-4 **샤넬의 코코마드모아젤 광고**

미지에 의한 포지셔닝을 하고 있다.

③ 경쟁제품에 의한 포지셔닝

경쟁제품에 의한 포지셔닝은 소비자의 인식 속에 경쟁제품과의 비교를 암시적으로 지각하게 만들어 그에 대한 차별적 편익을 강조하는 방법이다. 예를 들면, 삼성전자의 갤럭시워치5는 애플워치8과 비교광고를 했는데, 광고영상에서 초반에 힘차게 굴러가던 '원형(갤럭시워치)'이 '사각형(애플워치)'의 도미노를 와르륵 쓰러트리고, 더 견고해진, 더 강력해진, 원 & only, 갤럭시워치 5, 5 Pro 뿐이라는 메시지를 비교광고를 통해 잘 표현하고 있다.

광고 1-5 갤럭시 워치5, 워치5 Pro 광고

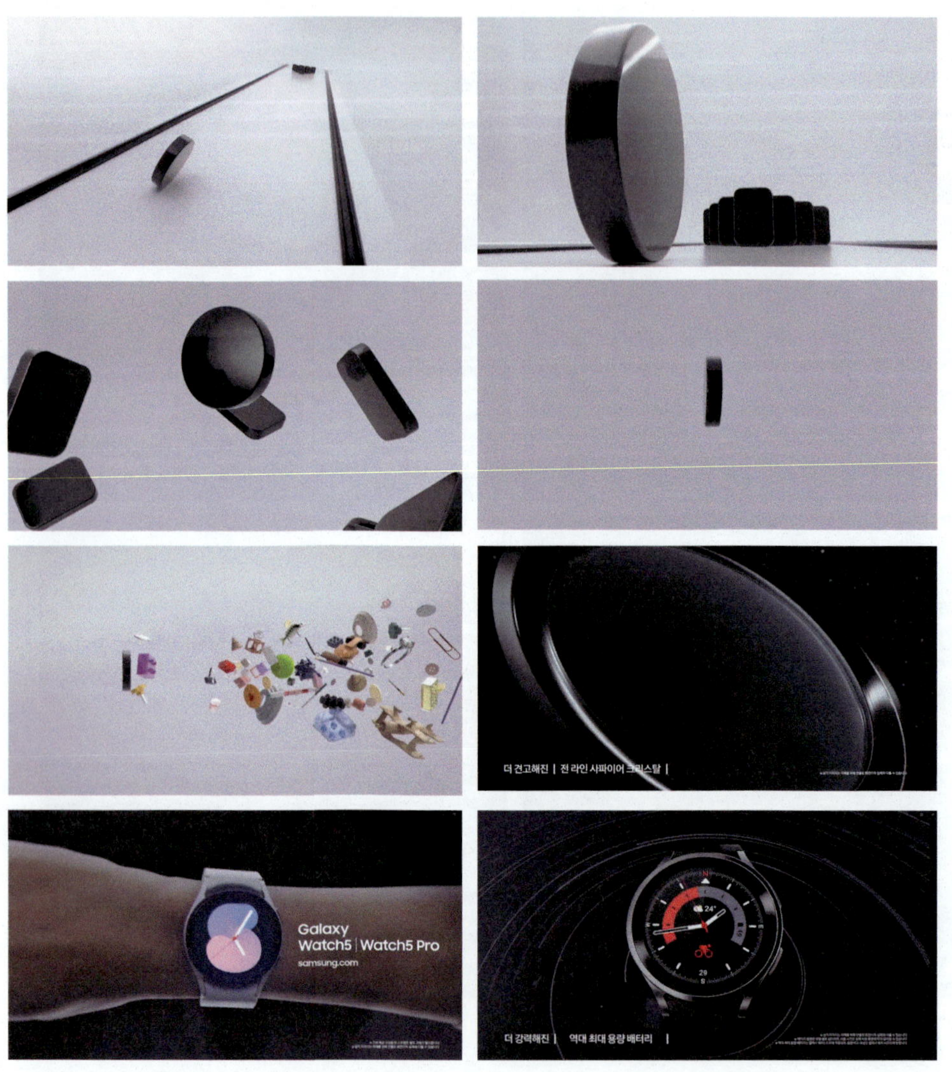

④ 사용상황에 의한 포지셔닝

사용상황에 의한 포지셔닝은 자사제품의 적절한 사용상황을 알림으로써 경쟁제품과 사용상황에 따라 차별적으로 인식시키려는 전략이다. 예를 들면, 게토레이의 경우, 초기에는 주로 '갈증해소용'으로 소구를 해서 성공을 했는데, 최근에는 '땀흘리는 순간'으로 사용상황에 의한 포지셔닝을 하고 있다.

광고 1-6 **게토레이 광고**

⑤ 제품사용자에 의한 포지셔닝

제품사용자에 의한 포지셔닝은 제품사용자나 사회계층과 연계시켜서 포지셔닝시키는 방법으로, 경쟁제품에 비해 차별적으로 인식시키기 위해서 유명인이나 특정 계층의 소비자들을 자사제품과 자연스럽게 연계시키기 위한 전략이다. 예를 들면, 토탈헬스케어 기업, 한독의 근육통 관절염치료제 '케토톱' 제품은 골프, 테니스, 탁구 등 운동 후에 '캐내면 CAN, 케토톱'이라고 하면서 인기 연예인 고두심을 모델로 연계시켜 사용자 포지셔닝을 하고 있다.

광고 1-7 한독의 케토톱 광고

2. 새로운 욕구분석 접근법과 마케팅 활용

기존의 소비자 욕구분석 접근법은 앞서 살펴본 바와 같이, 설문지, 인터뷰, 실험, 관찰법 등을 통해 소비자 욕구를 이해하고, 전체시장에서 동질적인 소비자 욕구를 찾아서 분류하고 집단화하는 시장세분화 과정을 거치는 것이다. 그리고 여러 개의 세분시장 중에서 시장의 매력도를 평가한 후에 표적시장을 선정하고, 제품포지셔닝 개념을 개발한 후에 마케팅믹스 전략을 통해 표적시장에 맞는 제품이나 서비스를 개발하고 공급하는 것을 의미한다.

이러한 시장세분화 과정은 주로 제품중심으로 소비자의 욕구가 동질적인 소비자집단들은 범주화하고, 이들 중에서 매출액이 높을 것으로 예상되는 범주화된 표적집단을 대상으로 제품의 표준화와 규격화를 통한 규모의 경제를 실현하는데 초점을 두고 있다. 그리고 소비자의 욕구를 반영하는데 있어서도 특정 시점에 소비자의 욕구충족을 위한 기대수준의 평균치에 맞춰서 주로 진행되기 때문에 효과적인 욕구충족을 통한 높은 고객만족도를 기대하기는 어려울 수도 있다. 또한 소비자의 욕구는 지속적으로 변화하는데 특정 시점에 욕구를 측정하는 것은 욕구의 변동성을 측정하고 적용하는 과정상의 어려움이 있으며, 경험하지 못하거나 유형화되지 않은 미래 서비스 및 제품에 대한 욕구나 기대수준 등을 판단하는 데에는 한계가 있다고 할 수 있다.

또한, 최근 경제의 고도화를 측정하는 핵심지표로 경제의 서비스화 정도가 중요하게 평가되고 있으며, 사업의 구조도 서비스 중심으로 변화될 필요성이 제기되어 제품의 서비스화가 접목되어 활용되고 있다. 서비스화(servitization)란 '제품–서비스의 융합을 통해 소비자의 욕구를 충족시키고 핵심역량의 강화를 통해 지속적인 경쟁력을 확보하기 위한 전략'이자 '제품의 서비스화(Product Servitization)와 서비스의 제품화(Service Productization)를 포함'하는 개념을 말한다. 즉, 서비스화란 기존의 제조기업이 제품을 판매하는 방식에서 서비스를 제품화하여 판매하는 방식으로의 전환을 의미하며, 이는 제조업체가 단순히 생산활동만을 수행하던 것에서 벗어나 새로운 가치창출을 위해 서비스 분야로 사업영역을 확장시키는 것을 의미한다. 이는 4차 산업사회의 ICT(Information & Communication Technology)기술과 융합하여 산업분야에서 서비스화는 소비자의 요구사항에 반응하여 소비자의 기대에 대한 맞춤형 서비스개발이 필요함을 의미한다.

이와 같이 기존의 욕구분석 접근법의 한계점이나 문제점을 개선하고, 최근 ICT의 발전으로 소비자의 반응이나 욕구를 보다 다양하고 쉽게 수집할 수 있는 가능성이 높아짐에 따라, 새로운 욕구분석 접근법의 필요성이 대두되고 있다.[11)]

(1) 컨버전스 비즈니스 분야에 적용할 필요성

4차 산업혁명 시대의 컨버전스(convergence)는 주요 관심의 대상이 되고 있다. 융합이라는 의미의 컨버전스는 산업분야에서 기존의 인프라를 통해 새로운 서비스를 제공하는 것, 새로운 형태의 인프라를 개발하는 것, 새로운 능력을 제공하기 위해 기존 서비스와 기술들을 개선시키는 것 등으로 정의될 수 있다. 이는 기존의 가치를 감소시키지 않고 새로운 가치를 창출하고, 영역을 확대하거나 기능을 통합하는 현상을 의미한다. 이러한 측면에서 컨버전스 비즈니스(convergence business)는 기존의 산업별 사업기회 관점에서 바라볼 수 있는 체계와 달리, 서로 다른 이종산업의 핵심역량이나 경쟁우위 특성의 결합을 통해 시너지 효과를 모색할 수 있다. 이는 서로 다른 이종산업의 시장이 결합함으로써, 기존에 존재하지 않았던 새로운 시장 영역이 창출되는 것으로 이해할 수 있다.

최근에 컨버전스 비즈니스 분야에서는 이종산업 간의 융복합을 통한 새로운 비즈니스 마켓을 찾으려는 시도가 많아지고 있다. 예를 들면, 애플의 신화를 창조한 스티브 잡스는 iPhone과 앱스토어 사례를 설명할 때, 기존의 소비자 분석방법을 적용하기보다는 비즈니스 기회를 창의성과 상상력으로 정의하고, 이를 실행하는 새로운 접근법의 중요성을 강조하였다. 즉 미래에 존재하고 있는 비즈니스 기회는 기존의 소비자가 경험하지 못한 제품이나 서비스이기 때문에, 시장세분화를 통해 소비자들의 욕구가 동질적인 집단으로 구분하는 기존의 욕구분석 접근법으로는 한계가 있음을 제기하였다. 이는 제품이나 서비스에 대해 소비자가 스스로 어떤 욕구를 기대하고 있는지를 지각하지도 못하고 있는 잠재소비자들을 대상으로 자사의 제품이나 서비스에 대해 인식시키고 만족할 수 있도록 해야 함을 의미한다. 다시 말해서, 통상적으

광고 1-8 다양한 컨버전스 제품/서비스

[스마트폰 – 전화+게임+카메라 등]

[PSP – 게임기 + 멀티미디어 플레이어]

[가전 + 모바일]

[생수 + 얼음 + 커피머신]

로 명확하게 소비자 욕구가 존재하고, 소비자가 스스로 자신의 욕구가 무엇인지를 잘 알고 있을 때는 기존의 욕구분석 접근법을 통한 소비자 지향적인 마케팅전략 방법도 성공적인 결과를 가져올 수 있다. 하지만, 어떤 경우에는 대부분의 소비자들이 자신이 원하는 것을 잘 모르고 있으며, 경우에 따라서는 무엇이 가능한지 조차도 모를 때가 많이 있다.

따라서 컨버전스 비즈니스에서는 기존의 욕구분석방법을 통한 대표적인 마케팅방법론인 STP(segmentation-Targeting-Positioning)전략을 통한 신규 제품/서비스를 창출하는 접근법보다는 혁신성 및 컨버전스를 통한 새로운 접근법을 통해 시장을 주도적으로 형성하려는 노력이 필요하다.

이런 혁신성 및 컨버전스 접근법은 [그림 1-11]과 같이, 우선 체계적인 욕구분석을 통해 소비자 자신이 인식하지 못하고 있는 잠재욕구를 도출하고, 창의성과 상상력을 기반으로 소비자들에게 전달할 가치제안(value proposition)을 정의해야 한다. 그 후에, 첨단기술력을 바탕으로 설계된 혁신적인 신규 제품/서비스의 범위 안으로 소비자를 유인해서 소비자가 관심을 갖고 효용가치를 인식할 수 있도록 하는 적극적인 마케팅 접근법이 고려되어야 한다. 예를 들면, 2~30년 전만 하더라도 오늘날 소비자들이 일상에서 흔히 사용하고 있는 스마트폰, 노트북, 아이팟(iPod), 디지털카메라, 네비게이션시스템 등의 혁신제품들을 이용하게 될 것이라고

그림 1-11 전통적 STP전략 접근법과 혁신성 및 컨버전스 접근법

전통적 STP전략 접근법
제품/서비스에 대해 인지한 고객욕구
표적시장 선정/포지셔닝을 통한 제품/서비스 창출
시장세분화
혁신성 및 컨버전스 접근법
고객 자신이 무엇을 원하는지 인지 못하고 있는 잠재욕구
신규 제품/서비스에 대한 잠재욕구 인지 및 필요성 부각으로 유도
창의력 기반 혁신적인 신규 제품/서비스의 범위

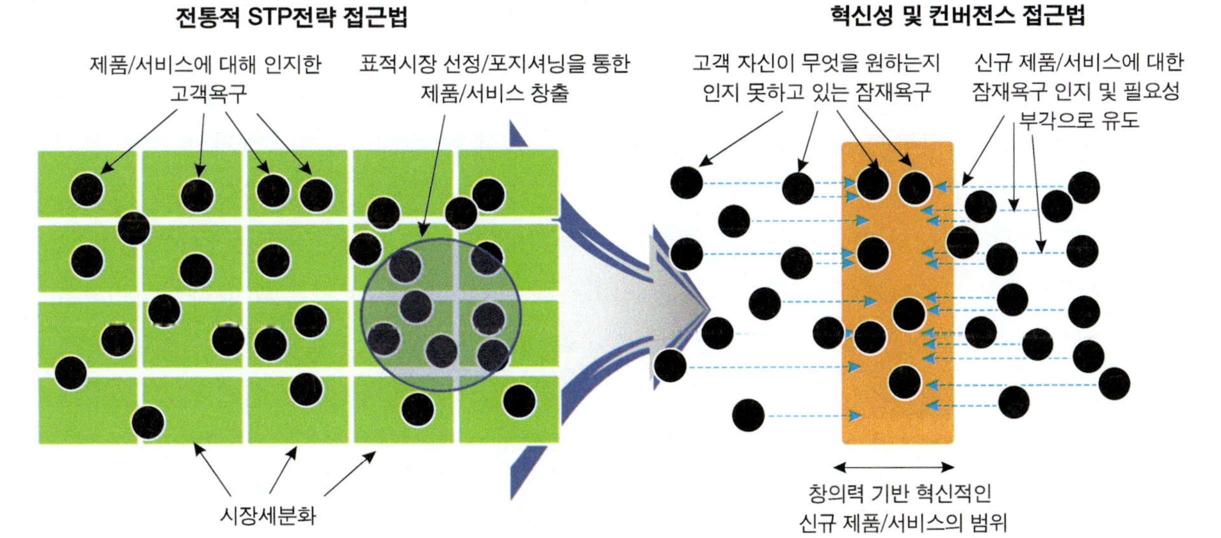

자료원 : Joo, H. Y., J. O. Park and S. W. Kim(2016), Timeline-Based Multi-Need Analysis and Design: Pretest for Measurement Usefulness and Ease of Use, International Journal of u- and e- Service, Science and Technology, Vol.9, No. 3, pp.35-42.

생각한 소비자는 거의 없었을 것이다. 즉 마케터는 소비자가 자신들의 욕구를 이해하는 것보다도 그들의 욕구를 더 잘 이해하고, 욕구의 변화나 추세 등을 면밀히 파악하여, 소비자들이 지각하지 못하고 있는 잠재욕구를 충족시킬 수 있는 혁신적인 제품이나 서비스를 창출하는 노력이 필요하다는 것이다. 그리고 이러한 혁신적인 신규 제품/서비스에 대한 잠재욕구를 소비자들에게 지각시키고, 그 필요성을 적극적으로 부각시켜서 신규 제품/서비스를 수용할 수 있도록 유도할 필요가 있다.

이를 위해서는 기존의 시장세분화를 통해 자사의 제품/서비스가 경쟁우위를 확보할 수 있도록 추진하는 시장포지셔닝 전략보다 소비자가 인지하지 못하고 있는 잠재욕구의 패턴을 예측하고, 이를 발현시킬 수 있도록 하는 PTS(Proposal – Targeting – Setting)의 접근법이 보다 적정할 것으로 판단된다. 우선 Proposal 단계는 평소 인지하고 있지만, 현재까지 등장하지 않았거나, 혹은 등장할 것으로 예상되는 제품/서비스에 대한 기획단계를 의미한다.

예를 들면, 스마트폰 디바이스의 등장으로 가장 핫한 창업 아이템이자 사용자에게 매우 친숙한 게임제품의 경우에는 다양한 장르가 존재한다. 게임제품의 전통적 장르로는 FPS(First-Person Shooter, 1인칭 시점 슈팅게임), RTS(Real Time Simulation, 실시간 전략게임), RPG(Role Playing Game, 역할게임), 보드게임, 캐쥬얼게임 등의 다양한 장르가 존재한다. 그러나 게임의 보상심리를 이용하여 교육적 효과나 기능개선 등을 기대할 수 있는 기능성 게임(serious game)의 경우는 크게 성공한 경우는 거의 없다. 기능성 게임은 기존 게임의 접근법에 건강, 교육, 의료 등의 긍정적 효과를 기대할 수 있는 영역을 추가하여, 새로운 장르를 만든 대표적인 제품/서비스라고 할 수 있다.

기존의 게임장르로 구성된 게임제품에 익숙한 고객층을 대상으로 시장세분화하고 타겟팅하여 서비스를 기획하는 것은 신규고객을 유인하는 것에는 한계가 있다. 하지만 기능성 게임제품의 경우는 게임에 전혀 경험이 없거나 관심이 없는 대상자(예. 군인, 의사, 교사 등)를 유인할 수 있다는 점에서 신규시장을 창출할 수 있는 확률이 상대적으로 높다고 할 수 있다.

물론 Proposal 단계에서 기획된 제품/서비스에 대한 인지도가 낮음에 따라, Targeting 단계에서는 신규고객을 유인할 수 있는 광고, 판촉, PR 등의 다양한 촉진활동이 필요하다. 그러나 기능성 게임제품은 기본적으로 잠재되어 있는 욕구에 기반을 두고 있기 때문에 상대적인 경쟁체계를 항상 고려해야 되는 기존의 게임제품시장보다는 상대적으로 유리하다.

그 이후에 확보된 신규시장에 대해 Setting 단계에서는 경쟁우위를 확보하기 위해 진입장벽을 설치하는 것이 필요한데, 이는 신규시장의 생성이나 확장속도 등을 감안하여 조절할 수 있다는 점이 기존의 시장세분화 접근법과의 차별화될 수 있는 점이라 할 수 있다. 즉 컨버전

광고 1-9 **다양한 기능성 게임들**

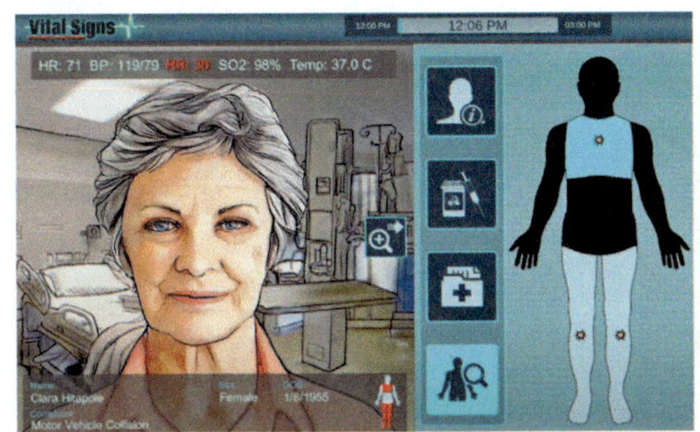

의료형 기능성 게임 – Vital Signs

군사훈련 – America's Army

창의력 증진 – 마인크래프트

질병에 대한 이해 – Plague Inc.

스를 통한 새로운 시장은 과거에 존재하지 않았던 영역임에 따라 우선 시장을 명확하게 하기 위해서, 고객도 존재하지 않고 경쟁자도 없음에 따라 시장을 창출하고 형성하려는 노력을 해야 한다. 그리고 기본적으로 고객의 잠재욕구이긴 하지만, 그 필요성을 인지하지 못하고 있는 고객욕구에 대해 마케팅 자극을 통해 생성시키는 접근법이 필요하다. 예를 들면, [그림 1-12]는 스포츠와 게임의 연계를 통해 새로운 시장의 형성이 가능한 컨버전스 비즈니스의 가치사슬(value chain) 체계를 도식화한 것이다. 스포츠산업의 가치사슬은 일반적으로 장비(equiment)제조(S1), 장비유통(S2), 스포츠경기(S3), 스포츠마케팅(S4), 스포츠정보(S5) 단계들을 거치게 된다. 그리고 게임산업의 가치사슬은 게임연구개발(R&D, G1), 게임퍼블리싱(G2), 게임유통(G3), 게임서비스(4) 단계들을 거치게 된다. 이러한 스포츠-게임 간 컨버전스한 산업의 가치사슬은 게임개발(G1), 게임서비스 제공자(S3+G2+G4)에서 마케팅과 프로모션(S4+G3) 과정으로, 혹은 장치(device)연구개발 및 제조(S1+G1)에서 장치유통(S2)과정으

그림 1-12 스포츠-게임 간 컨버전스 사업화 형성 단계

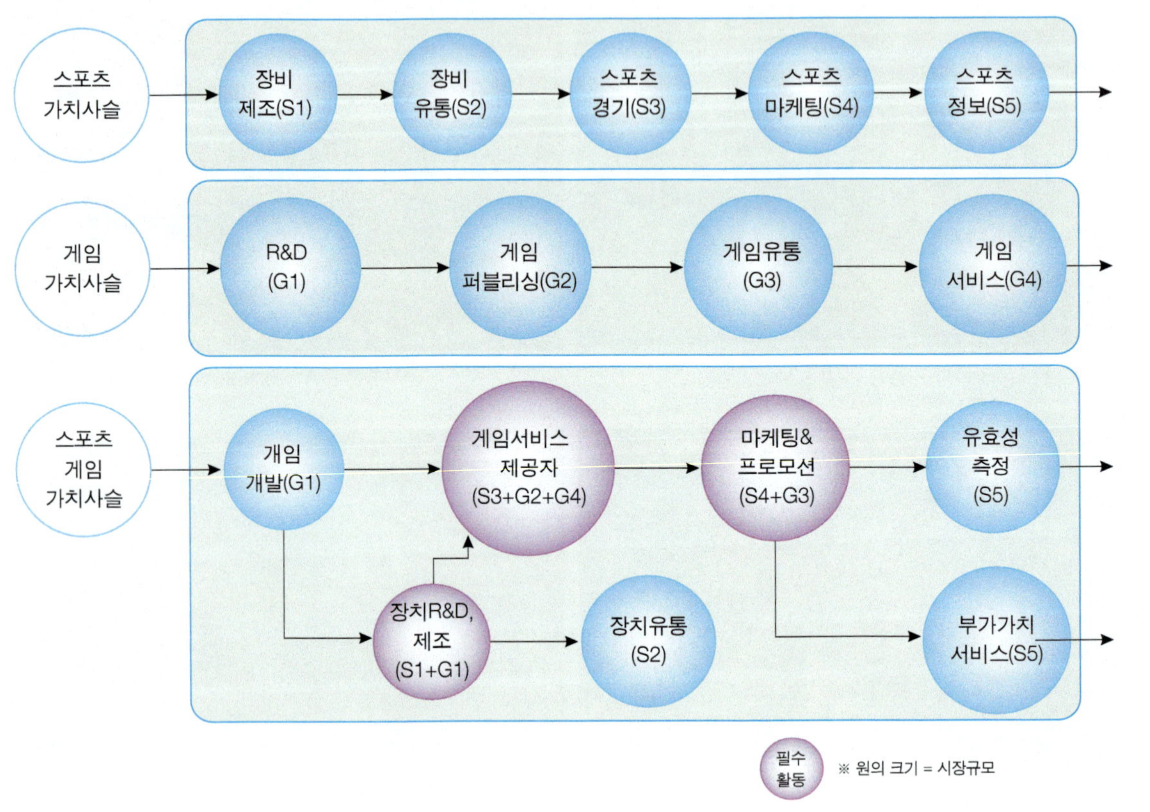

자료원 : Joo, H. Y., M. J. Kim and S. Y. Won(2010), "Market Formation Approach for the IT Convergence Business Development: Case Application-Serious Game," Korea Institute of Information Technology, 8(9), 161-173

로, 마지막 단계에서 유효성 측정(S5) 및 부가가치 서비스(S5)단계들을 거치는 가치사슬체계로 구성될 수 있다.[12)]

(2) 욕구병립형 모델의 새로운 접근법

기존의 소비자 욕구분석을 위한 접근법은 개별 소비자의 맞춤형이나, 혹은 시간이나 상황에 따라 변할 수 있는 욕구를 바탕으로 한 제품/서비스 등에 비해서 소비자들의 욕구나 기대를 충족시키기에는 제한적일 수밖에 없다. 이는 소비자의 욕구를 바라보는 관점이 특정 시점이나 혹은 공간에 초점을 두고 있기 때문이다. 하지만 소비자의 기대와 욕구의 수준은 상시적으로 변화하고 있기 때문에, 이를 연속적으로 측정하고, 제품/서비스의 포지셔닝 전략에 반영되어야 소비자 욕구나 기대를 충족시킬 수 있고 지속적으로 고객만족도를 높일 수 있어 구매나 반복구매로 나타날 것이다.

따라서 기존의 특정 시점(spot)중심의 접근법보다 흐름(flow)중심의 접근법이 필요함을 의미한다. 이러한 흐름중심의 접근법은 그동안 시도하기에는 측정방법의 제약이나 컴퓨터의 성능 등이 부족하였으나, 최근에 빅데이터와 같은 대량 데이터 분석방법과 ICT 및 SW 기술이 급속도로 발전함에 따라, 측정디바이스 및 도구의 개발, 알고리즘 개발 등으로 새로운 접근법의 설계와 구현이 가능해졌다고 볼 수 있다.

① 욕구병립형 모델의 전제 사항

욕구병립형 모델(Need Coexistence Model)은 다음과 같은 3가지 전제사항을 바탕으로 하고 있다.

첫째, 욕구는 표출되는 과정에서 긍정적인 영역과 동시에 부정적인 영역이 존재할 수 있다. 즉 기존의 욕구측정방법은 긍정적인 영역에 초점이 맞춰져 있어서, 욕구의 강도가 0 이상인 경우를 측정하며, 0 이하는 측정대상에서 고려되지 않고 있다.

둘째, [그림 1-13]과 같이, 욕구는 한 가지만 존재하지 않고 A~E 등 여러 개의 욕구가 동시 다발적으로 존재할 수 있다는 것이다. 즉 고객이 특정 행동을 하게 되는 것은 발현되고 있는 여러 개의 욕구중에서 가장 높은 것을 실행하는 것으로 해석할 수 있다. 단, 이때 2가지 이

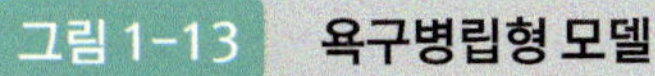

욕구병립형 모델

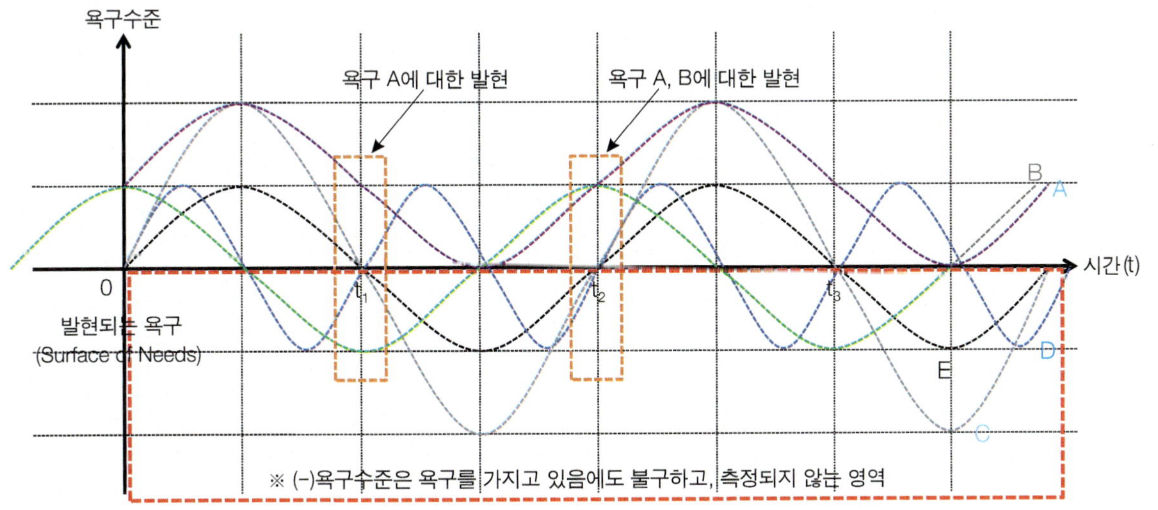

자료원 : Joo, H. Y., J. O. Park and S. W. Kim(2016), op.cit.

상의 욕구수준의 차이가 크지 않을 경우, 해당 욕구를 조합하거나, 혹은 그 이상의 서비스나 제품을 기대하는 욕구가 발생할 수 있다.

셋째, 욕구는 지속적으로 변화하고 그 변화가 특정 패턴을 가지고 있을 것이라는 점이다. 이때 0 이하의 부분에 대해서는 측정할 수 있는 접근법이나 방법이 고려되지 않아, 욕구의 수준이나 변화모습 등을 예측할 수 없었다. 따라서 이 부분에 대한 고려가 추가될 경우에, 연속성 있는 소비자 욕구변화의 전반적인 모습을 유추할 수 있다. 이는 인간의 욕구수준이 높고

그림 1-14 다양한 욕구변화의 패턴

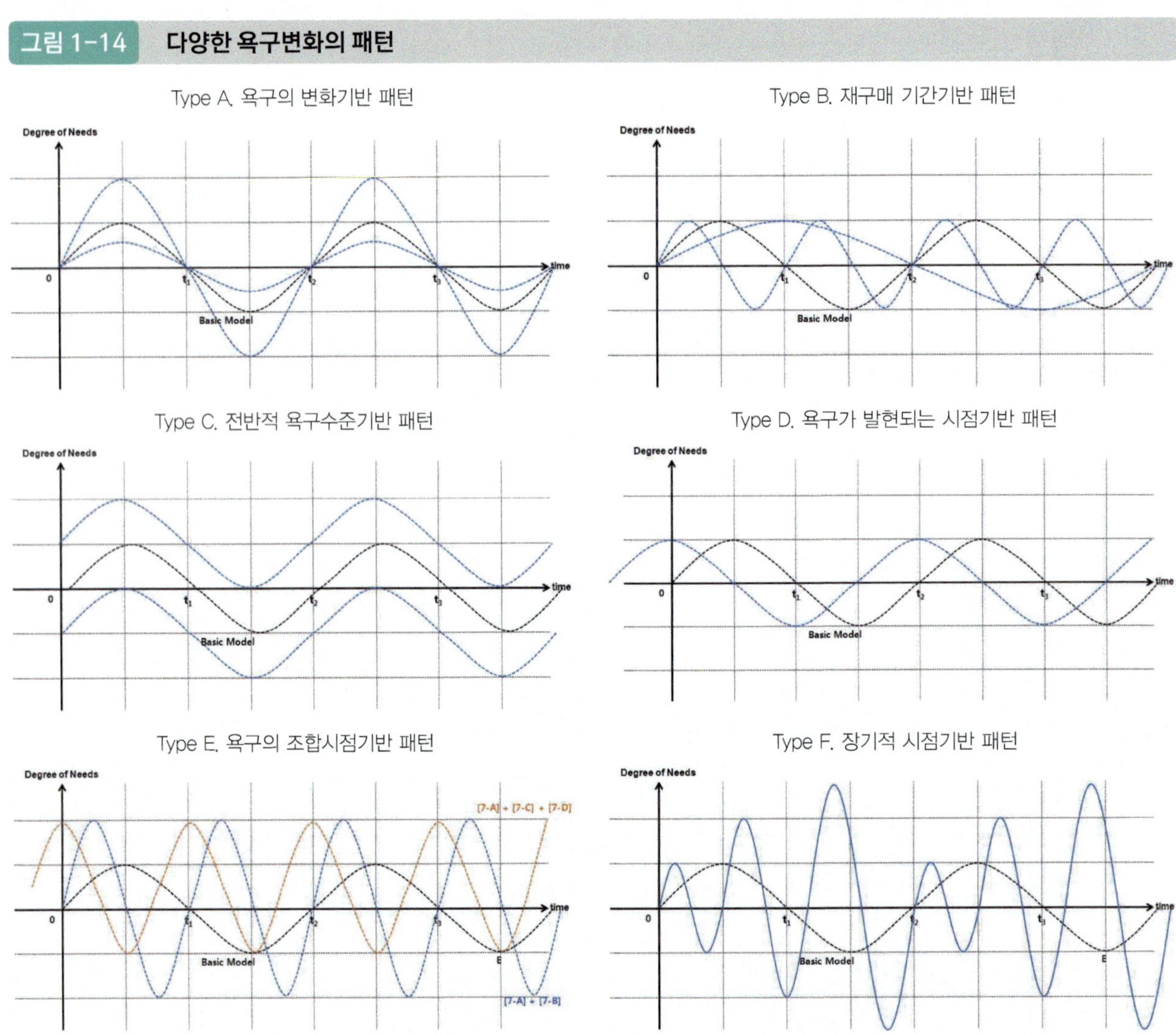

자료원 : Joo, H. Y. and M. J. Kim(2012), "Concept of the Need Coexistence Model for Finding ICT Convergence Business Opportunities," Future Information Technology, Application, and Service, pp. 269-274.

낮은 것이 순간적으로 정해지는 것이 아니라, 특정 규칙을 가지면서 변화할 것이라는 점을 반영한다. 다음의 [그림 1-14]는 욕구의 변화가 가질 수 있는 다양한 패턴을 보여주고 있다.[13)]

- Type A. **욕구의 변화기반 패턴** : 욕구는 개인이나 상황, 또는 자극(트리거) 등에 의해 변화될 수 있다. 이때 욕구의 유형에 따라 그 강도가 달라질 수 있다. 이는 기존의 마케팅에서 논의되고 있는 관여도와 연관된 민감도 등으로 설명될 수 있다. 예를 들어, 개인의 선호도나 관여도가 높은 욕구의 경우는 그 강도가 상대적으로 높게 나타나지만, 그렇지 않은 욕구의 경우에는 그 변화의 차이를 쉽게 인지하기 어려울 것이다.
- Type B. **재구매 기간기반 패턴** : 하나의 욕구를 충족하고 난 후, 다시 그 욕구가 재발현되는데 소요되는 시간이 차이가 날 수 있다. 이는 음식 등과 같이 정해진 시간(예, 삼시세끼)에 따라 다시 발현되거나, 인터넷/모바일 서핑 등과 같이 반복적으로 짧은 시간에 발현되는 것으로 구분이 가능하다.
- Type C. **전반적 욕구수준기반 패턴** : 특정 욕구는 사용자의 퍼스낼러티에 따라 강하게 발현되거나, 혹은 약하게 표현될 수 있다. 사회적 통념이나 학습 등에 의해 받아들여지는 욕구의 경우에는 그 수준이 높게 발현되나 쉽게 받아들여지기 어려운 욕구의 경우에는 존재하지만, 그 강도가 낮아 쉽게 인지하지 못할 수 있다(예, 오타쿠의 욕구, 성소수자의 욕구 등).
- Type D. **욕구가 발현되는 시점기반 패턴** : 욕구는 인지하게 되는 시점으로부터 시작된다. 사용자나 그룹, 혹은 목표로 하는 대상이 욕구를 발현하게 되는 시점이 무엇인가에 따라 차이가 있다. 보편적으로 무의식적인 상황에서의 욕구를 파악하더라도 마케팅에서 구매로 이어지기가 용이하지 않기 때문에, '기상'하는 시점을 발현되는 시점으로 정의하는 것이 적정하다고 판단된다. 따라서 동일한 퍼스낼러티나 속성을 가지고 있는 소비자라고 하더라도 욕구의 발현은 차이가 있을 수 있다.
- Type E. **욕구의 조합시점기반 패턴** : 기본적으로 인간이 가지는 욕구는 동시 다발적으로 발생한다. 이때 각 욕구가 가지는 강도가 동일한 경우, 욕구발현자는 이를 동시에 충족할 수 있거나 혹은 충족할 수 있을 것으로 기대되는 융합적 제품이나 서비스를 기대할 것이다. 이러한 2개 이상의 욕구발현을 위한 동시 충족에 대한 반복적 패턴이 있을 것이다.
- Type F. **장기적 시점기반 패턴** : 단기적으로는 패턴이 보이지 않으나 장기적으로 봤을 때, 일정한 패턴을 가지게 되는 것을 말한다. 이는 계절이나 연도(year) 등 장기적 수요를 토대로 반복적 패턴을 가지는 것을 의미한다. 대표적인 예로 패션의 트렌드 등이 있으며, 과거와 현재, 미래에 대한 패턴유추를 통한 욕구발현에 대비할 수 있다.

본 욕구병립형 모델이 가지는 장점은 욕구에 대한 부정적 수준을 측정할 수 있는 가능성을 확보하는 데 있다. 즉 현재 소비자가 기대하고 있는 제품이나 서비스에 대한 부정적 영향을 측정하고, 이를 대상으로 다양한 전략적 캠페인을 전개할 수 있는 계기를 확보할 수 있다. 음(−)의 욕구수준이 존재하는 시간범주에 대해서는 양(+)으로 전환할 수 있는 목표를 설정하거나, 양(+)의 욕구수준이 존재하는 경우 계속적으로 높게 유지될 수 있도록 목표를 설정할 수 있는 근거를 확보할 수 있다.

따라서 소비자의 욕구변화 추세를 파악하고, 이를 통해서 기업은 안정적인 매출기회를 확보하는 동시에 과거 소비자가 구매하지 않았던 영역에 대해 개선할 수 있는 기회를 가질 수 있다. 즉 기업이 제공하는 제품이나 서비스에 대해 만족하지 못하는 이유를 찾는 것이 아니라, 소비자가 기대하는 다른 욕구를 찾음으로써 수동적 대응이 아닌 능동적 대응체계를 갖출 수 있는 계기를 마련할 수 있다.

② 욕구병립형 모델에서 다중욕구 측정사례

기존의 소비자 욕구분석방법은 앞서 살펴본 바와 같이, 특정 시점에서 그 당시에 소비자가 느낀 감정이나 기대를 평가한 결과를 적용함으로써, 통계적 가설 오류가 발생할 수 있다. 이런 오류는 표적고객임에도 불구하고, 아니라고 판단할 수 있는 오류, 그리고 표적고객이 아님에도 불구하고 표적고객으로 판단할 수 있는 오류 등으로 구분할 수 있다. 이는 결국 불명확

그림 1-15 시계열 기반으로 한 다중욕구분석 개념모델

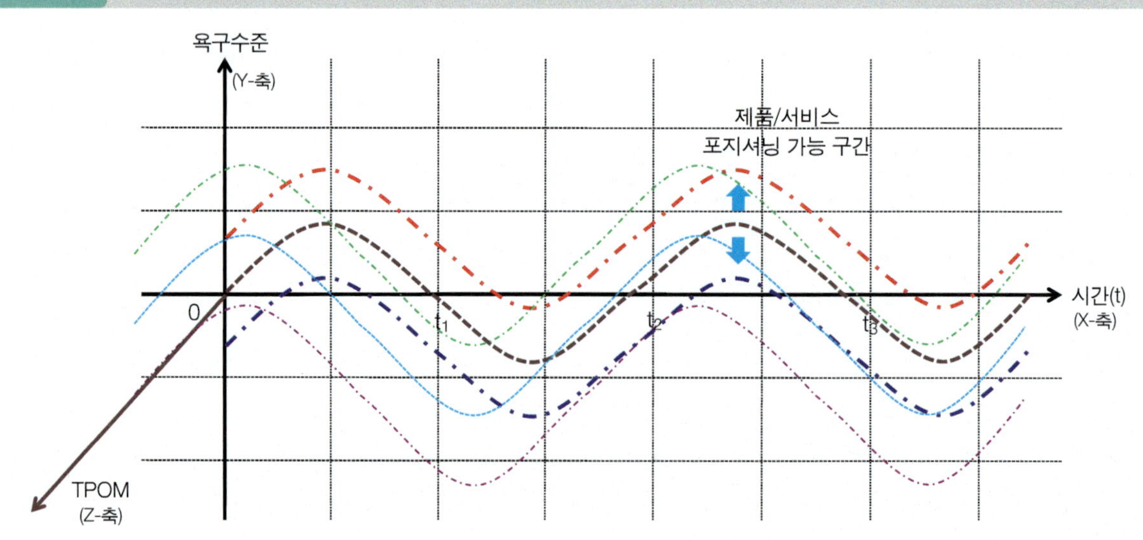

자료원 : Joo, H. Y., J. O. Park and S. W. Kim(2016), op.cit.

한 시장세분화로 이어지고, 신규고객 창출과 기존고객 유지 등의 차원에서 전략적 방향성이 잘못 정해지는 원인이 될 수 있다.

따라서 소비자의 욕구는 특정 시점에 소비자가 느낀 감정이나 기대로 평가할 것이 아니라, 욕구의 변화와 동일 시간대에 여러 욕구가 발생하는 것을 고려해서 지속적으로 측정할 수 있는 체계가 마련되어야 한다.

이런 관점에서 [그림 1-15]와 같이, 시계열과 TPOM(Time, Purpose, Occasion, Money)을 기반으로 해서 욕구병립형 모델을 적용하였다. 이 모델은 다음의 3가지 가설을 기반으로 하고 있다. 첫째, 소비자의 욕구는 시간의 흐름에 따라 특정한 패턴을 가질 것이다. 둘째, 패턴은 TPOM의 자극수준에 의해 변화할 것이다. 그리고 마지막으로 동일한 시간대에 존재하는 여러 욕구들 간의 수준차이에 따라 선호하는 상품속성이 달라질 것이다. 이때 욕구들 간의 차이를 분석하는 방법으로 통계학에서 널리 사용되고 있는 신뢰구간의 개념을 사용하였다. [그림 1-15]에서 보여주고 있는 그림은 3가지 축을 토대로 동시간 대, 소비자가 가질 수 있는 욕구는 다양하며, 그 변화는 TPOM에 의해 결정되고, 여기에는 특정한 패턴의 존재 가능성을 표현한 것이다.

이런 모델에 대한 실증적 분석을 통해 신뢰성과 타당성을 높이기 위해서 [그림 1-16]과 같이, 우선 욕구를 사전에 정의하지 않고 그 범위를 확대한 방법으로 스마트폰 앱을 통해 소비

그림 1-16 정의되지 않은 욕구에 대한 패턴측정

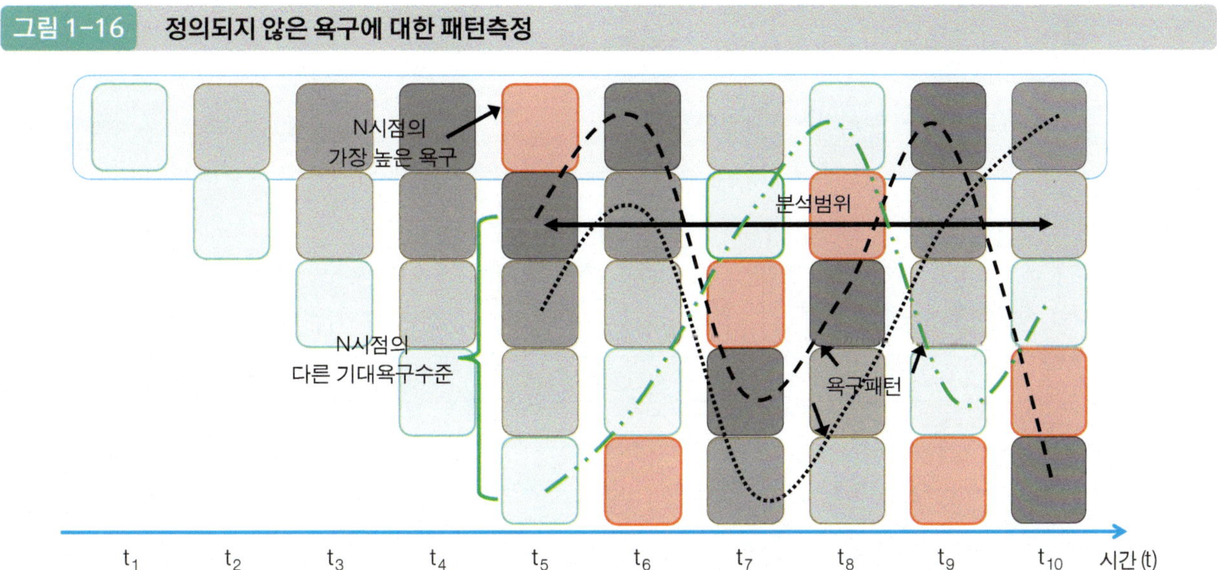

자료원 : Joo, H. Y., J. O. Park and S. W. Kim(2016), op.cit.

그림 1-17 사전 정의된 욕구에 대한 패턴측정

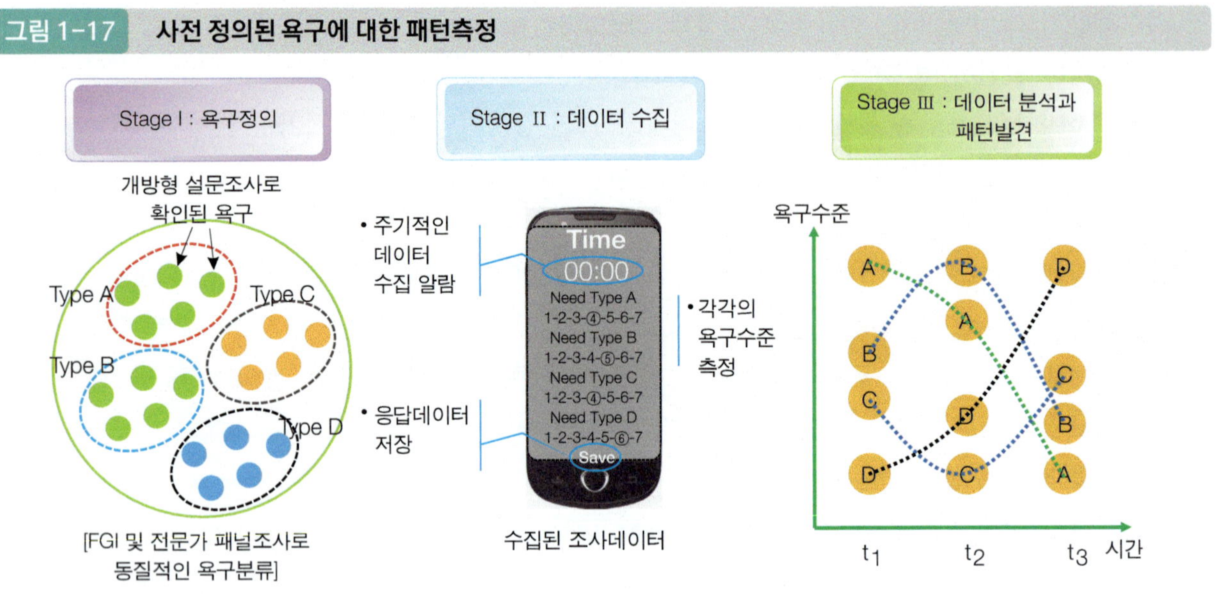

자료원 : Joo, H. Y., J. O. Park and S. W. Kim(2016), op.cit.

자를 대상으로 "현재 지금 가장 높은 욕구는 무엇입니까?", "다른 욕구와 비교했을 때, 현재 해당 욕구의 수준은 어느 정도입니까?"등의 질문을 제시하고, 이에 대한 응답을 통해 욕구패턴을 분석하고자 한다. 다른 방법은 사전정의된 욕구를 피실험자에게 시간대별로 제시하여 가장 높은 욕구와 그외 욕구에 대한 수준을 평가하도록 한다. 각각의 분석방법은 장단점이 있는

그림 1-18 스마트폰을 이용한 서비스 수요변화 패턴

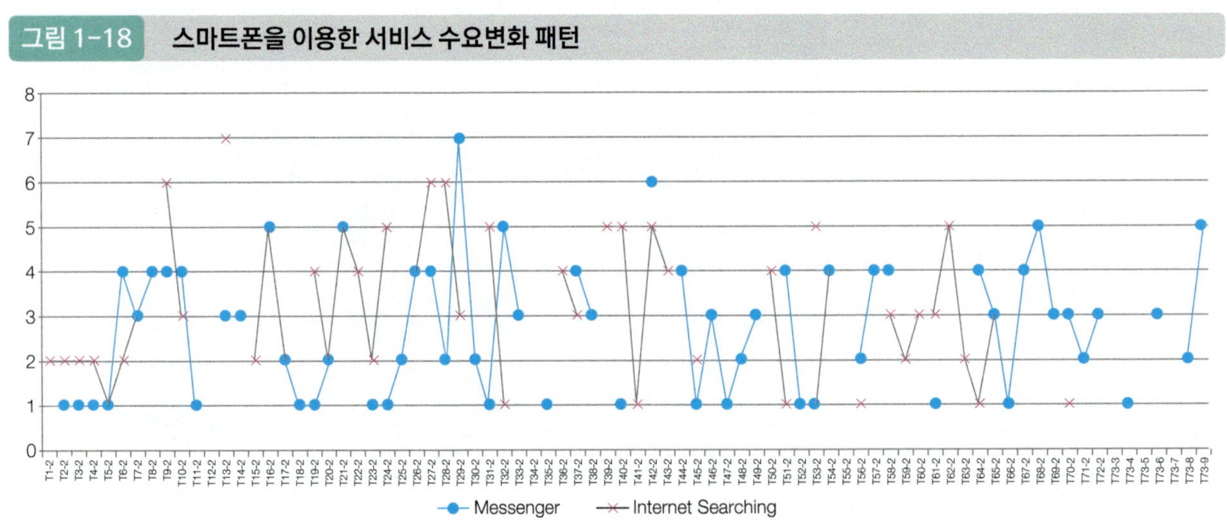

데, 먼저 범위를 확대하지 않은 [그림 1-16]과 같은 방법은 다양한 욕구를 도출하는 데 장점이 있는 반면에, 조사범위가 넓음에 따라 시간과 비용이 많이 소요되는 단점이 있다. [그림 1-17]과 같이 사전에 욕구를 정의한 경우에는 특정한 영역에 대한 분석이 용이하지만, 욕구가 불확실한 경우 측정값에 대한 신뢰성이 하락할 수 있는 단점이 있다.[14)]

[그림 1-18]은 실제 소비자를 대상으로 스마트폰 이용 시, 시간의 변화에 따라 욕구가 변화하고 있는 것을 보여주고 있다. 해당 실험에서는 7가지 정도의 대표적 욕구를 도출하여 사전에 설정하고, 이의 변화를 측정하였으며, 가독성 향상을 위해 가장 많이 사용하고, 욕구 또한 높았다고 할 수 있는 메신저 사용과 인터넷 검색 등의 2가지만을 분리하여 도식화하였다.

③ 욕구병립형 모델의 컨버전스 비즈니스 적용

본 욕구병립형 모델을 통해 컨버전스 비즈니스 기회를 도출하는 과정은 다음과 같이 설명할 수 있다. 먼저 소비자의 욕구는 기대와 연계되어 변화할 수 있으며, 제품/서비스에 대한 과거 만족한 경험이나 교육 및 외부 마케팅 자극으로 인해 특정 수준이상 만족하고 난 후, 보다 높은 욕구를 가지게 된다. 그리고 [그림 1-19]와 같이, 욕구강도가 유사한 2가지 이상이 발생할 때, 이를 해결할 수 있는 혼합형 제품/서비스 또는 제3의 창의적 제품/서비스에 대한 기대와 욕구를 가질 수 있으며, 이는 결국 컨버전스 비즈니스 기회로 연결될 수 있다. 즉 개인이 가질 수 있는 다양한 욕구는 그 수준에 기반을 둔 '순위'가 존재하며, 그 순위가 비슷한 욕구는 동시에 해결해 주는 것을 강하게 기대하게 됨을 의미한다. 이때 기존의 제품/서비스 조합이나

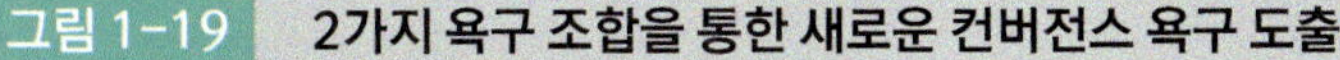
그림 1-19 2가지 욕구 조합을 통한 새로운 컨버전스 욕구 도출

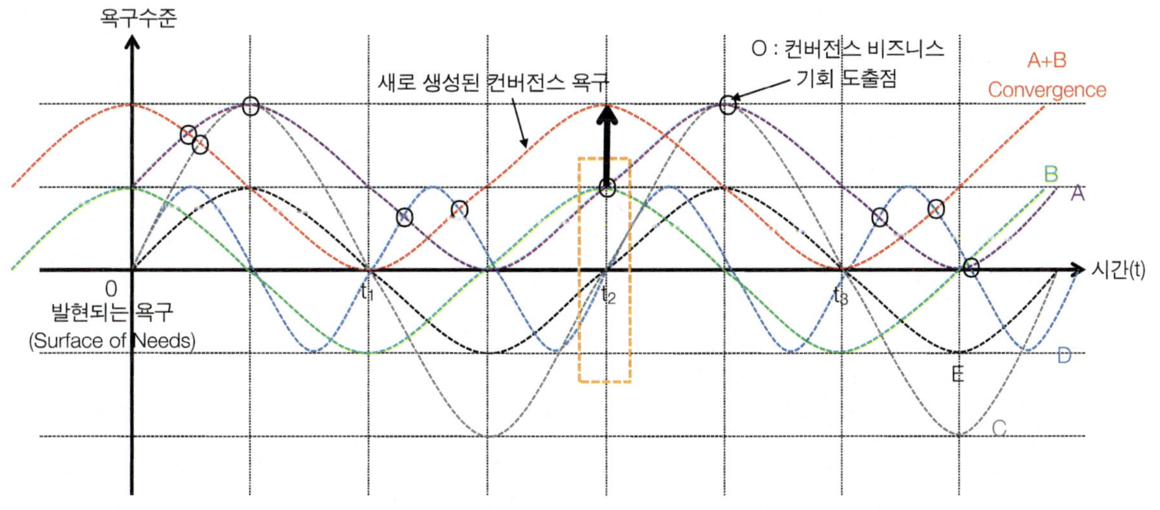

새로운 제품/서비스의 등장이 가능하며, 이를 '컨버전스 비즈니스 기회' 도출점으로 제시하였다. 새로이 생성된 컨버전스 욕구는 기존에 존재하지 않았던 혁신형 제품/서비스를 요구하며, 이에 대응하는 것이 신시장 창출의 최단경로로 볼 수 있다.

기존의 욕구분석 접근법은 이러한 컨버전스 비즈니스 기회를 설명할 수 없었을 뿐만 아니라, 새로운 혁신적 제품/서비스가 '천재'가 기획한 것으로 오인하는 계기를 만들었다. 하지만 우리가 알고 있는 '천재'는 단지 이러한 패턴을 읽고 이를 충족시킬 수 있는 기반을 만드는 역할, 즉 여러 서비스의 조합을 가능하게 하는 퍼실리테이터(facilitator)의 역할이었음을 추정할 수 있다.

이상의 욕구병립형 모델접근법은 앞으로 추가적인 연구와 실제적인 적용사례가 더 필요하겠지만, 지금까지 개발되어 온 욕구에 대한 다양한 트래킹기법, 트래킹 데이터를 연산하여 조합할 수 있는 컴퓨터 성능의 개선으로 인해 가능할 것으로 기대된다. 특히 관심있는 대상에 대한 시선의 머무름, 뇌파의 변동, 방대한 구매데이터 등을 통해 보다 구체화하고 현실화할 수 있을 것으로 보인다.

참고문헌

- 전인수, 김은화 (2009). 새로운 소비자욕구모델. 연세경영연구, 46(2), 173-193.
- Bojanic, D. C. (1996). "Consumer Perceptions of Price, Value and Satisfaction in the Hotel Industry: An Exploratory Study," Journal of Hospitality and Leisure Marketing, 4 (1): 5-22.
- Ferdows, K. and De Meyer, A.(1990), "Lasting improvements in manufacturing: in search of a new theory," Journal of Operations Management, 9(2): 168-184.
- Holbrook, Morris B.(2006), "Consumption Experience, Customer Value, and Subjective Personal Introspection: An Illustrative Photographic Essay," Journal of Business Research, 59(6), 714-725.
- Holt, K., H. Geschka and G. Peterlongo(1984), "Need assessment: A Key to user-oriented product innovation", Wiley.
- Joo, H. Y., J. O. Park and S. W. Kim(2016), "Timeline-Based Multi-Need Analysis and Design: Pretest for Measurement Usefulness and Ease of Use," International Journal of u-and e- Service, Science and Technology, Vol.9, No. 3, 35-42.

- Joo, H. Y. and M. J. Kim(2012), "Concept of the Need Coexistence Model for Finding ICT Convergence Business Opportunities," Future Information Technology, Application, and Service, 269-274.
- Joo, H. Y., M. J. Kim and S. Y. Won(2010), "Market Formation Approach for the IT Convergence Business Development: Case Application-Serious Game," Korea Institute of Information Technology, 8(9), 161-173
- Joo, H. Y., Y. W. Seo and M. J. Kim(2010), "Market formation approach for the IT convergence business development - case application : serious game", Journal of Korea Institute of Information Technology, vol. 8, no. 9, 161-173.
- Kardes et al.(2008), Consumer Behavior, South-Western Cengage Learning.
- Maslow, Abraham H.(1970), Motivation and Personality, 2nd ed., New York, NY: Harper & Row.
- Mowen, John C.(1995), Consumer Behavior, Fourth edition, Prentice-Hall International, Inc.
- Oliver, R. L.(1997), Satisfaction: A Behavioral Perspective on The Customer, New York: McGraw-Hill.
- Osterwalder, A., Y. Pigneur, G. Bernarda and A. Smith(2014), Value Proposition Design: How to Create Products and Services Customers Want, John Wiley & Sons.
- Parasuraman, A., Zeithaml, V. A., and Berry, L. L.(1988), "SERVQUAL: A Multiple-Item Scale for Measuring Consumer Perceptions of Service Quality," Journal of Retailing 64(Spring): 12-40.
- Parasuraman, A., Zeithaml, V. A., and Berry, L. L.(1985), "A Conceptual Model of Service Quality and Its Implications for Future Research," Journal of Marketing 49(Fall): 41-50
- Vandermerwe, S. and J. Rada(1988), "Servitization of Business: Adding
- Value by Adding Services," EuropeanManagement Journal, 6(4), 314-324.
- Woodruff, Robert B. (1997), "Customer value: The next source for competitive advantage," Journal of the Academy of Marketing Science, vol. 25, 139-153.

미주정리

1) Mowen, 1995
2) Kardes, 2008
3) Park, Jaworski, and MacInnis, 1986
4) 전인수, 김은화, 2009
5) Oliver, 1997

6) Woodruff, 1997.
7) Bojanic, 1996.
8) Holbrook, 2006.
9) Osterwalder, Pigneur, Bernarda and Smith, 2014.
10) Ferdows and De Meyer, 1990.
11) Joo, Park and Kim, 2016
12) Joo, Kim and Won, 2010
13) Joo, and Kim, 2012
14) Joo, Park and Kim, 2016

참고 URL 주소

- http://www.dbpia.co.kr/Article/NODE02068121
- https://makeaprofit.tistory.com/242?category=399567
- https://blog.naver.com/neoinwoo/221332899569
- https://blog.naver.com/ryanplee/140105058404
- https://marketinghacker.weebly.com/what-is-a-brand.html

CHAPTER

2

소비자행동 연구의 패러다임 변화

1. 정보처리과정 관점의 소비자행동
2. 경험적 관점의 소비자행동
3. 행동적 관점의 소비자행동
4. 소비자 의사결정과정의 패러다임 변화

고객의 경험적 소비를 촉진시키기 위한 가전업계 '체험형 매장' 전성시대

'고객경험' 업계 화두로 부상, 단순 전시 대신 체험에 초점MZ세대, 2030 여성 등 공략, 체험 후 구매…매출 급신장

올해 가전업계 주요 팝업스토어 현황 자료:업계 취합

기업	팝업스토어	내용	장소	기간	방문객 수
LG전자	씽큐방탈출카페	방탈출 게임하며 씽큐 앱 사용	서울 성수동	4월 7일~5월 8일	매주 450팀 매진
LG전자	금성오락실	LG올레드 TV로 게임	부산 광안리	4월 6일~6월 5일	일 최대 700명
LG전자	위키드와이프	LG 디오스 오브제컬렉션 와인셀러로 셀링한 와인 비교 시음	서울 성수동	5월 12일~6월 12일	2000여명
LG전자	스탠바이미클럽	콘텐츠 감상, 게임, 사진촬영 등	서울 홍대입구	6월 30일~7월 28일	-
Carrier	체인지	브랜드캠페인 영상 촬영, 설문조사 등 이벤트	서울 성수동	5월 31일~7월 31일	4주간 2000명 돌파
Hurom	부엌	휴롬 제품 활용한 음료와 음식	서울 성수동	5월 21일~6월 19일	주말 일 평균 150~200명
dyson	다이슨 먼스	헤어 전문가와 제품 스타일링 등	서울 여의도 더현대	4월 15일~5월 14일	8000명

"눈으로만 보지 마시고 일단 한 번 써보세요".

가전업계에 '체험' 열풍이 분다. 고객경험이 화두로 떠오르며 각 기업은 체험형 매장을 잇따라 열었다. 양판점, 팝업스토어도 고객경험에 초점을 두고 단순 제품전시나 판매구도에서 벗어나 다양한 콘텐츠를 제공하기 위해 공을 들인다. 길었던 코로나19 이후 엔데믹 시대로 접어들면서 차별화된 고객 경험을 제공하기 위한 업계 오프라인 마케팅전략은 더욱 강화될 전망이다.

◇ 방 탈출부터 칵테일까지…팝업스토어로 MZ 잡는다

가전업계 체험전략이 강화됨에 따라 전시나 시연위주로 진행됐던 팝업스토어 양상이 변했다. 고객이 직접 제품과 서비스를 체험하는 다양한 종류의 '경험 마케팅'이 핵심이다. 자연스레 팝업스토어는 경험 가치를 중시하는 MZ세대(1980~2000년대 초반 출생) 공략법으로 자리잡았다.

LG전자 팝업스토어는 이 같은 변화를 잘 보여준다. LG전자는 최근 MZ세대 핫플레이스로 떠오른 서울 성수동에서 팝업스토어를 열었다. 회사관계자는 "주요 고객층으로 자리잡은 MZ세대가 선호하는 공간에서 다양한 이색경험을 선사해 새로운 고객을 확보하기 위한 것"이라고 설명했다. LG전자는 서울 성수동에서 홍대, 부산 광안리까지 젊은 고객이 많이 찾는 곳에서 고객 경험마케팅을 확대하고 있다. 체험을 통한 긍정 반응이 이후 제품구매에도 영향을 미칠 것으로 기대했다.

〈LG전자, 새로운 고객 경험 공간 LG 스탠바이미 클럽. [자료 : LG전자]〉

팝업스토어는 경험 속에서 브랜드 가치를 전하는 역할도 수행한다. 휴롬은 지난달 19일까지 한 달간 성수동에서 팝업스토어 '부엌'을 운영했다. 인증샷 욕구를 불러일으키는 '인스타감성' 인테리어와 메뉴로 주말 하루 평균 150~200명이 방문했다. 방문객 대부분은 2030 여성이다. 휴롬관계자는 "MZ세대가 방문해 SNS에서 휴롬을 언급하는 등 '건강'이라는 브랜드 메시지를 알리고 기존 주부타깃에서 MZ세대로 고객층을 늘리는 기대효과를 얻었다"고 평가했다.

휴롬 팝업스토어 BUEOK by Hurom. [자료 : 휴롬]

코웨이 슬립케어 매트리스 팝업스토어. [자료 : 코웨이]

◇ 잠자고 안마받고…체험형 매장으로 실적 견인

세라젬은 직영 체험매장 '웰카페'를 운영하며 고객경험 고도화에 주력하고 있다. 작년에만 신규 매장 28곳을 열었다. 지난 4월에는 체험매장에 쇼룸 기능까지 추가한 첫 시그니처 웰카페 '메타포레스트'를 선보였다. 집과 유사한 인테리어로 실제 가정에 제품을 배치했을 때와 비슷한 환경을 구현했다.

웰카페 일평균 체험고객은 꾸준히 증가추세다. 메타포레스트의 5월 하루 평균 체험객도 100명을 넘었다. 높아진 방문객만큼 전체 계약에서 웰카페 직영점을 통한 계약건수 비중도 높아졌다.

코웨이가 운영 중인 '슬립케어 잠'도 프리미엄 제품 매출 비중 증가를 이끌었다. 슬립케어 잠에서는 스프링, 메모리폼 등 개인별로 선호하는 매트리스 소재와 경도, 사이즈를 직접 확인할 수 있다. 독립 체험존에서는 30분간 수면체험도 한다.

작년 12월 오픈 이후 방문객이 꾸준히 늘어 6개월 만에 2000명 이상이 다녀갔다. 1월 대비 5월 슬립케어 잠 영업 실적도 두 배 이상 증가했다. 체험 이후 프리미엄 라인업 제품 판매 비중도 높아졌다. 코웨이 관계자는 "직접 다양한 라인업 제품을 체험한 뒤 구매로 이어지다 보니 비용을 더 지불하더라도 내 몸에 꼭 맞는 제품을 선택하는 추세"라고 분석했다.

◇양판점도 변화 바람…고객경험 강화해 반등 시도

인터넷과 백화점으로 옮겨간 수요를 잡기 위해 기존 가전 양판매장도 고객경험을 강화하고 있다. 삼성전자는 전국 디지털프라자 매장 30곳에 '네오 QLED' 8K 체험존을 만들었다. 갤럭시 S22 울트라로 8K 영상을 찍고 네오 QLED 8K 85형 TV로 볼 수 있다. '8K로 찍고 8K로 보라' 구호를 내건 체험존에서는 제품 기술력과 연결성을 동시에 확인할 수 있다. 주요 매장에 삼성전자 사물인터넷(IoT) 스마트홈 허브인 '스마트싱스' 체험 공간도 마련할 계획이다.

LG전자는 지난해 처음 문을 연 야간 무인매장을 올해 28곳까지 늘렸다. 부담없이 자유롭게 제품을 체험할 수 있도록 편안함을 제공한다는 취지다. 작년 말까지 누적방문객은 6000명을 넘어섰다.

롯데하이마트는 체험형 대형매장인 '메가스토어'를 확대 운영한다. 지난해 15개였던 매장을 올해 25개까지 늘릴 계획이다. 2020년 잠실점을 시작으로 문을 연 메가스토어는 현재 전국 20여 곳에서 운영 중이다. 메가스토어 잠실점은 리뉴얼 이후 매출이 35% 늘었다. 롯데하이마트는 꾸준히 메가스토어를 늘려 직접 게임하고 청음실에서 음악을 감상하는 등 최신 트렌드를 반영한 고객 경험을 확대할 계획이다..

• 자료원 : 정다은, 전자신문, 2022년 7월 3일

소비자는 일상생활 속에서 자신의 욕구나 필요가 결핍되었을 때, 이를 충족시키기 위해서 제품이나 서비스를 선택하고, 취득, 사용, 처분하는 데 따른 많은 의사결정을 하게 된다. 이런 의사결정과정 속에서 체득한 경험과 태도는 차후에 시장에서 구매행동으로 나타나게 되기 때문에, 소비자행동은 육체적인 행동뿐만 아니라 정신적인 과정까지 포괄하는 것이라고 할 수 있다. 그리고 기업은 소비자 의사결정과정에서 자사의 제품이나 서비스가 선택될 수 있도록 가능한 모든 마케팅 활동을 통해 소비자들을 자극하고 설득하려고 노력하고 있다. 따라서 소비자행동 연구는 기업의 마케팅활동에 대한 소비자들의 반응을 연구하는 분야로서, 성공적인 마케팅 성과를 위해서는 소비자심리와 행동에 관한 연구는 중요하다고 할 수 있다.

본 장에서는 소비자행동 연구의 정보처리과정 관점, 경험적 관점, 행동적 관점 등 패러다임의 변화와 소비자 의사결정과정의 패러다임의 변화에 대해 살펴보도록 한다.

1 정보처리과정 관점의 소비자행동

1.1 초기 소비자행동 연구관점

초기 소비자행동 연구방법은 주로 사회학, 심리학, 문화인류학 등 행동과학 분야에서 연구된 개념들을 도입해서 소비자행동을 설명하고 예측하는데 적용하였다. 이때 심리분석학 측면에서 인간의 행동을 연구하고 분석하는데, 프로이드의 심리분석 이론이 중심이 되어 동기조사(motivation research)라는 연구조사방법이 나왔다. 소비자의 제품이나 상표의 선택과 구매를 결정하는데, 소비자 자신의 어떤 심리적 의미를 부여하는지 그 동기를 조사하기 위해 심리분석 이론의 개성결정변수들이 적용되었으며, 조사방법으로는 심층면섭법과 표적집단면접법 등이 주로 이용되었다. 그리고 이러한 동기조사는 소비자의 제품구매나 신제품개발 등과 관련해서 소비자들의 심리적 요인을 분석하는데 주로 사용되었으며, 차후에 귀인이론, 인지부조화 이론 등의 근간이 되었다.

이와 같이 심리분석학은 인간의 내면세계를 파악하려고 노력하였으나 방법론적인 비판을 피할 수 없어서 등장한 것이 행동주의 관점에서 소비자행동 연구이다.

그림 2-1 **자극-반응 모델**

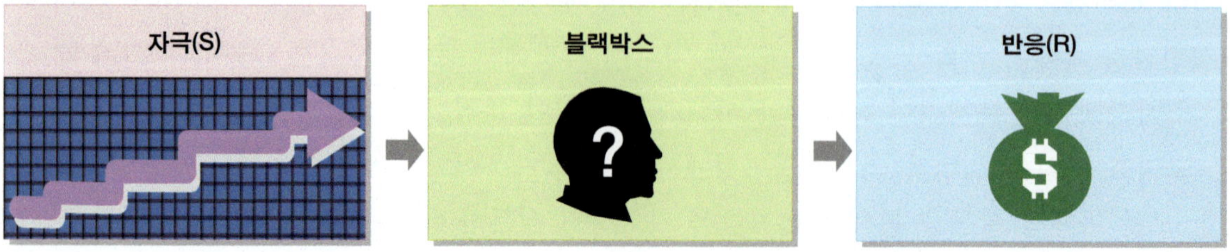

자극(S)	→	블랙박스	→	반응(R)

행동주의 관점에서 연구는 우리가 직접 관찰할 수 없는 '의식의 세계'를 과학적으로 연구할 수 없기 때문에 실제 눈으로 확인할 수 있는 것만을 연구대상으로 해야 한다는 것이다. 그래서 행동주의 관점에서 연구는 자극(stimulus)과 반응(response)간의 관계를 발견하는 것에 주안점을 두고 있다. 즉 일정한 자극에 대해 반응을 일으키는 뇌와 신경의 작용은 직접 관찰할 수도, 측정할 수도 없으니 '블랙박스(black box)'로 간주하고, 그 상자 안에 입력되는 자극과 산출되는 반응만을 연구한다는 것이다.

그러나 그 이후에 다시 인간의 정신세계로 파고들게 되고, 이때 등장한 것이 인지심리학(cognitive psychology)이다.

인지심리학 관점에서는 자극과 반응을 매개로하는 유기체(organism)를 객관적 과학적으로 연구할 수 있는 방법에 대한 관심이 증대되었다. 그래서 기존의 자극-반응 모델에 인지요소를 추가해서 자극-유기체-반응 모델을 개발하기도 했다. 이와 비슷한 시기에 관심을 끈 분야가 사회심리학을 바탕으로 한 소비자행동 연구인데, 이는 사이코그래픽스(psychographics)라는 새로운 방법을 도입하여, 소비자의 라이프스타일을 활동, 관심, 의견 등 세 가지 변수를 활용하여 소비자의 개성과 구매행동 간의 상관관계연구가 많이 이루어졌다. 개성과 관련된 연구에서는 사회심리이론, 특성이론 등을 토대로 개성을 측정하는 도구가 개발되어 널리 활용되고 있다.

이와 같이 사회심리학 관점에서 소비자행동 연구는 1960년대 초반까지 소비자의 구매동기, 지각, 개성, 태도 등의 연구에 많은 영향을 미쳤다. 그러나 이런 연구방법들이 복잡하고 광범위한 소비자행동을 충분히 설명하고 규명하는 데 한계가 있다고 생각한 연구자들이 소비자행동에 대한 통합적 접근의 일환으로 개발한 모델이 소비자 정보처리과정 모델(consumer information processing model)이라고 할 수 있다. 소비자 정보처리과정 모델은 소비자를 체계적이고 논리적인 의사결정자로 보고 의사결정과정에 많은 인지적 노력이 투입되는 것으로 가정하고 있다. 즉 소비자의 구매는 우선 어떤 문제가 있음을 인식하고 합리적인 문제해결 과정을 거친다는 것이다.

1.2 정보처리이론 관점의 소비자행동

일반적으로 소비자행동에 영향을 미치는 외적 영향요인과 내적 영향요인들이 있다. 외적 영향요인에는 문화, 사회계층, 준거집단, 가족, 상황적 요인 등이 있으며, 내적 영향요인에는 동기, 학습, 개성, 신념과 태도, 자기개념, 사이코그래픽스 등이 있다. 그리고 소비자행동을 이해하기 위해서는 소비자가 겪는 소비자 정보처리과정과 의사결정과정을 이해해야 한다.

1. 정보처리과정

소비자 정보처리이론 관점의 소비자행동 연구는 1970년대 이후부터 현재까지 소비자행동 연구에서 주로 사용되고 있는 개념적 틀로써, 소비자들은 어떤 제품에 대해 이미 알고 있는 가능한 많은 정보들을 차분하고 신중하게 통합하고, 각각의 선택대안들의 장단점들에 대해 세밀하게 따져보면서 궁극적으로 만족스러운 인지적 의사결정을 한다는 것이다.

소비자 정보처리과정 관점에서는 소비자 구매동기에서부터 제품정보를 어떻게 받아들이고 처리하는지, 제품평가와 선택과정에 이르기까지 일련의 구매의사결정과정에 초점을 두고 있다. 그래서 소비자는 구매를 할 때, 문제인식, 탐색, 대안평가, 선택 그리고 취득 후 평가 등의 일련의 단계를 거치는 것으로 묘사하고 있다.

일반적으로 정보란 우리가 외부세계에 적응하고 조정을 하려고 할 때, 외부세계와 교환되는 내용으로 정의될 수 있다. 우리가 정보에 적절하게 반응하거나 스스로 정보를 창출함으로써, 우리 주변의 세계에 적응할 수 있고, 심지어 영향을 미칠 수도 있다. 예를 들면, 옷, 시계 등과 같이 사회적으로 가시성이 있는 제품의 구매는 다른 사람들에게 구매자의 자기개념에 관한 정보를 제공할 수 있다.

소비자 정보는 인간의 시각, 청각, 미각, 후각, 촉각 등 감각을 통해 얻어진다. 시각적 이미지는 우리가 보는 여러 가지 TV광고나 우리가 읽는 단어들이 포함되며, 우리의 청각을 통해 말이나 다양한 소리형식으로 된 정보를 받아들인다. 또 다른 자극유형으로는 미각, 후각, 촉각 등 감각기관을 통해 처리된 정보를 바탕으로 지각하게 된다. 이렇게 자극을 통해 받아들인 정보들은 정보처리과정을 통해 어떤 의미있는 정보들로 전환된다. 이때 중요한 점은 자극을 통해 받아들인 정보와 정보처리과정을 통해 해석된 정보는 매우 다르다는 것이다. 자극에 대한 해석과 의미는 정보처리과정의 결과로 나온 것이다. 그래서 서로 다른 사람들이 각각 그들의 지각이 기대나 일반적인 배경에 의해서 영향을 받기 때문에, 정확하게 똑같은 자극에 대해서 다양한 의미를 부여할 수도 있다.

일반적으로 소비자 정보처리과정은 [그림 2-2]와 같이, 노출, 주의, 이해단계를 거치는데, 우선 노출단계는 소비자가 감각기관을 통해 정보를 받아들이는 것이다. 주의단계는 자극에 대해 처리능력을 할당하는 것이며, 이해단계는 정보를 해석하여 의미를 얻는 것이다. 이해단계는 소비자들이 이해할 수 있도록 자극을 이해하는 과정이다. 이러한 노출, 주의, 이해 등의 단계를 일반적으로 지각(perception)이라고 하며, 지각과정은 소비자가 정보에 노출이 되고, 정보에 주의를 기울이며, 정보를 이해하는 과정으로 정의할 수 있다.

또한, 소비자의 정보처리과정에 영향을 미치는 또 하나의 중요한 요인으로 관여도(involvement) 수준이 있다. 소비자의 관여도 수준은 지각의 노출, 주의, 이해단계로 이동할 것인지에 영향을 미친다. 즉 소비자는 외부자극에 노출된 모든 정보를 지각과정에서 주의, 이해단계를 거치며 해석하고 의미를 얻는 것이 아니라, 관여도 수준이 낮으면 3단계를 거치지

그림 2-2 정보처리과정 관점의 소비자행동 모델

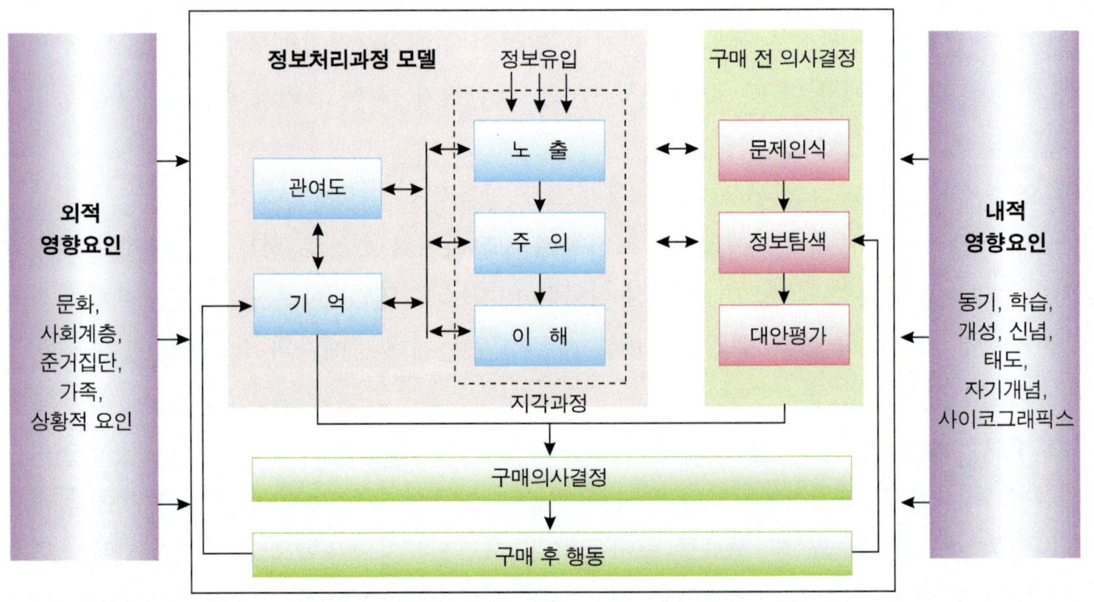

않고 중간단계에서 소멸될 수도 있다는 것이다. 그래서 관여도 수준이 높은 자극정보일수록 지각과정인 3단계를 거칠 가능성이 높아질 수 있다는 것이다. 예를 들면, 소비자는 하루에도 수많은 광고정보에 노출되지만, 기억할 수 있는 광고는 6~7개 정도밖에 되지 않는 것도 대부분의 광고정보들이 소비자 개인에게 관여도 수준이 낮은 정보들이기 때문이라고 할 수 있다.

그리고 관여도는 기억에도 마찬가지로 영향을 미칠 수 있다. 기억의 기능은 지각과정의 각 단계에 역할을 하는데, 소비자가 접촉할 수 있는 자극을 예상할 수 있도록 함으로써 노출, 주의, 이해 등의 과정을 이끄는 데 도움을 줄 수 있다. 이 과정에서 의사결정에 필요한 정보가 발생할 경우에는 기억 속에 저장된 정보를 인출해서 처리하고, 새로운 정보를 기억 속에 저장하기도 한다.

2. 의사결정과정

소비자들은 일반적으로 제품이나 서비스를 구매할 때, [그림 2-2]와 같이 문제인식, 정보탐색, 대안평가, 구매의사결정, 구매 후 행동 등 소비자 의사결정과정을 거친다. 이런 과정은 소비자들이 어떻게 의사결정을 하는지를 연구하는데 지침이 된다. 그리고 마케터는 소비자가 어떻게 문제인식을 느끼게 되는지, 정보는 어디에서 얻는지, 대안을 어떻게 평가하는지, 구매단계에서 실제로 결정한 제품이나 서비스를 구매하는지, 구매 후에 만족과 불만족에 어떤 요인이 영향을 미치는지, 불만족한 소비자는 어떻게 행동하는지 등 구매와 소비에 관련된 프로세스를 파악하고 이해할 필요가 있다. 이렇게 얻어진 정보는 마케팅전략 수립에 중요한 자료가 될 수 있다.[1)]

(1) 문제인식

소비자 구매의사결정과정에서 첫 번째 단계인 문제인식(problem recognition)단계는 소비자들이 실제 상태와 바람직하거나 혹은 이상적인 상태 사이에 상당한 차이가 발생했을 때 일어난다. 이러한 차이의 정도가 크거나 그 문제의 중요성이 클 때, 동기유발이 상하세 일어난다. 충분한 동기유발이 있어야 문제인식단계에서 구매의사결정과정을 거쳐서 구매행동으로 이어질 수 있다. 동기유발은 내·외적 자극을 통해서 활성화된다. 문제인식은 소비자가 내·외적 자극을 통해 노출되고 환기될 때까지 그 욕구가 잠재되어 있을 수 있다. 예를 들면, 갈증, 배고픔, 두통 등과 같이 내적자극에 의해 발생할 수도 있지만, TV광고나 세일광고를 보거나 친구의 얘기를 듣고, 타인이 사용한 향수의 자극을 받아 제품욕구가 발생하는 것처럼 외적자극에 의해서 유발되기도 한다. [그림 2-2]와 같이, 이러한 외적자극에 의해 정보처리과정을 거쳐서 문제인식을 하지만, 소비자가 제품을 다 사용했다든지, 현재 사용하고 있는 제품이 불만족스러운 경우에도 구매의사결정 과정을 시작하게 된다.

(2) 정보탐색

소비자들은 문제를 인식하고 나면, 인식한 문제를 해결하기 위해 정보탐색(information search)을 하게 된다. 정보탐색은 흔히 구매상황과 관련하여 소비자 기억 속에 저장되어 있는 정보를 회상하고 인출하는 과정인 내적탐색과 광고, 친구, 판매원 등으로부터 정보를 수집하는 과정인 외적탐색으로 나눌 수 있다.

소비자의 장·단기기억 속에는 제품이나 서비스와 관련된 사전 구매경험이나 기업의 광고나 타인으로부터 수집된 다양한 정보가 저장되어 있는 경우가 많다. 내적탐색(internal search)은 소비자가 문제를 인식하고 나면, 이를 효과적으로 해결해 줄 수 있는 관련 정보를 얻기 위해서 [그림 2-2]와 같이, 정보처리과정의 기억 속에 있는 저장된 정보를 자연스럽게 회상하게 되는데, 이런 저장된 내부정보를 탐색하는 것을 말한다. 저장된 정보는 주로 제품이나 서비스와 관련된 사전 구매경험으로부터 나온다.

외적탐색(external search)은 내적탐색과 다르게 소비자가 자신의 문제를 해결할 만큼 충분한 정보를 갖고 있지 못한 경우이거나, 보다 많은 정보를 찾기 위해 자발적으로 시간과 노력을 기울여서 외부에 있는 정보원에 노출시켜서 정보를 탐색하는 것을 말한다. 이런 외적탐색은 소비자 자신을 스스로 정보탐색단계에서 정보에 노출시키는 것이다.

소비자가 외적탐색을 어느 정도 하는가는 욕구인식의 강도, 제품이나 서비스에 대한 관심의 정도, 지식, 사전경험, 지각된 위험 등에 달려 있다. 그리고 기억하고 있는 정보의 양, 추가적인 정보획득의 용이성과 가치, 시간과 노력의 정도, 정보탐색으로부터 얻는 만족감의 정도 등에 의해 결정된다.

일반적으로 외적 정보탐색은 구매제품에 대한 지각된 위험이 증가할 때, 정보탐색이 커지고 훨씬 더 많은 대안들을 고려할 것이다. 주로 개인적으로 중요한 제품이거나 고가제품인 경우에는 정보탐색의 양이나 시간과 노력이 증가한다.

외적탐색이 이루어지는 경우에 일반적으로 소비자들은 구매하려고 하는 제품이나 서비스와 관련해서 인터넷을 검색해보거나, 신문이나 잡지를 읽어보거나, 판매원과 상담을 하는 등 다양한 정보원을 통해 외적탐색이 이루어진다.

(3) 대안평가

대안평가는 소비자가 기억으로부터 회상하거나, 외부정보원으로부터 정보를 수집하는 중이거나, 혹은 정보를 수집한 후에 그간 정보탐색을 통하여 알게 된 내용을 토대로 구매대상이 되는 여러 가지 선택대안들을 비교평가하는 것이다. 이때 소비자는 평가기준과 평가방식을 결정하여 고려하고 있는 대안들을 비교하고 평가하게 된다. 여러 대안들을 평가할 때 소비자는 우선 제품속성들로 구성된 몇 개의 평가기준을 설정하고 선택대안들을 비교하고 평가한다. 예를 들어, 디지털카메라의 경우는 화질의 선명도, 디자인, LCD 액정모니터, 속성, 크기, 가격 등이 될 수 있고, 호텔의 경우는 위치, 청결함, 분위기, 가격 등이 될 수 있다. 그리고 구강청정제의 경우는 색깔, 효과, 살균력, 가격, 맛, 향기 등이 될 수 있고, 타이어의 경우는 안전성, 수명, 승차감, 가격 등이 평가기준이 될 수 있다.

이러한 평가기준들은 소비자의 내면적인 구매목적과 동기, 구매상황 등에 따라 달라질 수 있으며, 그 기준이 객관적일 수도 있고 주관적일 수도 있다. 일단 평가기준이 설정되면, 소비자는 각 제품속성별 중요도를 정한다.

(4) 구매의사결정

소비자가 대안의 평가가 이루어지고 제품이 결정된 후에는 여타 다른 요인들이 영향을 주지 않는다면, 그 다음 단계는 구매의사결정단계에서 구체적으로 구매가 일어나는 것이다. 소비자는 상표대안들을 비교·평가한 후에 가장 선호하는 상표를 구매하려는 구매의도가 형성되고 실제 구매의사결정과정으로 들어간다.

구매의도를 실천하기로 결정한 소비자는 실제 구매의사결정과정에서 부가적으로 결정해야 될 사항들이 있는데, 실제 구매과정에는 제품유형, 모델, 대금지불방법, 특정 상표결정, 제품수량, 구매시기뿐만 아니라 취급하는 점포선택과 점포 내 쇼핑과정까지 포함된다.

(5) 구매 후 행동

제품을 구매할 때, 소비자는 구매행위를 통해 어떤 결과를 기대한다. 이러한 기대가 얼마나 잘 충족했느냐에 따라 소비자는 구매한 결과에 대해 만족을 하느냐 혹은 불만족을 하느냐가 결정된다. 실제 소비자 만족과 불만족은 소비자가 구매한 제품에 대해 사전에 가지게 되는 전반적인 느낌이나 태도 등에 의해 영향을 받는다.

일반적으로 제품에 대한 만족은 사전기대를 충족시키거나 초과한 정도에 따라 이루어진다. 소비자의 사전기대는 광고와 판매원을 통한 마케팅커뮤니케이션, 친구나 가족과 같은 비공식적인 정보원, 개인적인 사용경험 등의 정보를 통해서 형성된다. 제품에 대한 사전기대와 실제로 제품을 구매한 후에 사용하면서 느끼는 지각된 성과 간의 차이에서 소비자의 만족과 불만족이 나타난다.

일반적으로 소비자들은 구매결정이 내려진 후에 흔히 인지부조화(cognitive dissonance)를 느끼는 경우가 많은데, 이는 구매 전에 가진 사전 기대치와 구매 후 느끼는 실제 성과치 간의 불일치가 발생하는 경우에 나타난다.

소비자는 구매 후에 인지부조화가 발생하면, 이를 감소시키기 위해서 자신의 의사결정을 지지하는 정보를 다시 탐색하거나 대안평가를 재확인하기도 한다. 이는 [그림 2-2]에서 정보탐색단계로 거슬러 가는 과정을 거치든지, 만족/불만족은 자연히 기억에 저장되어 차후에 구매의사결정과정에 이용되기도 한다.

소비자 구매의사결정과정은 앞서 살펴본 바와 같이, 문제인식, 정보탐색, 대안평가, 구매결정, 구매 후 행동 등의 단계를 거친다. 물론 구매의사결정과정이 매번 5단계의 전과정을 순차적으로 거치지는 않는다. 고관여 제품의 경우는 의사결정 오류를 통해 입을 수 있는 지각된 위험을 줄이기 위해 보다 신중한 의사결정이 필요하기 때문에 대부분 5단계의 의사결정과정을 거치는 경향이 높을 수 있다. 하지만 저관여 제품의 경우에는 흔히 습관적이고 일상적인 문제해결 유형을 따르기 때문에, 문제인식단계에서 정보탐색이나 대안평가단계 등을 건너뛰고 바로 구매의사결정이나 구매 후 행동단계로 넘어가는 의사결정과정을 할 수도 있다.

2 경험적 관점의 소비자행동

지금까지 살펴 본 정보처리이론 관점의 소비자행동은 구매의사결정이나 구매행동과 관련된 설명이나 예측을 하는 데에는 활용가치가 많았지만, 소비자들이 일단 제품을 구매한 이후에 어떻게 제품을 사용하고 소비하는지에 대해서는 명확하게 설명을 해주지 못했다. 따라서 소비자행동 연구에서도 1980년대까지 주요 초점이 되어온 구매행동 연구 이외에, 소비행동에 관한 연구가 새로운 관심영역으로 대두되었다. 이런 경향은 제품의 상징적 의미와 커뮤니케이션 특성에 관한 연구들이나 상징적 · 정서적 · 심미적인 측면에 초점을 맞춘 소비자 미학(consumer esthetics)분야에서도 폭넓게 이루어져서 경험적이고 쾌락적인 소비측면에 관한 연구들이 많이 이루어졌다. 본 절에서는 경험적 관점의 소비자행동에 관해서 우선 살펴보고, 상징적 소비와 쾌락적 소비, 미학적 소비 등에 대해 고찰하려고 한다.

2.1 경험적 관점의 소비

소비자행동에 관한 연구가 초기에는 미시경제학이나 고전적 의사결정이론에 바탕을 두고 대부분의 소비자들이 합리적이고 전체 효용을 최대화하고자 노력한다는 가정을 전제로 하는 합리적인 의사결정모델에 주안점을 두었다. 그 후에 점차 동기(motivation)와 같은 비합리적인 구매욕구에 바탕을 두고 소비자의 구매의사결정과정을 논리적 모형으로 체계화하기 위해 많은 연구가 이루어졌으며, 그 중에서 가장 대표적인 모델이 소비자 정보처리과정 모델이다. 소비자 정보처리과정 모델에서는 소비자를 구매의사결정을 위해 문제를 해결하는 논리적인 사고자로 간주하고 있다. 즉 소비자는 언어적, 실제적 정보를 합리적이고 인지적이며, 능동적으로 추구하고 제품이나 서비스의 효용가치를 생각하여 구매의사결정 시에 많은 양의 정보를 평가하고 통합하는 구매의사결정자라는 것이다. 이러한 정보처리과정 모델의 관점은 소비자행동 연구에 매우 폭넓게 받아들여져 왔다.

그러나 이러한 정보처리과정 모델의 관점은 단지 소비자들이 그들의 유형적이고 효용적인 이익에 가치를 두는 제품이나 서비스에 적당하고, 소비자들의 정서적인 욕구를 만족시키는 제품이나 서비스를 소비하는 데에는 소비자들의 동기를 충분히 파악하고 있지 못하다. 즉, 소비자의 다양하고 즐거운 레저활동, 감각적인 즐거움, 환상, 심리적인 흥미나 정서적인 반응 등과 같은 중요한 소비현상을 무시하고 있다는 점에서 많은 연구자들에 의해 의구심을 갖기 시작했다.

그 이후에, 소비자행동 연구자들은 종래의 기능적이고 실용적인 소비에 개인적인 주관성과 쾌락적 가치에 초점을 둔 소위 경험적 관점(experiential view)을 적용함으로써 다시 균형을 맞추려고 노력해 왔다. 기존의 실용적 시각에서의 소비는 개별 소비자가 거래를 극대화하려는 목적으로 하는 정보탐색이나 다속성 정보처리 메카니즘을 강조한다. 반면에, 경험적 관점에서 소비자들은 주어진 사회적 상황에서 제품이나 서비스의 효용가치를 극대화하는 것보다는 쾌락적 만족에 더 많은 관심과 초점을 두고 있다. 경험적 소비는 [그림 2-3]과 같이, 소비자 자신을 나타낼 수 있는 아이덴티티를 위한 소비자의 탐색과 관련이 있기 때문에 개별소비자 자신의 욕구에 단지 반응하기보다는 훨씬 더 감각이나 감정들을 불러 일으킨다.[2)]

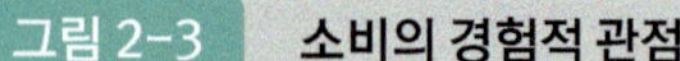
그림 2-3 소비의 경험적 관점

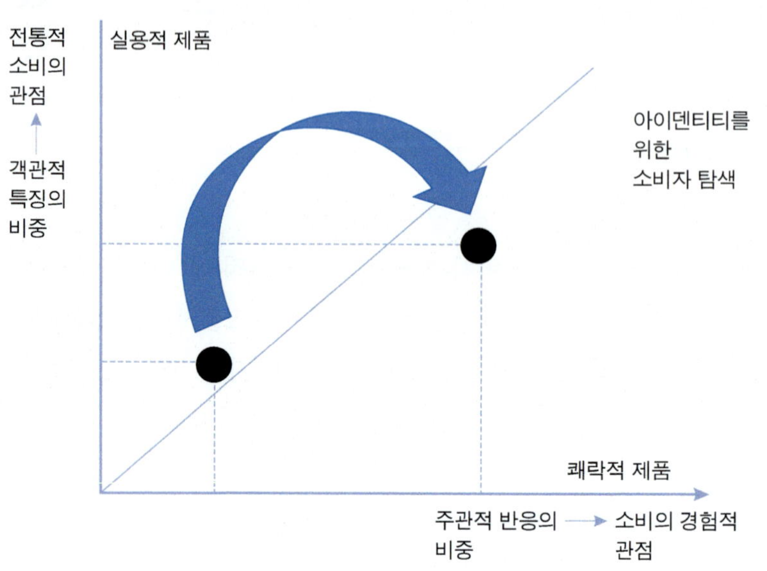

소비의 경험적 관점과 관련된 연구에서 대표적으로 Holbrook and Hirschman과 같은 학자들은 소비를 환상, 감정, 그리고 즐거움을 추구하는 흐름으로 보아야 한다며, 주로 소비현상을 다양한 상징적 의미, 쾌락적 반응과 미적 기준을 가지고 있는 주관적인 의식상태로 간주하고 정신적인 현상으로 보고 있다.

이러한 관점에서 소비자행동을 정보처리과정 모델의 관점과 비교분석하면, [그림 2-4]와 같이, 여러 가지 환경적 투입요소들과 소비자 투입요소들은 중재반응시스템(intervening response system)을 거쳐서 결과가 생성되며 학습 피드백과정으로 돌아간다. 이런 두 가지 관점은 서로 상치되는 것이 아니라, 소비자행동을 보다 잘 이해하기 위한 보완적 관계를 나타내고 있다. 그리고 이 그림은 소비자행동과 관련된 모든 요소들을 다 포함하는 것은 아니지만, 소비자행동 모델의 논리적 흐름에서 중요하다고 여겨지는 핵심변수들을 간단하게 제시하고 있다.[3)]

1. 환경적 투입요소

환경적 투입요소에는 제품, 자극속성, 커뮤니케이션 내용 등이 있다.

그림 2-4 소비자행동의 정보처리과정 관점과 경험적 관점의 비교

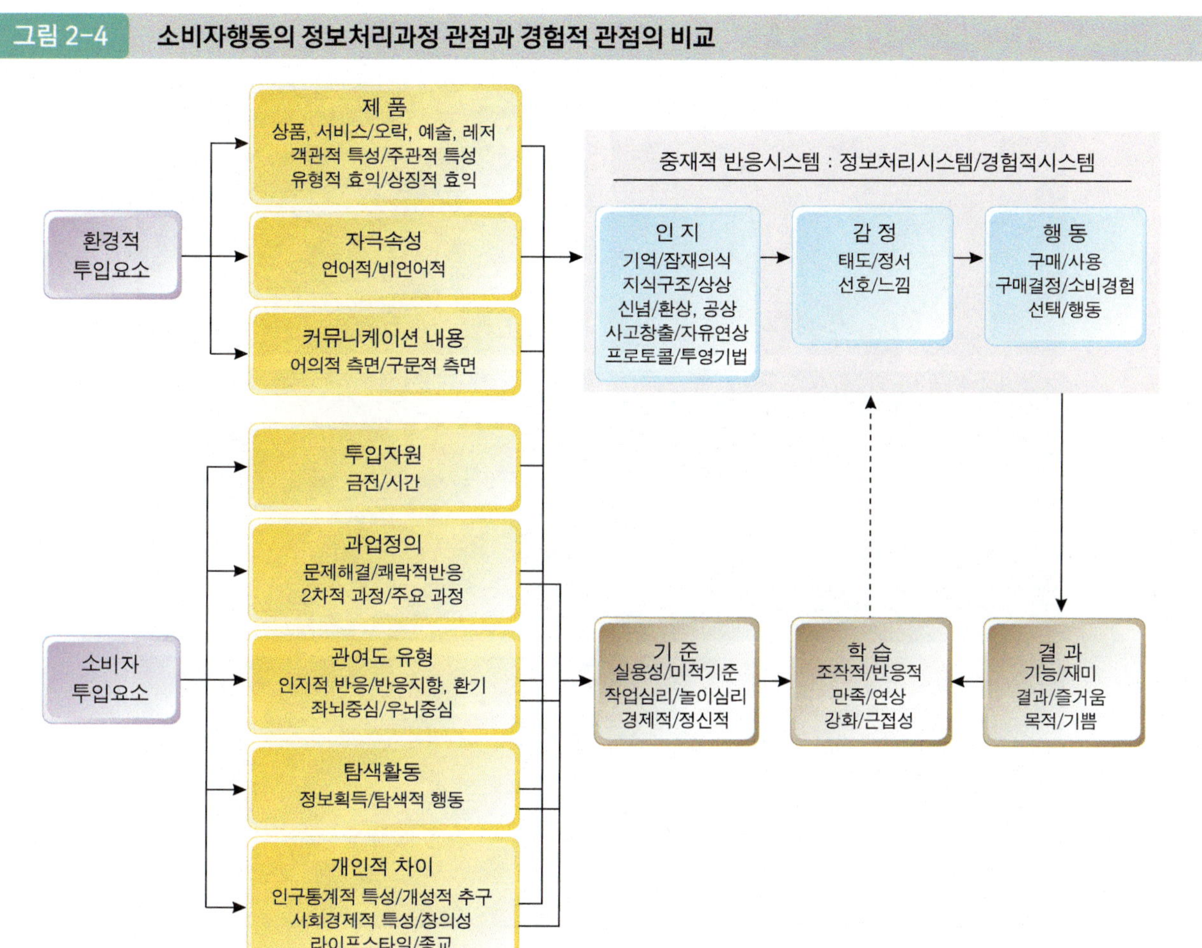

첫째, 제품은 정보처리과정 관점에서 볼 때, 많은 연구자들이 상대적으로 객관적인 특징(칼로리, 연비)들을 바탕으로 한 효용적인 기능을 수행하는 전통적인 제품이나 서비스(청량음료, 자동차)의 유형적인 효익에 초점을 두고 있다. 반면에 경험적 관점에서는 오락, 예술, 레저 등의 제품이 갖는 훨씬 더 주관적인 특성(기분이 좋음, 우아함)들의 상징적인 의미(효익)에 주안점을 두고 있다. 이런 경험적인 관점에서 연구자들은 최근에 여타 다른 소비제품과는 달리 음반, 패션디자인, 건축양식, 그림이나 박물관 전시, 콘서트, 공연예술, 레저활동 등과 같은 제품들의 경험적인 측면에 대해서도 관심이 증대되고 있으며, 이러한 제품들의 주관적 특성과 상징적 효익이 소비자들의 소비행동에도 중요한 영향을 미친다.

둘째, 자극속성(stimulus properties)은 전통적인 소비자행동 연구에서는 디자인, 가격, 크

광고 2-1 경험적 소비제품 : '뮤지컬 영웅'

기 등과 같은 언어적인 묘사에 적합한 제품속성들에 초점을 두고 있는 반면에, 경험적 관점에서는 제품을 평가하기 위해서 보고, 듣고, 맛보고, 느끼고, 냄새를 맡는 것과 같이 오감을 자극할 수 있는 중요한 비언어적인 단서들을 소비자들에게 전할 수 있어야 함을 강조하고 있다. 실제로 소비자들이 영화를 본다든지, 레스토랑에서 음식을 먹는다든지, 테니스를 친다든지 하는 많은 소비상황에서 여러 가지 감각채널들이 동시적으로 작동한다.

셋째, 커뮤니케이션 내용에 있어서 정보처리과정 관점은 커뮤니케이션 내용의 어의적(semantic) 측면에 대한 소비자 반응에 초점을 두고 있는 반면에, 경험적 관점에서는 메시지 내용 중에서 구문적(syntactic) 측면, 즉 메시지 구조나 스타일에 주안점을 두고 있다.

2. 소비자 투입요소

소비자 투입요소에는 소비자가 소비행위에 투입하는 자원, 과업정의, 관여도 유형, 탐색활동, 개인적 차이 등이 있다.

첫째, 투입자원(resources)에 있어서 정보처리과정 관점에서는 금전적 수입의 압박이나 가격의 영향 등을 중요시 하지만, 경험적 관점에서는 금전뿐만 아니라 소비자의 시간자원의 할당에 대해서도 중요하게 여기고 있다.

둘째, 소비자의 과업정의(task definition)에 대해서 정보처리과정 관점은 소비자에 대한 이미지를 통해서 정보를 탐색하고, 기억단서를 회상하며, 주의깊게 판단해서 평가하는 등의 목표지향적인 활동과 관련된 문제해결자로 생각하고 있다. 반면에 경험적 관점에서는 소비자들이 목표를 지향하는 문제해결자로 보는 것이 아니라, 쾌락적 반응을 수행하는 사람으로 보고 있다.

셋째, 관여도에 있어서도 정도(고, 저)의 문제라기보다는 인지적 반응이냐, 아니면 환기를 불러일으키는 반응이냐 하는 관여도의 유형에 초점을 두고 있다. 정보처리과정 관점은 관여도에 대해서 개인적 관련성이나 다양한 인지적 반응이라고 보는 반면에, 경험적 관점에서는 주의, 관심, 흥분 등과 같은 요소들과 더 관련이 있으며, 관여도를 활성화 정도, 즉 환기(arousal)를 강조하고 있다.

넷째, 탐색활동과 연관된 특성은 관여도 문제와 밀접하게 관련이 있다. 정보처리과정 관점에서는 정보획득에 초점을 둔 반면에, 경험적 관점에서는 탐색적 행동에 주안점을 두고 있다.

다섯째, 개인적 차이를 바라보는 시각도 다르게 나타나고 있다. 정보처리과정 관점에서는 인구통계적, 사회경제적 지위, 심리분석적 특성 등과 같이 일반적인 고객 특성에 초점을 두고 있는 반면에, 경험적 관점에서는 소비자들의 시간활용을 바탕으로 한 라이프스타일 변수를 이용하고 소비자행동을 예측하는데 있어서 개성의 중요성에 주안점을 두고 있다.

3. 중재적 반응시스템

환경적 투입요소들과 소비자 투입요소들은 중재적 반응시스템인 인지, 감정, 행동과정을 거치게 된다.

첫째, 인지(cognition)측면에서 볼 때, 정보처리과정 관점은 인지지향적인 측면이 있기 때문에 기억과 관련된 현상들에 초점을 두고 있다. 소비자의 인지기관은 스키마(schema) 또는 어의적 네트워크(semantic networks)라고 말하는 복잡하게 얽힌 신념의 하부시스템을 형성하는 복잡한 지식구조로 보고 있다. 반면에 경험적 관점에서는 보다 더 잠재의식적이고 개인적인 특성이 있는 인지적 과정에 초점을 두고 있다. 주요 관심이 화상이미지, 환상, 공상 등을 포함해서 소비관련 상상에 중점을 두고 있다.

둘째, 감정(affect)에 있어서 정보처리과정 관점에서는 브랜드에 대해 '좋아한다' 혹은 '싫어한다'라고 표현하는 태도, 혹은 '이것보다 저것이 좋다'라고 하는 선호도와 같은 쾌락적인 반응의 단지 일면만을 강조한다. 그러나 경험적 관점에서는 사랑, 미움, 두려움, 즐거움, 지루함, 부끄러움, 두려움 등과 같은 다양한 느낌을 포함하고 있다.

셋째, 행동(behavior)에 있어서 정보처리과정 관점에서는 실제 구매행동에서 구매의사결정을 하는 선택과정에 초점을 두고 있으며, 브랜드 구매는 가장 중요한 행동적 결과로 보고 있다. 그 이후 경험적인 관점에서 연구자들은 구매행동보다는 소비행동에 역점을 두기 시작하면서 금전보다는 시간의 할당에 더 의존하는 엔터테인먼트, 예술, 레저 등과 관련된 제공물에 초점을 두고 연구가 많이 이루어졌다.

4. 결과, 기준, 학습

정보처리과정 관점에서 소비자 선택의 결과는 제품의 유용한 기능적 관점에서 판단해야 한다. 그래서 구매의사결정의 성공여부에 대한 평가도 실용적인 기능측면에서 의도한 목적에 잘 부합되는지, 적절한 기능을 수행하는지 등 경제적 효익에 의해 이루어져야 한다. 반면에 경험적 관점에서는 소비의 결과는 소비자가 제품으로부터 얻는 즐거움이나 기쁨 등의 재미로 평가된다. 일반적으로 무시되기 쉽지만 성공적인 소비의 평가기준은 제품의 실용적인 기능측면이 아니라, 소비자 자신을 위한 제품평가에 따라 미적 특성에 달려 있다. 그리고 [그림 2-4]에 나타난 바와 같이, 상대적으로 우수한 평가기준은 개인의 과업정의, 관여도 유형, 탐색활동, 그리고 개인적 차이 등에 부분적으로 달려있다고 한다.

소비자행동의 학습에 있어서 전통적인 관점은 조작적 조건화(operant conditioning) 또는 도구적 학습에 기초를 두고 있으며, 구매에 대한 만족은 재구매형태로 나타나는 미래의 행동반응을 강화시킨다. 반면에 경험적 관점에서는 자극, 환상, 느낌, 즐거움 그리고 다른 상징적 혹은 쾌락적 요소들이 경험적으로 소비행동과 함께 어우러졌다면, 차후에 서로 환기되는 경향이 있을 것이다. 이와 같이, 소비하는 동안에 나타나는 연관된 사실들의 흐름은 소비자행동의 경험적인 측면에서 모두 중요한 경험적인 요소가 될 수 있을 것이다.

2.2 상징적 소비자행동

소비자가 일반적으로 사용하는 대부분의 제품들은 상징적 혹은 커뮤니케이션 속성들을 지니고 있다. 이러한 속성들은 소비자의 제품구매에 이미 중요하게 영향을 미치는 요소들로 파악되어 소비자연구 분야에서도 중요한 부분을 차지하고 있다. 최근 소비자들에게 제공되는 경쟁제품들 간에 기능적 효용가치에 대한 차이가 미미해지는 경향이 있기 때문에, 경쟁적 차별화를 위해서는 기능적인 것보다는 상징적인 차별화가 보다 더 설득력이 강해지고 있다.

이에 따라 실제로 소비자들 대부분은 제품을 평가하고 소비하는데 있어서, 제품의 성능·품질·내구성·가격 등 기능적 효용이나 상업적 가치보다는 소비자 자신들의 개성이나 특성을 잘 나타내 줄 수 있는 디자인과 색상 또는 사회적·주관적·정서적 의미 등 제품이 지니고 있는 상징적 의미를 점점 더 중요시하는 경향을 나타내고 있다.

1. 제품의 상징적 의미

제품의 의미에 대한 초기 소비자행동 연구에서는 일반적으로 제품을 속성과 효용의 묶음이라고 하는 객관적·기능적인 관점에서 인식을 했다. 그 후에 제품소비에 대한 경험적인 견해가 대두됨에 따라 주관적·감정적·상징적인 것들도 제품속성에 포함된다고 하는 관점으로 확대되었다. 그래서 제품에 대한 의미는 모든 제품을 효용적·쾌락적 연속선 상에 위치시킬 수 있다고 보고, 어느 정도 효용적인 요소와 쾌락적인 요소 두 가지를 모두 포함하고 있는 것으로 인식하게 되었다.

제품이나 서비스의 상징적인 의미는 일반적으로 다음과 같이 세 가지 차원으로 특징을 나눌 수 있다.

(1) 상징적-유형적 차원

상징적-유형적 차원(symbolic-tangibility dimension)이란 제품의미의 속성이 주로 소비자의 시각, 촉각, 후각, 미각, 청각 등 감각을 통해 확인가능하며, 객관적이고 유형적인지 아니면 주로 상징적이고 주관적이며, 경험을 통해 해석되고 연상에 의해 표현할 수 있는지를 나

광고 2-2 섹시함, 젊음, 세련됨 등을 상징하는 GUESS 광고

타내는 차원을 말한다.[4)] 제품의 의미가 대부분 주관적 속성과 객관적 속성을 모두 갖고 있다고는 하지만, 이들 속성들 중에서 소비자들이 제품을 평가하고 구매하는데 있어서 효용적인 측면과 상징적인 측면 중에서 어떤 속성을 더 두드러진 특징으로 보느냐에 따라 제품의 구매의사결정이 달라질 수 있다. 따라서 제품을 상징으로 보는 소비자는 제품의 물리적인 속성을 넘어서 어떤 상징적인 의미를 제품에 부여한다고 볼 수 있으며, 제품에 연상되는 상징적인 의미는 제품구매 시 선택이나 사용에도 크게 영향을 미칠 수 있다고 볼 수 있다. 예를 들면, GUESS 의류제품에 대한 구매의사결정 시에 제품의 일차적인 속성인 색상, 섬유, 디자인 등과 같은 속성들에 의해서만 영향을 받는 것이 아니라, 구매하는 소비자들과 그들을 관찰하는 타인들에 의해서 그 제품의 유형적인 특성을 묘사하는 섹시함, 젊음, 세련됨, 서구적임 등의 상징적인 의미에 의해서도 영향을 받을 수 있다는 것이다.

이와 같이 제품의 상징적인 의미는 소비자 자신들과 상호교류하는 다른 사람들에게 자아를 전달하고 표현할 수 있는 의류, 자동차, 주택 등과 같이 가시성이 높은 제품들과 관련해서는 특히 상징적인 의미가 더 중요하다. 이런 현상은 우리가 일상생활에서 어떤 사람에 대해 평가할 때, 흔히 그 사람이 갖고 있거나 사용하고 있는 제품들에 의해 영향을 많이 받는다는 사실에서도 알 수 있다.

(2) 인지적-감정적 차원

인지적-감정적 차원(cognitive-emotional dimension)이란 소비자의 인지시스템은 여러

가지 의미유형을 창조하는 능력이 있기 때문에 제품이나 서비스에 대해서 소비자들의 기억 속에는 정서·감정·분위기·맛·냄새·촉감 등의 어떤 의미유형을 표현할 수 있는지를 나타내는 차원을 말한다.[5] 소비자의 지각에 형성된 이런 의미유형들은 소비자행동에 중요한 영향을 끼칠 수 있다. 예를 들면, 좋은 분위기 상태에 있는 소비자는 긍정적인 의미로 생각하는 경향이 있으며, 나쁜 분위기 상태에서는 그렇지 못할 것이다. 인간의 인지시스템은 인지적 의미와 감정적 의미를 포함하는 많은 상징적 의미의 유형을 창조할 수 있다. 이들 인지적 의미와 감정적 의미는 소비자들이 제품이나 브랜드를 표현하기 위해 이러한 의미들을 형성하기 때문에 환경자극물(제품이나 브랜드)을 표현하는 유용한 방법이 되기도 한다.

더욱이 제품의 의미는 소비자와 관련된 정보와 더불어 경험, 이미지, 느낌을 포함하는 여러 구성성분의 묶음으로 이루어져 있다고 할 수 있기 때문에, 소비자들의 인지적-감정적 요소는 대상물의 의미를 나타내는데 필수적이며, 중요한 부분으로 인식될 수 있다. 그래서 제품의 의미는 소비자들의 인지적-감정적 요소에 의해 많은 영향을 받기 때문에, 이는 제품의 의미를 표현하고 해석하는데 매우 중요하다고 할 수 있다.

(3) 공적-사적 차원

공적-사적 차원(public-private dimension)은 제품의 의미가 공적으로 공유된 특성(shared character)과 사적으로 개별화된 특성을 소유하고 있는 정도를 나타내는 차원을 말한다. 일반적으로 제품의 공적인 혹은 공유된 의미는 대상물(제품)의 외부 관찰자들인 사회구성원들에 의해 제품에 부과된 주관적 의미를 말하며, 사적인 의미(private meaning)는 특정 개인이 제품에 대해 갖고 있는 주관적 의미를 말한다.[6]

사적 혹은 개인적인 의미는 대상물(제품)의 공적인 의미를 포함하고 있으나 대상물과 관련된 사용자의 개인적인 추억이나 내력이 중요한 역할을 한다. 예를 들면, 결혼기념일 때 남편으로부터 받은 다이아몬드 귀걸이 같은 경우에 상징적인 가치는 공유된 의미요소(다이아몬드 보석은 값이 비싸다는 인식 등과 같이)들을 포함하고 있지만, 또한 사용자가 관련된 정보를 표현하지 않는 경우에는 다른 사람이 알 수 없는 사적인 의미를 포함하고 있다.

공적인 의미의 경우, 비록 외부관찰자(일반대중이나 준거집단)들은 제품이나 서비스에 기인된 의미들 중에서 일부 다르게 지각할지라도, 다른 일부 측면에 대해서는 동의를 하는 부분도 있을 것이다. 이와 같이 제품이나 서비스의 의미에 대해 집단구성원들이 서로 동의한 요소들은 제품이나 서비스에 관해서 구성원들 간에 공유된 공적인 의미들로 구성되어 있다. 이런 공적의미는 사회적 상호작용에 의해 형성되고 강화되며, 유사한 문화적 경험을 가진 개별구성원들은 이들 제품이나 서비스에 대한 사회적-상징적 의미에 대해 상당히 유사성을 나타낼 것이다.

2. 제품의 상징적 소비

제품의 상징적 소비(symbolic consumption)는 소비자의 마음속에 존재하는 제품이 무형적이고 의미론적이며, 주관적인 측면과 관련된 행동, 즉 제품이 가지고 있는 상징적인 의미에 의해 평가되고 소비되는 것을 말한다. 다시 말해서, 상징적 소비는 소비자가 어떤 제품을 구매할 때, 그 제품의 기능이나 성능을 기초로 의사결정을 해서 제품을 구매하기보다는 그 제품에 담긴 사회적, 주관적, 정서적 의미 및 제품을 소비하는 과정에서 느낄 수 있는 감정, 환상, 이미지 등에 기초하여 제품을 구매하는 행동을 말한다.

상징적 소비는 소비자가 상징적인 제품소비를 통해 자신의 이미지를 표현하는 소비표현과 타인이 소비하는 제품을 근거로 해서 타인의 이미지에 관한 인상을 형성하는 소비해석으로 크게 특징지울 수 있다. 그래서 상징적 소비자행동과 관련된 연구에서는 주로 자기이미지(self-image)와 제품이미지(product image)의 일치성, 자기이미지와 스테레오타입 이미지의 일치성, 인상형성과 소비상징주의(consumption symbolism)의 현상 등에 관해서 많이 이루어졌다.

(1) 자기이미지와 제품이미지

상징적 소비행동과 관련된 초기연구에서는 주로 자기이미지와 제품이미지의 일치성에 관한 연구들이 주류를 이루었다. 이런 연구들은 소비자들이 그들의 자기개념과 일치하는 제품을 선호한다는 것을 기본전제로 하고 있다. 즉 제품을 통해서 소비자는 자신의 어떤 측면을 표현하고, 다른 사람에게 비언어적인 커뮤니케이션 매체(nonverbal communication medium)로 사용하면 할수록 제품선택에 있어서 자기이미지와 제품이미지가 일치할 것이라는 기대는 훨씬 더 커질 수 있다고 보고 있다. 또한 소비자는 상징으로써 제품을 잠재의식적으로 혹은 주의깊게 사용함으로써, 다른 사람들에게 그 자신에 관한 의미를 전달할 수 있다는 것을 의미한다.[7)]

제품이미지와 자기이미지가 일치한다는 의미는 상징적인 제품의 구매와 소비를 통해서 소비자는 자신의 자기개념을 유지·강화시킬 수 있으며, 또한 확장시킬 수도 있다는 것을 나타내준다. 이와 같이 제품이미지에 자기이미지를 반영하는지 여부에 관한 선행연구들에서 나타난 제품범주들은 의류 및 액세서리, 자동차, 주택 및 가구 등이 있다. 이들 연구에서 소비자들

광고 2-3 **PORSCHE 자동차 광고**

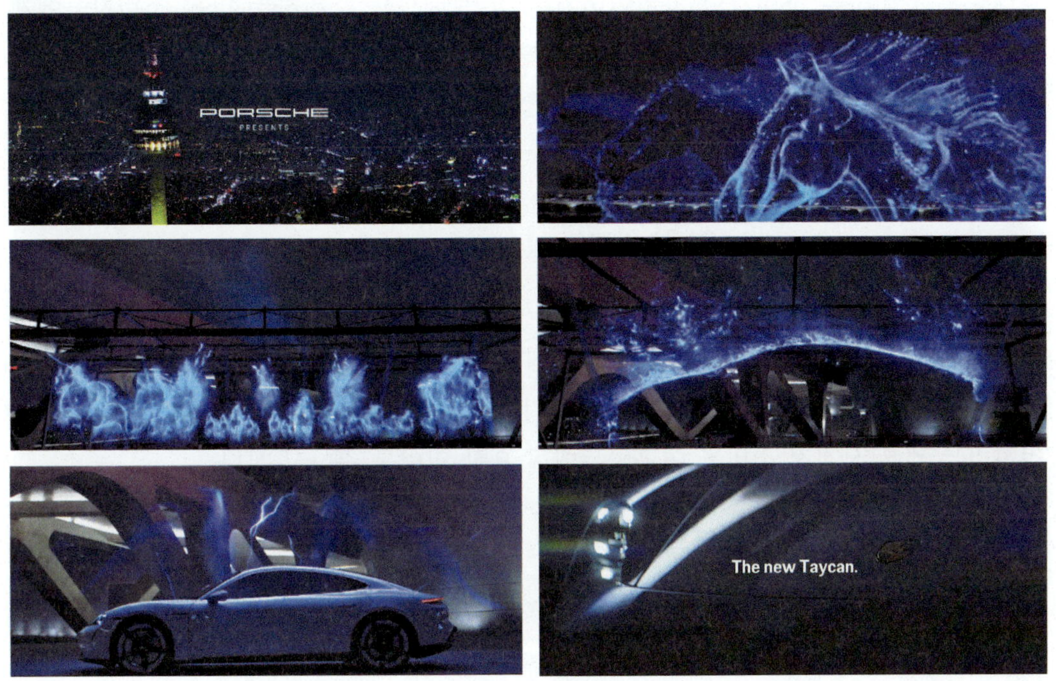

은 자신들의 자기이미지와 유사한 이미지(사회적인 지위와 부 등)를 갖고 있는 제품을 선호하는 것으로 나타났으며, 차후에 구매의사결정에도 상당히 영향을 미치는 것으로 나타났다.

(2) 자기이미지와 스테레오타입 이미지

스테레오타입(stereotype, 고정관념)의 개념은 일반적으로 어떤 특정 집단이나 사회범주의 사람들이 함께 가지고 있는 개인적 속성들에 관한 신념이며, 또한 타인들을 카테고리화시키는 데 사용하는 머리속의 그림이라고 할 수 있다.[8] 즉 스테레오타입은 입수한 정보를 단순화 시키고 분류하는 데 이용되는 방법이며, 다른 사람과의 처음 상호작용에서 불확실성을 감소시키는데 사용되는 방법이라고 볼 수 있다. 또한 스테레오타입은 소비자의 태도, 행동, 지각에 영향을 주며, 소비자 자신의 행동뿐만 아니라, 자신이 스테레오타입을 갖고 대하는 대상자들과 상호작용할 때, 그들 대상자들의 행동에도 영향을 준다는 점에서 볼 때, 스테레오타입은 자아실현적 전조가 될 수 있다.

스테레오타입이 상징적 소비와 관련된 연구에서는 스테레오타입 이미지(stereotype image), 즉 같은 브랜드나 제품을 사용하는 다른 사람의 일반화된 이미지(generalized image)와 자기

이미지 간의 관계를 검토한 연구들이 주류를 이루었다. 많은 연구에서 어떤 제품범주에서 특정 브랜드를 소비하는 소비자의 자기이미지는 그 브랜드를 소비하는 다른 소비자들에게서 공통적으로 나타나는 자기이미지와 유사한 것으로 나타났다.[9] 자기이미지와 스테레오타입 이미지 간의 일치성에 대한 연구는 자기이미지와 제품이미지 일치성보다 상징적 상호작용주의 관점에 더 일치하는 것 같다. 왜냐하면, 자기이미지와 스테레오타입 이미지 간의 일치성을 찾는데 있어서 개인의 행동은 다른 사람의 사고나 컨셉트에 혼합되어 있어서 개인이 소속되거나 소속되길 원하는 공동체의 상황 속에서 검토되어야 하기 때문이다.

따라서, 자기이미지와 스테레오타입 이미지 간의 일치성과 관련된 연구에서, 다른 사람의 의견이나 반응이 실질적으로 개인의 지각에 영향을 주어서 소비패턴에 영향을 미치기 때문에, 어떤 사회상황에서 자기이미지와 다른 사람들의 일반화된 이미지(스테레오타입 이미지)를 고려한다는 것은 상징적 소비를 연구하는데 중요한 의미를 준다고 본다.

(3) 인상형성과 소비상징주의

상징적 소비행동을 연구하는 분야에서 인상형성(impression formation)과 소비상징주의(consumption symbolism)는 소비자들이 선택하는 제품에 근거하여 제품사용자에 대한 소비메시지를 추론하는 것과 관련된 연구로써, 주로 소비해석(consumption decoding) 측면에 주안점을 두고 있다. 이들 두 가지 연구분야는 소비현상을 소비해석을 통해서 제품사용자의 개성이나 특성 등을 추론한다는 점에서 유사한 연구라고 할 수 있다.

소비해석은 소비에는 의미가 존재한다는 것을 가정하고 있기 때문에, 소비현상을 조사하기 위한 기초를 제공한다. Belk는 개인의 지위 · 개성 · 성향에 관한 추론은 제품이나 서비스의 유형에 나타나는 가시적인 소비단서들(consumption cues)을 근거로 이루어질 수 있다고 보았으며, 소비해석에 대한 합리적 근거는 인간이 소비를 통해 그 자신을 표현한다는 일반적인 견해와 일치한다는 것이다. 이는 인간이 그들 자신의 일부 혹은 확대된 자기(extended self)를 표현하는 수단으로써 제품을 소유한다는 것을 의미한다.[10]

제품의 상징적 특성은 소비행동으로부터 의미가 추론되기 때문에 조사대상자에게 제품사용자에 대한 인상을 형성하도록 요구함으로써 조사될 수 있다. Livesley and Bromley는 다른 사람에 대한 인상형성과정을 기본적으로 네 단계로 구분하고 있다.[11]

첫 번째 단계는 지각자는 타인에 대해 사용할 수 있는 모든 정보 중에서 특정 단서(외모, 행동, 맥락 등)를 선택하여 전체적인 인상을 형성하게 된다는 것이다.

두 번째 단계는 지각자가 선택한 단서들을 해석하고 인지적 구조(호감, 매력, 거부감, 스테레오타입 등)를 사용하여 일반적인 인상을 형성하게 되는데, 피지각자의 성격특성, 의도, 태도, 능력 등의 특성이 인상형성에 영향을 미친다는 것이다.

세 번째 단계는 지각자가 특정한 개인의 특성을 넘어서 개인의 가족이나 일의 장소뿐만 아니라 삶의 형태까지도 포함시키게 되는데, 이때 후광효과가 작용하기 시작한다는 것이다.

마지막 단계로 지각자가 해석적 추론과 확대된 추론을 통합하고 그것을 타인에게 배당하여 상호작용의 기초로 삼는다고 한다.

이러한 과정을 소비자들의 인상형성에 비추어 볼 때, 소비자들은 소비하는 제품이 소비자의 인상추론에 중요한 단서로서 작용할 수 있다는 것을 우리는 짐작할 수 있다. Livesley and Bromley의 연구에 따르면, 특히 소비단서로써 의복은 외모 및 행동과 더불어 인상형성의 초기단계에서 인상을 결정하는 중요한 단서로 사용되며, 이 초기단계의 지각결과가 마지막 단계에까지 연속적으로 영향을 미친다는 것을 알 수 있다. 그리고 제품사용에서 표현되는 의미를 통해서 지각자는 제품사용자의 특성, 태도, 의도 등을 추론하고 판단할 수 있다. 그뿐만 아니라 제품사용자는 자신의 내적 상태나 상황의 변화를 표현하기 위해 제품을 상징으로써 사용한다는 점에서 볼 때, 제품의 의미는 상징주의의 본질을 파악할 수 있고 실제로 제품이 공유된 상징(shared symbol)으로써 역할을 하는 정도를 결정한다고 할 수 있다.

2.3 쾌락적 관점의 소비

1980년대에 들어서 새롭게 등장한 개념인 쾌락적 소비(hedonic consumption)는 제품소비의 경험적 측면을 강조했던 경험적 소비에 관한 연구에서 파생된 것이라고 할 수 있다. 쾌락적 소비에 관한 연구는 Hirschman and Holbrook, Hudson and Murry 등이 대표적이며, 이들은 인지심리학(cognitive psychology)이나 실용경제학(utilitarian economics)의 범위를 넘어서 쾌락적이고 경험적 소비에 관한 연구들을 많이 했다. 쾌락적 소비관점에서 제품은 기능이나 효용가치를 전달하는 객관적인 실체라기보다는 사용경험, 느낌, 표현하는 이미지를 나타내는 주관적인 상징으로 보고 있다. 즉 '제품이 무엇인가'보다는 '제품이 무엇을 나타내는가'에 더 관심을 갖고, 단순한 어의적 학습(semantic learning)이 아닌 소비자의 정서적 반응(emotive response)이 주요한 평가기준이 된다. 따라서 쾌락적 소비는 이전의 전통적인 소비이론을 대체하는 것이 아니라 확대적용시키려고 하는 것이다.

1. 쾌락적 소비의 의미

최근 쾌락적 소비경험은 소비자들의 삶에서 중요한 역할을 수행한다. 음악, 영화, TV와 라디오 방송, 출판업, 시각이나 공연예술, 레저, 엔터테인먼트, 패션, 디자인 등 소위 크리에이티브 산업(creative industries)들의 제품이나 서비스들은 소비활동의 많은 비중을 나타내며, 개인이나 가계지출에 있어서도 상당한 비율을 차지하고 있다.

쾌락적 소비는 소비자의 제품사용경험에 관한 다감각적(multisensory)이고, 환상적(fantasy)이며, 정서적(emotive)인 소비자행동 측면들을 나타내며, 제품이 갖는 감정적 특성과 제품이 주는 환상적 느낌에 초점을 둔다.[12)]

- 다감각적이라는 의미는 인간이 지니고 있는 미각, 청각, 후각, 촉각 그리고 시각 등의 오감을 통한 경험을 의미한다. 이러한 소비자의 감각을 만족시키는 것은 마케팅적인 측면에서 쾌락(hedonic)이란 측면을 다루는 것이며, 인간의 쾌락을 자극하는 것이 감각마케팅의 근간이다. 예를 들면, LG생활건강의 '메소드 핸드워시'는 디자인 때문에 먼저 유명해진 제품으로 용기디자인은 투명한 용기에 감각적인 눈물방울 디자인이다. 10여 명의 조향사들이 공들여 고른 향에 따라, 투명한 용기에 내용물의 6가지 컬러도 각기 달라 색상을 통해 소비자들의 감각을 자극하고 있다. 애경의 주방세제 '순샘 버블'도 기획단계에서부터 디자인을 특화한 제품으로 '주방세제도 인테리어 소품이 될 수 있다는 콘셉트로 기획한 제품'이다. 이와 같이 생활용품 부문에도 감성디자인을 특화시켜 감각적인 마케팅을 차별화하여 크게 성공을 거두고 있다.

광고 2-4 **LG생활건강의 '메소드 핸드워시,' 애경의 '순샘 버블'**

한편, 후각이나 촉각마케팅의 일환으로 최근 자동차기업들은 소비자가 새차를 구입했을 때 맡을 수 있는 새차 냄새를 더욱 매력적으로 만들기 위해 노력하고 있으며, 또한 BMW의 i-Drive 다이얼은 촉감기술이 집약된 것으로, 운전하면서 손가락 근육과 촉감만으로 700여 가지의 기능을 조정할 수 있도록 하고 있다.

- 소비자는 다감각적인 자극을 통해 인지반응뿐만 아니라, 자신의 내부적으로 이미지를 산출한다. 예를 들면, 백화점의 화장품이나 향수코너 등에서 제품을 테스트해보거나 향기를 맡는 것은 소비자들로 하여금 그 향기를 지각해서 인식하는 것뿐만 아니라, 후각이나 촉각 등을 포함해 내부적인 이미지를 산출하게 할 수 있다는 것이다. 즉 향기는 소비자에게 그 향수를 사용했던 사람에 대한 과거의 로맨틱한 일화를 떠오르도록 할 수 있으며, 또한 환상적인 새로운 가공의 사건을 만들어 낼 수도 있다는 것이다.
- 쾌락적 소비와 관련된 또 다른 형태의 반응은 정서적인 환기(emotional arousal)를 포함하는 것이다. 정서는 기쁨, 질투, 공포, 분노, 황홀 등의 감정을 포함하며, 소비자의 동기에 중요한 요소가 된다. 예를 들면, 연극, 영화, 음악, 스포츠, 오페라 등의 문화예술관련 산업의 서비스제품 소비에 있어서는 정서적 환기는 중요한 소비동기가 될 수 있다. 그리고 이러한 정서적인 요소는 담배, 음식, 술 그리고 옷과 같은 단순한 제품의 소비에 있어서도 중요한 역할을 한다고 할 수 있다.

2. 쾌락적 소비의 특성

소비자가 만약 주거할 아파트를 구매한다고 할 때, 직장과 거리가 멀지만 한강변에 전망이 좋은(쾌락적 속성) 비싼 아파트와 전망은 좋지 않지만 직장과 가까운(실용적 속성) 값싼 아파트 중에서 어느 것을 선택할 것인가? 혹은 자동차를 구매할 경우에, 자동차의 속성 중에서 연비, 배기량 등 실용적인 속성과 디자인, 색상, 안락함 등의 쾌락적 속성 중에서 구매의사결정 시에 어떤 속성을 더 중요시 여길 것인가? 이와 같이 소비자들은 일반적으로 제품이나 서비스를 구매할 경우에, 선택대안들 중에서 쾌락적인 속성과 실용적인 속성들 가운데 어떤 속성을 더 중요시해야 할 것인지에 대해 흔히 구매의사결정 상의 어려움에 직면하는 경우가 많다. 그래서 쾌락적 소비와 관련된 주요 특성을 살펴보면 다음과 같다.

- 사치품과 필수품에 따라 다를 수 있다. 사치품은 풍요로움, 기쁨, 쉬움 그리고 안락함 등의 상황을 제공하는 욕구의 대상물인 반면에, 필수품은 불쾌하고 불편한 상태를 덜어주고 기본적인 삶을 영위하는데 필요한 대상물이다. 사치품은 주로 쾌락적인 즐거움을 위

해 소비되는 반면에, 필수품은 실용적인 목적을 위해 사용되는 경향이 크다. 쾌락적인 제품은 쾌락적이고 감각적인 재미나 즐거움, 기쁨, 흥미 등을 느끼게 하며, 다감각적이고 경험적인 소비를 제공한다. 이런 쾌락적인 제품으로는 디자이너 옷, 명품가방, 스포츠카, 고급시계 등이 포함된다. 그리고 실용적인 제품은 주로 실용적이며, 제품의 기능적인 측면에 의해 구매동기가 유발된다. 전자렌지, 미니밴, PC, 세탁기 등이 포함된다.

- 제품평가 시에 쾌락적 속성과 실용적 속성의 비중이 다를 수 있다. 사실 소비자들은 선택할 대안 중에서 실용적이고 쾌락적인 목적을 만족시키는 정도에 따라 일반적으로 평가가 이루어진다. 예를 들면, 어떤 소비자가 삼성의 갤럭시 S23 스마트폰 구매를 위해서 대안을 평가할 경우에 스마트폰의 기능적인 특성(내구성, 통화음질 등)뿐만 아니라, 쾌락적인 특성(디자인, 터치감 등) 둘다에 관심을 갖고 구매의사결정을 할 수도 있다. 그렇지만 제품을 사용하고 소비하는 동기에 따라 제품을 주로 쾌락적으로 지각하느냐, 아니면 실용

광고 2-5 삼성전자의 갤럭시23 광고

적으로 지각하느냐를 결정하는데 중요하다. 예를 들면, 요즈음처럼 어려운 시기에 도움을 청하는 사람들을 돕기 위해 스마트폰을 구매한다면 실용적인 제품이 되지만, 친구와 채팅이나 게임을 즐기기 위해 구매한다면 쾌락적인 제품이 될 것이다.

- 제품소비의 목적이 정서적인 욕구와 이성적인 욕구를 만족시켜 주느냐에 따라 다를 수 있다. 일반적으로 소비자들은 치약, 세제, 시리얼, 냉장고, 세탁기, 승용차 등과 같은 실용적인 제품들은 제품의 효용가치를 중요시 여기며, 제품소비를 통한 이성적인 욕구를 충족시킴으로써 만족을 얻지만, 오페라, 발레, 무용, 영화, 콘서트, 연극, 스포츠, 소설 등의 쾌락적인 제품들은 복합적인 환상을 불러일으키거나 소비자에게 깊이 내재하는 정서적인 욕구를 만족시켜 주는 것들이다. 이런 쾌락적인 제품들을 소비할 때는 정신적인 행동을 유발하고 요구한다. 예를 들면, 오페라나 발레를 감상하기 위해서는 소비자 개인의 다감각적인 이미지를 사용하고 정서적인 활동을 해야 만족을 얻을 수 있다.
- 제품을 선택할 때 제품의 속성에 따라 발생하는 감정상태가 동일하지 않다. 제품을 선택할 경우에 실용적인 속성이 강한 제품의 경우에 대개 일상생활에 필요한 필수품이기 때문에 소비자 자신의 선택에 대해 정당화시키기가 용이하다. 이에 반해 쾌락적인 속성이 강한 제품의 경우에 사치스러운 생활에 필요한 제품이나 서비스이기 때문에 자신의 선택에 대해 죄책감같은 감정이 들 뿐만 아니라 정당화 시키기가 어렵다. 그래서 쾌락적인 제품과 자선기부를 패키지로 함께 판매함으로써 자선기부를 통해 죄책감을 줄이는 마케팅 전략이 상당히 효과적일 수 있다. 예를 들면, 고급 디너쇼와 자선기부를 함께 하는 이벤트 행사를 개최하는 경우에 개별적으로 각각 제공하는 것보다 더 높은 가치와 혜택을 제공해 줄 수 있다. 또한 Club Med의 경우, 여행자들이 사전에 모든 여행경비를 지불하도록 하고 여행지에서는 모든 것이 무료라는 개념을 도입하여 여행지에서 감각적인 즐거움과 재미있는 경험적 소비를 하는 상황에서는 죄책감으로부터 벗어날 수 있게 하고 있다.

3 행동적 관점의 소비자행동

전통적인 경제학 관점에서 소비자행동과 관련된 주요 이론에는 소비자 수요이론과 기대효용이론 등이 있으며, 행동경제학 관점에서 많은 연구들이 있지만, 대표적인 이론으로 볼 수 있는 제한된 합리성 이론, 프로스펙트 이론, 휴리스틱(heuristic)과 편향(bias), 심리적 회계(mental accounting) 등을 중심으로 살펴보고자 한다.

3.1 경제학 관점의 소비자행동

전통적인 경제학에서는 '인간은 이성적인 판단을 한다'라는 것을 기본전제로 하고 있다. 즉 인간은 합리적인 존재라는 것을 가정하고 있다. 이런 인간의 합리성에 기반하고 있는 거의 모든 경제학 이론에서는 인간이 자신의 욕구를 충족하려고 하는 이기심을 갖고 합리적으로 행동하며, 인간이 알고 있는 정보가 완전하며, 상황을 반복하더라도 같은 선택을 한다는 것이다. 이런 관점에서 합리적이라는 것은 인간에게 의사결정과 관련된 정보가 모두 주어지며, 자신의 경제적인 이익극대화를 위해 자신이 가지고 있는 자원을 가장 효과적으로 사용하는 것을 합리적 선택이라고 한다. 이런 합리적 선택은 소비자 수요이론과 기대효용이론의 기반이 되고 있다.

1. 소비자 수요이론

전통적인 경제학 관점에서는 제품에 대한 소비자의 선택은 효용극대화를 추구하기 위한 행동이라고 보았는데, 이는 인간의 욕구는 무한하지만 주어진 경제적 자원은 한계가 있기 때문이다. 자원의 희소성과 욕구의 무한성이라는 두 가지 측면에서 소비자들이 어떻게 의사결정을 내려야 최적의 선택을 할 수 있는지에 초점을 두고 있다. 이러한 최적의 선택을 소비자가 한다는 의미는 시장을 통해 완전한 정보가 제공되어야 하고, 소비자도 어떠한 선택대안이 자신의 만족감을 극대화할 수 있는지에 대해 명확한 판단을 내릴 수 있다는 점을 전제로 가정하고 있다.

따라서 소비자 수요이론(consumer demand theory)에 따르면, 소비자는 주어진 자원(예산)의 활용범위 내에서 자신의 효용을 최대로 충족시켜 주는 선택, 즉 합리적 선택을 한다는 점을 전제하고 있다. 소비자 수요이론에서는 주어진 예산범위 내에서 소비자가 구매가능한 선택대안을 제안하고, 어떤 제품을 더 구매하면 다른 제품의 구매를 어느 정도 포기해야 하는 기회비용(opportunity cost)의 개념이 적용된다. 그리고 구매가능한 상품묶음(commodity bundle)에 대한 선호체계를 설명하기 위해 만족감의 정도를 수식으로 표현하고, 소비자에게

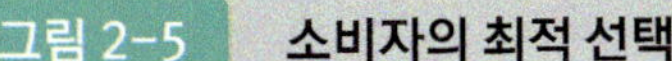

그림 2-5 소비자의 최적 선택

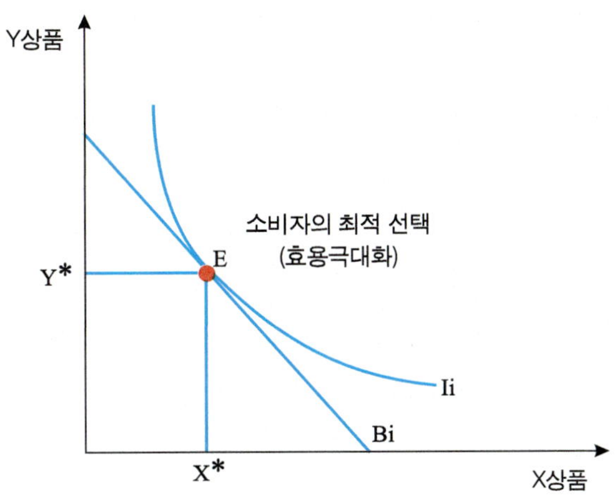

동일한 만족감을 나타내는 상품묶음들의 집합을 하나로 연결하면 무차별 곡선이 도출될 수 있다. 소비자의 효용을 극대화하기 위한 최적의 선택은 [그림 2-5]와 같이, 소비자의 선호도를 대표하는 무차별 곡선(Ii)과 주어진 예산선(Bi)이 만나는 접점(E)에서 이루어진다. 즉 무차별 곡선과 예산선의 접점에서 정해지는 상품묶음(X*Y*)을 구매하게 되면, 소비자는 자연스럽게 자신의 효용을 극대화하는 의사결정을 하게 되고, 그 지점이 바로 효용극대화의 점이면서 동시에 소비자가 최적구매를 달성한 점이 되는 것이다.

2. 기대효용이론

소비자들은 미래의 전망이 불투명하거나 불확실한 상황 하에서 의사결정을 하게 되는 경우가 흔히 발생한다. 이런 불확실한 상황 하에서의 소비자선택은 두 가지 이상의 가능한 상황이 결부된 경우가 많다.

폰 노이만(Von Neuman)과 오스카 모겐스턴(Oskar Morgenstern)은 기대효용이론을 활용하여 선택대안을 분석하였다. 즉 합리적인 의사결정자는 기대효용을 극대화하는 결정을 한다는 것이다. 이때 효용(utility)이란 소비자가 어떤 재화(제품이나 서비스 등)를 소비하여 얻는 만족의 크기를 말하는 주관적인 개념인데, 이는 재화 그 자체가 갖고 있는 고유한 물리적인 특성을 나타내는 객관적인 개념과는 다르다. 따라서 동일한 재화라고 할지라도 각 소비자가 느끼는 효용은 다를 수 있다. 그래서 소비자가 일상생활에서 일정한 소득을 가지고 여러 종류의 재화 중에서 특정한 재화를 구매하는 것은 그 재화가 다른 재화들보다 소비에서 더 큰 효용을 주기 때문이다.

이런 효용을 바탕으로 한 Neuman and Morgenstern의 기대효용이론(expected utility theory)에 따르면, 미래에 대한 전망이 불확실한 상황에서 소비자들은 실현가능한 여러 선택대안들에 대해 확률분포를 추정하여 판단하게 된다. 이때 예측불가능한 불확실성으로 인해 소비자들의 선택행동은 기대치(EV: Expected Value), 즉 기대수익과는 달리 기대효용에 근거한 선택행동을 하게 된다는 것이다. 다시 말해서, 불확실한 상황에 직면한 소비자는 기대치(기대수익)이 아닌 기대효용(EU: Expected Utility)을 극대화하는 결정을 하게 되고, 이때 위험에 대한 태도가 직접적인 영향을 미치게 된다는 것이다. 또한 기대효용은 불확실성 하에서 어떤 선택에 따른 주관적인 효용을 의미한다. 그러나 소비자마다 위험에 대한 성향이 다르기 때문에 효용의 크기는 각각 다르다.[13)]

기대치는 해당 상황이 발생할 확률에 그 상황에서 얻을 수 있는 값을 가중평균한 값을 말한다. 예를 들면, A는 10%의 확률로 20,000원의 이익을 얻을 수 있고, B는 90%의 확률로 2,000원의 손실을 볼 수 있을 경우의 기대치는 얼마일까요? 정답은 (0.1 X 20,000) + (0.9 X (−2,000))으로 해서 구하면 200원이다. 이렇게 계산해서 구한 기대치를 효용함수에 대입해서 구한 것이 기대치의 효용이다. 반면에 기대효용은 기대치처럼 효용(U: Utility)을 가중평균하여 구한 값이다. 예를 들면, A는 10%의 확률로 2,000의 효용을, B는 90%의 확률로 200의 효용을 얻을 수 있을 때, 기대효용은 (0.1 X 2,000) + (0.9 X 200) = 380이 된다. 이러한 기대치와 기대효용의 함수식을 일반화한다면 다음과 같다.

- 기대치 : $EV(W) = P(\text{확률}) * W_1 + (1-P) * W_2$
- 기대효용 : $EU(W) = P * U(W_1) + (1-P) * U(W_2)$

기대효용이론은 다음과 같은 세 가지 원칙을 가지고 있다.

- **선택대안에 대한 결정가능성** : 두 개의 가능한 결과가 있을 때, 두 개 중에서 어떤 것을 더 선호하는지, 아니면 그 둘에 대해 무관심한지 결정할 수 있다는 것이다.
- **선호의 이행성** : 의사결정자의 각 대안에 대한 선호는 논리적 일관성을 갖기 때문에, 각 대안에 대한 선호가 서로 모순되지 않고 좋아하는 대안에서 덜 좋아하는 대안의 순으로 이행한다는 것이다.
- **독립성의 원칙** : 두 대안에 공통적으로 포함되어 있어서 선택에 결정적이지 않은 결과는

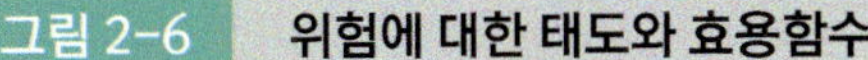

그림 2-6 위험에 대한 태도와 효용함수

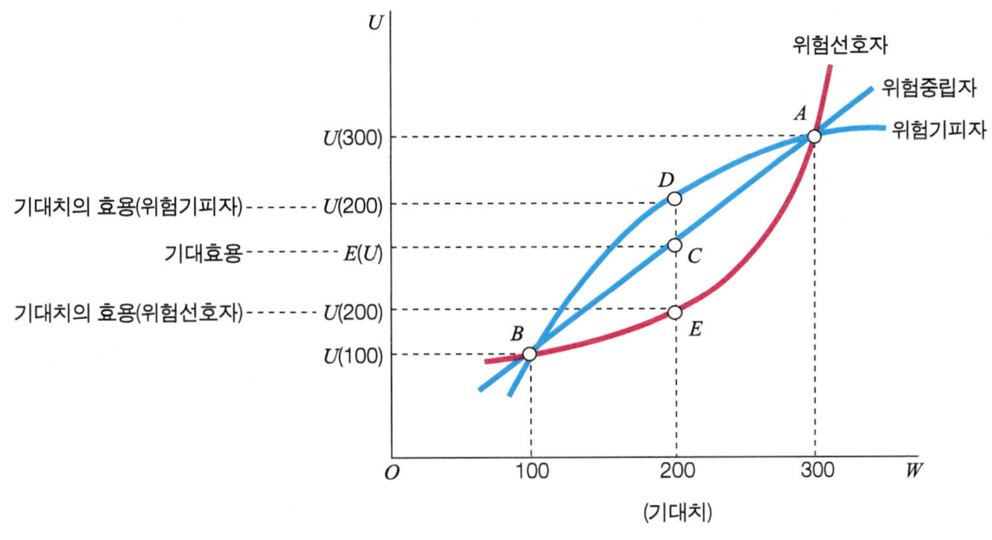

자료원 : 정병렬(2020), 경제학, 세경북스

대안의 선택에 영향을 미쳐서는 안된다는 것이다. 가령 두 자동차의 연비가 동일하다면, 연비는 자동차 선택에 영향을 미치지 않아야 한다는 것이다.

기대효용이론을 이해하기 위해서는 위험에 대한 태도가 기대치나 기대효용에 직접적으로 영향을 미치기 때문에, 이에 대해 살펴보려고 한다.

위험에 대한 태도는 위험기피자(risk-averse), 위험선호자(risk-lover), 위험중립자(risk-neutral) 등으로 구분할 수 있다. 위험기피자는 불확실한 자산보다는 확실한 자산을 선호한다. 예를 들면, 불확실한 200원의 효용보다 확실한 200원의 효용이 더 크다는 것을 의미한다. 그래서 [그림 2-6]과 같이, 위험기피자의 경우 X축에서 볼 때, 아래로 오목한 효용곡선(기대효용 〈 기대치효용)으로 나타낼 수 있는데, 이는 효용이 체감적으로 증가한다는 것을 말해준다. 위험선호자는 위험기피자와는 반대로, 불확실한 자산을 확실한 자산보다 선호한다. 그래서 위험선호의 효용함수는 X축에서 볼 때, 아래로 볼록한 효용곡선(기대효용 〉 기대치효용)의 형태를 띄고 있는데, 이는 효용이 체증적으로 증가한다는 것이다. 위험중립자는 불확실한 자산과 확실한 자산에 대해 무차별적으로 선호한다. 그래서 효용함수는 직선형태(기대효용 = 기대치효용)를 나타낸다.

3.2 행동경제학 관점에서 소비자행동

앞서 살펴본 바와 같이, 전통적인 경제학에서는 인간은 완벽한 정보를 가지고 있고, 그 정보를 완벽하게 처리할 수 있으며, 자신의 효용을 극대화하는 결정을 내릴 수 있다고 가정하고 있다. 하지만, 인간행동에 대한 이러한 견해는 종종 현실과 상충되기 때문에, 행동경제학자들은 사람들이 자신의 합리성에 한계가 있다고 주장하고 있다. 즉 인간이 받아들이고 처리할 수 있는 정보와 그들이 할 수 있는 선택에 한계가 있다는 의미이다.

이러한 전통적인 경제학 이론에 근본적인 비판을 제기하며, 등장한 새로운 경제학이론이 행동적 의사결정이론(behavioral decision theory)의 행동경제학이다. 행동경제학은 심리학, 사회학, 문화학 등 다양한 학문의 관점에서 인간의 행동을 해석하는 경제학 분야라고 할 수 있다.

1. 제한된 합리성 이론

행동적 의사결정이론의 출발이라고 할 수 있는 허버트 사이먼(Herbert A. Simon)은 전통적 경제학에서 주장하던 효용극대화(utility maximization)를 위한 합리성을 전제로 하는 가정과 달리, 인간은 '제한된 합리성(bounded rationality)에 의해 적당히 만족스러운(satisficing) 대안을 추구하는 것'으로 인간의 행동을 묘사하였다. 이러한 적당히 만족스러운 상태는 '만족하다(satisfy)'와 '충분하다(suffice)'라는 단어를 결합해 사이먼이 만든 용어로 소비자는 효용을 극대화하는 행동보다는 선택대안이 만족스러운 것을 기준으로 선택한다는 것이다. 즉 자신이 스스로 알 수 있는 범위 내에서 충분히 좋다고 생각이 드는 대안을 선택한다고 하면서, 인지능력의 한계로 인해 인간은 지나치게 많은 정보 속에서 합리적인 판단을 포기하는 경향이 있다고 보았다. 현실적으로 대안을 선택할 때, 모든 경우를 고려해서 의사결정을 내리는 것은 불가능하며, 그렇게 하려고 하더라도 막대한 비용이 소요된다. 결국 합리적인 선택을 하기 위해 노력하면 할수록 선택자체가 비합리적인 것이 된다는 것이다. 이러한 사이먼의 연구는 행동경제학 관점의 후속연구에 많은 영향을 미쳤다. 버넌 스미스(Vernon L. Smith)의 생태적 합리성(ecological rationality) 개념으로, 그는 합리성이 인간이 처한 맥락과 환경에 좌우되므로 변할 수 있다는 가설을 제시하였다. 그리고 Kahneman and Tversky의 프로스펙트 이론(prospect theory), 휴리스틱(heuristic)과 편향(bias), Thaler의 심리적 회계(mental accounting), 보유효과(endowment effect), Gourville의 PAD(Pennies-a-Day) 효과, 그리고 후회이론(regret effect), 맥락효과(context effect) 등 여러 행동경제학 연구분야에 영향을 미쳤다고 할 수 있다.

2. 행동경제학의 주요 연구

행동적 의사결정이론이 본격적으로 발전하기 시작한 것은 Kahneman and Tversky의 프로스펙트 이론(prospect theory), 휴리스틱(heuristic)과 편향(bias)등에 대한 연구가 주목을 받은 시점부터 시작되었다고 할 수 있다. 그리고 Thaler의 심리적 회계(mental accounting) 등을 중심으로 간단하게 살펴보고자 한다. 이와 더불어 행동경제학 관점에서 많은 연구가 이루어졌지만, 연구와 관련된 내용은 제10장에서 자세하게 살펴보고자 한다.

(1) 프로스펙트 이론

프로스펙트 이론은 경제학에서 널리 이용되던 기대효용이론(expected utility theory)으로 설명하기 어려운 현상을 가치함수(value function), 가중함수(weighting function), 그리고 몇 가지 추가적인 원칙을 이용하여 설명하고 있다. 가치함수(V)는 기대효용이론의 효용함수와 유사하게 양(+)의 영역에서 오목한 형태를 가지고 있지만 몇 가지 중요한 차이점이 있다. 먼저, 부(wealth)의 수준에 따라서 양의 영역과 음의 영역이 정해지는 것이 아니라, 심리적으

그림 2-7 프로스펙트 이론의 가치함수(V)

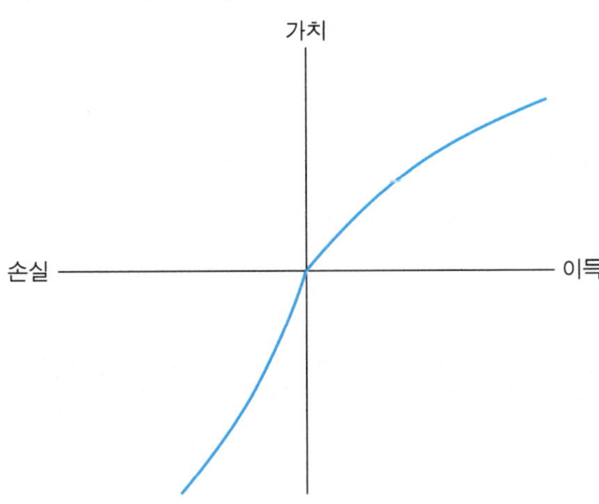

로 기준이 되는 준거점(reference point) 혹은 기준영점(zero point)이 결정되고 이를 기준으로 삼아 이득 및 손실영역이 결정된다. 또한, [그림 2-7]과 같이 이득의 영역에서 위험회피경향을 보이지만, 음의 영역은 볼록한 모양을 보이고 있어서 손실영역에서는 위험추구성향을 보인다.[14)]

(2) 휴리스틱과 편향

Tversky and Kahneman 등은 휴리스틱과 편향 연구에 대해서도 많은 성과를 남겼다. 휴리스틱과 편향은 행동경제학의 또 다른 중요한 개념이다. 휴리스틱(heuristic)은 인간이 일상생활 속에서 거의 매일 만나는 구체적인 문제들을 복잡한 생각이나 계산없이 고민하지 않고 신속하게 처리하는 의사결정방법이다. 반면에 편향(bias)은 비합리적인 의사결정으로 이어질 수 있는 판단의 체계적 오류이다. 예를 들어, 사람들은 종종 미래사건을 예측하는 능력에 대해 과신하며 손해를 볼 때보다 이익을 얻을 때 위험을 감수할 가능성이 더 높다(손실회피). 초기에는 대표성 휴리스틱, 접근가능성 휴리스틱, 기준점 및 조정 휴리스틱을 중심으로 중요한 연구를 많이 수행하였다.[15)]

(3) 심리적 회계

사람들은 스스로 설정한 프레임에 따라 행동하기도 하는데, 대표적인 예가 바로 심리적 회계(mental accounting)이다. 정부나 기업이 예산을 관리하는 것처럼 소비자도 자신이 설정한 항목별 계정과 금액한도에 따라 수입과 지출을 판단하고 관리하는 것이다. Thaler의 심리적 회계(mental accounting)는 전통적인 경제학에서 가정하고 있는 화폐의 전용가능성(fungibility)에 역행하는 개념이다. 화폐의 전용가능성은 화폐를 어떤 경로를 통해 보유하게 되었던(예, 급여나 불로소득 등) 간에, 그리고 어떤 것(구매대상)에 지출되었건 간에, 동일한 화폐이기 때문에 완전히 서로 다른 용도로 상호전용이 가능하다는 것을 의미한다. 그러나 일상생활에서는 심리적 회계에 따라 계정별로 할당된 화폐는 각각의 계정별로만 사용된다는 것이다. 예를 들면, 소비자들은 가전제품 대리점에서 세탁기를 100만 원에 선뜻 구입하지만(세탁기 계정), 재래시장에서 김장용 배추 20kg를 3만 원에 살 때는 주저하게 된다(김장용 배추 계정). 김장용 배추 20kg은 2만 5천 원이면 적당할 것 같다는 생각이 들어서 주저하게 되기 때문이다. 이러한 경향은 심리적 회계 때문이라고 할 수 있다.[16)]

이와 같이, Thaler는 심리적 회계개념을 활용하여 소비자 선택행동을 설명하는 연구를 통해서 행동적 의사결정이론을 소비자행동 연구에 본격적으로 도입하였다. 그 이후에 Thaler는 행동적 의사결정이론을 소비자행동 뿐만 아니라 미시경제학 등의 분야에 적용함으로써 행동경제학의 기초를 마련하였다.

4 소비자 의사결정과정의 패러다임 변화

소비자행동 연구에서도 2000년대 이후에 IT기술의 발달과 인터넷 보급의 확대로 인해 디지털세계의 진보속도가 가속화됨에 따라 소비자 의사결정과정의 패러다임 변화를 촉진시켰다. 즉 전통적인 마케팅 퍼널모델에서 소비자 의사결정여정을 거쳐서 마케팅 모래시계에 이르기까지 소비자 의사결정과정의 패러다임이 변화하고 있다.

4.1 전통적 마케팅 퍼널모델

마케팅의 중요한 과업 중에 하나는 소비자들의 구매의사결정에 가장 큰 영향력을 미칠 수 있는 시점에 소비자들에게 가까이 다가가는 것이다. 그래서 마케터들은 그동안 소비자들의 구매의사결정에 가장 큰 영향을 미칠 수 있는 순간을 찾기 위해서 노력해 왔다.

초기에 가장 널리 사용되었던 이론으로 AIDA는 주로 잠재고객에게 접근할 때, 우선 광고나 판매활동을 통해 잠재고객에게 주의(A: attention)를 통해 인지시키고, 관심(I: interest)을 촉구하며, 욕망(D: desire)을 강화하고 궁극적으로 행동(A: action)을 유도해야 한다는 것이다. 그 이후에 AIDA는 연구자들에 의해서 몇 가지 확장 및 수정을 거치게 되는데, 2000년대 후반에 켈로그 경영대학원의 데릭 러커(Derek Rucker)는 인지(aware)-태도(attitude)-행동(act)과 반복행동(act again)으로 구매 후 고객행동을 추적하고 고객유지를 측정하는 것을 목표로 하였다. 이는 소비자들이 그들의 고려대상군에 있는 브랜드들을 평가할 때 거치는 퍼널과 같은 과정을 설명하기 위한 간단한 모델이다. 즉 소비자는 브랜드에 대해 학습하고(인지), 브랜드에 대해 좋아하거나 싫어하며(태도), 구매할 것인지를 결정하고(행동), 그 브랜드를 반복구매할 가치가 있는지를 결정(반복행동)하게 된다는 것이다.

이와 같이 전통적으로 소비자의 구매의사결정과정과 그에 따른 기업의 고객접촉시점은 [그

그림 2-8 **전통적 마케팅 퍼널모델**

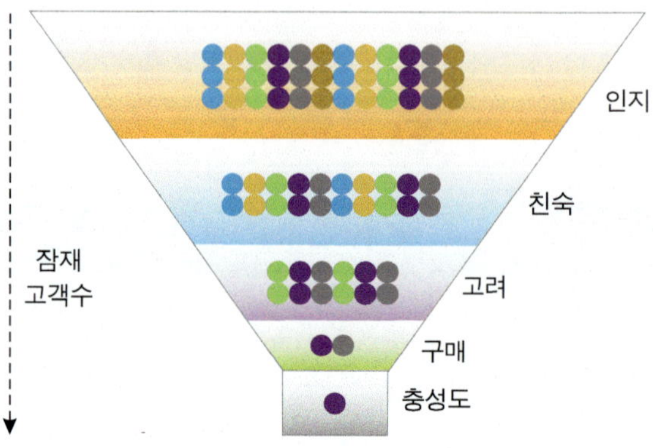

자료원 : https://blog.naver.com/bizwebkorea/221277666697

림 2-8]과 같이, '퍼널(funnel, 깔때기)' 모델을 통해 주로 설명해 왔다. 즉 마케팅 자극을 통해 소비자에게 브랜드가 최초 노출이 되는 인지(awareness)단계, 반복노출을 통한 브랜드친숙(familiarity)단계, 브랜드에 대한 적극적인 고려와 행동을 취하도록 유도하는 고려(consideration)단계, 행동을 취하고 구매하는 구매(purchase)단계, 반복구매 이루어지는 충성도(loyalty)단계에 이르게 된다는 것이다. 이는 여러 개의 잠재적 브랜드들을 고려하던 소비자들이 구매의사결정의 퍼널을 거치면서 최종적으로 하나의 브랜드를 선택해서 구매한다는 의미이다.

이러한 퍼널모델은 잠재소비자가 고객으로 변화해가는 과정을 나타낸 것으로, 소비자의 구매행동을 기업관점에서 재구성한 것이라고 할 수 있다. 소비자들이 광고, 판매촉진 등을 통해서 제품과 서비스를 인지하고 친숙해지고 고려하게 된 후, 구매로 이어지거나 이탈하게 되는 것을 깔때기 모양으로 표현한 것이다. 이러한 과정에서 서비스의 취약단계를 파악할 수 있기 때문에 고객경험을 개선하는 방법론으로 사용되기도 한다. 그리고 퍼널모델은 여러 단계의 의사결정과정을 거치면서 소비자에게 좀 더 가까이 다가가기 위해서 다양한 마케팅활동을 펼치는 게 핵심이었다. 그래서 마케터는 마케팅 자극을 통해 일단 인지단계에 소비자들을 퍼널 안에 넣을 수만 있다면 마케팅의 최종목적을 달성하기가 비교적 수월했다. 즉 소비자는 수많은 제품의 선택지 중에서 비교분석하고 매장에 가서 테스트해 보고 구매하는 형태로 이루어졌기 때문에, 마케터는 소비자들을 퍼널 끝으로 몰아가기 위한 마케팅전략을 기획하고 실행하는데 주안점을 두었다.

하지만, 이런 퍼널모델은 브랜드가 주도권을 갖고 소비자들의 선택폭을 줄이고, 최종적으로 자사의 제품이나 서비스를 선택하도록 만들 수 있다고 믿는 맹점이 있다. 특히 최근 몇 년 사이에 급격한 디지털화가 가속화되고 있는 시대가 도래하면서 전통적인 소비자 구매의사결정과정이 완전히 다른 형태로 변화하기 시작했고, 달라진 구매경험 환경과 플랫폼에 따라 새로운 접근방법에 대한 분석이 중요해지고 있다. 즉 SNS 등 다양한 온라인 커뮤니티 등으로 인해 소비자의 정보획득채널이 다양화되고, 브랜드가 다양화됨으로 해서 기존의 퍼널모델에서 고객중심의 순환모델로 변경되었다는 것이다.

4.2 소비자 의사결정여정

최근에 디지털경제 상황 하에서 소비자들이 원하는 소비경험과 기업을 바라보는 관점도 변하고 있다. 그리고 AI, NLP, 로봇공학, 센서 등의 차세대 첨단기술의 급속한 진보를 통해 나타나고 있는 총체적 현상은 기업의 생태계와 마케팅 관행에도 큰 영향을 미치고 있다. 그래서 소비자가 선택할 수 있는 제품이나 서비스, 디지털채널 등이 폭발적으로 늘어나고, 모바일 기기 등으로 풍부한 정보탐색력을 가진 소비자들이 등장하면서 기존의 전통적인 마케팅퍼널 개념으로는 구매의사결정 요소를 포착하는 것이 어렵다고 판단하고, McKinsey는 이를 대체할 보다 정교한 소비자 의사결정여정(CDJ, Consumer Decision Journey)을 [그림 2-9]와 같이 제안했다. 소비자 의사결정여정이란 소비자들이 제품이나 서비스를 고려하는 것에서부터 구매 후 해당 브랜드와 관계를 형성하는 것까지의 프로세스를 의미한다. 소비자 의사결정여정에 대한 이해는 마케팅 활동에서 고객과 접촉해야 할 포인트를 이해하고 구매를 이끌어내는데 중요한 요소이다.

소비자가 제품을 구매하면 하나의 의사결정과정이 마무리된 것으로 보는 기존의 퍼널모델들과 달리, McKinsey의 CDJ모델은 구매 이후 소비자의 행동이 구매 이전의 소비자들에게 영향을 미치고, 또한 구매 이후에 다시 재구매로 이어지는 과정까지 설명하려고 했기 때문에 비선형적이고 순환적인 특징을 가진 실제 소비자의 의사결정과정을 더 정확하게 담아내고 있다고 볼 수 있다.

그림 2-9 소비자 의사결정여정(CDJ)

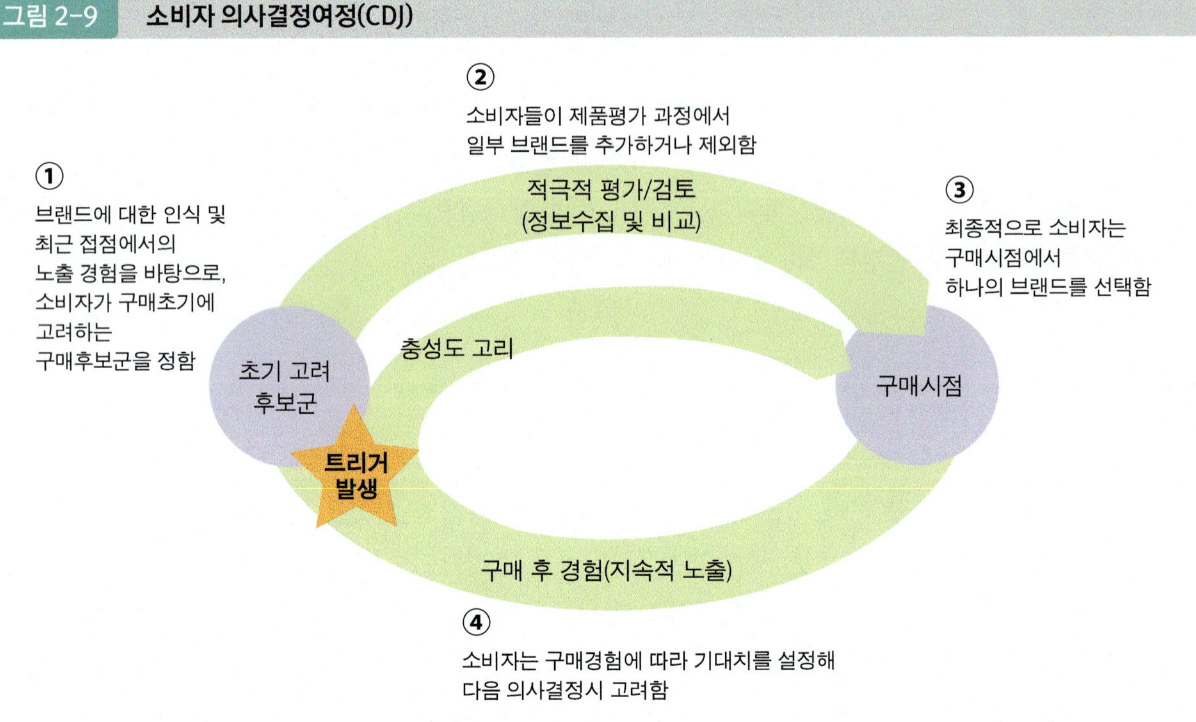

자료원 : https://www.ascentkorea.com/why-is-search-engine-optimization-important-in-consumer-decision-journey/
https://blog.naver.com/infoterior/220780343016

(1) 초기 고려후보군

CDJ모델의 첫 단계인 초기 브랜드 고려후보군에서는 소비자가 최근 터치포인트(touch point, 소비자가 브랜드를 경험하게 되는 순간)에서 노출되었거나 브랜드 지각을 바탕으로 한 초기 상기 브랜드군 중에서 검토를 시작한다는 것이다. 즉 광고노출, 매장디스플레이, 친구 집에서 본 경험 혹은 기타 자극 등을 통해 관심을 가진 제품이나 브랜드들이 검토대상이 된다.

퍼널모델에서는 인지단계에서 소비자 퍼널로 유입된 최초 브랜드 고려후보군에 포함된 브랜드들만이 그 다음 단계로 넘어갔다면, CDJ모델에서는 오히려 광고에 노출이 되고 관련정보가 쌓일수록 해당 제품이나 서비스를 구매하고자 하는 트리거(trigger, 촉발요인으로 생각과 행동에 영향을 주는 모든 자극)가 발생하게 된다. 이 과정에서 오히려 선택지가 줄어드는 것이 아니라 증가하게 된다는 것이다. 즉 하나의 제품이나 브랜드를 접하고 오히려 그 상품군에 대해 더 적극적으로 알아보는 과정(트리거 발생)에서 새로운 브랜드들이 고려후보군에 추가되어 선택지가 늘어나게 되는 것이다.

(2) 적극적 평가/검토

적극적 평가/검토단계에서는 소비자가 구매의사결정여정 가운데 다른 브랜드들이 기존 구매 고려후보군에 언제든지 포함되기도 하고 제외시키기도 한다. CDJ모델에서 소비자들은 디지털 미디어 환경변화로 기존에 알고 있거나 이미 사용 중이던 브랜드에 얽매이지 않는다. 이들은 검색을 통해 제안받은 새로운 브랜드나 이미 제품을 구매한 다른 소비자들의 구매 후의 경험 등을 참고하여 알게 된 브랜드에 열린 자세를 가지고 구매의사결정 중간에도 쉽고 빠르게 기존 브랜드를 재평가하여 고려대상을 변경할 수도 있다.

따라서 기존의 퍼널모델에서처럼 TV광고 등을 중심으로 한 일방적인 브랜드 캠페인으로 브랜드 인지도를 강화하고 확산을 시도하는 촉진활동으로는 더 이상 효과를 담보할 수 없게 되었다는 것을 알 수 있다. 이는 디지털경제 환경에서 적극적으로 소비자 자신이 정보를 찾고 조사할 수 있게 된 소비자들은 의사결정과정에서 얼마든지 브랜드를 바꿀 수 있다는 것을 전제로 소비자 CDJ전반에 걸쳐서 소비자가 질문하는 것에 빠르게 응대할 수 있는 체계를 구축하지 않으면 안되는 시대에 들어서게 되었다는 것을 말해주고 있다.

의사결정과정에서 인터넷과 스마트폰으로 무장한 소비자들이 주체적으로 정보를 찾으면서 만나게 되는 웹페이지나 앱의 콘텐츠와 정보는 검색이나 소셜미디어를 통해 얻게 된다. 소비자들은 검색과 소셜미디어를 중심으로 다양한 콘텐츠와 정보를 소비하면서 구매의사결정과정을 진행한다. 이 과정에서 소비자가 브랜드와 만나는 순간 혹은 이런 만남이 이루어지는 매체를 미디어 터치포인트(미디어 접점)라고 부른다.

구매의사결정과정에는 다양한 채널들이 참여하지만, 이들은 [그림 2-10]과 같이, 4개의 그룹으로 구분해볼 수 있다. 우선은 검색엔진이 첫 번째 그룹이다. 국내라면 구글, 네이버, 다음, 줌 등이 이에 해당한다고 할 수 있다. 그리고 두 번째 그룹은 소비자가 구매할 제품을 제조한 기업의 홈페이지이다. 이 홈페이지 안에는 기업소개, 기업 공식블로그, 제품 카탈로그와 제품판매 페이지 등이 포함된다.

세 번째 그룹은 뉴스나 리뷰 그리고 관련제품을 유통하는 업체들의 웹페이지들이 들어가는 리퍼럴 사이트(referral sites) 그룹이다. 리퍼럴은 가족이나 친구 혹은 주변의 가까운 이웃으로부터 상품이나 서비스를 추천받거나 보증을 받는 방식으로 유명인사 및 운동선수와 같은 '스타성'은 부족하지만, 이들 간의 밀접한 상호관계를 고려할 때, 이상적인 간접 프로모션방법이 될 수 있다. 일반적으로 리퍼럴은 판매원을 대신해서 추천자가 상품을 소개하거나 보증하는 명시적 방법과 판매원이 소비자에게 추천자를 거명하는 암시적 방법이 있다.

그림 2-10 의사결정과정의 미디어 터치포인트의 구성

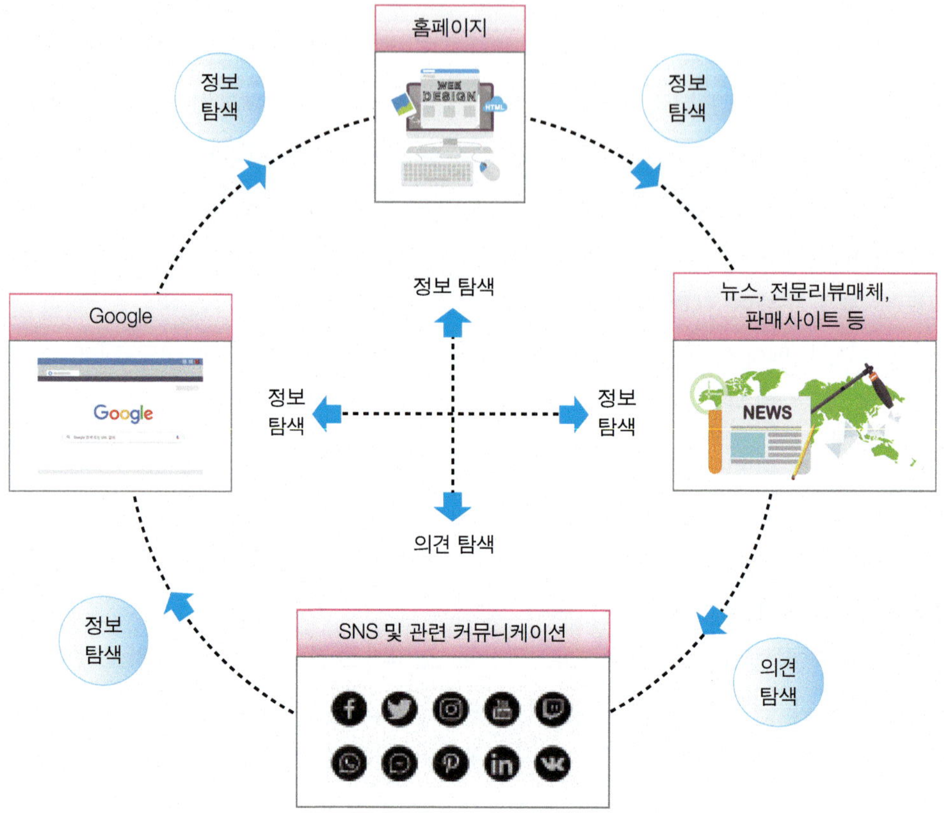

자료원 : https://www.ascentkorea.com/why-is-search-engine-optimization-important-in-consumer-decision-journey/

그리고 마지막 그룹이 소셜미디어다. 소셜미디어에는 페이스북, 트위터, 인스터그램, 카카오톡 등이 포함된다고 할 수 있다. 이들은 정보를 제공하는 사이트로서의 기능을 하기보다는 대체적으로 정보를 담은 곳으로 소비자를 보내는 연결점의 역할을 한다.

따라서 소비자 구매여정에서 마케터는 검색엔진 최적화를 통해서 의사결정에 필요한 정보와 소비자를 연결시키고, 소비자가 그 다음 질문으로 넘어갈 수 있게 도와서 중간에 이탈없이 전반적인 구매의사결정과정을 무사히 마칠 수 있도록 돕고 촉진해야 할 것이다.

(3) 구매시점

구매시점단계에서 소비자가 최종적으로 특정 브랜드 한 개를 선택하는 것이다. 소비자가 실제로 매장에 들어올 때까지 구매결정을 미루는 경우가 늘어나고 있을 뿐만 아니라, 소비자는 매장에서 기존의 결정을 쉽게 번복하기도 한다. 따라서 제품진열, 포장, 상품 보유여부, 가격, 판매 상호작용 등이 총 동원되는 구매시점은 한층 강력한 구매접점이 되는 것이다.

(4) 구매 후 경험

구매 후 경험, 지속적 노출단계에서 소비자가 제품이나 서비스를 구매한 후에, 소비자는 경험을 바탕으로 기대치를 형성하여 다음 구매여정을 고려하고, 지속적인 노출을 통해 그 브랜드에 대해서 적극적인 지지와 유대관계가 형성이 되는 경우에 충성도 고리(Loyalty Loop)를 통해 재구매에 이르게 된다. 실제로 구매가 이루어진 후에 소비자는 제품 및 새로운 온라인 접점과 상호작용을 하기 때문에 소비자와 해당 브랜드 사이에 한층 깊은 관계가 맺어진다. 그리고 소비자 자신이 구매한 제품에 만족한 경우에, 구전을 통해 해당 제품에 대한 지지를 보낸다. 즉 다른 사람들이 평가를 내릴 때, 참고할 수 있도록 정보를 제공해주고 해당 브랜드의 잠재력을 더욱 강화하는 역할을 할 수 있다. 물론 특정 브랜드에 실망한 소비자는 해당 브랜드와의 관계를 끊거나 어쩌면 단순한 관계를 단절하는 것 이상으로 심각한 문제를 야기할 수도 있다. 하지만 탄탄한 유대감이 형성되면 즐기고(enjoy), 지지(advocate)하며, 구매(buy)로 구성된 순환의 고리가 가동되어 CDJ에서 소비자가 고려과정 및 평가과정을 완전히 건너뛸 수도 있다.

이처럼 디지털시대의 소비자를 바라보는 가장 큰 특징은 소비자의 능동성에 주목해야 한다는 점이다. 광고나 프로모션 메시지의 수동적 수용대상으로서의 소비자가 아닌, 메시지를 해석하고 평가하여 스스로 즐기고(Enjoy), 주변의 사람들에게 그 브랜드에 대해 서로 이야기하며(Advocate), 브랜드와의 유대관계를 발전시켜 나가는(Bond) 능동적인 소비자로 인식한다는 점이 CDJ의 근본적 인식이다. 또 한 가지 중요한 차이는 브랜드에 대한 평가 및 고려의 과정을 지나, 그 브랜드를 구매하고 어느 정도의 충성도를 가진 후에도 소비자들은 끊임없는 메시지 확대 및 재생산활동을 통해 브랜드에 대한 충성도를 만들어 간다는 점이다(The Loyalty Loop).[17]

4.3 디지털시대의 마케팅 모래시계

디지털경제 상황 하에서 이동성과 연결성이 점차 증가함에 따라, 고객은 이미 브랜드를 고려하고 평가할 수 있는 시간이 제한적이었다. 온·오프라인 등 다중채널에서 고객은 제품특성, 브랜드 약속, 판매대화 등 너무 많은 것에 계속해서 노출되고 있다. 또한 너무 많은 광고 메시지들로 인해 혼란스러워하는 고객은 종종 이들을 무시하고, 대신에 친구나 가족 등 사회적 커뮤니티의 신뢰할만한 조언의 원천으로 전환하고 있다. 그리고 경우에 따라서는 브랜드를 통해 예기치 못한 한순간의 즐거움이 고객을 브랜드 충성도를 가진 옹호자로 변모시키기도 한다. 그렇게 하기 위해서는 기업이 고객의 구매여정을 파악하고, 구매여정을 통해 고객의 터치포인트를 이해하고, 중요한 터치포인트에 개입할 수 있어야 한다. 그리고 기업은 중요한 터치포인트를 개선하고 강력한 차별화를 위해서 커뮤니케이션 강화, 채널 존재강화, 고객 인터페이스 개선 등의 노력을 집중해야 한다.

1. 5A's 구매의사결정과정

이러한 디지털시대에 맞추어 필립 코틀러는 기존의 전통적인 마케팅 퍼널모델을 수정하여 '마켓4.0'에서 고객의 구매의사결정과정을 [그림 2-11]과 같이, 5A's : 인지(aware)-호감(appeal)-질문(ask)-행동(act)-옹호(advocate)를 제시하였다. 이는 초연결성 시대의 사회적

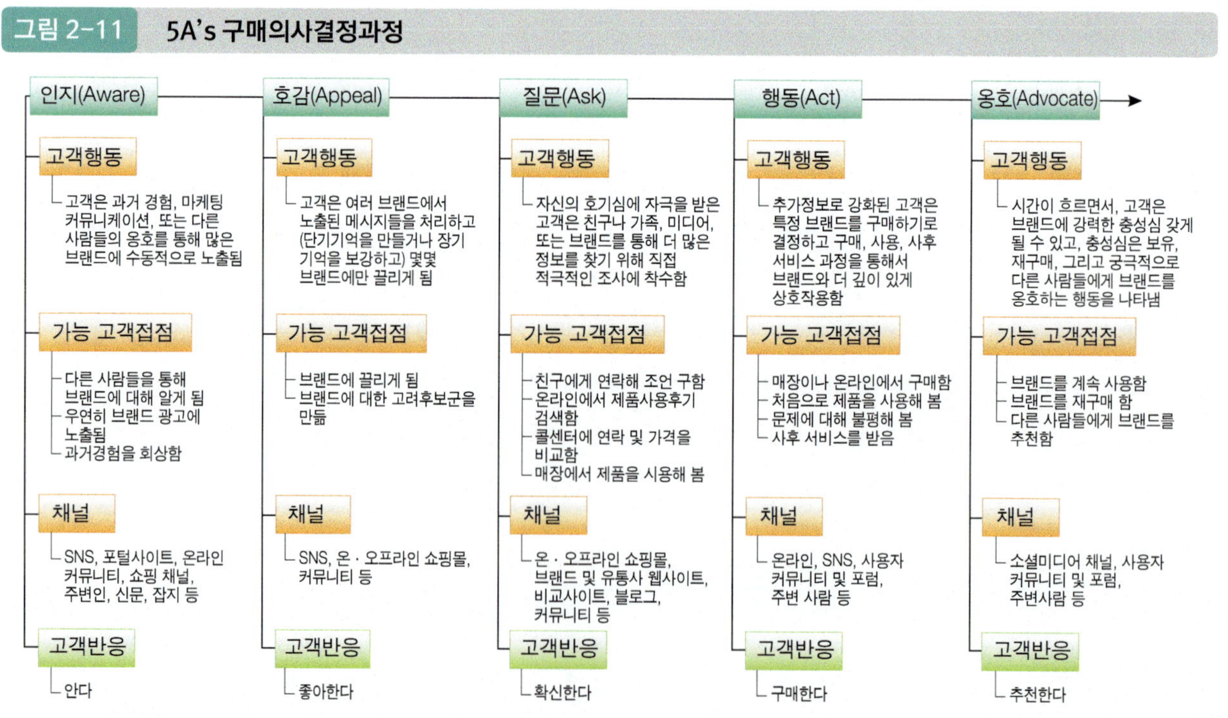

그림 2-11 5A's 구매의사결정과정

자료원: Kotler, P., H. Kartajaya, I. Setiawan(2017), Marketing 4.0, John Wiley &Sons, Inc.

소비현상을 반영한 것으로, 현재의 디지털시대의 소비환경을 반영한 것이다. 즉 브랜드에 대한 일차적 호감이 주변의 커뮤니티의 영향으로 형성되고, 행동직전까지 외부환경과 다른 사람들의 영향을 받게 되고, 구매결정 이후에도 적극적으로 옹호하고 자발적으로 추천하게 된다는 점을 반영한 것이다.

기존의 전통적인 마케팅퍼널은 마케터들이 최초 인지단계에서부터 구매결정에 이르기까지 잠재고객의 진행상황을 설명하기 위해서 사용되는 핵심모델들 중의 하나이다. 하지만 마케터가 관리해야 할 고객의 구매여정은 구매 한참 이후단계까지 포함되고 있는데, 차세대 IT기술과 미디어의 발전으로 고객의 미디어 터치포인트(미디어 접점)가 예측 불가능할 정도로 빠르게 변화하고 있다는 것이다. 고객과의 접점에서 갖추고 있어야 할 콘텐츠와 채널이라는 마케팅믹스 요소로써 터치포인트가 점점 더 중요하다는 점이다. 이제는 마케터가 어떤 의미를 가지고 어떻게 시의적절하게 실행해 내느냐가 관건이라고 할 수 있다.

2. 마케팅 모래시계

디지털 마케팅을 전개하기 위해서 실용적으로 고객의 구매여정을 단계별로 구분한 것이 바로 마케팅 모래시계이다.

마케팅 모래시계(Marketing Hourglass) 모델은 마케터에게 고객의 전체 구매여정상 고객경험을 가이드하는 하나의 방법론으로써, 혹은 전반적인 디지털 마케팅계획으로써 활용가치가 있다. 즉 마케팅 모래시계는 구매여정과정에서 구매행동(구매시점)은 단지 중심점일 뿐이며, 고객의 단계별 진행은 전통적 마케팅 퍼널을 더 확장해서, 〈표 2-1〉, [그림 2-12]와 같

표 2-1 필립코틀러의 5A's와 '마케팅 모래시계' 간의 관계

구 분	5A's	마케팅 모래시계
구매 전 단계	인지(Aware)	인지(Know)
	호감(Appeal)	선호(Like)
	질문(Ask)	신뢰(Trust)
		시도(Try)
구매단계	행동(Act)	구매(Buy)
		재구매(Repeat)
구매 후 단계	옹호(Advocate)	추천(Refer)

그림 2-12 마케팅 모래시계

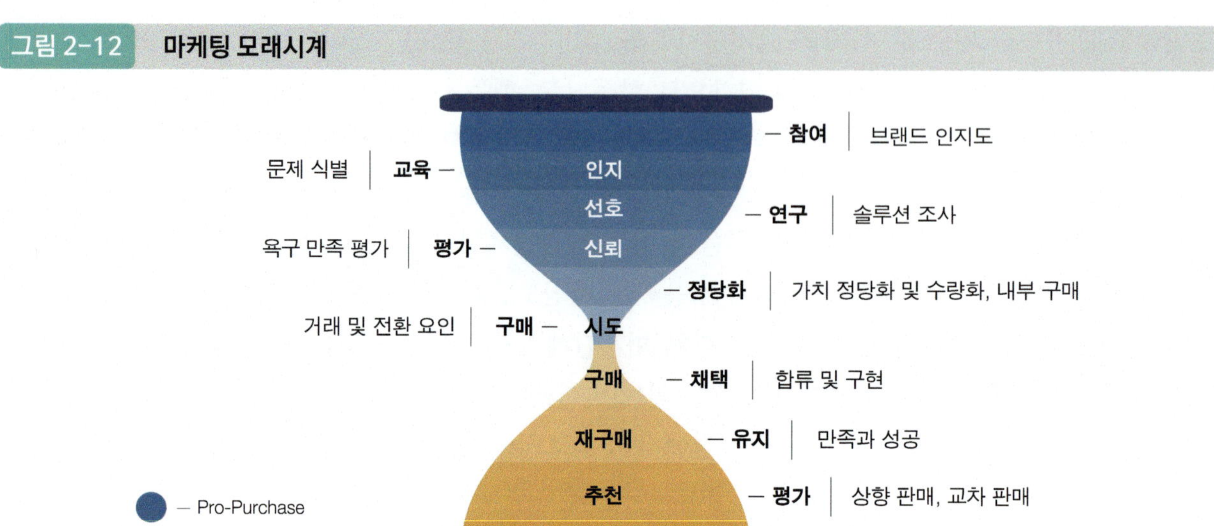

자료원 : https://blog.performars.com/ko/customer-journey-map-reference-model-marketing-hourglass

이, 인지(know)단계에서 마지막 추천(refer)단계에 이르는 7단계로 구성되어 있다. 이러한 마케팅 모래시계 모델은 마케터들이 고객들의 참여단계에 따라 어떻게 잠재고객(potential customers)을 활성고객(active customers)으로 이전시킬 수 있는지에 대한 개념을 제공해 준다.

따라서 이 모델이 마케터에게 주는 이점은 우선 각 단계에서 고객들의 특성과 행동을 정의할 수 있으며, 각 단계 간의 이동과 관련된 프로세스를 이해할 수 있다는 것이다. 그리고 고객경험을 향상시키고 고객참여와 가치를 높이기 위해서, 고객여정단계를 거치면서 고객을 관리할 수 있도록 마케팅전략과 전술을 개발할 수 있다는 것이다. 마케팅 모래시계는 다음과 같은 단계들로 구성되어 있다.

(1) 인 지

인지(know)단계는 사람들이 당신의 비즈니스와 브랜드를 어떻게 최초로 인지하게 되는지? 즉 콘텐츠들이 검색되고, 광고되고, 추천되는 단계로써, 고객이 브랜드를 최초로 인지하는 단계라고 할 수 있다. 예를 들면, 마케터는 잠재고객이 웹사이트를 방문했을 때, 무엇을 제안하고 어떤 메시지를 전달할 것인지, 광고를 통해서 제품이나 브랜드에 관해 어떤 정보를 전달하고, 소셜네트워크나 콘텐츠를 활용하여 어떻게 인지도를 높일 것인지를 고려해야 된다.

(2) 선 호

선호(Like)단계는 사람들이 당신의 브랜드를 알게 되고, 더 알고 싶은지를 결정하는 단계로써, 재방문하거나 좋아할 수 있는 이유를 제시하는 단계라고 할 수 있다. 예를 들면, 다른 커뮤니티에 적극적인 참여와 관여로 브랜드가 커뮤니티에 열정적이라는 강력한 시그널로 호감을 가질 수 있게 한다든지, 마케팅 이벤트를 통해서 비즈니스의 전문성을 전달하고, 기업의 가치제안으로 고객이 중요하게 생각하는 무엇인가를 잘하고 있다고 고객이 이해하게 한다든지, 트위터, 페이스북 등의 소셜미디어 참여로 브랜드의 선호도를 높일 수 있다.

(3) 신 뢰

신뢰(Trust)단계는 어떤 고객도 신뢰하지 않는 기업으로부터 구매하지 않는다. 즉 리뷰, 성공스토리, 고객 피드백 등이 중요하게 작동되는 단계이다. 예를 들면, 브랜드가 다양한 온라인 상에 보이지 않으면 신뢰도가 떨어진다고 볼 수 있기 때문에 검색결과에서 첫 번째 페이지를 지배할 수 있도록 노력해야 할 것이다. 그리고 온·오프라인에서 브랜드 평판을 사전에 능동적으로 관리하는 것도 마케팅과업 중에서 중요한 일부가 될 수 있다. 다른 사람들의 브랜드 추천이나 잠재고객의 소셜영향력을 키우는 데 도움을 주는 것도 필요할 것이다. 다양한 이벤트를 통해 브랜드 신뢰를 구축하고, 고객에게 일관성 있는 브랜드 경험을 제공한다든지, 콘텐츠를 통해 브랜드와 사람들과의 관계를 구축하는 것도 중요할 것이다.

(4) 시 도

시도(Try)단계는 잠재고객이 솔루션에 대해서 어떻게 문제를 해결해 줄 수 있는지 알아보는 단계로써, 브랜드는 eBook, 세미나, 매뉴얼 등을 적극적으로 제공하는 단계이다. 예를 들면, 한 달간 무료체험 기간을 제공한다든지, 구매전환할 수 있는 자료로써 블로그 게시물과 eBook 등을 넘어서 개인화된 콘텐츠 및 ROI 자료 등을 제공할 수도 있다. 그리고 즉시 구매행동을 유도하기 위한 달콤한 거래제안으로써, 친구를 추천하게 하거나, 할인된 연간가격을 제시하거나, 기대이상의 혜택을 제시하는 등 인센티브 프로그램을 제공할 수 있다.

(5) 구 매

구매(Buy)단계는 최고의 경험을 하게 하는 단계로써, 신규 고객을 안내하고 그들에게 기대이상 놀라움을 주어야 하는 단계이다. 그리고 모든 마케팅이 반드시 의도해야 하는 단계라고 할 수 있다. 만약에 고객이 지금 당장 결정을 내릴 수 없거나 어떻게 해야 할지를 모른다면 어떤 자료와 교육 등으로 고객을 구매단계로 이끌어 나가야 할 것이다. 그리고 구매의 각 순간별 무슨 일이 일어나는지를 알 수 있는 프로세스가 있어야 한다. 즉 누구에게 전화해야 하는지, 무엇을 보내주어야 하는지, 어떻게 연락해야 하는지 등에 대한 정의가 되어 있어야 한다. 또한 결제하는 부분에서도 쇼핑카트, 계산서 발행, 결제관련 응대, 결제 후(배송 등) 서비스 등도 마케팅 기능의 일부이고 구매여정에서도 매우 중요한 접점이다. 즉 배송/언박싱/설치 등과 관련해서도 정보전달 혹은 상자배달이 될 수 있으며, 고객과의 중요한 마케팅 접점이고 고객이 가장 멋진 선물과 포장을 받아본다는 느낌을 갖게 해야 한다.

(6) 재구매

재구매(Repeat)단계는 고객이 브랜드의 가치를 받아들이고 이해하게 하여 재구매를 하게 하는 단계로써, 리뷰, Up-sell, Cross-sell 등을 고려해야 하는 단계이다. 그리고 비즈니스를 성장시키는 최고의 방법이기도 하다. 리뷰나 고객평가 등을 통해 고객에게 얼마나 많은 가치를 재공했는지, 개별고객에게 전달한 가치를 객관적으로 평가하고 알고 있어야 한다. 그리고 고객에게 기존의 것 이외에 무엇을 할 수 있는지를 파악할 수 있는 프로세스를 갖고 있어야 한다. 예를 들면, 추가기능, 업그레이드, 추가 사용자, 기타 제품 등 Up-sell 또는 Cross-sell 하기 위한 준비가 있어야 한다.

(7) 추 천

추천(Refer)단계는 고객여정의 궁극적인 목적지이기도 하며, 만족한 고객을 추천고객으로 전환하는 단계로써, 최고의 고객경험에 더하여 챔피언 고객이 소개하고 추천할 수 있는 프로세스와 캠페인을 만드는 단계이다. 추천해 줄 고객들에게 잠재고객을 찾아 추천할 수 있도록 이벤트, 추천자료, 추천콘텐츠 등을 제공할 수도 있다. 만약 고객이 브랜드 옹호자나 전도사가 되면 브랜드나 제품에 대해 호의적으로 이야기하고, 긍정적인 구전으로 다른 잠재고객들에게 전달할 수 있다. 또한 그들의 지지, 추천, 브랜드에 대한 구전의지 등은 수많은 다른 사람들에게 영향을 미칠 것이다.

이상에서 살펴본 마케팅 모래시계 모델은 최근에 확장된 새로운 디지털마케팅 모래시계 모델을 제시하고 있다. 이는 [그림 2-12]와 같이, 구매시점을 넘어 성장하는 고객관계에 대한 관심이 증가했음을 반영하고 있으며, 구매 전 6단계와 구매 후 4단계로 구성되어 참여에서 옹호에 이르기까지 총 10단계로 매우 세분화되어 있음을 알 수 있다. 즉 디지털마케팅 모래시계 모델은 고객이 제품/서비스/브랜드 등을 처음 접하는 순간인 참여단계에서 더 많은 잠재고객을 유치하고, 거래 및 전환요인에 의한 구매단계에서 해당 잠재고객을 구매자로 축소한 다음, 채택 및 유지단계에서 성장하는 고객기반을 계속 육성해서 궁극적으로 옹호자/전도사가 될 수 있도록 한다는 것이다.

참고문헌

- 박종오, 권오영(2022), 마케팅, 북넷출판사.
- 신임철(2020), 소비자행동에 관한 행동경제학 관점의 연구 - 카지노고객의 게임행동을 중심으로, 성균관대학교 전문대학원, 경영학과 마케팅전공, 박사학위논문.
- 이진용(2010), 소비자행동 관련 분야의 행동론적 의사결정이론의 연구동향 고찰: 2000-2009년 국내연구를 중심으로, 소비자학 연구, 제21권, 제2호, 193-236.
- 정병렬(2020), 경제학, 세경북스.
- Addis, Michela and Morris B. Holbrook(2001), "On the Conceptual Link between Mass Customization and Experiential Consumption: An Explosion of Subjectivity," Journal of Consumer Behaviour, 1(1), 55-66.
- Assael, Henry(1992), Consumer Behavior and Marketing Action, 4th ed., Boston, MA: Pws-Kent.
- Belk, Russell W.(1988), "Possessions and the Extended Self," Journal of Consumer Research, 15(September), 139-168.
- Gourville, John T.(1998), "Pennies-a-Day: The Effect of Temporal Reframing on Transaction Evaluation," Journal of Consumer Research, 24(4), 395-408.
- Grubb, Edward L. and Harrison L. Grathwohl(1967), "Consumer Self-Concept, Symbolism and Market Behavior: A Theoretical Approach," Journal of Marketing, 31(0ctober), 22-27.
- Hirschman, Elizabeth C. and Morris B. Holbrook(1982), "Hedonic Consumption: Emerging Concepts, Methods and Propositions," Journal of Marketing, 46(Summer), 92-101.
- Holbrook, Morris B., Donald R. Lehmann, and John O'Shaughnessy(1986), "Using versus Choosing: The Relationship of the Consumption Experience to Reasons for Purchasing," European Journal of Marketing, 29(8), 49-62.
- Kahneman, Daniel and Amos Tversky(1979), "Prospect Theory: An Analysis of Decisions Under Risk," Econometrica, 47(2), 263-291.
- Kim, W. Chan and Rene Mauborgne(1997), "Value Innovation: The Strategic Logic of High

Growth," Harvard Business Review, (January-February), 103-112.

- Kotler, P., H. Kartajaya, I. Setiawan(2017), Marketing 4.0, John Wiley &Sons, Inc.
- Kotler, Philip and Kevin Lane Keller(2006), Marketing Management, 12e, Upper Saddle River, NJ: Pearson Education.
- Liversley, W. J. and Dennis B. Bromley(1973), Person Perception in Childhood and Adolescence, John Wiley and Sons Inc.
- Maslow, Abraham H.(1970), Motivation and Personality, 2nd ed., New York, NY: Harper & Row.
- Morris B. Holbrook and Elizabeth C. Hirschman(1982), "The Experiential Aspects of Consumption : Consumer Fantasies, Feelings, and Fun," Journal of Consumer Research, 9(September), 132-140.
- Neumann V., John and Oskar Morgenstern(1944), Theory of Games and Economic Behavior, Princeton: Princeton University Press.
- Nunes, Paul F. and Frank V. Cespedes(2003), "The Customer Has Escaped," Harvard Business Review, 81(1), 96-105.
- Park, C. Whan, Bernard J. Jaworski, and Deborah J. MacInnis(1986), "Strategic Brand Concept-Image Management," Journal of Marketing, 50(October), 135-145.
- Reynolds, Thomas J. and Jonathan Gutman(1988), "Laddering Theory, Method, Analysis, and Interpretation," Journal of Advertising Research,(February/March), 11-31.
- Richins, Marsha L.(1994) "Valuing Things : The Public and Private Meanings of Possessions," Journal of Consumer Research, 21(December), 504-521.
- Roedder John, Deborah, Barbara Loken, Kyeongheui Kim, and Alokparna Basu Monga(2006), "Brand Concept Maps: A Methodology for Identifying Brand Association Networks," Journal of Marketing Research, 43(November), 549-563.
- Sears, David O., Jonathan L. Freedman, and Letitia A. Peplau(1985), Social Psychology, 5th, ed. Englewood Cliffs, NJ: Prentice-Hall, Inc.
- Simon, Herbert A.(1955), "A Behavioral Model of Rational Choice," Quarterly Journal of Economics, 69(1), 99-118.
- Thaler, Richard(1985), "Mental Accounting and Consumer Choice," Marketing Science, 4 (3), 199-241.
- Thaler, Richard(1999), "Mental Accounting Matters," Journal of Behavioral Decision Making, 12 (3), 183-206.
- Thaler, R. H. and E. J. Johnson (1990), "Gambling with the House Money and Trying to Break Even: The Effects of Prior Outcomes on Risky Choice," Management Science, 36(6), 643-661.
- Tversky, Amos and Daniel Kahneman(1974), "Judgment under Uncertainty: Heuristics and Biases," Science, 185(4157), 1124-1131.

미주정리

1) 박종오, 권오영, 2022
2) Addis & Holbrook, 2001
3) Hirschman & Holbrook, 1982
4) Holbrook, Lehmann & O'Shaughnessy, 1986
5) Assael, 1992
6) Richins, 1994
7) Grubb & Grathwohl, 1967
8) Sears, Freedman, & Peplau, 1985
9) Grubb & Grathwohl, 1967
10) Belk, 1988
11) Liversley & Bromley, 1973
12) Hirschman & Holbrook, 1982
13) Neumann & Morgenstern, 1944
14) Kahneman & Tversky, 1979; Thaler 1985; 1999
15) Kahneman, Slovic, & Tversky, 1982; Tversky & Kahneman, 1974
16) Thaler, 1999; Thaler & Johnson, 1990
17) https://blog.hsad.co.kr/1606

참고 URL 주소

- https://m.blog.naver.com/jdhfinance/221162432735
- https://blog.naver.com/bizwebkorea/221277666697
- https://blog.naver.com/infoterior/220780343016
- https://www.ascentkorea.com/why-is-search-engine-optimization-important-in-consumer-decision-journey/
- https://eiec.kdi.re.kr/material/pageoneView.do?idx=1499
- https://blog.performars.com/ko/customer-journey-map-reference-model-marketing-hourglass
- https://blog.hsad.co.kr/1606

PART
02

소비자행동의 외적 영향요인

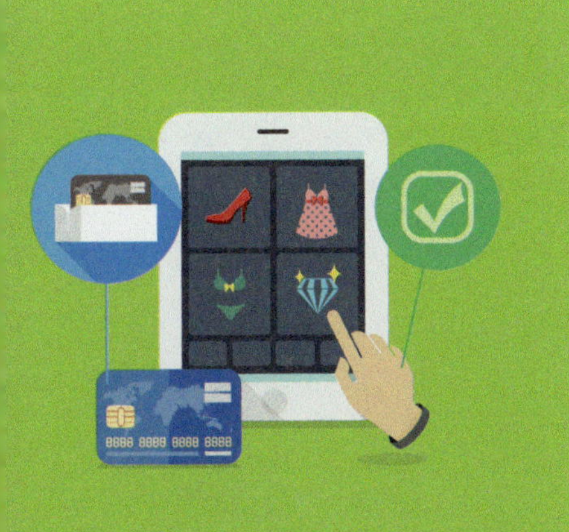

CHAPTER

3

문화와 사회계층

1. 문　화
2. 사회계층

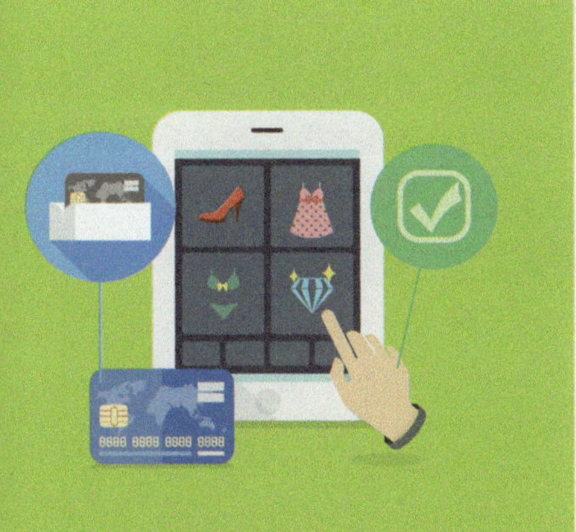

밈, 하위문화가 되고, BTS·NCT·NMIXX …
당당하게 '밈' 외치는 Z세대 아이돌

인터넷 용어를 쓰는 아이돌이 뭇매 맞던 시절은 지났다. 그들의 뮤직비디오에도, 공연에도, 일상에서도 밈(meme)이 사용되는 걸 쉽게 발견할 수 있다. 한때 음지문화로 여겨졌던 '밈'에 무슨 일이 생긴걸까.

무대 위 한 남성이 안무를 하다 카메라를 능글맞은 표정으로 바라본다. 손으로 렌즈를 향해 '빵야' 하더니 그 손을 머리 옆으로 올린다. 마치 '웁스(Oops)'라는 듯!

어디서 본 듯한 이 장면, 한국인 최초로 '빌보드' 핫 100 1위를 기록한 'Dynamite'(BTS) 뮤직비디오(MV)의 일부다. MV가 공개되고 몇 분 뒤, 소셜네트워크 서비스(SNS)에는 해당 장면이 MBC '무한도전'의 노홍철 밈을 패러디했다는 분석이 잇따랐다. 글로벌시장을 노린 곡인데 설마, 싶었지만 한 인터뷰에서 BTS가 직접 " '무한도전'의 팬이라 촬영 리허설에서 장난스럽게 해당 밈을 따라 하다 실제 MV에 들어갔다"고 밝혔다. K-밈(meme)의 위력이 입증되는 순간이었다.

아이돌 산업에서 밈은 꾸준하게 활용되고 있다. SM엔터테인먼트 보이그룹 NCT와 음악 밈 크리에이터 'J.E.B(요한 일렉트릭 바흐)'의 'SMTOWN LIVE 2022' 컬래버 무대가 그 예다. J.E.B는 어울리지 않는 음원을 섞어 새로운 곡을 만드는 매시업 DJ로, 피츠 앤드 더 탠트럼스의 'HandClap'과 '전국노래자

'무한도전' 밈을 오마주한 BTS 지민과 방탄소년단(자료원 : MBC, 유튜브 'HYBE LABELS')

랑' 의 테마를 섞은 '전국 handclap 자랑' 이 대표곡이다.

방송에서도 아이돌이 밈을 이용하는 모습은 쉽게 찾아볼 수 있다. 코미디쇼 'SNL 코리아'에 출연해 자신과 연관된 밈을 따라 하며 망가지는 모습은 하나의 통과의례가 됐고, MBC '라디오스타'에서도 출연진을 소개할 때 밈을 활용한다. SNS나 인터넷 커뮤니티에서 탄생한 밈이 콘서트와 방송국의 세계로 넘어오고 있는 것이다.

의외로 밈의 기원은 사뭇 진지하다. 밈은 1976년 출간된 진화생물학자 리처드 도킨스의 저서 '이기적 유전자' 에서 처음 등장했다. '모방' 을 의미하는 그리스어 '미메시스(Mimesis)' 와 '유전자' 를 의미하는 영어 'Gene' 의 합성어로 '문화적 진화를 이끄는 새로운 복제자' 라는 의미이다. 최초 원작자가 말한 학술적인 의미라 매우 어렵게 다가오지만, 쉽게 설명하면 '모방 유전자' 로 '널리 재생산되고, 마구 복제되어 사용되는 것' 을 의미한다.

문화도 생물학의 유전자처럼 자기복제를 통해 전파된다는 것. 본래 문화의 진화 과정을 설명할 때 사용하는 용어지만, 21세기 인터넷 환경이 더해지면서 모방력·전파력이 강한 인기 웹 콘텐츠를 지칭하게 됐다. 특히 K-밈은 2000년대 '웃긴대학' 이나 '디시인사이드' 등 인터넷 커뮤니티의 초창기 이용자가 공유하던 은어에서 유래했다고 볼 수 있다. 무(無)에서 유(有)를 창조하는 게 아닌 대부분 기존 방송이나 영화 등 각종 콘텐츠에서 2차 가공을 거쳐 만들어졌다. 당시 '어도비 포토샵' 등 합성 프로그램도 유행해 '엽기' 'B급 문화' 의 영향으로 이용자 사이에선 누가 더 웃기고 저속한 밈을 만드는지 일명 '드립(부정적 의미의 즉흥적인 발언)' 경쟁이 일기도 했다. 그렇게 퍼진 밈은 디지털 네이티브(digital native, 태어날 때부터 디지털 기기에 둘러싸여 성장한 세대)인 Z세대에게는 모국어처럼 자리 잡았다.

아이돌을 판타지로 여겼던 과거 엔터테인먼트 산업구조에선 밈 사용이 사실상 금기시됐다. 대부분의 밈이 검증 불가한 인터넷에서 유래했기 때문이다. 하지만 Z세대가 아이돌 산업에 유입되는 3세대 아이돌 시대에는 상황이 달라졌다. '브이라이브' '인스타그램 라이브' 등을 비롯해 소통의 벽이 낮아졌고 팬과 대화를 나누는 데 있어 밈이 중요한 표현 수단이 됐다.

여성 아이돌의 적극적인 밈 활용도 그 장벽을 낮추는 데 한몫했다. '밈 천재' 이미지로 빵 뜬 걸 그룹 NMIXX(엔믹스)의 해원이 대표적이다. 데뷔 초, 단아한 인상 덕에 엄친딸로 불렸지만 지금은 능수능란한 밈 사용력을 뽐내며 솔직하고 털털한 매력으로 인기를 끈다. 과거 아이돌 산업에선 도무지 상상할 수 없는 모습이다. 일부 온라인 커뮤니티의 밈은 여성과 소수자를 비하하며 발전했기 때문에 밈 사용자를 나쁜 인터넷 문화를 즐기는 사람으로 여기는 관행이 있었다. 하지만 해원은 유튜브 쇼츠에서 카카오 이모티콘 '농담곰' 을 따라 하고 적재적소에 밈을 활용하면서 그들이 만들어온 고정관념을 가볍게 넘었다.

NMIXX(엔믹스) 해원의 농담곰
(자료원 : 유튜브 'SLLDLAB')

인터넷 문화를 즐기는 여성과 아이돌의 존재를 동시에 드러낸 것이다.

• 자료원 : 김경수, 여성동아, 3월, 711호, 2023년 3월 18일(내용일부 수정함)

소비자의 구매행동에 영향을 미치는 여러 가지 외적 영향요인들 중에서 문화, 사회계층 등은 넓은 의미로 소비자행동을 이해하는데 필요하고 중요한 개념들이다. 특히 문화는 소비자의 전통, 풍습, 가치와 윤리와 같은 추상적인 것과 옷, 자동차, TV, 예술품, 스포츠 등과 같은 물질적인 대상이나 서비스를 포함하는 광범위한 개념으로 소비자행동에 지속적으로 영향을 미칠 수 있다.

또한, 사회계층은 문화의 하위개념으로 소비자의 구매행동에 중요한 영향을 미칠 수 있으며, 한 사회 내에서 거의 동일한 지위와 소득을 가진 사람들로 구성된 집단이라고 할 수 있다. 동일한 사회계층에 분류되는 소비자들은 일반적으로 직업, 소득, 재산, 교육수준 등이 비슷하기 때문에 그들의 구매행동이나 소비패턴도 유사하다. 그래서 문화와 사회계층을 이해하고 소비자들의 특성을 파악하는 것은 시장세분화 전략에 유용한 개념이며 소비자 구매행동을 이해하고 예측하는데 도움이 된다.

따라서 본 장에서는 우선 문화의 이해, 특성, 구성요소, 문화적 의미전달과정, 문화수준과 소비자행동 등에 관해서 살펴보고, 사회계층의 개념, 특성과 결정요인, 측정과 분류 등에 대해 고찰한다.

1 문 화

문화란 무엇일까? 문화라는 개념을 알아보기 위해 소비자 A의 하루 일과를 살펴보자. 소비자 A는 삼성 래미안아파트(주)에서 지난밤 편안하게 숙면을 취하고 아침에 일어나 부인이 차려준 김치찌개(식)로 아침식사를 하고, 피에르가르뎅 양복(의)을 단정하게 차려입고, 현대 제네시스 승용차를 타고 회사에 출근했다. 그리고 회사업무를 처리하고 점심때는 회사동료들과 가까운 고급 레스토랑에서 식사를 하고, 근처 스타벅스 커피전문점에서 커피를 마시며, 가끔 애플 iPhone 14 스마트폰으로 친구나 거래처 직원들과 통화하며 친분관계를 유지한다. 그리고 회사업무로 프랑스인 바이어 Patrick을 만나 거래협상을 하였지만, 협상과정에서 언어, 가치관, 예의, 관행 등의 차이 때문에 협상이 난항을 거듭하며 차후에 다시 협상하기로 하고 헤어져 귀가를 했다.

이와 같이 소비자 A의 하루 일과를 둘러보면, 이 모든 것이 한 사회의 구성원으로서 가질 수 있는 생활양식을 나타내며, 흔히 우리가 사회학습을 통해 획득하고 공유할 수 있는 문화생활이라고 할 수 있다. 다시 말해서 소비자행동을 이해하는 데 필요한 중요한 개념인 문화는 특정한 사회환경 하에서 구성원들이 서로 공유할 수 있는 사회적인 특성이라고 할 수 있다.

소비자 A의 경우처럼, 문화는 삼성 래미안아파트, 음식, 피에르가르뎅 옷 등의 의식주를 비롯해서 직장생활이나 사회활동과정에 필요한 제네시스 승용차, 애플 iPhone 14, 스타벅스 커피 등의 물질적인 대상이나 서비스를 포함한다. 이뿐만 아니라, 좀 더 넓게 문화의 의미를 살펴본다면, 사회나 단체의 구성원들이 공유하는 의미, 가치관과 윤리 등과 같은 추상적인 생각이나 언어, 예의, 관행, 의례, 풍습, 관습, 전통, 법률, 종교 등의 복합체라고 할 수 있다. 이러한 점에서 차이가 있었기 때문에 소비자 A의 경우에도 거래협상과정에서 많은 어려움을 겪었다고 할 수 있다.

이처럼 문화는 특정 사회의 구성원으로서 사회적 활동을 하며 경험하는 전통, 관습, 가치관, 언어, 의례 등을 비롯해서 소비자가 일상생활에서 사용 및 소비하는 모든 대상물이나 서비스를 포함하는 매우 광범위한 개념이다. 또한, 문화는 소비자의 태도, 신념과 지각에 영향을 미치며, 한 세대에서 다음 세대로 전승되어 넘어갈 때 문화뿐만 아니라, 문화유산인 제품에 대한 소비자행동을 형성하는 데 영향을 준다. 그래서 제품이나 서비스를 선택하고 구매하는 소비자행동은 문화적인 배경없이는 도저히 설명할 수가 없다. 문화는 소비자들이 제품이나 서비스를 판단하고 선택할 때, 이용하는 렌즈와 같아서 소비자행동을 이해하는 데 있어서 매우 중요하다.

1.1 문화의 특성

우리가 살고 있는 한국사회가 미국이나 유럽의 여러 국가들의 사회와 크게 다르며, 지리적으로 가까운 일본이나 중국 등 아시아의 국가들과 비슷하면서도 다른 여러 사회적인 규범과 가치, 관습, 의식 등의 생활양식이 있어서 서로 차이가 있고 구분된다면 그것이 바로 한국의 문화라고 할 수 있다.

이와 같이, 문화는 한 사회를 다른 사회와 구분지으면서 사회구성원들의 가치, 신념, 지각, 선호, 그리고 행동양식을 결정하는 중요한 요인이다. 그래서 문화는 한 사회의 구성원들이 공유할 수 있는 신념이나 가치관의 기초가 되기 때문에 문화의 본질을 이해하기 위해서는 다음과 같은 문화의 특성을 이해해야 한다.[1)]

첫째, 문화는 학습된다. 한 사회구성원들이 갖게 되는 문화는 선천적으로 타고난 것이 아니라 생활하면서 학습하는 것이다. 학습은 어린시절 가정환경에서부터 시작되어 성장해서 사회생활을 하면서, 그 사회가 가지고 있는 규범이나 행동양식을 익히고 사회생활에 적용하며 발전하고 변화과정을 거치며 이루어진다. 이러한 학습과정을 통해 문화는 한 세대에서 다음 세대로 전승되어 간다.

둘째, 문화는 공유된다. 문화는 특정 국가나 사회의 구성원들이 함께 생활하면서 만들어지기 때문에 그 사회구성원들에 의해 서로 공유된다. 사회구성원들은 신념, 가치, 관습, 언어, 상징 등을 공유함으로써 상호 간에 커뮤니케이션을 원활하게 하며 행동의 기준을 삼을 수 있게 된다. 예를 들어 우리나라는 부모에 효도하고 노인을 공경하는 문화적 가치를 서로 공유하고 있는데, 이런 점에서 흔히 기업광고에서 효를 주제로 하는 것은 문화적 가치를 잘 나타내고 있다.

셋째, 문화는 변화한다. 문화는 주변의 환경과 상호작용하면서 끊임없이 변화하게 된다. 사회문화적인 환경변화에 따라 사회구성원들의 가치관과 생활양식이 변화하고, 경제적·기술적 진보속도가 급격하게 변화함에 따라 컴퓨터, 자동차, 휴대폰, 아파트 등 물질문화도 다양하게 변화되어 왔다.

넷째, 문화는 보편적이며 다양하다. 특정 집단 내 속해 생활하는 구성원들의 사회에는 반드시 문화가 존재하는데, 구성원들의 주체성이나 창의성, 집단의 적응성과 독창성으로 인해 한 사회의 문화는 다른 사회의 문화와는 다른 다양한 특성을 지니고 있다.

다섯째, 문화는 행동기준이고 규범을 제공한다. 문화는 사회구성원들의 행동기준이 되어, 욕구수준과 방향 및 충족방법의 지침을 제공한다. 인간의 본원적 욕구(generic needs)는 동일하지만 구체적인 욕구(specific wants)는 문화마다 상이하다. 예를 들어 어떤 사회에서든 본원적인 욕구상태는 주거문화, 음식문화, 의류문화 등이 다 동일하지만, 구성원에 따라 구체적인 욕구에서는 전통가옥, 아파트 등의 주거를 원할 수도 있고, 한식, 일식, 피자나 햄버거 등의 음식을 원할 수도 있으며, 한복, 정장, 진이나 힙합패션 등을 원할 수도 있다. 이와 같이 문화는 구성원들이 갖고 있는 구체적인 욕구수준에서 국가나 세대마다 차이를 나타낼 수 있다.

따라서 마케터는 표적소비자의 욕구수준과 규칙을 나타내는 문화적 특성을 분석하여 이를 만족시킬 수 있는 제품을 개발하여야 한다.

1.2 문화의 구성요소

문화는 여러 가지 특성을 지니고 있지만, 이들 문화가 형성되는 데는 [그림 3-1]과 같이, 그 사회의 가치관과 신념, 언어, 신화, 관습과 의례(의식), 법률, 물질적인 요소 등이 영향을 미친다.

1. 가치관과 신념

문화의 구성요소들 중에서 특히 가치관(values)과 규범(norms)은 중요하다. 가치관은 집단 구성원들 간에 폭넓게 공유되어 사회의 구성원으로 하여금 옳고 그름의 판단기준이 되어 행동에 영향을 미치지만 사회적 가치관은 문화마다 상이할 수 있다. 그리고 개인적 가치관의 경우는 같은 문화권에서 살고 있는 사람들 간에도 다양할 수 있다. 이와 같이 가치관은 문화마다 혹은 개인마다 다르기 때문에 소비자의 구매 및 소비행동에도 많은 영향을 미친다.[2)]

가치관의 체계에 따라 사회구성원들의 행동규범이 만들어지며, 규범은 적절한 행동에 대한 사회의 공유된 지침이라고 할 수 있다. 규범은 사회구성원들이 어떻게 행동해야 하는지에 대해 대다수나 혹은 적어도 한 집단의 합의에 의해 행해지는 행동규칙이다. 또한 규범은 사회구성원이 자신의 행동이 적절한지를 평가하는 기준을 제공해 준다. 그래서 규범은 소비자의 구매 및 소비행동에도 영향을 미칠 수 있다. 예를 들어, 소비자는 흔히 회사출근할 때나 결혼식,

그림 3-1 문화의 구성요소

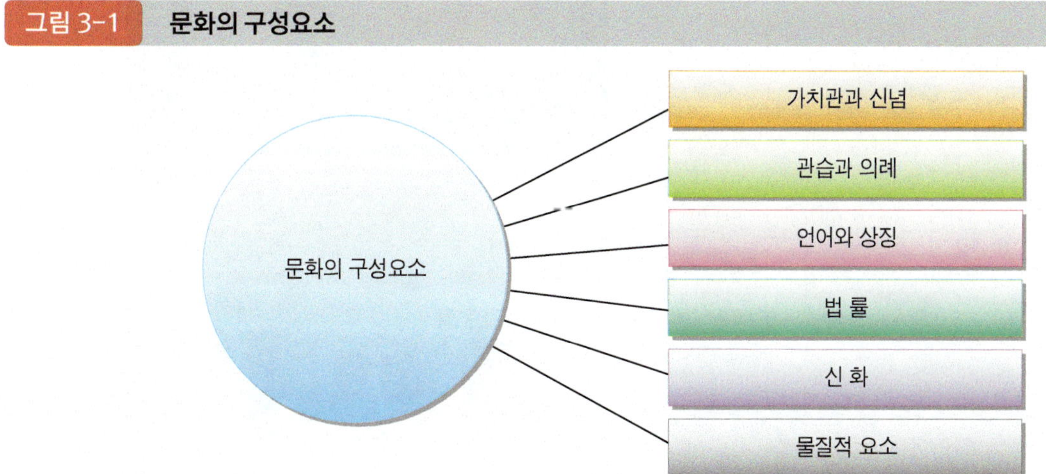

야유회, 상갓집 등에 갈 때는 옷차림새를 달리하는 경우가 많은데, 이는 옷입는 방법에도 상황, 장소, 시기에 따라 규범이 다르게 적용될 수 있기 때문이다.

가치관과 규범은 사회구성원들이 속해 있는 여러 집단들의 신념(beliefs)으로 나타난다. 한 사회의 신념체계는 사회구성원 대부분이 공유하고 있는 관념, 지식, 전설, 미신, 학문 등 모든 인지분야를 포함한다. 이러한 신념은 소비자가 제품이나 서비스를 평가하고, 구매의사결정하는데 중요한 영향을 미칠 수 있다.

2. 관습과 의례

관습(customs)은 특정상황에서 수용될 수 있는 일상적이고 습관적인 행동양식을 의미한다. 이러한 관습은 습관화된 행동이므로 쉽게 바뀌지는 않지만, 관습도 일정부분은 사회적인 환경변화에 따라 끊임없이 변화해 가고 있다. 그래서 마케터는 관습에 맞추어 신제품을 개발하든지 아니면 환경의 변화에 따라 변화하는 관습을 고려하여 제품을 개발하여야 한다. 예를 들

광고 3-1 삼성 BESPOKE 오븐 광고

어, 삼성 BESPOKE 오븐제품은 한국인의 음식과 조리관습에 맞추어 구이, 찜, 데우기, 궁중요리, 간식, 안주 등 40여 가지에 맞추어 소비자들에게 좋은 반응을 얻고 있다.

의례(ritual)는 특정 행동의 결과를 유발하거나 기간적으로 반복된 행동을 하게 되는 일련의 복합적이고 상징적인 행동이라고 정의할 수 있다. 우리는 흔히 일상적인 생활을 하면서 출생, 입학식, 성인식, 결혼식, 장례식, 설과 추석, 어버이날, 어린이날, 스승의 날, 크리스마스 등 많은 의례의식을 치루게 된다. 이런 의례의식을 행하면서 소비자들은 의례와 관련된 많은 제품과 서비스를 소비하고, 의례의식은 매번 반복적이며 세대 간에 계속 전승되어 가는 것이 특징이다.

따라서 마케터는 소비자들의 각종 의례시기나 방법을 잘 이해한다면 매출을 올릴 수 있는 마케팅 기회를 가질 수도 있다.

3. 언어와 상징

언어는 문화를 획득하고 학습하기 위해서는 사회구성원들은 공통언어를 통해 서로 간에 반드시 커뮤니케이션 할 수 있어야 한다. 공통언어 없이 공유된 의미는 존재할 수 없으며, 진실한 커뮤니케이션이 일어날 수 없을 것이다. 그래서 언어는 의미, 생각, 느낌 등을 전달하는 중요한 커뮤니케이션 수단으로 문화의 중요한 구성요인이다. 언어는 구어적이고 문자적인 언어적 상징(verbal symbols)뿐만 아니라, 표정, 몸짓, 태도 등으로 표현하는 비언어적인 상징(nonverbal symbols)들까지도 포함된다. 언어를 통해서 소비자들에게 효과적으로 커뮤니케

광고 3-2 제품이미지와 특성을 상징하는 ESTEE LAUDER 광고

이션해야 하는 마케터는 원하는 제품이미지나 특성들을 전달하기 위해서 적절한 상징들을 사용해야 한다. 이러한 상징들은 특히 소비자들에게 제품이나 서비스와 관련된 메시지나 의미를 전달하는 수단인 광고물에 사용될 뿐만 아니라, 판매원의 언어적 표현은 소비자들을 설득하고 구매하도록 유도하는 데 중요한 역할을 한다.

4. 법 률

법률은 규칙이나 법규를 성문화한 것으로 문화적인 가치, 관습, 언어, 상징, 의례 등과 더불어 문화의 중요한 요소가 된다. 법률은 사회구성원들의 행동을 제한하기도 하고 촉진시키기도

광고 3-3 주류 TV광고 규제 : '처음처럼' 광고

하며 행동을 다스리는 역할뿐만 아니라, 기업의 활동과 관련된 법률에 의해서 기업은 생산에서부터 판매 및 고객서비스에 이르기까지 경영활동 전반에 걸쳐 시장에서 법적규제를 받기도 한다. 기업이 경영활동을 수행하는 데 관련된 법률로는 기본적으로 상법을 비롯해서 독점거래 및 공정거래법, 소비자보호법, PL(product liability)법, 원산지표기법, 광고규제법, 가격규제법, 유통법규 등이 있다. 이러한 법률에 의해 규제가 완화되어 기업활동이 때론 촉진되기도 하지만 규제되어 기업활동이 위축되기도 한다. 예를 들어, 주류광고의 경우 건전한 음주문화 조장과 청소년보호법 등의 이유로 TV광고는 모델이 만 18세가 넘어야 하며, 알콜도수 17도 이상 주류광고 전면금지, 17도 이하 주류는 오전 7시에서 저녁 10시까지 금지 등 여러 제약이 뒤따른다. 그래서 마케터는 마케팅이나 소비자관련 법률을 이해하고 마케팅활동을 전개하는 데 어떤 법규가 어떻게 적용되는지를 잘 파악해야 한다.

5. 신 화

모든 사회에는 그 문화를 정의할 수 있는 신화들이 있으며, 신화를 통해서 사회구성원들이 세상의 이치를 이해할 수 있게 도와 준다. 신화(myth)는 문화적 정서, 이념, 가치관 등을 묘사하려고 하는 환상적인 형태로 된 이야기, 인물, 상징적인 요소들을 나타낸 것이다. 이러한 신화를 창조하고 유지하는 데 광고가 중요한 역할을 수행한다. 신화는 서로 다른 문화권에 있는 구성원들이 때론 기이하고 비이성적이며, 미신적인 사회적 믿음 등으로 인해 이해를 잘못하거나 이상하게 받아들이기거나 믿지 않을 수도 있다. 그러나 이러한 신화는 구성원들에게 도덕적 교훈을 보여주기도 하고 세상을 살아가는 방법을 암시해 주어 불안감을 감소시켜 줄 수도 있다.

6. 물질적인 요소

주택, 의류, 가구, 휴대폰, 자동차, 냉장고 등과 같이 우리가 흔히 일상생활을 하면서 사용하고 있는 많은 물질적인 제품들은 한 사회의 문화를 구성하는 중요한 요인이다. 우리는 이러한 물질적인 요소들을 통해 특정 문화권의 사회구성원들이 어떻게 살아가고 있는지를 알 수 있다.

1.3 문화적 의미전달과정

소비자가 구매하고 소비하는 제품이나 서비스의 문화적 의미는 흔히 문화적 가치 및 상징의 형태로 표현된다. [그림 3-2]와 같이, 우선 문화적 가치나 상징성이 무엇인지를 확인한 문화적 의미는 제품이나 서비스와 부합되는지를 평가한 다음에 제품에 부여되는 과정을 거치게 되는데, 이때 문화적 가치나 상징적 의미를 전달해 줄 광고, PR, 관찰, 타인의 행동모방 등 소비와 관련된 커뮤니케이션 수단이나 시스템이 중요한 역할을 수행한다. 그리고 소비자가 사용할 제품이나 서비스에 부여된 문화적 가치나 상징적 의미는 소비자가 제품이나 서비스를 구매하고 소비하는 의례를 행함으로써 최종적으로 소비자에게 이전되며, 소비자는 소비행위를 통해서 다시 사회에 문화적 가치와 상징적 의미를 전달하는 역할을 하게 된다.[3] 예를 들면, 소비자들이 흔히 구매해서 사용하고 소비하는 옷, 자동차, 주택, 가전제품 등을 통해 타인들에게 자기 자신을 표현하고, 그 제품들에 부여된 의미를 통해서 타인들에 의해 자기 자신의 이미지, 부, 지위, 아이덴티티 등이 해석된다. 따라서 소비자들이 소비하는 제품이나 서비스는 그들이 생활하고 있는 사회 내에서 문화적 의미를 전달하는 매체수단으로써 중요한 역할을 수행한다.

그림 3-2 문화적 의미전달

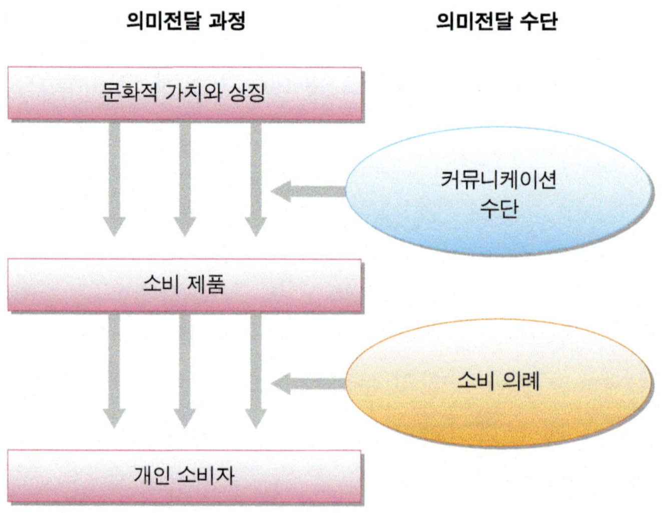

자료원 : Grant McCracken(1986), "Culture and Consumption : A Theoretical Account of the Structure and Movement to the Cultural Meaning of Consumer Goods," Journal of Consumer Research 13, June, p. 76.

1. 소비제품의 문화적 의미전달

문화적 의미가 제품이나 서비스에 이전되어 소비자에게 다시 전달되는 문화적 이전과정에서 가장 중요한 역할은 광고, PR, 관찰, 타인의 행동모방 등 소비관련 커뮤니케이션 수단과 시스템이다. 이러한 소비관련 커뮤니케이션 수단과 시스템을 통해서 제품이나 서비스에 문화적 가치를 내재하고 있는 상징적 의미를 연결시킴으로써, 소비자들이 구매하고 소비하는 제품에 문화적 가치와 상징적 의미를 전이시킬 수 있다.[4)] 예를 들면, 프랑스 여성전문 캐주얼 브랜드 KOOKAI 광고는 활동적이고 당당하게 자신감 있는 아름다운 여성상의 표현으로, 남자는 이미 여자의 부속품에 불과한 듯이 통쾌한 남성비하로 여성에게 카타르시스를 느끼게 하면서, 때론 여성 페미니즘 운동에도 영향을 미칠 수 있다. 하지만, 역설적으로 남성 스스로 노예가 되고 싶을 만큼 멋진 여자가 되기를 여성들에게 강조하는 광고라고 할 수 있다. 따라서 광고는 제품의 상징적 의미에 대한 중요한 원천이 됨으로써, 소비자의 상징적 소비에 영향을 미치게 됨을 알 수 있다.

이런 점에서 볼 때, 마케터는 제품이나 서비스에 적합한 문화적 가치와 상징적 의미를 분석

광고 3-4 패미니즘을 표현한 KOOKAI 광고

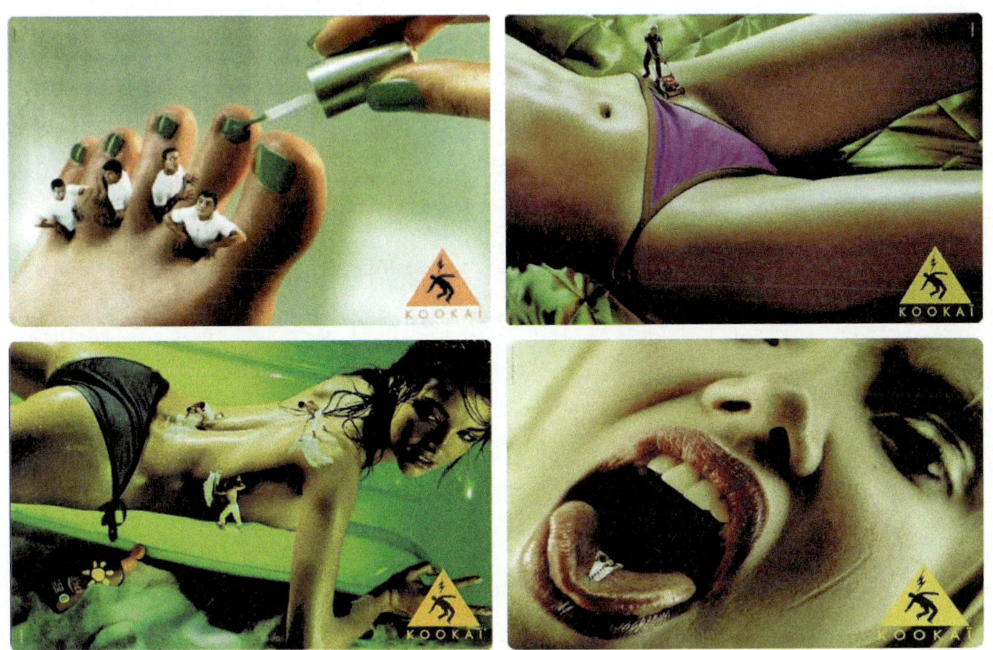

하고, 광고, PR, 관찰, 타인의 행동모방 등 소비와 관련된 커뮤니케이션 수단과 시스템을 통해서 소비자에게 효과적으로 전달해야 한다.

2. 문화적 가치와 상징적 의미

광고, PR, 관찰, 타인의 행동모방 등 소비와 관련된 커뮤니케이션 수단이나 시스템을 통해서 제품이나 서비스에 문화적 의미가 표현되면, 제품이나 서비스, 브랜드 자체가 문화적 가치나 상징적 의미를 나타낼 수 있다.

마케터는 제품이나 서비스를 통해 문화적 가치나 의미를 다음과 같이 여러 가지 상징적 의미로 나타낼 수 있다.

첫째, 제품이나 서비스가 사회적 지위나 부를 상징하는 의미로 사용될 수 있다. 예를 들면, 소비자들이 Rolex 시계, Gucci 핸드백, Mercedes-Benz 자동차, 타워팰리스와 같은 고급아파트 등을 사회적 지위나 부를 상징하는 문화적 의미로 사회구성원들에게 나타내는 수단으로 사용하기도 한다.

둘째, 소비자의 가치관을 제품이나 서비스를 통해 상징적인 의미로 표현할 수 있다. 예를 들면, 소비자들의 가치관인 젊음, 자유, 개인주의, 페미니즘 등을 표적시장 소비자와 연결해서 제품이나 서비스의 상징적인 의미로 표현할 수도 있다.

셋째, 쾌락적인 소비제품인 경우에는 실용적인 측면보다는 쾌락적인 의미를 강조하는 경우도 있다. 예를 들면, 소비자들이 영화, 연극, 음악, 게임 등 엔터테인먼트 산업관련 제품이나 보석, 향수, 액세서리 등의 구매 시에 실용적인 제품품질보다는 심미적이고 감각적인 품질을 강조하면서 쾌락적 소비에 초점을 두고 있다.

넷째, 제품이나 서비스의 공적인 의미와 사적인 의미를 같이 포함해서 나타내는 수단으로 이용될 수도 있다. 소비자의 개인적인 추억이나 내력이 중요한 역할을 한다. 예를 들면, 소비자가 만일 결혼기념일 때 받은 다이아몬드 반지의 경우에 고급보석이라는 공적인 의미도 있지만 소비자의 개인적인 추억이 담긴 사적인 의미를 나타내고 있기 때문에 중요한 상징적인 의미를 나타낼 수 있다.

3. 문화적 의미와 소비의례

제품이나 서비스에 부여된 문화적 의미가 소비자에게 이전되는 과정은 소비자가 제품이나 서비스를 구매하고 소비하는 과정이며, 이는 문화적 의미를 표출하는 일종의 문화적 의례라고도 볼 수 있다. 이런 과정을 통해서 소비자는 자기이미지나 아이덴티티를 표현하는 수단으로 이용하기도 한다.

첫째, 제품이나 서비스를 구매하고 소비한다는 것은 제품이나 서비스가 지니고 있는 문화적 의미나 상징적 의미를 수용하고 이를 통해서 자기이미지를 표현하는 데 사용한다고 할 수 있다. 예를 들면, 소비자는 Yves Saint Laurent 제품의 경우에 품위와 명품의 전통 이미지에 젊고 신선하고 발랄한 제품이미지가 어우러진 제품의 상징적인 이미지를 통해 소비자의 자기이미지를 표현하는 수단으로 사용한다.

광고 3-5 명품의 제품이미지를 부각시킨 Yves Saint Laurent, LIBRE 광고

둘째, 소비자가 제품이나 서비스를 소유하는 의례를 행함으로써 문화적 의미를 나타내기도 한다. 예를 들면, 우리나라는 소비자가 새로 집을 사거나 이사를 했을 때, 주변의 친지나 직장 동료들을 초대해서 음식을 대접하는 집들이 의례가 있다. 이때 소유라는 문화적 의미를 표하기도 하지만, 주로 초대받은 사람들은 과일바구니, 세제나 비누세트 등을 선물하기도 한다.

셋째, 소비자들은 혼자만의 시간을 갖고 머리 빗고, 세안, 세정용 로션바르기, 피부미용 등의 몸단장을 할 때, 여러 제품이나 서비스를 소비함으로써 문화적 의미를 전달하기도 한다. 예를 들면, 비누, 샴푸, 화장품 등은 소비자가 외출하기에 앞서 몸을 청결히 하고 다른 오염물질들을 제거할 목적으로 의식을 행할 때 주로 사용하는 품목들이다.

넷째, 소비자는 의례의식으로 제품이나 서비스를 교환하는 행위로 문화적 의미를 전달하기도 한다. 예를 들면, 어버이날, 생일, 결혼기념일, 크리스마스 등 특별한 날을 기념하기 위해 꽃, 반지, 케익 등의 선물을 교환하는 행위는 그 선물에 담고 있는 사랑, 감사, 축하와 같은 문화적 의미를 상대방에게 전달하는 과정이라고 할 수 있다.

이와 같이 개인 소비자에게 제품이나 서비스의 문화적 가치와 상징적인 의미전달은 의례를 통해서 주로 이루어진다. 광고, PR, 관찰, 타인의 행동모방 등 소비관련 커뮤니케이션 수단이나 시스템을 통해서 제품이나 서비스에 문화적 가치와 상징적인 의미를 부여하고, 의례를 통해서 그 의미들이 다른 사람들에게 전달되고 표현된다. 따라서 마케터는 문화적 가치나 상징적 의미를 제품이나 서비스에 부여하고 이를 소비자에게 효과적으로 전달하기 위해서는 광고를 비롯해 다양한 마케팅 커뮤니케이션 수단들을 이용한 통합적 마케팅 커뮤니케이션 전략을 수행할 필요가 있다.

1.4 문화수준과 소비자행동

1. 문화의 수준

문화의 수준은 일반적으로 대단히 광범위한 초국가적인 문화에서 국가문화, 직업문화, 조직문화 그리고 가장 작은 집단문화에 이르기까지 다양하며 여러 가지 계층적으로 구성되어 있다.

초국가적인 문화(supernational culture)는 국가의 경계선을 넘어서거나 한 국가 이상에서 존재하는 것으로 볼 수 있는 어떤 문화적인 차이가 있을 때를 말한다. 인종적 문화는 다른 나라에 이민이나 이주해서 살아가고 있는 소수인종들이 모국의 문화를 유지하고 계승하기 때문에 여러 국가에 걸쳐서 있을 수도 있지만, 경우에 따라서는 뉴질랜드의 마오리(Maoris)족 처럼 단일국가 내 훨씬 작은 부분이 될 수도 있다. 이런 문화에는 지역적, 인종적, 종교적, 언어적 특성을 같이 공유하고 있는 집단문화를 포함하고 있다.[5)]

국가문화(national culture)는 한 나라의 시민들로 여길 수 있는 집단적인 특성을 나타내며, 직업문화(professional culture)는 종사하는 조직의 충성도와 산업의 충성도 사이에 뚜렷한 차이가 있는가에 초점을 두고 있다.

조직문화(organization culture)는 함께 조직을 유지하는 데 사회적으로나 규범적으로 결속시키느냐를 나타낸다. 집단문화(group culture)는 조직문화보다는 훨씬 작은 단일집단, 작업집단, 기타 개인적인 모임 내에서 문화적인 차이를 말한다. 이와 같이 다양한 문화의 수준은 초국가적인 수준에서 집단수준에 이르기까지 반드시 계층적으로 관계가 있는 것은 아니다. 예를 들어 다국적 기업의 경우에는 조직문화가 국가적, 지역적, 인종적, 종교적, 언어적, 직업적 문화들이 모두 걸쳐 있다. 더욱이 집단문화는 여러 조직, 직업, 국가, 종교적, 인종적 배경을 지니고 있는 사람들로 구성될 수 있다. 이러한 상호관계는 [그림 3-3]처럼 타원형으로 상호 겹쳐서 포개어 질 수 있다.

그림 3-3 상호 관련된 문화수준

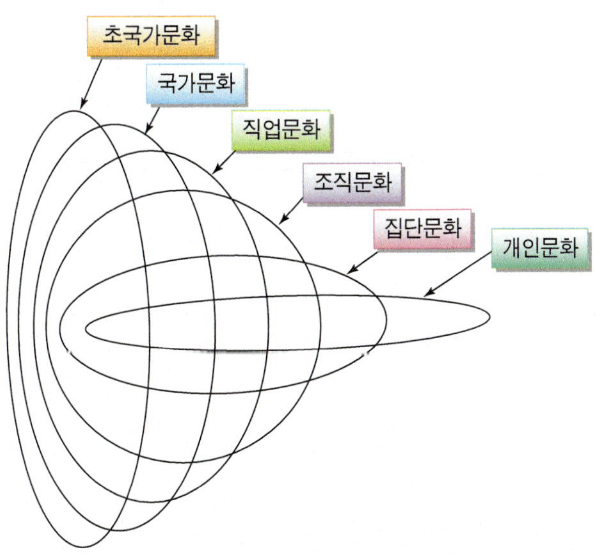

자료원 : Karahanna, E., Evaristo, J.R., & Srite, M.(2005), Levels of Culture and Individual Behavior : An Integrative Perspective, *Journal of Global Information Management*, 13(2), April–June, p. 6

타원형에서 개인문화(individual culture)차원은 다른 문화계층을 나타낼 수는 없지만 개인의 문화가 어떻게 여러 문화수준의 산물인지를 나타내 준다. 각 개인은 특정 인종, 언어, 그리고 국가문화에 속한다. 개인은 한 조직 내에서 어떤 종교지향적이며, 직업이나 직무성향을 가질 수도 있다. 이러한 문화들 중에서 어떤 문화는 개인이 처한 상황에 따라 특정 문화수준이 두드러지게 나타날 수도 있다. 한 조직 내에서 국가문화는 개인의 경영이나 직무행동에 영향을 미치는 유일한 문화형태가 아니며, 차라리 개인의 행동은 국가적, 직업적, 조직적 문화수준을 거쳐 초국가적 문화수준에서부터 집단수준의 문화에 이르기까지 서로 다른 문화수준에 의해 영향을 받는다. 개인이 포용하는 문화들은 서로 상호작용하며, 사실상 개인의 후속적인 활동이나 행동에 영향을 미치는 개인의 독특한 문화를 이끌어낸다.

따라서 마케터는 표적시장 소비자들의 특성을 파악하려면, 그 대상 소비자들이 현재 초국가적 문화나 국가문화차원에서 어떤 문화권에서 살고 있는지도 중요하겠지만 직업문화나, 조직문화, 집단문화, 개인문화차원에서 파악할 수 있다면 훨씬 더 효과적인 마케팅전략을 수립하는 데 도움이 될 것이다.

2. 비교문화와 하위문화

문화수준에서 살펴본 바와 같이, 비교문화는 초국가적 문화나 국가문화차원에서 사회구성원들의 지역적, 인종적, 종교적, 언어적 특성 측면에서 문화적 차이점을 파악하는 것이다. 그리고 하위문화는 큰 문화권의 일부로서 문화적 특성차이를 나타내는 집단이기 때문에 직업문화, 조직문화, 집단문화 등이 포함될 수 있으며, 기준에 따라서는 청소년 문화, 노년문화, 흑인문화, 히스패닉 문화 등으로 다양하게 구분될 수 있다.

(1) 비교문화

■ 비교문화의 의의

최근 많은 기업들이 점차 국제화되고 글로벌화되어 감에 따라, 진출하는 다른 나라의 시장과 소비자들의 행동을 이해하기 위해서는 그 나라의 문화적 특성을 파악하는 것은 대단히 중요하다. 일반적으로 하나의 단일사회의 세분시장 내에서도 소비자들은 문화적, 사회적, 심리적인 요인에서 많은 다양성이 존재하는데, 국가와 같이 큰 문화권 내에서 2개 이상의 여러 사회들로 구성된 소비자들은 훨씬 많은 다양성이 존재할 것이다. 그래서 자국중심으로 기업활동을 하던 국내기업이 해외시장까지 마케팅영역을 확대하고자 하는 경우에는 흔히 문화적 충

광고 3-6 롯데제과 초코파이의 러시아 현지광고

격, 즉 관습, 가치관, 태도, 직업의식 등의 차이로 인해서 심리적·정신적 갈등문제에 직면하게 된다.

따라서 국제시장에 진출하는 기업의 마케터는 진출하는 각 해외시장에 효과적인 표적시장 전략을 개발하고 확대된 매출과 이익기회를 제공하기 위해서, 둘 이상의 국가의 국민들 간의 문화적 차이점과 유사점, 특성 등을 이해해야 한다.

■ 문화의 보편성과 다양성

국가문화는 각 나라마다 상이하지만, 또한 모든 문화에는 공통적인 특성인 보편성도 있다. 이러한 문화의 보편성에는 인간이 일상생활을 하면서 필요한 여러 가지 활동사항들로 자연환경과의 관계, 가족이나 이성관계, 결혼 및 장례제도, 민속게임, 종교의식, 금기음식이나 행동, 주거, 교육, 몸치장, 지위, 성별제한 등이 있다. 이런 사항들은 어느 국가나 사회에 공통적으로 존재할 수 있다. 비록 문화의 보편성이 모든 문화에 존재하고 있지만, 형태나 표현될 때에는 각 나라의 문화마다 다양하게 나타난다. 특히 미국이나 중국처럼 다민족국가나 지역이 방대한 국가에서는 동일사회 내에서도 여러 가지 다양한 문화가 공존하게 된다. 이러한 문화의 다양성은 각 사회의 인종, 역사, 종교, 지역적 특성 등이 서로 달라서 사회구성원들의 행동을 지배하는 사고나 가치관, 관습 등이 다르게 나타날 수 있다. 예를 들며, 주먹을 쥔 채로 엄지 손가락만 위로 올리는 행위는 흔히 한국을 비롯해 많은 국가에서는 '매우 좋다' 는 표현으로 통용되는데, 호주에서는 '무례한 제스처' 의미로, 그리스에서는 '입 닥쳐' 의미로, 러시아에서는 '동성연애자의 사인' 을 표현하는 것으로 의미 전달되듯이 각 나라의 문화적인 차이를 나타내고 있다.

문화는 수천 년에 걸쳐 국가나 사회, 집단의 관습, 규율, 제도 등이 어우러져 형성된 것이기 때문에 설명하기보다는 이해하는 노력이 필요하다. 중국인들의 친절한 웃음 속에는 무려 300여 가지의 뜻이 숨겨져 있다고 하니 상대방의 문화를 이해한다는 것이 얼마나 어려운 것인지를 짐작할 수 있다.

■ 비교문화와 마케팅전략

기업의 활동영역이 국내시장의 범위를 벗어나 국제시장으로 확대됨에 따라 국제마케팅의 중요성이 점차 커지고 있다. 게다가 각국 시장의 소비자 특성이 다양하기 때문에 마케터는 자사가 진출하려고 하는 각국 시장에 동일한 전략을 사용하는 표준화전략을 수행할 것인지, 아니면 각기 상이한 전략을 사용하는 차별화전략을 수행할 것인지에 대한 신중한 의사결정을 해야 할 것이다.

- **표준화전략** : 표준화전략은 기업이 각국의 문화적 특성 차이를 고려하지 않고 공통적으로 전개하는 마케팅전략이나 프로그램을 말한다. 이런 전략은 각국의 문화가 이질적인 특성을 갖고 있다는 문화의 다양성 측면보다는 나름대로 공통적인 특성인 문화의 보편성에 초점을 두고 소비자의 욕구를 충족시키는 전략이다. 더욱이 최근에 교통수단, 여행산업, 정보통신 등의 발달로 인해 전 세계시장이 점차 동질화된 것으로 보고 표준화된 마케팅전략 프로그램을 제공해야 한다고 보는 전략이다. 예를 들면, Coca Cola, McDonald's, Club Med 등의 회사는 전 세계시장의 소비자들 중에서 동질적인 욕구를 가진 소비자들을 대상으로 표준화전략을 전개하여 성공을 거두고 있다.
  표준화전략은 각 나라마다 소비자들의 욕구가 동질적인 선호성과 소비유형을 보여야 실행할 수 있는 마케팅전략이다. 표준화전략을 사용하게 되면 효율성 증대, 비용절감, 규모의 경제실현을 통한 원가절감, 마케팅계획 및 통제상의 효율성 증대 등의 이점이 있지만, 상대 경쟁기업이 차별화전략을 통해 시장을 공격한다면 쉽게 시장을 잠식당할 수 있는 단점도 있다.
- **차별화전략** : 기업이 진출하는 각국의 시장의 특성, 관습과 관행 등을 무시하고 표준화된 전략을 수행한다는 것은 어렵다고 판단하고, 각 나라마다 문화적 특성에 맞게 마케팅 프로그램과 전략을 수행하는 것을 차별화전략이라고 한다. 이런 전략은 각 나라 혹은 각 지역마다 그 시장특성에 맞는 마케팅전략이나 촉진프로그램을 실시하기 때문에 현지 지역 소비자들로부터 거부감이 적고 소비자들의 욕구를 효과적으로 충족시킬 수 있는 장점이 있다. 하지만 소비자들에게 상이한 제품디자인, 광고프로그램 적용으로 혼란을 줄 수 있으며, 시장조사비 등 마케팅 비용이 과다하게 소요된다는 단점이 있다. 차별화전략을 이

광고 3-7 세척력을 가로등에 비유한 P&G의 Ariel 세제광고

용한 P&G의 경우는 Ariel 세제제품의 성분을 미국에서는 낮은 수온에 잘 풀리고 거품이 많이 일고 세탁효과가 빨리 나타나도록 혼합하였으며, 독일에서는 빨래에 붙은 때가 더 오래 흡수되고 높은 수온에서 풀리도록 혼합하였다. 이렇게 해서 현지 시장의 조건에 맞게 제품제조나 광고전략을 수정해서 그 지역시장의 특성과 관습에 맞추는 전략으로 큰 효과를 거둔 바 있다.

(2) 하위문화

■ 하위문화의 의의

소비자들의 라이프스타일은 전체 사회 내에서 집단구성원들에 의해 영향을 받는다. 이들 집단구성원들은 다른 사람들과 별개로 구분지울 수 있는 신념이나 공통경험을 공유하고 있는데, 이를 하위문화(subcultures)라고 한다. 다시 말해서 하위문화는 전체 사회의 언어, 의식주, 생활형태 등의 문화적 공통성을 바탕으로 하고 있지만, 다른 사회나 집단구성원들과는 다른 자신들만의 독특하고 고유한 문화를 나타내는 것이다. 그래서 모든 소비자들은 많은 하위문화에 속해 있으며, 이들 구성원들은 나이, 인종, 혹은 민족적 배경, 주거지 등에서 유사한 점들이 바탕이 될 수 있다. 이러한 하위문화의 구분기준은 〈표 3-1〉과 같다.

마케터는 하위문화를 체계적으로 분석하고 세분시장으로써 하위문화에 맞는 효과적이며 적절한 마케팅 프로그램을 개발하고 수행한다면, 경쟁이 치열한 시장환경 속에서도 매출액과 수익증대로 성공을 달성할 수 있을 것이다.

표 3-1 하위문화의 범주

구분 기준	속 성
국 적	한국, 일본, 중국, 미국, 프랑스 등
인 종	흑인, 백인, 황인 등
지 역	강원도, 경상도, 전라도, 충청도, 제주도 등
직 업	기술자, 목사, 회계사, 변호사 등
종 교	기독교, 천주교, 불교, 회교 등
소 득	상류층, 중류층, 하류층 등
연 령	노년, 중년, 청년, 청소년 등
성 별	남성, 여성
혈 통	아시아계, 스페인계, 아프리카계, 유럽계 등

■ 하위문화와 마케팅전략

하위문화는 구분기준에 따라 다양한 하위문화로 분류될 수 있겠지만, 그 특성에 따라 차별적인 마케팅전략을 수립하고 수행하는 데 중요한 의미를 갖고 있다. 그리고 하위문화는 하나의 커다란 범주에 속해 있으면서도 다양한 소집단문화이기 때문에 그 사회의 핵심적인 가치나 의식주 등의 행동양식 측면에서는 그보다 큰 범주의 문화적인 가치나 특성의 영향을 받지 않을 수 없다. 그렇지만 하위문화는 그 구성원들의 고유한 가치, 신념, 규범, 관습, 의식 등의 특성을 나타내고 있다.

하위문화 중에서 연령, 인종과 민족 등에 의한 몇 가지 하위문화를 중심으로 살펴보면 다음과 같다.

첫째, 연령을 기준으로 하위문화를 구분하면 청소년, 중장년, 노년 하위문화 등으로 구분할 수 있다. 이들 하위문화 중에서도 하위문화의 특징을 잘 나타내 주고 있는 청소년 문화와 최근 노인인구의 증가추세에 있는 노년문화를 중심으로 살펴보면 다음과 같다.

청소년 문화의 특성은 청소년들이 대체적으로 중·고등학생이나 대학생들로서 기성세대인 중장년층이나 노년층의 가치관이나 행동양식, 소비패턴 등과는 많은 차이가 있다. 청소년들은 기성세대들보다 대체적으로 경제적으로 풍요로운 환경 속에서 자란 세대들이며, 심리적으로는 새로운 것을 추구하며, 이성이나 친구에 관심이 많아 건강하고 멋있게 보이기 위해 외모에 관심이 많다. 그리고 충동적인 구매성향이 높은 편이며, 대중매체에 많이 노출되어 있고 유명 연예인의 모방경향이 높으며, 인터넷이나 정보통신관련 제품의 활용도나 사용률이 높다. 주요 구매품목 중에서는 의류, 신발, 패션 액세서리, 휴대폰, 게임 및 오락 등의 구매비중이 높다.

따라서 청소년 시장의 마케팅전략으로는 청소년들에게 인기가 높은 유명 연예인이나 스포츠 스타를 광고모델로 등장시켜 제품사용의 당위성을 강조한다든지, TV 혹은 인터넷 매체를 활용한 정보제공 빈도를 늘리고, 부모나 친구들을 이용한 준거집단의 영향을 활용하는 것도 도움이 될 수 있다.

노년문화의 특성은 일반적으로 소득이 상대적으로 낮고, 건강에 자신감이 없으며, 심리적으로 다른 계층과 소외된 삶을 영위하는 경우가 많으며, 보수적인 성향의 가치관을 갖고 있는 경향이 많다. 청소년기와 장년기를 거치면서 다소 소외되어 온 실버세대들은 다른 계층과는 다른 독특한 문화를 가진 하위집단으로서 신제품수용에 매우 신중하며 가족이나 다른 사람들의 의견이나 추천을 받은 후에 구매하는 경향이 있다. 주로 구매하는 품목으로는 소화제·수면제 등의 약품 및 의료관련 제품, 여행, 휴가, 생활필수품 등에 대한 소비가 크다. 더욱이 우리나라의 노년시장의 경우에 고령화속도가 인구고령화를 먼저 경험한 선진국가들에 비해 빠르게 진행되고 있다. 통계청에 따르면, 65세 이상 인구비중은 계속 높아져 이미 '고령화사회'에 진입하여 2020년에는 고령인구가 15.7%를 차지하고 있고, 2040년에는 34.4%에 다다를 것으로 추정이 되어 초고령사회로 진입할 것으로 예상되고 있다. 그래서 건강식품, 효도관광상품, 실버타운, 노후보험 등 노인층을 대상으로 하는 시니어 마켓(senior market)은 그 수요가 크게 증가할 것으로 예상된다. 이와 같이 노령인구의 증가로 인해 노년시장은 마케팅 측면에서 볼 때, 상당히 기회요인으로 작용할 것이다.[6)]

따라서 노년시장의 마케팅전략으로는 노인세대의 특성상 신체기능도 많이 저하되고 소외되어 집에 거주하면서 TV시청시간이 많기 때문에 유통경로의 경우도 대형마트보다는 주거지 가까이 매장선호도가 높은 것을 활용해야 한다. 그리고 광고 커뮤니케이션에서도 TV 매체를 주로 이용한 세대간의 정을 나누거나 활기찬 삶을 표현하고, 메시지 내용에서도 지나치게 복잡한 내용이나 장면을 소개하기보다는 정보내용을 시각적으로 단순화시켜 이해하기 쉽게 표현하는 것이 도움이 될 것이다.

둘째, 인종과 민족의 하위문화는 국적이나 인종이 다른 집단의 사람들로서 가치관, 관습, 전통 등에서 독특하고 고유한 문화를 지니고 있는 것을 말한다. 미국처럼 다인종 국가에서는 한 국가 내에서 백인계, 아프리카 흑인계, 아시아계, 히스패닉계 등 많은 인종집단이 서로 다른 문화권을 형성하면서 공존하고 있다. 인종이 다르면, 구성원들의 가치관, 관습, 전통, 신화, 종교, 생활양식 등이 다르기 때문에 그들 나름대로 독특하고 고유한 하위문화를 형성하고 있다. 인종을 기준으로 한 하위문화 중에서 대표적인 것은 흑인 하위문화이다.

광고 3-8 **다양한 하위문화 : 고스문화, 오타쿠문화, 힙합문화 등**

흑인 하위문화는 최근 미국 통계국의 인구조사에 따르면 전체인구의 12.3%정도 차지하며, 흑인들이 비교적 백인보다 소득이나 교육수준 등이 낮고 직업성취도가 낮기 때문에 거주지도 대도시 빈민가를 중심으로 밀집해서 주로 생활하는 것으로 나타났다. 그리고 소득이 비교적 낮은 집단의 구성원들이기 때문에 가격에 민감한 특성을 나타낸다. 그러나 일부 예외는 있겠지만 흑인과 백인의 전반적인 소비패턴은 거의 유사한 것으로 나타났다. 즉 흑인과 백인소비자들은 양쪽 다 그들의 수입의 2/3 정도를 주택, 자동차, 음식 등에 소비하고 있다. 그리고 흑인과 백인소비자들 간의 소비행동에서 차이는 소득이나 속해 있는 사회계층에서의 차이다. 그러나 이러한 차이는 흑인소비자들이 경제적인 여건이 좋아짐에 따라 점차 줄어들고 있다.[7]

또한, 우리나라의 경우에도 2022년 인구통계조사에 따르면, 국내체류 외국인의 수가 약 224만 6천 명으로 총 인구의 4.1%를 차지하고 있다. 이는 2007년 외국국적 동포에 대한 방문취업제 시행 이후에 중국계(한국계 중국인, 중국, 대만 포함) 외국인이 많이 늘어서 44.2%(약 74만 9천 명)을 차지하고 있으며, 이를 필두로 등록외국인 수가 빠르게 증가하고 있다. 그리고 다문화가구는 37만 가구로 일반가구 중에서 1.8%이며, 가구원은 109만 명으로 총 인구의 2.1%를 차지하고 있다. 이는 한국사회가 점차 급속도로 다인종·다문화사회로 나아가고 있는 것으로 분석되었다. 따라서 중국(조선족 포함)을 비롯해 미국과 러시아, 베트남, 필리핀 그리고 태국 등 동남아시아 사람들이 국내에 많이 체류하고 있기 때문에 인종이나 민족과 같은 인구통계적 변수도 마케팅전략 수립에 중요하다. 우리 사회가 점차 다양한 인종과 민족으로 구성되기 때문에 더욱 복잡한 문화적 특성을 나타내고 있으며, 이는 특정 인종과 민족에 맞는 특화된 제품과 서비스를 제공할 수 있는 마케팅기회로써 활용되기도 한다.

(3) 문화와 소비자행동

문화는 한 사회 내에서 문화구성원들의 생리적, 개인적, 사회적 욕구를 만족시키는 방법을 제공함으로써, 그들의 문제해결단계의 방향이나 안내, 순서 등을 제공해 준다. 흔히 소비자들은 일상생활에서 다양한 활동을 하고 제품을 선택하는 데 있어서 문화적인 영향을 받을 수 있다. 그리고 특정제품이나 서비스가 소비자들의 욕구를 만족시키느냐 여부에 따라 다른 경쟁제품이나 서비스보다 더 많이 선택되어 시장에서 성공할 수도 있고 반대로 실패를 경험할 수도 있다. 즉 문화는 소비자가 어떤 문화권에서 살고 있느냐에 따라 소비자의 문제인식단계에서부터 구매의사결정단계에 이르기까지 전 과정에 영향을 미칠 수 있다. 예를 들면, 소비자가 식사를 해야 하는 경우에 식사메뉴(제품)나 레스토랑(장소)의 선택, 식사예절이나 습관 등이 어떤 문화에 영향을 받느냐에 따라 다를 수 있으며, 결혼식, 장례식, 설이나 추석 등의 의례의식에 따라서도 식문화가 다를 것이다. 이와 같이 문화는 그 소비자의 구매의사결정 전반에 걸쳐서 영향을 미칠 수 있을 것이다.

또한, 문화는 소비자들의 신념, 관행이나 가치관을 결정하는 데 영향을 미치며, 그후에 사회적 규범, 태도, 행동의도에 영향을 주어 궁극적으로는 소비자행동에 영향을 미칠 수 있다.

2 사회계층

소비자행동에 영향을 미치는 환경적인 영향요인들은 앞서 논의된 문화요인뿐만 아니라, 사회계층 요인도 중요하다. 문화는 가치, 관습, 규범, 전통, 생활양식 등이 개인의 표준에 반영되는 것이고, 이러한 요인들에 의해 형성된 행동유형은 관련된 사회구조에 따라 달라질 수 있다. 사회의 여러 가지 제도는 소비자들의 개인적인 가치와 표준을 창출하는데 기여하며, 사회구조는 사회조직의 개발과 형태를 유지하는 것으로 나타난다. 소비자행동을 논의하는 광범위한 사회적인 형태는 사회계층과 사회집단으로 분류할 수 있다.

따라서 우선 사회계층을 중심으로 개념, 결정요인, 측정방법 등에 대해서 살펴보고, 사회집단으로 준거집단, 가족 등에 대해서는 제4장에서 살펴보기로 한다.

2.1 사회계층의 개념

대부분의 사회는 일부계층 사람들에게 다른 사람들보다 더 많은 부와 권력, 기회와 높은 지위를 부여하는 사회계층구조를 갖고 있다. 사회계층구조는 구분기준에 따라 여러 가지로 구분될 수 있으나, 일반적으로 상류층, 중류층, 하류층 등으로 구분될 수 있다. 이러한 사회계층(social class)들은 그 구성원들의 행동이나 라이프스타일들이 또 다른 계층의 구성원들의 것과 다르다고 확실하게 인식할 수 있는 개별집단들로 구성되어 있다. 그렇다고 해서 강한 아이덴티티를 가진 공식적인 집단은 아니며, 유사한 생활경험을 가진 개인들의 집합체이다.[8)]

특정 사회계층은 그 구성원들의 직업, 부, 교육수준, 경제적 지위 등 사회경제적 특성들이 유사하기 때문에 신념, 가치관, 취미, 라이프스타일 및 행동패턴 등을 서로 공유하고 영속적이며, 심리적 경향이 일치하는 동질적인 집단을 이루고 있다. 다시 말해서, 사회계층은 사회구성원들을 구분가능한 신분적 계층으로 나눈 것으로 동일한 계층의 구성원은 동질적인 특성을 나타내며, 다른 사회계층과는 높거나 낮은 위치로서 상대적으로 이질적인 특성을 나타낸다.

이러한 사회계층은 그 구성원들이 소비자로서 역할을 할 때에는 어떤 계층에 속해 있느냐에 따라 동일한 계층의 소비자들은 유사한 구매나 소비행동으로 나타날 가능성이 높기 때문에, 마케터 입장에서는 사회계층이 마케팅전략수립에 중요한 요인이 될 수 있다.

따라서 사회계층요인은 소비자들의 구매나 소비행동에 직간접적으로 영향을 미칠 수 있다. 예를 들면, 일부 상류층의 소비자들은 과시적인 소비나 고급스러운 자동차, 보석, 여행이나 금융서비스 등과 같은 제품이나 서비스를 구매하고 이용함으로써 타인들에게 자신들의 부, 지위, 재산 등을 나타내는 상징으로 이용할 수도 있다.

2.2 사회계층의 특성과 결정요인

1. 사회계층의 특성

사회계층은 직업, 소득, 교육수준, 권력 등 많은 변수들이 결정요인으로 작용하는 복합적인 개념이며, 소비자행동 측면에서 살펴보면 다음과 같은 특성이 있다.

첫째, 사회계층은 일반적으로 사회적 신분을 나타내는 특성이 있다. 사회계층과 사회적 신분은 중요한 관련성이 있는데, 일반적으로 개인의 사회적 신분은 사회계층뿐만 아니라, 직업, 권력, 학벌 등의 개인적인 특성으로 구성된다. 따라서 권력이 많고 존경받는 직업의 소유자들은 다른 사람들에 의해 높은 신분이 있는 것으로 지각된다.

둘째, 사회계층은 계층적인 구조를 갖고 있다. 사회계층은 낮은 계층에서 높은 계층으로 계층구조를 갖고 있어, 일반적으로 어느 계층에 속해 있느냐에 따라 신분이 높거나 낮은 것으로 인식한다.

셋째, 사회계층은 변할 수도 있으며, 계층 간의 이동이 이루어진다. 사회계층은 한번 정해지면 고정되는 정태적인 것이 아니라, 부·직업 등을 물려주어 세대 간의 이동이 이루어질 수 있으며, 개인적인 성과에 따라 변화하는 동태적인 특성을 갖고 있다.

넷째, 사회계층은 동일한 계층 내에서 교류가 활발하다. 동일한 사회계층 내에 있는 사람들은 가치관, 태도, 행동양식, 라이프스타일 등이 유사해서 교류가 빈번하며, 제품이나 서비스 관련 선호상표, 점포선택, 구매 및 소비형태가 비슷하다. 그렇지만 서로 다른 계층 간에는 교류가 상대적으로 제약되어 있는 편이다.

다섯째, 사회계층은 다원적이다. 사회계층은 일반적으로 소득, 권력, 직업, 교육, 부 등 여러 가지 변수들로 구성되는 다원적인 특성을 갖고 있다. 그래서 사회계층을 측정할 때는 소득이나 부 등 단일변수로 하지 않고, 일반적으로 여러 변수를 복합적으로 이용해서 사회계층이 높은지 낮은지를 평가한다.

2. 사회계층의 결정요인

사회계층을 연구하는 사회학자들은 직업, 소득, 가치관, 소유물 등 여러 가지 변수들을 사용했는데, 그 변수들 중에는 측정가능한 변수들도 있고, 추상적이며 상대적으로 더 중요한 변수들도 고려되었다. 최근에 사회계층을 측정하는 데 주로 많이 사용되는 변수들을 보면, 사회계층 간의 이동과 계층의식, 성별·인종·민족과 교육 등에서 사회계층 구성원들 간의 상호작용성이나 사회화 정도 및 명성 등이었으며, 경제적인 변수로 직업·소득·부 등이 포함된다. 이런 변수들 중에서도 소비자의 사회계층을 이해하는데, 중요한 직업, 개인적 성과, 사회적 상호작용성, 소유물, 가치지향성, 계층의식 등을 가장 유용한 변수들로 제시하고 있다.[9)]

(1) 직업과 개인적 성과

소비자들이 수행하는 직업은 그들의 라이프스타일과 소비패턴에 크게 영향을 미칠 수 있기 때문에 사회계층을 결정하는 가장 중요한 요인 중의 하나는 직업을 들 수 있다. 사람들은 간혹 직업의 가치에 따라 나름대로 평가기준을 마련해 놓고 상대방을 평가하기도 하는데, 이는 직업에 따라 보수수준이나 교육수준 등이 어느 정도 드러나기 때문에 상대방을 평가하는 하나의 잣대로 사용한다. 예를 들면, 의사, 변호사, 회계사, 경찰, 기능공, 산업근로자들은 일반적으로 사회적 지위가 분명히 다르게 인식된다. 이와 같이 직업은 직업에 따라 가치관이나 의식구조가 다르게 인식되기 때문에 그 사회의 지위를 결정짓는 중요한 지표로 인식될 수 있다. 그리고 동일한 직업군에 속한 소비자들인 경우에 가치관, 소득, 생활양식 등에서 유사한 특성을 나타내기 때문에 그들의 구매행동이나 소비형태 등이 동질적인 성향을 나타낼 수 있다. 예를 들면, 산업근로자들은 자신들의 소득 중에서 식음료부문에 지출하는 비중이 높은 반면에, 다른 전문직 종사자들은 그들의 소득 중에서 외식, 옷, 금융서비스에 소비하는 비중이 높다. 그래서 마케터는 직업을 시장세분화 기준변수로서 중요하게 인식하게 된다.

한편, 직업과 관련된 사회계층분류는 명확하지 않을 수도 있다. 직업에 대한 가치나 직업서열은 국가나 사회에 따라 다소 차이가 날 수도 있지만, 의사, 변호사, 회사원, 사업가 등 특정 직업을 동일하게 가지고 있다고 할지라도 소득이나 성취정도에 따라 각기 다를 것이기 때문에 동일한 사회계층을 향유하지 못할 수도 있기 때문이다. 이와 같이 동일한 직업을 가지고 있다고 하더라도 사람의 지위는 다른 사람의 지위에 비해 개인의 성과에 의해 영향을 받을 수 있다. 비록 소득이 전반적인 사회계층을 나타내는 좋은 지표는 아니라고 할지라도 개인적 성과를 나타낼 수 있는 잣대로 삼을 만하다. 개인적인 성과는 직무와 관련된 것 이외의 활동과 관련될 수 있다. 예를 들면, 비록 낮은 직업군에 종사하는 사람일지라도 그 사람이 다른 직장동료들에게 항상 친절하고 관심을 많이 갖고 어려운 이들을 돕는 데 앞장선다든지, 종교나 지역사회단체에서 충실하고 신망받는 지도자로서 역할을 한다면, 그에 대한 평판으로 더 높은 지위를 성취할 수도 있다.

(2) 소 득

가족이나 개인의 소득은 사회계층지위를 가늠하는데 빈번히 사용되는 또 다른 사회경제적 변수이다. 일반적으로 사람들은 소득이 많을수록 사회적 지위가 높을 것이라고 생각한다. 하지만 소득이 많다고 해서 반드시 사회적인 지위가 높다고 하기에는 다소 무리가 있다.[10] 예를 들면, 일부 기업의 생산직 근로자의 경우는 사무직 근로자들보다 임금이 많은 경우도 많고, 맞벌이 부부의 증가나 투잡스로 일해서 가계소득이 증가되었다고 해서 사회적 지위가 높아졌다고 할 수 없기 때문이다.

따라서 사회계층을 결정하는 요인으로 소득이 중요한 변수인 것은 사실이지만, 사회계층을 결정하는 요인에는 직업, 교육, 소유물 등 여러 요인들이 함께 영향을 미치기 때문에 소득이 곧 사회계층을 나타낸다고 할 수는 없다. 그러나 마케터는 소득의 금액이나 소득원에 따라 자사의 시장세분화 기준변수로 활용해서 마케팅전략에 활용하기도 한다.

(3) 소유물

소유물은 개인의 소득이나 라이프스타일 등을 나타내는 상징이 될 수 있다. 사회계층을 나타내는데 가장 중요한 소유물로는 주택을 들 수 있으며, 주택의 형태나 거주지, 규모 등을 통해 소유자의 사회계층을 가늠해 볼 수도 있다. 그 이외에 자동차, 가구, 의상, 가전제품, 클럽멤버십, 골동품 등의 소유물은 소유자의 사회적 신분을 나타내는 지표로서 활용된다. 일반적으로 소비자들은 제품이나 서비스를 구매하고 소비하는 형태를 보고 그 사람의 사회적 지위, 부 등 사회계층을 추론하는 데 중요한 수단으로 삼고 있다. 예를 들면, 고급아파트, 고급승용차, 고급의상, 고급가전제품이나 가구 등을 갖고 있으면, 높은 사회계층에 속한 사람들로 인식한다.[11)]

이와 같이 소유물은 소득 또는 부에 대한 대용지표로써 사용되며 그 관련이 높다. 부는 과거소득의 축적의 결과이며, 경우에 따라서는 많은 재산을 후손들에게 물려주어 높은 사회계층을 유지할 수 있도록 하는 미래 소득원이 될 수도 있다.

(4) 사회적 상호작용

사람들은 흔히 자신들과 유사한 가치관이나 행동을 하는 사람들과 있을 때, 가장 안정감을 느낀다. 사람들은 사회생활과정에서 사회와 소속된 준거집단과의 상호작용을 통해서 자신의 행동을 어떻게 구성해야 하는지를 결정하며, 이러한 과정에서 형성된 제품이나 서비스에 대해 의미를 부여하고, 의미를 학습하며, 그 의미를 바탕으로 행동한다고 한다. 이런 점 때문에 특정 집단에 소속되어 있는 소비자들은 제품이나 서비스를 구매할 때, 흔히 자기 자신이나 자신과 관련된 다른 사람들 혹은 자신이 소속된 준거집단의 구성원들과의 상호작용을 통해 형성되는 상징적 의미를 바탕으로 해서 구매한다는 것이다.[12)]

이와 같이 소비자는 제품을 비언어적인 커뮤니케이션 매체로써 다른 구성원들과 상호작용 과정에서 자신의 개성이나 특성을 표현하고 나타내기 위해 사용하기 때문에 소비자들이 어떤 집단에 소속되어 있어 그 집단의 구성원들과 교류하는가는 소속구성원들이 서로 비슷한 행동, 가치관, 구매 및 소비행동을 나타내는 동일한 사회계층임을 가늠해 볼 수 있는 변수가 될 수 있다.

(5) 주거지역과 가족배경

주거지역과 가족배경 등과 같은 요인들은 사회계층의 수준을 나타낼 수 있다. 우리가 살고 있는 이웃이나 주거지역은 대체적으로 부와 사회적인 지위를 나타내는 사회계층의 지표로써 사용될 수 있다. 가족배경은 부모로부터 물려받은 타고난 지위(inherited status)와 개인적인 성공을 통해 획득한 지위(earned status)로 구분될 수 있는데, 이들 역시 사회계층을 나타내는 변수가 될 수 있다. 타고난 지위는 가치관이 학습되고 사회계층구조에서 상향이나 하향이동의 최초 준거점이 될 수 있으며, 개인적인 성과에 따라 사회계층의 상향이동을 달성할 수 있다.

2.3 사회계층의 측정과 분류

1. 사회계층의 측정

사회계층을 측정하고 분류하는데 사용하는 기본적인 방법으로는 주관적 측정, 평가적 방법, 객관적 측정 등 세 가지 방법이 자주 사용되고 있다.

(1) 주관적 측정방법

주관적 측정은 조사대상자가 스스로 자신의 계층적 지위를 평가하도록 해서 사회계층을 결정하는 방법을 말한다. 이 측정방법은 사회계층을 상, 중, 하 등으로 사전에 분류해 놓고 자신이 어떤 계층에 포함된다고 생각하는지를 응답하게 하는 방법이다. 이는 조사대상자 자신의 주관적인 판단에 의존해서 측정하다보니 대부분의 사람들이 상류층이나 하류층으로 분류되기를 싫어하기 때문에 중류층으로 선택하는 경향이 많다. 그리고 조사자가 조사과정에 사용될 사회계층 평가지표나 가중치 등을 결정하는 경우에는 객관성이 결여될 수 있는 단점이 있다.

(2) 평가적 측정방법

평가적 측정방법은 조사대상자가 다른 사람들을 대상으로 어느 사회계층에 속한다고 생각하는지를 평가하게 하는 방법을 말한다. 이 방법은 다른 사람을 평가해서 계층적 지위를 결정하기 위해서는 주변의 사람들을 대상으로 평가가 이루어져야 하므로 평가대상 범위가 넓어지면 평가하기가 상당히 어렵다는 단점이 있다.

(3) 객관적 측정방법

객관적 측정방법은 조사대상자의 사회계층적 지위를 평가하기 위해서 객관적인 속성을 기준으로 측정하는 방법을 말한다. 객관적인 속성은 직업, 소득, 교육, 학력, 소유물, 주거지, 사회적 상호작용 등 다양하며, 그 기준점수에 따라 계층적 지위를 결정하는 방법이다. 이러한 측정방법은 인구통계적 특성을 파악할 수 있으며, 추가적인 요인들을 함께 알 수 있어서 마케팅전략 수립을 위한 시장세분화 기준으로 활용할 수도 있다. 이 측정방법에는 하나의 변수만을 고려하는 단일변수 지수방법과 두 개 이상의 변수를 고려하는 복합변수 지수방법이 있다.

2. 사회계층의 분류

사회계층은 한 사회 내에서 거의 동일한 지위와 소득을 가진 사람들로 구성된 집단이라고 할 수 있으며, 지위는 사회시스템 안에서 타인에 의해 지각된 개인의 서열을 의미한다. 이때 지위를 결정하는 기준과 각 기준의 상대적 중요성은 그 사회의 지배적 가치에 따라 달라진다. 일반적으로 재산, 소득, 직업, 교육수준, 가문, 사회적 유대관계 등이 지위를 결정하는 중요한 요소로 고려된다. 이들 요소들을 기준으로 한 사회 내의 구성원들을 몇 개의 사회계층으로 분류할 수 있다.

사회계층에 대한 종합지표로 가장 널리 이용되는 지표로는 〈표 3-2〉, 〈표 3-3〉과 같이,

표 3-2 Warner의 지위특성지표(ISC)의 점수

점수	직업	소득원	주택의 유형	주거지역
1	전문직, 대기업 소유주	상속받은 재산	초호화 주택	대단히 양호
2	준 전문직, 대기업 임원	본인이 번 재산소득	고급 주택	양호 : 고급아파트, 교외의 고급주택지
3	사무직 근로자	이익과 상속재산	좋은 집	평균 이상 : 좋은 조건의 아파트
4	숙련노동자	봉 급	평균의 집	평균 : 보통 주거지역
5	소규모 자영업자	임 금	평균 이하의 집	평균 이하 : 주거환경 악화되기 시작한 지역
6	반숙련노동자	사적인 생계비보조	나쁜 집	열악한 지역 : 주거환경 상당히 악화된 지역
7	비숙련노동자	정부의 생계비보조	판자 집	매우 열악한 지역 : 빈민가

표 3-3 Warner의 사회계층분류와 인구분포

사회계층	점수의 범위	인구분포
최상류층	12~17`	11.40%
상류층	18~24	11.30%
중상층	25~37	10.20%
중하층	38~50	28.80%
하류층	51~62	33.00%
최하류층	63~84`	25.00%

· ISC 점수 = (직업×4)+(소득원×3)+(주택유형×3)+(주거지역×2)
자료원 : Warner, W. Lioyd, Marchia Meeker, and Kenneth Eells(1960), *Social Class in America : A Manual of Procedure for the Measurement of Social Status*, New York : Harper & Row Publishers, p.123

Warner의 지위특성지표(ISC : Index of Status Characteristics)로 직업, 소득원천, 주택의 유형, 주거지역을 이용하여 계층을 분류하고 있다.[13)]

우리나라의 사회계층구조에 대한 분류는 통계청에서 행하는 주관적 계층의식구분법이 있다. 통계청의 사회계층분류는 가족단위로 가구주를 조사대상으로 하여 주관적 방법으로 조사하며, 사회계층을 상상, 상하, 중상, 중하, 하상, 하하 등으로 여섯 계층으로 구분하고 있다. 그러나 중산층에 대한 개념은 나라마다 달라 명확한 개념은 없지만, 경제협력개발기구(OECD) 기준에 따라 중위소득 100% 기준 대비 50~150%에 해당되는 가구를 중산층으로 분류한다. 우리나라의 1인 가구 중위소득은 2021년도 기준으로 세후 월 125~375만 원, 4인 가구는 250~750만 원 범위의 가처분 소득인 가구라면 중산층으로 볼 수 있으며, 소득으로 보면 전체 25%~75% 수준으로 전체인구의 61.1%가 중산층으로 나타났다. 하지만 중산층으로 살아간다는 것은 단순히 경제적으로 여유가 있는 생활만을 의미하지는 않는다. 연봉, 직업 등과 함께 학력, 생활양식, 문화생활 등 '무형의 자산'이 어우러져 중산층이라는 계층을 만들어내는 것이다.

이와 같이 사회계층으로서 분류하는 것의 의미는 마케터 입장에서 볼 때, 상류층, 중산층, 하류층 등 각 계층별로 특징적인 소비자 구매행동이 나타나기 때문이다.

또한 마케터들이 사회계층에 관심을 가지는 주요 이유가 있다. 첫째, 사회계층은 광고를 할 때 어떤 매체를 이용해야 할 것인지를 나타내 준다. 각 계층마다 애용하는 매체와 프로그램도 다르므로 표적시장이 어느 계층이냐에 따라 매체와 프로그램 선택도 달라져야 한다. 예를 들면, 보험회사에서 하류층을 대상으로 보험상품을 판매하려고 광고를 할 경우를 생각해 보자.

하류층 가족들은 다른 계층사람들보다 더 많이 TV를 보는 경향이 있으며, 주로 연속극이나 오락 프로그램을 많이 보기 때문에 그들을 상대로 제품광고를 할 경우에는 연속극이나 오락프로그램에 끼워서 광고를 내보내야 한다. 둘째, 무슨 제품이 어떤 사회계층에 소구될 수 있는지를 안다는 것은 마케터들이 제품을 어디에 유통시켜야 할 것인지를 결정하는데 도움을 줄 수 있다. 제품의 종류나 브랜드에 따라 많이 선호하는 사회계층이 다를 수도 있다. 제품이나 브랜드에 따라 소득, 지위, 직업, 교육수준 측면에서 주로 선호하는 계층을 안다면, 마케터 입장에서는 효과적인 마케팅전략을 수립하는 데 도움을 줄 수 있다.

이와 같이 유사한 사회계층에 포함된 소비자들은 노출되는 매체, 구매하는 제품이나 서비스의 종류, 쇼핑형태나 쇼핑장소 등에서 유사하기 때문에 사회계층을 이해하는 것은 마케터에게는 매우 중요하다.

참고문헌

- Blackwell, Roger D., Paul W. Miniardand James F. Engel(2006), Consumer Behavior, 10th ed., Thomson South-Western.
- Hawkins, Del I., David L. Mothersbaugh and Roger J. Best(2007), Consumer Behavior, 10/e, McGraw-Hill Irwin.
- Hoyer, Wayne D. and Deborah J. Maclnnis(2004), Consumer Behavior, 3rd ed., Houghton Mifflin Company.
- Karahanna, E., Evaristo, J.R., & Srite, M.(2005), "Levels of Culture and Individual Behavior : An Integrative Perspective," Journal of Global Information management, 13(2), April-June, 1-20.
- McCracken, Grant(1986), "Culture and Consumption : A Theoretical Account of the Structure and Movement to the Cultural Meaning of Consumer Goods," Journal of Consumer Research, 13, June.
- Mowen, John C. (1995), Consumer Behavior, Prentice-Hall, Inc., 4th eds.
- Schiffman, Leon G. and Leslie Lazar Kanuk(2007), Consumer Behavior, Pearson International Edition, 9th.
- Solomon, Michael R.(2007), Consumer Behaver, Pearson Prentice Hall, 7th.

- Warner, W. Lloyd, Marchia Meeker, and Kenneth Eells(1960), Social Class in America : A Manual of Procedure for the Measurement of Social Status, New York : Harper & Row Publishers.

미주정리

1) Hawkins, Del I., David L. Mothersbaugh and Roger J. Best, 2007
2) Blackwell, Roger D., Paul W. Miniardand James F. Engel, 2006
3) Schiffman, Leon G. and Leslie Lazar Kanuk, 2007
4) McCracken, Grant, 1986
5) Karahanna, E., Evaristo, J.R., & Srite, M., 2005
6) 통계청 (2021), '21년 장례인구추계('20~'70년) 분석자료
7) Solomon, Michael R., 2007
8) Blackwell, Roger D., Paul W. Miniardand James F. Engel, 2006
9) Blackwell, Roger D., Paul W. Miniardand James F. Engel, 2006
10) Schiffman, Leon G. and Leslie Lazar Kanuk, 2007
11) Blackwell, Roger D., Paul W. Miniardand James F. Engel, 2006
12) Blackwell, Roger D., Paul W. Miniardand James F. Engel, 2006
13) Warner, W. Lloyd, Marchia Meeker, and Kenneth Eells, 1960

참고 URL 주소

- https://post.naver.com/viewer/postView.nhn?memberNo=5069036&volumeNo=33431313
- https://blog.naver.com/bintorynim/222382999140
- http://balancerk.tistory.com/33

CHAPTER

4

준거집단과 가족

'MZ세대 대세 앱' 본디(Bondee)가 뭐기에…

싸이월드+카카오톡+제페토를 합쳐놓은 것 같은 커뮤니티형 눈
50인 제함, 플로팅 통해 아이템 획득 및 해류병 쪽지 등은 차별점

MZ세대의 대세로 떠오른 앱이라는 본디. 개인 아바타를 통해 자신을 표현하고 메신저 등으로 소통이 가능한 앱으로 2023년 1월 17일에 정식 출시됐다. 올 초 커뮤니티 SNS계 화제를 일으켰던 본디가 어떤 앱인지 직접 확인해 보았다.

◆ 싸이월드 + 카카오톡 + 제페토를 합쳐 놓은 듯

X세대라면 익숙할 싸이월드처럼 본디에도 아바타와 미니룸이 있다. 싸이월드가 2D버전이었다면, 본디는 메타버스 느낌의 3D버전이다. 미니룸의 컵이나 액자 같은 소품부터 가구배치를 마음대로 바꿀 수 있다. 싸이월드에 일촌평이 있었다면 본디에는 메모가 있다. 색색의 메모장에 미니룸의 주인공에게 메모를 남길 수 있다. 또한 방문자가 있어서, 누가 내 미니룸에 다녀갔는지 확인할 수 있다.

▲사진=본디 앱

제페토나 싸이월드처럼 자신의 아바타를 꾸밀 수 있다. 조금 더 다른 점이 있다면 아바타를 통해 본인의 현재 상태를 표현할 수 있다는 점이다. ▲기분 ▲일상 ▲취미 ▲휴식 ▲일&공부 등으로 나누어 '업무중' '퇴근준비중' '커피수혈중' '설레요' '죽겠어요' 등의 상태를 고를 수 있다.

메신저를 통한 소통방식은 카카오톡보다 생동감이 있다. 대화창 하단에는 아바타가 위치하여 재미 요소를 더했다. 카카오톡이 이모티콘을 보내 동작을 더한다면, 본디는 아바타가 직접 행동을 한다. 아바타가 서거나 앉기, 쇼파나 돈더미 등에 앉기도 하고 피크닉을 즐기기도 한다. 대화창에는 다른 메신저처럼 사진이

▲해밍님의 미니룸(왼쪽). 업무중, 퇴근준비중, 커피수혈중 등 아바타가 취하고 있는 모습(오른쪽)(사진=본디 앱)

나 음성을 직접 보내기도 한다. 입체적인 아바타는 제페토에 등장하는 아바타를 떠올리게 했다. 3D로 구현된 아바타는 졸거나 앉거나 눕거나 하는 모션을 취할 수 있다.

◆ 50명 이웃으로 폐쇄적 제한… 플로팅기능으로 개방성 보완

본디는 다른 SNS와는 다르게 50명의 이웃으로 제한이 되어 있다. 본디ID나 휴대폰 번호로 검색을 통해 친구를 초대할 수 있다. 그러나 친구가 수락하지 않으면 친구를 맺지 못한다. 따라서 본디는 내가 허용한 가까운 사람에게만 편하게 일상을 공개할 수 있다는 장점이 있다.

50명의 제한때문에 폐쇄적인 느낌이 강하지만, 플로팅기능으로 약간의 개방감을 주었다. 플로팅은 이용자가 배를 타고 바다를 돌아다니는 서비스이다. 플로팅을 하면서 다양한 활동이 가능하다.

사진을 찍어 보관할 수도 있고 럭키 아이템을 얻을 수 있다. 다른 사람에게 쪽지를 담은 해류병을 던질 수도 받을 수도 있다. 쪽지에 "본디 처음 해보는데 어떻게 하면 가장 재미있나요?"라는 질문을 적어 해류병에 담아 던지니 "친구들 아파트 가서 빨간 메모지로 압류딱지 붙이는 게 제일 재미있습니다" "럽스타그램처럼 방 꾸미는게 좋아요. 인스타그램은 너무 많은 인맥들이 있는데 본디에는 소수만 있어서 당당히 공개연애도 하고 제공간을 꾸밀 수 있어서 좋네요"라는 답변이 달렸다. 낯선 사람과 해류병을 통해 쪽지를 주고받는 기분이 신선했다.

플로팅을 하고 있으면 새가 찾아오기도 한다. 새를 클릭하면 새가 내쪽으로 날아와서 앉는다. 새를 더이상 클릭하지 않으면 날아간다. 지나가는 다른 아바타와 만날 수도 있다. 손을 흔들어 알은척 할 수 있는 기능도 있지만, 대부분 손을 흔들어 주지는 않았다. 오토플래팅을 선택하면 사진을 자동으로 남겨주는데, 아마 오토플래핑을 선택한 아바타일 것으로 예측했다.

▲플로팅 모습, 새가 놀러왔다 가기도 하고 지나가는 다른 아바타를 만나기도 한다. (사진=본디 앱)

◆ 여성 사용자 비율 85.9%...20~30대 비중 약 70%

앱 분석 서비스 플랫폼인 모바일 인덱스에 따르면, 본디를 사용하는 연령층을 분석한 결과 20~30대의 비율이 70%에 임박한 수치를 보였다. 과연 MZ세대의 핫한 앱이라는 말이 실감이 났다. 전체 사용자 중 여성 사용자의 비율은 85.9%였다.

함께 할 친구그룹이 있는 사용자들은 방을 꾸미고, 상대방의 방에 방문하여 쪽지를 붙이는 등의 교류를 하며 짧은 기간은 충분히 재미를 느낄 수 있는 앱이라는 생각이 들었다.

● 자료원 : 이혜진, 투데이e코노믹, 2023년 3월 4일(내용일부 수정함)
https://blog.naver.com/h_mings_tory/223013270781

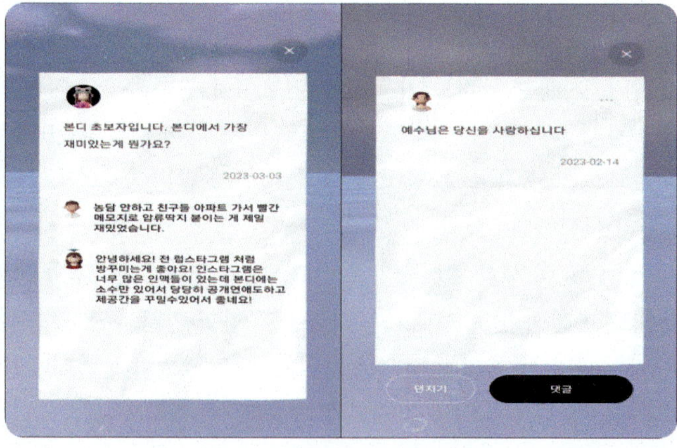

▲해류병을 던지고(왼쪽) 답변을 받는 모습(중간), 해류병을 주워서 읽어본 모습(오른쪽) (사진=본디 앱)

대부분의 소비자들은 구매의사결정 시에 느끼는 지각된 위험이 증가할 때, 그들의 정보탐색과 평가노력 혹은 불확실성을 줄이기 위해 다른 삶의 의견을 구하고 싶어 한다. 또한 소비자들은 신제품이나 서비스, 그리고 제품속성에 대한 정보가 부족하거나 유익하지 못하기 때문에 개인의 이미지와 연관된 제품의 구매 시에 다른 사람이나 집단의 의견을 구할 수도 있다. 따라서 마케터는 이들 집단이 소비자행동에 미치는 영향을 분석함으로써 경쟁력 있고 효과적인 마케팅전략을 수립할 수 있다.

본 장에서는 우선 소비자행동에 영향을 미치는 준거집단의 의의, 유형, 영향, 전달방법 등과 마케팅전략에 어떻게 활용되는지를 다루기로 한다. 그리고 가족의 특성과 중요성, 소비자 사회화, 가족생활주기, 구매의사결정과정 등에 관해서 살펴보고자 한다.

1 준거집단

1.1 준거집단의 의의와 특징

한 사회의 구성원으로 활동하는 사람들은 여러 가지 형태의 사회집단에 포함되어 있으며, 그중에서도 가장 중요한 개념의 집단이 준거집단이라고 할 수 있다. 이는 준거집단의 구성원들은 개인의 행동이나 구매의사결정에 있어서 판단기준을 제공해 주기 때문이다.

1. 사회집단의 의의

일반적으로 집단이라고 하면 어떤 공통된 욕구, 규범, 가지, 신념이나 목표를 공유하는 사람과 일정한 시간을 거치면서 서로 상호작용하는 개인들의 집합체라고 할 수 있다. 다시 말해서 집단이 되려면 집단 내의 구성원들이 규범, 가치, 신념 등을 서로 공유하고 집단의 존재를 지각해야 하며, 서로 상호작용 활동을 통해서 개인의 목표를 달성하기 위해 2인 이상이 공동활동을 해야 한다. 대부분의 사람들은 우선 가족집단을 비롯해서 학교, 직장, 종교단체 등 여러 집단에 소속되어 있으며, 이러한 집단의 구성원들은 소비자 구매행동에 영향을 미칠 수 있다. 예를 들면, 대학생의 경우에 맨 먼저 가족이라는 소집단에 속해 있지만, 대학의 같은 학과 동료집단, 기숙사, 총학생회 및 학과의 학회, 동아리 클럽, 여학생회, 기타 소모임 등 공식적인 조직과 비공식조직의 구성원으로 소속되어 있다. 이런 집단에 소속되어 있는 사람은 의식적이든지 무의식적이든지 구매 및 소비행동에 다른 구성원들의 영향을 받을 수 있다.

집단 중에서 가족은 공동체 생활을 하는 경제조직 내에서 가족 공동구매의사결정을 하는 중요한 구매단위이기 때문에 차후에 자세하게 설명하기로 한다. 그리고 특정 집단의 구성원으로서 구매행동에 영향을 미치는 경우에는 일반적으로 집단 내 구매의사결정과정에서 개별소비자로서 역할참여와 집단의 구성원으로서 집단 구매의사결정에 공동으로 참여하는 경우도 있다.

따라서 소비자들은 어떤 식으로든지 하나 이상의 사회집단에 속해 있으며, 그 집단의 규범, 가치, 관습 등을 배우고 지키며, 집단의 영향을 서로 주고받기도 하며 영향을 미친다. 이런 과정에서 소비자의 구매 및 소비행동에도 가족을 비롯해 여러 준거집단의 구성원들의 영향을 받게 된다.

2. 준거집단의 특징

준거집단(reference group)은 개인의 행동에 상당한 영향을 미치는 유명인, 운동선수, 정치지도자 등과 같은 개인이나 록밴드, 정당, 스포츠팀 등의 집단을 말한다. 이런 집단의 가치, 태도, 행동, 규범, 사고방식 등은 또 다른 개인의 행동, 가치, 평가, 열망들과 관련된 것으로 지각되어 영향을 미치게 된다. 그리고 준거집단의 주요 특성은 접촉정도, 공식성, 구성원들 간의 유사성, 집단의 매력성, 밀도 등에 따라 설명될 수 있다.[1)]

첫째, 준거집단은 접촉정도에 따라 다양하다. 사람들은 흔히 가족이나 가까운 친구들은 직접적이고 광범위한 접촉이 일어날 수 있지만, 예전의 중·고등학교 동창들은 접촉이 훨씬 덜 일어난다. 가족이나 동료처럼 가장 빈번하게 대면하면서 접촉이 이루어지는 집단을 1차 준거집단이라고 하고, 집단구성원들과 직접 접촉이 이루어지지 않지만, 영향을 미칠 수 있는 집단을 2차 준거집단이라고 한다.

둘째, 준거집단은 공식적인 특성에 따라 다양하다. 운동팀, 클럽, 학급 등과 같은 집단은 그룹회원이나 구성원들이 지켜야 할 규정이나 규칙이 공식적으로 구성되어 있다. 공식적인 조직은 사전에 입회원서를 작성한다든지, 사전요구조건을 충족해야 되는 집단이다. 일단 등록하게 되면, 정해진 규칙과 규정을 반드시 따라야 한다. 하지만 공식적인 집단과 달리 규칙이나 규정이 덜 엄격하고 공식적으로 규정되어 있지 않은 비공식 집단도 있다.

셋째, 준거집단은 구성원들 간의 유사성에서 다양하다. 집단구성원들이 유사성이 높을수록 서로 상호작용이 빈번하며, 강한 사회적 결속을 나타내기 위해서 서로 비슷한 행동양식을 하려는 경향 때문에 준거집단의 영향이 강한 특성을 나타낸다. 구성원들은 서로 긴밀해지고 정보교환도 활발하게 이루어지며, 정보의 신뢰도 높아지는 경향을 나타낸다.

넷째, 특정 준거집단의 매력성은 불법적인 마약이나 과도한 알콜남용 등의 소비행동에서 벗어나 구성원들이 집단에 순응하는 데 영향을 줄 수 있다. 구성원들이 매우 매력있는 집단으로 인식할수록 비합법적인 소비행동에서 벗어나 집단에 순응하려는 의도가 더 강해질 수 있다.

다섯째, 준거집단 구성원들의 밀도가 높을수록 구성원들에게 미치는 영향은 클 수 있다. 집단의 규모가 클수록 집단구성원들은 서로 간의 미치는 영향정도, 정보공유, 그리고 상호작용할 기회가 적기 때문에 사회적 네트워크 밀도가 낮다. 그래서 가족이나 학교동료, 직장동료 등의 준거집단은 밀도가 높아서 구성원들의 소비행동에도 크게 영향을 미칠 수 있지만, 인터넷 동호회, 사회적 단체 등의 규모가 큰 준거집단은 영향을 덜 미칠 수도 있다.

이와 같이 준거집단의 주요특성인 집단구성원들 간의 접촉정도, 공식적인 조직인지 여부, 집단구성원들 간의 유사성, 집단의 매력성, 밀도 등에 따라 개인에게 미치는 영향정도가 크게 다를 수 있다. [그림 4-1]은 준거집단의 영향이 개인에게 미치는 과정을 나타낸 것으로, 준거집단의 유형에서부터 시작해서 준거집단의 영향, 전달방법, 준거집단의 영향정도에 따라 개인

그림 4-1 준거집단의 영향과정

의 행동, 구매, 소비, 라이프스타일에 영향을 미치는 것으로 마무리 된다.

1.2 준거집단의 유형

준거집단의 의미는 보는 관점에 따라 다양할 수 있는데, 가장 좁은 의미로는 가족이나 가까운 친구처럼 직접 대면하면서 상호작용하는 집단으로 한정할 수도 있다. 그러나 넓은 의미로는 직접 대면집단뿐만 아니라, 스포츠 스타, 영화배우, 사이버 커뮤니티 등 대면하지 않는 간접적인 준거집단까지 포함시킬 수 있다. 다시 말해서 [그림 4-2]와 같이, 준거집단은 한 개인에서부터 가족집단, 친구들 모임, 사회계층, 선택된 여러 하위문화집단, 자기 자신의 문화, 다른 문화에 이르기까지 준거집단에 포함시킬 수 있다. 예를 들면, 선택된 하위문화 집단에서 청소년 문화와 기성세대 문화 등의 연령별 하위문화는 자신의 행동이나 타인의 행동에 영향을

그림 4-2 소비자의 주요 준거집단들

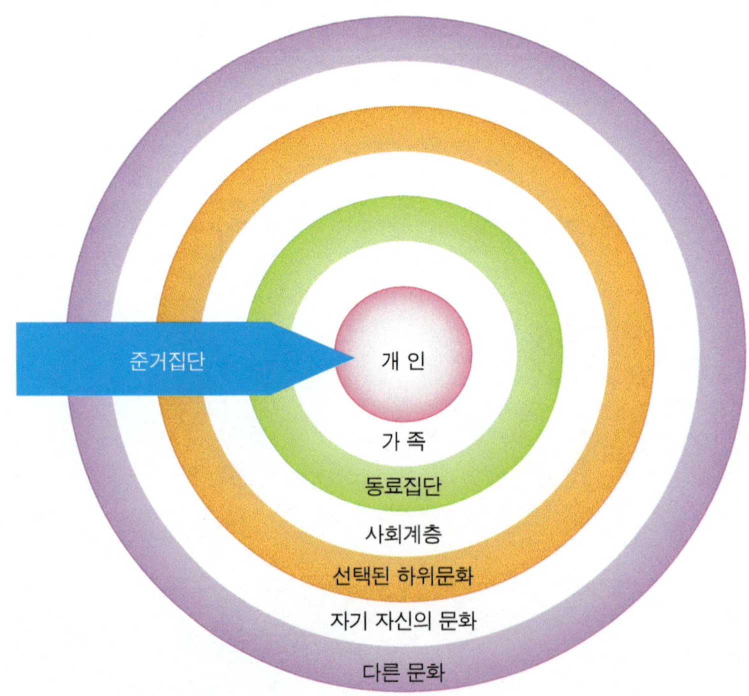

자료원 : Leon G. Schiffman and Leslie Lazar Kanuk(2007), “Consumer Behavior,” *Pearson International Edition*, 9th, p. 303.

그림 4-3 준거집단의 유형

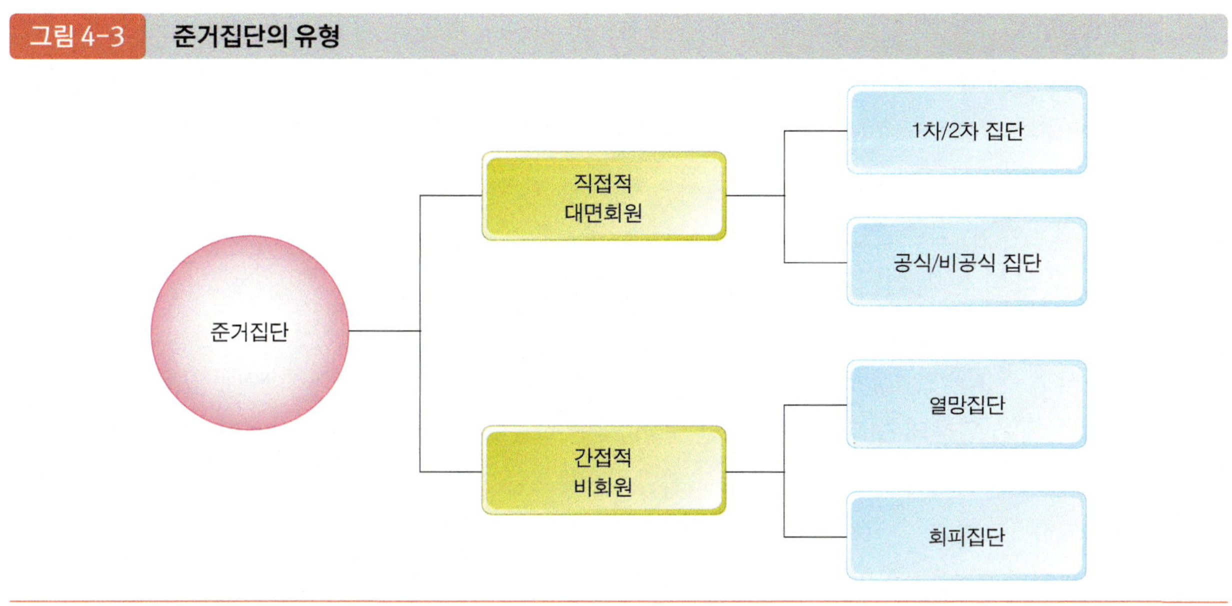

줄 수 있는 준거집단으로 볼 수 있을 것이다. 이와 같이 준거집단은 좁은 의미로 개인에서부터 자기 자신이 포함된 문화와 포함되지 않은 다른 문화에 이르기까지 넓은 의미로 준거집단으로 볼 수 있으며, 이러한 준거집단은 개인이나 타인의 가치, 신념, 행동 등에 영향을 미칠 수 있을 것이다.[2)]

또한, 준거집단은 여러 가지 유형으로 구성될 수 있으며, 개인들은 매우 다양한 집단에 속할 수 있다. [그림 4-3]과 같이, 준거집단은 직·간접적으로 매우 폭넓게 범주화될 수 있다. 준거집단의 분류와 특징은 구분하는 기준에 따라 여러 가지로 나타날 수 있다. 직접적인 준거집단은 사람들이 살아가면서 직접적으로 접촉하고 대면하는 회원집단(membership group)이다. 회원집단에는 1차 집단과 2차 집단으로 분류될 수 있다. 그리고 일정한 목적을 위해 인위적으로 구성된 조직은 공식집단이라고 하고, 자연발생적으로 형성된 조직은 비공식 집단이라고 한다.

1. 1차 회원집단과 2차 회원집단

1차 회원집단(primary membership group)은 가족, 친구, 직장동료와 같은 비공식적이며, 무제한 직접 대면방식으로 상호작용하고 집단참여에 동기부여 되어 있기 때문에 응집력이 강하고 친밀감이 높아서 구성원들의 신념이나 행동이 유사한 집단을 말한다. 이와 달리 2차

회원집단은 1차 회원집단보다는 더 공식적이고 비정규적으로 직접 상호작용을 하지만, 개인의 사고나 행동을 형성하는데, 더 산발적이며 덜 포괄적으로 영향을 미친다. 이러한 2차 회원집단(secondary membership group)은 주로 친목회 모임, 클럽, 종교집단, 노동조합, 동창모임, 기타 커뮤니티 조직들과 같은 것이 포함될 수도 있다.

2. 공식적 준거집단과 비공식 준거집단

공식적 준거집단(formal reference group)은 특정 목적을 달성하기 위해 인위적으로 만들었으며, 구성원들의 명부나 요구조건 등이 서면으로 명시되어 있어 공식적인 조직구조와 역할이 명확한 조직이다. 예를 들면, 종교집단, 공제조합, 그리고 기타 커뮤니티 서비스조직 등이 포함된다. 그리고 공식적인 조직과 반대로 비공식적 준거집단(informal reference group)은 친목모임과 같이 자연발생적으로 형성되어 조직구조와 역할이 명확하지 않은 조직이다. 주로 구성원들의 사회적 및 정서적 욕구를 충족시키며 정보의 흐름이 공식조직보다 원활하다. 그리고 구성원들 간의 빈번한 접촉이 이루어져 친밀감이 높아서 개인의 활동, 가치, 신념 등에 큰 영향을 미칠 수 있다.

이외에도 최근 정보통신기술의 발달로 인해서 인터넷 사용률이 증가하다보니 인터넷상에서 다양한 커뮤니티가 형성되고 커뮤니티 회원들 간에 정보교류나 구매의사결정에 영향을 미치는 경우도 많이 일어난다. 이처럼 사이버 커뮤니티같은 인터넷상에서 형성되는 채팅룸이나 기타 커뮤니티모임 등을 통해 전개되는 사이버 회원집단(virtual membership group)의 경우도 개인의 신념, 가치, 행동 등에 영향을 미칠 수 있다. 인터넷 커뮤니티는 직접 대면관계가 이루어지기 보다는 사회적 관계가 있는 사람들 간의 사이버상에서 형성된 동아리 모임을 바탕으로 한다. 그리고 채팅룸의 경우는 특정 주제에 대한 정보를 교환하거나 유사한 관심사에 대한 상호작용을 위해 접속한다.

3. 열망 준거집단과 회피 준거집단

소비자들은 그들이 속하지 않은 많은 간접적인 비회원 준거집단(nonmembership reference group)에 의해 영향을 받는다.

열망 준거집단(aspirational reference group)은 연예인, 스포츠 스타, 정치인 등의 열망집단에 참여하고 싶어하는 사람들로서, 참여하길 원한다면 열망집단의 규범, 가치, 행동을 따라야 한다. 열망집단의 영향은 흔히 간접적이지만 제품이나 서비스의 선택이나 행동을 모방하는 데에도 상당한 역할을 수행한다. 예를 들면, 10대들의 경우는 열망집단에 속하기 위해서 머리에 염색도 들이고, 그 집단에서 유행하는 힙합이나 댄스음악을 듣고 즐길 수도 있다. 그리고 축구를 좋아하는 청소년들이 자기가 좋아하는 팀이나 축구선수의 유니폼을 입고 운동할 수도 있다. 이와 유사하게 공직에 선출되기를 원하는 사람은 정치인들처럼 더 보수적으로 옷차림새를 갖추어야 하고, 유권자나 다른 영향력이 있는 사람들이 수용할 수 있는 역할을 해야 하고, 많은 공식적인 모임에 참여할 수도 있다.

회피 준거집단(avoidance reference group)은 관련되기 싫어하는 집단으로서 특정 집단과 일정한 거리를 유지하려고 하는 사람들에게 영향을 미칠 수 있다. 일부 청소년들의 경우는 자신이 관련되기 싫어하는 기성세대 집단과 차별화시키기 위해서 머리를 여러 가지 현란한 색으로 염색한다든지, 특이한 옷이나 액세서리로 멋을 낸다든지, 타투(tattoo)를 몸에 새긴다든지 할 수도 있다. 그리고 어떤 소비자의 경우는 상위계층에 맞추고 자신이 속한 하층의 사회계층을 피하기 위해 명품브랜드를 선택하거나 혹은 특정 고급 레스토랑이나 상점에 가는 것, 심지어 특정 지역근처에 주택을 구하는 것 등을 피할 수도 있다.

1.3 준거집단의 영향

준거집단이 소비자행동에 미치는 영향에는 일반적인 사회적 영향과 완전한 소비자 주체로서 성장해 가는 소비자 사회화 과정에서 사회화 기관으로서 영향을 들 수가 있다.

1. 준거집단의 사회적 영향

준거집단이 개별 소비자의 가치, 의사결정, 행동, 구매, 라이프스타일 등에 미치는 사회적 영향에는 규범적 영향, 가치표현적 영향, 정보적 영향, 비교기준적 영향 등이 있다.

(1) 규범적 영향

규범적 영향(normative influence)이란 집단구성원들이 어떤 행동을 해야 하는지에 관한 집단적인 의사결정을 나타내는 규범에서 나온 것이다. 집단의 규범은 개별 구성원들이 모임에서 활동할 때 어떤 옷을 입어야 하고, 제품을 구매할 때는 무슨 브랜드를 선택해야 할 것인지 등의 행동에 영향을 미친다. 이런 의미에서 준거집단의 규범적 영향은 구성원들이 특정 집단의 기대를 충족시키기 위해 준거집단의 가치, 규범, 행동양식에 순응해서 그들의 행동이나 신념을 바꾸게 하는 영향력을 말한다.

따라서 준거집단의 가치나 규범에 순응하지 않을 때 집단구성원들은 심한 심리적 부담감을 느끼게 되며, 반대로 집단에 순응함으로써 사회적 인정이나 자부심을 느끼게 되는데, 이런 경향이 강할수록 규범적 영향을 크게 받게 된다. 예를 들면, 동호회나 웹 커뮤니티의 구성원들의 경우에 그 집단에 소속되어 같이 활동하고 참여하기 위해서는 그 구성원들이 공통적으로 구매 및 사용하는 제품이나 서비스에 대한 구매압박을 많이 느낄 것이다.

(2) 가치표현적 영향

가치표현적 영향(value-expressive influence)은 준거집단의 규범, 가치, 태도, 행동양식 등이 개별 구성원들의 가치표현이나 자기개념(self-concept) 형성에 미치는 영향을 의미한다. 개별 구성원들은 준거집단의 일원으로서 뿐만 아니라, 때론 구성원이 되고자 하는 동기가 없다고 할지라도 타인들의 시각에서 그들의 이미지를 높이려고 하거나, 또는 성공하거나 존경받는 사람으로서 자기개념을 표출하고 싶어한다. 소비자들이 자신의 이미지나 자기개념을 표출할 수 있는 제품이나 서비스에 관한 구매의사결정을 할 때, 타인들의 조언을 구하는 경우가 많으며, 실제로 믿을 만한 증거가 있을 때 타인의 의견을 많이 받아들인다.

동서식품은 정통 에스프레소 맥심 티오피(T.O.P) 광고에서 원빈을 등장시켜 '도돌이표 같은 일상에, 티오피(T.O.P)라는 휴식을, 수고했어요 오늘도, 지금처럼 앞으로도'라는 콘셉트로 과거 오래된 흑백과 칼러의 비쥬얼 효과로 좀 더 부드러운 모습으로 새로운 매력을 보여주고 있다. 이는 초기 맥심 T.O.P 광고 콘셉트에서 고급 아라비카 원두를 정통 에스프레소 방식으로 추출해 더욱 깊고 풍부한 '리얼 에스프레소'가 부드럽고 깊은 맛을 낸다는 제품이미지와도 잘 연결해서 표현하고 있다.

(3) 정보적 영향

정보적 영향(informational influence)은 준거집단이 제공하는 정보가 집단구성원들이 제품이나 서비스의 구매의사결정에 영향을 미치는 것을 의미한다. 정보제공적 영향은 흔히 소비자들이 자신들의 관찰이나 접촉을 통해서 제품이나 서비스의 특성을 제대로 평가하기 어려울 때 크게 나타날 수 있다. 그리고 이런 정보적 영향은 정보원의 신뢰성과 밀접한 관련성이 있다. 특히 광고나 판매원의 상업적 정보원천보다는 친구, 이웃, 가족 등 개인적 정보원천을 더

광고 4-1 동서식품의 맥심 T.O.P 광고

신뢰하며, 실제로 이런 준거집단의 정보가 구매의사결정에 더 크게 영향을 미친다고 한다.

(4) 비교기준적 영향

비교기준적 영향(comparative influence)은 개인이 자신의 태도, 신념, 가치 등을 준거집단 구성원들의 태도, 신념, 가치 등과 비교해서 동의하는 집단과는 연관시키려 하고, 회피하고자 하는 집단과는 분리하고자 할 때 영향을 미치는 것을 나타낸다. 그래서 비교기준적 영향의 근거는 자기 자신을 집단의 다른 구성원들과 비교하여 자기판단을 내릴 때, 집단이 지지하는지 여부를 판단하는 과정에 있다. 이 과정에서 다른 구성원들로부터 얻어내는 정보는 자기평가의 기준이 되기도 한다. 따라서 대부분의 사람들은 새로운 환경이나 집단에 소속될 경우

광고 4-2 DIGICO KT의 일반인 모델 광고

에 자신과 비슷한 견해나 가치관을 가진 사람들에게 호감을 갖게 된다. 이런 현상은 자신의 태도, 가치, 신념 등을 집단구성원들의 것들과 비교함으로써 자신의 태도나 행동을 강화할 수 있기 때문이다. 예를 들면, 흔히 소비자들은 광고에서 일반인이 광고모델로 나오는 경우와 같이, 표적고객과 유사하거나 이웃이나 동료, 친구 등과 같은 모델을 사용하면 훨씬 더 신뢰감이나 호감을 느낄 것이다.

2. 소비자 사회화 기관으로서 영향

준거집단이 소비자행동에 영향을 미치는 한 가지 방법은 사회화 과정을 통해서 이루어질 수

있다. 이런 사회화 과정을 통해서 개별 구성원들은 완전한 사회인으로서 성장해 간다. 그런데 이런 사회화 과정은 개인이 소속해 있거나, 소속하기를 열망하는 준거집단의 영향 하에서 이루어진다.

(1) 소비자 사회화 개념

사회화는 개인이 그룹이나 사회에서 좀 더 효과적인 성원으로써 필요한 태도, 신념, 행동 등을 형성하는 과정을 말한다. 이러한 사회화 개념을 소비자행동에 적용시켜 Scott Ward는 시장에서 소비자로서 유능한 역할을 수행하는 데 적절한 기술, 태도, 지식 등을 취득하는 과정으로 소비자 사회화(consumer socialization)를 정의하고 있다. 다시 말해서, 소비자 사회화는 제품을 언제, 어떻게, 어디서 구매해서 소비해야 하는지, 그리고 돈의 가치, 소비와 저축의 적절성 등 소비와 관련된 기술이나 지식뿐만 아니라 동기, 가치 등을 배우는 과정이라고 할 수 있다.

소비자 사회화 과정은 아동이나 청소년기에 한정된 것이 아니라, 성인기에까지 연장되어 계속되는 과정이지만 성장기의 학습과정을 알게 되면, 이를 토대로 해서 완전히 독자적인 소비주체자인 성인의 소비자행동도 어느 정도 예측이 가능하기 때문에 무엇보다 중요하다.

[그림 4-4]는 소비자 사회화의 개념적 모형을 나타낸 것이다. 모형에서 나타난 바와 같이, 선행변수는 사회경제적 지위, 성, 출생순서 등의 사회구조적 변수와 연령 및 생활주기 상의 위치 등이 있다. 이런 선행변수들은 사회화 과정을 통해서 학습특성(learning properties)에 직간접적으로 영향을 미친다. 사회화 과정은 사회화 기관(socialization agents)과 학습자 간에 실제로 일어나는 학습과정의 유형과 통합하는 것을 말한다.

소비자 사회화에 영향을 미치는 기관(agents)으로는 가족, 준거집단, 매스미디어, 학교, 소매상 등이 있다. 그리고 사회화 기관과의 학습과정에는 모델링(modeling), 강화(reinforcement), 사회적 상호작용(social interaction) 등의 세 가지 유형이 있다. 모델링은 관찰학습으로 사회화 기관들의 행동을 모방하는 것을 말하며, 강화는 보상(긍정적인 강화)과 벌(부정적인 강화)을 나타내고, 사회적 상호작용은 모델링과 강화의 결합을 나타내는 것을 말한다.[3]

학습특성은 다양한 소비와 관련된 인지와 행동을 나타내는 것으로, Churchill & Moschis는 학습특성을 저축, 가격에 대한 태도, 물질주의, 사회경제적 동기(socioeconomic motivation), 소비자 의식이나 지식, 광고에 대한 신뢰성이나 태도 등을 제시하고 있다.

그림 4-4 소비자 사회화의 개념적 모형

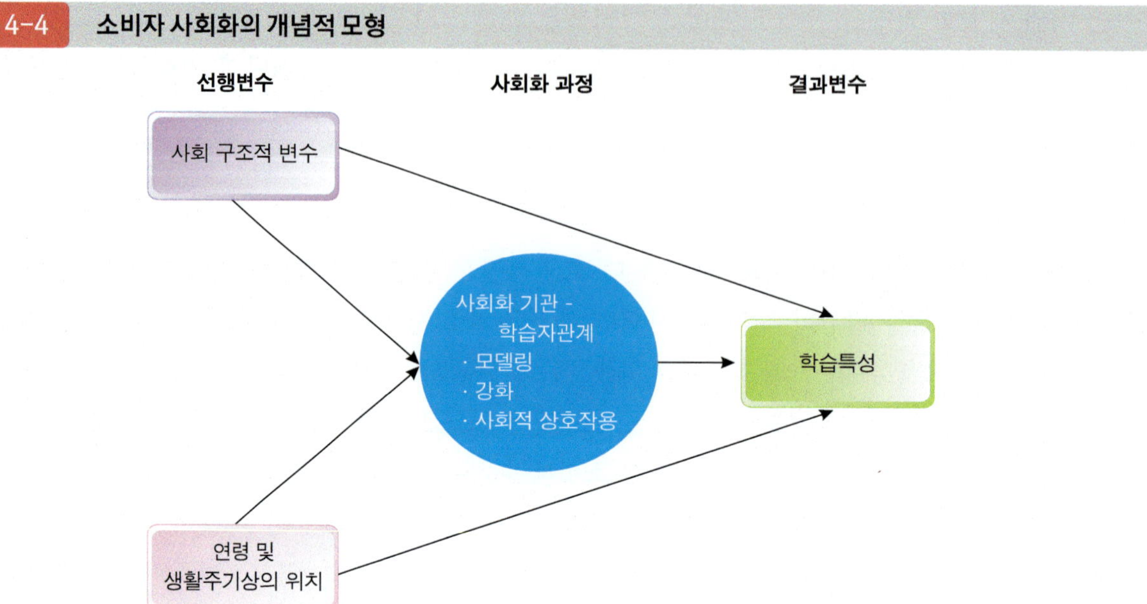

자료원 : Roy L. Moore and George P. Moschis(1979), "Decision Making among the Young: A Socialization Perspective," *Journal of Consumer Research*, V. 6, Sep.,pp. 101~110.

(2) 소비자 사회화 기관으로서 준거집단

소비자 사회화 기관에는 가족, 준거집단, 매스미디어 등이 있는데, 이런 기관들은 소비자 사회화에 중요한 역할을 수행한다. 그래서 사회화 과정에서 소비자가 어떻게 주위 환경요소인 사회화 기관들과 상호작용으로 소비자행동에 영향을 미치는지를 살펴보려고 한다.[4)]

① 가족 간 커뮤니케이션

가족은 개인이 태어나서 소속되는 최초의 집단이며, 구성원의 개성이나 행동에 가장 큰 영향을 미칠 수 있다. 가족구성원들은 공동체 생활을 하기 때문에 음식, 주택, 가구, 자동차, 기타 일상적인 생활용품들은 개인단위로 구매되기보다는 가족단위로 공동구매되는 것이 보통이다. 그리고 가족구성원들의 개인적 소비행태는 바로 다른 구성원들에게 즉각적으로 영향을 미치게 되는데, 아동이나 청소년들은 부모들의 구매행태를 모방하고, 부모와 소비에 관해 대화를 통해서, 때로는 부모로부터 받은 용돈으로 스스로 구매할 수 있는 기회를 가지면서 구매와 소비에 관한 학습을 하기도 한다. 이와 같이 부모들은 아동이나 청소년들의 소비자 사회화에 영향을 끼치게 된다.

[그림 4-5]와 같이, 가족 간에 이루어지는 직·간접적인 커뮤니케이션 과정은 매스미디어

그림 4-5 가족 간의 커뮤니케이션과 소비자의 학습특성

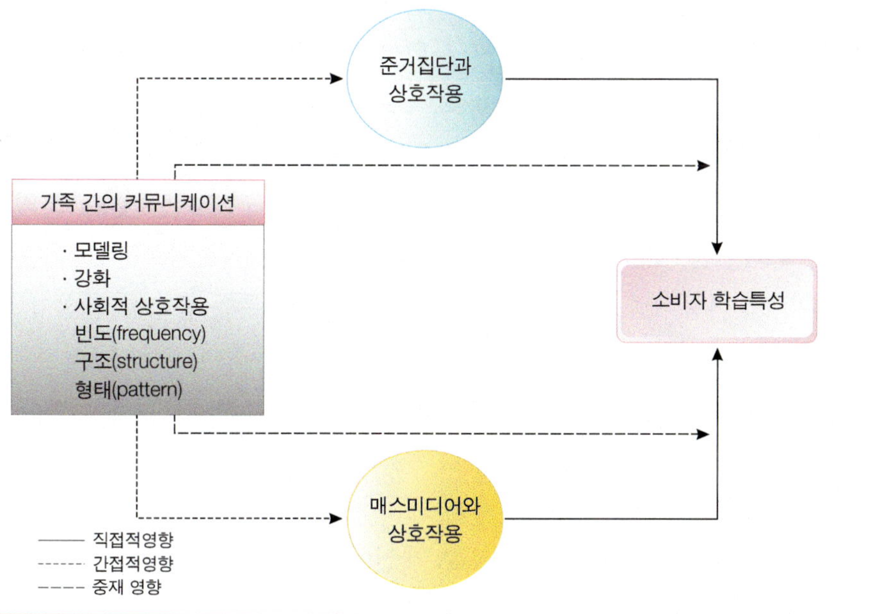

자료원 : George P. Moschis, *Consumer Socialization*, (1987), by D.C Heath and Company, pp. 61~62.

와 준거집단처럼 가족 외 다른 소비자 학습원(사회화 기관)의 영향력을 조정함으로써 소비자 학습에 영향을 미칠 수 있다.[5)]

② 준거집단

준거집단은 개인이 살아가는 여러 단계의 생활주기에 걸쳐 소비자 사회화에 중요한 역할을 한다. 사람들은 친구, 직장동료, 노동자, 학교친구 등과 같이 조직의 구성원으로서 역할을 수행할 때 여러 집단과 사회적 상호작용을 필요로 한다. 이들 집단과의 상호작용은 아동이나 청소년들의 연령이 증가하면서 부모의 영향력은 점차 줄어들고 준거집단과의 상호작용이 점차 증가하게 된다. 개인이 준거집단과 상호작용하는 과정은 사회적으로 동조해 가는 과정을 말한다. 그래서 준거집단 구성원들 간의 유사성이 크면 클수록 그 집단은 구성원들에게 중요한 의미를 가지면서 동조성도 커진다.

따라서 소비자 사회화 과정에서 사회화 기관으로서 준거집단은 다른 여러 집단보다도 동조성이 크기 때문에, 아동이나 청소년기에 소비자로서 필요한 소비자지식, 기술, 행동 등의 발달에 많은 영향을 미친다.

③ 매스미디어

TV프로그램, 영화, 음악, 비디오게임, 인터넷 그리고 광고 등의 매스미디어는 사회화 기관으로서 역할을 수행할 수 있다. 소비자 사회화에 커다란 영향력을 행사하던 기존의 여러 다른 사회화 기관들, 즉 가족, 준거집단, 학교, 소매상 등의 역할이 사회변화에 따라 크게 약화된 반면에, 현대사회에서는 매스미디어의 사회적 영향력이 커짐에 따라 전통적인 사회화 기관들의 기능을 대체하고 있다. 다시 말해서, 매스미디어는 급변하는 현대사회의 복잡성과 전문성으로 가족, 준거집단, 학교, 소매상 등이 제공해 주지 못하는 새로운 소비자 정보, 지식, 행동, 사회, 문화 등의 아동이나 청소년들의 욕구를 충족시켜 주는 중요한 원천이 되고 있다.

1.4 준거집단의 전달방법

준거집단의 영향은 여러 가지 방법으로 개인에게 전달된다. 흔히 사람들은 집단의 구성원들이 어떻게 행동하고 옷을 입으며 치장하는지를 관찰하고 그들이 본 것을 모방한다. 일반적으로 소비자들은 친구들이나 다른 준거집단들로부터 그들이 제품이나 서비스를 구매하고 소비하는 것을 지켜보고, 그것을 따라서 행동하는 경우가 많다. 그리고 TV, 영화, 뮤직비디오 등의 매스미디어는 최신 패션스타일이나 감각 등에 관해서 정보를 필요로 하는 소비자들에겐 매우 중요한 정보원이 될 수 있다. 특히 유명 연예인들의 패션이나 헤어스타일, 액세서리 등과 같은 제품들이 쉽게 시중에 유행되는 것도 한 예라고 할 수 있다.

이처럼 매스미디어는 준거집단에 영향을 전달하고, 인터넷은 준거집단에 매우 빠르게 파급시킬지라도 정보의 신뢰성이나 진실성 측면에서 가장 효과적인 방법은 구전 커뮤니케이션 형태로 이루어지는 사람끼리 정보를 교환하는 것이라고 할 수 있다. 개별 구성원들은 누군가로부터 가치, 신념, 행동이나 라이프스타일 등에 관해 개인적인 커뮤니케이션을 통해 전달받을 뿐만 아니라, 그들 자신들의 행동을 피드백 받아 더 나은 행동을 위해 수정하거나 강화할 수도 있다. 또한 이러한 개별 커뮤니케이션 과정을 통해 개별 구성원들은 새로운 행동을 채택해서 선택할 수도 있다. 그리고 그들의 동료나 다른 1차 준거집단의 의견이나 조언을 받아들이거나 포기할 수도 있다.

따라서 개인적 커뮤니케이션에서 가장 효과적으로 이용될 수 있는 방법으로는 집단 내에서 이루어지는 구전 커뮤니케이션과 의견선도자를 통해 전달하는 것이다.

1. 구전 커뮤니케이션

사람들은 일상생활 속에서 친구, 가족, 직장동료 등과 함께 많은 커뮤니케이션이 이루어지는데, 대화내용 중에는 제품이나 서비스에 관한 내용들이 상당히 포함되어 있다는 것을 알 수 있다. 친구나 동료들의 옷을 칭찬하거나, 새로운 화장품 매장이나 레스토랑에 관한 것, 스포츠, 영화나 게임에 관한 것 등에 대해 얘기를 한다.

이와 같이 자신도 모르게 제품이나 서비스와 관련된 내용들이 주변의 준거집단 구성원들과 구전 커뮤니케이션이 이루어지고 있는 것이다. 이러한 구전 커뮤니케이션은 최근 온라인 상에서 버즈마케팅(buzz marketing)이나 블로그마케팅(blog marketing)의 형태로 급속히 확산되고 있다.

(1) 구전 커뮤니케이션 개념

기업은 자사의 제품이나 서비스에 대한 정보를 TV, 라디오, 신문, 잡지, 인터넷 등과 같은 대중매체를 통해 소비자들과 의사소통이 많이 이루어지지만, 실제로 소비되는 제품들의 많은 정보들은 사람과 사람 간에 비공식적인 말로 이루어진다. 이처럼 두 사람 사이에 제품이나 서비스에 대한 정보, 아이디어, 의견, 코멘트 등을 비공식적으로 전달하는 것을 구전 커뮤니케이션(word-of-mouth communication)이라고 한다. 이러한 구전 커뮤니케이션은 개별 구성원들이 직접 대면, 전화, 인터넷 등을 포함해서 주로 언어적인 형태로 다른 개인들과 정보를 공유하는 것을 말한다.

소비자들은 구전 커뮤니케이션을 통해 진실된 의견이나 느낌들을 표현할 수 있기 때문에, 가족, 친구, 지인들의 의견은 기업에서 제공하는 마케팅 커뮤니케이션보다 일반적으로 더 신뢰하는 경향이 크다. 그리고 소비자들은 구전 커뮤니케이션 과정을 거치면서 유사한 라이프스타일, 구매 혹은 행동철학, 그리고 활동을 받아들이는 구성원들의 숫자가 증가할수록 준거집단의 응집력은 더욱 더 증가할 것이다. 그래서 기업이 주로 활용하고 있는 마케팅 수단으로 TV, 라디오, 신문, 잡지, 인터넷 등 다양한 커뮤니케이션 수단들이 많지만, 가족이나 친구 등과 같은 개인적인 정보원을 통해 이루어지는 구전 커뮤니케이션은 소비자들의 제품이나 서비스 등과 관련된 많은 구매의사결정과정에 중요한 영향을 미친다.

구전 커뮤니케이션이 일어나는 과정에는 일반적으로 정보를 전달하는 송신자(sender)와 받는 수신자(receiver)가 있다. 〈표 4-1〉과 같이 송신자와 수신자 모두에게 이점이 있기 때문에 정보전달이 빨리 이루어지는 속성을 갖고 있다. 즉, 송신자는 다른 사람을 설득해서 취한 행

표 4-1 구전 커뮤니케이션의 이점

	쾌락적 이점	기능적 이점
수신자	• 새로운 행동에 대한 위험을 줄여줌 • 선택의 자신감을 증대시킴 • 인지적 부조화를 감소시킴 • 열망집단이나 개인에 의해 수용될 가능성을 증대시킴	• 선택사항에 관한 더 많은 정보 수집 • 보다 신뢰할 수 있는 정보 수집 • 정보탐색 시간과 노력의 감소 • 다른 사람과 관계향상
송신자	• 다른 사람의 행동에 영향을 미친것에 대한 힘과 긍지를 느낌 • 집단 내에서 지위향상	• 잠재적으로 호혜적 교환 증대 • 관심과 지위를 높임 • 유사한 행동을 하는 개인의 수를 증대 • 집단 내 응집력 향상 • 구어적 표현에 대한 만족감

자료원 : Blackwell, Roger D. et al.(2006), *Consumer behavior*, 10th ed., Thomson South-Western, p. 535.

동 혹은 제품이나 브랜드 선택에 따른 자신의 힘과 긍지를 느끼고 집단 내에서 응집력을 향상시킬 수 있다. 송신자는 또한 다른 사람들이 그들의 의사결정과정에 받아들인 자신의 의견이나 정보공급의 유용성, 파워, 명성 등을 얻는 심리적 혜택을 얻게 된다. 그리고 수신자는 정보탐색 시간과 노력을 감소시킬 수 있으며, 보다 신뢰할 만한 많은 정보를 획득해서 선택에 대한 자신감을 증대시킬 수 있다. 수신자는 또한 현재 행동에 관해서 계속할 것인지, 그만할 것인지를 결정하는데 유용한 피드백을 받게 된다. 이때 특히 중요한 것은 소비자들이 주요 구매의사결정 후에 겪게 되는 인지적 부조화(cognitive dissonance)를 줄이는 데에 구전 커뮤니케이션이 큰 도움이 된다.[6)]

(2) 구전 커뮤니케이션을 통한 마케팅 활용

구전 커뮤니케이션은 오래전부터 마케팅의 궁극적인 목적을 실현하는데 없어서는 안 될 중요한 마케팅 도구(tool)로 자리잡았다. 최근에 통합적 마케팅커뮤니케이션(IMC)을 적용한 마케팅전략이 점차 중요해짐에 따라 구전 커뮤니케이션을 통한 마케팅이 다시 한번 부각되고 있다. 요즈음에는 구전 커뮤니케이션을 근간으로 버즈마케팅(buzz marketing), 바이럴마케팅(viral marketing), 그리고 블로그마케팅(blog marketing)까지, 사람과 사람 사이의 커뮤니케이션을 기반으로 그 방식이나 미디어의 활용방법에 따른 새로운 형태의 구전 마케팅기법들이 속속 등장하고 있다.

① 버즈마케팅

버즈마케팅(buzz marketing)은 사람들이 개인적인 인적 네트워크를 통해 자발적으로 커뮤니케이션 메시지를 전달하게 하여 제품이나 서비스에 관해 긍정적인 입소문을 내게 하는 마케팅기법으로 입소문마케팅이라고도 한다.

버즈(buzz)는 꿀벌들이 윙윙거리는(buzz)것처럼, 사람들이 특정 제품이나 서비스에 관해서 주고받는 모든 말들을 말한다. 구전 커뮤니케이션과 달리 주로 인터넷과 같은 매체를 이용하기 때문에, 소비자들 상호 간의 양방향으로 전파되며, 그 확산속도가 엄청나게 빠르게 확산될 수 있다는 특징이 있다. 그리고 기존의 매스미디어를 통한 마케팅 기법에 비해서 비용이 저렴하고 기존의 마케팅채널을 통해서는 도달하기 어려운 소비자들에게 접근할 수 있다. 그러므로 여론을 형성하는데 중심적인 역할을 하는 네트워크 상의 허브(hub)들, 즉 의견선도자(opinion leaders)들을 찾아내 적극적으로 활용해야 한다. 예를 들면, [그림 4-6]과 같이, 소비자 A가 소비자 C와 D에게 정보를 전달하려면, 다른 사람들을 거쳐야 하는 번거러움이 있기 때문에 버즈의 확산속도가 늦을 수 있다. 하지만, Hub소비자가 제일 먼저 정보전달의 대상이 된다면, 그 다음에는 나머지 네트워크 일원에게 그 정보는 빠르고 정확히 전달될 수 있을 것이다. 이와 같이 버즈를 확산하는데 있어서 첫 접촉상대의 선택이 매우 중요한 것이다.

이러한 허브들의 대표적인 사례로는 온라인 상에서는 커뮤니티 사이트의 마스트, 홈페이지 주인, 블로그 작성자, UCC제작자 등을 들 수 있으며, 일반적인 매체를 통해서 영향력을 미치는 허브로는 유명 연예인이나 스포츠 스타들도 포함될 수 있다. 그리고 컴퓨터, 오디오, 자동차, 영화, 골프, 등산 등 특정 분야에 대해 풍부한 지식과 경험을 갖고 있는 사람들도 허브가 될 수 있다.

그림 4-6 버즈 네트워크와 Hub 개념

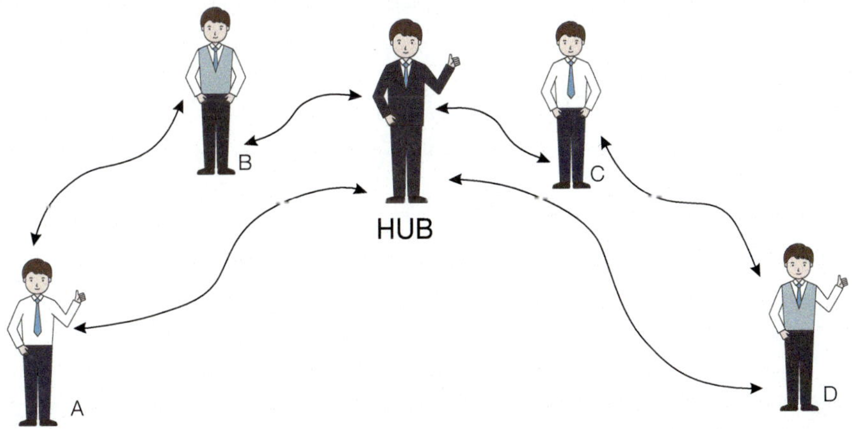

자료원 : https://dataonair.or.kr/db-tech-reference/d-lounge/expert-column/?mod=document&uid=53583

따라서 버즈마케팅을 활용하려는 마케터는 자사의 제품이나 서비스와 관련된 정보제공이나 다양한 마케팅전략을 효과적으로 실행하기 위해서는 여론형성에 주도적인 역할을 하는 허브들을 적극적으로 잘 활용해야 할 것이다.

② 바이럴마케팅

바이럴마케팅(viral marketing)은 매스미디어를 통해 불특정 다수에게 메시지를 발신하는 전통적인 마케팅과 달리, 마케팅 주체가 기존의 사회적 네트워크를 통해 소비자 스스로 다른 소비자에게 직접 커뮤니케이션하도록 유도하는 마케팅 기법을 말한다. 바이럴(viral)이라는 명칭은 마치 바이러스가 퍼져 나가는 것과 같은 형식을 취한다고 해서 붙여졌는데, 바이럴마케팅은 인터넷의 발전과 함께 주로 이메일이나 동영상 형태로 소비자들 사이에 급속히 퍼져 나갔다. 그래서 최근 마케터들도 기존의 매스마케팅으로 대표되는 전통적인 마케팅 기법들이 가지고 있던 다음과 같은 여러 가지 한계점 때문에 바이럴마케팅에 대한 관심이 높아지고 있다.

첫째, 매스마케팅 활동이 효과를 얻기 위해서는 일정 규모 이상의 예산확보가 필수적인데, 중소 규모의 마케팅 주체들이 감당하기에는 천문학적 비용인 경우가 많다.

둘째, 매스마케팅은 미디어와 메시지의 플래닝을 아무리 정교하게 구성해도 불특정 다수에게 전달될 수밖에 없으며, 그에 따라 필연적으로 누수가 생긴다.

셋째, 소비자들의 정보수집 및 전달능력이 비약적으로 향상되면서 매스마케팅을 통해 일방적으로 전달되는 메시지에 대한 신뢰가 약화되고 있다.

이러한 매스마케팅의 한계로 인해 구전(입소문)은 지구상에서 가장 강력한 마케팅이라는 말이 있을 만큼 설득력이 강하고, 고객의 행동을 끌어내는 데 효과적이다. 게다가 비용도 들지 않는다는 점에서 구전을 활용한 바이럴마케팅은 매스마케팅의 약점을 극복할 수 있는 대안으로 인정받고 있는 것이다. 그러나 구전이 광고와 달리 본격적으로 활용되지 못한 이유는, 소비자로부터 형성되는 자생적 구전은 쉽게 일어나지도 않고, 생기더라도 그 메시지가 기업의 의도와 일치하기 어렵기 때문이었다. 다시 말해서, 구전은 매력적이긴 하지만, 쉽게 다루기 어려운 영역에 속해 있었다. 이에 반해 바이럴마케팅은 구전을 기획하고 통제할 수 있다는 점 때문에 마케터들이 열광할 수밖에 없다. 그러나 바이럴마케팅은 성공하면 입소문을 타게 되지만, 잘못했을 경우에는 또 하나의 끼어들기 마케팅 메시지로 전락해서 부정적인 이미지를 줄 수 있다.

바이럴마케팅의 가장 성공한 사례들 중의 하나는 '아이스 버킷 챌린지(Ice Buket Challange)'라고 할 수 있다. 미국에서 루게릭병에 대한 관심과 기부금 모금을 위해서 시작한

광고 4-3 국내외 '아이스 버킷 챌린지' 캠페인

챌린지 운동으로, 한 사람이 얼음물을 뒤집어 쓰고 다음 도전할 사람 3명을 지목해서 도전을 이어나가게 하는 것이다. 이는 미국에서 시작되어서 전 세계로 퍼져나갔고, 우리나라까지 이어지면서 아이스 버킷 챌린지를 통해 모금된 금액은 당시 약 2억 2,000만 달러 정도라고 한다. 이 챌린지가 유명인들에게 긍정적인 이미지를 주는 챌린지이기 때문에 더 많은 사람들이 참여하게 만든 것이다. 특히 캠페인 규칙으로 다음 3명을 지목하게 함으로써, 3명 중에서 1명이라도 계속 도전을 이어갈 수 있다는 점과 챌린지가 참여하기 쉽고 간단하며, 강한 감정적 호소력을 가지고 있기 때문에 바이럴마케팅 효과를 극대화할 수 있었다고 본다. 이 챌린지로 인해 만들어진 새로운 루게릭병 신약치료제인 랠리브리오(relyvrio)가 2022년 미국FDA 승인을 받았다고 한다. 미국루게릭협회(ALS)는 이 약의 연구자금 총 220만 달러를 지원했는데, 이 지원금이 바로 아이스 버킷 챌린지로 모금된 금액 중 일부이며, 나머지는 환자 놀봄센터지원 등에 사용했다고 한다.

또한, 바이럴마케팅의 성공사례를 보면, 일반적으로 직설적인 기업의 메시지보다는 콘텐츠에 의존하거나, TV광고와 연동하여 이루어지는 경우가 많다. 이것은 직접적인 메시지보다는 콘텐츠가 가지는 의외성과 재미가 바이럴마케팅을 활성화시킬 수 있으며, 이를 증폭시키기 위해서는 TV광고 등의 측면지원이 효과적이라는 것을 말해 준다.

(3) 블로그마케팅

블로그(blog)는 인터넷을 의미하는 웹(web)과 자료를 뜻하는 로그(log)의 줄인말로써, 초기의 블로거(blogger)는 자신이 관심있는 분야의 인터넷 웹사이트 주소를 단순히 북마크하는 형태였으나, 점차 자신의 관점과 의견을 전달하는 형태로 발전되었다. 블로그란 각자의 삶을 표현하고 자신이 관심있는 주제에 대한 자료도 올리면서 그 자료에 대해 코멘트를 달고 소식도 주고받을 수 있는 개인사이트를 의미하는 것이다.

블로그는 주로 개인적인 글을 내용으로 하고 있어 기존 인터넷 게시물에 비해 편집이 적은

표 4-2 기능에 따른 블로그 유형

유 형	특 징
개인형 블로그	• 개인적인 경험을 다른 이용자들과 공유하면서 지속적인 대인관계형성이나 네트워크 강화를 중심으로 인터넷 상의 사적공간과 같은 역할을 하는 블로그
정보제공형 블로그	• 저널리즘 기능을 수행하는 정보전달과 제공을 주목적으로 하는 블로그

표 4-3 형식이나 개설방법에 따른 블로그 유형

	유 형	특 징
형식상 분류	홈페이지형 블로그	• 미니홈피처럼 친목을 목적으로 10~20대 초반의 젊은층에서 주로 많이 이용함
	포털형 블로그	• 네이버, 다음 등과 같이 포털사이트에서 제공하는 블로그 • 거대 포털에서 제공하기 때문에 블로그 레이아웃이 다소 폐쇄적임에도 불구하고 검색 키워드를 잘 사용하면 검색이 잘됨
	전문 블로그	• 자신의 홈페이지에 블로그 도구를 직접 설치해 사용하는 블로그
개설방법에 따른 분류	서비스형 블로그	• 네이버블로그, 기타 포털 및 업체에서 제공하는 블로그 • 해당 서비스에 가입만하면 손쉽게 블로그 생성 가능하며, 트래픽에 상관이 없음 • 서비스업체에서 제공되는 연계 소프트웨어나 콘텐츠의 혜택을 받을 수 있음
	가입형 메타블로그	• 서비스형이면서 설치형처럼 자유편집이 가능한 블로그 • 설치형 블로그처럼 스킨, 구조의 변형 및 타 서비스와의 연계가 용이함 • 트래픽에 상관이 없고, 별도의 웹서버, 웹호스팅 등이 필요하지 않으면서 도메인만 연결이 가능함 • 티스토리 등과 같이 포털 등이 제공하는 블로그 사이트에 가입해 블로그 페이지를 배정받아 사용함
	설치형 블로그	• 자신의 홈페이지에 블로그 도구를 직접 설치해 사용하는 방법 ·텍스트큐브(국내), 워드프레스(해외) 블로그가 대표적임

편이며, 사진, 동영상 등 콘텐츠가 다양하고 정보출처 확인이 가능하다. 그리고 다른 블로그와 연결되어 있어 서핑과 다수가 서로 커뮤니케이션이 가능하며, 관심주제에 관해 의견을 제시할 수 있고 특정 사람들 혹은 불특정 다수에게 자신의 생각까지 전달할 수 있는 미디어로써 역할을 수행할 수 있다. 메일, 댓글, 쪽지, 방명록 등의 기능은 블로거들 간의 원활한 의사소통과 친목도모를 가능하게 하여 대인 커뮤니케이션 매체로서의 특성도 지니고 있다.

광고 4-4 홈페이지형 블로그(코리아요리아트아카데미), 포털형 블로그(NAVER)

광고 4-5 서비스형 블로그(네이버 블로그), 가입형 메타블로그(TISTORY)

블로그 유형은 〈표 4-2〉와 〈표 4-3〉과 같이, 내용과 형식에 따라 여러 가지로 구분될 수 있다. 블로그는 그 기능에 따라 개인형 블로그와 정보제공형 블로그로 분류할 수 있다. 그리고 블로그 형식에 따라 홈페이지형, 포털형, 전문블로그 등으로 나눌 수 있으며, 개설방법에 따라 서비스형, 가입형 메타블로그형과 설치형으로 분류될 수 있다.

이와 같이 블로그를 통한 마케팅을 최근 기업에서 적극적으로 활용하는 것은, 새로운 마케팅 수단으로 유행하고 있는 구전 마케팅과 밀접한 관련이 있기 때문이다. 블로그는 구전 마케팅의 기본인 정보 송·수신 간의 신뢰가 바탕이 되어 있기 때문에 온라인 상에서 그 어떤 요소들보다도 구전 마케팅에 가장 적합하며, 향후에도 그 활용 가능성이 더욱 커질 것으로 예상된다.

2. 의견선도자

구전 커뮤니케이션에서 다른 사람들에게 영향력을 행사하는 사람이 의견선도자이며, 구전을 통해서 영향을 받는 사람은 의견추종자들이다. 의견선도자들의 가치, 행동, 신념 등은 준거집단의 구성원들에게 미치는 영향이 크기 때문에, 마케터는 의견선도자를 중심으로 자사의 마케팅 커뮤니케이션 전략을 효과적으로 전개할 수 있을 것이다.

(1) 의견선도자의 개념과 특성

준거집단은 다른 사람의 의사결정에 영향을 미치는 집단의 리더들, 즉 의견선도자(opinion leaders)들을 포함하고 있다. 의견선도자는 인적 커뮤니케이션을 통해 조언, 충고와 여러 가지 다양한 정보를 제공함으로써 타인의 행동과 태도에 상당한 영향을 미치는 사람들을 말한다.

의견선도자들은 커뮤니케이션 수신자들과 마찬가지로 유사한 인구통계적 특성이나 라이프스타일 특성을 나타낼 수도 있고, 의견추종자(opinion followers)들처럼 같은 집단 내에 속해 있으면서 서로 상호작용을 많이 하고, 이들보다 더 높은 사회적 지위를 나타낼 수도 있다. 그리고 일반적으로 의견선도자들은 특정 제품이나 서비스에 관한 전문지를 읽고 지식과 경험이 많으며 관여도가 높고, 매스미디어나 다른 정보원으로부터 적극적으로 정보를 탐색하여 얻은 정보를 공유하고 의견추종자들에게 전달하기를 좋아하는 특성을 갖고 있다.

(2) 매스 커뮤니케이션 정보흐름 상의 의견선도자 역할

개인적인 영향이 어떻게 다른 개인들에게 미치며, 그룹에서 개인에게 영향을 미치는지에 대

그림 4-7 매스 커뮤니케이션 정보흐름

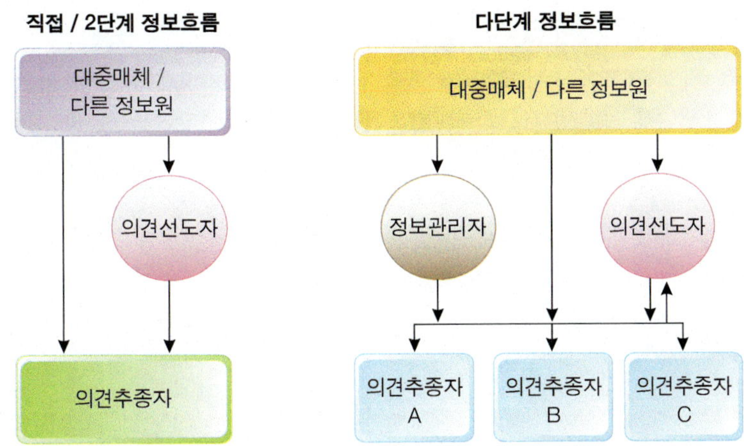

한 여러 이론적인 모형들이 발전되어 왔다. 이러한 이론들 중에서 고전적인 이론으로 하향전파이론(trickle-down theory)은 하류계층의 사람들은 종종 상류계층의 행동을 모방해서 따라한다는 것이다. 이 이론에 따르면 상류층의 새로운 패션, 소비스타일이나 행동 등을 하류층의 사람들이 모방해서 따라 할 때 나타나는 현상으로 사회계층을 통해서 수직적으로 그 영향효과가 전달된다는 것이다.

매스 커뮤니케이션의 정보흐름은 일반적으로 [그림 4-7]과 같이, 대중매체나 다른 정보원을 통해 직접 의견추종자인 일반대중들에게 영향을 미치기도 하지만, 2단계 커뮤니케이션 정보흐름은 모형과 같이 의견선도자가 대중매체로부터 직접적으로 정보수신자가 된다. 그들은 구전을 통해서 다른 사람들에게 정보를 해석하고 전송한다. 그리고 매스미디어는 대중 속의 어느 누구든지 직접 정보가 도달되어 영향을 미친다. 그래서 다단계 커뮤니케이션 흐름모형은 의견선도자, 정보관리자(gate keeper), 의견추종자, 수신자 등 여러 유형의 소비자들에게 직접 정보가 흐를 수 있다는 것을 나타낸다.[7)]

마케터가 자사의 제품이나 서비스를 구매하도록 의견선도자들을 설득한다는 것은 매우 중요하다. 일반적으로 시장에서 판매되고 있는 많은 제품이나 서비스들이 초기에는 이러한 의견선도자들의 영향을 상당히 많이 받는다고 할 수 있다.

의견선도자들은 흔히 순수한 호기심으로 새로운 제품이나 서비스를 시험삼아 사용해보려 한다. 그들은 전형적으로 소속된 공동체, 직장, 시장 등에서 적극적으로 활동하며, 집단의 나머지 사람들보다 사회적인 지위가 약간 더 높고 흔히 다른 사람들의 태도나 행동에 영향을 미

광고 4-6 (주)나이키의 메타버스로 가상대결 '풋볼버스(Footballverse)' 광고

치는 사람들이다. 예를 들면, 패션 의견선도자는 많은 패션잡지를 구독하고 싶어하고, 유행하고 있는 패션전문점에서 쇼핑하고, 최신 유행되는 제품을 우선적으로 구입해서 입으려 하는 사람이다. 이런 사람은 주로 의류선택에 영향을 미치지만, 화장품, 향수, 보석 등에 관한 조언을 얻기 위해서 다른 사람들에게 자주 자문을 구할 수도 있다.

또한, 기업들은 의견선도자가 되길 바라면서, 제품이나 서비스를 판매촉진하기 위해 영화배우나 가수, 탤런트, 스포츠 선수, 그리고 유명인사 등을 가끔 사용한다. 예를 들면, 나이키 코리아의 경우는 의견선도자로서 역할을 위해 타이거 우즈를 비롯해 세계적으로 유명한 스포츠 스타들을 주로 광고모델로 활용하고 있다. 유명인들의 모델효과는 특정 인사가 얼마나 신뢰성이 있고 매력적이냐 혹은 일반 사람들이 그 모델과 얼마나 친숙하냐에 따라 달려 있다.

1.5 준거집단의 영향정도

구매의사결정에 미치는 준거집단의 영향정도는 일반적으로 소비자들이 사회적 수용이나 의식을 위한 욕구가 높을 때, 구매상황이나 혹은 구매의사결정 경험이 많은 것보다는 거의 없을 때, 제품의 소비상황이 사적소비보다는 공적소비나 전시 등의 과시성이 높을 때, 필수품이나 단일제품(simple product)보다는 고급 사치품이거나 복합제품(complex product)일 때 중요하게 영향을 미치며 그 영향정도도 크게 나타나는 경향이 있다. 준거집단의 영향정도가 클수록 개인구성원들의 라이프스타일, 행동, 구매 및 소비성향 등에 크게 영향을 미칠 수 있다.

또한, 소비자들이 제품이나 브랜드 선택 시에 준거집단의 영향은 제품이나 브랜드의 사용상황과 제품특성에 따라 달라질 수 있다. 제품사용상황은 제품을 소비할 때, 타인들에게 노출되는 과시적인 소비상황이나 여부에 따라 공적제품, 사적제품으로 구분하고, 제품특성에 따라 필수품, 사치품으로 나누어 준거집단의 영향정도를 분석할 수 있다. 그래서 〈표 4-4〉와 같이, 준거집단의 상대적 영향은 공적 필수품, 공적 사치품, 사적 필수품, 사적 사치품 등으로 구분하여 분석할 수 있다.[8)]

- **공적 필수품** : 필수품이기 때문에 제품결정에 대한 준거집단의 영향이 약하지만, 타인들에게 노출되면서 소비되므로 브랜드 결정에 대한 준거집단의 영향은 강하게 미친다. 주요 대상품목으로는 손목시계, 자동차, 양복, 핸드백, 구두 등이 해당된다.
- **공적 사치품** : 사치품이기 때문에 제품결정에 대한 준거집단의 영향은 강하며, 타인들에게 노출되면서 소비되므로 브랜드 결정에 대한 준거집단의 영향도 마찬가지로 강하게 미

표 4-4 형식이나 개설방법에 따른 블로그 유형

		제품선택	
		필수품(약함)	사치품(강함)
브랜드 선택	공적 (강함)	공적 필수품	공적 사치품
		손목시계, 자동차, 양복	골프클럽, 보석, 스키장비, 요트
	사적 (약함)	사적 필수품	사적 사치품
		냉장고, 속옷, 침대용 메트리스	얼음제조기, 음식물분쇄기, 홈사우나

자료원 : Bearden O. William and Michael J. Etzel(1982), “Reference Group Influences on Product and Brand purchase Decisions,” *Journal of Consumer Research*, Sept. p. 185.(내용일부 수정)

친다. 주요 대상품목으로는 골프클럽, 보석, 스키장비, 요트, 산악자전거, 인라인 스케이트 등이 해당된다.

- **사적 필수품** : 필수품이기 때문에 제품결정에 대한 준거집단의 영향이 약하며, 타인들에게 노출되지 않으면서 소비되므로 브랜드 결정에 대한 준거집단의 영향도 마찬가지로 약하게 미친다. 주요 대상품목으로는 냉장고, 속옷, 침대용 매트릭스, 방향제, 난방용 히터기 등이 해당된다.
- **사적 사치품** : 사치품이기 때문에 제품결정에 대한 준거집단의 영향이 강하지만, 타인들에게 노출되지 않으면서 소비되므로 브랜드 결정에 대한 준거집단의 영향은 약하게 영향을 미친다. 주요 대상품목으로는 얼음제조기, 음식물분쇄기, 홈사우나, 바디마사지기, 전기요, 월풀욕조기 등이 해당된다.

이와 같이 준거집단의 영향은 브랜드 선택 시에 공적 제품이, 구매의사결정 할 때는 가시성이 높기 때문에 사적 제품일 때보다 훨씬 더 준거집단의 영향을 강하게 받을 것이다. 그리고 제품이 사치품이냐 필수품이냐에 따라 다르게 나타난다. 제품구매 여부를 결정하는 의사결정을 하는 경우에, 필수품은 모든 사람들이 그 제품을 보유하고 있기 때문에 준거집단의 영향이 약한 반면에, 사치품은 강한 준거집단의 영향을 받는다. 그리고 공적 사치품은 제품구매 및 브랜드 선택 시에 모두 준거집단의 영향을 강하게 받는 반면에, 사적 필수품은 둘 다 영향을 약하게 받는다.

2 가 족

가족은 소비자들에게 가치관, 태도, 자아개념과 구매행동에 강하게 영향을 미치는 가장 중요한 사회집단이다. 더군다나 가족은 어린 자녀들에게 문화적인 가치관이나 규범을 물려주는 사회화 과정(socialization process)을 책임지고 있다. 어린자녀들은 그들 부모들의 구매행동과 소비패턴을 관찰함으로써 학습하고, 차후에 자기 자신이 소비주체가 되었을 때 부모와 유사한 소비행태를 나타내는 경향이 있다. 따라서 본 절에서는 우선 가족구성원들의 소비자 사회화에 관해서 살펴보고, 가족 구매의사결정과정, 가족생활주기, 가족구성원 간의 영향력 등에 관해서 구체적으로 고찰한다.

2.1 가족의 특성과 중요성

인간은 태어나면서부터 가족의 일원으로 구성되어 가족이라는 상황 속에서 성장하고 생존한다. 가족은 인간사회의 가장 기본적인 사회단위로 혈연, 결혼 또는 입양 등에 의해 맺어진 2인 이상으로 구성된 집단을 말한다. 가족은 일반적으로 부부와 자녀들로 구성되며, 한 개인이 태어나서 최초로 소속되는 1차 준거집단이다. 가족은 오랜 세월에 걸쳐 형성된 문화와 관습을 바탕으로 주위 환경에 적응되어 나타난 제도로써, 필요에 따라 만들었다가 없앨 수 있는 임의적인 제도가 아니다. 가족은 개인의 인격형성에 강한 영향력을 미치며, 사회적 공통의 행동 특징과 문화규범을 습득시키는 사회화 과정을 담당하는 사회의 가장 기본집단이 되며, 사회를 존속시키는 기본단위이다. 그리고 가족은 개인의 개성을 형성할 뿐만 아니라 소비에 관한 자신의 가치와 태도형성에도 영향을 미친다.

소비자행동에서 가족 혹은 가구(household)단위의 중요성은 두 가지 측면에서 인식할 수 있다. 첫째, 가족은 그 자체가 하나의 독립된 경제 또는 소비단위로써, 의사결정을 위한 행동의 주체이기 때문에 소비자행동 연구에 중요한 대상이 되고 있다. 시장에서 유통되는 식료품, 가전용품, 의약품, 자동차, 가구 등 많은 제품이나 서비스가 개별 구성원보다는 가족단위로 더 많이 구매 및 소비가 이루어지기 때문이다. 그리고 가족단위의 공동구매 및 소비가 일어나는 제품이나 서비스 중에서 고관여 제품과 관련된 의사결정 시에 가족 전체 구성원들은 한 사람 이상이 개입되는 경우가 많다. 예를 들면, 어떤 자동차나 가전제품을 살 것인지, 휴가는 어디로 갈 것인지, 아파트를 구입해서 이사를 갈 것인지 등과 같이 고관여 소비자 구매의사결정에는 가족구성원들이 어느 정도 개입된다. 심지어는 아파트 주변의 슈퍼마켓이나 대형마트에 유통되는 치약, 음료수, 식료품 등 저관여 제품과 관련된 의사결정에서도 제품이나 브랜드 선택에 있어서 가족구성원들이 자신들의 의견을 표현할 수도 있다.

둘째, 개별 구성원이 자기 자신이 구매해서 사용할 제품이나 서비스와 관련된 구매의사결정에서 다른 가족구성원들에 의해 크게 영향을 받을 수 있기 때문이다. 더욱이 가족은 한 개인이 태어나서 맨 먼저 소속하는 준거집단으로서, 성장하면서 자신의 가치관, 신념, 태도 등을 형성하는 사회화 과정에 지속적으로 영향을 준다. 다시 말해서, 가족은 한 개인이 가족구성원으로 성장해 가면서 완전히 독립된 소비주체로서 역할을 하는 데 필요한 제품이나 서비스 관련 제반 지식, 가치, 태도 등을 습득해 가는 소비자 사회화 과정에서 사회화 기관으로서 중요한 역할을 수행한다.

따라서 가족은 하나의 독립된 경제단위로서, 구성원들이 공동체 생활을 하면서 이루어지는 가족의 구매의사결정은 소비자행동 측면에서 매우 중요한 의미를 갖는다.

2.2 가족구성원들의 소비자 사회화

가족은 소비자 사회화 기관으로서 역할을 수행하기 때문에 매우 중요하다. 소비자 사회화는 시장에서 소비자로서 기능을 하는 데 적절한 기술, 지식, 태도 등을 습득하는 과정이라고 할 수 있다. 소비자 사회화는 가족구성원들이 공동체 생활을 하기 때문에 공동 구매의사결정과정에서 상호 간에 사회화에 영향을 미칠 수 있을 것이다. 그래서 가족구성원들의 소비자 사회화는 크게 청소년 소비자 사회화와 성인소비자 사회화 측면에서 설명하고자 한다.

1. 청소년 소비자 사회화

가족구성원들의 소비자 사회화는 중요한 가족의 기능 중의 하나라고 할 수 있다. 소비자 사회화 과정은 인간의 특정 시기에 한정되어 이루어지는 것이 아니라, 어린이에서부터 어른에 이르기까지 일생 동안에 이루어진다. 소비자 사회화(consumer socialization) 관점에서 볼 때, 어린이나 청소년 시기는 소비자행동을 형성해 가는 일련의 학습과정으로써, 다른 어느 시기보다도 가족, 준거집단, 매스미디어, 학교 등과 같은 사회화 기관(socialization agents)들의 자극을 강하게 받는 시기라고 할 수 있다. 청소년의 경우에 소비자 사회화 과정은 문화에 맞는 기본적인 가치나 행동양식을 청소년들에게 전해주는 것이다. 이러한 과정에는 일반적으로 도덕, 대인관계 기술, 옷이나 치장하는 규범, 적절한 태도나 언행 등이 포함된다.

특히 청소년기는 차후에 완전한 소비자로서 구매행동을 하는 데 필요한 소비자 지식, 기술, 태도, 경험 등을 습득해 가는 과정이기 때문에 가족이나 준거집단 등 사회화 기관의 역할이 매우 중요하다. 때때로 청소년들은 기본적인 소비관련 학습원이나 역할모델로써 그들의 부모나 형제들을 관찰함으로써 소비자행동의 규범을 취득한다. 예를 들면, 부모님과 함께 청소년들이 백화점이나 대형마트에서 공동쇼핑을 한 경험은 그들에게 상점 내 쇼핑기술, 태도, 지식 등을 취득할 기회를 제공해 주는 것이다.

[그림 4-8]은 청소년기의 소비자 사회화 과정을 나타낸 것이지만 다른 가족구성원들에게도 확대될 수 있다. 청소년들은 다른 가족구성원들과 동료들 간에 상호영향을 주고받을 수 있다.

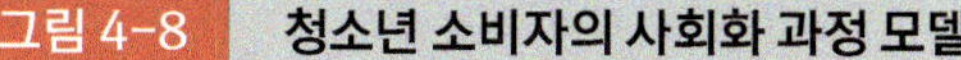
그림 4-8 청소년 소비자의 사회화 과정 모델

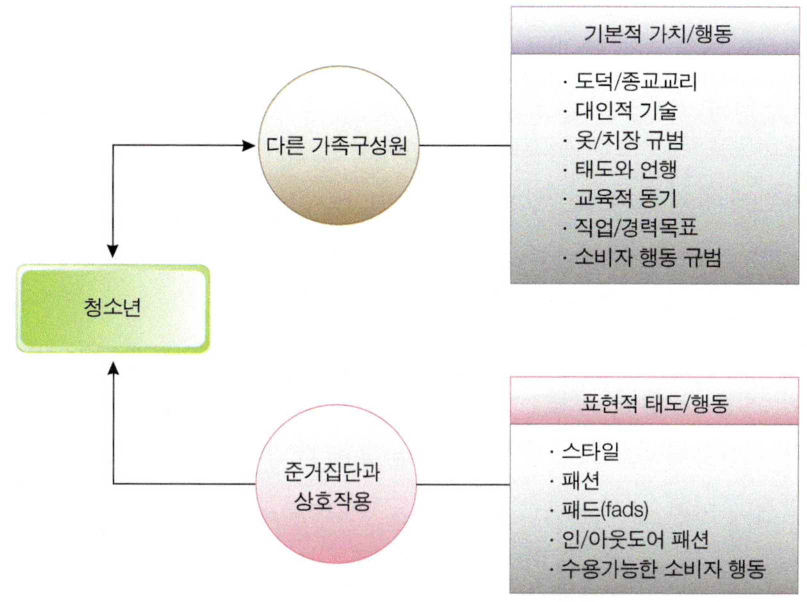

자료원 : Schiffman, Leon G. and Leslie L. Kanuk(2007), *Consumer Behavior*, Pearson Prentice Hall, p. 326.

도덕, 종교관, 대인관계 기술, 옷이나 치장하는 규범, 태도, 직업목표, 소비자행동규범 등의 기본적인 가치나 행동과 관련된 것들은 다른 가족구성원들과 상호 간에 더 영향을 주고 받는다. 반면에 패션, 스타일, 패드(fads), 수용할 수 있는 소비자행동 등과 같이 표현하는 태도나 행동과 관련된 것들은 동료들과 상호 간에 더 많은 영향을 주고 받는다. 따라서 이 모델에서 나타낸 것은 청소년들이 다른 가족구성원들이나 동료들 간에 상호 사회화되고 영향을 준다는 것을 의미한다.[9)]

또한, 소비자 사회화는 부모가 소비자 사회화의 또 다른 측면에 영향을 미치는 수단으로 삼을 만하다. 예를 들면, 부모가 자녀들의 행동을 통제하고 수정하는 장치로 물질적인 제품을 약속하거나 보상으로 흔히 사용한다. 부모는 자신들을 기쁘게 하는 어떤 일을 자녀가 했을 경우에 선물로 보상할 수도 있고, 잘못했을 경우에는 행동을 고치거나 수정할 때 사용하기도 한다.

이와 같이 소비자 사회화는 가족이 자녀들에게 영향을 미치는 사회화 기관으로서 중요한 역할을 수행한다. 이뿐만 아니라, 기업의 마케터 측면에서도 어린이나 청소년들의 소비자 사회화 과정을 이해하고, 이를 마케팅이나 광고전략 수립에 활용하는 것은 중요한 의미를 줄 수가 있다.

2. 성인소비자 사회화

소비자 사회화는 지속적인 상호작용 과정이라고 할 수 있는데, 부모가 자녀를 사회화 시키는 것처럼, 자녀가 그들의 부모를 사회화시킬 수 있다. 가족 내에서는 일련의 교환관계가 부모들 사이뿐만 아니라, 부모와 자녀들 사이에서도 존재한다. 부모와 자녀들 사이에 일어나는 상호작용 과정에서 정보는 양방향으로 전달된다. 시장에 관해서 부모가 그들의 자녀에게서 받은 정보가 어른들의 신념이나 태도에 어느 정도 영향을 미칠 수도 있다.

가족구성원들의 소비자 사회화는 가족생활주기(family life cycle) 단계에서도 고려해 볼 수 있다. 예를 들면, 신혼부부가 자신들의 보금자리 집을 장만하고 함께 살며 소비하는 것은 이러한 사회화 과정 중의 일부라고 할 수 있다. 그리고 중년부부의 경우에도 함께 살면서 사용하던 자동차나 전자제품을 교체하려고 할 때 상호 간의 의사결정과정은 마찬가지로 소비자 사회화 과정의 일부라고 할 수 있다.

이러한 가족구성원들 간에 이루어지는 사회화 과정은 세대 간의 이전이 이루어질 수도 있다. 대가족인 경우에 특정 제품의 충성도나 브랜드 선택이 세대 간에 이전될 수 있다. 예를 들면, 마요네즈, 케첩, 커피 등과 같은 제품의 경우에 특정 브랜드 선택이 세대 간에 빈번히 이루어질 수 있다. 그리고 최근에 농심켈로그는 '슈퍼맘 이지혜의 아침 일상'이라는 주제로 남편의 출근, 딸 태리의 등원을 꼼꼼하게 챙기는 모습과 함께, 균형 잡힌 아침 영양을 고민해 온 켈로그 '든든한 브랜(밀기울) 그래놀라'를 준비한다는 카피로 사랑이 넘치는 가족의 영양을 책임지고 있다는 점을 강조하고 있다.

광고 4-7 농심켈로그의 그래놀라 광고

2.3 가족생활주기

1. 가족생활주기의 의미

소비자의 연령, 가족구성원의 수, 가족생활주기 단계 등은 소비자행동에 상당한 영향을 미칠 수 있다. 일반적으로 소비자의 연령은 어떤 제품이나 서비스를 구매하는 데 관심이 있는지를 나타내 준다. 음식, 옷, 자동차, 가구, 레크레이션 등에 대한 소비자의 기호는 연령과 밀접한 관련이 있다. 다시 말해서, 동일한 연령층에서는 가치관이나 생활태도 등이 유사하기 때문에, 이러한 제품부류에 대한 기호가 비슷하다.

또한 소비자의 연령은 가족생활주기 상에서의 위치를 나타내 준다. 가족생활주기는 시간의 흐름에 따라 가족구성원의 변화과정을 연령, 가족구성원의 수, 결혼상태, 자녀의 유무와 연령 등을 고려해서 구분한 일련의 단계들로 이루어져 있다. 즉 가족생활주기의 단계는 미혼생활부터 결혼한 이후에 자녀의 유무와 자녀의 성장과 독립, 노후생활 등에 따라 구분하고 있는데, 각 생활주기 단계마다 소비자의 구매행동 특성이 달라질 수 있다. 예를 들면, 미혼일 경우는 주류, 교육, 오락 등에 더 많은 소비를 하는 반면에, 결혼한 부부의 가정은 초기에는 의류, 주택, 음식 등에 지출이 점차 증가하고, 어린 자녀를 가진 가정은 음식, 오락, 교육, 자동차 등에 더 많이 소비한다. 자녀가 성장해서 독립한 노부부 가정은 여성용 의류, 건강식품 및 의료 등에 전형적으로 지출이 늘어난다.

따라서 가족생활주기를 시장세분화의 기준으로 사용함으로써 효과적인 마케팅전략을 수행할 수 있다. 예를 들면, 유아용품, 가구·자동차 등의 내구재, 보험, 실버제품 등과 같이 특정 제품이나 서비스가 어떤 가족생활주기 단계에서 주로 구매되고 소비되는지를 파악할 수 있다면, 세분시장으로써 가족생활주기를 고려해서 마케팅전략을 전개할 수 있을 것이다.

2. 가족생활주기의 유형

가족생활주기는 어떻게 구분하느냐에 따라 여러 유형으로 구분될 수 있으며, 학자들마다 제안하는 모델이 조금씩 다르다. Wells and Gubar의 분류에 따르며, 전통적인 가족생활주기는 일반적으로 미혼단계에서부터 신혼부부, 보금자리 1기(막내자녀 6세 이하), 보금자리 2기(막내자녀 6세 이상), 보금자리 3기(부양자녀가 있는 장년부부), 노부부 1기(자녀출가, 가장 취업

중인 노부부), 노부부 2기(자녀출가, 가장 퇴직한 노부부), 노령독거(근로중), 노령독거(완전은퇴) 등으로 9단계로 구분하고 있다. 이런 전통적인 가족생활주기는 최근에 사회적 환경변화로 인한 취업주부의 증가, 이혼율 증가, 무자녀 결혼생활 등의 가족생활의 변화를 적절하게 반영하지 못하는 한계를 드러냈다.

이러한 가족생활의 변화를 반영한 [그림 4-9]는 Murphy and Staples의 전통적인 가족생활주기와 현대적 생활주기를 나타내 주고 있는데, 가족의 욕구, 수입, 재원, 그리고 지출 등이 각 단계별로 어떻게 다른지를 보여주고 있다. 전통적인 가족생활주기는 미혼단계에서부터 신혼부부, 젊은부부, 장년부부(자녀있음), 장년부부(자녀독립), 노년부부, 노년독신 단계에 이르기까지 7단계로 구분하고 있으며, 수평적인 흐름이 전통적인 가족생활주기를 나타내고 있다.

전통적인 가족생활주기의 각 단계별 특징을 살펴보면 다음과 같다.

- 미혼단계는 재정적 부담이 거의 없고, 패션 의견선도자, 레크레이션 지향적이다. 주요 구매 대상품목은 기본적인 부엌살림도구, 식품, 간단한 가구, 자동차, 게임기, 휴가 등이다.

그림 4-9 현대적 가족생활주기

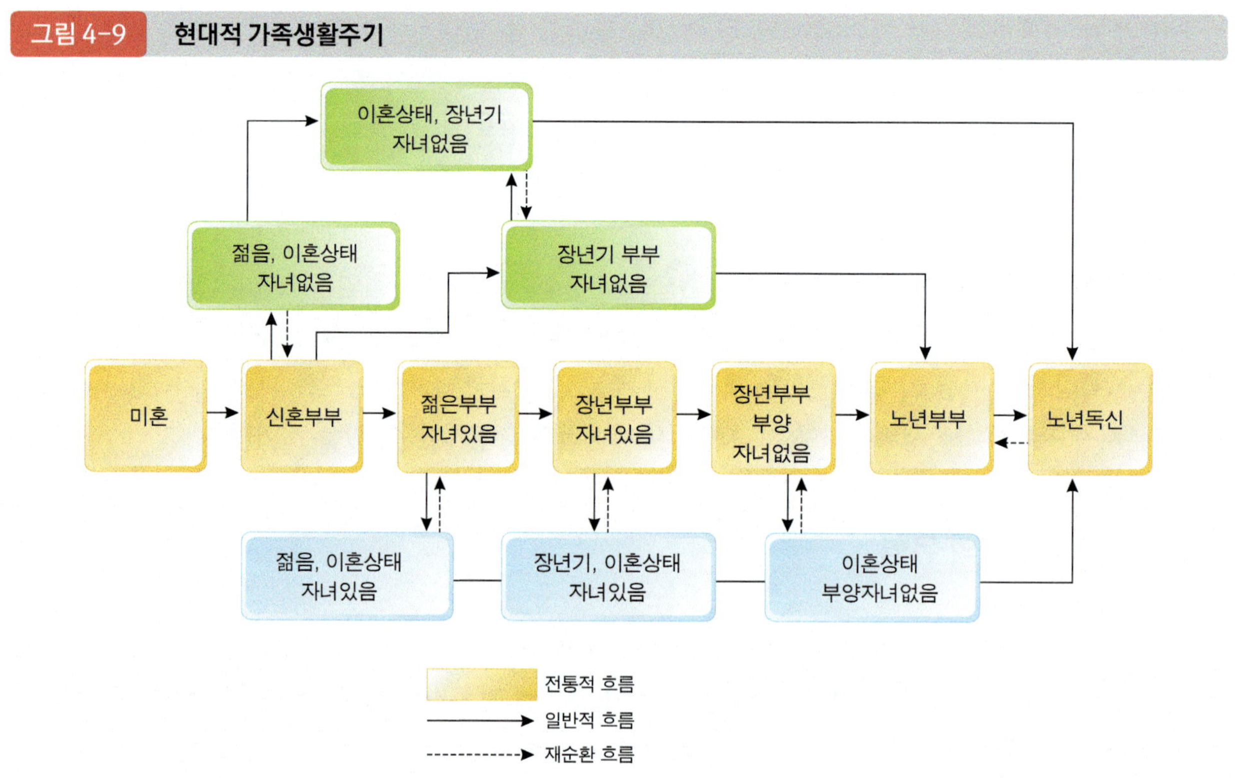

자료원 : Murphy, Patrick E. and William A. Staples(1979), "A Modern-Sized Family Life Cycle," *Journal of Consumer Research*, 6, June, p. 17.

- 신혼부부 단계는 맞벌이하면 가까운 장래에 현재보다는 재정적으로 약간 더 호전된다. 구매율이 가장 높고 내구재 구매비율도 가장 높다. 주요 구매 대상품목은 자동차, 냉장고, 스토브, 감각적이며 내구성 있는 가구, 휴가 등이다.
- 젊은부부 단계는 주택구입 절정기이며, 유동자산비율이 낮고, 저축금액과 재정적으로 불만족스럽다. 그리고 신제품에 대한 관심이 높고 광고된 제품을 좋아한다. 주요 구매 대상품목은 세탁기, 건조기, TV, 아기용품과 유아식품, 감기약, 비타민, 인형, 유아용 썰매나 스케이트 등이다.
- 장년부부(자녀있음) 단계는 재정사정이 호전되는 시기로, 많은 주부가 재취업으로 직장을 갖게 된다. 그리고 광고의 영향을 적게 받으며, 내구재 평균 구입비율이 높다. 주요 구매 대상품목은 새롭고 더 품위있는 가구, 자동차 여행, 불필요한 가정용 장비, 보트, 치과 의료서비스, 잡지 등이다.
- 장년부부(자녀독립) 단계는 주택소유 절정기로 저축금액과 재정적인 만족도가 가장 높다. 여행이나 레크레이션 등에 관심이 높고, 선물이나 기부행위에 적극적이지만 신제품에는 관심이 없다. 주요 구매 대상품목은 휴가, 사치품, 주택개량 등이다.
- 노년부부 단계는 수입이 격감하며 주택을 유지하는 시기이다. 주요 구매 대상품목은 의료장비, 의약품, 수면이나 소화와 건강보조제품 등이다.
- 노년독신 단계는 수입이 격감하며, 관심이나 애정과 주의가 특별히 필요한 시기이다. 주요 구매 대상품목은 다른 은퇴한 사람들이 필요로 하는 제품이나 의약품 등이다.

그리고 [그림 4-9]의 하단부분은 전통적인 가족생활주기에서 각 단계별로 가족의 구매형태와 특성을 일부 나타낸 것이다. 최근에 결혼한 부부의 이혼율이 점차 높아지고 있다. 그래서 현대적 생활주기는 결혼한 부부가 이혼을 한 경우에 소비자의 구매패턴이 어떻게 되는지를 나타내 주고 있다. 결혼한 젊은 부부가 자녀없이 이혼한 부부의 소비패턴은 흔히 결혼 전 독신기로 되돌아간다. 만약 중년나이에 재혼을 하는 경우에는 전통적인 가족생활주기로 되돌아가는데, 그림에서 리사이클 호름으로 나타내고 있다. 이와 같이 현대적 가족생활주기는 이혼가정을 별도로 5단계로 구분하고 있으며, 가장의 연령을 35세와 65세를 기준으로 청년기와 장년기, 노년기로 구분하였고, 각각을 부양자녀의 유무에 따라 다시 구분하고 있다. 그러나 자녀의 취학이 반영되지 않았으며, 퇴직이 아니라 65세를 기준으로 장년과 노년을 구분하여 소비패턴의 변화를 제대로 설명해 주지 못하고 있다.

2.4 가족 구매의사결정과정

가족 구매의사결정은 가족구성원들이 직·간접적으로 개입되어 의사결정이 이루어지는 과정을 말한다. 가족과 같이 집단에 의해 의사결정이 이루어지는 경우는 개인에 의해 행해지는 의사결정과는 여러 가지 측면에서 다르다. 그리고 가족구성원들의 구매의사결정은 구매, 소비, 제품이나 서비스에 대한 영향력 등에서 여러 가족구성원들의 역할이 어떻게 이루어지느냐에 달려 있다. 우유, 치약, 비누 등과 같은 제품들은 개별 구성원들에 의해 구매될 수 있지만, 전체 구성원들에 의해 공동으로 소비된다. 반면에 화장품, 면도용 크림이나 스킨로션, 휴대폰 등과 같은 개인용 제품들은 자기자신의 개인적 소비를 위해서 개별 구성원들에 의해 흔히 구매된다. 그리고 주택이나 자동차 등은 자녀들이 개입되기도 하지만, 흔히 부부가 함께 공동구매하게 된다. 이와 같이 가족이라는 집단은 공동체 생활을 하기 때문에 구매 대상품목이나 상황에 따라 역할과 영향력이 다를 수 있다. 예를 들면, 가족을 위해 식음료제품을 구매해야 하는 어린 자녀가 있는 부모는 시장에서 개별소비자로서 역할을 수행할 수도 있지만, 그들의 의사결정은 다른 가족구성원들의 선호나 영향력에 의해 여전히 영향을 받는다.

1. 가족구성원들의 역할

대부분의 가족 구매의사결정은 본래 감정적이며, 직접적으로 다른 가족구성원들 간의 관계에도 영향을 미칠 수 있다. 자녀가 원하는 장난감, 옷, 휴대폰 등을 사는 구매의사결정은 간단히 취득하는 것 이상으로 자녀에 대한 사랑이나 헌신한다는 의미의 상징이다. 그리고 가족들과 레스토랑에 식사를 하러 간다든지, 새로운 TV나 냉장고를 구매하는 의사결정도 마찬가지로 다른 가족구성원들에게 감정적 의미가 내포된 것이다. 때때로 중요한 제품이나 서비스를 구매하는 경우 가족구성원들의 의견일치가 이루어지지 않아서 감정이 상하는 경우도 종종 있으나, 구매가 합리적으로 잘 이루어진 경우는 가족구성원들에게 기쁨과 즐거움을 줄 수도 있다. 이러한 문제가 발생하는 이유는 가족 구매의사결정은 개인의 개별 구매의사결정과 달리 공동 구매의사결정이 이루어지고 구매의사결정과정에 여러 가족구성원들이 개입되고 그 역할이 다양하기 때문이다.

[그림 4-10]은 가족 구매의사결정과정에서 일어날 수 있는 여섯 가지 주요 역할을 나타낸 것이다. 가족 구매의사결정에서 구성원들의 역할은 구매한 제품유형에 따라 구매를 하자고 하

그림 4-10 자녀제품 관련 가족 구매의사결정과정에서의 역할

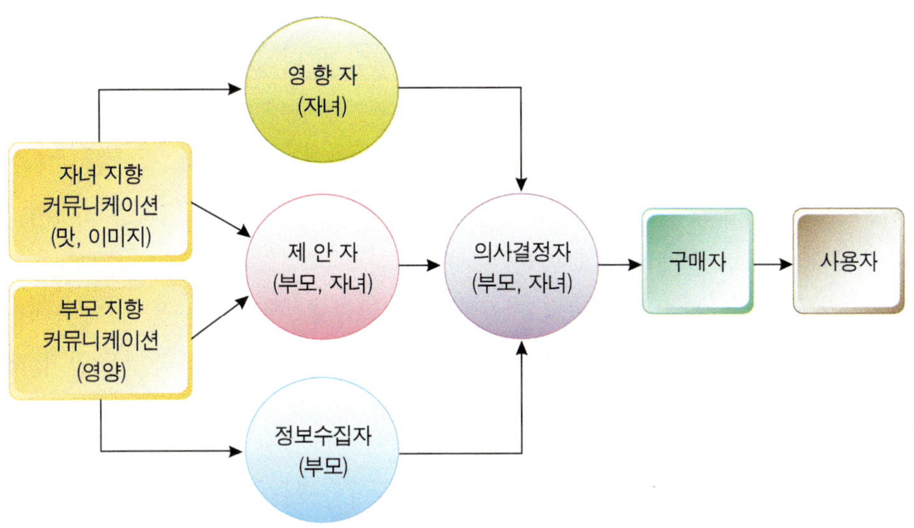

자료원 : Hawkins, Del I., David L. Mothersbaugh and Roger J. Best(2007), *Consumer Behavior*, 10/e, McGraw-Hill Irwin, p. 210.

는 제안자(initiators), 영향자(influences), 정보수집자(information gathers), 의사결정자(decision makers), 구매자(purchasers), 사용자(users) 등 다양하며, 구매과정에서도 서로 다른 역할을 맡을 수도 있다.[10)]

- **제안자**(initiators)는 특정 제품이나 서비스를 구매하는 과정에서 구매하자고 제안하거나 시사하는 사람이다. 제안자는 자신이 필요로 하거나 사용자가 아닌 경우에라도 가족구성원 중에서 누구나 될 수 있다. 예를 들면, 막냇동생의 생일선물을 위해서 새로운 자전거가 필요하다고 형제나 부모님 중의 누구나 제안자가 될 수 있다.
- **영향자**(influences)는 제품구매를 결정하거나 브랜드 선택에 영향을 미치는 사람으로서, 주로 가족구성원들 중에서 의견이 존중되어야 하는 사람이다. 예를 들면, 엄마가 자전거의 적정한 가격대에 대해 의사결정의 지침을 줄 수도 있고, 형은 브랜드에 대한 의사결정에 영향을 미칠 수도 있다.
- **정보수집자**(information gathers)는 가족구성원들 중에서 구매하려는 제품이나 서비스, 브랜드 선택과 관련된 정보를 수집하고 분석하는 사람이다. 예를 들면, 자전거에 대해 평소에 관심이 많은 부모님이 될 수도 있고, 자동차 관련 자료나 전문잡지도 많이 보고 있는 형이 담당할 수도 있다. 그렇지 않으면 컴퓨터를 통해 누나가 추가정보를 수집할 수도 있다.

- **의사결정자**(decision makers)는 실제로 구매를 할 것인지 여부, 구매한다면 언제 구매할 것인지 등에 대해 최종적으로 의사결정을 내리는 가족구성원이다. 부모님 중에서 한 분이 의사결정자가 되어 형이나 누나에게서 색상과 디자인 등과 같은 자전거 외장에 관한 추가정보를 요구할 수도 있다. 그렇지 않으면, 내구성이나 안전성과 같은 부가적인 기준을 부여한 후에 최종적으로 구매할 자전거의 브랜드나 모델을 선택할 수도 있다.
- **구매자**(purchasers)는 구매역할을 담당하고 구매장소와 시간을 결정해서 구매할 제품을 현금이나 카드로 결재해서 교환하는 사람이다.
- **사용자**(users)는 제품을 실제로 사용하는 사람으로 가족이 공동으로 구매한 제품의 경우에는 대부분 여러 가족구성원이 되겠지만, 자전거의 경우는 막냇동생이 제품의 최종 사용자가 될 수 있다.

이와 같이 가족집단은 일반집단과 달리, 구매의사결정과정에서 구성원들 간의 역할이 다양하기 때문에, 마케터들은 소비자와 의사결정자의 역할구분에 따라 가족구매 상황을 고려해야 한다. 일반적으로 마케팅에서는 의사결정자와 소비자가 둘 다 개인이라고 생각해야 하지만, 가족의사결정에서는 여러 가지 다른 가능성들이 부가된다. 예를 들면, 의사결정과정에 가족구성원 중에 한 명 이상이거나 가족 모두가 개입될 수도 있고, 때로는 의사결정에 어린이가 개입될 수도 있다. 그리고 때로는 의사결정자와 소비자가 다른 사람일 수도 있다.

2. 가족 구매의사결정의 영향요인

가족 구매의사결정은 의사결정에 영향을 미치는 가족구성원들의 능력에 따라 의사결정과정이나 결과가 많이 달라질 수 있다. 가족 구매의사결정에 강하게 영향을 주는 요인에는 가족구성원들의 사회적 지위, 재정능력, 경험정도, 의사결정의 중요성, 성역할 지향성 등이다.

- **사회적 지위** : 사회계층의 지위에 따라 의사결정에 있어서 영향력 정도가 다르게 나타나는 경향이 있다. 일반적으로 중층계층의 가족들은 상층이나 하층계층의 가족들보다 더 공동의사결정을 한다고 한다.
- **재정능력** : 가족구성원들의 재정능력에 따라 구매의사결정에서 행사하는 영향력 정도가 달라질 수 있다. 부부 중에서는 가계소득에 더 많이 기여하는 배우자가 의사결정에서 주도적인 영향력을 행사하는 경향이 있다. 그리고 자녀가 성장해서 취업을 하고 소득이 있는 경우에는 자녀가 가족 구매의사결정에 더 적극적으로 개입하고 영향력을 행사하는 경

향이 나타날 수 있다.

- **경험정도** : 구매의사결정 단위로서 특정 제품이나 서비스에 대한 구매의사결정 경험이 있는 부부일수록 개별의사결정이 더 빈번하게 일어난다.
- **의사결정의 중요성** : 가족구성원들 중에서 특정 제품이나 서비스에 대해 개인적인 욕구, 관심, 선호 등이 반영된 구매의사결정에서는 더 크게 영향력을 행사하려고 개입할 수 있다.
- **성역할 지향성** : 전통적인 성역할 개념에 대한 고정관념을 강하게 믿는 부부일수록 성유형에 따라 분류되는 제품을 구매할 때, 더 많이 개별의사결정이 이루어지는 경향이 높다.

3. 가족구성원들 간의 영향력

가정에서 소비되는 제품들 중에서, 가족 구매의사결정에 있어서 남편과 부인의 상대적인 의사결정 영향력에 따라 아내주도적 의사결정, 남편주도적 의사결정, 공동의사결정, 단독의사결정 등 네 가지 유형으로 나눌 수 있다. 아내주도적 의사결정은 전통적으로 소모성 잡화, 음식, 부엌설비, 자녀용품 등의 구매와 관련된 것이 일반적이다. 남편주도적 의사결정은 자동차 구매, 생명보험, 기타 보험 등과 같은 제품들을 구매할 때 일어난다. 공동의사결정은 주택, 거실용 가구, 휴가여행지 등을 구매하거나 결정할 때 주로 이루어진다. 그리고 단독의사결정은 주류, 주택수리, 정원도구 등에 관한 구매의사결정을 할 때 남편이나 아내가 자율적으로 하는 것으로 나타났다. 하지만 이러한 패턴도 사회문화적인 환경변화와 더불어 점차 주도적인 의사결정영역에서도 많은 변화가 일어나고 있다. 특히 여성의 사회진출 확대와 더불어 아내의 주도적 의사결정영역 확대와 의사결정에 참여정도가 많아지고 있으며, 이뿐만 아니라, 자녀들의 가족 구매의사결정에 개입하거나 실제로 영향력을 행사하는 경우가 많이 증가되고 있다. 그래서 어떤 경우에는 직장을 다니는 아내가 출·퇴근용으로 자동차를 구매하려다가 가족구성원들을 고려해서 레저용 자동차를 단독의사결정으로 구매하는 경우도 주변에서 가끔 일어나고 있는 현상이다. 그렇지만 이런 구매의사결정이라고 할지라도 분명한 것은 가족구성원들의 의사가 반영되었다는 사실이다.

우리나라 소비자의 경우에 [그림 4-11]과 같이, 소모성 잡화, 자녀의류나 운동화, 숙녀복 등의 제품들은 일반적으로 아내주도적 영역이며, 가구와 침대, 외식장소, 휴가여행지, 주택 등은 공동결정영역으로 나타났다. 그리고 술, 남편 캐주얼 의류, 넥타이, 신사복 등은 단독의사결정영역으로 나타났으며, 특이한 것은 남편주도적 의사결정영역은 한 개의 제품도 없다는

그림 4-11 남편과 아내의 상대적 영향력

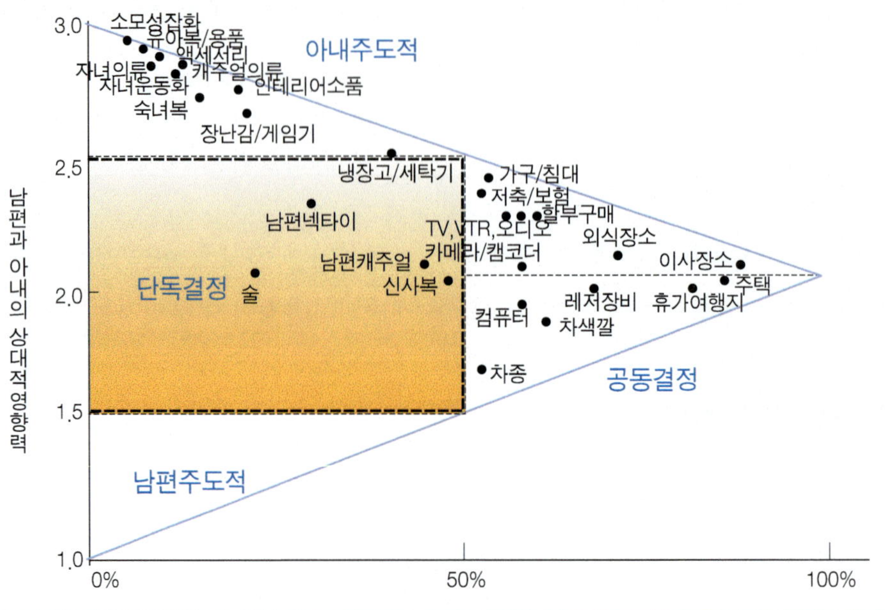

자료원 : 대홍기획 마케팅전략연구소, 한국인의 소비행동과 라이프스타일 변화.

것이다. 이러한 현상은 경제적인 어려움 때문에 직장해고, 취업난 가중 등을 겪고 있는 우리나라의 전반적인 사회현상을 너무나 잘 반영하고 있다고 할 수 있다.

또한, 최근에는 가족 구매의사결정에서 자녀들의 의견이 의사결정에 상당히 많이 반영되고 있어서, 자녀들은 그들 부모의 의사결정에 큰 영향력을 미칠 수 있다. 많은 가정에서 부모가 맞벌이 일을 하거나 시간이 부족할 때, 자녀들이 구매의사결정에 참여하도록 권하고 있다. 더욱이, 편부모 자녀의 경우는 양부모 자녀보다 조기에 가족 구매의사결정에 더 많이 개입하도록 권하고 있다. 소비하는 제품에 따라서 가족 구매의사결정에 있어서 부모와 자녀의 상대적인 의사결정 영향력에 따라 [그림 4-12]와 같이, 부모주도적 의사결정, 자녀주도적 의사결정, 공동의사결정, 단독의사결정 등 네 가지 유형으로 나눌 수 있다. 대체적으로 소모성 잡화, 차 색깔, 가구와 침대 등은 부모주도적 의사결정영역이며, 학용품은 자녀주도적 의사결정영역으로 나타났다. 그리고 컴퓨터, 외식장소, 휴가여행지 등은 공동의사결정 영역이며, 외출복, 캐주얼 의류는 공동의사결정 영역으로 나타났다. 이와 같이 소비제품에 따라 가족 구매의사결정에서 부모와 자녀 간의 상대적 영향력 정도가 다르게 나타난 것을 알 수 있다.

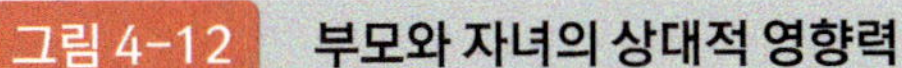
그림 4-12 부모와 자녀의 상대적 영향력

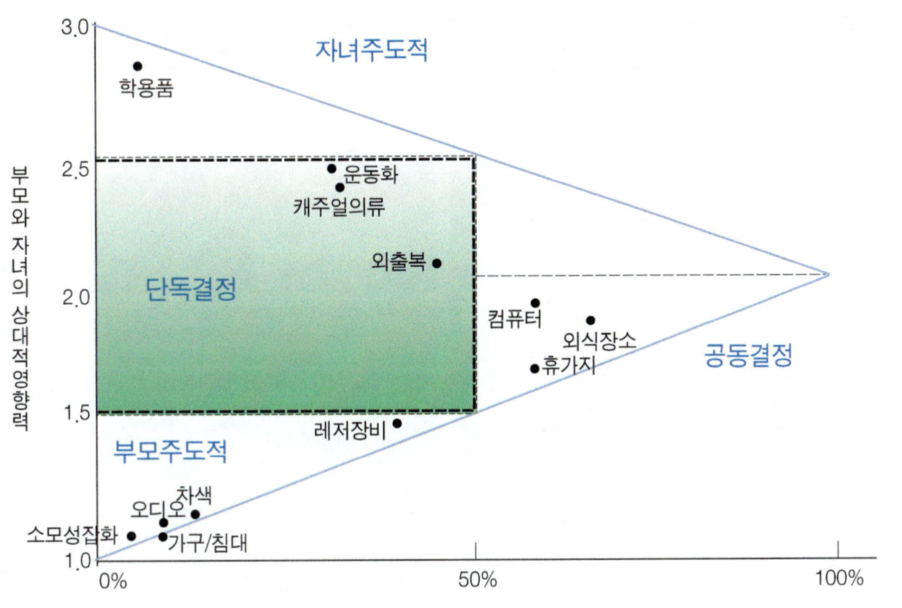

자료원 : 대홍기획 마케팅전략연구소, 한국인의 소비행동과 라이프스타일 변화.

2.5 가족 구매의사결정과 마케팅전략

마케터는 자사의 제품이나 서비스와 관련해서 가족구성원들의 생활주기, 역할, 상대적 영향력 등을 충분히 잘 이해한다면, 보다 효과적인 마케팅전략 수립이 가능할 것이다. 즉 가족 구매의사결정과정에서 누가 영향력을 행사하는지, 실질적인 의사결정권은 누구에게 있는지, 누가 주 사용자인지 등에 대해 알 수 있다면, 효과적인 마케팅믹스 전략에 도움이 될 것이다.

1. 제품전략

가족구성원들이 공동으로 구매하고 사용하는 제품의 경우에 누구를 표적고객으로 삼고 제품전략을 수립해야 할지는 매우 중요한 일일 것이다. 편의품인 치약, 비누, 음료수 등에서부터 휴대폰, 자동차, 가구, 주택, 보석 등의 선매품이나 전문품에 이르기까지 가족구성원들이 공동으로 사용하지만, 가족구성원들의 욕구는 서로 상이하기 때문에 모든 가족구성원의 욕구를 충족시킬 수 있는 제품을 개발한다는 것은 매우 어려울 것이다. 이러한 점을 고려해서 최

광고 4-8 **KT의 '프리미엄 가족결합' 서비스**

근 통신사들은 가족구성원들이 공동으로 TV나 인터넷 등을 휴대폰과 함께 신청하면 할인혜택을 주는 '결합할인' 제도를 운영중이다. KT는 가족고객의 라이프스타일에 맞춤혜택을 제공하고, 가족구성원 욕구를 섬세하게 케어하고자 '가족만족 프로젝트'를 시행하고 있다. 이와 관련된 광고시리즈로 데이터가 항상 부족한 청소년을 위한 것, 유튜브를 자주 보시는 부모님을 위한 것 등으로 '프리미엄 가족결합' 혜택을 제공하고 있다.

마케터는 가족구성원들 간의 역할, 영향력, 가족생활주기 상의 단계 등을 고려하여 구성원들 중에서 누구를 표적시장으로 고려해서 제품이나 서비스를 개발해야 할 것인지를 결정해야 한다. 예를 들면, 가구제품의 경우 일반적으로 예전에는 아내가 더 주도적으로 의사결정이 이루어졌다. 하지만, 최근에는 거실용 가구는 부부가 공동으로 구매의사결정이 이루어지는 경향이 높게 나타나고 있으며, 침실용 가구는 여전이 아내주도적 의사결정영역으로 나타나고 있다. 이런 점에서 볼 때 가구의 종류나 용도에 따라 주 타깃을 누구에게 두고 제품을 개발해야 할 것인지를 고려해야 할 것이다.

2. 가격전략

특정 제품이나 서비스를 구매할 때 누가 더 영향력이 강하며, 누가 제품가격을 지불할 것이냐에 따라 가격전략은 달라져야 할 것이다. 예를 들면, 휴가지를 선정하는 의사결정 시에, 휴가기간, 시기, 장소 등 여러 가지 의사결정이 일반적으로 공동으로 이루어진다. 이처럼 의사결정 영향력 측면에서 보면, 공동의사결정 영역이지만, 무엇보다 중요한 휴가비를 누가 부담하느냐에 따라 의사결정 시에 영향력이 더 강하게 반영되어 남편주도적인 영역이 될 수도 있고, 아니면 아내주도적인 영역으로 변경될 수도 있다. 그리고 자녀들의 사용품인 경우에 대부분의 부모들이 제품가격을 지불하기 때문에 부모를 타겟으로 가격전략을 수립할 수도 있지만, 최근에 자녀용품인 경우 자녀들의 의견을 많이 들어주고 의사결정에 반영되기 때문에 이러한 점들도 고려해서 가격전략을 수립해야 할 것이다.

3. 유통전략

제품이나 서비스를 구매하러 매장을 방문할 때, 가족구성원들 중에서 주로 누가 오는지에 따라 유통경로의 종류와 더불어 매장의 위치, 인테리어 시설 등이 달라져야 할 것이다. 일반적으로 가전제품, 가구, 자동차 등과 같이 관여도가 높은 제품일수록 남편이나 아내가 함께 매장을 방문하는 경향이 높으며, 경우에 따라서는 자녀를 동반한 가족이 모두 방문할 수도 있다. 이러한 경우에 소비자들은 교통이 편리하고 주차시설이나 매장의 접근성이 좋은 유통경로를 찾게 될 것이며, 자녀를 동반하는 경우 쇼핑하는 동안에 자녀들이 놀 수 있는 놀이시설이나 유아인 경우는 수유실 등 필요한 시설이나 공간을 마련해 줄 필요가 있다.

4. 촉진전략

기업의 촉진전략에 있어서도 가족 구매의사결정과정에서 고려되어야 할 요소들이 많다. 제품이나 서비스에 따라 영향력이 다르기 때문에 마케터는 가족 구매의사결정 시 영향력 정도, 가족구성원들의 역할 등에 따라 누구를 주 타겟으로 삼고 촉진전략을 수립하고 실행해야 할 것인지를 결정해야 한다. 그리고 가족의 구매의사결정에는 여러 구성원들이 개입을 하기 때문에 광고, 인적판매, 판매촉진 등 다양한 촉진수단들을 활용해야 하지만, 카피나 일러스트레이션 개발, 모델선정, 메시지 개발, 매체선정, 촉진수단 등을 개발하고 선정하는데 중요하게 고

광고 4-9 롯데캐슬 광고 : '가족이라는 집' 편

려해야 할 것이다. 예를 들면, 롯데캐슬 광고는 아빠와 청소년인 딸이 진로문제로 갈등을 겪고, 딸의 방문앞에서 아빠가 손목을 낚아채는 장면에서 갈등이 최고조에 이른 후, 적막 속에서 아빠와 딸이 식탁에 마주 앉아 있지만, 밥을 먹지 않고 핸드폰만 들여다보는 딸을 아빠는 못마땅하게 지켜본다. 어느 가족들이 그렇듯 혼자 방황하던 딸은 아빠의 손편지로 사랑을 확인하고 자연스럽게 관계가 회복되는 모습을 보여준다. 이어 롯데캐슬 로고가 그려진 뮤지컬 세트장 같은 곳으로 배경이 바뀌고, 아빠와 딸은 '마법의 성' 노래를 부르면서 한바탕 탭댄스를 춘 후에 롯데캐슬로 들어가며 '세상에서 가장 든든한 집, 가족이라는 집입니다.'라고 메시지를 보여주며 광고가 마무리된다. 이 광고는 아파트 광고를 뮤지컬 형식으로 사춘기에 접어들어 달라진 아이의 모습에 적응하지 못하는 아버지의 심리가 잘 표현되었으며, 가족의 사랑을 집이라는 공간의 의미를 잘 표현한 광고라고 할 수 있다.

참고문헌

- Bearden, William O. and Michael J. Etzel(1982), "Reference Group Influences on Product and Brand purchase Decisions," Journal of Consumer Research, Sept.
- Blackwell, Roger D., Paul W. Miniardand James F. Engel(2006), Consumer Behavior, 10th ed., Thomson South-Western.
- Churchill and George P. Moschis(1979), "Television and International Influences on Adolescent Consumer Learning," Journal of Consumer Research, June, 23-33
- Foxall, Gorden R.(1980), Consumer Behavior : A Practcal Guide, John Willey & Sons, Inc., New york.
- Hawkins, Del I., David L. Mothersbaugh and Roger J. Best(2007), Consumer Behavior, 10/e, McGraw-Hill Irwin.
- Hoyer, Wayne D. and Deborah J. Maclnnis(2004), Consumer Behavior, 3rd ed., Houghton Mifflin Company.
- McCracken, Grant(1986), "Culture and Consumption : A Theoretical Account of the Structure and Movement to the Cultural Meaning of Consumer Goods," Journal of Consumer Research 13, June.
- Moore, Roy L. and George P. Moschis(1979), "Decision Making among the Young: A Socialization Perspective," Journal of Consumer Research, V.6, Sept., 101-110.
- Moore, Roy L. and Lowndes F. Stephens(1975), "Some Communication and Demographic Determinants of Adolescent Consumer Learning," Journal of Consumer Research, Sept., 80-92.
- Mowen, John C. (1995), Consumer Behavior, Prentice-Hall, Inc., 4th eds.
- Moschis, George P.(1987), Consumer Socialization, by D.C Heath and Company.
- Murphy, Patrick E. and William A. Staples(1979), "A Modern-Sized Family Life Cycle," Journal of Consumer Research, 6, June, 17-18.
- Schiffman, Leon G. and Leslie Lazar Kanuk(2007), Consumer Behavior, Pearson International Edition, 9th.
- Solomon, Michael R.(2007), Consumer Behaver, Pearson Prentice Hall, 7th.
- Ward, Scott(1974), "Consumer Socialization," Journal of Consumer Research, V.1, Sept., 1-12.
- Warner, W. Lloyd, Marchia Meeker, and Kenneth Eells(1960), Social Class in America : A Manual of Procedure for the Measurement of Social Status, New York : Harper & Row Publishers.
- Well, William D. and George Gubar(1966), "The Life Cycle Concept," Journal of Marketing Research, Vol. 2, November, 355-363.

미주정리

1) Blackwell, Roger D., Paul W. Miniardand James F. Engel, 2006.
2) Schiffman, Leon G. and Leslie Lazar Kanuk, 2007
3) Moore, Roy L. and Lowndes F. Stephens, 1975
4) Moschis, George P., 1987
5) Foxall, Gorden R., 1980
6) Blackwell, Roger D., Paul W. Miniardand James F. Engel, 2006.
7) Blackwell, Roger D., Paul W. Miniardand James F. Engel, 2006.
8) Bearden, William O. and Michael J. Etzel, 1982
9) Schiffman, Leon G. and Leslie Lazar Kanuk, 2007
10) Hawkins, Del I., David L. Mothersbaugh and Roger J. Best, 2007

참고 URL 주소

- https://dataonair.or.kr/db-tech-reference/d-lounge/expert-column/?mod=document&uid=53583
- http://www.dongponews.net/news/articleView.html?idxno=26861
- https://www.sihope.or.kr/donation/?act=sub3

CONSUMER BEHAVIOR
소비자행동

PART

03

소비자행동의 내적 영향요인

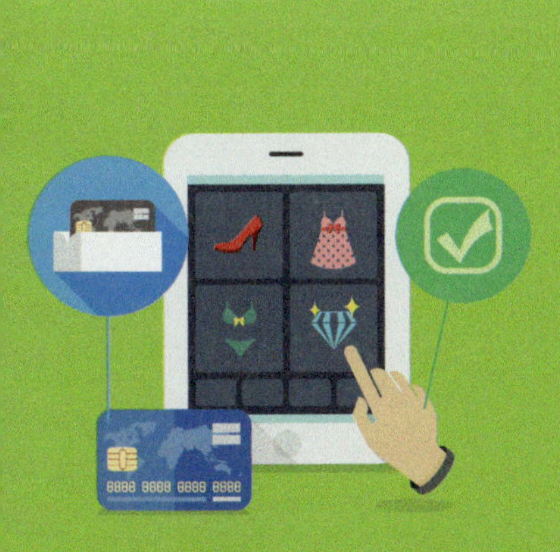

CHAPTER

5

동기, 관여도와 소비자 학습

1. 동기와 관여도
2. 소비자 학습

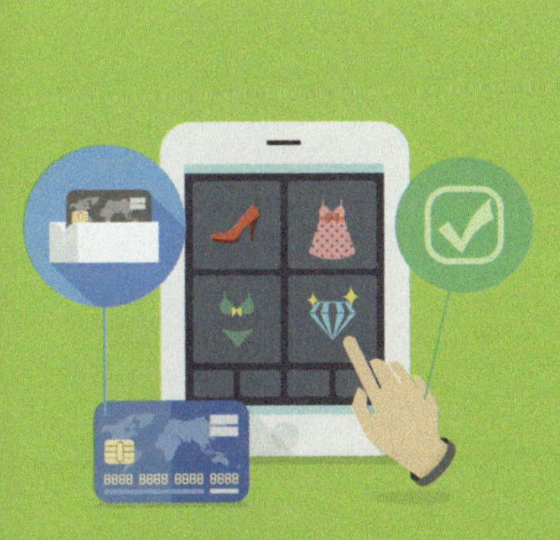

‘제로 술’ 마시고 ‘제로 식품’ 먹은 나, 건강하겠지?

건강 트렌드 맞춰 주류·식품에 ‘제로’ 쏟아져
“제로도 위험” vs “과다 섭취 피하면 괜찮아”

바야흐로 제로의 시대다. 유행이 빠른 식품업계에서 지난 몇 년 간 줄기차게 이어 온 대표 트렌드를 꼽자면 단연 ‘제로’다.

똑똑한 소비를 추구하는 한국인들은 MZ세대를 중심으로 확산된 ‘헬시 플레저(Healthy+Pleasure)’ 트렌드에 힘입어 더 많은 제로 상품들을 찾고 있다. 이에 ‘제로슈머(zero+consumer)’라는 신조어까지 등장하며 관련 시장이 급성장하고 있다.

◆ 제로 슈거

식품업계 제로 열풍에서 단연 최고 · 최다 인기는 ‘제로 슈거’다. 제로 슈거 제품은 설탕이 아닌 감미료를 첨가해 맛을 내므로 혈당과 칼로리 걱정을 덜어준다. 맛도 기존 제품과 큰 차이가 없다 보니 음료를 고를 때 무가당 제품을 선택하는 이들이 갈수록 많아지고 있다. 고유의 맛과 향은 그대로 즐기면서 몸까지 챙기는 선택이기 때문이다.

대표적 ‘제로 슈거’ 상품은 탄산음료다. 코카콜라는 지난 2006년 국내에서 코카콜라 제로를 출시하며 국내 제로 칼로리 음료 시장을 이끌어왔다.

콜라 특유의 짜릿함을 부담 없이 맛있고 가볍게 즐길 수 있어 스테디셀러 제품으로 오랜 시간 인기를 끌고 있다. 이에 코카콜라는 '닥터페퍼 제로 슈거' '환타 제로 포도향' 등을 연이어 출시하며 제로 제품 포트폴리오를 확대하고 있다.

롯데칠성음료 또한 기존 제품을 제로 칼로리로 탈바꿈해 눈길을 끌고 있다. 칠성사이다 제로와 펩시 제로 슈거를 시작으로 탐스 제로, 핫식스 제로 등 제로 탄산음료 라인업을 꾸준히 확대 중이다.

2010년 출시된 동아오츠카 제로칼로리 사이다 '나랑드 사이다'도 꾸준히 판매되고 있다. 칼로리, 색소, 설탕, 보존료가 없는 '4제로(zero)'를 내세웠다.

1982년 출시 이후 꾸준히 사랑받아온 추억의 음료 '맥콜'은 '맥콜 제로'로 재탄생했다. 보리추출액 10%, 비타민 3종을 넣어 기존 음료의 구수한 보리 맛과 영양은 유지하되 설탕 대신 수크랄로스, 아세설팜칼륨 등 대체감미료를 사용해 당과 칼로리를 모두 낮췄다.

소주업계도 '제로 슈거' 열풍이 한창이다. 시작은 '처음처럼 새로'가 시작했다. 지난해 롯데칠성음료가 선보인 새로는 기존 소주 제품과 달리 과당을 사용하지 않은 '제로 슈거(무가당)' 소주다.

소주 고유의 맛을 지키기 위해 증류식 소주를 첨가해 산뜻하고 부드러운 맛이 특징이다. 칼로리도 약 25% 낮춰 칼로리까지 꼼꼼히 따져 소비하는 MZ 소비자들에게 인기를 끌고 있다. 새로 인기에 하이트진로도 진로를 '제로 슈거' 콘셉트로 리뉴얼했다. '제로 슈거' 콘셉트 리뉴얼 제품은 당류를 사용하지 않고 하이트진로의 98년 양조기술로 진로 본연의 맛을 유지했다. 또한 소비자의 니즈를 반영해 알코올 도수를 16도로 낮춰 깔끔하고 부드러운 목넘김을 한층 강화했다.

제로 슈거 맥주도 있다. 롯데칠성음료는 저칼로리 무당 맥주 '클라우드 칼로리 라이트'를 선보였다. 칼로리는 기존 클라우드 오리지널 500mL 대비 60% 낮은 99kcal이며 올 몰트(All Malt)로 맥주 고유의 풍부한 맛은 그대로 살렸다.

◆ 제로 알코올

코로나19를 기점으로 건강을 중요하게 생각하는 문화가 늘어남에 따라 제로 알코올 주류에 대한 관심도 커졌다. 식품산업통계정보(FIS)에 따르면, 전 세계 무알코올 음료 시장은 오는 2024년까지 연평균 23%대 높은 성장률을 기록할 것으로 전망되고 있다.

제로 맥주는 맥주 맛을 즐기고 싶지만, 알코올에 취약한 소비자에게 제격이다. 마지막 여과 단계에서 알코올만 추출해 도수는 0.05% 이하다. 알코올 음용이 부담스러운 여러 상황에서 적합한 대안이 될 수 있다. 무알코올 음료는 알코올이 전혀 없는 무알코올 제품과 알코올 함량 1% 미만인 논알코올 제품으로 분류되며, 통상적으로 모두 무알코올이라 불린다.

제로 맥주로 인기를 끄는 제품으로 '칭따오' 논알콜 맥주와 '하이네켄' 논알콜 맥주가 있다. '호가든 제로' '버드와이저 제로' 등도 인기다.

호가든 제로는 논알코올 음료지만 호가든 밀맥주 특유의 부드럽고 풍성한 맛을 그대로 느낄 수 있는 것이 특징이다. 버드와이저 제로는 버드와이저와 동일한 원료와 발효 과정으로 제조해 맥주 본연의 맛을 그대로 살렸다는 평가를 받고 있다.

◆ 제로 칼로리

다이어터에게 최고인 '제로 칼로리' 식품도 다양하다. 코카콜라 스포츠음료 브랜드 '파워에이드'는 '파워에이드 제로'를 출시했다. 기존 제품보다 칼로리를 낮춰 운동 중 손실되기 쉬운 수분을 칼로리 부담없이 보충할 수 있다.

빙그레는 제로 칼로리 에너지 드링크 '슈퍼부스트'를 선보였다. 이 회사 관계자는 "0kcal로 설계해 건강 관리에 관심이 많은 소비자도 칼로리 걱정 없이 가볍게 섭취할 수 있다"며 "여기에 정상적 면역 기능에 필요한 아연이 8.5mg 함유되어 있어 한 병으로 에너지 부스팅과 동시에 1일 아연 영양성분 기준치를 100% 충족시킬 수 있다. 과라나 열매에서 추출한 카페인을 함유한 점도 특징"이라고 말했다.

'제로 칼로리 음료계 끝판왕'으로 불리며 화제가 됐던 롯데칠성음료 '밀키스 제로'도 있다. 밀키스 제로는 지난 1989년 출시된 밀키스 신제품으로 34년 만에 제로 칼로리 유성탄산음료로 등장했다. 칼로리 부담 없이 밀키스 고유의 부드러운 우유 풍미와 탄산의 청량감을 그대로 느낄 수 있다.

● 자료원 : 홍지인, 한국금융신문, 2023년 4월 10일(내용일부 수정)

소비자의 구매행동에 영향을 미치는 내적 영향요인 중에서 동기, 관여도, 학습 등 여러 가지 요인들이 있지만, 특히 동기를 이해한다는 것은 소비자들이 무슨 행동을 왜 하는지를 이해하는 것이다. 소비자들이 일상생활의 일반적인 행동에서부터 테니스, 래프팅(rafting)과 같은 레저활동, 백화점이나 마트에서 쇼핑행동 등에 이르기까지 무엇을 하든지 간에 그들은 어떤 이유가 있기 때문에 한다. 그 이유를 찾는 것이 동기를 아는 것이고 소비자행동을 이해하는 시작일 것이다.

또한, 관여도는 정보를 처리하려는 동기로 볼 수 있으며, 소비자의 욕구, 목표, 혹은 가치와 제품지식 사이에 지각된 연결고리가 있는 만큼 소비자들은 그 제품정보에 주의를 기울이고자 할 것이다. 관여도가 높고 낮음에 따라 구매의사결정과정에도 많은 영향을 미칠 수 있으므로 소비자의 관여도를 이해하는 것은 매우 중요하다.

소비자의 모든 행동은 과거의 경험이나 관행 등을 통해 행동을 변화시키는 과정인 학습에서 나오기 때문에 소비자행동에서도 중요한 개념이다. 그러나 직접적으로 학습을 관찰할 수는 없고 행동으로 나타났을 때 단지 추론할 수 있다. 기업은 마케팅 커뮤니케이션 수단을 통해 자사가 전달하고자 하는 메시지를 소비자에게 강화와 반복을 통해 학습효과를 증진시킬 수 있고 궁극적으로 자사가 원하는 구매행동으로 나타날 수 있도록 영향을 미칠 수 있다.

따라서 본 장에서는 우선 동기의 의미와 과정, 동기와 욕구유형 및 갈등, 동기관련 이론 등을 살펴본다. 그리고 관여도의 개념, 결정요인, 유형, 측정 등과 소비자 학습의 의의와 이론들을 고찰한다.

1 동기와 관여도

1.1 동 기

1. 동기의 의미와 과정

소비자가 제품을 구매할 때, 소비자는 어떤 욕구를 충족시키기 위해 구매한다. 그러나 대부

그림 5-1 **동기과정 모델**

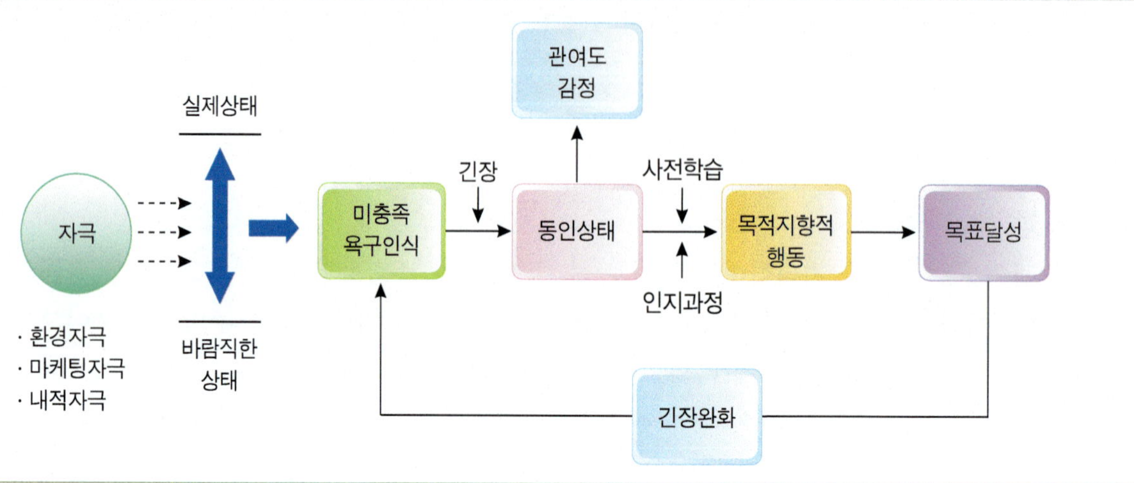

분의 욕구들은 사람을 행동에 이르게 할 정도로 강력하지 못하다. 특정 욕구가 어떤 사람에게 행동을 유발할 정도로 강한 수준까지 환기될 때, 이러한 욕구는 동기가 된다. 동기(motivation)란 '목표지향적인 인간이 충족시키려 하는, 혹은 긴장을 완화시키려 하는 자극된 욕구'라고 할 수 있다. 이런 동기가 어떻게 활성화 되는지를 살펴보면, [그림 5-1]과 같은 과정을 거치게 된다. 일반적으로 소비자들에게는 다양한 욕구들이 내재되어 있는데, 환경이나 마케팅 등의 외부자극, 배고픔이나 갈증 등의 내부자극들을 통해 노출이 되면, 자신들이 원하는 욕구상태(desired needs)와 실제 욕구상태(actual needs)의 차이를 인식하게 되면서 활성화가 된다. 원하는 욕구상태와 실제 욕구상태와의 차이 정도에 따라 욕구의 강도가 결정되며, 이것은 행동을 유발하는 동인(drive)상태에 영향을 미친다. 예를 들면, 다이어트를 위해 열심히 운동하고 나서 갈증을 느낄 때와 조금 전에 물을 한 잔 마신 후 갈증을 느끼는 정도는 많은 차이가 있을 것이다.

따라서 운동 이후의 갈증을 느낄 때의 동기의 활성화 정도는 조금 전에 물을 한 잔 마신 후의 갈증을 느끼는 정도보다 훨씬 더 클 것이다. 이런 점을 고려해서 헛개수 음료는 '갈증에 한 수 위'라는 콘셉트로 운동 후 갈증해소를 위해 빨리 흡수된다는 점을 강조하고 있다.

일단 소비자들은 욕구의 차이로 인해 활성화된 욕구가 충족되지 않으면, 미충족 욕구로 인해 야기된 심리적·육체적으로 상당히 불균형상태의 긴장상태를 경험하게 된다. 이런 긴장상태가 높아지면 긴장을 해소하기 위해서 의식적이든 무의식적이든 어떤 행동을 취하게 된다. 그리고 소비자들은 동인상태가 활성화되어 목표지향적인 행동(정보탐색, 타인과 대화, 쇼핑,

광고 5-1 운동 후 갈증해소를 소구하는 헛개수 광고

제품이나 서비스 구매 등)이 시작되고 그들이 선택한 특정 목표와 그 목표를 달성하기 위해 취한 행동패턴들은 그들의 개인적인 인지과정, 경험·지식 등과 같은 사전학습의 결과로 나타난다. 또한 소비자의 동인상태(감정적·생리학적 환기상태)의 수준은 그들의 관여도와 감정상태에도 영향을 미친다. 동인상태가 크게 증가할수록 관여도나 정보처리수준도 높아져 감정이나 느낌도 강렬해진다. 이러한 동인상태의 활성화는 그 목표가 달성되어 욕구가 충족될 때까지 목표지향적인 행동을 지속하도록 만든다. 그리고 욕구충족이나 목표달성단계는 긴장완화단계를 거쳐 실제 욕구상태와 바람직한 욕구상태 간에 차이를 줄이는 미충족 욕구인식단계와 피드백으로 연결되어 있다.[1)]

따라서 마케터는 동기를 소비경험이나 소비자 학습과정을 통해서 소비를 촉진시키는 힘으로 보아야 한다.

2. 동기와 욕구의 유형

앞서 살펴본 바와 같이, 동기란 '인간의 행동을 불러일으키는 개인의 내적 추진력'이라 할 수 있는데, 이는 인간의 욕구유발에서 시작된다고 할 수 있다. 소비자의 동기는 자신의 내부적 동기뿐만 아니라 외부적 자극에 의해서도 동기가 유발될 수 있다.

(1) 동기요인

내부적 동기요인으로는 주로 생리적 요인으로 인간의 욕구 중에서 흔히 일반적 욕구와 관련이 있다. 본원적 욕구(generic needs)는 인간이 가지고 있는 가장 기본적인 만족이 결핍된 상태로 가령 소비자가 배가 고프다거나 갈증을 느낄 때 음식이나 물을 먹고 싶다든지, 피곤할 때 휴식을 취하고 싶다든지 하는 기본적인 욕구의 유발이다.

욕구유발의 원천은 제1장에서 간략하게 살펴보았듯이, Maslow의 욕구단계에서 찾아볼 수 있다. 즉 인간의 욕구에는 배고픔이나 갈증 등과 같은 생리적인 욕구, 물리적 안전이나 경제적 안정 등과 같은 안전욕구, 그리고 소속감과 같은 사회적 욕구, 자존심·사회적 인정 등과 같은 존경욕구, 자아개발 등과 같은 자기실현욕구 등 다섯 단계의 욕구계층들이 있는데, 이러한 욕구들이 동기유발의 원천이 될 수 있다는 것이다. 기본적인 욕구를 소비자가 인식한 이후에 즉각적인 행동을 불러일으킬 정도로 충분히 강할 때, 비로소 소비자는 그 욕구를 충족시키고자 하는 동기를 갖게 된다. 예를 들면, 소비자가 만일 주택구입이나 전셋집을 구하는 목적이 단순히 거주를 목적으로 이루어진다면 생존의 문제이기 때문에 본원적 욕구를 충족하기 위해 강한 동기유발과정을 거칠 것이다. 그리고 소비자가 지식, 개성, 사고 등 내부적인 인지적 요인에 의해서도 동기가 유발될 수 있다. 예를 들면, 좋아하는 음식을 생각하면 먹고 싶다든지, 승진이라는 기대감을 위해서 열심히 일을 한다든지 하는 인지적 사고로 인해 동기가 유발될 수 있다.

또한, 동기는 생리적 요인이나 인지적 요인 이외에도 환경, 마케팅 자극 등과 같은 외부자극을 통해서도 동기가 유발될 수 있다. 예를 들면, 소비자들이 음식점을 지나칠 때, 촉진활동을 통해 광고메시지에 노출되었을 때 등과 같이 외부자극에 의해 동기가 유발될 수 있다. 그리고 어떤 소비자가 고급주택 구입에 관심이 많다면, 단순히 생리적 욕구, 안전욕구, 사회적 욕구들 때문에 동기가 유발되었다고 할 수 없을 것이다. 그의 고급주택 구입은 열심히 노력해서 사회적으로 인정받고 싶은 존경욕구나 한 차원 높은 자기실현욕구 등으로부터 동기유발이 되었다고 할 수 있다.

(2) 동기와 관여도

소비자들이 제품을 구매하고 선택하려는 동기는 이성적 동기와 감성적 동기로 분류될 수 있다. 고전 경제학적 관점에서 이성적 동기는 소비자가 제품이나 서비스에 대한 대안을 평가할 때, 자기 자신에게 가장 큰 효용가치를 제공해 줄 수 있는 대안들 중에서 이성적인 선택을 한다는 가정을 두고 있다. 마케팅 관점에서 이성적 동기는 소비자가 가격, 크기, 연비 등과 같은 모든 객관적인 기준을 바탕으로 합리적인 의사결정을 한다는 것을 의미한다. 감성적 동기는 두려움, 기쁨, 즐거움, 자부심, 사회적 지위 등과 같은 개인적이고 주관적인 기준에 따라 대안을 선택하는 의사결정을 한다는 것을 의미한다.

이런 동기분류와 더불어 마케팅에서는 관여도 개념을 적용해서 관여도가 높고 낮음에 따라, 소비자의 구매의사결정에 미치는 영향이 어떻게 다른지, 광고전략에서 어떻게 활용되는지에 관한 연구들이 많이 이루어졌다. 관여도(involvement)란 제품이나 브랜드, 광고물 등이 소비자에게 얼마나 관심을 끌 수 있고 관련성이 있으며, 중요하게 지각하느냐에 따라 야기된 동기상태를 말한다. 즉 소비자에게 관심이나 관련성이 크고 중요하게 지각한다는 것은 소비자의 욕구가 강한 역할을 수행한다는 의미를 나타낸다고 할 수 있다. 그래서 관여도의 수준은 소비자 구매의사결정에 중요한 영향을 미칠 수 있기 때문에 마케터에게는 중요한 개념이다. 예를 들면, 고관여 소비자들은 다양한 정보원을 통해 충분한 정보탐색을 하고 의사결정을 하기 때문에, 가격, 효능, 기능 등 이성적인 동기를 유발할 수 있는 광고메시지를 통해 더 잘 설득될 수 있다. 반면에 저관여 소비자들은 제품이나 서비스 등과 관련된 전문적인 지식이 부족하기 때문에, 이미지, 감성, 모델 등 감성적인 동기를 유발할 수 있는 광고메시지에 의해 더 잘 설득될 수 있다.

따라서 마케터는 제품이나 서비스에 따라 소비자들에게 동기유발을 시키기 위한 광고커뮤니케이션 전략도 관여도의 높고 낮은 수준에 따라 이성적 소구방식과 감성적 소구방식을 적절하게 활용할 수 있을 것이다.

3. 동기와 갈등

동기가 유발되면 목표달성이나 욕구충족을 위해 목표지향적인 행동을 하게 되는데, 이때 어떤 대상물이나 조건 등의 긍정적인 결과를 초래하는 방향과 부정적인 결과를 회피하는 방향으로 동기가 유발될 수 있다. 예를 들면, 자동차를 구매하려고 할 때, 안전욕구를 고려해서 모터사이클에 대한 부정적인 결과를 회피하는 동기가 유발되어 보다 안전성이 높은 승용차나 혹은 RV 자동차로 긍정적인 결과를 초래하는 방향으로 강한 동기를 느낄 수도 있다. 이와 같이 동기는 긍정적인 방향과 부정적인 방향의 양면으로 나타날 수 있는데, 이럴 경우에 소비자들은 다음과 같은 동기갈등(motivational conflicts)을 경험하게 된다.

(1) 접근–접근 동기갈등

사람들은 여러 개의 동기를 동시에 가질 수 있으며, 이들 동기가 활성화되는 과정에서 흔히 갈등이 발생하게 된다. 이러한 여러 복합적인 동기 간의 갈등은 사람마다 대개 시간, 금전, 에너지 등의 자원이 한정되어 있기 때문에 흔히 발생하게 마련이다.

접근-접근 동기갈등(approach-approach motivational conflicts)은 소비자가 두 가지 이상의 바람직한 대안들 중에서 어느 하나를 선택해야 하는 경우에 경험하게 되는 갈등을 말한다.[2] 이런 갈등은 대안들의 매력도나 관심정도가 비슷할수록 갈등은 더 심해질 수 있으며, 특히 가족 공동구매 상황인 경우에 구성원들의 제품이나 서비스에 대한 선호도가 다를 때 흔히 경험할 수 있다. 예를 들면, 어떤 소비자가 휴가철에 받은 특별 보너스로 가족여행도 가고 싶고, 산악용 자전거도 사고 싶은데, 가지고 있는 돈으로서는 이들 중 하나밖에 살 수 없다면 어떤 것을 선택할 것인가 심한 갈등을 갖게 된다. 이런 갈등을 겪는 소비자는 두 가지 선택대안 중에서 자신에게 더 중요하다고 생각되는 것이 무엇인가를 검토하여 우선적으로 그것을 구매함으로써 갈등을 해소하려 할 것이다.

따라서 마케터는 대안의 평가에 유용한 정보를 제공해 줄 수 있도록 광고커뮤니케이션 전략을 수립하고 실행해야 하며, 인적판매의 경우는 이러한 갈등에 빠져있는 소비자로 하여금 적절한 조언을 통하여, 선택동기를 강하게 느낄 수 있도록 그들을 훈련시켜야 한다. 만일에 소비자가 두 가지를 모두 갖고 싶어 할 경우, 마케터는 신용판매나 정기적인 할인판매 등을 통하여 두 가지 욕구를 모두 충족시키도록 할 수 있다. 예를 들어, '지금 구입하시고, 대금은 나중에 내십시오'라는 광고는 이러한 갈등을 해소하는 데 도움이 된다.

(2) 접근-회피 동기갈등

접근-회피 동기갈등(approach-avoidance motivational conflicts)은 소비자가 긍정적 측면과 부정적 측면을 다 가지고 있는 어떤 대안을 고려할 때 경험하게 되는 갈등이다. 즉, 이 갈등은 대안을 선택할 때 긍정적인 측면을 고려하면 선택하고 싶지만, 부정적인 측면을 고려하면 선택하고 싶지 않을 때 겪게 되는 갈등을 말한다. 예를 들어, 아이스크림이나 맥주를 먹고 싶지만 먹으면 살이 찌고 체중이 늘어날까 봐 걱정이 된다든지, 커피나 콜라를 먹고 싶으나 카페인 성분 때문에 건강에 해로울 것을 걱정하는 경우 등이 있다.

이와 같이 접근-회피갈등이 일어나는 경우, 소비자는 긍정적인 측면과 부정적인 측면 등의 두 가지 상반되는 특성의 상대적 비중에 따라 최종적인 의사결정을 하게 될 것이다. 이런 상황에서 소비자는 의사결정을 하고 난 후에도 심리적 갈등을 계속해서 경험할 가능성이 크다.

따라서 마케터는 긍정적인 측면으로 동기를 활성화시켜 주고 부정적인 측면을 회피하고 싶은 동기를 감소시켜 줄 수 있는 방향으로 해결해야 한다. 그리고 제품이나 서비스전략에서도 부정적인 요소를 제거시키도록 하는 전략이 바람직하다. 이에 대해 저칼로리 아이스크림 및 맥주, 디카페인 커피, 제로슈가 콜라와 소주 등을 예로 들 수 있을 것이다.

(3) 회피–회피 동기갈등

회피–회피 동기갈등(avoidance–avoidance motivational conflicts)은 바람직하지 않은 두 가지 이상의 대안들 중에서 대안을 선택해야 하는 경우에 생길 수 있는 갈등을 말한다. 예를 들면, 소비자가 고장난 세탁기를 수리할 것인가 아니면 새것으로 교체해야 할 것인가 하는 의사결정을 내려야 하는 경우에 수리하면 상당한 수리비용과 시간이 걸릴 것이고, 새것으로 교체하면 처음에 목돈이 과하게 많이 든다. 이와 같이 두 가지 대안이 모두 부정적이기 때문에 이런 의사결정을 내릴 경우에 회피–회피 동기갈등을 느낄 수 있다. 이런 갈등을 느끼는 소비자의 경우는 추가적인 정보탐색을 통해 상대적으로 더 나은 대안을 선택하려고 할 것이다.

따라서 마케터는 소비자가 갈등을 해소하는 방안으로 마케팅전략을 수행해야 할 것이다. 예를 들면, 구제품에 대한 보상판매나 신제품에 대한 신용판매 또는 할부판매 등의 방법으로 소비자 갈등을 해소하는 전략대안을 선택하게 하는 전략이 효과적일 수 있다.

4. 동기관련이론

동기와 관련된 이론에는 대표적으로 내용이론과 과정이론으로 구분될 수 있다. 내용이론은 특정 행동을 유발하는 동기를 하나의 고유한 속성으로 이해하고 있으며, 대표적인 이론으로는 매슬로우의 인간의 욕구계층이론, 앨더퍼의 ERG이론, 허즈버그의 2요인(위생요인/동기요인) 이론, 맥클랜드의 성취동기이론 등이 있다. 그리고 과정이론은 동기가 행동을 형성하는 인지요소 간의 상호작용이라고 하는데, 대표적인 이론으로는 브룸의 기대이론, 스키너의 강화이론 등이 있다. 동기와 관련된 이런 이론들은 경영학의 다른 분야에서 이미 많이 다루었기 때문에 생략하고, 본 절에서는 동기의 중간역 이론(midrange theory) 중에서 반대–과정이론과 프라이밍 이론(priming theory)을 중심으로 살펴본다.

(1) 반대–과정이론

심리학자 Solomon and Corbit는 스카이다이버를 대상으로 스카이다이빙을 하는 과정에서 기분변화에 대해 조사를 했다. 초보자에서 숙련자로 변해갈수록 공포감이 줄어들고 안도감이 커진다는 것과 공포감의 지속시간이 짧아져 처음에는 착지 전까지 지속되다가 나중에는 비행기에 타는 순간부터 안도감을 느낀다는 것이다. 이 결과를 근거로 솔로몬은 '정서의 반대과정 이론'을 내놓았다. 사람은 언제나 서로 대립하는 두 가지의 정서를 동시에 느낀다는 것과 대립하는 두 정서 중 처음 우세하는 정서는 반복될수록 약해지고, 약하던 정서는 반복될수록 강

그림 5-2 반대-과정이론

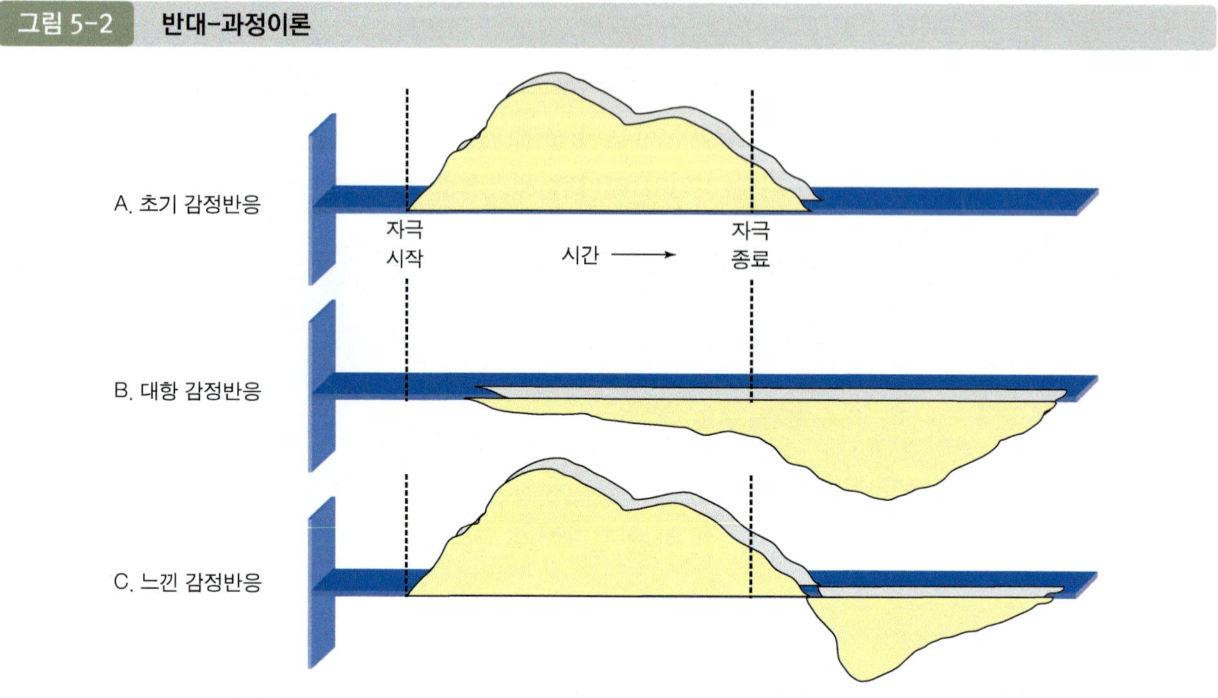

자료원 : Mowen, John C.(1995), *Consumer Behavior*, 4th ed., Prentice-Hall, Inc., p. 201.

해진다는 것이다.

이와 같이, 반대-과정이론(opponent-process theory)은 사람들이 긍정적 혹은 부정적인 감정적 반응을 즉시 이끌어내는 자극을 받을 때, 두 가지 상반된 반응이 일어난다는 것이다. 우선 자극을 받으면 즉시 긍정적 혹은 부정적 반응을 느끼고, 그 다음에 처음 경험했던 것과 반대로 느끼는 두 번째 감정적 반응이 일어난다는 것이다. 이런 두 가지 감정적 반응의 결합은 소비자가 경험한 전체 느낌으로 귀결된다. 두 번째 감정적 반응이 늦게 나타나기 때문에 전체 경험은 소비자가 처음 경험하는 긍정적 혹은 부정적 느낌으로 이루어진다. 그러나 시간이 경과함에 따라 이런 느낌은 점차 감소되고 반대느낌을 느끼기 시작한다. 예를 들면, 처음 번지점프를 타고 뛰어내릴 때, 대부분의 사람들은 극도의 두려움을 느껴서 소리 지르고, 몸은 뻣뻣하게 굳고, 호흡이 가빠지지만 무사히 뛰어내리고 나서는 두려움이 반대감정으로 바뀌어 웃고 떠들며 의기양양한 제스처 등을 취하는 모습을 흔히 볼 수 있다.[3)]

이 이론은 간단하지만, 마약, 담배, 조깅, 마라톤, 사우나, 비디오 게임 등의 소비자행동을 설명하는 데 다양하게 적용될 수 있다. 예를 들면, 마약중독 과정을 살펴보면, 처음에는 쾌감이나 황홀감을 느끼기 위해 마약을 하지만, 반복될수록 쾌감이 아닌 마약에서 깨어난 후 나타나는 불쾌감이 커져 이를 없애기 위해 마약을 계속한다는 것이다. 그리고 반대-과정이론은 일상적인 소비자 구매행동에서도 찾아볼 수 있다. 예를 들면, 소비자가 제품이나 서비스를 구매하고 기분이 좋게 신용카드로 결제한 경우에 나중에 대금결재청구서 용지를 받는 순간에 부정적인 감정이 나타나는 것을 흔히 경험하게 된다.

(2) 프라이밍 이론

프라이밍 이론(priming theory) 혹은 점화이론은 처음에 노출이 된 약한 자극이 노출이 많이 된 자극보다 더 강한 동인(drive)을 이끈다는 것이다. 한 연구에서 대학생을 대상으로 'Pac-Man'비디오게임을 통해 프라이밍 실험을 했는데, 한 그룹은 10분 동안 비디오게임을 하게 하고, 또 다른 그룹은 3분 동안 비디오게임을 하게 한 후에 그들의 욕구를 각각 평가했다. 그 결과 [그림 4-3]과 같이, 3분 동안 게임을 한 집단이 10분 동안 게임을 한 집단보다 게임에 대한 관심정도가 통계적으로 더 높게 유의하게 나타났다. 더욱이 3분 동안 게임을 한 집단의 관심정도는 게임하기 이전보다도 더 높게 유의하게 나타났다. 이러한 점화효과(priming effect)는 마약, 음식, TV시청 등과 같은 것을 소비하는 소비자들에게 영향을 줄 수 있다.[4)]

그림 5-3 비디오게임에 대한 프라이밍 효과

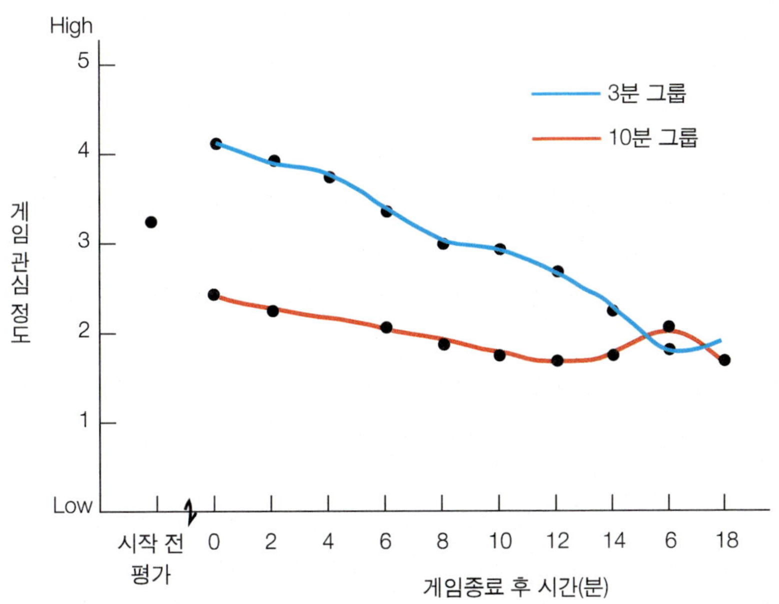

자료원 : DePaulo Peter, (1986), "The Opposite of Satisfaction : Motivational Priming as an After Effect of a Pleasureable Consumption Experience," in *Advances in Consumer Research*, Vol. XIII, Richard Lutz, ed., Ann Arbor, MI : Association for Consumer Research.

이와 같이 점화효과(priming effect)는 처음의 약한 자극이 나중에 나오는 자극의 효과에 영향을 미친다는 것으로 반대-과정이론과 관련이 있는데, 첫 번째 자극을 통해 형성된 감정이 두 번째 자극을 통해 나타나는 감정이 아직 형성되기 전에 중단함으로 해서 더 강한 동인을 얻는다는 것이다. 마케팅에서도 이런 사례를 찾아볼 수 있는데, 예를 들면, 대형마트에서 흔히 신제품에 대한 시식코너에서 무료로 맛보게 하는 판촉행사를 전개하는 경우가 많은데, 이런 판촉행사도 일종의 점화효과(priming effect)를 활용한 것이라고 할 수 있다.

(3) 쾌락적 경험동기

쾌락적 경험동기는 소비자의 욕구가 감각기관을 통해서 느낌을 얻고, 환상을 낳고, 감성적인 환기를 얻기 위해서 제품이나 서비스를 사용한다는 쾌락적 소비관점에서 보는 것이다. 다시 말해서 쾌락적 소비는 제품의 단순한 객관적인 특성보다는 상징적인 특성에 더 관심을 가지고 소비하는 것을 말한다. 그래서 소비자는 사랑, 혐오, 화, 두려움 등과 같은 다양한 감성을 경험하기 위해서 제품이나 서비스를 추구할 수 있다. 이러한 감성을 경험하기 위해서 선택하는 제품이나 서비스는 상징적 가치와 감성적 욕구가 효용적 동기보다 때론 더 우세할 수 있다. 쾌락적 소비와 관련된 제품이나 서비스에는 영화, 록 콘서트, 연극, 댄스, 음악, 레저스포츠 등이 있다. 이런 제품이나 서비스들은 기쁨과 즐거움과 상징적인 가치를 추구하고 얻기 위해 이용되며, 적정 자극수준을 유지하기 위해 이용된다.

5. 동기와 마케팅전략

동기는 의식적이든 무의식적이든 소비자행동을 유발시키고 영향을 미치기 때문에 소비자행동 연구와 마케팅전략에 중요한 역할을 수행한다. 그리고 소비자행동 중에서 많은 부분이 동기에 의해 이루어지기 때문에 동기를 조사하고 연구하는 것은 소비자행동을 이해하는 데 매우 중요하다.

소비자행동을 유발시키는 동기는 소비자가 자기 자신이 명확히 설명할 수 있는 명시적 동기(manifest motives)와 소비자가 잘 알지 못하거나 받아들이기를 꺼려하는 잠재적 동기(latent motives)로 구분할 수 있다. 예를 들면, 애플 iPhone 14 스마트폰을 구입해서 들고 다니는 소비자에게 왜 이 스마트폰을 구입했냐고 묻는다면, 명시적 동기로 '디자인이 좋아서' '색상이 선명하고 액션모드로 동영상 촬영이 뛰어나서' 등의 이유 때문이라고 응답할 수도 있다. 그러나 그의 잠재의식 속에 있는 내면적인 이유로 자신이 노출하기 꺼리거나 자신도 잘 인식하지 못하고 있는 이유, 즉 잠재적 동기로 '최신 스마트폰으로 과시하고 싶어서' '가난한 경제사정을 숨기기 위해서' '유행에 앞서가는 오피니언 리더로서 자부심' 등의 이유가 숨겨져 있을 수도 있다. 이러한 명시적 동기와 잠재적 동기를 측정하여 표적시장에 영향을 미치는지를 파악해서 마케팅전략 수립에 활용해야 할 것이다. 그러나 명시적 동기는 설문지, 면접 등의 방법을 통해 비교적 쉽게 측정할 수 있으나 잠재적 동기는 측정하기가 쉽지 않기 때문에 정성적 방법(qualitative method)인 투사기법(projective method)이나 다차원척도법(Multidimensional scales) 등과 같은 방법으로 측정하여야 한다. 이러한 투사기법이나 다차원척도법 등의 측정방법을 통해 잠재적 동기에 관한 통찰력을 제공해 줄 수 있다.

이런 잠재적 동기가 항상 구매의사결정에서 구매행동으로 나타나는 실체적 동기로 전환되는 것은 아니다. 따라서 마케터는 명시적 동기와 잠재적 동기 중에서 어느 것이 표적시장에 영향을 미치는지를 파악해서 마케팅전략 수립에 활용해야 할 것이다.

1.2 관여도

1. 관여도 개념

관여도(involvement)는 소비자 정보처리과정에서 뿐만 아니라, 소비자 구매의사결정과정의 여러 단계에서도 많은 영향을 미친다. 소비자들은 일상생활에서 항상 수많은 광고, 판촉, PR, 제품 및 서비스 등의 다양한 마케팅 자극에 노출되면서 살아가고 있는데, 때론 우연적이든 의도적이든 마케팅자극에 노출된다. 노출된 광고와 다양한 마케팅 자극물 중에서 소비자들은 일부 마케팅 자극물에 대해서는 특히 관심을 두고 주의를 기울이지만, 어떤 경우에는 노출되더라도 주의를 기울이지 않아서 노출된 것조차 기억할 수 없어서 무의식 중에 기억 속에서 사라지는 경우도 많이 있다. 다시 말해서, 노출된 마케팅 자극물이 자신에게 중요하고 관련이 높은 경우에는 관심을 많이 갖고 정보도 적극적으로 탐색하지만, 상대적으로 자신과 관련이 적고 중요도가 낮은 것에 대해서는 무관심하거나 관심이 적으며 정보탐색도 거의 하지 않는다. 이와 같이 마케팅 자극을 통해 받아들인 정보를 노출, 주의, 이해 등 적극적으로 정보처리과정 단계를 진행시킬 것인지를 결정하는 데 중요한 영향을 미치는 것이 관여도 수준이라고 할 수 있다.

소비자의 관여도는 특정 상황에서 자극에 의해 환기된 개인의 지각된 중요성 혹은 관심의 수준이라고 한다. 관여도 수준에 따라 소비자는 일반적으로 제품이나 서비스를 구매하고 사용함으로써 얻을 수 있는 혜택을 극대화하고 위험을 극소화하기 위해 행동한다. 관여도는 낮은 수준에서 높은 수준에 이르는 연속적이며 상대적인 개념이지만, 일반적으로 저관여(low involvement)와 고관여(high involvement)로 구분한다. 관여도 정도는 소비자가 제품이나 서비스에 대해 얼마나 중요하게 지각하느냐에 따라 결정된다. 소비자에게 어떤 제품이나 서비스의 중요성이 높을수록, 소비자는 그것과 관련된 정보탐색이나 의사결정에 있어서 더 높은 동기유발이 될 것이다. 예를 들면, 소비자가 슈퍼마켓에서 흔히 구매할 수 있는 비누, 샴푸, 음료수 등을 구매할 경우보다 자동차, 냉장고, TV 등을 구매할 경우에는 광고나 판촉 등의 마케팅 자극에 노출되었을 때 더 많은 주의를 기울일 뿐만 아니라, 정보탐색 양도 많아지고 의사결정 시에 더 깊이 생각해서 결정하게 된다.

광고 5-2 저관여 제품

광고 5-3 고관여 제품

2. 관여도 결정요인

관여도는 소비자 개인의 내재적 특성(욕구, 가치, 자기개념)들이 주어진 상황에서 적절한 마케팅 자극에 직면했을 때 활성화되고 지각하게 된다. 그래서 소비자의 관여도 수준은 [그림 5-4]와 같이, 소비자 개인적 특성, 제품의 특성, 상황적 특성 등에 영향을 받는다. 예를 들면, 소비자가 고려중인 제품이나 서비스가 비싸고, 사회적 가시성이 높고, 구매위험이 높을수록 제품이나 서비스 구매와 관련된 소비자 관여도는 증가할 것이다. 또한 소비자의 호의적인 감성을 유발하는 마케팅 커뮤니케이션은 소비자의 관여도를 높일 뿐만 아니라, 소비자의 구매상황도 관여도에 영향을 미칠 수 있다. 예를 들면, 특정 제품을 소비자가 친한 친구나 애인 등에게 선물하기 위해 구매할 때는 소비자 자신이 직접 사용하기 위해 구매할 때보다 관여도가 더 증가할 것이다.[5)]

(1) 개인적 특성

관여도는 구매의사결정과정의 결과가 소비자 개인에게 직접적으로 영향을 미칠 때 더 높게 나타나는 경향이 있다. 관여도에 영향을 미치는 개인적 특성 요인들은 자기이미지(self-image), 건강, 미용, 신체적 상태, 가치, 목표, 욕구 등을 말한다. 소비자 욕구나 동인의 활성

그림 5-4 **관여도 결정요인과 유형**

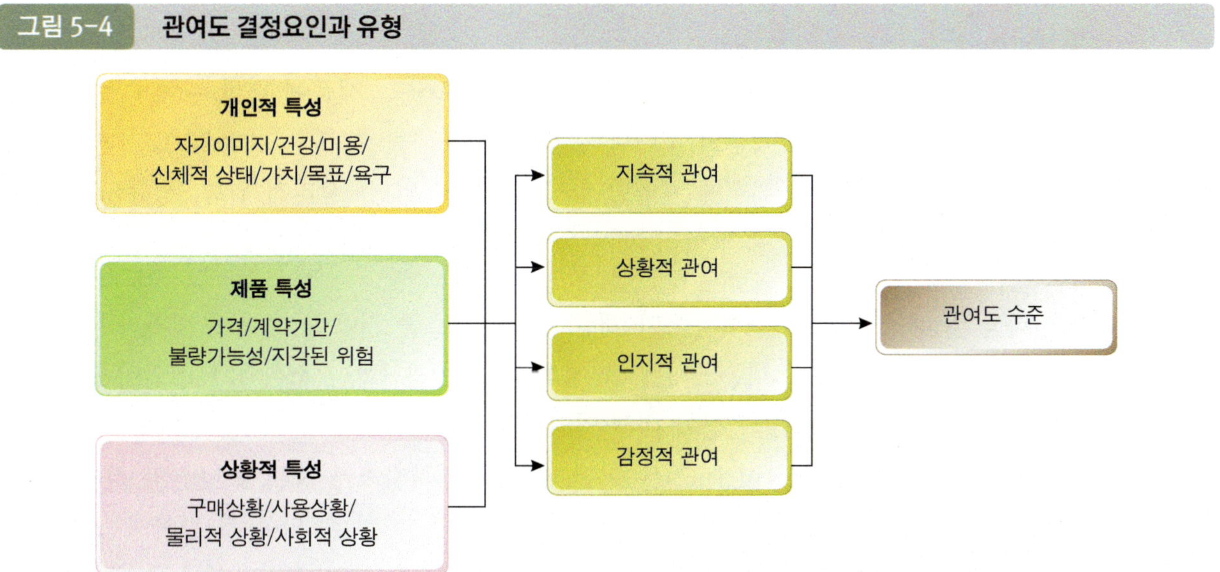

자료원 : Bolch, Peter H. and Richins L. Marsha (1983), "A Theoretical Model for the Study Product Importance Perception," Journal of Marketing, 47(Summer), pp. 69~81.(일부 내용 수정)

화 없이는 관여도가 없을 것이며, 관여도는 제품이나 서비스가 소비자의 자기이미지, 건강, 미용 등을 개선시킬 것이라고 지각될 때 더 강해질 것이다. 가령, 건강식품, 미용제품 등에 지나칠 정도로 관심이 많은 소비자들은 그렇지 못한 소비자들에 비해 관여도 수준이 높을 것이다. 관여도가 높은 소비자들은 관련제품이나 서비스에 대한 정보수집 양도 많아질 것이고, 의사결정도 신중해질 것이다.

이런 경우에 관여도는 상황적이거나 일시적인 것과는 반대로 제품이나 서비스에 대해 지속적인 관심을 갖는 안정적인 특성을 나타낼 것이다. 예를 들면, 화장품이나 미용관련 제품이나 서비스 구매는 소비자의 자기이미지와 외모 가꾸기에 직접적으로 영향을 미치기 때문에 고관여 의사결정이 이루어지는 경향이 있다.

(2) 제품 특성

소비자들이 제품이나 서비스를 구매하거나 사용할 때, 제품이나 서비스의 가격, 계약기간, 불량가능성, 느끼는 지각된 위험(perceived risk) 등은 개인적 특성과 마찬가지로 관여도에 영향을 미칠 것이다. 소비자가 구입하려는 제품이나 서비스의 가격이 높을 때는 낮을 때보다 관여도 수준이 높아진다. 가격이 높을 때, 계약기간이 길 때, 불량가능성이 높을 때 등은 제품이나 서비스에 대한 구매의사결정을 잘못했을 경우에 입게 되는 경제적·심리적 위험이 높아지기 때문에 구매의사결정 전에 정보탐색의 양도 많아지고, 의사결정도 신중해지며 관여도 수준이 높아진다.

소비자가 제품과 관련해서 지각된 위험을 크게 가질수록 그 제품에 대한 관여도 수준이 높아질 것이다. 지각된 위험은 제품의 구매나 사용할 때 초래될 수 있는 예상치 못한 결과에 대한 불안감을 말한다. 지각된 위험에는 일반적으로 신체적 위험, 심리적 위험, 성능위험, 사회적 위험, 그리고 재무적 위험 등의 여러 가지 유형이 있을 수 있다.

① **신체적 위험**(physical risk)은 어떤 제품이나 서비스를 사용한 결과 소비자가 신체적인 손상을 줄 것 같아서 느끼는 불안감을 말하는데, 예를 들면, 소비자가 어린이용 장난감을 구매해서 사용할 때 안전성에 대해 염려할 수 있다.

② **심리적 위험**(psychological risk)은 어떤 제품이나 서비스가 소비자 자신의 정체성이나 자기이미지를 잘 표현하지 못하거나 부정적인 영향을 미칠 수 있을 것 같아서 느끼는 위험을 말한다. 예를 들면, 전통적이고 보수적인 가치관을 가진 소비자가 노출이 심하거나 특이하게 튀는 옷을 입기를 꺼리는 것은 심리적 위험을 가지고 있기 때문이다.

③ **성능위험**(performance risk)은 제품이나 서비스를 구매할 소비자가 기대하는 정도의 성능이나 기능을 발휘하지 못할 것이라고 느끼는 두려움을 말한다. 예를 들면, 중국산 가전제품의 경우 국산가전제품보다 제품의 기능적 위험을 크게 지각할 수 있다.

④ **사회적 위험**(social risk)은 제품이나 서비스 구매와 사용이 소비자 자신의 준거집단이나 다른 사회구성원으로부터 부정적으로 평가받을 것 같아서 느끼는 위험을 말한다. 예를 들면, 고급 외제승용차를 구입하고 싶어도 다른 사람들을 의식해서 주저하고 구입을 꺼리는 것은 사회적 위험 때문이라고 할 수 있다.

⑤ **재무적 위험**(financial risk)은 소비자가 제품이나 서비스를 잘못 구매했을 경우에 금전적 손실을 볼 것 같아서 느끼는 위험을 말한다. 소비자의 소득수준에 따라 동일한 제품이라 할지라도 소득이 낮은 사람은 높은 사람에 비해 재무적 위험을 크게 느낄 것이다.

이러한 지각된 위험이 소비자에 의해 크게 지각될수록 고관여의 가능성이 높아질 것이다. 지각된 위험이 매우 높을 때, 구매하거나 사용하는 것을 함께 피할 것인지 아니면 추가적인 정보탐색과 더불어 신중한 의사결정으로 위험을 줄일 것인지에 대한 동기가 유발될 것이다. 예를 들면, 소비자들은 성형을 원할 때 높은 지각된 위험 때문에 성형외과 의사의 선택과 의료서비스 구매는 매우 높은 관여도 수준을 나타낼 것이다.

따라서 마케터는 소비자의 구매를 촉진시키기 위해 시용의 기회를 제공하거나 A/S 및 반품 정책을 활성화해서 소비자의 지각된 위험을 낮추는 정책이 필요할 것이다.

(3) 상황적 특성

소비자가 제품이나 서비스를 구매할 때, 소비자 자신이 처한 상황에 따라 구매행동이 달라질 수 있다. 상황적 요소는 구매상황, 사용상황, 물리적 상황, 사회적 상황 등 여러 가지 상황을 들 수 있다.

① **구매상황** : 제품이나 서비스를 구매하는 시점의 상황을 말하며, 시간적 압박, 기분, 동행자 여부 등의 구매상황에 따라 소비자 관여수준과 구매행동이 달라질 수 있다. 소비자가 문제해결에 시간적인 압박을 받느냐, 즐거운 기분으로 구매하느냐, 동행자의 여부와 영향정도에 따라 소비자의 관여도 수준과 구매의사결정이 달라질 수 있다. 예를 들면, 소비자의 자동차에 대한 관여도는 대안평가에 많은 시간을 소비할 수 있는 상황이냐 아니냐에 따라 달라질 수 있을 것이다. 가족 중에 승용차가 있어서 필요할 때 빌려서 이용할 수 있거나, 당장 구매할 필요가 없는 경우에는 충분히 여러 자동차 브랜드를 평가할 수

있는 시간적 여유가 있을 것이다. 그러나 어떤 대체 교통수단도 없어서 의사결정에 시간적 압박을 심하게 받는 상황이거나, 혹은 직장이나 가족과 관련해서 신차구입에 대한 시간적 압박을 받기 때문에 자동차 관련 안내책자를 읽어보거나, 친구들과 대화를 나눠 보거나, 여러 브랜드의 제품을 시운전테스트 해볼 수 있는 시간이 많지 않을 때, 시간적 압박을 받을 수 있다. 이런 경우에 소비자는 자동차와 관련된 의사결정에 관여도가 낮을 수도 있다.

② **사용상황** : 소비자가 제품이나 서비스를 개인적으로 사용하기 위해서 구매하느냐, 혹은 친구나 애인에게 선물을 주기 위해서 구매하느냐, 아니면 소비자 혼자 사용하느냐, 혹은 가족들과 함께 사용하느냐에 따라 관여도 수준은 달라 질 수 있을 것이다. 예를 들면, 목욕용 바디젤의 경우 집에서 사용하기 위해 구입한 브랜드와 선물을 위해서 구입한 브랜드는 지각된 중요성에서 큰 차이를 나타낼 것이다.

③ **물리적 상황** : 상점의 시설과 위치 등과 같이 제품이나 서비스를 구매하는 장소의 물리적 특성을 말한다. 주로 점포의 분위기를 형성하는 요소들로 점포의 혼잡상태, 음악, 진열상태, 위치, 색상 등의 물리적 상황에 따라 소비자의 관심정도와 관여도 수준이 달라질 수 있다.

④ **사회적 상황** : 소비자가 제품이나 서비스를 구매하고 소비하는 상황이 다른 사람에 노출이 되는 가시성(visibility)이 높을 때 관여도 수준이 높아진다. 제품을 구매해서 집에서 사용하기 위한 것이냐, 아니면 출퇴근이나 운동 등의 외출할 때 사용하기 위한 것이냐에 따라 관여도 수준은 달라질 수 있다. 예를 들면, 소비자들은 일상적으로 개인적 소비를 위해서 와인을 구매할 때와 파티모임에 접대하기 위해서 와인을 구매할 때는 매우 다른 관여도 수준을 나타낸다. 혼자 먹을 때보다는 친구들과 즐기려고 할 때는 더 비싸고 더 잘 알려진 브랜드의 와인을 구매하려고 압박을 느낀다는 것이다.

3. 관여도 유형

어떤 상황에서 동기부여된 소비자의 심리적 경험을 느낌 관여도(felt involvement)라고 하는데, 이는 관심, 흥미, 근심, 열정 등과 같은 심리적 상태를 포함한다. 느낌 관여도는 지속적, 상황적, 인지적, 감정적 관여도 등 네 가지 유형의 관여도가 있다.

광고 5-4 지속적 관여 : Audi Quattro '독립그립'편, A1 '강력한 엔진'편, A7 Sportback Quattro '질투'편 광고

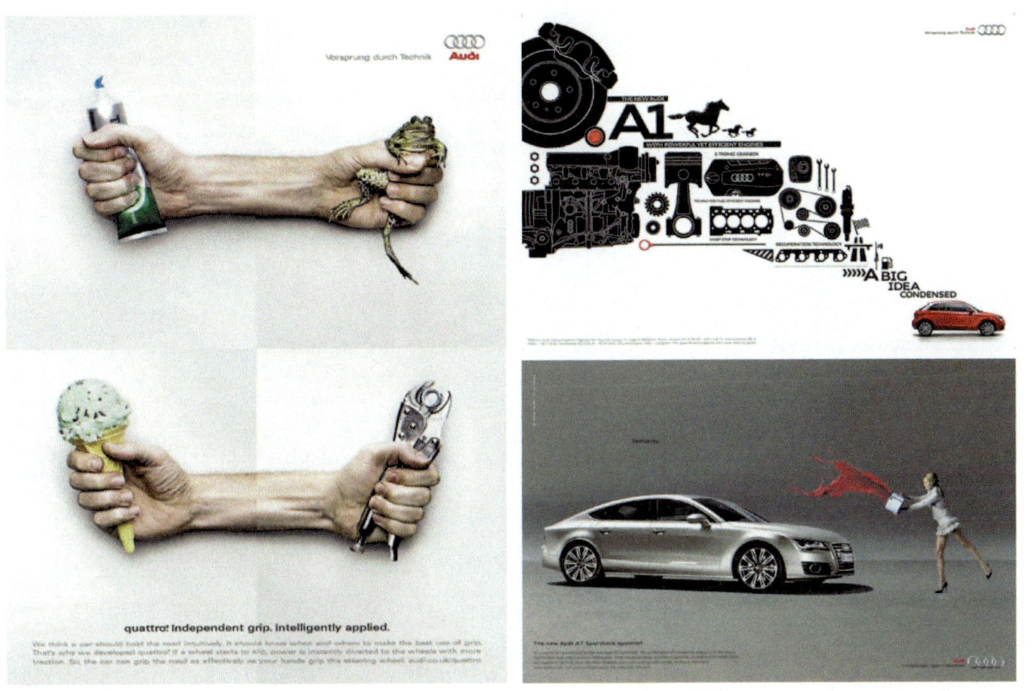

(1) 지속적 관여도

지속적 관여도(enduring involvement)는 소비자가 어떤 제품군이나 활동에 대해서 오랫동안 계속적으로 관심과 몰입을 나타내는 것을 말한다. 더욱이 지속적 관여도는 일상적으로 제품군이나 활동에 관한 생각으로 시간을 끊임없이 소비할 때 존재한다. 최근 인터넷상에서 자동차, 와인, 댄스 스포츠, 낚시, 등산 등 다양한 동호회 모임활동을 하고 있는데, 이들 동호회 회원들은 관련 제품이나 서비스, 운동이나 취미활동 분야에 삶의 질적 향상과 가치추구를 위해 지속적인 관여를 보이고 있다. 예를 들면, 고급자동차 마니아들은 자동차에 내적으로 관심을 갖고 있으며, 때론 모터쇼, 전시장, 판매점 등의 방문, 자동차관련 잡시구독, 광고메시지에 적극적 관심을 보이며 자동차에 대해 지속적인 관여도를 나타낸다.

(2) 상황적 관여도

소비자가 느끼는 중요성과 가치가 상황에 따라 달라지는 데서 기인한 상황적 관여도(situational involvement)는 소비자가 어떤 대상에 대해서 구매와 같은 특정 상황과 연관되

광고 5-5 **상황적 관여도를 나타내는 넥타이, 와이셔츠, 구두 광고**

거나 의사결정 시간의 촉박함으로 인해 일시적으로 높은 관심을 나타내는 것을 말한다.

상황적 관여도는 소비자 자신이 사용하는 경우와 타인에게 선물하기 위해 구매하는 상황이 다르게 지각될 것이다. 예를 들면, 넥타이, 와이셔츠, 구두 등과 같은 제품들은 친구나 연인에게 선물할 때와 자신이 사용하기 위해서 구매하는 경우 관여도가 다를 수 있다. 그리고 평상시 자전거에 대해 전혀 관심을 나타내지 않던 소비자가 건강을 위해 자전거를 구매하려고 할 때 관여될 수 있다. 그러나 일단 자전거를 구매한 후에는 새로 산 자전거와 관련된 소비자의 관여도는 극적으로 감소될 수 있다.

따라서 상황적 관여도의 유형은 마케터들이 제품이나 브랜드에 대한 관여도를 높이는 계절적인 상황과 특별한 기념일 등을 활용해서 무엇보다 상황적 관여도를 높이는 전략을 사용할 수 있다. 최근에 빼빼로 데이(11월 11일)와 같이 특정 날짜와 연관지어 일시적으로 소비자들의 관심을 유발하는 데이마케팅도 상황적 관여도를 높인 것이라 볼 수 있다.

(3) 인지적 관여도

인지적 관여도(cognitive involvement)는 제품이나 서비스의 실용적 동기와 관련된 관여로써, 소비자의 브랜드 선택 시 제품의 실용적인 부분을 크게 지각하게 되면 인지적 관여가 증가한다. 그리고 소비자가 자신의 목표와 연관해서 정보를 생각하고 처리하는 것에 관심이 있으며, 그 목표는 특정 제품이나 서비스의 실용적인 측면에 관한 학습이 될 수도 있다. 예를 들면, 특정 연예인이나 스포츠 스타에 관해서 관심이 많은 소비자가 그 사람이 갖고 다니는 자동차, 액세서리, 핸드백 등에 관해서도 관심이 많아서 이들과 관련된 모든 것을 학습하는 데 열정을 가지는 경우, 인지적 관여도를 나타내는 것이라고 할 수 있다.

(4) 감정적 관여도

감정적 관여도(affective involvement)는 어떤 대상물에 관해서 강한 느낌을 가지거나 감정적 에너지를 기꺼이 소비하려는 쾌락적 또는 상징적 동기와 관련된 것으로, 소비자가 특정 브랜드를 선택할 때 얻을 수 있는 즐거움과 관련된 경험부분이 중시되면 감정적 관여가 증가된다. 강렬한 감정을 경험하기 위해 음악을 듣는다든지, 영화의 슬픈 장면을 보고 눈물을 흘린다면 소비자는 높은 감정적 관여도를 나타내는 것이다. 예를 들면, 하나투어는 새로운 패키지여행 하나팩2.0을 출시하면서, 프랑스 파리와 베트남 다낭과 푸꾸옥 여행지가 등장하고, 광고음악으로 Simon Holland, Adam Saunders가 부른 재즈스타일의 Rome이라는 음악을 BGM으로 사용해서 여행의 설렘을 느낄 수 있도록 감정적 관여도를 유발하고 있다.

광고 5-6 감정적 관여도를 표현하는 하나투어 '패키지' 편 광고

4. 관여도의 측정

소비자의 관여도는 소비자 정보처리과정이나 구매의사결정과정에서 크게 영향을 미치기 때문에 소비자행동 연구에서 관여도의 측정문제는 매우 중요하다고 할 수 있다. 관여도에 대한 측정방법은 여러 연구자들에 의해 그 동안 많은 방법들이 제안되었지만, 그 중에서도 가장 잘 알려진 Zaichkowsky의 PII와 Laurent and Kapferer의 관여도 측정방법 등 두 가지 방법을 중심으로 설명하고자 한다.

(1) Zaichkowsky의 관여도 측정방법

소비자의 관여도 측정을 위해 흔히 사용되고 있는 방법 중에는 Zaichkowsky의 PII (Personal Involvement Inventory)가 있다. 이 측정방법은 주로 제품의 중요성 차원을 측정하고 있다. 이 측정의 척도는 〈표 5-1〉과 같이, 7점 의미차별화 척도로 전체 20개 항목으로 구성하여, 각 항목에 대한 응답자의 점수를 집계한 것이 그 대상에 대한 응답자의 관여도를 나타낸다. 제품에 대한 관여도를 PII로 측정한 경우 개인별 점수는 20~140(20×1~20×7)점의 분포를 나타내며, 20점에 가까울수록 저관여 소비자로 140점에 가까울수록 고관여 소비자로 분류된다. Zaichkowsky는 15개의 제품을 PII로 측정한 결과 자동차와 전자계산기가 가장 높은 관여도를 나타냈으며, 반대로 커피와 아침식사용 시리얼이 가장 낮은 관여도를 나타냈다.[6)]

표 5-1 Zaichkowsky 관여도 측정항목 예시

나에게 [평가되는 대상]은		
중요하다	… : … : … : … : … : … : … : … :	중요하지 않다
지루하다	… : … : … : … : … : … : … : … :	흥미있다
적절하다	… : … : … : … : … : … : … : … :	적절하지 않다
흥분된다	… : … : … : … : … : … : … : … :	흥분되지 않는다
의미가 없다	… : … : … : … : … : … : … : … :	매우 의미가 있다
마음에 든다	… : … : … : … : … : … : … : … :	마음에 들지 않는다
매력적이다	… : … : … : … : … : … : … : … :	평범하다
가치 없다	… : … : … : … : … : … : … : … :	가치있다
관련이 있다	… : … : … : … : … : … : … : … :	관련이 없다
필요하지 않다	… : … : … : … : … : … : … : … :	필요하다

자료원 : Zaichkowsky, Judith Lynne(1994), The Personal Involvement Inventory : Reduction, Revision, and Application to Advertising", Journal of Advertising, 23(4), pp. 59~70.

이와 같이 Zaichkowsky의 관여도 척도는 유사한 성격의 20개의 항목들로 구성되는데, 이는 인지적 관여를 측정했다고 볼 수 있고, 20개 항목으로의 측정이 타당성과 신뢰성을 높여준다.

(2) Laurent and Kapferer의 관여도 측정방법

Laurent and Kapferer는 대부분의 관여도 측정이 단일차원에서 관여도 정도만 측정하는데, 이러한 측정은 부적절하며 관여도는 여러 차원에서 어떤 종류의 관여도 인지를 측정해야 한다고 주장하였다. 그래서 관여도를 다음과 같은 네 가지 차원들에 의해 측정할 수 있다고 제안하였다.[7)]

- 제품의 중요성과 잘못된 제품선택으로 인한 잠재적인 부정적 결과의 지각된 중요성
- 잘못 구입할 가능성
- 제품이 쾌락적 가치와 즐거움을 줄 수 있는 가치
- 제품에 부여하는 상징적 혹은 사인(sign)가치

이와 같은 네 가지 차원에 따라 〈표 5-2〉는 Laurent and Kapferer가 207명의 조사대상

표 5-2 소비자들의 제품에 대한 관여도

	부정적 결과의 지각된 중요성	잘못 구입할 가능성	쾌락적 가치	상징적 가치
의류	121	112	147	181
브래지어	117	115	106	130
세탁기	118	109	106	111
TV	112	100	122	95
진공청소기	110	112	70	78
다리미	103	95	72	76
샴페인	109	120	125	125
기름	89	97	65	92
요구르트	86	83	106	78
초콜릿	80	89	123	75
샴푸	96	103	90	81
치약	95	95	94	105
세숫비누	82	90	114	118
세제	79	82	56	63

자료원 : Laurent, Gilles and Jean-Noel Kapferer(1985), "Measuring Consumer Involvement Profiles," *Journal of Marketing Research* 22, February, p. 45.

자에게 14개의 제품종류 세트에 대한 관여도를 설문조사한 결과를 나타내고 있다. 〈표 5-2〉에 나타난 바와 같이, 의류나 브래지어는 모든 차원에서 가장 높게 나타났으며, 반면에 세제는 모든 차원에서 가장 낮게 나타났다. 또한 진공청소기와 같은 내구성이 있는 제품의 구매는 한번 잘못 구매하면 수년 동안 어쩔 수 없이 사용해야 하기 때문에 대부분의 소비자들이 구매시에 구매동기가 쾌락적 가치(hedonic value) 혹은 상징적 가치(symbolic value)에 있다기보다는 부정적 결과의 중요성이나 잘못 구입할 가능성에 대한 위험에 더 높게 지각하는 실용적 동기에 의해 제품을 선택한다고 볼 수 있다. 그러나 세숫비누의 경우는 정반대로 쾌락적 가치와 상징적 가치에서 매우 높게 나타났지만 부정적 결과의 중요성과 잘못 구입할 가능성에서 낮게 나타났다. 이는 세숫비누의 경우에 대부분의 소비자들은 제품의 특성상 저가격 제품이기 때문에 기능성이나 잘못 구입으로 인한 위험을 낮게 지각하기 때문이라고 할 수 있다.

이와 같이 Laurent and Kapferer의 관여도 척도는 서로 상이한 4가지 차원들로 구성되기 때문에 여러 측면에서 관여도를 측정할 수 있다는 장점이 있고 소비자가 특별히 어떤 면에서 개별 제품군에 어떻게 관여되었는지를 알 수 있다.

2 소비자 학습

소비자들의 행동은 대부분이 과거의 경험이나 관행을 통해 일어나는 행동을 변화시키는 과정인 학습(learning)에서 나온다. 소비자는 제품을 구매하고 소비하는 경험을 획득함으로써, 어떤 브랜드가 좋고 싫은지를 알 수 있고 가장 좋아하는 특정 브랜드의 특성을 학습하게 된다. 그리고 과거의 경험에 기초하여 미래 행동을 조절하는데, 계속적인 만족은 과거의 경험을 강화하고 소비자가 차후에 구매할 때도 동일한 브랜드를 구매할 가능성이 증대되고 반복구매가 이루어져 브랜드 충성도가 형성된다. 이러한 소비자 학습과정은 소비자의 특성이나 제품특성에 따라 차이가 있기 때문에 이에 대한 이해를 통해 자사제품이나 브랜드에 대해 긍정적인 학습이 이루어질 수 있도록 방안을 강구해야 한다. 따라서 본 절에서는 학습의 의의, 학습이론 등에 대해 살펴본다.

2.1 학습의 의의

소비자들은 일상생활 과정에서 자신이 의도적이든 혹은 우연적이든 여러 제품이나 서비스에 대한 광고커뮤니케이션 정보에 노출이 되고, 이를 토대로 제품이나 서비스에 대한 소비나 사용경험을 얻게 된다. 소비자는 제품이나 서비스에 대한 직접 경험이나 광고, 준거집단, 가족, 판매원 등의 외부정보원으로부터 수집된 정보를 통해 얻은 소비자 지식은 기존의 신념, 태도 및 행동(의도)을 변화시킬 수 있다. 이를 소비자 학습과정(learning process)이라고 한다. 소비자행동 관점에서 볼 때, 학습과정을 통해서 얻어진 지식은 학습 이후의 소비자행동에 영향을 미치기 때문에, 이러한 학습과정을 이해한다는 것은 마케터에게는 매우 중요한 과업일 것이다. 마케팅 관점에서 소비자 학습이란 소비자들이 미래 관련된 행동에 적용될 구매와 소비지식, 경험 등을 취득하는 과정으로 생각될 수 있다.

학습의 주요 특징을 살펴보면 다음과 같다.[8)]

- 소비자 학습은 하나의 과정이다. 즉 학습은 실제 경험이나 혹은 광고커뮤니케이션에 노출되거나 토론 및 관찰을 통해서 새롭게 취득된 지식의 결과로 계속적으로 전개되고 변화한다는 것이다. 새롭게 취득된 지식이나 개인적 경험은 개인에게 피드백되어 유사한 상황에서 일어나는 미래 태도나 행동변화에 근거를 제공해 준다.
- 학습은 직접 관찰을 통해 이루어지기도 하지만, 대부분이 인지적 과정을 통해 이루어지므로 직접적으로 학습을 관찰한다는 것은 거의 불가능하기 때문에 사람의 행동으로 나타났을 때만이 추론할 수 있다. 예를 들면, 당신이 신제품 구두광고물을 보고 난 후에, 바로 그날 백화점에 가서 그 제품을 구입했다면, 우리는 신제품 구두광고물을 통해서 당신이 무엇인가를 학습했다고 추론할 수 있다.
- 학습효과는 비교적 지속적이고 장기적으로 행동변화를 수반한다. 학습효과는 일반적으로 강도가 클수록 소비자 태도형성이나 행동변화에 강하게 영향을 미치며 장기간 지속될 수 있다. 그래서 제품구매 경험이나 학습을 통해 만족한 고객은 반복구매와 긍정적 구전효과를 나타내면서 오랫동안 지속되며, 궁극적으로 브랜드 충성도가 형성되어 충성고객으로 남게 된다.

이와 같이 학습은 소비자들이 직·간접적인 다양한 경험을 통해 나타나는 제품이나 서비스, 브랜드 등에 대한 지식, 신념, 태도, 구매 및 소비행동에 있어서 변화를 의미한다.

따라서 학습은 소비자들이 특정 대상물에 대해 지식을 습득하고 소비자행동에 영향을 미치기 때문에 마케터는 제품이나 서비스의 속성, 잠재적인 효익, 구매장소, 사용 및 유지방법 그리고 심지어는 처분방법 등에 이르기까지 제품이나 서비스관련 지식들을 다양한 마케팅 수단들을 통해 소비자들에게 가르치는 데 관심을 가져야 할 것이다. 또한 소비자행동을 이해하기 위해서는 소비자들이 특정 대상물에 대해 무엇을 어떻게 경험하고 학습하게 되는지, 그 학습과정을 이해하는 것이 무엇보다 중요하다고 할 수 있다.

2.2 학습이론

소비자 학습은 전통적으로 인지적 학습이론(cognitive learning theory)과 행동적 학습이론(behavioral learning theory) 등의 두 가지 유형으로 구분될 수 있다. 인지적 학습은 인지적 사고과정에 의해 문제해결과정을 통해 이루어지는 학습을 말하며, 개인의 기대와 환경적인 요소 간의 관계라고 할 수 있으므로 자극과 반응뿐만 아니라, 개인의 기억·목표·기대 등의 변수를 포함해 소비자행동의 변화를 설명한다. 행동적 학습은 학습을 주로 어떤 자극에 대해 특정한 행동을 유발하도록 하는 기계적 연결과정으로 인식하기 때문에 자극(S)과 반응(R)의 연상에 의하여 일어나는 학습을 의미한다.

1. 행동적 학습

행동적 학습은 모든 학습이 경험에서 나오며, 환경과의 접촉을 통한 경험은 비교적 영속적으로 행동변화를 이끄는 과정이라고 한다. 다시 말해서 외부환경에서 오는 자극에 대한 반응이 반복해서 일어나는 과정에서 학습이 이루어지는 것으로 본다. 이러한 행동적 학습에는 고전적 조건화, 도구적 조건화, 대리적 학습 등이 있다.

(1) 고전적 조건화

고전적 조건화(classical conditioning)는 행동 이전에 발생한 자극에 의해 영향을 받으며, 반사되는 현상에 의해 행동을 이끌어내는 것이다. 즉, 학습을 자극(S)과 반응(R)의 기계적 연결과정이라고 한다. 이 이론은 Pavlov에 의해 제안된 조건반사 이론이 토대가 되었으며, 반응적 조건화(respondent conditioning)라고도 한다. 이때 조건화란 자극과 반응의 연합을 통하여 하나의 행위양식을 개발시킨다는 의미를 나타낸다. 그래서 학습이란 상황에 따라 특정한 방식으로 행동하도록 개인을 조건화시키는 과정이라고 할 수 있다.

① 고전적 조건화의 학습과정

고전적 조건화는 반응을 이끌어내는 무조건자극(unconditioned stimulus)이 반응과 전혀 관계가 없는 중립자극(neutral stimulus)과 동시에 일정 기간 동안 반복하여 노출되면 반응과 관계없던 중립자극이 반응을 이끌어내는 조건자극(conditioned stimulus)으로 변화되는 학습과정이다. 이때 무조건자극은 아무런 조건없이 반응을 자동적으로 유발하는 자극이며, 중립자극은 학습이 되기 전에는 반응을 전혀 유발하지 않던 자극을 말하고, 조건자극은 학습을 통해서 중립자극이 반응을 유발할 수 있는 자극으로 변화된 상태를 말한다.

고전적 조건화는 대표적으로 Pavlov의 개를 통한 실험에서 개가 먹이에 노출되었을 때, 항상 침을 흘리는 현상을 보고 먹이와 함께 종소리를 들려주는 실험을 하였다. 먹이를 주면서 종소리를 들려주는 실험을 반복해서 한 결과, 나중에는 종소리만 듣고도 개가 침을 흘리는 것을 관찰할 수 있었다. 이런 실험을 통해서 개는 먹이와 종소리 관계를 경험을 통해 학습하게 된 것으로 볼 수 있다. 이 과정은 [그림 5-5]에서와 같이, Pavlov 실험에서 먹이와 침 흘림의 관계는 어떤 조건화가 필요하지 않은 자극-반응의 관계이다. 즉 무조건자극(먹이)에 대해서는 무조건반응(침 흘림)이 본능적으로 나온 것으로 학습이 전혀 필요하지 않다. 그러나 중립자극(종소리)만으로는 침 흘림과는 아무 관계가 없지만, 무조건자극(먹이)과 연계시켜서 중립

그림 5-5 고전적 조건화의 과정과 소비자행동

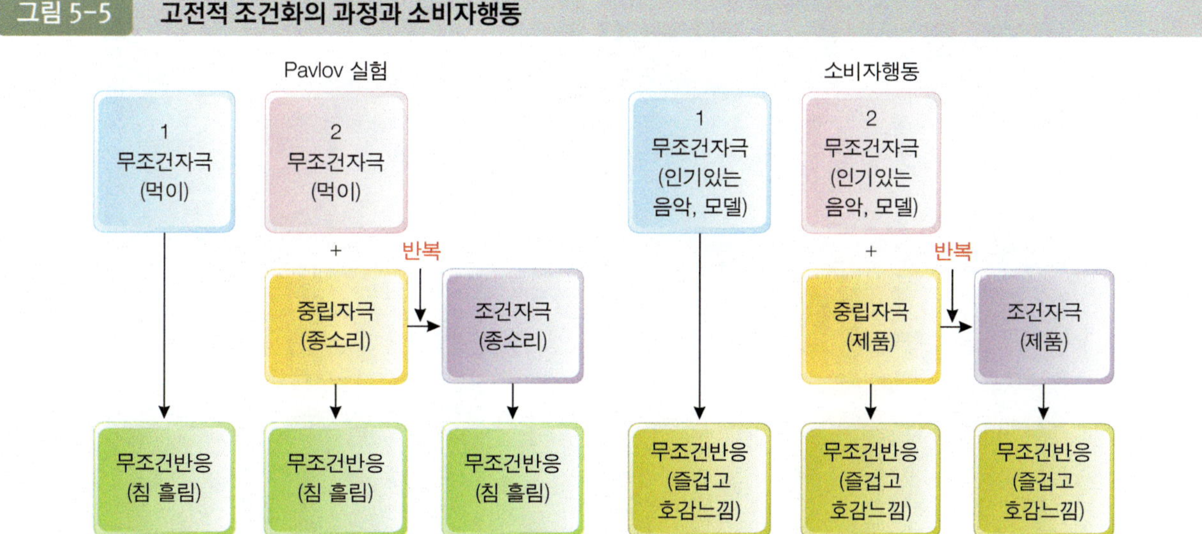

자극(종소리)과 함께 먹이를 제공하면서 일정기간 반복하면 학습이 되어, 중립자극이 조건자극화가 되어 먹이를 주지 않고 종소리만으로도 무조건반응(침 흘림)을 나타낼 수 있다.

이와 같이 고전적 조건화 이론에서는 특정 반응을 일으키는 무조건자극과 연계시켜 학습시킨다면 전혀 무관했던 중립자극도 특정 반응과 동일하거나 유사한 반응을 나타낼 수 있다는 것이다. 다시 말해서 중립자극의 조건화가 반복되는 학습을 통해서 가능하다고 보는 것이다.

② 고전적 조건화의 적용

고전적 조건화의 학습과정을 소비자행동에 적용시켜 마케터는 자사의 제품이나 브랜드에 대해 긍정적인 감정을 가지게 할 수 있다. 소비자가 중립적인 태도를 갖는 어떤 제품(조건자극)과 함께 즐거운 음악, 좋아하는 모델과 멋진 배경 등 무조건자극을 함께 연출하는 광고에 반복적으로 노출되면 나중에는 그 제품에 대해 저절로 호의적인 감정이나 태도를 나타낼 수 있을 것이다. 예를 들면, 동아제약의 박카스맛 젤리광고는 '아이키 텐션 젤리'편 캠페인에서

광고 5-7 고전적 조건화를 통해 호의적인 태도 형성 : 박카스맛 젤리 광고

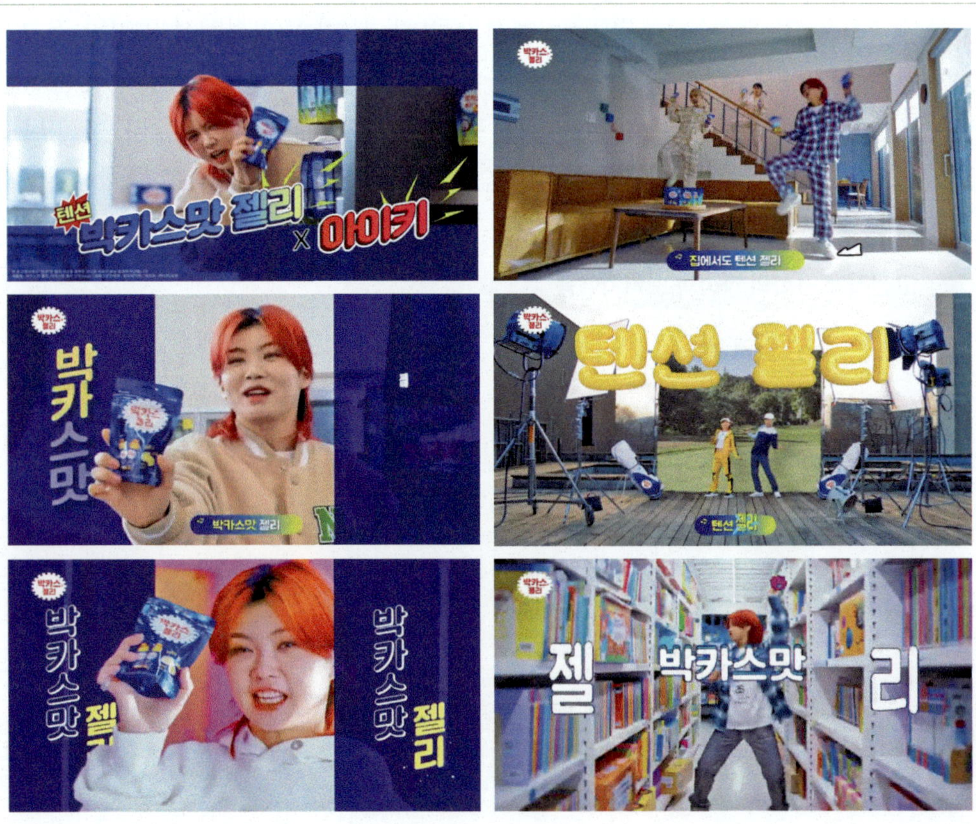

중독성 100%, 텐션 UP 100%를 보여주는 중독성 강한 CM송을 브랜드 징글로 반복사용해 학습시킴으로써, 소비자는 조건화된 동아제약의 박카스맛 젤리 브랜드만 봐도 즐겁고 신이 나서 재미있는 감정과 호의적인 태도를 형성하게 된다.

이러한 고전적 조건화는 제품의 기능적인 특징에 대한 설명을 통해 소비자의 신념이나 태도 변화를 꾀하기보다는 중립자극을 통해 단지 감성적인 분위기로 관심을 끌고 그 감성적인 반응이 제품이미지에 전이될 수 있도록 한다. 고전적인 조건화는 일반적으로 중립자극이 소비자들에게 너무 친숙한 것보다는 새로운 자극에 더 조건화가 잘 되며, 고관여 제품보다는 저관여 제품이 조건화가 보다 용이하며 효과적인 경향이 있다.

③ 고전적 조건화의 영향요소

고전적 조건화의 학습효과는 무조건자극의 강도, 반복노출 빈도, 자극순서, 친숙도 등에 영향을 받는다.

■ 무조건자극의 강도

Pavlov의 실험에서 무조건자극(먹이)의 강도(맛, 냄새)가 강할수록 무조건반응(침 흘림)이 크게 나타날 수 있다. 즉 고전적 조건화에서 무조건자극의 강도가 강할수록 조건화가 잘 이루어져 학습효과가 커진다는 것을 의미한다. 예를 들면, 광고에 등장하는 인기있는 음악, 배경장면, 유명한 모델 등이 광고물에 등장할 때, 무조건반응도 크게 나타나서 조건학습을 통해 제품에 대한 긍정적인 신념이나 호의적인 태도가 형성이 되고, 인지도와 매출액 증가에 영향을 미친다.

■ 반복노출 빈도

고전적 조건화는 무조건자극과 중립자극을 함께 연결해서 반복노출할 때 학습효과로 중립

광고 5-8 Heinz와 Absolut 보드카의 콜라보 광고

자극이 조건자극으로 되어 조건반응으로 나타나기 때문에 무엇보다 반복노출 빈도가 중요하다. 이때 반복노출의 빈도가 증가할수록 조건자극과 무조건자극 간의 연상되는 강도는 강화되고 망각과정은 줄어들 수 있다. 그러나 지나친 반복노출은 기억력에 도움은 되겠지만, 일부 소비자들에게는 지루한 감을 줘서 오히려 주의를 회피하거나 기억력을 감소시키는 결과를 초래할 수도 있다. 흔히 광고의 감퇴현상(advertising wearout)이라고 하는 이러한 현상은 광고메시지의 다양화로 완화시킬 수 있다. 즉 배경장면, 인쇄유형, 등장모델 등에서 변화를 줌으로써 감퇴효과를 피할 수 있다. 예를 들면, [광고 5-8]과 같이, 하인즈(Heinz)와 앱솔루트(Absolut) 보드카의 센스있는 콜라보 광고는 한정판 토마토 보드카 파스타 소스출시를 알리는 광고주제는 같지만, 제품과 관련된 광고의 실행요소(보드카 병, 배경장면 등)들은 다양하게 표현함으로써 광고의 주의를 끌면서 감퇴효과는 줄이는 효과를 나타내고 있다.

이와 같이 반복노출은 학습을 향상시킬 수 있기 때문에 촉진캠페인에서 핵심전략이다. 대부분의 마케터들은 그들의 독특한 이점이 경쟁자를 능가할 것이라는 것을 소비자들이 학습할 것이라고 생각하고 반복광고를 사용한다. 일반적으로 학습의 효과를 높이기 위해서는 광고메시지가 함께 몰려있는 것보다 오랜 시간 동안에 지속되면서 반복광고를 하는 것이 차라리 더 도움이 된다. 이에 대해서는 제6장에서 살펴보기로 한다.

■ 자극순서

고전적 조건화에서 중립자극(조건화를 위한 자극)과 무조건자극이 제시되는 순서에 따라 조건화가 다르게 나타날 수 있다. 중립자극의 조건화는 선행조건화(forward conditioning), 후행조건화(backward conditioning), 동시조건화(simultaneous conditioning) 등 세 가지 방법이 있다.

선행조건화는 중립자극을 먼저 노출시킨 다음에 무조건자극을 연계시키는 것으로 광고에서 중립자극인 제품을 먼저 제시하고 즐거운 음악이나 배경장면, 인기모델 등을 제시하는 것이다. 반면에 후행조건화는 무조건자극을 먼저 노출시킨 후에 중립자극을 연계시키는 방법으로 즐거운 음악이나 배경장면, 인기모델을 먼저 노출시키고 제품을 제시하는 것이다. 마지막으로 동시조건화는 중립자극과 무조건자극을 동시에 연계시켜서 노출시키는 방법이다. 이러한 자극순서들 중에서 중립자극을 무조건자극보다 먼저 노출시키는 선행조건화가 가장 학습효과가 큰 것으로 나타났으며, 후행조건화가 가장 비효과적인 것으로 밝혀졌다.

■ 자극의 친숙도

고전적 조건화에서 즐거운 음악이나 인기있는 모델 등의 무조건자극은 자극의 강도가 크기 때문에 중립자극과 연계시킬 경우 학습효과가 크게 나타날 수 있다. 하지만 일반적으로 대중화되어 친숙한 무조건자극일 경우는 주의나 관심이 낮기 때문에 차라리 새로운 무조건자극이 훨씬 더 학습효과가 크게 나타날 수 있다. 그리고 기존 제품이 이미 잘 알려져 있는 경우에, 소비자는 중립자극(조건화를 위한 자극)에 친숙하기 때문에 학습효과가 낮아서 신제품을 고전적 조건화하는 것이 더 효과적일 수 있다.

■ 관여도 수준

관여도가 높은 제품인 경우는 소비자들의 주의와 관심이 높아서 정보탐색이나 구매의사결정과정이 신중해지기 때문에 고전적 조건화 학습효과는 낮을 것이다. 반면에 저관여 제품들은 구매의사결정과정이 단순하고 관련된 위험이 낮기 때문에 고전적 조건화의 학습효과가 높게 나타날 수 있다.

④ 고전적 조건화와 마케팅전략

고전적 조건화 이론에 따르면, 학습은 반복노출뿐만 아니라 일반화와 차별화하려는 개인의 능력에 따라 그 효과가 크게 달라질 수 있다고 한다. 자극일반화와 자극차별화 이론은 서로 상반된 이론이지만, 마케터에게는 유용한 학습개념이라고 할 수 있다.

■ 자극의 일반화

자극일반화(stimulus generalization)는 한 가지 반응이 첫 번째 자극과 유사한 두 번째 자극에 확대되어 동일한 반응이 일어나는 것을 말한다. 마케터가 자극일반화 원리를 브랜드확장(brand extension)이나 제품계열확장(product line extension)에 적용시켜서 마케팅효과를

광고 5-9 스타벅스가 다양한 신제품으로 브랜드확장을 통한 자극일반화

광고 5-10 Coca Cola의 다양한 제품계열 확장

높일 수 있다.

브랜드확장은 모브랜드(family brand)를 부착해서 기존 브랜드의 친숙성과 제품지식이 신제품에 전이효과를 얻을 수 있을 때 자극일반화 효과가 일어나기 때문에 기존 제품의 매출을 촉진시킬 수 있고 신제품의 도입에 박차를 가할 수 있다. 예를 들면, Starbucks의 경우, 최근에 스타벅스 커피에 대한 사랑이 신제품인 '더 그린 쑥 블렌디드'와 '망고패션 티 블렌디드' 등으로 전환되길 바라면서 신제품을 시판하기 시작했는데, 단지 몇 번의 광고와 캠페인만으로도 상당한 성과를 거두었다. 이와 같이 소비자는 첫 번째 자극(스타벅스 커피)에 대한 긍정적인 태도가 강화되어 두 번째의 자극(스타벅스 더 그린 쑥 블렌디드와 망고패션 티 블렌디드)에 대한 반응을 일반화 시켰다고 할 수 있다. 그리고 제품계열확장은 브랜드확장과 유사하나 확장의 범위를 같은 제품군으로 한정하여 제품라인을 더 추가하는 전략을 말한다. 예를 들면, Coca Cola의 Diet Coke, Dr Pepper, Coke Zero, Cherry Coke, Cherry Zero Coke 등은 같은 제품군 내에서 제품계열을 추가한 것이다.

■ 자극의 차별화

자극차별화(stimulus discrimination)는 자극일반화의 반대개념으로 거의 유사한 자극을 다른 것으로 차별화하여 지각할 수 있도록 하는 경우이다. 소비자들은 항상 더 많은 보상과 자극을 주는 제품을 더 선호하기 때문에, 마케터는 소비자들이 시장에 출시되어 있는 유사제품들 사이에 자사제품을 차별화시켜 인식하게 하는 것이 중요하다. 예를 들면, 한 소비자가 냉면제품에 관한 정보와 구매경험을 통해서, (주)농심의 '둥지냉면' 제품은 다른 냉면제품보다 간편하며 시원하고 깔끔한 맛이 좋다고 판단한다면, 차별화 효과가 일어난 것이다. 이와 마찬가지로 풀무원 식품에서는 '얇은피'와 한식 콘셉트'로 얇고 촉촉한 만두피에 10가지 한식 재료를 큼직하게 가득채운 '얄피꽉찬 한식교자'를 신제품으로 출시하였는데, 소비자가 다른

광고 5-11 (주)농심의 '둥지냉면'과 풀무원식품의 '얇피꽉찬 한식교자' 광고

만두제품보다 입안 가득한 풍성함과 아삭한 식감을 즐기면서 맛이 좋다고 느낀다면, 차별화 효과가 일어난 것이다. 이와 같이 자극차별화란 제품품목 간의 차이를 인식하고 그에 따라 적절하게 반응할 수 있게 되는 것을 말한다.

따라서 마케터는 자극차별화 학습이론을 응용함으로써, 자사제품을 강력한 구매충동으로 연결시키고 제품구매를 자극할 수 있는 단서개발과 강화효과를 높일 수 있는 방안을 강구하는 데 도움을 얻을 수 있을 것이다.

(2) 조작적 조건화

① 조작적 조건화의 개념

조작적 조건화(operant conditioning, instrumental conditioning)는 외적 자극을 받지 않고 어떤 행동이 자발적으로, 능동적으로 일어나는 행동의 결과에 의해서 학습이 이루어지며, 어떤 자극에 대한 반응결과에 어떤 보상이나 벌이 주어지느냐에 따라 자극에 대한 반응이 달라지도록 하는 학습을 말한다. 즉 조작적 조건화에서는 사전에 어떠한 자극-반응 사이의 연관도 존재하지 않으며, 학습자로 하여금 시행착오를 통하여 보상받을 수 있는 바람직한 반응을 스스로 발견하도록 요구한다.

조작적 조건화의 이론은 스키너(Skinner)의 실험을 근거로 하고 있는데, 스키너는 상자실험을 통하여 조작적 조건화의 개념을 도입하였다. 이 실험에 쓰이는 스키너 상자(Skinner Box)는 쥐가 지렛대에 발을 올려놓으면 먹이통에 자동적으로 먹이가 떨어지게 되어 있으며, 비둘기용 스키너 상자도 같게 설치되어 있다. 쥐는 지렛대 발판(자극)에 발을 올려놓을 때, 그리고 비둘기가 상자벽에 있는 원판을 쪼게 될 때, 긍정적인 결과로 먹이가 떨어지므로 지렛대를 누르는 행동이나 원판을 쪼는 행동이 반복되면서 긍정적 강화(positive reinforcement)가

그림 5-6 조작적 조건화와 강화

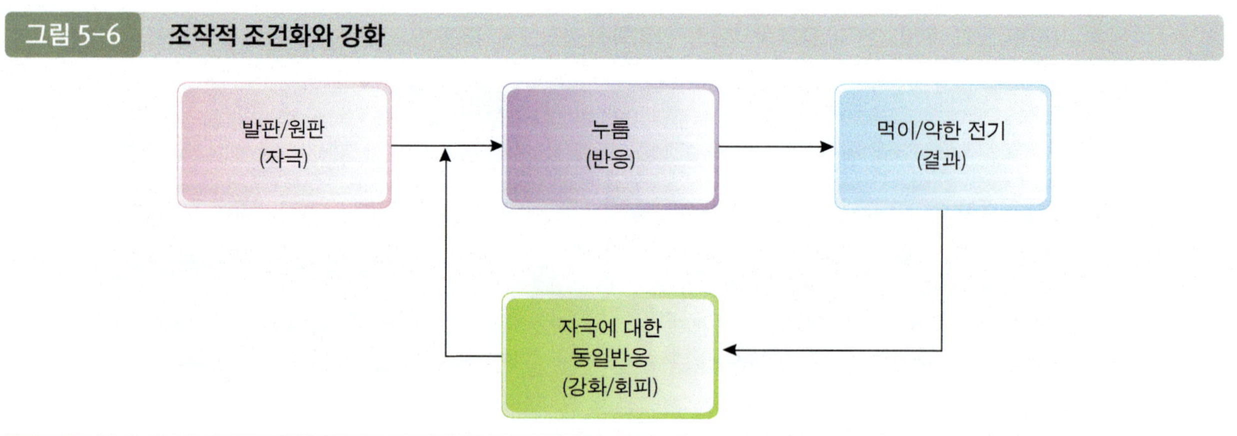

된다. 또 다른 방법으로 약한 전기가 흐르는 상태에서 발판이나 원판을 자극하면 전기가 중단되어 편안해지도록 한 실험에서도 쥐나 비둘기는 의도적으로 발판이나 원판을 자극하게 된다. 이 실험의 반응결과 부정적 자극이 중단되는 것을 부정적 강화(negative reinforcement)라고 한다. 그리고 마지막 실험에서는 자극을 하면 약한 전기가 흐르게 됨으로써 그 다음부터는 발판이나 원판을 누르지 않게 되는데, 부정적 결과가 발생하는 것을 처벌(punishment)이라고 한다.

이런 조작적 조건화를 이해하기 위해서는 [그림 5-6]과 같이, 반응적 행동과 조작적 행동을 이해할 필요가 있다. 반응적 행동은 고전적 조건화의 무조건 조건화에 대한 반응처럼 자극에 대한 적절한 반응을 말하는 것이며, 조작적 행동은 단순히 일어난 행동으로 상자 안의 쥐가 이리저리 돌아다니다가 그 속에서 가끔 지렛대 발판(자극)을 누르는 따위의 행동(반응)을 말하는 것이다. 이 행동의 결과로 먹이(보상)가 나올 수도 있고, 약한 전기(처벌)가 흐를 수도 있다.

스키너의 조작적 조건화는 자극의 강화가 반응 후에 일어난다고 하는 것이 특징이다. 즉 유기체가 먼저 요구하는 반응을 일으켜야 하고, 그 다음에 보상이 주어진다. 보상은 반응을 강화하며, 반응은 강화를 이끌어 오는 데 있어 도구가 된다는 것이다.

이와 같이 조작적 조건화는 [그림 5-7]과 같이, 소비자의 습관적 구매행동이 형성되는 과정을 설명하는 데 유용하다. 즉 소비자는 자신의 구매행동을 통제할 수 있으며, 제품이나 서비스의 구매/소비로부터 얻어진 보상(만족)이라는 결과는 강화되어 동일한 브랜드가 재구매되고 긍정적인 구전효과를 높이는 확률을 증대시킬 것이다. 그러나 부정적인 결과(불만족)는 구매회피나 부정적인 구전효과로 나타날 가능성이 높아질 것이다.

그림 5-7 조작적 조건화에 의한 소비자행동

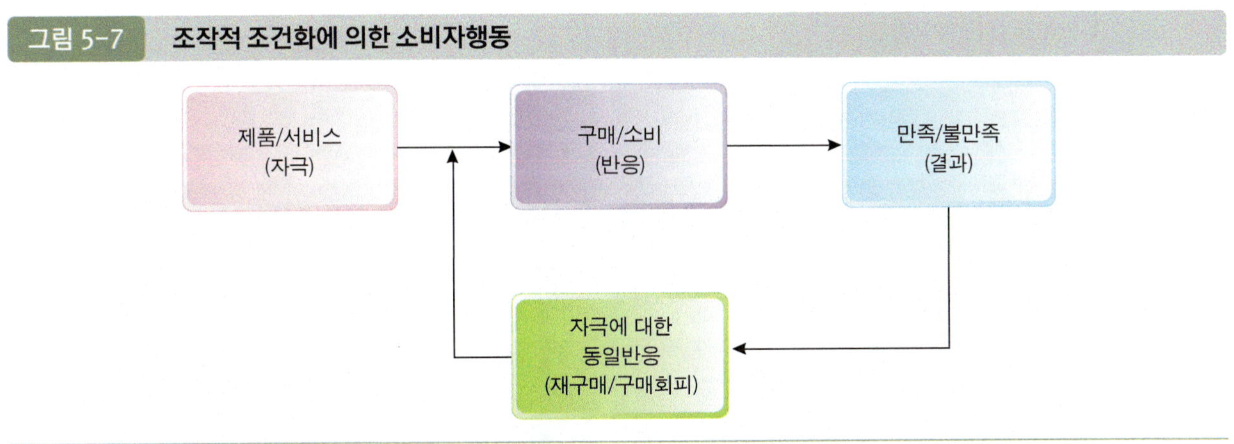

② 조작적 조건화와 마케팅

■강화

강화(reinforcement)는 어떤 행동을 하게 하는 힘을 의미하며 학습을 증진시킨다. 강화는 긍정적일 수도 있고 부정적일 수도 있다. 예를 들면, 당신이 만일 냉장고에 요구르트(자극)를 넣어 판매하는 상인을 보고, 그것을 구입(반응)해서 요구르트가 매우 신선하다(보상)는 것을 알았다면, 당신의 행동이 긍정적으로 강화되었다고 볼 수 있다. 다른 한편으로, 만일 당신이 새로운 맛의 요구르트를 구입해서 맛을 보니까, 맛이 좋지 않았다(부정적 강화)면, 다시는 그런 맛의 요구르트를 구입하지 않을 수 있다(반응). 이와 같이 사람들은 긍정적 강화나 부정적 강화없이는 반복구매 행동패턴이나 구입거부행동을 할 수 있는 동기부여가 일어나지 않을 것이다. 신규브랜드에 대해 이러한 중간적인 느낌을 야기한 경우에는 가격변화나 혹은 촉진활동의 증가 등의 마케팅 활동이 더 많은 소비를 유인하는 데 필요할 수도 있다. 일반적으로 강화에는 긍정적 강화, 부정적 강화, 처벌 등이 있다.

- **긍정적 강화** : 긍정적 강화는 자극을 받아서 반응행동의 결과가 바람직하게 나타났을 때, 자극과 반응의 관계를 강하게 해주는 것을 의미한다. 즉 주변의 환경적인 자극이 보상의 형태로 긍정적인 강화를 제공할 때, 반응은 강화되고 적절한 행동이 학습된다. 예를 들면, 소비자가 Dior 향수화장품을 구입해서 뿌린 후에 직장동료들이 향이 참 좋다고 한다면, 이런 바람직한 결과로 인해 학습이 되고 긍정적인 강화가 되어 차후에 재구매가 이루어질 가능성이 높을 것이다.
- **부정적 강화** : 부정적 강화는 부정적 결과를 제공함으로써, 특정 반응을 보일 확률을 증대시키는 것이라고 할 수 있다. 이런 경우에 소비자는 부정적인 결과를 회피하기 위해 행

광고 5-12 Miss Dior 향수광고

광고 5-13 부정적 강화원리를 이용한 맥도날드 광고

광고 5-14 처벌의 원리를 이용한 금연 캠페인 광고

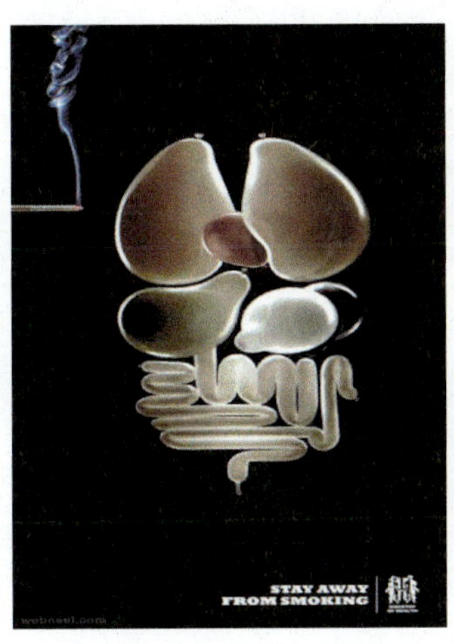

동을 취하려는 경향을 보이게 될 것이다. 예를 들면, 맥도날드는 테이크아웃 주문으로 구매하는 고객들을 겨냥해 '쓰레기를 잘 버리자'라는 메시지를 전하는 캠페인을 통해 버려진 포장지의 부정적 강화를 이용해 지역사회, 환경적인 관점에서 이런 문제들을 해결하려고 노력하고 있다.

- **처벌** : 처벌은 소비자가 바람직하지 않은 행동에 대한 부정적 결과를 초래하는 반응을 취할 가능성을 감소시키는 것으로서, 부정적인 결과를 제공하여 특정 반응의 가능성을 증가시키려는 부정적 강화와는 차이가 있다. 어떤 행동이 잘못된 결과를 초래하는 경우 그런 행동을 하지 않도록 학습된다. 처벌의 원리는 약품의 오남용방지, 음주운전방지, 흡연예방을 목적으로 하는 공익광고나 보장성 보험 등에서 이용될 수 있다.

(2) 소멸과 망각

소멸(extinction)은 조건자극이 더 이상 조건반응을 일으키지 않는 현상을 의미한다. 이는 시간이 지남에 따라 자연스럽게 기억 속에서 상실되는 망각현상과는 다르며, 조건자극과 무조건자극 간의 연계관계가 끊어지는 것을 의미한다. 조건자극에 의해 나타나던 반응이 조건화시키기 위하여 사용하던 무조건자극이 철회됨에 따라 동시에 사라지는 현상을 소멸이라고 한다. 예를 들면, 신제품 런칭 초기에 소비자에게 다양한 보상을 제공하다가 보상을 철회하는 경우에 기대했던 보상이 제공되지 않기 때문에, 그 자극에 대한 반응이 소멸되는 현상이 나타나서 더 이상 재구매 가능성도 크게 떨어질 수 있다.

그림 5-8 **강화, 소멸, 망각의 차기 구매확률과 반복광고 횟수**

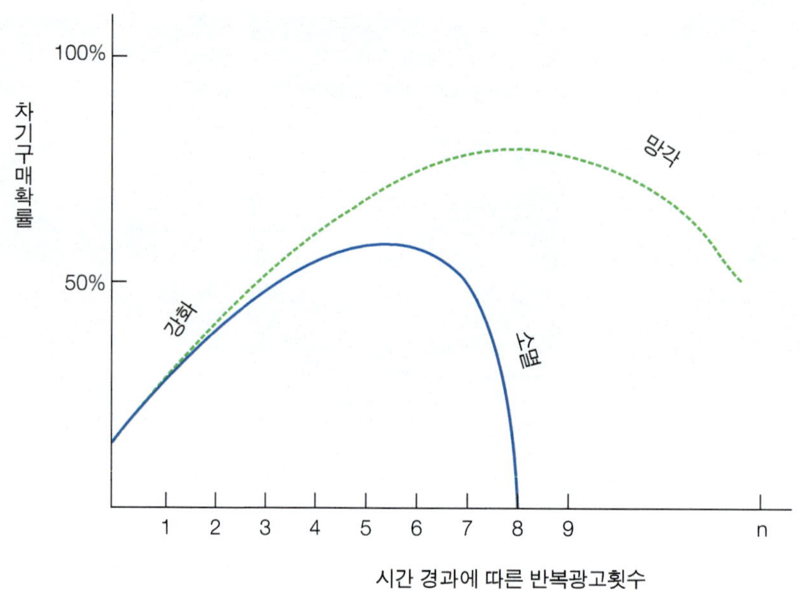

자료원 : Deslauriers, B. C. and P. B. Everett(1977), "The Effects of Intermittent and Continuous Token Reinforcement on Bus Ridership," *Journal of Psychology*, August, pp. 369~375

한편, 망각(forgetting)은 자극이 더 이상 반복되지 않아서 기억 속에서 사라지는 것을 의미한다. 광고메시지가 더 이상 노출되지 않거나 소비자가 그 제품을 오랫동안 사용하지 않는 경우에 그 제품에 대한 정보가 소비자의 기억 속에서 사라져 망각되게 된다. 따라서 소비자의 망각현상을 줄이고 방지하려면, 최소한의 잊어버리지 않을 정도로 광고를 지속적으로 해줄 필요가 있다. [그림 5-8]에서 나타난 바와 같이, 차기 재구매확률은 망각보다 소멸이 더 크게 감소하는 것으로 나타난다.[9]

(3) 조작적 조건화의 마케팅 응용

조작적 조건화 원리는 대부분의 마케팅전략 수립에 활용될 수 있다. 마케팅 믹스전략의 인적판매에서 보면, 판매원들이 대고객 서비스를 제공할 때 고객들이 원하는 욕구를 파악해서 만족할 수 있도록 충분한 정보 및 서비스를 제공하는 것도 성공적으로 강화시키는 방법이 될 것이다. 그리고 판매촉진 분야에서는 할인제도, 쿠폰제공, 샘플제공, 콘테스트 등은 소비자들의 구매행동을 형성하는 데 이용될 수 있다.

마케터에게 조작적 조건화 원리가 주는 무엇보다 중요한 시사점은 제품의 품질분야에 있다고 할 수 있다. 품질이 우수하고 뛰어나다면, 긍정적인 강화가 되어 소비자들의 재구매 가능성이 증가할 것이다. 그러나 제품의 품질이 모자라고 뒤떨어진다면, 제품의 재구매 가능성은 낮아질 것이다. 조작적 조건화에서 자극차별화와 자극일반화 같은 원리도 시장차별화 전략이나 포지셔닝 전략에서 많이 적용될 수 있을 것이다.

2. 인지적 학습

(1) 인지적 학습의 개념

인지적 학습은 어떤 상황을 극복하고 문제해결 노력이나 사고, 기억, 통찰력 개발, 개념형성, 아이디어 학습 등과 같은 모든 정신적인 활동들을 포함한다. 이런 학습에는 직접적인 경험이나 강화없이 어떤 환경 속에서 제시된 정보를 해석하거나 이해하며 새로운 지식을 창출할 때 일어난다. 인지적 학습이론은 인간이 어떻게 광고메시지와 같은 언어적 요소를 기억 속에 보유하는지, 어떤 통찰력을 가지는지, 어떻게 계획을 수립하는지 등과 같은 비교적 복잡한 학습형태에 초점을 두고 있다. 이러한 학습은 교육을 통한 개념적 학습(conceptual learning)과 경험을 통한 경험적 학습(experiential learning) 등 두 가지가 있다.

첫째, 경험을 통한 학습은 제품과 실제 접촉을 통해서 지식을 얻는 과정을 의미하며, 그런 경험이 행동을 변화시킬 때 일어난다. 예를 들면, 당신이 평소에 두통증세가 자주 있었는데, 우연히 새로운 두통약에 관한 광고를 보고 약국에서 구입해서 먹었지만 그 증세가 완화되지 않았다면, 당신은 그 브랜드의 약을 다시는 구입하지 않을 수도 있다.

둘째, 교육을 통한 개념적 학습은 회사로부터 제공된 정보를 광고나 인적판매, 자료수집을 위한 소비자 개인의 직접적인 노력, 다른 사람들의 조언 등으로 얻는 것을 말한다. 직접적인 경험을 통해서 학습된 것이 아닌 개념적 학습은 이차적인 학습유형이다. 예를 들면, 당신이 청량음료를 구입하려고 자동판매기 앞에 서 있는데, 새로운 인공감미료를 첨가한 다이어트 음료를 발견했다. 그런데 누군가가 당신에게 그 청량음료는 뒷맛이 개운하지 않다고 말해서 당신은 다른 브랜드를 구입했다면, 이런 경우에 당신은 그 새로운 제품을 경험해보지도 않고 그 제품이 좋지 않다는 것을 학습한 것이다.

전반적으로 볼 때, 경험적 학습이 교육을 통한 개념적 학습보다 소비자 지식(consumer knowledge)을 얻는 데 더 효과적인 수단이라고 할 수 있다. 그것은 소비자가 직접적으로 경험학습과 관련이 되어 있고, 얻은 정보가 더 생생하고 구체적이며, 현저하기 때문에 기억 속에서 더 잘 인출되고 회상될 수 있기 때문이다.

(2) 인지적 학습유형

인지적 학습을 기억과 문제해결 관점에서 볼 때, 소비자의 정보처리과정은 세 가지 학습유형을 통해 학습에 영향을 미친다.

첫째, 대부분의 인지적 학습은 첨가(accretion)에 의해 일어난다. 첨가는 특정 대상에 대한 소비자의 정보처리결과가 기존의 지식구조에 새로운 지식, 의미, 신념 등의 내용을 추가하는 것을 의미한다. 이런 첨가에 의한 학습효과는 새로운 연상관계를 구축하는 것이다.

둘째, 인지적 학습유형 중에서 조율(tuning)은 소비자가 어떤 제품에 대한 새로운 지식과 경험을 기존의 지식구조에 첨가하게 될 때, 기존의 지식구조의 일부가 변화되어 새로운 의미를 지니는 구조로 일반화될 수 있도록 조정하는 것을 의미한다.

셋째, 첨가나 조율과 달리 재구조화(restructuring)에 의해 학습이 일어난다. 재구조화는 전혀 새로운 의미구조를 만들거나 기존의 지식구조를 완전히 재조직함으로써, 지식의 전반적인 연상네트워크 구조를 재편하는 것을 말한다. 이는 과거에 축적된 정보의 양이 지나치게 많아짐에 따라서 지식구조 자체를 다시 설정해야 할 필요성이 있을 때 나타난다.

(3) 인지적 학습의 결정요인

인지적 학습에 영향을 미치는 요인으로는 리허설(rehearsal)과 숙고(elaboration) 등의 두 가지 요인들이 있다.

① 리허설

리허설은 정보내용을 정신적으로 반복하는 것으로 단기기억을 통해 재생시키는 것을 의미한다. 리허설의 기능은 소비자가 정보를 마음속으로 되뇌면서 단기기억에 저장시킬 수 있도록 도움을 준다. 예를 들면, 흔히 우리는 일상생활 가운데서 전화번호나 버스노선번호 등을 처음 들었을 때 잊어버리지 않기 위해 몇 번씩 중얼거리며 되뇐 경험이 있을 것이다. 그리고 리허설의 또 하나 주요 기능으로는 단기기억(short-term memory) 속에 저장된 정보를 장기기억(long-term memory)으로 이동시켜 저장시키는 일이며, 차후에 필요할 때 인출될 가능성을 높이는 것이다.

② 숙 고

숙고(elaboration)는 자극과 기존의 지식 간의 통합정도를 의미하는데, 이런 숙고는 학습효과에도 많은 영향을 미친다. 숙고수준이 낮으면 정보처리는 초기수준과 마찬가지로 단순하게 처리된다. 하지만 숙고수준이 높으면 자극정보의 내용이나 형태가 새로운 추가적인 정보내용과 기존의 지식 간의 연결까지 이루어지면서 상당히 강화되어 학습효과가 높아질 수 있다. 이러한 숙고수준은 새로운 정보내용에 노출되는 시점에서 소비자의 동기, 기존 지식의 양, 그리고 새로운 정보와 기존 정보 간의 일치성 등에 의해 결정된다. 그러나 이러한 요소들이 아무리 높다고 하지만 주의분산과 같은 환경적인 요인으로 인해 숙고수준이 낮아질 수 있다.

3. 대리학습

대리학습(vicarious learning)이란 소비자 자신이 직접 경험하지 않고 다른 사람의 행동이나 그 행동결과를 관찰하거나, 가족이나 준거집단으로부터 제품이나 서비스와 관련된 정보를 듣고, 간접적인 경험을 하고 모방에 의해 자신의 행동변화를 시도하는 과정을 말한다. 이를 모방학습(modeling)이라고도 하는데, 소비자들은 대부분 사회생활을 하면서 어떤 식으로든지 가족, 친구, 회사동료들의 행동, 관습, 가치관 등을 관찰함으로써, 이를 모방한 행동을 하게 된다. 대리학습은 다른 사람들의 행동을 모방하거나 수용함으로써, 소비자 자신이 어떤 보상을 얻을 수 있다고 생각될 때 일어난다. 소비자들은 흔히 광고에 등장하는 모델들의 모습이나 행동을 따라 하면서 모방함으로써, 자신도 그렇게 될 것이라고 생각하기 때문에 제품이나

광고 5-15 대리강화 원리를 이용한 케이스티파이 광고

서비스를 구매하고 사용한다. 예를 들면, 소비자들이 유명한 연예인이나 스포츠 스타들의 헤어스타일이나 액세서리, 의상 등을 따라서 모방하는 경우는 흔한 일이기 때문에 마케터는 자사의 표적시장 소비자들이 선호하는 모델이 누군지를 파악해서 모델링 전략을 수행한다면 매우 효과적일 수 있다. 그리고 광고모델로 하여금 자사제품 사용결과에 대한 만족감을 표현하게 함으로써, 대리강화(vicarious reinforcement)에 의해 소비자들의 구매행동을 유도한다. 예를 들면, 휴대폰 케이스로 유명한 케이스티파이(Casetify)의 경우, 연예인 인스타그램에서 보이기 시작하면서 온라인을 넘어 오프라인 매장에서도 휴대폰 케이스뿐만 아니라 에어팟, 애플워치, 아이패드, 맥북 등 다양한 제품군으로 범위를 확장시키고 있는데, 소비자들은 자신들이 선호하는 모델들을 따라 하는 경향이 높아 큰 인기를 얻고 있다.

참고문헌

- Bearden, William O. and Michael J. Etzel(1982), "Reference Group Influences on Product and Brand purchase Decisions," Journal of Consumer Research, Sept.
- Blackwell, Roger D., Paul W. Miniardand James F. Engel(2006), Consumer Behavior, 10th ed., Thomson South-Western.
- Bolch, Peter H. and Richins L. Marsha(1983), "A Theoretical Model for the Study Product Importance Perception," Journal of Marketing, 47(Summer), 69-81.
- Churchill and George P. Moschis(1979), "Television and International Influences on Adolescent Consumer Learning," Journal of Consumer Research, June, 23-33
- Deslauriers, B. C. and P. B. Everett(1977), "The Effects of Intermittent and Continuous Token Reinforcement on Bus Ridership," Journal of Psychology, August, 369-375
- DePaulo, Peter(1986), "The Opposite of Satisfaction : Motivational Priming as an After Effect of a Pleasurable Consumption Experience," in Advances in Consumer Research, Vol. XIII, Richard Lutz, ed., Ann Arbor, MI: Association for Consumer Research.
- Donovan, Robert and John Rossiter(1982), "Store Atmosphere : An Environmental Psychology Approach," Journal of retailing, Vol.58, Spring, 34-57.
- Groth, John C.(1994), "The Exclusive Value Principle - A Concept for Marketing," Journal of Product & Brand Management, Vol.3, No.3, 10.

- Foxall, Gorden R.(1980), Consumer Behavior : A Practical Guide, John Willey & Sons, Inc., New york.
- Hawkins, Del I., David L. Mothersbaugh and Roger J. Best(2007), Consumer Behavior, 10/e, McGraw-Hill Irwin.
- Hoyer, Wayne D. and Deborah J. Maclnnis(2004), Consumer Behavior, 3rd ed., Houghton Mifflin Company.
- Joiner, B. L.(1994), Fourth Generation Management : The New Business Consciousness, Mcgraw-Hill, New York, NY, 68-69.
- Laurent, Gilles and Jean-Noel Kapferer(1985), "Measuring Consumer Involvement Profiles," Journal of Marketing Research, 22, February.
- McCracken, Grant(1986), "Culture and Consumption : A Theoretical Account of the Structure and Movement to the Cultural Meaning of Consumer Goods," Journal of Consumer Research 13, June.
- Moore, Roy L. and George P. Moschis(1979), "Decision Making among the Young : A Socialization Perspective," Journal of Consumer Research, V.6, Sept., 101-110.
- Moore, Roy L. and Lowndes F. Stephens(1975), "Some Communication and Demographic Determinants of Adolescent Consumer Learning," Journal of Consumer Research, Sept., 80-92.
- Mowen, John C. (1995), Consumer Behavior, Prentice-Hall, Inc., 4th eds.
- Moschis, George P.(1987), Consumer Socialization, by D.C Heath and Company.
- Murphy, Patrick E. and William A. Staples(1979), "A Modern-Sized Family Life Cycle," Journal of Consumer Research, 6, June, 17-18.
- Plumer, Joseph T.(1974), "The Concept and Application of Life Style Segmentation," Journal of Marketing, January, 34-35.
- Schiffman, Leon G. and Leslie Lazar Kanuk(2007), Consumer Behavior, Pearson International Edition, 9th.
- Solomon, Michael R.(2007), Consumer Behaver, Pearson Prentice Hall, 7th.
- VALS-II, SRI International, Menlo Park, Calif.(1994), cited in Judith Waldrop, "Markets with Attitude," American Demographics, July, 22-23.
- Ward, Scott(1974), "Consumer Socialization," Journal of Consumer Research, V.1, Sept., 1-12.
- Warner, W. Lloyd, Marchia Meeker, and Kenneth Eells(1960), Social Class in America : A Manual of Procedure for the Measurement of Social Status, New York : Harper & Row Publishers.
- Well, William D. and George Gubar(1966), "The Life Cycle Concept," Journal of Marketing Research, Vol. 2, November, 355-363.
- Woodruff, Robert B.(1997), "Customer Value : The Next Source for Competitive Advantage,"

Journal of the Academy of Marketing Science, Vol.25, No.2, 142-143.

- Zaichkowsky, Judith Lynne(1994), "The Personal Involvement Inventory : Reduction, Revision, and Application to Advertising", Journal of Advertising, 23(4), 59-70.

미주정리

1) Mowen, John C., 1995
2) Hawkins, Del I., David L. Mothersbaugh and Roger J. Best, 2007
3) Mowen, John C., 1995
4) DePaulo, Peter(1986),
5) Bolch, Peter H. and Richins L. Marsha, 1983
6) Zaichkowsky, Judith Lynne, 1994.
7) Laurent, Gilles and Jean-Noel Kapferer, 1985
8) Mowen, John C., 1995
9) Deslauriers, B. C. and P. B. Everett, 1977

참고 URL 주소

- https://www.inno-n.com/pr/brands/hutgaesoo
- https://blog.naver.com/kkjj4742/222993064600
- https://blog.naver.com/summerr_rr/223008999280

CHAPTER

6

사이코그래픽스 : 개성, 가치, 라이프스타일

1. 사이코그래픽스의 의미
2. 개 성
3. 가 치
4. 라이프스타일과 사이코그래픽스

소비자 라이프스타일을 AI기반으로 비스포크 라이프(BESPOKE Life) 신제품 론칭 미디어데이 현장속으로

삼성전자는 혁신적인 에너지 절감기술과 한층 고도화된 인공지능 성능을 갖춘 2023년형 비스포크(BESPOKE) 가전 신제품 라인업을 대거 선보이며, 공간을 넘어 소비자의 삶(Life)까지 맞춤형으로 케어하는 스마트 홈 라이프스타일 가전 '비스포크 라이프'를 제시했다.

◆ 취향을 넘어 삶(Life)까지 케어…'비스포크 라이프(BESPOKE Life)'의 비전

비스포크 라이프가 추구하는 '지속가능한 일상'은 소비자들이 일상에서 가전제품을 사용하는 것만으로도 에너지를 절감하는 등 자연스럽게 지구를 위한 한 걸음에 동참하는 삶을 지향한다. 비스포크 가전의 해양 미세 플라스틱 문제해결을 위한 노력으로 올 2월 파타고니아와 협업해 국내 최초로 출시한 미세 플라스틱 배출 저감 코스 세탁기 '비스포크 그랑데 AI'도 소개되었는데, 연간 줄일 수 있는 미세 플라스틱의 양이 PET병 약 400만 개에 달할 것이라는 발표내용에 참석한 미디어들도 높은 관심을 보였다.

비스포크 라이프는 소비자의 라이프스타일을 AI 기반의 고도화된 맞춤형 경험으로 더욱 섬세하게 케어한다. AI 기술을 거듭 발전하며 가전업계를 리드해온 삼성전자는 올해 기술지원 범위를 확장해 총 15종의

▲왼쪽 : 현장 입구에 들어서자마자 올해의 비스포크 테마 컬러 '세이지 그린'으로 구성된 가전 쇼케이스가 시각적으로 편안한 분위기를 연출하며 방문객을 맞이했다.

▲오른쪽 : 환경을 생각한 소재를 통해 비스포크 라이프가 추구하는 지속가능성을 느낄 수 있었던 Sustainability 존

AI 가전 라인업을 완성했다. '비스포크 제트 AI'는 청소하는 바닥상태를 청소기가 알아서 감지하고 흡입력을 조절해 소비자의 수고로움을 덜고, 배터리 효율까지 챙긴 것이다. 이 외에도 '비스포크 그랑데 AI' 세탁기 · 건조기에는 세탁물 오염도를 고려한 섬세한 AI 기능이 추가됐고, 스마트싱스 경험은 소비자들의 주요 관심분야인 에너지, 헬스, 펫을 중심으로 강화되었다는 소식이 전해졌다.

올해의 비스포크 테마 컬러는 '세이지 그린'이다. 평온한 정원을 연상케 하는 세이지 그린이 연출하는 은은하고 세련된 분위기는 현장 방문객의 시선을 끌었다. 세이지 그린의 저채도 초록 색감은 비스포크 라이프가 추구하는 지속가능한 일상과 맞춤형 경험으로 구현하는 편안한 일상과도 맞닿아 있다.

◆ 비스포크와 함께하는 삶, 더 나은 미래를 만들다

가장 먼저 만나본 Sustainability 존은 비스포크의 환경에 대한 진심을 보여주는 공간으로, 소재, 생산, 운송, 사용, 재활용에 이르기까지 제품의 전 생애에 걸친 삼성전자의 노력을 직관적으로 선보였다.

삼성전자는 세탁기 핵심 부품인 인버터 모터와 인버터 컴프레서의 평생 보증으로 제품 사용기간을 늘려 환경을 보호한다. 또한 미세 플라스틱 배출 저감 코스를 1년 동안 사용하면, 연간 약 49g, 신용카드 약 10장 무게에 달하는 미세 플라스틱이 해양으로 배출되는 것을 막을 수 있다.

▲세탁기의 엔진을 담당하는 인버터 모터와 냉매를 압축해 순환시키는 인버터 컴프레서 전시공간. 이들은 세탁기의 강력한 성능과 에너지 효율성을 책임지는 핵심부품임

◀재활용 소재를 업사이클링한 키링 만들기 프로그램

◆'연결'로 완성되는 생활, 비스포크 라이프

또 하나의 체험공간인 스마트싱스 존은 비스포크 가전의 AI 기능과 스마트싱스 경험을 일반 주거환경과 비슷한 조건에서 직접 체험하는 공간이다. 거실, 주방, 세탁실로 구성된 친근한 공간에서의 체험을 통해 방문객들은 일상에 스며 드는 스마트 홈 솔루션을 자연스럽게 경험이 가능했다.

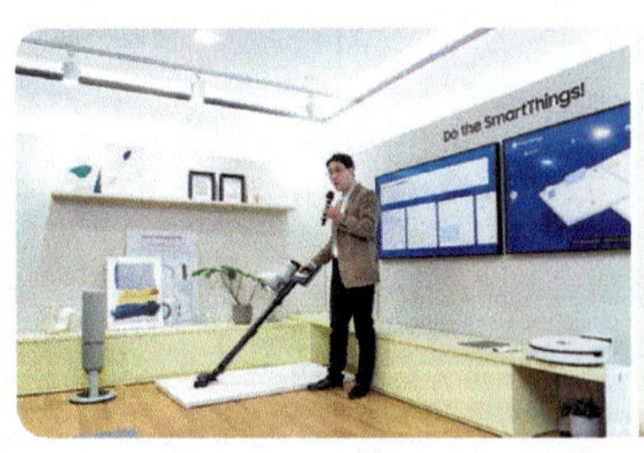

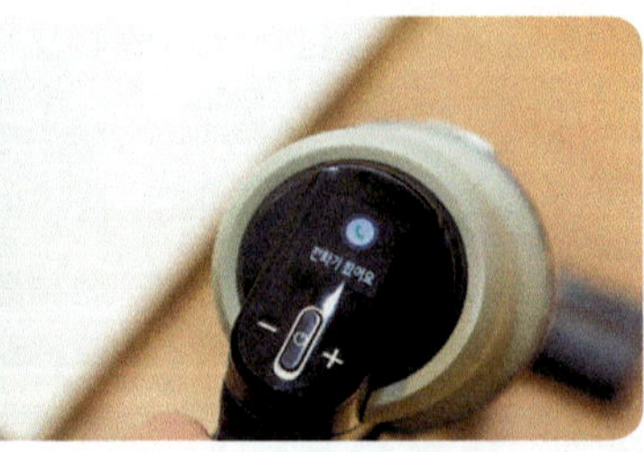

◀AI 가전 대열에 새롭게 합류한 비스포크 제트 AI는 청소할 바닥을 알아서 감지해 흡입력을 조절하고, 모바일과 연동을 통해 전화 수신도 가능함

거실에 있던 세이지 그린 컬러의 스틱 청소기 '비스포크 제트 AI'는 마루나 카펫 등 바닥 상태에 따라 스스로 흡입력을 조절하며 스마트한 면모를 뽐냈다. 특히 세계 최고 흡입력의 '비스포크 제트 AI 280W'은 카펫에서는 강력한 흡입력으로 숨은 먼지까지 깔끔하게 청소하다가, 제품을 들고 이동하자 AI가 이를 감지하고 흡입력을 낮춰 배터리 사용을 최소화한다.

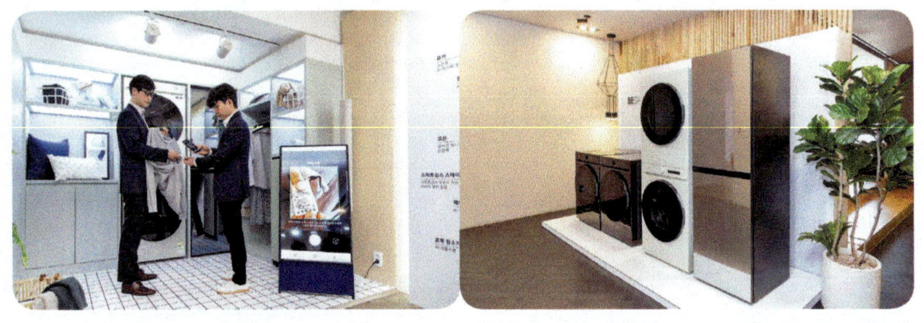

▲왼쪽 : 비스포크 그랑데 AI 세탁기·건조기의 'AI 스캔' 기능은 옷에 부착된 케어 라벨을 인식해 옷마다 최적의 세탁 코스를 추천해줌

▲오른쪽 : (가운데) 새롭게 출시된 '비스포크 그랑데 AI 원바디'는 상단 건조기 투입구 위치를 낮춘 일체형 세탁건조기로, 소비자 선택의 폭을 더욱 넓혔음, 하나의 조작부로 두 제품을 제어할 수 있어 더욱 편리함 (오른쪽) 비스포크 에어드레서는 듀얼에어워시와 듀얼제트스팀 기능으로 청정 성능을 강화하고, 옷걸이 홈을 추가해 최대 9벌의 의류까지 관리할 수 있음

이제 '이 옷, 물 빨래해도 되나? 섬세 코스로 돌려야 하나?' 고민할 필요가 없다. 스마트싱스 앱으로 옷의 케어 라벨을 찍으면, 비스포크 그랑데 AI 세탁기·건조기는 'AI 스캔' 기능으로 옷에 부착된 케어 라벨을 인식해 최적의 관리 방법을 안내한다. 추천받은 맞춤 코스를 세탁기에 전송하면 코스 고민 없이 편리하게 이용 가능하다.

비스포크 라이프 미디어데이는 비스포크와 함께하는 지속가능한 일상을 가까이서 보고 직접 체험할 수 있는 경험의 장(場)이었다.

• 자료원 : 삼성전자 뉴스룸, 2023년 3월 22일(내용일부 수정함)

소비자행동을 분석하기 위해서는 인구통계적 변수뿐만 아니라, 소비자의 심리적 구조를 파악함으로써 소비자의 특성을 보다 더 잘 이해할 수 있다. 이런 심리적 구조를 이해하기 위해서 마케터들은 사이코그래픽스의 특성을 측정하는 데 많이 의존하고 있다. 사이코그래픽스는 계량화할 수 있는 심리적 특성을 말하며, 이 중에서도 개성, 가치, 라이프스타일 등은 대표적인 심리적 특성이다.

따라서 본 장에서는 우선 사이코그래픽스의 의미를 살펴보고, 개성의 의미와 관련 이론, 가치의 개념과 소비자 가치, 라이프스타일의 의미, 유형과 특성, 사이코그래픽스 측정방법 등에 관해서 살펴보려고 한다.

1 사이코그래픽스의 의미

사이코그래픽스(psychographics)는 소비자의 심리를 나타내는 Psycho와 묘사를 나타내는 graphic의 복합적인 개념으로 개인의 심리적 과정과 특성을 표현하는 수단을 의미하고 있으나, 실제로는 소비자의 활동(activities), 관심(interests), 의견(opinions)등의 AIO를 평가하는데 사용되었다. 그 다음에 AIO를 통해 라이프스타일을 측정하는데 이용되었기 때문에, 전통적으로 사이코그래픽스는 소비자의 라이프스타일을 측정했다. 그러나 현대적으로 사이코그래픽스는 소비자의 심리학적 구조, 동기, 개성, 가치 그리고 특정 제품과 관련된 사용패턴, 태도, 감성 등의 행동, 의견 등과 관련된 심리적 특성 변수들의 통합체로써 넓은 의미로 응용되고 있다. 그래서 소비자들의 심리적·행동적 특성을 바탕으로 한 사이코그래픽스는 개성, 가치, 라이프스타일 등의 개념들을 기본적인 구성요소로 하고 있다.[1)]

사이코그래픽스에 관한 연구는 표적시장의 소비자들을 다른 집단의 소비자들과 구별하고 그들의 개성과 라이프스타일 특성들을 평가하는 문제에 초점을 두고 있다. 그리고 사이코그래픽스를 통한 조사에서는 소비자들의 욕구, 동기, 관심, 태도, 신념, 개성, 가치 등에 대한 다양한 설문을 통해 대규모 표본집단을 조사해서 소비자들의 심리적·행동적 특성을 계량적으로 측정하고 분석한다. 이를 통해서 마케터들은 기업이 자사의 고객들에게 효과적으로 도달하고 이해하는데 도움을 주기 위한 세분시장을 묘사하는데 사이코그래픽스를 활용하고, 성공적인 시장세분화 전략뿐만 아니라 촉진전략에도 이용할 수 있다.

2 개 성

개성은 주어진 환경에 반응할 수 있는 인간의 내면에 존재하는 심리적 특성이기 때문에 소비자들의 개성을 파악할 수 있다면, 마케터 입장에서는 사전에 소비자행동을 예측할 수 있고, 자사의 마케팅전략을 효과적으로 수립하는데 도움을 줄 수 있을 것이다. 그래서 우선 개성의 의미에 대해서 살펴보고, 개성과 관련된 제이론들을 중심으로 고찰한다.

2.1 개성의 의미

최근 소비자들은 사회문화적인 환경변화로 인해 개인의 생활패턴이 많이 달라서 여가시간을 보내는 방법도 다양해지고 있다. 소비자들 중에는 조용히 산책, 명상, 영화감상, 독서 등을 한다든지, 혹은 등산, 낚시, 수영, 축구, 야구 등 스포츠를 즐긴다든지, 아니면 좀 더 활동적이고 모험적인 패러글라이딩, 번지점프, 래프팅, 스카이다이빙, 산악자전거 타기 등을 즐기면서 여가시간을 즐긴다. 이러한 여러 가지 활동에 참여하는 사람들 중에는 여가시간을 명상이나 독서 등으로 조용하게 보내는 사람이 있는 반면에 래프팅, 번지점프, 산악자전거 타기 등 매우 모험적인 활동으로 보내는 사람이 있는데, 이들은 무엇 때문에 이렇게 다른지 한 번 생각해 볼 필요가 있다. 그것은 아마도 여러 가지 이유들이 있겠지만, 그중에서 중요한 한 가지 이유는 개별소비자들의 서로 다른 독특한 개성에서 찾을 수 있을 것이다.

개성(personality)은 '자신의 환경에 대하여 비교적 일관성 있고 지속적인 반응을 보이게 하는 개인의 심리적인 특성'으로 정의할 수 있다. 이처럼 개성은 심리적인 성격과 환경적인 세력을 결합하는데, 특히 가장 지배적인 특성인 인간의 기질을 포함한다. 그리고 개성의 정의에 나타난 특징을 살펴보면 다음과 같다.

첫째, 개성은 쉽게 변화하지 않는 정태적인 특성을 가지고 있지만, 점진적인 성숙과정에 의해서 또는 결혼, 승진, 자녀출생 등 중요한 일을 겪으면서 장기적으로는 변화할 수도 있다.

둘째, 개성은 개인이 처한 환경에 따라 수시로 변화하는 것이 아니라, 일관되고 지속적인 반응패턴을 나타내는데, 이런 일관성과 지속성은 소비자행동을 설명하고 예측하는데 필요한 정보가 될 수 있다.

셋째, 개성은 다른 사람들과 구별되는 독특한 심리적인 특성들로 구성되어 있기 때문에 모든 개인이 똑같은 개성을 갖지는 않는다. 그러나 전체 소비자들 중에서 서로 유사한 개성을 분류할 수 있으며, 이를 소비자의 성향을 파악하는데 유용한 정보로 활용할 수 있고 시장세분화전략 수립에 기초로 삼을 수 있다.

이러한 개성의 특성은 소비자행동을 연구하는데 유용한 개념들 중의 하나로 구매한 제품의 유형이나 브랜드 전략에 영향을 미친다고 할 수 있다. 예를 들면, 소비자가 구매한 자동차, 의류, 보석의 종류는 자신의 개성을 반영한 것이라고 볼 수 있다.

개성은 여러 가지 공통적인 특성으로 분류될 수 있는데, 일반적으로 소속감, 적응성, 공격성, 성취감, 우월성, 자율성, 방어성, 정서성, 사회성, 안전성, 자기과신성, 순종성, 복종성 등으로 구분할 수 있다. 개성은 특정 제품이나 브랜드를 선택하는 소비자행동을 분석하는데 유용하다. 예를 들면, 자율성이 강한 소비자의 경우는 소비생활과 관련하여 다른 사람을 의식하지 않기 때문에 독자적인 구매결정을 내리는 경향이 높을 것이고, 소속감이나 사회성이 강한 소비자는 친구나 직장동료 등 준거집단의 영향을 많이 받아서 남을 의식하는 구매나 모방구매가 많은 경향을 나타낼 것이다. 따라서 이러한 점들 때문에 개성이 소비자행동 연구에 있어서 중요한 의미를 가진다고 할 수 있다.

2.2 개성에 관한 이론

개성을 설명하는 이론은 여러 가지가 있지만 소비자행동과 개성 간의 관계를 연구하는데 중요한 이론으로는 정신분석이론, 사회심리이론, 특성이론, 자기개념이론 등이 있다.

1. 정신분석이론

정신분석학적 이론에 따르면, 개성은 인간의 마음속에 있는 일련의 역동적이고 무의식적인 내적 갈등에서 나온다고 한다. 이미 잘 알려진 Freud의 정신분석이론(psychoanalytic theory)은 인간의 개성을 가장 잘 설명해 주는 이론 중의 하나로 현대 심리학의 초석이다. 이 이론에 따르면, 인간의 개성은 갈증·배고픔·성욕·공격성향 등의 내부 생리학적 동인과 법·규칙·도덕규범 등의 사회압박 간의 역동적인 갈등에서 나온 결과라고 한다. 그리고 개성은 원초아(id), 자아(ego), 초자아(super ego) 등 세 가지 요소들 간의 상호작용을 통한 갈등에서 나오며, 개개인의 독특한 성격특성이 형성된다고 했다.

(1) 원초아(id)

원초아는 인간이 태어나면서 무의식적으로 행동을 하게끔 하는 생리학적 동인(drives)들을 말하며, 개인이 즉각적인 만족을 추구하는 갈증, 배고픔, 성욕 등과 같은 본능적이고 충동적인 욕구를 충족시키기 위해 행동을 야기시키는 역할을 한다. 원초아는 성격형성에 기초가 되며, 즉각적으로 본능적인 욕구충족을 통해 만족을 추구한다.

(2) 초자아(super ego)

초자아는 인간의 본능적 행동을 지배하는 원초아의 상대적 개념으로 의식적이며, 사회적으로 지켜야 할 규범적·도덕적·윤리적인 가치를 추구한다.

(3) 자아(ego)

자아는 어린이들이 성장하면서 발달하기 시작하며, 그 기능은 원초아와 초자아 간의 갈등을 조정하고 중재하는 역할을 수행한다. 즉 원초아가 추구하는 본능적이고 쾌락적인 욕구를 억제하고 초자아가 추구하는 윤리와 도덕적 금욕 간의 균형을 유지하며 외부세계에서 효율적인 기능을 할 수 있도록 도와준다. 자아는 학습과 경험에 의해서 환경에 적절하게 대응하고 순응할 수 있는 개인의 능력과 사고를 만들어 준다.

이러한 세 가지 요소들 간의 역동적인 상호작용은 인간행동에 나타난 무의식적인 동기에서 일어난다. Freud의 이론에서 개성은 육체적인 욕망을 만족시키려는 욕구와 사회의 구성원으로서 공헌하려는 욕구 사이의 갈등에서 나온다고 한다.

Freud의 정신분석이론은 의식적인 동기뿐만 아니라, 무의식적인 동기에 의해서도 행동할 수 있다는 점에서 마케터에게 의미하는 바가 있다. 특히 인간의 행동 뒤에 감춰져 있는 무의식적인 동기를 확인하기 위해서 꿈, 환상, 상징 등의 사용을 강조하고 있다. 흔히 광고에서 제품의 물리적인 특성이나 제품의 상징적인 의미를 이용한 감성적인 광고들이 이와 관련된 사례라고 할 수 있다. 예를 들면, 환상, 성적, 사랑 등의 감성적인 소구를 통해 소비자의 잠재된 본능을 자극해서 구매행동으로 유발하려고 한다.

광고 6-1 원초아인 성적소구방식의 Dior와 Guinness 광고

2. 사회심리이론

사회심리이론은 Freud의 정신분석이론과 달리 개성은 생물학적 본능보다는 사회적 욕구에 초점을 두고 사회적 변수가 개성의 형성에 가장 중요한 결정요인으로 고려되고 있다. 이 이론은 개인이 자신의 욕구를 충족시키기 위해 사회적인 상황에서 행동한다고 제안하고 있다. 그리고 인간행동의 동기를 본능적이고 무의식적인 동기보다는 의식적인 동기를 더 중요시하고 있다. 사회심리이론과 관련된 주요 이론으로는 인간의 성격을 형성하는데 다른 사람과의 사회적 관계에 바탕을 두고 있는 신프로이드 이론(neo-Freudian theory)이 있다.

신프로이드 이론은 사회적 관계가 개성형성과 발달에 근본적으로 중요한 요인으로 보고 있

으며, 대표적인 학자로는 Karen Horney, Carl Jung, Joel B. Cohen 등이 있다.

Carl Jung은 Freud의 정신분석적 이론을 바탕으로 분석심리학을 제안하였다. 인간의 사회적·문화적 환경이 과거부터 무의식 속에 누적되어 형성되는 집단적 무의식(collective unconsciousness)이 사람들로 하여금 같은 방식으로 생각하게 하는 심리적 요인으로 작용하여 성격형성에 영향을 미치는 것으로 보았다. 이런 과거로부터 전해져 오고 있는 집단적 무의식을 이용해서 현실 세계에 없는 신화, 전설, 마법, 유령 등을 소재로 마케팅에서도 활용할 수 있다.

Karen Horney는 사람의 성격을 어린이가 성장하면서 부모와 갈등을 겪는 과정에서 불가피하게 미워함, 적의, 잘못한 다툼, 몰이해 등으로 말미암아 무력함과 소외감을 느끼며, 여기서 '근본적인 불안감(basic anxiety)'이 생긴다고 한다.

Freud와는 달리 사람의 근본적인 불안감은 우리들 자신 속에서 생기는 것이 아니라, 사회적 조건 때문에 생긴다고 하고 있다. 이 불안감을 해결하기 위해서 어린이는 처음에는 순종, 적대, 회피, 독립 또는 완벽주의 등 여러 가지 전략을 사용하지만, 결국은 세 가지 기본적 '성격특성' 집단들, 즉 다른 사람에게 동조하거나 순응하는 순종형, 다른 사람과 고립적인 성향을 나타내는 고립형, 그리고 보다 개방적이고 공격적인 성향을 가진 공격형 등으로 분류된다고 하였다.

- **순종형**(compliant) : 다른 사람에게 동조하며, 다른 사람들로부터 사랑과 인정받기를 원하는 성향
- **공격형**(aggressive) : 다른 사람에 대해 영향력을 행사하고, 다른 사람보다 우월하며, 존경을 받고 싶어하는 성향
- **고립형**(detached) : 다른 사람과는 떨어져 활동하려 하며, 독립적이고, 자아의존·자아충만·개인주의와 어떤 의무로부터 자유롭기를 원하는 성향

이러한 성격특성 중 하나가 우세하게 되지만, 한 가지 특성이 다른 것을 배척하는 경우 장애가 발생하게 된다. 즉 한 가지 성격특성이 불안감을 해결하기는 하나 부분적일 따름이며, 다른 성격특성과의 관계에 융통성이 없이 경직되어 있어 악순환을 일으키는 결과를 초래해서, 없애거나 방지하려고 했던 문제가 새롭게 생기게 되기 때문이다.

Karen Horney이론은 성격형성의 영향요인으로 부모와의 관계로부터 시작된 대인관계와 사회적 환경의 중요성에 초점을 두고 있다. 이 이론은 주로 소비자들의 브랜드 선호성향을 조사하고 연구하는데 유용하게 이용되고 있다. 그리고 이 이론을 바탕으로 Joel B. Cohen은

CAD(Compliant, Aggressive, Detached) 테스트를 개발하고 개성과 제품의 패턴이 상당히 연관성이 있다는 것을 밝혔다.

3. 특성이론

특성이론(trait theory)은 인간의 행동, 사고, 감정에 영향을 미치는 개인의 고유한 특성들을 규명하고 분류하여 계량적인 접근을 시도한 실증적 이론으로써, 소비자들의 개성조사 및 연구에 가장 많이 이용되고 있다. 이 이론에서 개성은 한 개인이 다른 사람들과 구별되고 묘사되는 특성들로 구성되어 있다고 하며, 이런 특성들은 시간이 경과해도 비교적 안정적으로 나타나서 개인의 행동에 지속적으로 영향을 미친다고 한다. 예를 들면, 사람들은 공격적임, 안이함, 조용함, 변덕스러움, 소심함, 완고함 등으로 묘사될 수 있다.

Carl Jung은 개인의 특성을 자아의 정신적 에너지 방향에 따라 내향성과 외향성으로 분류될 수 있다고 하면서, 가장 기초적인 특성이론 중의 하나를 개발하였다. 그의 내향성-외향성 개념은 성격을 구체적인 특성으로 조명하여 개성에 대한 이해를 확대시켰다. 내향성은 수줍음을 잘 타고 혼자 있기를 좋아하며, 다른 사람이 등장하면 긴장하는 경향이 있다. 그래서 사회적 커뮤니케이션을 회피하므로 다른 사람들에게 신제품에 대해 잘 드러내지 않을 수 있다. 그리고 사회적 압력에 의해 동기유발이 잘되지 않으며, 스스로 즐기는 것을 선호하는 경향이 있다. 반면에 외향성은 사교적이어서 다른 사람과 어울리기 좋아하며, 다른 사람에게 동조적이어서 과시성이 높은 제품들을 선호한다.

개성의 유형을 측정하는데 가장 많이 사용되는 것은 [그림 6-1]과 같이, MBTI(Myers-Briggs Type Indicator) 심리측정도구가 있는데, 100여 개의 질문항목을 통해서 사람들의 반응을 측정하여 외향-내향, 감각-직관, 사고-감정, 판단-인식 등으로 조합된 16가지 성격유형을 구분하고 있다.

특성이론에서 개성을 연구하는데, MBTI 심리측정도구 이외에도 CPI(California Psychological Inventory)나 EPPS(Edwards Personal Preference Schedule)와 같은 표준화된 성격검사가 개발되어 간편하게 특성유형을 비교분석할 수 있으며, 개성에 대해서 개인적인 차이를 측정할 수 있는 수단과 방법을 제공하였다는 점에서 큰 의미를 갖는다. 특성이론에서 개발된 이러한 계량적인 분석들은 소비자들의 제품선택행동, 혁신에 대한 수용정도와 반응, 브랜드 선택행동, 태도변화, 구매·소비행동 등의 소비자행동 연구에도 응용되어 많이 활용되고 있다.

그림 6-1 MBTI 16가지 성격유형

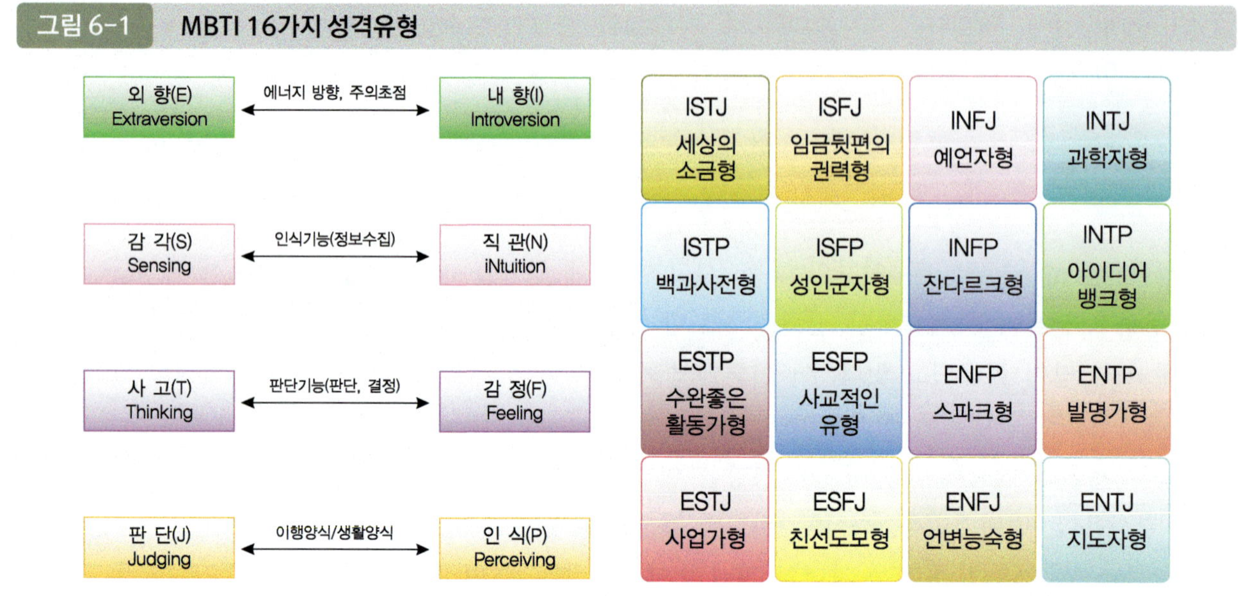

4. 자기개념이론

개성과 관련하여 또 하나의 중요한 개념은 자기개념이다. 자기개념(self-concept)은 '소비자들이 어떻게 자기 자신을 보는가를 말하거나, 또한 다른 사람들이 자기 자신에 대해 가지고 있으리라고 생각되는 자아상'을 말한다. 자기개념은 소비자가 태도, 지각, 신념, 그리고 인간으로서 자기에 대한 평가 등의 측면에서 자기 자신을 어떻게 지각하느냐를 나타낸다. 비록 자기개념은 변할지 모르지만, 변화과정은 흔히 점진적으로 이루어진다.

자기개념은 한 개인이 바라는 이상적인 자기모습을 나타내는 이상적 자기개념(ideal self-concept)과 한 개인이 현재 자기의 모습을 어떻게 지각하느냐를 나타내는 실제적 자기개념(real self-concept)을 결합시킨 것이다. 일반적으로 사람들은 실제적인 자기이미지를 이상적인 자기이미지로 높이려고 노력한다.

소비자행동은 주로 자기개념에 달려 있다. 왜냐하면, 소비자들이 자신들의 아이덴티티를 보호하길 원하고, 그들이 구매한 제품, 선호하는 브랜드, 단골상점, 사용하는 신용카드 등은 자신의 이미지를 유지시켜 주기 때문이다.

(1) 자기개념의 의미

제품은 사회공동체 속에서 구성원들 상호 간에 의미를 전달하고 받을 수 있는 커뮤니케이션 매체역할을 할 수 있다고 한다. 많은 연구에서 대부분의 소비자가 제품을 구매하고 소비할 때 중요하게 생각하는 주요 이유는, 제품의 기능적인 편익보다 그들의 상징적 가치 때문이라는 결과를 나타내고 있으며, 소비자들은 그들이 사용하는 제품을 통해서 자신의 개성이나 특성을 나타낼 수 있다고 보고 있다. 예를 들면, 청소년들이 진 의류제품을 구매하는 경우, 편안함·내구성 등 기능적 속성보다는 제품이 자기이미지를 확대시킨다고 느끼기 때문에 구매한다고 볼 수도 있다.

이런 상징적 구매가 이루어지는 경우에는 대부분이 제품의 효용적 가치보다는 상징적 가치

광고 6-2 이상적인 자기개념을 이용한 도미나크림 광고

때문에 구매가 이루어진다. 상징적 구매를 통해 구매된 제품은 객관적 실체보다는 주관적 상징으로 볼 수 있으며, 소비자들은 흔히 브랜드 대안들을 탐색하고 평가하는데 있어서도 효용적인 기준보다는 감성적인 기준을 사용한다. 이와 같이 상징적 구매행동으로써 소비행위는 소비자의 자기개념의 중요성을 강조하는 것으로, 이에 대한 연구는 많은 학자들에 의해 이루어졌다. 특히 자기개념을 체계화시킨 Burns에 따르면, 일반적으로 총체적인 자기(global self)는 '주체로서의 자기'와 '대상으로서의 자기'로 구성되어 있다고 한다. 여기서 주체로서의 자기는 개인적인 자기로서, 개인이 자기 자신을 어떻다고 믿고 있는 것처럼 되고자 하는 자기형태 또는 이미지를 말하며, 대상으로서의 자기는 사회적인 자기로서, 개인이 타인에게 나타내 보여지기 바라는 것을 말한다. 그중에서 자기개념은 대상으로서의 자기와 깊은 관련을 갖고 있으며, 자기이미지(self-image)와 자기평가(self-evaluation), 자기존중(self-esteem), 자기수용(self-acceptance) 등의 요소에 의해 형성된다고 했다.[2)]

(2) 실제적 자기개념과 이상적 자기개념

실제적 자기개념(actual self-concept)과 한 개인이 바라는 이상적인 자기모습을 나타내는 이상적 자기개념(ideal self-concept)에 제품이미지와 브랜드 이미지를 대응시킨 선행연구에서 자기이미지와 제품이미지 · 브랜드이미지가 일치하는 것으로 나타났다.[3)] 또 다른 차원의 자기개념에 대한 연구에서 자기의 사회적 차원이 있을 수 있다고 했다. 사회적 차원의 자기개념은 다른 사람이 자기모습을 어떻게 지각할 것이라고 생각하는 정도를 의미한다. 이와 관련된 연구에서 Sirgy는 자기이미지를 네 가지 차원으로 구분하고 있다. 즉 개인이 자신을 어떻게 지각하는가 하는 실제적 자기이미지(actual self-image), 자신이 어떻게 지각하는가 하는 이상적 자기이미지(ideal self-image), 타인들이 자신을 어떻게 보는가에 관한 개인의 생각을 나타내는 사회적 자기이미지(social self-image), 타인들이 자신을 어떻게 봐주었으면 하는 이상적인 사회적 자기이미지(ideal social self-image) 등을 의미한다.

이와 같이 자기개념과 관련된 연구에서, 특히 사회적 자기개념은 사람들이 사회구성원들과의 상호작용을 통해서 그들 자신의 자기개념을 형성하고 강화하며, 때론 수정한다는 것이다. 이러한 자기개념을 소비자행동 측면에서 시장세분화, 시장포지셔닝 전략을 할 때, 여러 브랜드에 대한 소비자행동을 예측하는데 유용한 기준이 된다. 그리고 자기이미지와 제품이나 브랜드이미지를 분석하고, 두 이미지 간의 일치와 차이를 분석하여 마케팅커뮤니케이션 전략을 구사하는데 활용할 수 있을 것이다. 예를 들면, Rolex는 대표 슬로건 '클래스는 영원하다(Class is forever)'라는 메시지로, Rolex는 시간이 아무리 지나도 물질적인 가치 그 이상의 역할을

광고 6-3 **Rolex와 Audi 광고**

한다는 점을 부각시키면서, 각 분야에서 성공을 거둔 이들만이 살 수 있는 특별한 시계라는 점을 부각시키고 있다. Audi 역시 '당신이 서 있는 위치, 아우디로 끌어올려라(update your status with status)'라는 광고카피로 자사제품이 최고인 만큼, 이 제품을 구매한다면, 소비자의 지위 역시 함께 높아질 수 있다는 의미를 전달하고 있다. 이런 광고메시지를 통해서 사회적으로 지위가 높거나 성공을 했다고 생각하는 소비자(실제적 자기개념)뿐만 아니라, 사회적 지위를 높이거나 성공을 꿈꾸고 있는 소비자(이상적인 사회적 자기개념)를 표적으로 광고전략을 전개해서 많은 효과를 본 적이 있다.

3 가 치

가치는 예전부터 여러 학문분야에서 인간의 삶과 행동양식 등에 커다란 영향을 미치는 것으로 간주되어 왔다. 소비자행동 분야에서도 가치가 개인의 행동과 태도형성에 표준이 되기 때문에 소비자들이 중요시 여기는 가치가 무엇이며, 어떻게 측정할 것인가에 대한 연구가 많이 이루어졌다. 마케터 입장에서는 소비자 가치체계를 정확히 파악할 수 있다면, 시장세분화, 신상품개발, 광고매체이용 등 여러 분야에 활용할 수 있을 것이다.

3.1 가치의 개념

가치란 일상생활에서 크고 작은 일들에 대한 결정을 내릴 때 작용하는 판단의 기준으로 어떤 조건을 그 반대의 것보다 바람직하다고 생각하는 지속적인 신념이다. 가치는 가장 견고한 특성이며, 행동이나 선호, 결정, 삶의 방향, 개인 취향의 기반이 되는 것이다. 이러한 가치에는 인지적, 감정적, 행위적 요소들이 포함된다. 많은 제품과 서비스들은 이것의 가치와 관련된 목적을 달성하도록 도움을 준다라는 믿음 때문에 구매하게 된다고 하나, 같은 행동을 하더라도 그 가치는 다를 수 있다.

Rokeach는 가치를 '하나의 행동양식, 혹은 존재의 최종상태가 그와 반대되는 다른 행동양식, 혹은 존재의 최종상태보다 선호되는 지속적인 신념'으로 정의하였다. 그리고 개인이 소유하고 있는 전체 가치의 수는 적으며, 모든 인간은 동일한 가치를 다른 정도로 소유하며, 인간 가치의 근원은 문화, 사회, 제도에서 나타난다고 하였다. 그리고 Zeithaml은 가치란 제품사용으로 발생되는 혜택과 비용에 대한 지각을 바탕으로 고객의 효용가치를 통합적으로 측정한 것이라고 하였다.[4)]

일반적 의미에서 가치는 사람들이 제품이나 서비스를 통해 기대하는 이익이나 혜택으로 파악된다. 이것은 소비자들이 그들의 구매를 결정하는데 있어서 오히려 가격보다 더 중요하게 작용한다. 특히 가치는 구매의도와 서비스 품질에 대한 인식, 또한 그것을 위해 들인 희생들 사이의 관계 파악에 있어 핵심구조로 작용한다. 즉 가치는 소비자가 서비스를 통해 얻는 것(get)과 그것을 위해 제공하는 것(give) 사이의 상대적 상충관계로 파악되며, 소비자는 가격보다 상위의 개념인 가치에 근거하여 구매결정을 한다.

가치의 평가과정에는 개인의 주관적인 견해나 상황이 크게 작용하는 것을 알 수 있다. 즉 하나의 서비스를 동시에 이용하더라도 개인에 따라서 가치의 크기는 다르게 평가될 수 있다. 일반적으로 소비자들은 항상 가장 좋은 품질의 서비스만을 구매하려 하지 않는다. 또한 소비자들이 항상 가장 싼 가격만을 택하려 하지도 않는다. 여기에 개입되는 것이 가치의 개념이다.

3.2 소비자 가치

가치에 대한 개념정의는 앞서 설명했듯이, 여러 가지로 다양한 정의가 있지만, 마케팅 관점에서 볼 때, 소비자 가치는 제품을 구매할 시에 지불한 비용 대비 얻게 되는 품질과 효용으로 가치를 설명하고 있다. Holbrook은 가치창출이나 소비경험을 유발하는 제품이나 서비스의 상호작용에 의한 교환활동에서 창출되는 것이 소비자 가치라고 하였다.[5)] Webster는 소비자 가치를 고객의 제품 혹은 서비스의 사용으로 인하여 획득하게 되는 품질, 편익, 효용 등과 제품이나 서비스를 사용하기 위해 자불하는 가격, 희생 등의 교환을 의미한다고 하였다.[6)]

1. 소비자 가치의 모형

소비자 가치는 제품이나 서비스 판매자의 객관적인 기준에 의해 형성되는 것이 아니라, 소비자 개개인들이 지각하는 주관적 개념이다. 이런 소비자 가치에 대한 정의는 가치 구성요소 모형, 혜택–비용비율 모형, 수단–목적사슬 모형 등 세 가지로 분류할 수 있다.

(1) 가치 구성요소 모형

소비자들은 제품이나 서비스를 구매하는 과정에 한 개, 혹은 그 이상의 가치 구성요소들이 포함된다고 한다. 그래서 Kaufman은 가치를 평가가치/욕구, 교환가치/값어치, 효용가치/필요로 구분하였다. 평가가치/욕구는 소비자로 하여금 소유에 대한 욕구를 이끌어내는 것이고, 교환가치/값어치는 구매자가 제품이나 서비스에 대해 왜 관심을 갖고, 어떻게 사용하고 언제 이용할 것인지를 나타내는 것이다. 그리고 효용가치/필요는 가장 중요한 가치 구성요소로 제품이나 서비스의 성과와 물리적 특성을 나타내는 것이다.[7)]

가치 구성요소 모형에서 대표적인 Kano의 모형은 [그림 6–2]와 같이, 소비자행동 연구분야에서 기대불일지 모형을 기초로 해서 가치의 구성요소를 불만족, 만족, 환희로 구분하고 고객의 지각된 가치를 설명하고 있다. 불만족은 세탁소에서 드라이클리닝을 맡길 경우에 다림질이 동시에 제공하는 것처럼 구매하는 제품이나 서비스의 특성을 당연하게 여기고 이것이 충족되지 않았을 때를 말한다. 만족은 제품이나 서비스의 특성이 고객의 요구에 의해 기대된 것을 충족시켰을 때를 말한다. 그리고 환희는 고객이 기대하지 않았던 제품이나 서비스의 새로운 특성을 충족시켰을 때를 말한다.

그림 6-2 **Kano의 고객지각 모형**

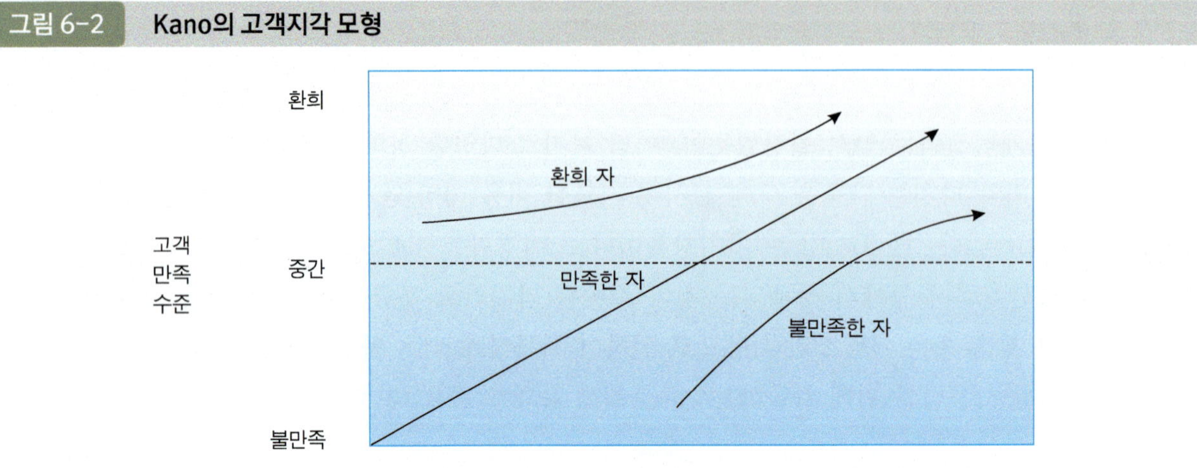

자료원 : Joiner, B. L.(1994), *Fourth Generation Management* : *The New Business Consciousness*, Mcgraw-Hill, New York, NY, pp. 68~69.

이 모형은 고객과 제품이나 서비스의 공급자 간에 과정을 개선하는데 많이 이용되는데, 제품이나 서비스의 구매과정 중에서 고객의 필요에 대한 부분이 많이 결여되어 있다는 점과 고객의 혜택부분이 평가절하되었다는 단점이 있다.

(2) 혜택-비용비율 모형

혜택-비용비율 모형은 소비자 가치를 소비자의 혜택에 대한 지각과 그에 따른 희생으로써 가격과 관련되어 있다고 한다. 일반적으로 소비자의 혜택이란 제품이나 서비스의 유형적, 무형적 속성을 말하며, 희생은 금전적 희생과 제품이나 서비스를 이용하기 위해 요구되는 시간, 노력과 같은 금전적이지 않은 희생요소를 포함한다. 특히 고객이 제품이나 서비스를 구매하면서 필요로 하는 비용을 Huber 등은 금전적 비용, 시간비용, 탐색비용, 학습비용, 감정비용, 인지비용, 육체적 비용, 사회적 비용, 심리적 비용 등으로 구분하면서, 소비자의 구매행동과정에 불확실성이나 부정적 영향을 미치게 된다고 하였다.[8)]

혜택-비용비율 모형과 관련해서 Groth는 [그림 6-3]과 같이 독점적 가치원리를 제안하였는데, 소비자는 단지 순수 실용적 가치(pure utilitarian value)보다 한 단계 위에 있는 독점적 가치 프리미엄(EVP: exclusive value premium)이 고객의 심리학적 욕구를 충족시켜 주는 속성이라고 하였다.[9)] 독점적 가치 프리미엄은 제품의 시장가치에서 실용적 가치를 뺀 것이다. 그래서 마케터는 이 독점적 가치의 크기를 조절하거나 새롭게 창출할 수 있기 때문에 제

그림 6-3 **독점적 가치 프리미엄과 이익**

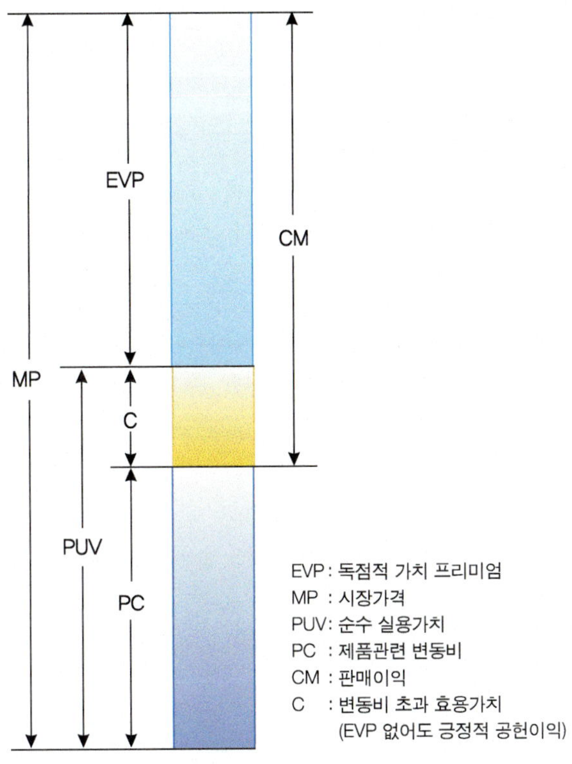

자료원 : Groth, John C.(1994), "The Exclusive Value Principle - A Concept for Marketing," *Journal of Product & Brand Management*, Vol.3, No.3, p. 10.

품이나 서비스의 가격상승으로 인한 수익증가 및 생산량 증가를 모색할 수 있을 것이다.

(3) 수단-목적사슬 모형

수단-목적사슬 모형(means-end chain model)은 소비자가 제품에 대해 가지는 지식의 구조를 속성, 결과, 가치 등의 세 단계로 구분하여 파악하는 것이다. 이 모형은 제품이나 서비스의 구매동기가 소비자의 궁극적인 목적을 달성하기 위한 것이라는 가정을 기조로 하고 있으며, 제품이나 서비스의 속성, 생산과 소비로 이어지는 과정, 그리고 소비자의 의사결정과정들이 서로 밀접한 관계로 연결되어 있다는 것이다. 즉 수단은 제품이나 서비스의 속성을 의미하며, 목적은 소비자에게 중요하다고 생각되는 개인적 가치를 말한다. Peter and Olson은 고객의 행동은 고객이 바라는 결과를 생산하려는 경향이 있는 반면에 바라지 않는 결과는 최소화하려는 경향이 있다고 하였다. 그래서 가치는 구매행동의 선택과 속성에 전반적인 방향을 제

그림 6-4 고객가치 계층모형

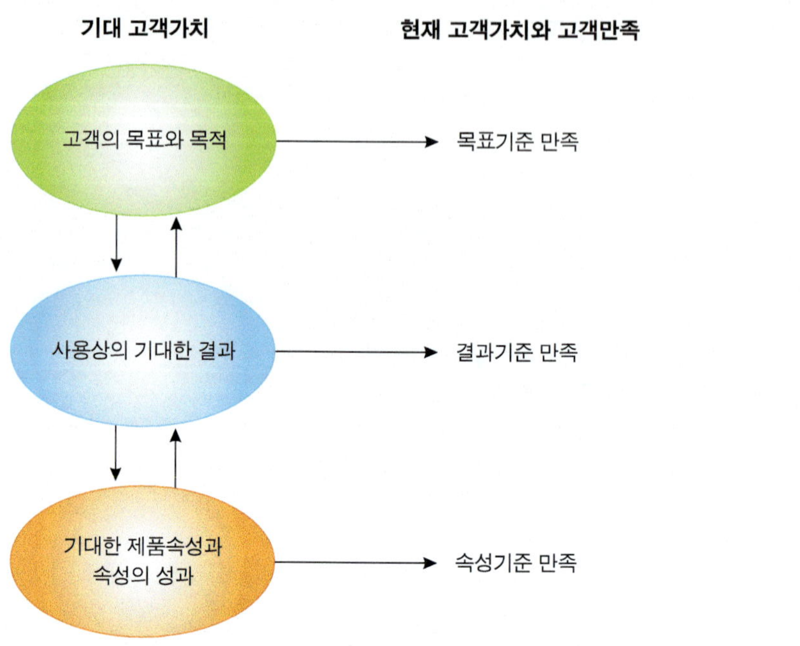

자료원 : Woodruff, Robert B.(1997), "Customer Value : The Next Source for Competitive Advantage," *Journal of the Academy of Marketing Science*, Vol.25, No.2, p. 142.

시한다고 하였다.[10] 그리고 Woodruff은 가치가 고객이 학습하거나 경험한 지각, 선호, 평가 등에서 나온 것이라고 강조하면서 고객가치 계층모형을 제안하였다. 이 모형에서는 [그림 6-4]와 같이, 고객이 바라는 기대가치(desired value)와 실제적으로 받은 현재가치(received value)로 표현하였다.[11] 가치계층의 위로 향하는 고객들은 제품의 속성과 속성을 통해 얻을 수 있는 성과를 하나의 묶음으로 제품을 이해하고, 제품을 구매하고 사용할 때, 사용상의 가치와 소유가치를 반영한 결과를 달성하도록 어떤 속성(예:디자인, 가격, 크기, 용량 등)들에 대한 선호도를 형성한다. 이런 선호도는 고객들의 사용목적과 목표와 밀접한 관련이 있다는 것이다.

반면에 가치계층이 아래로 향하는 고객들은 고객의 목적과 목표를 어떻게 설정하느냐에 따라 제품사용에 따른 결과에 대한 중요성이 달라질 수 있다. 그리고 고객가치 계층모형은 현재가치도 마찬가지로 묘사하고 있는데, 고객들은 마음속에 지니고 있는 바라는 기대속성, 결과, 목표와 목적을 똑같이 사용하여 제품을 평가한다. 더욱이 고객의 사용상황은 욕구뿐만 아니라, 평가에 중요한 역할을 한다. 사용상황이 만일 변화하면 제품속성, 결과, 목표와 목적들 사

광고 6-4 수단적 가치의 스포츠활동

이에 연계도 마찬가지로 변할 수 있다. 예를 들면, 직무에 사용하는 인터넷 서비스에 대한 고객가치는 집에서 오락으로 인터넷 서비스를 이용하는 고객가치계층과는 많이 다를 수 있다.

2. 가치의 측정

소비자 가치를 측정하는 방법으로는 Rokeach의 가치조사와 Kahle의 LOV 등이 있다.

(1) Rokeach의 가치조사

Rokeach의 가치조사(RVS:Rokeach Value Survey)는 개인적 가치를 〈표 6-1〉과 같이, 최종적 가치(terminal value) 18개 항목과 수단적 가치(instrumental value) 18개 항목으로 구분하였다. 최종적 가치는 개인이 인생에서 도달하려는 최종적인 목표가 되는 것을 말하며, 수단적 가치는 최종적 가치에 도달하기 위해 개인이 선호하는 행동양식을 의미한다. RVS는 가치와 태도가 인지적으로 관련성이 있고 내적 일관성이 있을 뿐만 아니라, 가치와 태도체계의 일부에 변화가 발생하며 다른 부분에도 영향을 미친다고 생각하였다.

RVS는 가치분류 특성에 기초하여 가치유형에 따라 소비자 집단을 분류할 수 있다. 최종가치는 자기중심적(self-centered)이냐, 사회중심적(society-centered)이냐에 따라 개인적인 가치와 사회적 가치로 나누어진다. 개인적 가치는 편안하고 안락한 생활, 성취감, 행복 등과 같이 소비자의 내면 속에서 희구하는 자신에 대한 생존의 최종상태에 관한 선호를 말한다. 이에 비해 사회적 가치는 개인의 차원을 벗어나 사회나 다른 사람에 대하여 표현되는 생존의 최종상태로서 세계평화, 미적인 세계, 국가의 안전 등이 해당된다.

표 6-1 Rokeach의 가치조사 목록

수단적 가치(Instrumental Values)	최종적 가치(Terminal Values)
야심적인 (Ambitious)	편안한 생활(A comfortable life)
생각이 넓음 (Broad-minded)	재미있는 생활 (An exciting life)
유능한 (Capable)	성취감 (A sense of accomplishment)
명랑하고 즐거운(Cheerful)	평화로운 세계 (A world at peace)
청결한 (Clean)	미적 세계 (A world of beauty)
용감한 (Courageous)	평등 (Equality)
관대한 (Forgiving)	가족 안전 (Family security)
도움이 되는 (Helpful)	자유 (Freedom)
정직한 (Honest)	행복 (Happiness)
창조적인 (Imaginative)	내적 조화 (Inner harmony)
독립적인 (Independent)	성숙한 사랑 (Mature love)
지적인 (Intellectual)	국가의 안전 (National security)
논리적인 (Logical)	즐거움 (Pleasure)
자애로운 (Loving)	구원 (Salvation)
순종적인 (Obedient)	자존 (Self-respect)
예의바른 (Polite)	사회적 인정 (Social recognition)
책임있는 (Responsible)	진실한 우정 (True friendship)
자제력 있는 (Self-controlled)	지혜 (Wisdom)

자료원 : Blackwell, Roger D., Paul W. Miniardand James F. Engel(2006), *Consumer Behavior*, Thomson South-Western, p. 275.

수단적 가치는 논리적 가치와 능력가치로 구분되는데, 논리적 가치는 대인관계에 초점을 맞춘 것으로 이러한 대인관계에서 어떤 갈등이 발생할 때 잘못된 행위에 대한 양심의 가책이나 죄의식을 가지게 하는 바탕이 되는 것이다. 이에 비해 능력가치는 개인에 초점을 맞춘 것으로 이것이 잘못되었을 때는 자신이 능력이 없다는 수치심을 가지게 하는 것으로 야심적인, 지적인, 논리적인 등이 해당된다. 예를 들면, 스포츠 활동에 참여하는 경우, 자율적인 활동 그 자체에 즐거움, 환희와 보람을 느끼는 궁극적으로 삶의 질을 향상시키는 욕구충족에 가치를 두고 있다면 최종적 가치이지만, 지나친 경쟁심이 동반되는 승리나 건강증진이라는 편협된 목적에 치중해서 더 가치를 둔다면 수단적 가치라고 할 수 있다.

(2) Kahle의 LOV

Rokeach의 가치이론은 조사항목이 너무 많고, 소비자생활에 직접적으로 관련되지 않은 항목(평화로운 세계, 국가의 안전, 구원 등)들도 포함되어 있어서 측정상의 어려운 점이 많았다. 그래서 이러한 문제점을 보완하기 위해서 Kahle의 LOV(List of Values)는 Rokeach의 가치

표 6-2 RVS와 LOV의 가치조사 항목 비교

RVS	전환처리과정	LOV
자존, 성취감	동일 항목	자존, 성취감
가족의 안전, 국가의 안전, 즐거움, 행복, 편안한 생활, 재미있는 생활	통합 또는 일반화 시킨 항목	생활안전, 즐거움, 신바람
사회적 인정, 내적조화, 진실한 우정, 성숙한 사랑	다르게 표현된 항목	소속감, 타인으로부터 존중, 자아성취, 타인과 따뜻한 관계
자유, 지혜, 아름다운 세계, 평등, 평화로운 세계, 구원	제외된 항목	

자료원 : 임종원, 홍성태, 이유재(2001), 소비자행동론, 경문사, p. 409.

조사 항목과 달리, 가치를 최종적 가치와 수단적 가치로 분류하지 않았으며, 이는 가치가 한 개인의 입장에서는 최종적으로 지각되는 것은 사실이지만, 인간의 생활환경에 적응을 위한 수단적 역할을 동시에 지니기 때문이다. 그래서 LOV척도는 〈표 6-2〉와 같이, RVS의 가치척도 18개 항목에서 9개 항목으로 단순화시켜 구성하였다.

LOV척도에서 2개 항목(자아성취, 자존)은 RVS와 동일한 반면, 나머지 7개 항목들은 몇 개의 RVS항목을 통합하거나 특정 항목들을 일반화시킨 것이며, 일반성과 보편성이 결여된 일부 항목은 제외되었다.

4 라이프스타일과 사이코그래픽스

라이프스타일은 소비자의 내적상태와 특성을 나타내는 개성과 가치에 긴밀하게 관련되어 있으며, 실제적인 행동패턴을 말한다. 개성이나 가치의 측정은 소비자들 사이에 개인적인 차이를 분석하고 확인하는데 초점을 두고 있는 반면에, 마케터들은 개인적인 차원보다도 집단적인 차원에서 시장을 분석하고 마케팅전략을 수립하고 적용하는데, 더 큰 목적을 두고 있다. 그래서 마케터들은 소비자들이 어떻게 살고, 일하며, 활동하고 있는지 등의 라이프스타일의 변화를 확인하고 분석하는데 주력해 왔다. 따라서 라이프스타일의 의미, 유형과 특성, 사이코그래픽스 측정방법 등에 관해 살펴보고자 한다.

4.1 라이프스타일의 의미

소비자들의 일상생활은 사람마다 다양하며, 사회적인 활동이나 관심분야뿐만 아니라, 여가시간에 보내는 취미생활에서도 소비자들마다 각기 다를 수 있다. 소비자들은 여가시간에 취미생활도 축구, 야구, 등산, 낚시, 수영 등 다양하며, 쇼핑행동이나 구매의사결정 유형도 다르다. 이와 같이 사람들은 살아가는 방식에서 개인마다 삶의 양식이 독특하게 다른데, 이를 라이프스타일(lifestyle)이라고 한다.

라이프스타일은 소비자의 AIO, 즉, 활동(A: activities), 관심(I: interests), 의견(O: opinions)에 의해 나타날 수 있다. 활동은 사람들이 여가시간에 활동하는 것으로 그들의 좋은 라이프스타일 지표가 될 수 있다. 소비자들 중에는 여가시간에 웹서핑, 독서, 산책, 그림그리기 등 비교적 조용하게 보내는 것을 좋아하지만, 일부 소비자들은 번지점프, 행글라이딩, 스쿠버다이빙 등 외부활동을 모험적으로 즐기면서 보내는 사람들도 있을 것이다. 그리고 관심은 사람들이 그들의 환경 속에서 무엇을 중요하게 생각하거나 고려하고 있는가 하는 것이다. 정치·경제적인 문제에 관심을 갖는 사람이 있는가 하면, 지역사회 봉사활동에 관심이 있는 사람도 있다. 마지막으로 의견은 그들이 자신과 그들을 둘러싸고 있는 환경에 대해서 어떻게 생각하고 있는가를 나타낸다.

앞서 설명한 개성이나 가치는 라이프스타일과 긴밀한 관련성이 있으나, 두 가지 측면에서 차이점이 존재한다. 첫째는, 라이프스타일은 사람들이 어떻게 살고, 금전을 소비하며, 시간을 사용하는지 등과 같이 소비자들의 표출된 활동이나 행동 등의 외적특성을 포괄적으로 나타낸다. 반면에 개성이나 가치는 소비자들의 사고, 느낌, 지각 등의 내적특성을 더 잘 묘사하고 있다. 이들 개념들이 모두 인간을 묘사하고 있지만, 인간의 다른 측면을 표현하고 있다. 그리고 개성이나 가치는 비교적 지속적이지만, 라이프스타일은 더 급속하게 변화한다. 둘째는, 시장을 세분화할 때, 개성이나 가치를 기준으로 한 시장세분화는 너무 협소하게 시장세분화가 될 가능성이 있다. 그래서 개성이나 가치보다 광범위한 라이프스타일을 기준으로 한 시장세분화는 표적시장 선정에 효과적일 수 있으며, 필요하다면 추가적으로 개성이나 가치에 의한 시장세분화를 하는 것이 도움이 될 수 있다.

따라서 라이프스타일을 이용하는 마케터는 표적시장의 라이프스타일 추세를 분석하여 효과적인 광고나 마케팅전략 수립에 반영해야 한다.

4.2 라이프스타일과 사이코그래픽스 측정

라이프스타일은 사회계층, 인구통계적 특성 등 사회문화적인 변수뿐만 아니라 소비자 자신의 자기개념을 어떻게 규정하며, 자신의 과거경험, 타고난 특성, 동기와 학습, 가치체계, 개성 등 다양한 변수들에 의해 영향을 받는 복합적인 개념이다. 또한 라이프스타일은 소비자 자신의 욕구와 필요, 구매와 사용행동 등의 모든 소비행동 측면에 영향을 미치며, 자신의 라이프스타일을 강화하고 변경할 수도 있다. 이러한 라이프스타일 특성들로 인해 마케터들은 이를 측정하고 마케팅전략 수립에 유용하게 활용하려는 노력이 많이 있었다. 더욱이 소비자들의 사회문화적인 환경요인과 더불어 심리적인 특성을 라이프스타일과 연계시켜 이해한다면, 라이프스타일의 본질적인 측면을 이해하는데 도움이 될 수 있을 것이다. 그래서 최근 라이프스타일 분석을 위해 사이코그래픽스 조사방법이 많이 활용되고 있다. 사이코그래픽스 조사가 소비자의 인구통계적 변수처럼 심리적 특성변수도 소비자행동과 연관시켜 계량적으로 분석할 수 있는 점 때문에 라이프스타일 연구와 접목된 것이라고 할 수 있다.

따라서 라이프스타일을 계량적으로 측정한 것을 사이코그래픽스라고 하며, 실제로 이 두 가지 개념을 상호 간에 혼용해서 사용하기도 한다. 사이코그래픽스 혹은 라이프스타일 특성들을 측정하는 방법에는 라이프스타일을 반영하고 있는 활동, 관심, 의견 등을 표현할 수 있는 문항들로 목록을 만들어 측정하는 AIO조사방법과 VALS프로그램을 이용해서 측정하는 방법 등이 많이 이용된다.

1. 사이코그래픽스와 AIO조사분석

최근 라이프스타일 분석에 가장 많이 이용되고 있는 AIO조사분석은 사이코그래픽스의 대표적인 측정기법 중의 하나이다. AIO조사분석은 〈표 6-3〉과 같이 소비자가 자신의 활동, 관심이나 의견 등에 관한 조사를 통해 소비자의 라이프스타일을 측정하고 분석하는 방법이다.[12)]

- **활동**(activities)은 소비자들이 무엇을 하며, 무엇을 사고, 그들의 시간을 어떻게 보내는

표 6-3 AIO조사방법을 이용한 변수

활 동	관 심	의 견	인구통계적 특성
일	가족	자기 자신	나이
취미	가정	사회적 문제	교육
사회적 참여	일	정치	소득
휴가	커뮤니티	사업	직업
오락	레크레이션	교육	가족규모
클럽활동	패션	경제	거주지
커뮤니티	음식	제품	지리
쇼핑	매체	문화	도시규모
스포츠	성취	미래	가족수명주기 단계

자료원 : Plumer, Joseph T. (1974), "The Concept and Application of Life Style Segmentation," *Journal of Marketing*, January, p. 34.

지를 나타낸 것이다. 즉 소비자들의 일상생활에서 대형마트에서 쇼핑하는 것, TV를 시청하거나 신문잡지를 구독하거나, 축구나 테니스를 하는 것, 가입된 커뮤니티 모임에 참가하는 것 등 관찰가능한 여러 가지 활동이 측정대상이 될 수 있다.

- **관심**(interests)은 소비자들이 선호하고 우선적으로 중요하게 여기는 것은 무엇인지에 대한 것을 나타낸다. 즉 가정이나 직업, 혹은 어떤 대상이나 사건 등에 대해서 개인이 특별히 관심을 갖고 있는 것이 측정대상이 될 수 있다.
- **의견**(opinions)은 세계적, 지역적, 도덕적, 경제적 그리고 사회적 사건과 같은 일에 대해 소비자들의 견해와 느낌에 대한 것을 나타낸다. 즉 정치·사회적인 큰 이슈나 경제정책과 관련된 것, 문화·예술 등과 관련된 개인적인 의견들이 측정대상이 될 수 있다.

이와 같이, AIO조사방법은 소비자의 활동, 관심, 의견 등에 관한 라이프스타일 측정항목들에 대해 조사하고 요인분석과 군집분석 등의 통계적 조사방법을 이용해서 라이프스타일 유형을 도출해낼 수 있다. 그리고 최근에는 AIO조사방법에 인구통계적 특성, 태도, 가치, 매체패턴, 사용량 등 여러 변수들을 포함시켜 조사하는 것이 시장세분화 전략이나 표적시장의 특성을 분석하는 데 도움이 되고 활용도가 높다.

소비자의 라이프스타일은 시장세분화, 커뮤니케이션, 신제품 아이디어 등을 위한 중요한 시사점을 제공해 줄 수 있다. 따라서 마케터는 자사의 제품이나 서비스를 위한 소비자의 세분시장을 확인하기 위해 라이프스타일을 활용할 수 있다. 그리고 마케터는 새로운 시장의 기회요

광고 6-5 오페라의 유령' 뮤지컬 광고

인을 확인하기 위해 라이프스타일의 변화를 항상 모니터링해서 자사의 마케팅전략에 활용해야 할 것이다.

2. 라이프스타일의 유형과 특성 사례

연극/뮤지컬 관람객을 대상으로 한 "연극·뮤지컬 관람객 조사보고서"는 우리나라 연극/뮤지컬 관람 소비자들의 라이프스타일을 분류하고 유형별 특성을 잘 나타내 주고 있다. 조사는 최근 1년 내에 뮤지컬을 관람한 경험이 있는 서울/경기지역 거주하는 만 16세 이상의 연극/뮤지컬 관람객과 공연관람에 대한 관여도가 높은 공연(연극/뮤지컬) 동호회 회원 1,000명(총 2,000명)을 조사대상으로 1년 내에 관람한 경험이 있는 모든 공연장르를 알아본 결과, 연극 60.6%, 대중음악 콘서트 32.5%의 순으로 나타났다.[13)]

조사방법은 크게 현장조사, 온라인조사로 실시되었으며, 구체적으로는 관람객 현장조사, 동호회 온라인조사, 관람객 온라인조사로 구분하여 실사를 진행했다.

연극/뮤지컬 공연관람에 대한 활동(A), 관심(I), 의견(O) 등에 관한 라이프스타일을 조사한 결과, 라이프스타일 특성과 유형별 특성은 〈표 6-4〉, 〈표 6-5〉와 같다.

표 6-4 우리나라 연극/뮤지컬 관람 소비자들의 라이프스타일 분류와 유형별 특성

집단	집단 명	비율(%)	라이프스타일 특성	인구통계적 특성
1	여가 소비형	58	• 대부분 여가활동 집에서 함 • 게임(온라인, 비디오게임) 매우 선호 • 여가시간 적음, 스포츠 경기 자주 관람 • 여행이나 야외활동 즐김, 친교모임 많음 • 뮤지컬, 연극 보는 사람 취향이 고급스러움 • 사회적 인정받고 싶음 • 특별한 날 기념위해 관람	• 남성비율이 높음 • 연령대 : 10대나 40대가 상대적으로 많음 • 학력이 중졸이하 고졸이 많고 다른 세분시장에 비해 낮은 편임 • 한달 평균 문화소비지출액 5만원 이하 많음
2	연극 선호형	17.4	• 뮤지컬, 연극 관람 좋아함 • 미술관, 박물관, 영화관 가는 것 좋아함 • 거의 매일 음악청취하고, 소설 즐겨 읽음 • 대중가수 콘서트 가는 것 좋아함 • 스포츠 경기 자주 관람 • 여행이나 야외활동 즐김 • 친교모임 많이 참석함 • 스포츠 구경보다 자주 참여함 • 뮤지컬, 연극관람은 교양과 지식향상에 도움 • 생활의 질 향상과 삶에 대해 진지하게 생각됨	• 여성비율이 높음 • 연령대 : 모든 연령대 고르게 분포함 • 학력은 대학졸업 이상 대학원재학이 상대적으로 많음 • 한달 평균 문화소비지출액 5만원 이하와 51만원 이상이 상대적으로 높음
3	뮤지컬 선호형	14.2	• 뮤지컬, 연극 관람 매우 좋아함 • 미술관, 박물관 가는 것 매우 좋아함 • 영화관 가는 것 매우 좋아함 • 거의 매일 음악청취하고, 소설 즐겨 읽음 • 대중가수 콘서트 가는 것 좋아함 • 뮤지컬, 연극 관람은 기분전환 • 공연자체를 즐김, 공연장에서 감동과 흥분느낌 • 스트레스 해소	• 여성비율이 높음 • 연령대 : 20~30대 비중이 높음 • 학력은 대학교 재학생 비중이 높음 • 한달 평균 문화소비지출액 21~30만 원으로 비교적 높은 편임
4	공연 매니아형	10.5	• 뮤지컬, 연극 관람 매우 좋아함 • 미술관, 박물관 가는 것 매우 좋아함 • 영화관 가는 것 매우 좋아함 • 거의 매일 음악청취하고, 소설 즐겨 읽음 • 대중가수콘서트 가는 것 매우 좋아함 • 뮤지컬, 연극 관람은 기분전환으로 매우 좋음 • 공연 자체를 즐김, 공연장에서 감동과 흥분느낌 • 스트레스 해소로 아주 좋음 • ·뮤지컬, 연극관람은 교양과 지식향상에 많이 도움 • 생활의 질 향상과 삶에 대해 매우 진지하게 생각됨	• 여성비율이 높음 • 연령대 : 20-30대 비중이 상대적으로 높음 • 학력은 대학원재학과 대학원 졸업 이상의 비중이 높음 • 한달 평균 문화소비지출액 41~50만원의 비중이 상대적으로 높음

자료원 : 예술경영지원센터, 연극·뮤지컬 관람객조사 보고서.

표 6-5 **라이프스타일 집단유형별 특성**

	여가 소비형	연극 선호형	뮤지컬 선호형	공연 매니아형
공연관여도	낮음, 하나의 여가로 생각함	관여도*	관여도**	관여도***
선호공연 내용	자극재미추구	대중적 장르 다양한 내용*	재미추구 대중적 장르*	의미추구 사회적장르**
공연선택 시 중요속성	시설편의성*	공연 외부평가*	작품 내적요인 오락성*	작품성*
관람결정 영향경로	주위사람*	인터넷**	인터넷 TV/라디오 프로그램*	동호회*
공연관람 결정자	동행자	동행자	본인*	본인**
입장권 구입 시기방법	당일, 현장구입* 신용카드할인 액면가*	당일, 2~3일 내* 현장구입* 액면가*	1~2주 내* 인터넷예매* 신용카드할인*	1~2개월전* 인터넷예매* 이벤트할인 동호회할인*
관람 전후 활동	쇼핑, 귀가*	쇼핑, 문화공간이용*	공연상품구입 사진촬영, 사인*	공연상품구입** 사진촬영, 사인*
관람 요인	토요일*	토요일*	토요일, 평일*	평일**
공연상품 구입경험	구매경험 없음*	생활,문구용소품 팜플릿*	OST CD*	OST CD, 생활, 문구용소품*

주1) 이 표는 세분시장 집단별 상대적으로 높은 것 위주로 작성됨
주2) * 약간 많음 **보통 많음 ***매우 많음을 표시함

3. VALS 사이코그래픽스 측정방법

VALS 사이코그래픽스(Values and Life-styles Psychographics) 측정방법은 소비자행동을 연구하는 사람이나 기업차원에서 가장 관심을 많이 받고 있는 측정방법이다. VALS 프로그램은 SRI(Stanford Research Institute)에 의해 개발된 라이프스타일 분석방법으로 광고와 제품전략을 개발하는데 지침을 제공하고, 시장세분화 기준과 표적시장의 특성을 분석하는데 매우 유용하게 이용되고 있다. SRI은 VALS와 VALS-II로 두 가지 사이코그래픽스 측정방법을 개발했는데, VALS는 동기와 발달심리이론(특히 매슬로우의 욕구계층이론)을 기초로 하고 있으며, VALS-II는 소비자 구매형태를 측정하기 위해 개발하였다.

(1) VALS

SRI는 1978년 연간 2500명을 대상으로 개발된 VALS 프로그램을 통해 미국인의 소비자 공통적인 가치와 라이프스타일을 통합하여 심리묘사적 분석을 실시하였다. 이 분석을 통해 SRI는 인구통계적, 가치, 태도, 개성, 라이프스타일 변수 등에 따라 개인의 라이프스타일이 상이하게 개발되는 것으로 보고, 소비자의 욕구와 필요 등에 대한 광범위한 조사를 통해 다양한 라이프스타일을 파악하려고 했다.

VALS 프로그램은 조사결과를 토대로 라이프스타일 유형을 식별하였는데, 전체 소비자 집단을 욕구충족형, 외부지향형, 내부지향형, 통합형 등 네 가지 유형으로 분류하고 있다.[14)]

- **욕구충족형**(need driven) : 소비자는 전체인구의 11% 중에서 4%의 고령층과 7%의 성년층으로 이루어져 있으며, 소비자는 가처분소득이 부족해서 경제적 빈곤을 탈피하고 삶의 기본적인 욕구를 충족시키기 위해 노력하는 소비자 집단으로 생존위주형과 생계유지형으로 구분된다.
- **외부지향형**(outer directed) : 소비자는 전체 인구의 67%의 성년층을 구성하고 있으며, 이미 확립된 기존 가치관이나 규범에 순응하려는 소비자 집단으로 순응형, 경쟁형, 성취형으로 구분된다.
- **내부지향형**(inner directed) : 소비자는 전체 인구의 20%의 성년층으로 구성하고 있으며, 외부의 규범에 따르는 것보다 자신의 내적 욕구충족과 자아표현을 위해 노력하는 소비자집단으로 개인주의형, 경험주의형, 사회의식형으로 구분된다.
- **통합형**(integrated) : 소비자는 전체 인구의 2%의 정도로 가장 소수집단으로 구성되며, 어느 정도 자아실현한 사람으로 외부와 내부지향형 개성의 특성을 최고로 잘 맞추어 정신적 균형이 잡힌 집단으로 VALS 집단 중에서 가장 소득이 높다.

이와 같이 VALS 프로그램은 잠재적 표적시장을 확인하고 시장세분화 전략을 수립하는 것뿐만 아니라, 소비자들과 커뮤니케이션하는 법을 이해하기 위해서 폭넓게 이용되었다. 그러나 1980년대 후반에 사회문화적 환경변화와 더불어 개인의 생활환경, 가치관과 라이프스타일 등에서도 많은 변화가 있었으며, 이로 인해 VALS 프로그램이 소비자행동을 잘 예측하는데 한계가 있다고 비판함에 따라 SRI는 기존의 VALS를 수정하여 VALS-II를 개발하였다.

(2) VALS-II

VALS-II의 전체 측정항목은 성, 연령, 학력, 소득 등의 인구통계적 특성과 42개의 가치와 라이프스타일 측정항목으로 구성되어 있다. VALS-II에 의한 라이프스타일 그룹은 [그림 6-5], 〈표 6-6〉과 같이, 세로축에 소비자가 갖고 있는 자원과 혁신성의 수준(소득, 교육, 자신감, 건강, 구매열망, 지적능력, 에너지 수준)을 나타내고 있으며, 가로축은 자기지향성 또는 동기유발요인(활동, 가치)에 의해 이상형, 성취형, 자기표현형 등 세 가지 자기지향적인 동기로 묘사하여 전체 8가지 사이코그래픽스로 유형화된다.

VALS-II의 소비자가 가지고 있는 자원이나 혁신성은 소비자들이 우세한 자기지향성을 추구하기 위해 갖고 있는 개인의 능력을 반영한 것이다. 이를 테면, 소비자들이 이끌어낼 수 있는 심리적, 육체적, 인구통계적, 물질적 수단 등 모든 영역을 말한다. 자원이나 혁신성들은 일반적으로 청소년기부터 중년에 이르기까지 증가하다가, 그 후에 노년기에 감소할 때까지 비교적 안정적으로 유지된다. 이러한 자원이나 혁신성은 소비자들의 1차적인 동기를 행할 수 있는 능력을 지원하거나 금할 수도 있기 때문에 중요하다.

그림 6-5 **VALS-II의 라이프스타일 유형**

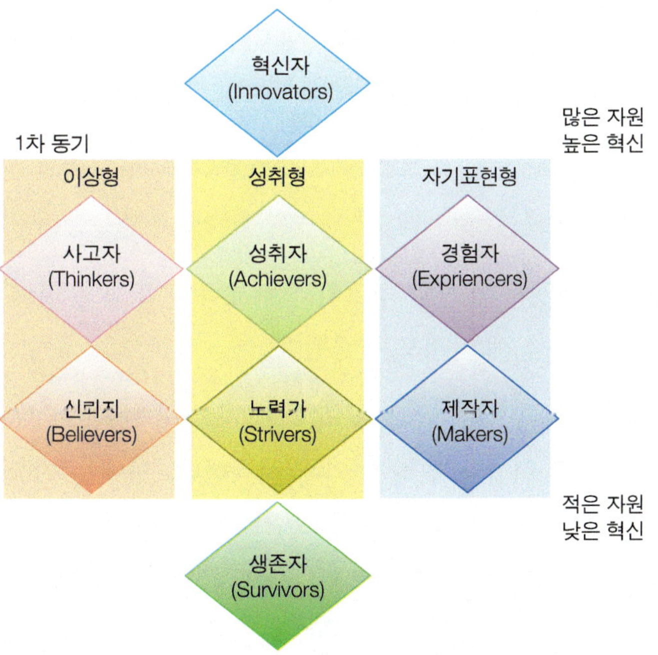

자료원 : SRI Consulting Business Intelligence, www.sric-bi.com/VALS/.

표 6-6 VALS-II의 라이프스타일 유형과 세분시장의 프로파일

	혁신자	
	• 보다 좋은 것을 즐김, 신제품·신기술·신유통경로를 수용함 • 광고에 회의적, 다양한 간행물 구독, TV 시청 적음	많은 자원 높은 혁신
사고자	**성취자**	**경험자**
• 이미지나 위신에 관심 거의 없음 • 가정용품을 평균이상 구매함 • 폭넓고 자주 독서함 • 교육적이고 공적프로그램 선호함 • 가정중심적임	• 고급제품에 관심 많음 • 다양한 제품에서 주요 표적시장임 • 평균적인 TV시청자 • 기업, 뉴스, 자기에게 도움되는 간행물 구독	• 유행과 일시적 유행(fads) 따름 • 사회화에 많은 가처분소득 지출함 • 충동구매, 광고에 관심, 록음악 청취
신뢰자	**노력가**	**제작자**
• 자국제품 구매, • 습관을 바꾸는 데 느림, 협상추구 • 평균이상 TV시청 • 은퇴, 가정, 정원, 일반적 관심 잡지구독	• 이미지 추구함 • 재량소득 제한적이지만 신용유지 • 의복과 개인의료품 많이 소비함 • 독서보다 TV시청 선호	• 안락함, 내구성, 가치를 위해 구입함 • 사치품에 관심없음 • 기본적인 것만 구입 • 라디오 청취, 자동차, 가정용기기, 낚시, 옥외용 잡지 구독
	생존자	
	• 브랜드충성적임 • 쿠폰이용과 세일행사참여 • 광고 신뢰함, TV시청 빈번함 • 타블로이드판 여성잡지 구독	적은 자원 낮은 혁신

자료원 : VALS-II, SRI International, Menlo Park, Calif., cited in Judith Waldrop(1994), "Markets with Attitude," American Demographics, July, pp. 22~23.

VALS-II의 자기지향성은 개인이 추구하는 목표나 행동의 유형에 따라, 다음과 같이 이상형, 성취형, 자기표현형 등 세 가지로 결정된다.

- **이상형 동기**(ideal motivation) : 소비자들은 다른 사람들의 의견이나 느낌에 의해 선택하기보다는 자신의 신념과 원리에 의해 선택한다. 구매는 기능성과 신뢰성을 바탕으로 이루어진다.
- **성취형 동기**(achievement motivation) : 소비자들은 명확한 사회적 지위를 위해 노력하고, 준거집단과 같이 다른 사람들의 행동, 승인, 의견 등에 의해 강하게 영향을 받는다. 구매는 지위를 상징하는 것을 바탕으로 이루어진다.

- **자기표현형 동기**(self-expression motivation) : 행동지향적 소비자들은 선택을 통해 개인의 특성을 표현하려고 노력한다. 그들의 주변 세계에 영향을 미치는 제품들을 구매한다.

참고문헌

- 예술경영지원센터(2009), 2008년 연극·뮤지컬 관람객 조사보고서
- Assael, Henry (1992), Consumer Behavior and Marketing Action, 4th eds., Boston, MA : Pws-Kent.
- Blackwell, Roger D., Paul W. Miniardand James F. Engel(2006), Consumer Behavior, 10th ed., Thomson South-Western.
- Bolch, Peter H. and Richins L. Marsha(1983), "A Theoretical Model for the Study Product Importance Perception," Journal of Marketing, 47(Summer), 69-81.
- Burns, R. B.(1979), The Self-Concept : In Theory, Measurement, Development and Behavior, New York.
- Deslauriers, B. C. and P. B. Everett(1977), "The Effects of Intermittent and Continuous Token Reinforcement on Bus Ridership," Journal of Psychology, August, 369-375
- DePaulo, Peter(1986), "The Opposite of Satisfaction : Motivational Priming as an After Effect of a Pleasurable Consumption Experience," in Advances in Consumer Research, Vol. XIII, Richard Lutz, ed., Ann Arbor, MI : Association for Consumer Research.
- Donovan, Robert and John Rossiter(1982), "Store Atmosphere : An Environmental Psychology Approach," Journal of retailing, Vol.58, Spring, 34-57.
- Groth, John C.(1994), "The Exclusive Value Principle - A Concept for Marketing," Journal of Product & Brand Management, Vol.3, No.3, 10.
- Foxall, Gorden R.(1980), Consumer Behavior : A Practical Guide, John Willey & Sons, Inc., New york.
- Hawkins, Del I., David L. Mothersbaugh and Roger J. Best(2007), Consumer Behavior, 10/e, McGraw-Hill Irwin.
- Holbrook, M. B.(1994), "The Nature of Customer Value : An Axiology of Services in the Consumption Experience," In Service Quality : New Directions in Theory and Practices, Sage,

Newbury, CA.

- Holman, Rebecca H. (1981), "Apparel as Communication," in Symbolic Consumer Behavior, eds. Elizabeth C. Hirschman andMorris B. Holbrook, Ann Arbor : Association for Consumer Research, 7-14.
- Hoyer, Wayne D. and Deborah J. Maclnnis(2004), Consumer Behavior, 3rd ed., Houghton Mifflin Company.
- Huber, F. Herrmann, A., and Morgan, R. E.(2001), "Gaining Competitive Advantage through Customer Value Oriented Management," The Journal of Consumer marketing, Vol. 18(1), 41-53.
- Joiner, B. L.(1994), Fourth Generation Management : The New Business Consciousness, Mcgraw-Hill, New York, NY, 68-69.
- Kaufman, J. J.(1998), Value Management : Creating Competitive Advantage, Best Management Practice Series, Crisp Publications, Menlo Park, CA.
- Lee, Dong Hwan (1990), "Symbolic Interactionism : Some Implications for Consumer Self-Concept and Product Symbolism Research," Advances in Consumer Research, Vol. 17, 386-393.
- Leigh, James H. and Terrance G. Gabel (1992), "Symbolic Interactionism : Its Effects on Consumer Behavior and Implications for Marketing Strategy," The Journal of Consumer Marketing, Vol. 9, (Winter), 27-38.
- Mowen, John C. (1995), Consumer Behavior, Prentice-Hall, Inc., 4th eds.
- Peter, J. P. and Olson, J. C.(1990), Consumer Behavior abd Marketing Strategy, 2nd ed., Irwin, Homewood, IL.
- Plumer, Joseph T.(1974), "The Concept and Application of Life StyleSegmentation," Journal of Marketing, January, 34-35.
- Schiffman, Leon G. and Leslie Lazar Kanuk(2007), Consumer Behavior, Pearson International Edition, 9th.
- Solomon, Michael R.(2007), Consumer Behavior, Pearson Prentice Hall, 7th.
- VALS-II, SRI International, Menlo Park, Calif.(1994), cited in Judith Waldrop, "Markets with Attitude," American Demographics, July, 22-23.
- Webster, F.(1994), Market-driven Management, Wiley, New York, NY.
- Woodruff, Robert B.(1997), "Customer Value : The Next Source for Competitive Advantage," Journal of the Academy of Marketing Science, Vol.25, No.2, 142-143.
- Wright, Newell D., C. B. Claiborne and M. Joseph Sirgy (1992), "The Effects of Product Symbolism on Consumer Self-Concept," Advances in Consumer Research, Vol. 19, 311-318.
- Zeithaml, V. A.(1988), Consumer Perceptions of Price, Quality, and Value; A Means-end Model and Synthesis of Evidence, Journal of Marketing, Vol.52(July), 2-22.

미주정리

1) Mowen, John C., 1995
2) Burns, R. B., 1979
3) Wright, Newell D., C. B. Claiborne and M. Joseph Sirgy, 1992
4) Zeithaml, V. A., 1988
5) Holbrook, M. B., 1994
6) Webster, F., 1994
7) Kaufman, J. J.,1998
8) Huber, F. Herrmann, A., andMorgan, R. E., 2001
9) Groth, John C., 1994
10) Peter, J. P. and Olson, J. C., 1990
11) Woodruff, Robert B., 1997
12) Plumer, Joseph T., 1974
13) 예술경영지원센터, 2009
14) VALS-II, SRI International, Menlo Park, Calif.,1994

참고 URL 주소

- https://economychosun.com/site/data/html_dir/2018/09/09/2018090900000.html

PART 04

소비자정보처리 및 신념과 태도

CHAPTER

7

소비자 지각

1. 지각과정
2. 노 출
3. 주 의
4. 이 해

광고디자인 속 숨은 의미? 기호학으로 읽어보자

우리는 일상 속 많은 광고들을 접하게 된다. 매일 아침 눈뜨고 자기 전까지 광고들을 본다. 출근길 지하철과 버스, 차 안의 라디오, 길거리 옥외광고들까지 우리 삶에서 광고란 빼놓을 수 없다. 이렇게 매일 접하는 광고들 속 인상 깊었던 광고디자인이 있었나요? 아마 하나쯤은 있을 것이다. 그렇다면 우리 기억 속 재밌고 인상 깊었던 광고디자인들을 기호학으로 읽어보는 건 어떨까?

먼저 기호학이란 무엇이고 디자인과 어떤 관계일까?

기호학은 상징체의 창조와 의미작용이 어떻게 이루어지는가를 확인하는 학문이다. 간단히 이야기하면, 우리 세상의 모든 것들은 그 안에 상징적인 의미를 내포하고 그것을 '기호'라는 것으로 해석할 수가 있다는 것이다. 이를 디자인에 활용해 좀 더 논리적이고 구체적으로 시각적 커뮤니케이션을 확실하게 이해시킬 수 있는 방법으로 활용되고 있다.

기호학을 설명하기 위해선 여러 학자들의 정의가 있다. 그중 소쉬르가 제시한 내용을 기준으로 살펴보면 다음과 같다.

> 소쉬르는 **기표 + 기의 = 기호**라고 정의하고 있다.
> 기표(기호표현) : 무엇을 표현하기 위한 실체적 요소를 뜻한다.
> 기의(기호의미) : 기호가 대변하는 정신적 개념을 뜻한다.

예를 들면, 신호등의 초록불(기표)을 보고 + 횡단보도를 건너야겠다고 생각해서(기의) = 횡단보도를 건넜다(기호). 다시말해서, 눈으로 초록불이라는 기표를 보고는 건너야겠다라는 생각인 기의를 통해 횡단보도를 건넘으로써 기호를 완성한 것이다.

다음은 재미있는 광고디자인을 기호학으로 읽어보려고 한다.

◆ NIVEA 광고의 기호학적 분석

- 기표 : 크림, 니베아(텍스트), 어두운 배경, 달을 연상시키는 모양
- 기의 : night(텍스트)와 제품이 겹쳐진 모양인 달을 통해 밤을 연상시킴, 크림제품이다.

니베아(NIVEA) 화장품 광고인데, 상당히 단순한 구조로 이루어져 있다. 무슨 의미인지 파악해보면, 기표와 기의를 통해 여러분은 밤에 바르는 니베아 크림제품을 사용하라는 메시지를 전하고 있다.

◆ 3M의 Scotch 광고의 기호학적 분석

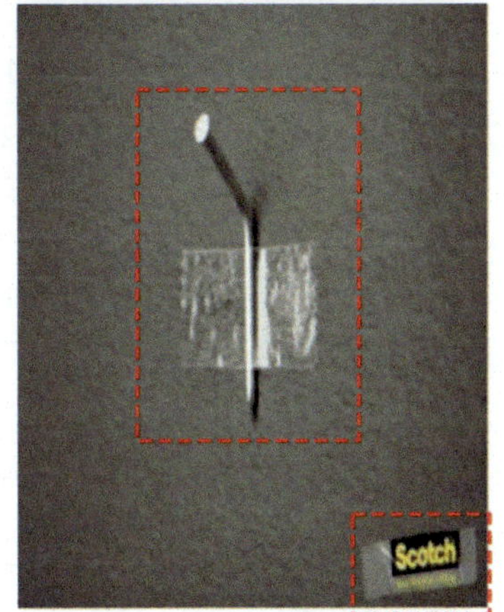

- 기표 : 구부러진 못, 테이프, 브랜드 로고
- 기의 : 벽에 못질을 하지 않고 테이프로 붙임, Scotch라는 3M사의 접착용 테이프임, 구부러진 못을 보니 무언가를 걸 목적이다.

3M의 대표적인 접착 테이프 상품인 스카치(Scotch) 테이프 광고인데, 못이 이상하게 구부러진 상태로 테이프에 의해 고정되어 있다. 광고에서 로고 또한 기표로 볼 수 있다. 엄청난 접착력으로 벽에 못을 박는 것이 아닌 테이프로 붙이는 것으로도 떨어지지 않는다는 메시지를 전달하고 있다.

광고디자인 속의 많은 의미들을 기호학을 통해 분석해 보았는데, 기호학은 많은 시각언어로 구성되어 있는 디자인 속의 시각언어를 해석하고 좀 더 풍성한 디자인을 하도록 도와 주는 방법론 중의 하나이다. 기업에서는 기호학을 사용자에게 기업이 추구하는 상징적 가치, 사회문화적, 기술적 메시지를 전달한다. 이 방법을 통해 구성체들이 어떻게 상호작용을 하는지 분석하고 요소들이 어떤 의미를 발생시키며 숨겨진 의미를 파악할 수 있다.

◆ 오리온「초코파이」의 기호학적 측면을 통해 알아본 광고의 중요성

■ 기호 의미로서의 상품

오리온 초코파이 광고가 소비자들에게 즐거움을 주는 성공적인 콘텐츠가 될 수 있었던 것은 기호 의미로서의 표현을 장기적이고 정확하게 하여 나름의 브랜드 가치를 창출했기 때문이라고 할 수 있다. 오리온 초코파이는 과거에서부터 시리즈물을 통해 광고를 해 왔는데, 초기 오리온 초코파이는 적극적으로 마케팅에 나서면서, 모든 국민이 공감할 수 있는 키워드인 '정'을 테마로 시리즈 광고를 도입하였다.

오리온 초코파이의 광고 대표 문구는 '정'이다. 도상적인 '情'을 하얀색으로 표시하여 드러낸다.

〈1차적 언어체계〉

- 기호표현 : 정 + 기호의미 : 초코파이 = 기호 : 오리온 초코파이

〈2차적 신화체계〉

- 기호표현 : '한국인의 정을 나눈다'라는 부가적인 의미 형성 + 기호의미 : 오리온 초코파이를 먹거나 주고 받는다는 2차적 의미는 바로 '사랑' = 기호 : '情'이라는 기호를 통하여 한국인이 가지고 있는 향수와 공동체 의식을 자극함

상징적 기호로는 바로 서로에게 주고받는 사랑과 관심이다. 초코파이를 먹거나 주고받는 것은 단순히 음식을 섭취하는 것이 아니라, 서로에게 사랑과 관심을 표현한다는 것으로 표상된 것이다. 초코파이를 먹는다는 것이 하나의 새로운 기호가 되고, 그 의미는 한국 사회의 고유한 정을 나누고 사랑을 나누는 방법으로 상징적 의미가 부가되는 것이다.

기호표현으로서의 상품

사진에서 보는 것과 같이 오리온 초코파이는 '情'이라는 기호표현을 가장 커다랗게 삽입하고 있다. '오리온 초코파이'라는 제품의 이름을 오히려 작게 쓰고 '情'이라는 표현을 통해 하나의 도상으로 사용하고 있다. 이 '情'이라는 기호표현은 한국인의 사랑을 나타내는 도상적 기호이면서 '오리온 초코파이'가 가진 의미를 전달하는 기호가 된다. 특히나 '情'이라는 글씨의 표현을 전통적이고 정감 가는 글씨체로 표현하여 오리온 초코파이가 가지고 있는 따뜻한 이미지와 느낌을 강조하는 효과를 준다. 이처럼 '情'에 사용된 서체는 초코파이라는 의미의 기호표현이기를 넘어서서 사랑과 관심, 한국인의 고유한 따뜻함을 느낄 수 있도록 하고 있다. 기호로서의 문자는 말을 만드는 것을 가능하게 하고 특히나 그 속에서 새로운 의미를 느끼게 한다. 이야기하고자 하는 내용을 글과 서체를 통하여 제시하는데 이는 서체와 기호의 경계선을 무너뜨리는 기호표현의 변형이라고 할 수 있다.

- 자료원 : 인사커뮤니케이션(내용일부 수정함),
김민정, 대한민국 청소년의회, 2022년 2월 27일(내용일부 수정함)

소비자는 일상생활 속에서 TV, 라디오, 신문, 잡지, 인터넷 등 다양한 매체나 내외적 정보원천을 통해 노출이 되어 제품이나 서비스와 관련된 정보를 수용하고 취득한다. 가장 일반적으로는 광고메시지 형태로 기업에서 제공하는 마케팅 자극을 통해 제품이나 서비스에 관한 정보에 수동적으로 노출되어 수용된다. 다른 한편으로는 소비자가 자신의 기억 속에 저장된 정보를 인출하는 내적 정보탐색과정을 거치는데, 이런 내적 정보탐색과정을 통해 취득한 정보가 불충분한 경우에는 직접 매장을 방문하거나, 인터넷 포털사이트를 검색하거나, 온라인 구전이나 친구 및 가족 등 준거집단의 의견을 듣는 등 다양한 외부 정보원천을 통해 의도적 혹은 능동적인 정보탐색과정을 거친다.

이와 같이 소비자는 다양한 매체나 내외적 정보원천을 통해 제품이나 서비스에 관한 정보에 노출이 되면, 감각기관을 통해 수용하고, 주의와 이해과정을 거치면서 소비자 기억 속에 저장되고, 일련의 정보처리과정을 통해 차후에 구매의사결정과정에 활용될 수 있다.

따라서 마케터는 자사의 제품이나 서비스와 관련된 정보들이 소비자의 노출, 주의, 이해 등의 과정, 즉 지각과정을 통해 기억 속에 저장되고, 구매의사결정과정에 활용될 수 있도록 노력해야 할 것이다. 그래서 본 장에서는 노출, 주의, 이해 등의 지각과정에 대해 자세하게 살펴보고자 한다.

1 지각과정

지각(perception)이란 소비자가 자극에 대하여 정보를 처리하고 인식하는 과정으로, 소비자가 감각을 통해 주변의 정보를 선택하고, 조직하고, 해석하는 과정이라고 할 수 있다. 즉 지각은 소비자의 감각기관을 통하여 받아들인 제품이나 서비스에 대한 마케팅 자극을 개인이 가지고 있는 가치관, 경험, 욕구, 이해 등을 토대로 의미있는 것으로 조직화한다는 것이다.

일반적으로 정보처리과정은 외부자극이 인지되고, 정보로 변환되어 저장되는 일련의 활동을 말하는데, 다시 말해서 [그림 7-1]과 같이, 소비자가 외부환경이나 마케팅 자극에 노출되어, 그 자극에 주의를 기울이며, 주의한 자극들을 이해하는 과정을 거친다는 것이다. 이 과정에서 의사결정에 필요한 정보가 발생할 경우에는 기억 속에 저장된 정보를 인출해서 처리하고, 새로운 정보를 기억 속에 저장하기도 하며, 노출, 주의, 이해단계에 영향을 미치기도 한

그림 7-1 정보처리과정과 지각과정

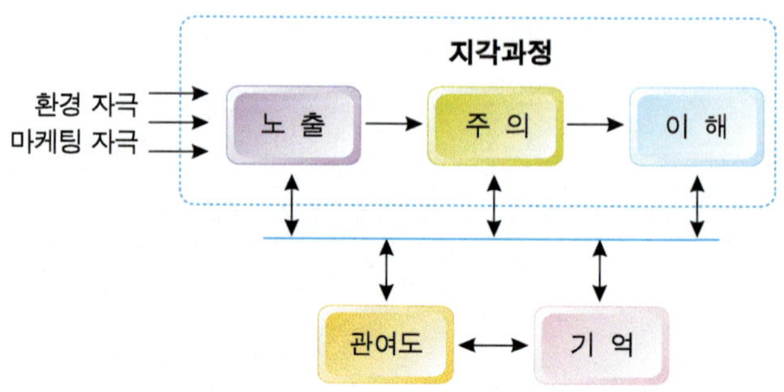

다. 이런 과정에서 노출, 주의, 이해단계를 지각과정이라고 할 수 있다.[1)]

지각과정에서 노출(exposure)은 제품이나 서비스, 광고 등 마케팅 자극이 소비자의 감각기관과 접촉하는 것을 말한다. 이때 소비자는 무수히 많은 자극의 수용으로 의사결정에 어려움을 겪게 되는데, 이를 해소하기 위해서 자극들 중에서 유용하지 않은 자극들을 선별하기 위해 주의단계를 거친다. 주의(attention)는 감각기관을 통한 자극정보에 대해 정보처리능력을 할당하는 과정이다. 이 단계에서 소비자는 개인이 처리할 수 있는 능력에 따라 한정된 자극들만 필요한 정보로 활용하게 된다. 이해(interpretation)는 받아들인 자극정보에 의미를 부여하여 해석하는 과정으로써, 자극에 대한 범주화, 관여도, 조직화 등을 통해 정보를 재생산하는 과정이 이루어진다. 소비자는 재생산한 정보를 자신의 기억에 저장하고 행동판단의 근거로 삼는다.

이러한 지각과정의 중요한 특징 중의 하나는 정보를 객관적으로, 전체적으로 받아들이지 않고, 자신의 기존 인지체계와 일치하거나 자신에게 유리한 것만 선택적으로 받아들인다는 것이다. 즉 자신이 듣고 싶은 것만 듣고, 보고 싶은 것만 보는 것을 말하며, 이를 선택적 지각이라고 한다. 선택적 지각(selective perception)은 마케팅에서 고려해야 하는 중요한 요소로써, 소비자가 자신의 주관과 흥미를 바탕으로 여러 가지 자극 중에서 필요한 부분만을 선택하는 것이다. 다시 말해서, 선택적 지각과정은 [그림 7-2]와 같이, 소비자에게 환경적 자극이나 마케팅 자극 등 많은 자극들이 노출되지만, 그중에서 제한된 정보만이 노출되고(선택적 노출), 노출된 정보 중에서 일부에만 주의를 할당하게 되며(선택적 주의), 이 중에서 일부 정보만이 이해(선택적 이해)를 위해서 정보처리과정을 통과하게 된다. 그리고 이해된 정보 중에서 선택적으로 기억되며(선택적 보유), 기억된 정보도 모두 의사결정에 활용되는 것이 아니라, 인출

그림 7-2 선택적 지각과정

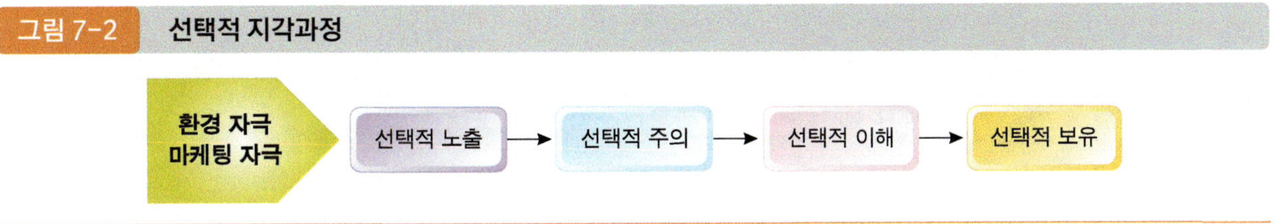

이 가능한 정보만이 선택적으로 이용된다.

선택적 노출(selective exposure)은 소비자의 신념이 제품이나 서비스의 선택에 영향을 미치는 과정인데, 의식적으로나 무의식적으로 관심있는 자극에만 노출된다는 것이다. 이는 소비자가 즐거움이나 흥미를 느낄 수 있거나 공감할 수 있는 메시지를 적극적으로 추구하는 반면에, 고통을 주거나 위협적인 것은 적극적으로 회피하거나 선택적으로 노출시키는 것이다.

선택적 주의(selective attention)는 소비자가 그들의 욕구 혹은 흥미를 느낄 수 있는 자극이나 지지하는 정보에 대하여 더 큰 주의를 기울이고, 그렇지 않은 정보에 대해서는 회피하는 것을 말한다. 선택적 이해(selective comprehension)는 기존의 지식과 다른 정보에 접한 소비자가 이 정보를 자신의 신념과 태도에 부합되도록 정보를 해석하는 것이다. 그리고 선택적 보유(selective retention)는 이해된 정보 중에서 향후 행동에 영향을 미칠 수 있도록 선택적으로 기억 속에 보존하는 것으로, 소비자는 의사결정에 적합하거나 현재의 신념이나 태도에 적합한 정보를 받아들이고 장기간 동안에 기억하는 경향이 있다.

이와 같이 선택적 지각은 수많은 환경자극이나 마케팅 자극 중에서 소비자 개인의 욕구에 부합되고 유용한 정보를 더 잘 지각하는 지각적 경계(perceptual vigilance)현상과 소비자 개인에게 주어진 위협적이거나 모순적 정보를 사실로 인식하지 않으려는 지각적 방어(perceptual defense) 현상을 일으킨다.

지각적 경계의 주요 특징으로는 우선 소비자가 접하는 수많은 광고 중에서 자신의 욕구를 충족시켜 주는 광고정보에 대해서는 주의를 집중하여 지각함으로써, 필요한 정보를 신속하게 받아들일 수 있게 한다.

둘째, 불필요한 정보를 제거하여 의사결정을 정형화함으로써, 의사결정에 소요되는 시간을 단축시켜 준다. 예를 들면, 소비자는 판촉행사 등으로 인해 가격할인이나 추가혜택 등의 정보나 신제품 광고 등과 같은 예외적인 정보에만 주의를 기울이면 된다는 것이다.

마지막으로 지각적 경계는 소비자 욕구의 함수로써, 욕구의 결핍정도가 높을수록 관련 정보에 대한 지각적 경계의 정도는 높아지기 때문에 욕구충족을 하려고 하는 소비자의 경우는 여러 자극들 중에서 일부를 선택하게 하고 주의를 기울이게 된다.

한편, 지각적 방어는 소비자들이 어떤 정보를 자신들이 기존에 가지고 있는 신념과 태도에 일관되게 맞추기 위해서 왜곡할 때 발생한다. 지각적 방어의 주요 특징으로는 우선 특정 브랜드에 대한 소비자의 신념과 태도가 강할수록 지각적 방어의 가능성은 높아진다. 이는 소비자의 신념이 강할수록 상반되는 정보를 받아들이고 폭은 좁아지기 때문에 소비자의 신념과 일치하도록 정보를 왜곡시킬 수 있다.

둘째, 소비자의 경험이 일관성이 있을 때, 지각적 방어의 가능성은 커질 수 있다. 이는 특정 브랜드에 대한 애호도가 있는 소비자는 지금까지의 일관성 있고 긍정적인 브랜드 경험에 반대가 되는 정보를 접할 경우에 그 정보를 무시하거나 부정하면서 자기합리화를 하는 경향이 클 수 있다는 것이다. 예를 들면, 탄산음료인 콜라가 치아를 상하게 한다는 정보에 노출되었을 때, 콜라음료 애용자는 자신은 몸에 해가 되지 않을 만큼 적당히 마시고 있다고 자기합리화한다는 것이다.

마지막으로 자극을 받아들이면서 생기는 걱정이 커짐에 따라 지각적 방어의 가능성도 커진다. 이는 욕구를 충족하기 위해 담배를 피우는 사람들은 담배가 암을 유발한다는 정보에 대해 애써 회피하려고 하고, 해당 정보의 타당성에 대해 신뢰하려고 하지 않는다는 것이다.

따라서 마케터는 소비자의 지각적 선택성을 고려할 때, 소비자 구매행동에 영향을 미치기 위해서는 자사의 제품이나 브랜드 관련 정보가 선택적인 정보처리과정을 통과할 수 있는 마케팅 자극이 될 수 있도록 해야 할 것이다.

한편, 소비자의 정보처리과정에 영향을 미치는 또 하나의 중요한 요인으로 관여도(involvement) 수준이 있다. 소비자의 관여도 수준은 지각의 노출, 주의, 이해단계로 이동할 것인지에 영향을 미친다. 즉 소비자는 외부자극에 노출된 모든 정보를 지각과정에서 주의, 이해단계를 거치며 해석하고 의미를 얻는 것이 아니라, 관여도 수준이 낮으면 3단계를 거치지 않고 중간 단계에서 소멸될 수도 있다. 그래서 관여도 수준이 높은 자극정보일수록 지각과정인 3단계를 거칠 수 있다는 것이다. 예를 들면, 소비자는 하루에도 수많은 광고에 노출되지만, 대부분의 광고정보들이 소비자 개인에게 관여도 수준이 낮은 정보들이기 때문에 기억할 수 있는 광고정보는 3~4개 정도밖에 되지 않는다는 것이다.

2 노 출

노출(exposure)은 자극이 소비자와 관련된 환경 속에 있으며, 감각수용체 신경의 범위 내에 다가올 때 발생한다. 즉 마케팅 자극이 소비자의 감각기관(시각, 청작, 미각, 후각, 촉각) 중에서 하나 혹은 그 이상이 활성화되는 상태를 말한다.

소비자에게 노출되는 마케팅 자극은 광고, 포장, 브랜드명, 로고, 사인 등 다양하며, 주로 TV, 라디오, 신문, 잡지 등의 전통적인 4대 매체, 유튜브, 블로그, 트위터 등의 소셜미디어, 친구, 의견선도자 등을 통해 노출될 수 있다. 이러한 마케팅 자극에 대한 노출은 어떤 목적을 위해 소비자가 의도적으로 자극에 노출하는 경우와 우연에 의해 노출되는 경우, 소비자가 필요하고 관심이 있는 정보에만 선택적으로 노출하는 경우 등이 있다.

2.1 노출의 유형

마케팅 자극에 대한 노출의 유형에는 어떤 목적을 위해 소비자가 의도적으로 자극에 노출하는 경우와 우연에 의해 노출되는 경우 등이 있다.

(1) 의도적 노출

의도적 노출(intentional exposure)은 소비자가 어떤 당면한 문제를 해결하기 위해서, 혹은 평소에 관심이 높은 제품이나 서비스 관련 정보나 오락을 추구하기 위해서 자신을 의도적으로 마케팅 자극에 노출하는 것을 말한다. 이런 의도적 노출은 필요에 의한 노출이기 때문에 높은 수준의 정보처리가 이루어지고 의사결정에 영향을 미칠 수 있다. 소비자가 욕구결핍으로 인한 구매목적, 정보나 오락추구 등 다양한 이유로 문제인식을 하게 되면, 우선 그 문제와 관련된 정보를 내적탐색(internal search)을 통해 장기기억으로부터 인출하여 문제를 해결하려고 한다. 하지만 인출된 정보가 문제해결을 할 수 있을 만큼 충분하지 못하면 외적탐색(external search)을 통해 추가적으로 정보탐색을 하게 되는데, 이때 소비자 자신을 마케팅 자극이나 정보에 의도적으로 노출시키게 된다. 특히 소비자는 그 의사결정에 관여도가 높을수록 보다 적극적으로 마케팅 자극이나 정보를 탐색한다. 예를 들면, 평상시에 광고에 무관심하던 소비자가 친구의 디지털카메라를 본 후에 자신도 디지털카메라를 구매해야겠다고 생각하는 순간부터 TV에 나오는 디지털카메라 광고를 집중해서 본다든지, 인터넷검색을 통해 가격이나 성능 등의 정보를 찾아보거나, 전문가의 의견을 청취하는 등의 정보탐색을 하는 것은 의도적으로 자극에 노출시키는 것이다.

이러한 의도적 노출의 경우는 소비자가 일상생활에서 대부분 제품이나 서비스 구매에 대해 관여도가 높은 경우는 많지 않기 때문에 우연적 노출에 비해 상대적으로 비중이 높지 않다.

(2) 우연적 노출

우연적 노출(accidental exposure)은 소비자가 자신이 의도하지 않은 상태에서 정보에 노출되는 것으로써, TV, 라디오, 신문, 잡지, 인터넷, POP 디스플레이 등을 통해 수많은 광고에 노출되는 경우를 말한다. 이 노출은 소비자가 제품이나 서비스에 대한 욕구결핍으로 인한 문제인식을 하지 못한 상황에서 무의식적인 노출을 통해 이루어진다. 이 과정에서 구매욕구가 발생하여 구매의사결정과정을 거칠 수도 있다. 우연적 노출은 지각과정을 거치면서 기억에 영향을 미치기 때문에 브랜드 인지도를 형성하고 브랜드 선호도를 높이는데, 중요한 영향을 미칠 수 있다.

또한, 온라인 광고메시지의 노출은 경우에 따라서 우연적인 노출 혹은 의도적인 노출이 될 수도 있다. 소비자가 온라인 상에서 다른 정보나 오락을 추구하는 동안에 배너광고(banner ads)나 팝업광고(pop-ups ads)에 노출되었을 때, 일반적으로 우연적인 노출이 된다. 하지만 소비자가 배너광고나 팝업광고를 클릭하는 경우에는 해당 타겟사이트나 마케팅 메시지에 노출되는 의도적인 노출이 될 수도 있다.

노출은 정보처리과정의 출발점이므로, 마케터는 표적시장의 소비자들이 자사제품이나 서비스에 관한 정보에 가능한 한 많이 노출될 수 있도록 해야 할 것이다. 하지만 노출은 소비자에게 사용가능한 정보에 주의를 기울일 수 있는 기회를 제공하지만, 결코 보장되지는 않는다. 예를 들면, 소비자가 TV프로그램은 시청하였지만 방영 중인 광고에는 별로 주의를 기울이지 않았다면, 이런 경우에는 노출이 발생하였다고 할지라도, 소비자의 주의부족 때문에 광고는 거의 영향을 미치지 못할 것이다.

2.2 노출의 특성

소비자는 일상생활에서 수없이 많은 정보에 노출되지만, 소비자 자신이 필요하고 관심이 있거나 의미있는 정보에만 선택적으로 노출하는 지각과정을 통해서 효율적으로 자극에 대처한다는 것이다. 이러한 선택적 노출(selective exposure)은 소비자가 자신의 욕구에 부합되거나 의미있는 자극, 재미있고 흥미를 유발시키거나, 공감할 수 있는 자극에 대해서는 시간과 노력을 기울여서라도 적극적으로 노출시키려는 행동을 한다. 예를 들면, 평소에 건강에 관심이 많은 소비자가 건강보조식품 관련 홈쇼핑광고와 같은 정보와 광고의 결합형태인 정보제공광고에 대해서는 인내를 가지고 시청하는 경향이 있다. 그리고 인터넷을 통해 건강 관련 정보를 탐색하기 위해서 일상생활 중에도 많은 시간과 노력을 들여 필요한 정보에 선택적 노출행동을 하기도 한다.

반면에, 소비자가 관심이 별로 없거나, 불쾌감이나 혐오감 같은 부정적 감정을 유발하거나, 지나치게 공포스럽고 위협적인 자극에 대해서는 적극적으로 회피하려는 의도적인 행동을 할 수 있다는 것이다. 예를 들면, TV를 시청하던 중에 광고가 나오면 부정적인 시각으로 다른 채널로 돌리거나(zapping), 광고를 보기는 보되 소리를 무음(muting)으로 없애기도 한다. 심지어 채널을 여기저기 옮겨가며 광고를 피해서 시청하는(flipping) 경우도 있으며, 동영상을 보던 중에 광고나 흥미없는 부분을 빠른 속도로 지나가게 하는(zipping) 것도 노출을 의도적으로 피하려는 선택적 노출을 통해 자극에 대처하는 행동이다.

이러한 광고회피 현상은 마케터가 자사의 제품이나 서비스에 관한 마케팅 메시지를 소비자에게 노출할 기회를 제한하는 것이다. 광고회피는 소비자의 특성에 따라 정도의 차이는 있겠지만, 점차 증가하고 있으며, 광고에 대한 태도가 부정적일수록 그리고 광고혼잡이 증가할수록 더 증가하는 경향이 있다. 광고혼잡(advertising clutter)이란 광고가 실리는 구체적인 방송프로그램, 신문명, 잡지명 등을 말하는 매체 비히클(media vehicle)에서 광고물의 밀집도를 말하는 것이다. 따라서 마케터는 소비자의 광고에 대한 선택적 노출에 대처하기 위해서는 광고에 대한 소비자의 노출심리를 분석하여 적절하게 대응하여야 할 것이다. 예를 들면, 광고회피에 대한 대응으로 마케터는 TV 드라마나 오락프로그램, 영화 등의 영상매체에 자연스럽게 제품이나 브랜드를 노출시키는 간접광고(PPL: product placement) 등으로 광고회피를 완화시키고, 브랜드 관련 정보를 제공하여 간접광고 효과를 통해 브랜드 이미지를 향상시킬 수 있다.

2.3 노출증대방법

소비자는 자극에 대한 노출빈도가 증가할수록 소비자의 지각과정으로 진행될 가능성이 높아질 수 있다. 따라서 마케터는 소비자의 선택적 노출의 특성을 극복하고, 자사의 제품이나 서비스 관련 마케팅 자극이 가능한 표적시장의 소비자에게 많이 노출될 수 있도록 다음과 같은 노출전략을 고려해 볼 수 있을 것이다.

첫째, 소비자에 의한 의도적 노출을 증대시킬 수 있어야 한다.

최근에 인터넷의 확산과 소셜미디어를 통한 연결성과 이동성이 높은 디지털경제 상황 하에서, 기업 측면에서는 소비자들에게 참여와 피드백을 촉진하고 미디어와 이용자 개념의 경계를 소멸시키며, 피드백, 코멘트, 정보공유를 촉진시키기도 한다. 이에 따라 소비자 측면에서는 정보탐색비용을 획기적으로 감소시켰으며, 소비자들 간의 정보공유도 많이 활성화되어 소비자가 관심있고 구매하고 싶은 제품이나 서비스와 관련된 정보를 기존처럼 광고를 통해 수동적으로 노출되어 수용하기 보다는 적극적으로 탐색하는 것을 선호하는 현상이 두드러지게 높아지고 있다. 예를 들면, TV광고나 인쇄광고에 인터넷 매체를 동시에 활용하여 정보를 노출시키는 크로스미디어(cross-media) 광고는 TV광고에 인터넷 검색창을 삽입해서 'OOO 검색창에 OOO를 검색하세요.' 또는 'OOO이 도대체 뭐길래?' 등의 문구를 통해 소비자의 호기심을 유발하여 수동적인 정보노출 상황에서도 능동적으로 인터넷을 통해 자사의 브랜드 정보를 검색하게 하여 의도적 노출을 증대하는 방식이다. 예를 들면, CJ제일제당 비비고 광고는 'bibigo to you'라는 자막과 함께 시작되는데, 맑고 화창한 날 소중한 사람들과의 식사를 위해 자전거나 오토바이를 타고, 또는 걸어서 장을 보러 가는 사람들의 모습이 등장한다. 이후 장을 본 사람들이 친구, 가족 등 소중한 사람들을 만나 함께 비비고 제품을 먹으며 행복한 시간을 가지는 모습을 잘 표현하고 있다. 그리고 광고화면 하단에 CJ더마켓 검색창에서 'CJ더마켓에서 만나보세요!'라고 소비자들에게 추가정보를 검색하고 구매를 유도하기 위해 자극하고 있다.

또한, 신문이나 잡지, 옥외, 교통광고 등의 매체에 QR코드를 삽입하여 소비자가 스마트폰으로 링크하여 구체적인 정보를 얻거나 이벤트에 참여할 수 있도록 웹페이지로 안내해주는 형태도 마찬가지로 의도적 노출을 증대시키는 방식의 일환이라고 할 수 있다. 예를 들면, 가상화폐거래소 코인베이스(Coinbase)는 미국프로풋볼(NFL) 챔피언 결정전 슈퍼볼 광고에서 스크린세이버(화면보호기) 형식으로 QR코드만 60초 광고로 노출이 되어 큰 주목을 받았다. 이

광고 7-1 CJ제일제당의 비비고 광고

광고에서는 QR코드가 TV화면에서 색깔이 변하면서 이리저리 움직이는데, 시청자는 광고가 보여지는 60초 이내에 휴대폰을 사용해 QR코드를 찍으면 코인베이스 모바일앱 다운로드 사이트를 방문하게 되고, 모바일앱을 설치하는 신규고객은 이벤트 기간 동안에 15달러 상당의 무료 비트코인을 제공받고 300만 달러 상당의 경품을 받을 수 있는 프로모션을 진행했다. 방영 후 1분 만에 코인베이스 접속자가 2,000만 명을 넘겼고, 445,000명의 웹사이트 신규 가입과 140억 회 이상의 미디어 노출효과를 높였다. 이런 QR코드 광고로 1,400만 달러의 슈퍼볼 광고비를 사용하여 슈퍼볼 시청자들에게 엄청난 관심과 호기심을 자극하면서 굉장한 성과를 거두었다.

광고 7-2 코인베이스의 슈퍼볼 QR코드 광고

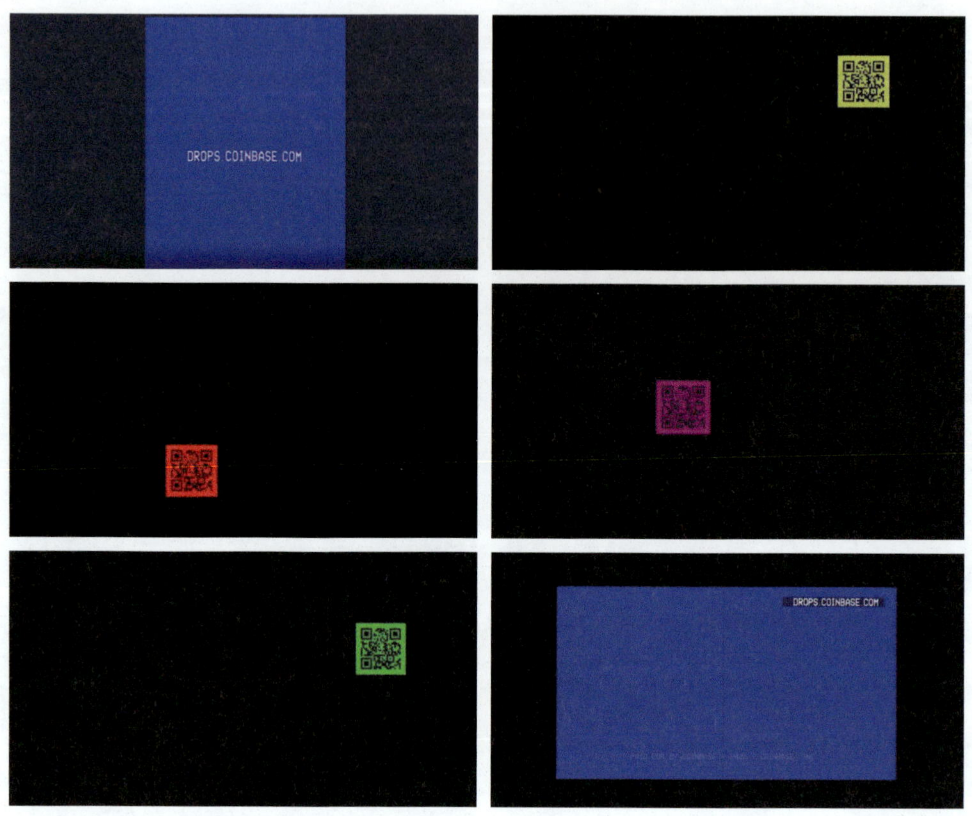

둘째, 소비자의 우연적 노출을 극대화시켜야 한다.

일반적으로 기업이 제품이나 서비스에 대해 단순히 우연적인 노출을 증대시키는 것만으로도 해당 제품이나 서비스에 대한 소비자의 선호도를 증가시키고, 구매의사결정 시점에서 우선적으로 고려하는 상표군에 포함될 가능성이 높아질 수 있기 때문이다. 일반적으로 대부분의 제품이나 서비스의 경우에 표적시장의 고객에게 전달하고자 하는 광고정보를 TV, 라디오, 신문, 잡지 등의 전통매체를 비롯해서 인터넷과 소셜미디어, 옥외광고, 교통광고 등 다양한 매체를 활용해 효과적인 미디어믹스(media mix) 전략을 통해 유용한 정보를 제공함으로써, 소비자의 우연적 노출기회를 증대시킬 수 있다. 또한 최근에는 TV 드라마, 영화, 오락프로그램, 게임 등에서 자연스럽게 제품이나 브랜드를 노출시키는 간접광고인 PPL(product placement)을 통해서 소비자의 우연적인 노출을 증대시키고 있다.

셋째, 다양한 매체의 특성을 최대한 활용하여 노출빈도를 높일 수 있어야 한다.

TV의 경우에는 프로그램 종류나 특성에 맞는 광고나 노출시간에 따라 노출효과가 다를 수 있다. TV광고인 경우에는 광고를 피해서 채널로 돌리는 재핑(zapping)이나 플리핑(flipping)과 같은 광고기피 현상 때문에 프로그램 광고나 중간광고의 경우에 순서상 맨 첫 번째와 끝부분인 프로그램 시작 직전에 노출시키는 것이 노출효과가 가장 크다고 할 수 있다. 또한 다양한 TV광고 중에서는 프로그램 광고처럼 정해진 시간대에 노출시키는 것보다 가상광고(virtual advertising)나 간접광고인 PPL 등이 노출효과가 비교적 더 크다고 할 수 있다. 이런 PPL 광고의 경우에 크게 2가지로 분류유형이 있다. Lv1은 단순노출로 프로그램 내 브랜드 및 상품을 녹화중에 자연스럽게 배치하여 노출하는 방식이며, Lv2는 기획노출로 출연자가 제품이나 서비스를 직접 사용하면서, 제품의 기능 및 특성을 자연스럽게 노출하는 방식이다. 예를 들면, Lv2 유형으로 SBS 런닝맨에서 SALADY는 브랜드 로고와 제품이 그대로 노출되고 출연진이 자연스럽게 제품을 직접 사용 또는 시음해보는 광고이다.

광고 7-3 런닝맨에서 SALADY의 PPL 광고

또한, 신문이나 잡지광고의 경우는 광고를 게재할 위치나 크기, 칼라/흑백 등에 따라 노출효과가 다를 수 있다. 예를 들면, 신문광고는 기사 중 돌출광고나 변형광고, 잡지광고는 표지 바로 뒷면이나 특정 기사가 나오는 지면으로는 목차대면, 요리기사대면, 패션화보대면 등이 상대적으로 노출빈도를 높일 수 있다. 온라인 매체의 경우에는 노출시킬 사이트의 종류나 위치, 전달방식을 고려해야 하거나, 유튜브, 인스타그램 등 소셜미디어를 통한 동영상으로 제작할 것인지 등을 결정하여 노출빈도를 높일 수 있어야 한다.

넷째, 표적소비자의 주요 매체의 소비특성을 분석하여 노출빈도를 증대시켜야 한다.

기업이 자사의 제품이나 서비스에 대한 정보를 많이 노출시키기 위해서는 표적시장 내 소비자의 특성은 물론이고 표적소비자가 어떤 매체에 가장 많이 노출되는지를 조사하고 분석해야 한다. 예를 들면, 표적소비자가 TV, 잡지, 인터넷, 모바일 등 다양한 매체 중에서 어떤 매체를 주로 이용하는지, TV광고인 경우에는 주로 시청하는 TV프로그램이나 시간대 등을 파악할 수 있다면 노출빈도를 높일 수 있을 것이다. 또한 패션의류제품인 경우에는 표적소비자들이 많이 보는 코스모폴리탄, 보그코리아, 마리끌레르 등 패션잡지에 광고를 게재하는 것이 노출빈도를 높이는데 효과적일 수 있다.

다섯째, 혁신적인 IT기술을 바탕으로 AI, IoT, 센서 등 차세대 첨단기술을 활용한 빅데이터 분석기술을 이용해서 노출빈도를 증대시킬 수 있어야 한다.

최근에 차세대 첨단기술을 활용한 빅데이터 분석기술로 미디어데이터, 소셜데이터, 웹데이터, POS(point of sale)데이터, IoT데이터, 고객참여데이터 등으로 훨씬 광범위하고 풍부한 데이터를 수집하고 분석하여 고객 프로파일을 만들고, 이런 모든 데이터를 통합하는 데이터

광고 7-4 코스모폴리탄, 보그코리아, 마리끌레르 잡지광고

생태계(data ecosystem)를 구축할 수 있다면, 개인화된 맞춤형 광고정보로 노출빈도를 증대시킬 수 있을 것이다.[2)]

여섯째, 최근에 POS에 센서와 장치를 연결한 생태계를 구축한다면, 판매시점에서 상황별로 대응하기 위한 근접센서를 사용해서 모든 오프라인 시설에 저전력 블루투스 트랜스미터인 비콘(beacon, 위치정보를 전달하기 위해 특정 신호를 주기적으로 전송하는 기기)을 여러 개 설치해 놓으면, 고객의 위치를 정확하게 찾아내 움직임을 파악할 수 있고 푸쉬알람과 같은 방식으로 개인화된 콘텐츠를 전송할 수 있다. 예를 들면, 연령이나 성별 등 특정 세분시장의 표적고객이 소매점 근처로 다가온다면, 광고정보, 할인행사 등 관련 정보를 앱 알림형태로 고객에게 맞춤형 메시지를 제공할 수 있다. 만약에 비콘을 소매점, 테마파크, 쇼핑몰, 호텔, 공항, 기타 주요 장소의 모든 통로에 설치되어 있다면, 기업은 고객의 스마트폰을 네비게이션 도구로 활용해 고객이 이들 장소에 통과할 때 광고나 판촉정보를 제공할 수 있다. 따라서 고객의 물리적 상황에 정확하게 맞는 맥락마케팅(contexual marketing)을 통해서 노출빈도를 높일 수 있을 것이다.[3)]

일곱째, AI기반 추천시스템을 활용한 예측마케팅을 통해 노출빈도를 높일 수 있어야 한다.

예측마케팅(predictive marketing)은 제품출시 전에 마케팅 활동의 결과를 예측하기 위해서 기계학습을 통해 예측분석방법을 구축하고 활용하는 것을 말한다.

예측모델에서 주로 활용되고 있는 것은 AI기반 추천시스템으로 협업필터링(collaboration

그림 7-3 협업필터링

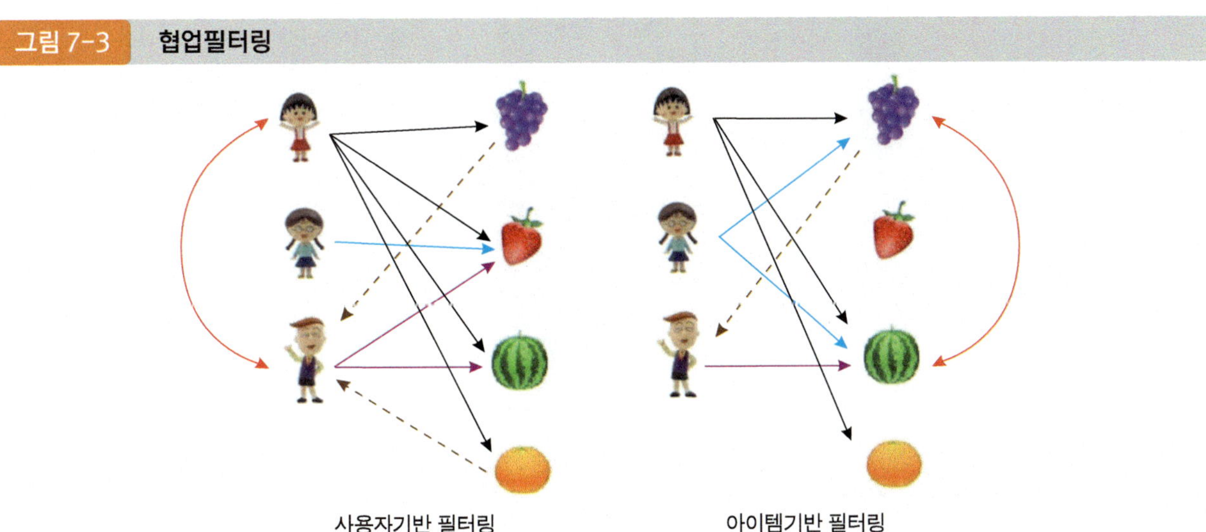

자료원 : https://medium.com/@cfpinela/recommender-systems-user-based-and-item-based-collaborative-filtering-5d5f375a127f filtering)과 콘텐츠기반 필터링(contents-based filtering) 방식이 있다. 협업필터링 방식은 가장 일반적으로 사용되는 기술로, 고객의 사용형태와 소비기록 등의 정보를 분석하여 고객이 선호하는 제품을 예측하는 방식을 말한다.[4)] 협업필터링 방식에는 [그림 7-3]과 같이, 사용자기반 협업필터링(user-based collaboration filtering)과 아이템기반 협업필터링(item-based collaboration filtering) 방식이 있다. 사용자기반 협업필터링은 특정 사용자와 유사한 사용자들을 선정하고 이들이 선호하는 아이템을 특정 사용자에게 추천하는 방식이다. 사용자기반 협업필터링은 어떤 사용자가 A라는 아이템을 선호한다고 할 때, 그 사용자는 A와 유사한 B라는 아이템 역시 선호할 것이라는 가정 하에 추천하는 방식이다. 아이템기반 방식이 사용자기반 방식보다 정확도가 높은 것이 일반적이라서 더 자주 사용된다.

또한, 콘텐츠기반 필터링 방식은 [그림 7-4]와 같이, 콘텐츠 자체를 먼저 분석한 후에 이미 확보되어 있는 고객의 취향이나 장르와 유사성을 비교분석해서 사용한 고객의 콘텐츠를 기준으로 다양한 콘텐츠를 추천해 주는 방식이다.

따라서 이러한 필터링방식을 통해 소비자가 과거에 인터넷으로 검색했던 어떤 제품이나 서비스 관련 정보를 포털사이트에서 뉴스, 관심분야 등 다른 목적으로 검색하는 창에도 광고정보를 반복노출시켜 줌으로써 노출효과를 증대시킬 수 있다.

그림 7-4 콘텐츠기반 필터링

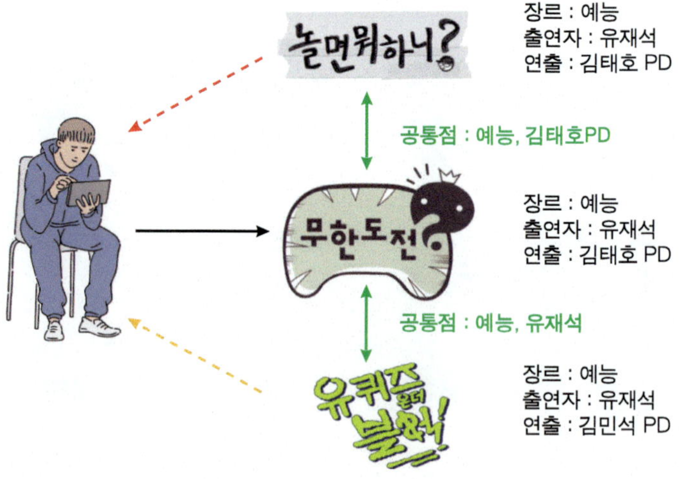

자료원 : http://dove-nest.tistory.com/29

2.4 감 각

소비자가 제품이나 서비스, 포장, 브랜드명, 광고 등의 마케팅 자극에 노출이 되면, 시각, 청각, 후각, 촉각, 미각 등 오감의 감각기관을 통해서 그 자극을 받아들이게 되는데, 이런 과정을 감각(sensation)이라고 한다. 하지만 외부의 자극이 소비자의 감각기관을 통해 노출되었다고 해서 모든 감각정보가 수용되지는 않는다. 어떤 자극이 지각되기 위해서는 자극의 강도가 어느 정도는 강해져야 감각기관이 그 자극을 알아차리게 된다. 이와 같이 자극을 감지하거나 자극의 차이를 감지할 수 있는 자극의 강도를 식역수준(threshold level)이라고 한다. 식역수준에는 절대식역(absolute threshold), 차이식역(differential threshold), 식역하 지각(subliminal perception) 등이 있다.

(1) 절대식역

소비자가 제품이나 서비스 관련 정보에 노출되었을 때, 그 정보가 소비자의 감각기관을 활성화시켜서 감지할 수 있을 정도의 강도, 즉 절대식역(absolute threshold) 이상의 강도로 전달되지 않는다면 감각기관에서 감지할 수 없어서 추가적인 정보처리에 활용될 수 없다.

이때 절대식역은 인간이 감각기관을 통해 탐지가능한 최저수준의 자극강도를 의미한다. 예를 들면, 인간은 시각으로 볼 수 있는 최소한의 크기, 청각으로 들을 수 있는 최소한의 음량과 음역수준, 후각으로 맡을 수 있는 최소한의 향기 등 절대식역을 갖고 있다.

따라서 마케터는 소비자에게 노출되는 제품이나 서비스와 관련된 정보를 노출시킬 때에 자극의 강도는 절대식역 수준을 넘도록 관리하는 것이 중요하다고 할 수 있다. 예를 들면, 제품의 포장이나 라벨에 원재료 성분이나 제품 관련 정보표시는 만약에 글자 크기가 너무 작으면, 가독률이 떨어지기 때문에 소비자가 쉽게 알아볼 수 있도록 글자 크기가 결정되어야 한다. 물론 소비자가 오감을 통해 감각기관이 지각할 수 있는 절대식역은 감각능력에 따라 개인별로 차이가 있을 수 있음을 고려해야 한다.

(2) 차이식역

소비자행동이나 마케팅 분야에서는 절대식역보다도 중요한 개념이 차이식역이라고 할 수 있다. 차이식역(differential threshold)은 소비자가 마케팅 자극에 노출되었을 때, 그 자극의 변화정도를 감지해 내는데 필요한 최소수준의 자극강도의 차이라고 할 수 있다. 이를 상대적인 개념으로 최소 식별가능한 차이(JND: Just Noticeable Difference)라고도 한다. 즉 소비

광고 7-5 **롯데칠성음료의 '처음처럼' 광고**

자가 두 가지 자극의 차이를 감지할 수 있는 최소한의 자극변화 또는 차이를 말한다. 예를 들면, 롯데칠성음료에서 기존의 알코올 도수 16.9도의 '처음처럼 부드러운' 제품보다 0.4도 낮추어 16.5도의 '처음처럼 순한' 제품을 출시했는데, 이때 소비자가 두 제품 간의 알코올 도수를 구분할 수 있다면, 차이식역은 0.4도이다.

이와 같이 차이식역은 소비자가 어떤 자극을 다른 자극과 구별하여 자극강도의 차이를 지각하는 것으로 상대적 개념이지만, 절대식역은 소비자가 어떤 자극을 지각할 수 있는지 또는 지각할 수 없는지를 의미하는 절대적 개념이다.

차이식역과 관련해서 Weber는 최소 식별가능한 차이(JND)는 최초의 자극강도에 따라 달라진다고 하였으며, 최초 자극의 강도가 강할수록, 더 큰 최소 식별가능한 차이(JND)가 요구된다고 하는 웨버의 법칙(Weber's Law)을 다음과 같이 제시하였다.

$$K=\Delta S/S$$

S = 초기 자극의 수준(강도),
ΔS = 차이식역 또는 JND
K = Weber의 상수

웨버의 등식에서 S는 최초의 자극수준(강도)을 의미하며, ΔS는 최초 자극수준으로부터 소비자가 변화를 감지할 수 있는 최소한의 자극변화 차이, 즉 차이식역 또는 JND를 의미한다. 그러므로 K는 소비자가 감지할 수 있는 최초의 자극수준과 최소한의 자극변화 차이에 대한 비율의 상수를 나타내며, 이는 제품이나 소비자 개인에 따라 다를 수 있다. 예를 들면, 헬스장에서 20kg 바벨로 운동하던 고객이 무게 차이를 감지하는데 1kg이 필요하다고 할 때, 이 경우에 50kg 무게의 바벨은 몇 kg을 더해야 고객이 그 차이를 감지할 수 있을까? 이런 경우에 위 산식에서 K = 1/20 = 0.05이므로 50kg 무게의 바벨의 경우 ΔS는 2.5kg이다.

마케팅환경 하에서 차이식역을 적용한다면, 예를 들어, 커피전문점에서 5,000원 하는 아메리카노 한 잔을 500원 할인해서 4,500원에 판매한다면 소비자는 자극의 변화 차이를 쉽게 지각하지만, 50,000원에 판매하던 화장품을 단지 500원 할인해서 판매한다면 가격인하 효과를 쉽게 지각하지 못할 것이다. 소비자가 같은 가격인하 효과를 얻기 위해서는 5,000원 할인해서 45,000원으로 가격을 낮추어야 할 것이다. 이와 같이 차이식역 또는 JND에 도달하기 위해 필요한 자극의 최소 변화 차이는 초기 자극의 강도에 비례하기 때문에 초기 자극에 변화가 있음을 지각하기 위해서는 초기 자극이 클수록 자극변화 차이가 커져야 한다는 것이다.

따라서 마케팅 측면에서 차이식역의 개념은 다음과 같이 두 가지 의미로 고려해 볼 수 있다. 첫째, 소비자에게 바람직한 자극변화의 차이는 반드시 JND수준을 넘게 변화를 시켜야 하며, 변화의 정도와 내용을 지각하기 어려운 경우는 광고를 통해 그 자극변화를 강조해야 한다. 예를 들면, 갤럭시 Z 폴드4는 화면이 더 넓어져 최적화된 비율로 된 커버 디스플레이, 하나의 화면에 한 번에 탭으로 최대 3개의 앱을 실행하는 멀티태스킹, S펜으로 스탠딩 커버, 대화면 인피니티 플렉스 디스플레이, 끊김 걱정없이 120Hz 디스플레이에서 최적화된 어댑티브 디스플레이, 30배 스페이스 줌과 나이토그래피 등 다양한 기능들이 업그레이드 되었다는 것을 소비자들에게 광고정보를 통해 자극변화 내용들을 자세하게 설명해주고 있다.

둘째, 가격인상 등 자극변화가 바람직하지 못한 경우에는 소비자가 변화를 지각하지 못하는

광고 7-6 갤럭시 Z 폴드4 광고

JND수준 이하에서 점진적으로 변화시켜 나가야 한다. 예를 들면, 제품의 재료원가가 인상이 되어 수익성이 악화되는 경우에 가격인상이나 제품의 용량감소를 지각하지 못하는 범위, 즉 JND수준 이하에서 가격을 인상하거나 용량을 줄이는 전략을 선택할 수 있을 것이다.

(3) 식역하 지각

식역하 지각(subliminal perception)은 자극의 강도가 약해서 절대식역 수준에 못 미치는 경우에도 소비자가 그 자극을 무의식중에 감지하는 것을 의미한다. 식역하 지각 가능성에 대한 연구는 1957년 제임스 비커리(James Vicary)가 뉴저지의 한 자동차 전용극장에서 '피키닉(Picnic)'이라는 영화가 상영된 6주 동안, 식역하 메시지에 대한 실험을 진행하였다. 영화 속에 'Drink Coca-cola'와 'Hungry? Eat Popcorn'이라는 문장을 1/3000초 동안 매 5초마다 식역하 메시지를 삽입하여 노출시켰다. 실험결과는 극장내 팝콘매출이 57.7%, 콜라매출이 18.1% 증가했다고 하였다. 이처럼 식역하 지각은 소비자가 매우 미약한 자극에 노출되면, 초기에는 이를 감지하지 못하지만, 반복적으로 노출되면 자극의 잔상이 소비자 개인의 신경체계에 축적되어서 추후에 그 자극의 강도가 절대식역을 초과하기 때문에 자연스럽게 지각한다는 것이다.

광고 7-7 James Vicary의 식역하 광고

제임스 비커리 실험결과는 '식역하 광고'라는 새로운 용어를 만들어 내기도 하고, 식역하를 이용한 마케팅 메시지와 관련된 연구를 촉진시키는 계기가 되기도 했다. 하지만, 식역하 메시지는 소비자의 무의식을 조작한다는 면에서 윤리적 문제를 야기시킬 수 있다는 점에 논쟁이 되기도 했다. 그 이후에 제임스 비커리는 그가 운영하던 광고회사의 홍보를 위해 실험결과가 조작되었다는 사실이 밝혀졌다. 그러나 식역하 지각이 소비자의 인지와 행동에 미치는 영향력에 대해서 아직까지 효과가 있다는 주장과 효과가 명확하지 않다는 주장으로 논란이 있다.

식역하 광고는 일상생활에서 지각하는 것은 극히 제한적이며, 일부 절대식역을 초과하는 수준의 노출강도와 함께 사용되는 경우가 있는데, 반복노출을 통해 소비자에게 자극되기도 한다. 예를 들면, 소비자가 무의식중에 노출되었던 브랜드에 왠지 모르게 익숙하게 느낀다든지, 드라마 속에서 잠깐 스쳐 지나가듯이 자연스럽게 등장한 간접광고(PPL) 등이 식역하 지각을 활용한 경우라고 할 수 있다.

3 주 의

소비자는 일상생활 속에서 끊임없이 수많은 광고에 노출되지만, 그중에서 실제로 기억하고 구매의사결정과정에 활용하는 경우는 별로 되지 않는다. 이는 그 정보들이 소비자로부터 차별적인 주의를 받지 못했기 때문이다. 이때 주의(attention)란 감각기관을 통해 노출된 제품관련 정보에 소비자의 제한된 인지적 자원(cognitive resources)을 할당하거나, 특정 정보에 선택적으로 투입하는 과정을 말한다. 즉 외부자극이 소비자의 감각기관에 접촉하는 과정이 노출이라고 한다면, 주의는 소비자가 자극정보를 처리하기 위해 인지적 활동을 시작하는 과정이라고 할 수 있다. 소비자는 마케팅 자극정보에 노출이 되고 이를 감지한 후에, 소비자 자신에게 중요한 정보이거나 관심있는 정보인 경우에는 더 많은 주의를 기울여서 다음 단계의 정보처리 활동을 계속 진행하게 된다. 따라서 마케터가 주의의 특성을 이해하고 마케팅 자극에 대한 주의를 강화시키는 방법을 살펴보려고 한다.

3.1 주의의 특성

소비자에게 노출되는 자극은 너무 많아서 모든 자극에 주의를 기울일 수 없기 때문에 주의의 선택성, 가분성, 한계성, 집중성 등 주요 특성에 따라 주의를 기울이고 정보처리 활동을 하게 된다.

(1) 주의의 선택성

소비자의 인지적 자원은 한정되어 있기 때문에 어떤 시점에서 노출된 모든 정보를 심층적으로 처리할 수도 없으며, 모든 다양한 정보를 완전하게 처리하는 것도 불가능하다. 그래서 소비자는 소수의 선택된 정보를 깊이 있는 수준으로 처리하거나, 다양한 정보를 얕은 수준으로 처리할 수밖에 없다. 즉 소비자는 자신의 환경 속에서 노출되는 수많은 정보들 중에서 중요하고 관심을 끌 만한 일부 정보에만 주의를 기울이고 정보처리를 하게 되는데, 이를 주의의 선택성(selectivity)이라고 한다. 예를 들면, 건강에 관심이 높은 소비자는 식음료제품의 경우에 제품의 용량, 가격, 디자인 등 외형적 정보보다는 지방, 칼로리, 비타민 등 영양성분표시 정보에 우선 관심을 갖고 주의해서 살펴볼 것이다. 또한 제품, 브랜드, 가격, 광고, 진열, 점포선택 등에 관한 여러 가지 정보 중에서 소비자는 자신에게 중요하고 필요한 정보에 집중해서 더 주의를 기울일 것이며, 그 외 관련된 정보에는 별 관심이 없어서 주의를 기울이지 않고 그냥 지나칠 수 있다. 따라서 소비자 정보처리과정에서 주의의 선택성은 정보처리의 깊이(depth)와 정보의 다양성(breadth) 간의 상충관계 속에서 소비자가 내리는 효율적인 인지적 자원할당과 관련된 의사결정이라고 할 수 있다.

이러한 주의의 선택성에서 인지적 자원의 할당과 관련해서는 자발적 주의와 비자발적 주의로 구분할 수 있다.

자발적 주의(voluntary attention)는 소비자가 개인적인 동기, 의도, 목적, 계획 등과 같이 관련성이 높거나 자신에게 필요한 자극에 대해서는 능동적으로 정보를 탐색하려고 하기 때문에 자발적으로 특정 자극에 주의를 할당하게 된다. 예를 들면, 스마트폰을 교체하려고 하는 소비자는 다른 어떤 정보보다 스마트폰과 관련된 정보에 귀를 기울일 것이고, 신규 스마트폰과 관련된 광고나 필요한 정보에 노출되는 순간에 자발적으로 주의가 할당되어 선택적 정보처리를 하게 된다.

비자발적 주의(involuntary attention)는 소비자가 자신의 의지와는 상관없이 놀랍거나 신기하거나 예상치 못한 특정 자극정보에 노출되면, 비자발적으로 그 자극에 주의를 기울이게 된다. 예를 들면, 대형옥외 간판광고, 음역대가 높은 광고, 다양한 자극 대상물의 특성(크기, 길이, 무게, 색, 향, 기온, 위치 등)의 강도에 따라 눈에 띄어 비자발적으로 주의를 끌 수 있다.

(2) 주의의 가분성

주의의 가분성(divisibility)은 소비자가 몇 가지 외부자극에 대해 인지적 자원을 나누어 주의를 할당할 수 있으며, 그중에서 중요한 자극에 대해서는 보다 높은 주의를 기울일 수도 있다는 것이다. 즉 소비자는 여러 가지 마케팅 자극에 대해 동시에 주의를 기울일 수 있다는 것이다. 예를 들면, 스마트폰으로 음악을 듣거나 라디오 광고를 들으면서 지하철이나 버스광고에 주의를 기울일 수 있는 것처럼, 화장품 매장에서 판매원의 설명을 들으면서 진열대 제품을 둘러볼 수도 있고 화장품 향기를 맡을 수도 있다.

(3) 주의의 집중성

주의의 집중성(centrality)은 소비자가 여러 자극에 동시에 노출이 되는 경우에 자신이 보다 더 중요하게 생각하거나 관심이 높은 자극에 주의를 집중시켜 정보처리능력을 할당하는 것을 의미한다. 그래서 여러 자극 중에서 별로 중요하게 생각하지 않거나 관심이 낮은 자극들에 대해서는 주의를 거의 받지 못하고 사라지게 된다. 예를 들면, 소비자가 관심이 별로 없던 제품이나 브랜드 광고에 소비자 자신이 평소에 좋아하는 연예인이 광고모델로 등장하는 경우에, 제품이나 브랜드에 의한 자극보다는 등장하는 모델에 보다 많은 주의를 집중해서 정보를 처리하는 현상이 나타나기도 한다. 이런 주의의 집중성 때문에 나중에 소비자가 광고에 등장한 모델은 기억을 잘하는데, 제품이나 브랜드는 기억을 잘 못하는 경우가 흔히 나타난다. 또한 소비자가 심한 갈증을 느껴서 편의점에 방문한 경우에, 가장 먼저 음료수 제품을 찾아서 선택할 것이며, 그 이후에 다른 자극물이나 제품에 관심을 가질 것이다.

(4) 주의의 한계성

주의의 한계성(limitation)은 소비자가 여러 자극에 노출이 되었을 때, 주의에 할당할 정보처리능력의 한계로 인해 어떤 자극에는 전혀 주의를 기울이지 못하는 경우를 말한다. 예를 들면, 소비자가 TV광고를 시청하는 도중에 같이 보던 가족과 대화를 한다든지, 친구와 전화통화를 하는 경우가 있는데, 이때 대화 내용이 비교적 가벼운 내용일 경우에는 주의의 가분성으로 광고내용도 어느 정도 기억할 수 있겠지만, 대화 내용이 심각한 경우에는 광고를 보고는 있으나 대화 내용에 집중한 나머지 광고를 전혀 보지 못한 것처럼 기억을 못하는 경우도 있다. 이런 경우에 TV광고가 시각적으로 노출되긴 했지만, 주의의 한계성으로 인해 대화 내용에 주의를 집중시켜서 광고자극에 주의를 기울여서 정보를 처리할 능력이 없기 때문이다.

이와 같이 소비자가 여러 자극에 동시에 노출되는 경우에 주의의 가분성은 인지적 노력을 별로 기울이지 않아도 평소에 잘 훈련이 되어 있기 때문에 거의 자동적으로 일어나는 경우에 주로 나타나며, 주의의 집중성은 중요한 자극정보의 경우에 주의를 집중시켜서 정보처리를 하기 때문에 그 중요성에 따라 달라질 수 있다. 그리고 주의의 한계성은 자극정보에 투입할 수 있는 인지적 자원의 한계로 인해 여러 자극에 분산시키기가 어려운 경우에 나타난다.

3.2 주의와 환기의 관계

소비자는 갖고 있는 인지적 자원의 한계로 인해 노출된 외부 자극정보에 대하여 모든 자원을 집중시키지는 않으며, 주의를 기울여서 정보처리해야 할 의사결정의 난이도에 따라 주의집중의 수준은 달라질 수 있다. 그리고 자극정보에 노출이 되어 일단 주의를 기울이게 되면, 새로운 정보를 처리하도록 인지적 기능이 일깨워지는데, 이를 환기(arousal) 혹은 각성이라고 한다. 즉 환기는 심리적·생리적으로 깨어 있는 상태를 말하며, 소비자 정보처리과정에서는 정보를 접하여 주의자원이 배분되게 되면, 정보처리를 위해 마음이 새롭게 준비되는 상태를 말한다. 이러한 환기와 관련해서 인간은 최적의 환기상태를 유지하기 위해서, 환기수준이 너무 낮으면 환기수준을 높이려고 행동을 하고, 환기수준이 너무 높으면 환기수준을 낮추려고 행동한다는 것이다. 예를 들면, 환기수준이 너무 낮으면 주의를 하려고 생리적으로 졸리면 하품을 한다든지 하거나 혹은 잡지나 신문을 가볍게 읽어본다든지 하고, 환기수준이 너무 높으면 심호흡을 하거나 명상을 한다든지 해서 최적의 환기상태를 유지하려고 한다는 것이다.

이러한 환기수준과 주의에 관한 연구에서, Yerkes-Dodson 법칙은 [그림 7-5]와 같이, 인

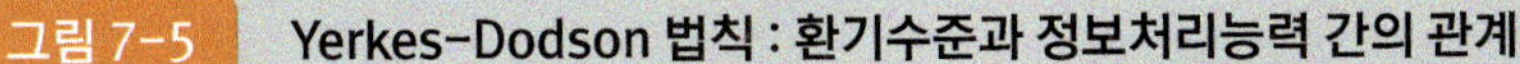
그림 7-5 Yerkes-Dodson 법칙 : 환기수준과 정보처리능력 간의 관계

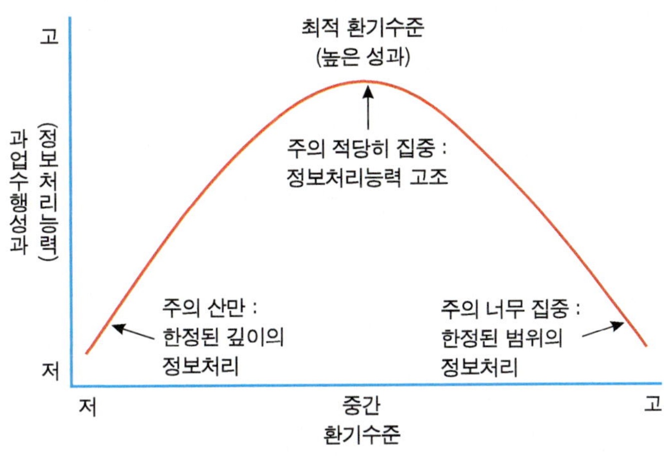

간의 환기수준과 과업수행 성과 간에는 역 U자형 관계가 있음을 나타내 주고 있다.[5] 즉 환기수준이 낮으면 주의가 산만해져 과제수행 성과도 낮아지지만(예, 단순 반복과업은 주의가 산만해져 성과가 낮음), 적절한 환기수준에서 과업수행 성과가 최상으로 나타난다. 그리고 환기수준이 너무 높아도 주의가 너무 집중되어 과제수행 성과는 낮아진다(예, 수능시험은 주의가 너무 집중되어 긴장해서 망침).

또한 소비자의 환기수준과 정보처리능력 간의 관계도 마찬가지로 역 U자형을 나타낸다. 예를 들면, 소비자가 고급 냉장고를 구매하기 위해 전문매장을 방문했을 때, 초기에는 환기수준이 낮은 상태로 여러 다양한 브랜드의 냉장고에 관한 정보에 관심을 보이기는 하지만, 주의범위가 넓고 너무 산만하여 쓸데없는 정보에도 신경을 쓰기 때문에 아직 주의를 집중하며 체계적이고 심도있는 정보처리가 일어나지 않는 단계이다. 그 이후에 본격적으로 구매의사결정을 하기 시작하게 되면, 이에 따른 환기수준도 증가되고 주의도 집중된 상태에서 소비자는 3~4개 브랜드 제품들과 관련된 정보를 심층적으로 비교분석할 수 있게 된다. 하지만 최종적으로 구매의사결정 단계에 이르게 되면, 환기수준이 매우 높아진 상태에서 주의를 너무 집중한 나머지 주의범위가 작아져서 한정된 1~2개 브랜드 제품에 대해서는 심층적이고 체계적인 정보처리 가능성은 매우 높아진다. 그러나 소비자는 전 단계에서 미처 고려하지 못한 다른 핵심적인 정보에 추가적으로 노출되더라도 그 정보에는 주의력이 미치지 못하게 되며, 그렇게 처리되지 못한 정보로 인해 제품구매 후 인지부조화(cognitive dissonance)를 크게 느끼는 경우가 흔히 있다.

3.3 주의의 영향요인

소비자는 외부로부터 여러 자극에 노출이 되었을 때, 한정된 인지적 자원을 갖고 있기 때문에 특정 자극에 선별적인 주의를 기울여서 정보처리를 하게 된다. 이러한 선별적 주의를 통해 정보처리를 하는데, 영향을 미치는 주요 요인에는 개인적 요인, 자극적 요인, 상황적 요인 등이 있다.

(1) 개인적 요인

개인적 요인은 소비자 개인의 내적상태가 주의에 영향을 미치는 것으로, 개인과 관련성, 노출빈도, 정보의 복잡성 등이다. 특히 자극에 대한 주의는 개인과 밀접한 관련성이 높을 때 주로 많이 발생하며, 관여도, 욕구나 필요, 가치, 신념과 태도, 적응력 등이 이에 해당된다.

첫째, 소비자는 개인적으로 관련성이 있는 자극일수록 더 주의를 끄는 경우가 있다. 표적소비자들과 동질감을 느낄 수 있는 유사한 모델을 광고에 등장시키는 것이다. 예를 들면, 일반인 모델을 광고에 등장시켜서 제품이나 서비스를 직접 체험한 내용을 전달하거나, 사용 이후에 만족감을 표현하는 내용으로 광고를 실행하는 경우에 소비자 개인과의 관련성을 높이고 동질감을 느낄 수 있도록 함으로써, 정보자극의 신뢰감을 주고 주의를 집중시키기 위함이다.

둘째, 소비자가 자신의 욕구나 필요가 강하거나 가치, 신념과 태도에 부합될 때 평상시보다 더 주의를 기울이게 된다. 예를 들면, 소비자가 배가 고파서 허기를 느낄 때는 평상시보다도 음식에 대한 욕구수준이 높아져서 관련 정보에 노출이 되면 주의를 더 기울이게 된다. 그래서 소비자들이 치킨이나 피자광고를 저녁 식사 후 7~8시 시간대보다 야식을 즐길 시간대인 10~11시 시간대에 보게 되면 더 주의를 집중하게 된다. 이와 같이 소비자가 자신의 개인적인 욕구나 필요를 충족시켜 주거나 가치, 신념과 태도에 부합하는 광고정보에 노출되었을 때, 더 잘 지각하는 현상을 지각적 경계(perceptual vigilance)라고 한다.

또한, 소비자가 자신이 갖고 있는 가치, 신념과 태도에 맞지 않거나 모순된 정보에 노출되었을 때, 자신도 모르게 그 정보를 왜곡하거나, 사실로 인식하지 않으려고 하거나, 거부하는 현상이 일어나기도 한다. 이는 소비자 자신의 가치, 신념과 태도를 보호하고 유지하려는 심리적 경향으로 지각적 방어(perceptual defense)라고 한다. 예를 들면, 술이나 담배를 즐기는 소비자가 '지나친 음주는 간경화나 간암을 일으키며, 특히 임신 중의 음주는 기형아 출생률을 높입니다.' 혹은 '흡연은 폐암 등 각종 질병의 원인이 되며, 특히 임산부와 청소년의 건강에

광고 7-8 **흡연경고 광고**

해롭습니다'라는 흡연 및 과음 경고문구가 술병이나 담배갑에 표시되어 있지만, 소비자가 잘 인식하지 못하거나 자신은 술이나 담배를 많이 하지 않는다고 자기 합리화를 시키기도 한다. 그리고 알콜중독의 위험성을 알리는 광고나 폐암을 일으키는 영상광고 정보에 노출이 되는 경우에는 의도적으로 회피하는 지각적 방어현상을 나타내기도 한다.

이러한 현상은 소비자가 특별한 자극에 대하여 가치, 신념과 태도 등이 강하거나 노출정보에 대한 불안감이 클수록 일어나며, 제품을 구매한 이후에 인지부조화(cognitive dissonance)가 커질수록 일어날 가능성이 높아질 수 있다.

셋째, 관여도는 고관여 제품이냐, 저관여 제품이냐에 따라 주의의 정도가 달라질 수 있다. 소비자의 관여도 수준이 높은 제품과 관련된 자극정보에 노출될수록 주의가 높아지는 강화된 주의(heightened attention)가 일어나고, 지각과정에서 이해단계를 거지며 해석하고 의미를 얻게 된다. 그리고 소비자는 관심있는 제품의 관여도 수준이 높을수록 정보검색의 필요성 때문에 자발적으로 정보를 탐색하는 자발적 주의(voluntary attention)가 발생한다. 하지만 소비자는 관여도 수준이 낮은 제품일수록 자극정보에 노출이 되어도 관심도 별로 없기 때문에 주의가 낮으며, 정보처리도 수동적인 경우가 많다. 그래서 소비자는 저관여 제품과 관련된 광고에 노출되어도 주의를 거의 기울이지 않지만, 광고가 창의적으로 독특한 경우에는 자연스럽게 비자발적 주의(involuntary attention)를 기울이는 경우가 많이 있다.

넷째, 자극에 대한 적응력은 소비자가 동일한 자극에 노출빈도가 자주 반복적으로 혹은 연속적으로 노출되는 경우에 그 자극에 주의를 기울이지 않거나 의식하지 않게 되는 현상을 말한다. 이는 소비자가 제품광고에 대한 동일한 자극에 반복적으로 노출되었을 때, 처음에는 주의를 하다가 점차 익숙해져서 의식을 하지 못한다는 것이다.

따라서 마케터는 동일한 제품광고를 반복적으로 노출시킬 경우에는 핵심 메시지는 일관성 있게 유지하더라도 배경, 모델, 구성 등에 변화를 주는 시리즈 광고를 실행함으로써 소비자의 적응력을 감소시켜 주의를 유발하도록 해야 할 것이다.

(2) 자극적 요인

자극적 요인은 노출자극의 물리적 특성이나 표현적 특성 등과 관련된 요인들로써, 소비자의 주의를 유발하는데, 영향을 미칠 수 있다.

첫째, 자극의 강도

자극의 강도가 단순하거나 약한 강도의 자극보다는 강한 자극일수록 주의를 발생할 수 있다. 자극물의 크기, 소리, 색상, 조명 등의 자극이 강할수록 주의를 유발할 수 있다.

① **크기와 강도** : 자극물의 물리적 크기는 클수록 더 주의를 끌 수 있지만, 상대적인 크기도 고려되어야 한다. 소비자들은 경쟁제품 중에서 선택할 때, 다른 것보다 포장이 더 큰 것을 선택하는 경향이 있으며, 제품이나 패키지의 크기 비율도 소비자들의 주의를 끌고 선호도에도 민감하게 작용할 수 있다. 그리고 신문이나 잡지 등 인쇄광고의 경우에도 삽화나 광고물 자체가 클수록 주의를 유발하지만, 동일한 크기라도 광고물이 삽입된 페이지의 지면크기에 따라 다르기 때문에 지면의 상대적인 크기도 고려해야 한다. 또한, 자극의 강도(소리, 밝기)가 강할수록 주의를 더 끌 수 있다. 음량이 클수록, 밝은 조명이 어두운 조명보다 주의가 더 집중되는 현상이 나타난다. 반면에 자극이 강도가 단순하거나 약한 강도의 자극(예, 부드러운 소리, 연한 색상, 어두운 조명 등)은 감각적 자극효과가 낮기 때문에 소비자가 처음에는 주의를 하다가 점차 익숙해져서 의식을 못하게 된다.
따라서 단순하거나 약한 강도의 자극의 경우에는 단순하지 않게 구체적인 부분으로 주목을 끌거나 소리의 음역대를 높이거나 강렬한 색상이나 조명변화로 감각적 효과를 높여서 주의를 불러 일으키도록 해야 한다.

② **색상과 움직임** : 색상의 경우 일반적으로 흑백광고보다는 컬러광고가 주의를 더 유발할

광고 7-9 '버거킹의 모닝커피' 광고

수 있지만, 주위배경과의 관계 속에서 달라질 수도 있다. 예를 들면, 주위의 대부분의 다른 광고들이 컬러광고인 경우에는 오히려 흑백광고가 대조효과(contrast effect)에 의해 주의를 더 유발할 수 있다. 동일한 컬러색상이라도 연한 색상보다는 강렬한 색상이 더 주의를 끌 수 있다. 예를 들면, 버거킹(Burger King)은 잠을 자고 일어나 졸음을 깨우는 모닝커피 광고를 색상의 대조효과를 통해 한참 늦은 밤과 이른 새벽의 풍경 속에서 버거킹 커피가 위치한 공간만이 환한 아침의 풍경을 비주얼 효과로 잘 표현해 주고 있다.

또한, 움직임이 있는 동영상 TV광고가 정적인 인쇄광고보다는 더 주의를 끌 수 있으며, 특히 옥외광고의 경우도 단순한 옥외간판 광고물보다 LED옥외전광판 광고물이 더 효과적일 것이다. 예를 들면, 삼성전자의 갤럭시 신제품 출시를 앞두고 SM타운에 설치한 옥외전광판 광고는 대형 LED전광판 속 콘텐츠의 화려하고 선명한 화질과 퀄리티로 인해 해당 영상이 각 개인들의 SNS를 통해 회자될 수 있는 간접 홍보효과를 얻었다. 일본 신주쿠역 근처 옥외전광판에 등장한 거대 고양이는 거의 실물처럼 생생한 입체점박이 고양이 한 마리가 하품하다가 전광판밖으로 굴러떨어질 뻔하는 등의 짧은 영상이 지속적으로 노출되며, 연일 행인과 외신의 집중관심을 받았으며, 운영기간 일주일 동안 인기에 힘입어 트위터 계정 개설 2주 만에 팔로어 2만 명이 생겨났다고 한다. 그리고 타임스퀘어 한복판 'ㄴ'자 형태의 전광판에 상영된 미디어아트 '고래 #2'와 린딘 피커딜리서커스 광상 전광판에서 상영된 독일 유명 퍼포먼스 작가인 안네 임호프의 작품 'One'은 디지털 기반 디자인 작품을 야외에 노출된 전광판이 탁트인 거대 상영관으로써 기능을 하게 된 것이다.

광고 7-10 **다양한 대형 LED전광판 광고**

③ **위치와 여백** : 자극의 위치에 따라 주의를 끄는 정도가 다를 수 있다. TV광고는 연속되는 프로그램 광고의 경우에 시작되거나 마지막 부분에 위치한 광고가 주의를 끄는데 효과적일 수 있다. 이런 경우에 광고를 피하기 위해 채널을 돌리는 재핑(zapping)이나 플리핑(flipping) 등 광고 기피현상을 줄일 수 있기 때문에 주의를 집중시킬 수 있다. 인쇄광고의 경우에 읽어가는 순서가 시작되는 왼쪽에 위치하는 것이 오른쪽에 위치하는 것보다 효과적일 수 있다. 신문광고의 경우는 중앙하단에 위치한 광고면 광고가 눈에 잘 띄지만, 기사중간에 위치한 돌출광고가 특히 주목률이 높다. 잡지광고는 소비자가 일반적으로 표지뒷면이 가장 노출효과가 높기 때문에 주의를 많이 끌 수 있다. 그리고 좌우 양쪽면에 광고가 있는 것보다 광고옆면에 기사가 있는 기사대면 광고에 더 주의를 기울이며, 특정 기사가 나오는 지면에 위치한 목차대면, 패션화보대면, 요리기사대면 광고 등

광고 7-11 여백과 로고를 활용한 맥도날드 옥외광고

이 특히 주목률이 높은 편이다.

또한, 여백을 활용해서 자극대상을 다른 정보자극과 분리함으로써 주의를 끌 수 있다. 특히 인쇄광고의 경우에 여백을 많이 두고 가운데 중요한 메시지를 위치시켜 놓음으로써 주의를 집중시키는 것은 여백효과를 활용한 것이라고 할 수 있다. 예를 들면, 맥도날드는 캐나다 전역에 여백과 로고를 활용한 옥외광고 캠페인을 전개하였는데, 맥도날드 로고를 부분적으로 잘라서 심플한 비주얼과 카피로 만든 도로표지판으로 맥도날드 매장의 주요 위치를 안내해주면서, 지루하고 재미없어 시선이 가지 않는 일반적인 도로표지판의 속성을 뒤집고, 맥도날드의 로고를 색다른 방식으로 활용하여 주의를 집중시키고 있다.

둘째, 특이한 자극과 호기심

소비자들은 예상하지 못한 특이한 자극에 주의를 집중하는 경우가 많은데, 이에는 시각적인 요소뿐만 아니라, 특이한 선율, 갑작스러운 음량변화나 음소거, 징글(Jingle), 자율감각 쾌락 반응을 의미하는 ASMR(Autonomous Sensory Meridian Response) 등의 청각적인 요소도 포함된다. 예를 들면, ASMR을 활용한 '리츠 크래커' 광고는 바삭 ! 리츠 크랙커 ! 과자부서지며 바삭거리는 소리와 비닐봉지의 바스락 소리, 배우가 과자를 먹는 소리 등을 필요 이상의

광고 7-12 리츠 크랙커의 ASMR 광고

좋은 음질로 들려주는 광고로 소비자의 주의를 집중시키고 있다. 그리고 소리만 듣고 무슨 소리인지 맞히는 민감성을 테스트하는 '닥터벨머'의 민감남녀연구소 광고는 ASMR로 소비자의 부드러운 청각적 자극을 통해 많은 주의를 끄는데 성공했다.

또한, 호기심이나 궁금증을 유발하기 위해서 은유적인 표현, 의도적으로 단어를 빠뜨리거나 문자를 변형해서 표현한 광고, 티저광고(teaser advertising) 등으로 주의를 유발할 수도 있다.

예를 들면, 최근 브라질에서 버거킹은 자사의 대부분 매장(80%)이 맥도날드 매장 가까운 곳에 위치한 것을 이용하여 배달앱 Rappi를 통해 'THE IMPOSSIBLE COMBO'라는 버거킹 단품을 주문하면 배달 라이더가 맥도날드 매장에 함께 들러 감자튀김(프렌치 후라이)을 구매해서 함께 배달해주는 프로모션을 단독으로 진행했다. 버거킹은 이런 파격적인 이벤트로 감자튀김은 맥도날드가 버거킹보다 더 맛있다는 것을 인정하면서, 햄버거는 맥도날드보다 버거킹이 확실히 더 맛있다는 점을 인식시키기 위한 것이다. 이때 'THE IMPOSSIBLE COMBO'의

광고 7-13 문자 변형을 통한 버거킹 광고

'P'와 'B'의 영문자를 뒤집어 표현함으로써 주의를 집중시키는 표현을 사용하였다.

한편, 티저광고는 제품의 중요한 정보나 기업명 혹은 브랜드명을 의도적으로 나타내지 않아서 소비자의 호기심이나 궁금증을 유발하여 주의를 끌려고 하는 광고로써, 주로 신제품 출시 초기에 많이 이용된다. 예를 들면, 현대차는 신형 7세대 그랜저(GN7)인 '디 올 뉴 그랜저'의

광고 7-14 신형 '디 올 뉴 그랜저'의 티저광고

티저광고로 넷플릭스 영화 '서울대작전'에서 영감을 얻어서 제작했는데, 영화 서울대작전의 스핀오프처럼 영화 속 주인공들의 아지트인 차량정비소 '빵꾸사'에서 제작된 시네마틱 광고 영상은 신형 그랜저의 디자인과 다양한 신기술, 외장 실루엣 등을 노출시키고 있다.

셋째, 즐거움

소비자는 재미있고 즐거움을 주는 자극에 주의를 기울이는 경향이 있다. 재미있고 즐거움을 나타내는 표현으로는 매력적인 모델 등장, 음악적인 표현, 유머스러운 표현 등이 있다. 일반적으로 소비자들은 자신이 좋아하고 호감을 갖고 있는 사람을 접하게 되면 즐겁고 좋은 감정을 갖는다. 그래서 기업은 표적시장의 소비자들에게 매력적이고 인기있는 연예인이나 스포츠 스타들을 광고모델로 주로 등장시킨다. 그리고 광고물에 즐거운 대중음악을 사용한다든지, 재미있는 유머나 성적소구(sexual appeal) 등을 사용하여 주의를 집중시키려고 노력한다.

(3) 상황적 요인

소비자는 자극에 노출될 때 어떤 상황에서 노출되느냐에 따라 주의정도가 달라질 수 있다. 주의에 영향을 미칠 수 있는 상황적 요인으로는 광고클러터(advertising clutter)와 프로그램 관여도 등이 있다.

① **광고클러터**(advertising clutter) : 소비자에게 노출되는 수많은 광고메시지의 혼잡현상을 의미하는 것으로, 자극의 밀집정도를 말한다. 즉 매체에 노출되는 광고량의 증가에 따라 광고메시지 전달이 어려워지는 현상을 의미한다. 그래서 광고클러터 현상이 높으면 높을수록 주의 집중도는 떨어질 수 있다.
TV프로그램 광고의 경우에는 프로그램 앞뒤에 집중되어 있는 광고배치로 인한 광고메시지의 혼잡현상은 시청자로 하여금 광고회피를 하게 만들고, 결과적으로 주의 집중도가 낮아져서 기대했던 광고효과도 감소시킬 수 있다. 그리고 인쇄광고의 경우에는 신문처럼 동일한 지면에 여러 광고물이 게재되거나, 잡지처럼 기사면 없이 광고만 여러 장 겹쳐서 게재되는 경우 특정 광고에 대한 주의 집중도는 낮아질 수밖에 없다.

② **프로그램 관여도**(program involvement) : 광고로 후원하여 방영하는 TV드라마나 뉴스 등 각종 프로그램 방송내용에 시청자들이 얼마나 관심을 가지고 있는지를 나타내는 것이다. TV프로그램 관여도와 광고에 대한 주의와 관심, 그 효과에 대한 영향관계는 부정적인 효과를 지지하는 관점과 긍정적인 효과를 지지하는 관점 등으로 연구자에 따라 다양한 의견이 있다.

프로그램 관여도의 부정적인 효과를 지지하는 관점에서는 TV프로그램에 대한 높은 관여도는 시청자로 하여금 해당 프로그램에 대한 높은 주의와 많은 관심을 유발한다. 그렇기 때문에 주변적인 정보일 수밖에 없는 광고에 대해서는 소비자들이 성가시고 귀찮게 지각하여 주의집중이 떨어질 수밖에 없어서 상대적으로 정보처리 능력을 저하시키고, 광고효과를 감소시킨다고 한다.[6] 또한 소비자들이 프로그램 관여도가 높을 때보다 관여도가 낮을 때 광고메시지에 대한 주의가 높아지며, 광고의 기억효과도 높아지고 긍정적인 브랜드 태도를 나타낸다고 하였다.[7] 하지만 일부 긍정적인 효과를 지지하는 연구에서는 높은 수준의 프로그램 관여도와 흥미는 결국 추후 노출되는 광고의 정보처리로 연결되어 긍정적인 효과를 유발한다고 하였다. 예를 들어 Krugman은 프로그램에 대한 높은 관여도가 광고에 대한 주의집중과 관여도를 높이는 것을 보고하였고,[8] 비슷한 관점에서 Kennedy는 소비자들이 프로그램에 더 몰입하고 관여될수록 광고에 대한 주의와 관심을 높이고 태도도 긍정적이었음을 나타내주고 있다.[9]

4 이 해

지각과정에서 노출, 주의의 다음 단계는 이해단계이다. 이해(comprehension)는 받아들인 자극정보의 내용에 의미를 부여하여 해석(interpretation)하는 과정으로써, 자극에 대한 조직화, 범주화, 관여도 등을 통해 정보를 재생산하는 과정이 이루어진다. 소비자는 재생산한 정보를 자신의 기억에 저장하고 행동판단의 근거로 삼는다. 자극에 대한 조직화(organization)는 주어진 자극을 단순화(simplicity), 완결(closure), 집단화(grouping), 형상과 배경(figure and ground)의 원리에 기초하여 정보를 체계화하고 통합하는 것이다. 그리고 범주화(categorization)는 소비자가 개인적으로 가지고 있는 기억의 개념으로 자극들을 분류하는 것이며, 관여도(involvement)는 기억에 저장된 지식과 새로운 정보 사이를 통합하려는 노력이다.

따라서 이해는 자극정보의 내용을 조직화하고 그 의미를 해석하는 것으로, 이를 인지심리학(cognitive psychology) 측면에서는 지각(perception)에 해당한다. 즉 지각은 소비자가 자극정보의 요소들을 통합하여 조직화하고 해석하는 과정이라고 할 수 있다.

이러한 지각과정(perceptual process)은 소비자가 자극의 요소들을 통합하는 지각적 조직화(perceptual organization)와 자극에 대하여 설명이나 의미를 부여하는 지각적 해석(perceptual interpretation)의 두 단계를 거쳐서 이루어진다. 예를 들면, 소비자들이 제품이나 서비스와 관련된 동일한 마케팅 자극에 노출이 되었다고 할지라도 그에 대한 평가나 태도는 개별 소비자들 간에 매우 다를 수 있다. 이는 개별 소비자의 지각과정, 즉 지각적 조직화와 지각적 해석이 다르기 때문이다. 그리고 개별 소비자들의 지각은 차후에 브랜드에 대한 태도나 구매행동에도 영향을 미치기 때문에, 마케터는 소비자의 지각과정을 이해하고 소비자가 자사제품이나 서비스에 대해 긍정적으로 지각할 수 있도록 자극정보를 노출시킬 필요가 있다.

4.1 지각적 조직화

사람들은 일반적으로 노출되는 수많은 자극들을 모두 개별적으로 지각하기보다는 자극들을 나누고 분리하여 몇 개의 집단으로 구성함으로써, 통일된 전체로 자극들을 지각하게 된다는 것이다. 그래서 가장 단순한 자극의 지각적 특성 조차도 자극이 속하는 전체 덩어리로 통합하여 여기게 되는데, 이런 지각적 조직화는 개인의 삶을 상당히 단순하게 만들기도 한다.

지각적 조직화 과정에 내재된 원리는 일반적으로 게슈탈트 심리학(Gestalt psychology)에서 유래된 것이다. Gestalt는 전체적인 형상이나 형태를 의미하며, 게슈탈트 심리학에서는 전체와 그것을 구성하는 각각의 부분의 합은 서로 다르다고 가정하고 있다. 이런 가정을 토대로 게슈탈트 심리학은 사람들이 개별 자극을 별도로 지각하기보다는 여러 자극들을 서로 유기적으로 관련시키고 분리시켜서 하나의 통합된 대상으로 지각한다는 지각적 조직화의 원칙을 제시하였다.

이런 지각적 조직화의 원칙에는 형상과 배경(figure and ground), 단순화(simplicity), 완결(closure), 집단화(grouping) 등의 원리가 있다.

(1) 형상과 배경의 원리

형상과 배경(figure and ground)은 사람들이 시각을 통하여 어떤 대상을 지각할 때, 그 대상이 되는 주된 부분인 형상과 그것을 둘러싸고 있는 부수적인 부분인 배경을 차별적으로 구분하여 지각한다. [그림 7-6]과 같이, 천사와 악마 그림은 흰색을 주된 형상으로 보면 천사가 형상이고 검은색은 배경으로 지각하는 것이다. 반대로 검은색을 주된 형상으로 보면 악마가 형상이 되고, 흰색은 천사가 아닌 단순한 배경으로 지각하는 것이 된다. 마찬가지로 노인과

그림 7-6 형상과 배경의 원리 : 천사와 악마, 노인과 말을 탄 남자, 말과 여자 그림

말을 탄 남자 그림이나 말과 여자 그림도 한가지를 형상으로 보면, 나머지는 배경으로 지각하게 된다. 이는 사람들이 대상의 어떤 부분을 주된 형상으로 보는냐, 아니면 부수적인 배경으로 지각하느냐에 따라 소비자의 지각이 달라질 수 있다는 것을 알 수 있다.

이와 비슷하게 소비자는 독특하고, 차별적이며, 두드러진 제품이나 서비스 관련 자극정보를 정보처리의 초점이 되는 대상(형상)으로 인식하여 중점적으로 처리하면서, 그 이외의 평범한 정보들은 주의를 끌지 못하고 관심밖의 배경으로 인식하여 정보처리를 하지 않는 경우가 많다.

형상과 배경의 원리를 사용한 경우에는 일반적으로 형상은 전달하고자 하는 주제를 의미하고, 배경은 주제를 부각시키기 위한 보조물을 의미한다. 그런데 소비자는 주관적 판단에 따라

광고 7-15 형상과 배경의 원리를 활용한 반올림피자 샵 광고

형상과 배경을 임의로 해석하여 받아들인다. 예를 들면, 반올림피자 샵의 광고는 메시지가 형상이 되고 모델이 배경이 되어야 하지만, 반대로 메시지가 배경이 되고 모델이 형상이 되었음에도 불구하고 성공한 사례라고 할 수 있다.

(2) 단순화

단순화(simplicity)는 소비자가 자극의 요소들을 통합하여 가급적 단순한 형태로 지각하여 전체로써 이해하려는 경향을 말한다. [광고 7-16]에서 보면, 아이스크림 브랜드인 매그넘(Magnum)은 'Pleasure Icon' 캠페인을 통해 흑백 톤을 배경으로 아이스크림의 형상(symbol)을 예술작품 속의 중요한 대상물로 담아 마치 예술작품을 연상시키는 멋진 광고로 매그넘 아이스크림의 이미지를 더욱 부각시키고 있다. 이 광고를 통해 소비자들은 수십 개의 복잡한 매그넘 아이스크림 형태로 지각할 수도 있지만, 단순히 하나의 예술작품으로 지각한다는 것이다.

이와 같은 맥락에서 사람들은 주어진 자극들 간의 차이를 최소화하거나 최대화하려는 지각적 경향을 지니고 있다는 것이다. 즉 주어진 자극들을 실제보다도 더 유사하게 지각하여 제공되는 복잡한 자극들 간의 차이를 최소화하려는 동조효과와 반대로 실제보다 더 과장되게 지각하여 그 차이를 최대화하려는 대조효과가 있다. 이러한 현상은 모두 자극물을 단순화하려는 사람들의 지각적 특성 때문이다.

광고 7-16 단순화 원리의 매그넘 광고

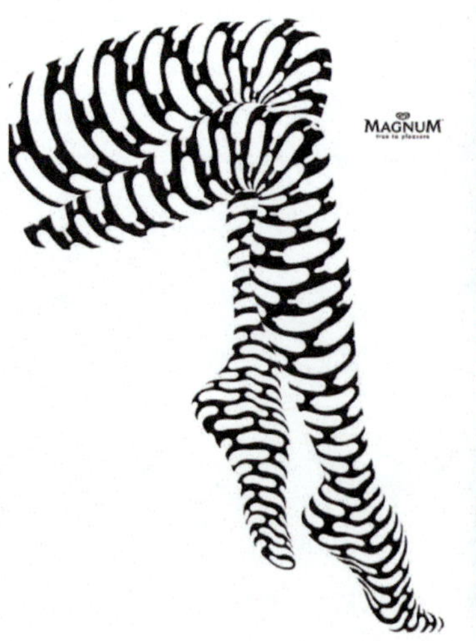

동조효과(assimilation effect)는 사람들이 일상생활 속에서 자신과 같거나 비슷한 입장의 사람으로부터 영향을 받게 되는 것을 말한다. 이는 복잡한 사고과정을 단순화하는 긍정적인 측면이 있다. 그래서 특정인이나 집단으로부터 직접적이거나 간접적인 영향을 받아 자신의 생각과 행동을 바꾸는 것을 의미한다. 이러한 동조효과는 신뢰감이 있고 영향력을 가진 사람의 주장과 행동에서 더 큰 효과를 나타낸다. 예를 들면, 소비자들이 인기있는 연예인이나 스포츠 스타가 광고모델로 등장하는 경우에 그 제품이 더 많이 판매가 되고 크게 유행되는 것도 일종의 동조효과라고 할 수 있다.

한편, 하인즈 케첩(Heinz Ketchup)은 지난해 세계 18개국 사람들과 일반인들을 대상으로 하인즈 케첩이라는 브랜드를 전혀 언급하지 않고, 단순히 '케첩'의 이미지를 그려보라는 특별한 'Draw Ketchup' 실험 이벤트를 진행했다. 참여자 대부분이 그린 그림은 완전히 달랐지만, 케첩 이미지를 나타내는 공통점은 '하인즈 보틀'을 떠올리는 케첩을 그렸다는 것이다. 이런 현상은 참여자 대부분이 케첩의 이미지와 하인즈 케첩 이미지를 단순화해서 동일하게 지각하는 동조효과의 결과라고 할 수 있다. 그래서 대부분의 사람들이 '하인즈 케첩을 떠올리면서' 직접 그린 케첩의 스케치들을 옥외광고와 디지털 영상의 소재로 활용하면서 '케첩은 역시 하인즈'라는 1등 케첩 브랜드 '하인즈'의 상징성과 소비자의 브랜드 충성도를 대외적으로 크게 알리는데 성공하였다. 그리고 2022년에는 'Draw Ketchup' 이벤트의 연장선에서 같은 방법

광고 7-17 하인즈 케첩의 옥외광고와 AI가 그린 다양한 케첩 이미지

그림 7-7 단순화 원리의 대조효과

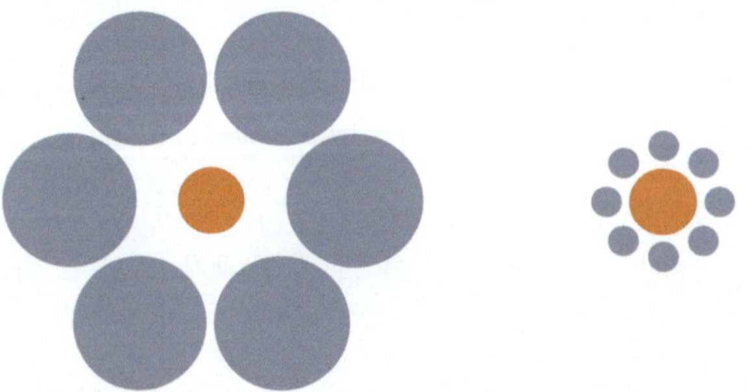

으로 텍스트를 이미지로 변환해주는 AI 이미지 생성기를 활용해서 '케첩' 단어와 키워드를 활용해서 그림을 요청하였다. 오픈 AI가 개발한 인공지능시스템 DALL-E가 그린 다양한 케첩 이미지는 각양각색이었는데, 이번에도 역시 거의 모든 그림들이 '하인즈 케첩'의 패키지를 형상화 했다는 것이다.

대조효과(contrast effect)는 자극에 대한 지각과정에서 최근에 접한 정보나 배경과 반대되는 방향으로 자극이 지각되는 현상을 말한다. 즉 처음 제시된 자극이나 대상과 나중에 제시된 것들 간의 차이를 원래의 실제 차이보다 훨씬 크게 지각하는 것을 의미한다. 예를 들면, [그림 7-7]에서 두 주황색 동그라미의 크기가 사실은 같은데도, 대조효과로 인해서 원에 둘러쌓인 주황색 동그라미 중 오른쪽의 것이 왼쪽 것보다 더 크게 보인다는 것이다.

대조효과는 소비자가 제품의 가격과 같은 속성을 지각할 때에도 나타날 수 있다. 예를 들면, 매우 높은 가격의 제품을 먼저 본 후에 그것보다 상대적으로 낮은 제품의 가격을 지각할 때 실제 가격보다 훨씬 더 싸게 느낄 수 있다.

한편, UN 기후 보고서에 따르면, 지구 온난화가 계속된다면 해수면은 2100년 이전에 최대 1미터 상승할 것으로 예상된다고 한다. 그래서 덴마크의 방송사 TV2 Denmark는 코펜하겐 시와 협업으로 기후 위기에 따른 해수면 상승의 위험성을 경고하며, 지금 바로 행동하지 않으면 도시가 물에 잠기게 되는 미래를 바꿀 수 없다는 메시지를 보다 쉽고 직관적으로 받아들일 수 있도록 대조효과를 활용하여 보통의 벤치보다 훨씬 높이가 높은 벤치를 시내 곳곳에 비치하였다.

광고 7-18 **대조효과를 활용한 코펜하겐의 이상한 벤치**

(3) 완 결

완결(closure)은 자극정보가 누락되어 불완전할 때, 소비자들은 의식적 또는 무의식적으로 자신들의 사전경험과 지식을 활용하여 불완전한 정보를 유추하여 의미있게 보완함으로써, 최종적으로 완전한 대상으로 인식하려는 경향을 말한다. [그림 7-8]에서 왼쪽 그림은 원도 삼각형도 아닙니다. 하지만 사람들은 친숙한 형태와 이미지를 떠올리고 보이지 않는 선을 이어 삼각형으로 인식하는 것이다. 그리고 나머지 그림도 마찬가지로 사실은 원도 사각형도 아니지만 떨어져 있는 부분들을 합하여 하나의 도형으로 인식하는 것이다.

그림 7-8 **완결의 원리**

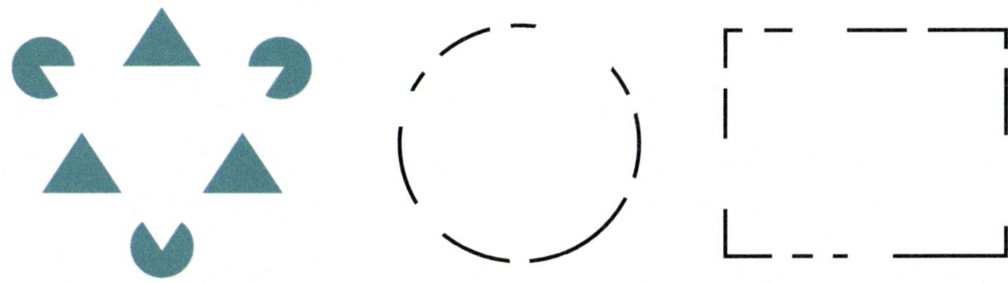

광고 7-19 그린퀴진(Green Cuisine) 광고와 KFC광고

한편, 냉동식품 브랜드 버즈아이(Birds Eye)는 자사의 비건 브랜드인 그린퀴진(Green Cuisine)의 미트프리(meat-free) 제품을 홍보하기 위해 KFC의 옥외광고를 하이재킹했다. 이 광고는 KFC의 상징인 프라이드 치킨버켓과 KFC 브랜드 슬로건인 'Finger Lickin' Good(손가락을 빨 만큼 맛있다)'이 새겨진 옥외광고판 위에 그린퀴진의 광고를 덮는 방식으로 제작됐다. 이런 과정에서 KFC광고판이 가려져서 불완전한 자극정보이지만, 소비자들은 사전경험과 지식을 활용하여 KFC광고의 불완전한 정보를 유추해서 의미를 보완하여 인식한다는 완결의 원리를 사용하고 있다고 할 수 있다.

또한, 그린퀴진은 KFC의 빨간 배경과 대비되는 초록색 배경 위에 식물성 치킨너겟 이미지를 삽입하고 '당신의 손을 빨고 싶게 만드는 것이 꼭 치킨일 필요는 없습니다'라는 메시지를 전하고 있다.

따라서 KFC가 대표 제품인 프라이드 치킨을 광고할 때 항상 강조하는 '손가락을 빨 만큼 맛있다'는 표현을 살짝 비틀어서, 식물성 제품도 치킨만큼 맛있을 수 있다는 자신감을 내비치며 소비자들의 관심을 끌고자 한 것이다.

(4) 집단화

집단화(grouping)는 자극정보들의 여러 요소들을 분리된 개별 단위요소들이 아닌 조직하고 정돈하여 하나로 묶어서 전체를 지각하는 것을 말한다. 즉 소비자들은 일반적으로 자극요소들을 통일된 현상이나 이미지를 형성하기 위해 근접하거나 유사하고, 연속적인 자극요소들을 묶어서 집단화하여 지각하게 된다. 이와 같이 소비자가 자극정보를 산발적인 개별정보가 아닌 집단화한 정보덩어리로 지각하는 방식은 기억하는 것도 용이하게 하고 나중에 회상을 촉진시킬 수도 있다. 집단화의 원리에는 근접성, 유사성, 연속성 등이 있다.

그림 7-9 집단화의 원리

근접성 유사성 연속성

■ 근접성(proximity)의 원리

사람들이 시간과 공간차원에서 서로 근접해 있는 대상들은 밀접한 관련성이 있다고 생각하여 그들을 하나의 패턴이나 그룹으로 지각하는 경향이 있다는 것이다. 즉 자극정보의 한 요소가 가장 가까운 다른 대상들과 함께 관련지어서 지각하는 것을 의미한다. [그림 7-9]의 근접성에서 왼쪽의 그림은 모두 같은 거리상에 위치해 있기 때문에 함께 묶어 지각하지만, 오른쪽의 그림은 거리가 달리 구성되어 있기 때문에 세 개의 그룹으로 나누어 지각한다는 것이다.

따라서 소비자도 마찬가지로 근접성의 원리에 따라 개인적인 상황이나 구매의도와 밀접하게 관련된 제품이나 서비스에 대한 자극정보의 처리는 관여도가 높아져서 많은 양의 정보를 탐색하고 처리하기도 한다.

한편, 맥도날드는 캐나다에서 매장 오프닝(Grand Opening) 기념을 축하하는 프로모션 광

광고 7-20 근접성의 원리를 활용한 맥도날드 오프닝 광고

고를 하기 위해서, 여러 가지 풍선을 재료로 맥도날드의 대표 메뉴인 빅맥, 프렌치 후라이, 필레 오 피쉬(Filet O' Fish), 치즈버거 등을 비주얼로 잘 표현했다. 이 광고에서 소비자는 근접성의 원리에 따라 서로 근접해 있는 대상들이 관련성이 있다고 생각하고 하나의 패턴이나 그룹으로 생각하기 때문에 맥도날드의 대표 메뉴들을 지각한다는 것이다.

▪ 유사성(similarity)의 원리

사람들은 어떤 새로운 자극정보에 대해 지각할 때, 가장 쉽게 지각할 수 있는 삼각형, 사각형, 원형 등과 같은 형태와 유사한 것끼리 연결하여 지각하려는 경향을 말한다. [그림 7-9]의 유사성에서, 대부분의 사람들은 수직적으로 규칙적으로 놓여 있는 사각형 및 원과 같은 모양의 요소들끼리 묶어서 지각한다는 것이다.

따라서 소비자도 역시 유사성의 원리에 따라, 새로운 마케팅 자극에 노출되었을 때, 어떤 형태나 색상, 크기, 명암, 방향 등에 대해 가장 단순하고 기본적인 형태나 자신이 친숙한 외형이나 속성 등과 유사하게 지각하여 그 대상을 이해하려고 한다는 것이다.

한편, 소비자는 아이스크림 브랜드 매그넘(Magnum)의 광고도 마찬가지로 유사성의 원리

광고 7-21 유사성의 원리를 활용한 매그넘(Magnum)과 맥도날드 광고

에 따라, 광고 속에서 가장 단순하고 기본적인 매그넘 아이스크림 형태를 지각할 수 있다는 것이다. 마찬가지로 맥도날드는 유사성의 원리를 활용하여 M자 로고 '골든 아치(The Golden Arches)'로 여러 가지 소재들을 절묘하게 연출하는 비주얼 워크가 돋보이는 광고이다.

■ 연속성(continuity)의 원리

사람들은 자극의 요소들을 분리하여 지각하지 않고 연속적으로 지각하는 경향을 말한다. 이 원리는 시각뿐만 아니라 청각, 움직임 등에까지 적용될 수 있다. [그림 7-9]의 연속성에서, 각각의 단위들이 연결되어 있는 선이 전체적인 구조의 일부로 파악하게 됨으로써 하나의 연속적인 대상으로 지각되기 때문에 선이 우선적으로 눈에 띌 것이다. 소비자도 마찬가지로 연속성의 원리에 따라, 서로 비슷한 물리적 특성을 갖고 있는 것끼리 묶어서 지각하려고 하고, 그 대상을 이해하려고 한다는 것이다.

예를 들면, 도브(DOVE)는 비행기를 타고 수많은 여정을 거쳐서 저 멀리 중앙아메리카와 일본 그리고 인도까지 가서 아름다움의 비결을 찾아 노하우와 천연재료에 대해 배우고 만들어 보는 등 이렇게 복잡하고 힘든 과정을 거치는 대신에, 그냥 도브의 Nourishing Secret Series 하나만 있으면 된다는 이야기를 여정의 시작에서부터 끝까지 하나의 스토리를 제품패키지에 담아서 마치 아름다운 아트로 만든 작품처럼 표현한 광고이다. 소비자는 이 광고를 자극의 요소들을 분리하여 지각하지 않고 연속성의 원리에 따라 가장 단순하게 도브의 제품 패키지로 지각하고 그 대상을 이해한다는 것이다.

광고 7-22 연속성의 원리를 활용한 도브(DOVE) 광고

4.2 지각적 해석

지각적 해석(perceptual interpretation)은 지각적 조직화에 연결되어 일어나지만, 두 가지가 동시에 일어날 수도 있다. 지각적 해석에는 지각적 범주화, 지각적 재범주화, 지각적 추론 등이 있다.

(1) 지각적 범주화

지각적 범주화(perceptual categorization)는 소비자가 새로운 마케팅 자극에 노출이 되었을 때, 자신의 기억 속에 가지고 있는 관련된 범주(category)와 지식을 이용해서 이해하는 과정을 의미한다. 이런 과정에서 소비자가 가지고 있는 관련된 범주와 지식은 어떤 대상물과 연관된 지식단위들로 구성되어 장기기억에 저장된 네트워크로 이루어진 스키마(schema)라고 할 수 있다. 스키마란 사람, 사물, 상황, 제품, 서비스, 브랜드 등 어떤 대상물과 관련하여 독립적으로 존재하는 개별지식과 사전경험들이 구조적으로 연계되어 일반화된 지식체계를 말한다. 예를 들면, 기존의 갤럭시 S22, S22+ 스마트폰은 디자인이 좋고, 카메라 기능이 뛰어나며, 통화품질이 좋다는 제품지식을 갖고 있을 경우에, 새롭게 출시된 갤럭시 S23, S23+ 스마트폰 브랜드에 대해서도 기존의 갤럭시 스마트폰 지식을 이용하여 신제품의 기능을 쉽게 이해할 수 있고, 고품질의 스마트폰으로 범주화하여 좋은 평가를 하게 된다.

또한, 소비자가 제품과 관련된 범주와 지식이 없는 경우에는 마땅히 분류할 스키마가 없어서 그 제품을 지각하고 이해하는데, 많은 어려움을 겪을 수도 있다. 이와 같이, 기업이 자사의 브랜드가 범주화되지 않은 경우에는 지각적 재범주화를 시도할 필요가 있다.

지각적 재범주화(perceptual recategorization)는 소비자가 제품을 기존의 제품범주가 아닌 다른 제품범주로 지각하도록 범주의 구조를 변화시키는 것을 의미한다. 애플의 아이패드, LG전자의 스타일러 등과 같이 대부분의 혁신제품들은 기존 제품들과 다른 신제품임을 소비자에게 어필하기 위해서 지각적 재범주화를 사용한다.

LG전자가 '스타일러'를 최초로 개발해서 신제품으로 출시했을 때, 소비자들은 스타일러에 대한 범주와 지식을 가지고 있지 않아서 제품을 이해하는데 쉽지 않았다. 그래서 마케터는 소비자들이 'LG전자 트롬 스타일러'에 대한 스키마를 형성할 수 있도록 제품의 주요 기능인 물을 100도(℃)로 끓여 만드는 트루스팀(TrueSteam) 기술을 통한 탈취와 살균효과 기능, 옷을 1분에 최대 200회 털어주며 미세먼지를 골고루 없애주는 무빙행어 기능, 그리고 바지관리 기

광고 7-23 LG 스타일러 Objet Collection

능 등의 정보들을 적극적으로 제공해야 한다.

이런 정보를 바탕으로 소비자들이 스타일러 제품에 대한 범주와 지식으로 스키마가 형성되어 있다면, 최근에 출시된 'LG 스타일러 Objet Collection'은 'New 스타일러 건조'라는 새로운 콘셉트로 저온제습 건조방식으로 '무빙행어 플러스' 기능과 '듀얼 트루스팀' 기능 등의 다양한 기능들을 갖춘 신제품을 소비자가 범주화해서 쉽게 이해할 수 있을 것이다.

한편, 소비자들은 일반적으로 다양한 마케팅 자극들을 지각적 범주화하기 위해 일정한 기준에 따라 분류한다.

첫째, 제품의 가격이나 크기, 품질 등과 관련해서 분류할 수 있다. 소비자들은 흔히 제품의 가격수준이나 크기에 따라 분류할 수 있다. 예를 들면, 가격이 비싸다, 싸다, 적절하다 등으로 분류하거나, 크기가 소형, 중형, 대형 등의 수준으로 분류해서 범주화할 수 있다.

둘째, 제품과 관련된 단서 등을 통해 연상해서 분류할 수 있다. 예를 들면, 브랜드명, 로고, 색상, 캐릭터 등은 소비자가 제품과 관련된 자극정보를 신속하게 파악하고 분류할 수 있게 해준다. 맥도날드의 황금색 'M'자, 코카콜라의 '레드'색, 하이트진로의 '두꺼비' 캐릭터 등은 제품과 관련된 연상을 통해 분류하고 범주화하는데 도움을 줄 수 있다.

셋째, 소비자가 새로운 자극에 노출되었을 때, 가장 쉽게 분류하는 방법으로는 기존의 기억 속에 저장해 갖고 있는 친숙하고 유사한 정보와 관련지어 일반화해서 분류하는 것이다. 예를 들면, LG전자 트롬 스타일러 제품에 대해 범주와 지식이 있어서 스키마가 형성되어 있는 소비자는 삼성전자의 '비스포크 에어드레서'와 코웨이의 '사계절 의류청정기' 제품들도 유사한 제품범주로 분류하고 일반화해서 쉽게 이해할 수 있다.

따라서 마케터는 자사의 브랜드 제품이 일반화를 통해서 어떤 제품범주에 속하는지를 확인

광고 7-24 하이트진로의 소주 '꺼비월드' 편

시키면서도, 상대 경쟁기업의 모방제품으로 지각되는 것은 원치 않기 때문에 차별화를 통해서 소비자에게 독특한 만족을 제공할 수 있는 브랜드 포지셔닝을 해야 할 것이다.

(2) 지각적 추론

지각적 추론(perceptual inference)은 소비자가 어떤 자극을 해석하는데 있어서, 자극 그 자체로부터 추론하는 것이 아니라, 자극과 관련된 다른 자극요소로부터 추론하는 것을 말한다. 이런 추론의 방향은 소비자가 가지고 있는 제품에 대한 지식이나 신념에 의해 주로 결정된다. 소비자의 추론방식에는 주로 제품과 관련된 개별적인 속성이나 지식들을 일반화해서 제품에 대한 통합적 개념과 평가를 추론해내는 방식이 있다. 이러한 추론 방식에는 가격-품질 연상에 의한 추론, 브랜드-품질 연상에 의한 추론, 제품의 특성과 포장에 의한 추론 등이 있다.

- **가격-품질 연상에 의한 추론** : 소비자가 제품의 품질을 평가할 충분한 정보를 갖고 있지 못하는 경우에, 가격이 높을수록 품질이 더 좋다고 여기는 경향이 있다. 우리는 흔히 '싼 게 비지떡'이라는 말이 있는데, 이 말에는 비싼 가격의 제품이 품질이 좋다는 믿음이 담겨져 있다.
- **브랜드-품질 연상에 의한 추론** : 소비자가 브랜드와 제품속성, 기능, 효익, 태도 등과 관련지어서 소비자가 제품의 성능이나 품질에 대해 추론하는 것을 의미한다. 예를 들면, 소비자가 BMW, 벤츠, 샤넬, 루이비통 등 소위 명품 브랜드에 대해 고품질, 럭셔리하다는 추상적인 개념과 연관성을 사전에 학습했다면, 그 연관성으로 인해서 이들 제품들에 대해 계속적으로 고품질, 고가격일 것이라고 긍정적인 추론을 할 수 있다. 그리고 이들 제품들을 사용하는 사람들은 부유하고 사회적 지위가 높을 것이라고 사용자 이미지까지 지각적 추론을 하기도 한다.
- **제품의 특성과 포장에 의한 추론** : 소비자는 제품의 특성이나 포장 등으로부터 이루어진 추론을 근거로 제품의 형태를 주관적으로 평가하고 이해할 수 있다. 소비자들은 식품에 제시된 영양정보를 근거로 맛과 건강에 대해 추론할 수 있다. 그리고 제품의 원산지에 대한 지식은 소비자의 제품에 대한 평가와 추론에 영향을 줄 수 있다. 일부 국가의 소비자들은 자국산 제품이 개발도상국에서 생산한 제품보다 품질이 더 높을 것이라고 추론하기도 한다. 소비자가 가격과 포장사이즈 및 디자인 간의 관계에 대한 사전지식이 있다면, 포장의 사이즈가 크면 내용물의 양이 많고 가격이 비쌀 것이라고 평가하고, 포장이 고급

스럽게 디자인되어 있으면 고품질, 고가격의 제품으로 추론하기도 한다.

(3) 지각적 왜곡

소비자는 자신의 관점에서 모든 자극정보를 지각하기 때문에 자신의 경험이나 욕구 등을 바탕으로 자극을 해석하고 이해하는 과정에서 지각적 왜곡을 할 가능성이 있다. 특히 소비자는 자극정보가 불명확하거나 복합적인 의미를 내포하고 있을 경우에 이러한 왜곡현상은 두드러진다. 지각적 왜곡(perceptual distortion)은 신체적 용모, 스테레오타입, 첫인상, 성급한 결론, 후광효과 등 여러 가지 영향요인으로 인해 자극정보에 대한 지각적 해석을 할 때에 객관적 판단에 따라 올바르게 하지 못하는 것을 말한다.

- **신체적 용모**((physical appearance) : 마케팅 자극을 지각하고 해석하는데, 신체적 용모가 영향을 미치는 것을 의미한다. 예를 들면, 소비자는 용모가 깔끔하고 수려한 판매원이 설명하는 제품정보를 더 잘 믿는 경향이 있으며, 제품이미지와 잘 어울리는 모델이나 매력적인 광고모델이 등장한 광고메시지가 소비자를 설득하는데 더 효과적일 수 있다.
- **스테레오타입**(stereotype) : 소비자는 과거의 경험을 통해서 마음속에 고정관념적 심상을 가지고 있는데, 마케팅 자극정보를 지각할 때 제품이나 서비스에 대해 스테레오타입 때문에 왜곡된 해석을 하게 된다는 것이다. 예를 들면, 각국의 소비자들은 제품의 원산지에 대해 고정관념을 갖고 있는 경우가 많은데, 원산지가 자신들의 국가보다 개발도상국인 경우에는 실제 제품의 품질보다 훨씬 더 나쁘게 평가하는 경향이 있다.
- **첫인상**(first impression) : 소비자가 처음 구매해서 사용해 본 제품이나 서비스가 만족스러웠다면, 그 브랜드의 제품에 대한 첫인상으로 인해서 계속해서 좋게 평가하는 경향이 있다. 만약에 소비자가 첫인상이 기대에 못 미치는 경우에는 그 브랜드의 제품이 차후에 크게 개선이 되었다고 할지라도, 과거의 불만족스러웠던 부정적인 인상 때문에 쉽게 재구매하려고 하지 않는다.
- **성급한 결론**(jumping to conclusion) : 소비자들은 자극정보를 처리할 때, 항상 관련된 모든 정보를 바탕으로 판단하지 않는다. 제한된 시간 내에 처리할 정보가 많거나 중요성이 낮은 정보를 처리할 때 충분히 검토하기도 전에 미리 성급한 결론을 내리는 경향이 있다. 예를 들면, 대부분의 소비자들은 광고물에 제시된 정보를 모두 살펴보거나, 제품의 포장이나 라벨에 부착되어 있는 정보를 자세히 읽어 보고 구매결정을 하는 경우는 드물다. 이러한 소비자들의 성급한 결론으로 인해 자극정보에 대한 잘못된 해석으로 지각적

왜곡이 발생할 수도 있다.

- **후광효과**(halo effect) : 제품이나 브랜드에 대한 호의적인 인상이 직접적으로 관련이 없는 자극정보의 해석에도 영향을 미치는 현상을 말한다. 이런 후광효과는 소비자가 한번도 경험해보지 못한 제품을 평가하는 과정에서도 나타날 수 있다. 예를 들면, 특정 브랜드의 이미지나 원산지 국가의 이미지 등의 후광효과로 인해서 소비자들은 관련 제품이나 서비스에 대해 좋은 평가를 하는 경향이 있다.

4.3 지각의 응용

지각과정에서 마지막 과정인 이해단계에서는 소비자가 마케팅 환경으로부터 받아들인 자극정보의 내용에 의미를 부여하고 해석하는 과정이라고 할 수 있다. 소비자는 제품, 브랜드명, 로고, 기타 자극정보 등에 대해 의미를 부여하고 해석하는 과정에서 액면 그대로 해석하고 이해하는 것보다 대부분 상징적 의미로 해석하는 경우도 많다. 이러한 상징적 의미해석과 관련된 연구로는 기호학을 바탕으로 둔 상징적 상호작용주의와 제품상징주의 연구들이 있다. 이들 연구는 소비자행동과 마케팅에서 브랜드나 로고, 심볼 등을 개발하고 이미지를 개발해서, 전략적으로 활용하는데 유용하게 적용될 수 있다. 또한 소비자 지각은 표적시장의 마케팅전략 수립과정에서 제품지각도(product perceptual map)를 통한 제품포지셔닝 전략에서 활용해 볼 수 있을 것이다(제1장의 제품포지셔닝 전략과 제10장의 지각도 참조).

1. 기호학 이론

기업환경의 급속한 변화와 기술수준의 향상으로 점차 제품 간에 기능적인 효용가치의 차이가 거의 없어져, 소비자들은 일반적으로 제품을 구매할 때 제품의 성능·품질·내구성·가격 등의 기능적 효용이나 상업적 가치보다는 소비자 자신의 개성이나 특성을 잘 나타내 줄 수 있는 디자인이나 색상 혹은 제품이 지니고 있는 상징적 의미를 더 중요시하는 경향이 높아지고 있다.

더욱이 이러한 현상은 최근에 마케팅이나 소비자행동 연구에서도 더욱 상징적이고, 정서적이며, 심미적(esthetics)인 측면을 연구하는 소비자 미학(consumer esthetics)분야의 연구들이 폭넓게 이루어지고 있는 것으로 나타나고 있다. 특히 소비자 미학분야는 언어학 이론에서 나온 기호학 이론의 한 부분으로써, 소비재는 기호학적 분석에 적합한 제품자체의 어휘와 문법체계를 갖춘 복잡한 기호체계(sign systems)로 볼 수 있다는 것을 대전제로 하고 있다.

마케팅이나 소비자행동 연구에서 Holman은 기호로써 소비재가 전달하는 여러 가지 의미측면을 분석하고, 또한 소비재를 통해 소비자들이 주변에 여러 준거집단 구성원들에게 자신의 의미를 전달하기 위해 사용하는 상징으로 간주하면서, 제품상징주의(product symbolism)와 상징적 소비해석에 관한 연구를 하였다.[10] 그리고 소비의 경험적이고 쾌락적인 측면에 관한 연구들이 주로 많이 이루어졌다. 이와 관련된 연구는 내재적 가치(intrinsic value; 예, 성능·품질 등)뿐만 아니라, 외재적 가치(extrinsic value; 예, 위신·성공 등)와 제품의 심미적 요소가 중요한 소비수단으로 사용되는 제품들을 대상으로 주로 소비해석에 관한 연구들이다. 상징적인 소비현상이나 제품소비를 해석하는데 유용한 제품범주로는 오락·예술작품(드라마, 영화, 연극 등)과 같은 경험적 제품(experiential product)과 자동차·주택·의류제품 등의 가시성이 높은 제품들이 포함된다.

(1) 기호학 개념

기호학(semiotics)은 언어학이나 문화적 현상에 대한 의미체계를 분석하는데, 주로 이용되는 접근방법으로써 최근 사회과학에서도 도입되어 여러 종류의 사회현상, 특히 광고텍스트의 잠재적 의미분석과 해석, 제품의 상징적 의미분석에 관한 연구에서도 점차 그 적용범위를 넓혀가고 있다. 기호학은 메시지의 수신자는 개인의 문화적인 경험, 태도, 감정 등을 바탕으로 기호에 대해 의미를 창출한다는 것을 가정하고 있다. 의미(meaning)는 단어(word)나 대상물(object)에 타고나는 것이 아니라, 대상물의 관찰자, 커뮤니케이션의 송신자 혹은 수신자의 마

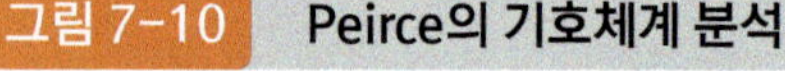
그림 7-10 Peirce의 기호체계 분석

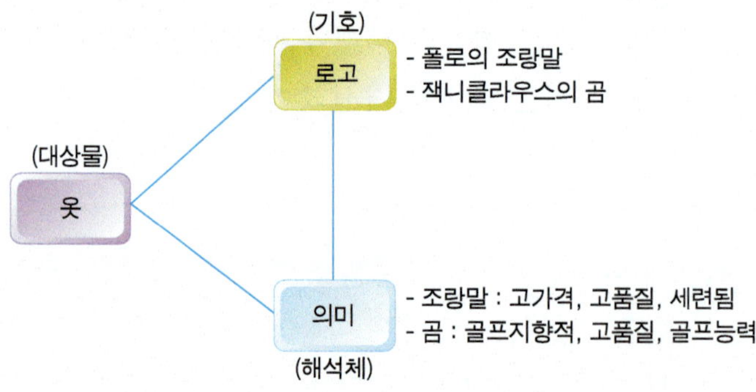

음(mind)속에 존재하는 것이다.

기호에 대한 개념정의는 학자들에 따라 다소 차이는 있으나, 일반적으로 드 소쉬르(De Saussure)와 퍼스(Peirce)의 개념정의를 근간으로 하고 있다. De Saussure는 기호의 개념을 "기호표현(signifier, Sa)과 기호내용(signified, Sé)의 결합체로서 자의성을 지닌 것"이라고 했으며, Peirce는 기호의 개념을 "…어떤 것을 대신하는 무엇(…something that stands for something else)"으로 정의를 했다.

Peirce는 일반적인 기호체계를 [그림 7-10]과 같이, 기호(sign), 해석체(interpretant), 대상물(object) 간의 관련성을 나타내주고 있는 삼각형 모양으로 된 의미의 기본적인 모델을 제안했다.[11)]

기호는 대상물의 의미를 전달하기 위해서 사용되는 상징들(symbols)이며, 해석체는 기호에서 나온 의미나 기호에 대한 사람의 반응이다. 그리고 대상물(제품, 사람, 아이디어 등)은 의미를 전달하는 것이다.

Peirce의 모델은 소비재의 의미를 이해하는 데 유용하다. 예를 들면, 의미를 전달하고 싶어하는 대상물은 셔츠(shirts), 기호는 셔츠에 붙어 있는 로고(logo)를 말하는데, 로고는 잭 니클라우스(Jack Nicklaus)의 곰과 폴로(Polo Ralph Lauren)의 조랑말 등이 될 수 있다. 해석체는 대상물의 의미를 나타내는데, 로고는 대상물에 의미를 부여하기 위해서 개발되었다. 이런 경우에 폴로의 조랑말 로고는 고가격, 고품질, 세련됨을 의미할 수 있으며, 곰 로고는 골프지향적, 고품질, Jack Nicklaus와 연상해서 스트레스를 덜 받고 골프를 즐길 수 있는 능력 등을 의미한다.

Eco는 Peirce의 정의를 확대해 '이미 형성된 사회적 관습의 토대 위에서 어떤 것을 대신해서 받아들여질 수 있는 모든 것'이라고 정의함으로써 Peirce가 발전시키지 않은 기호의 관습

광고 7-25 **잭 니클라우스 광고**

광고 7-26 폴로 랄프로렌 광고

적 특성을 강조했으며, 이는 오늘날 기호학자들에게 더욱 중요한 것이 되었다.

따라서 이들의 정의에 따르면, 문자 그대로 어떤 것을 대신 나타낼 수 있는 것은 모든 것이 기호로 받아들여질 수 있음을 나타낸다. 예를 들면, 자동차는 운송수단으로 뿐만 아니라, 신분을 대신하기도 하고, 어떤 상황에서는 기술, 스피드, 힘, 남성다움 등을 대신하기도 하는 기호가 된다. 다시 말해서 '의미를 가진 모든 것이 기호'이며, 그 본질은 무엇을 자의적으로 대신하는 것이다. 그러나 기호학은 이러한 개별기호들을 탐구하기보다는 기호들의 체계 또는 구조를 통해 의미를 밝혀내는 학문이다. 따라서 의미체계로서의 기호들의 관계에 초점을 맞추고 있다.

De Saussure는 기호란 우리의 감각을 통해서 지각되는 기호의 이미지, 즉 의미의 물질적 운반체(material vehicle)를 나타내는 기호표현과 실제의 의미, 즉 기호표현이 담고 있는 의미 또는 정신적 개념(mantal concept)을 나타내는 기호내용이 합쳐진 것이며, 그렇게 되었을 때 비로소 의미있는 기호가 된다고 했다. 다시 말하면, 기호 = 기호표현 + 기호내용이라는 것이다. 예를 들면, 정열을 나타내는 장미(기호)=식물로서의 장미꽃(기호표현)+정열 또는 사랑을 의미하는 개념(기호내용)으로 나타낼 수 있다.

이러한 개념을 확대하여 롤랑 바르트(Roland Barthes)는 한 문화 속에서 기호들의 의미를 창출하는 방법에 이를 적용함으로써, De Saussure의 '의미작용'이라는 용어에 문화적 가치 차원을 추가했다. 그래서 그는 의미작용의 첫 번째 단계를 De Saussure가 제시한 기호표현+기호내용=기호로 보고, 이를 '외연(denotation)'의 단계 또는 '언어' 차원의 단계로 정의했으며, 기호의 상식적이고 명백한 의미가 창조되어 그 의미가 객관적으로 표현되고 쉽게 인식되어 진다. 이런 1단계는 De Saussure가 의미작용이라고 말한 것으로써, 이는 오직 분석목적으로만 이용될 수 있다. 그 이유는 의미작용의 객관적이고 자유가치적인 관계를 나타내는 것으로써, 실제로는 이와 같이 하나의 기호가 항상 동일한 의미를 나타내지는 않기 때문이다.

그리고 의미작용의 2단계는 '내포(connotation)'의 단계로써 기호가 사용자의 정서나 감정과 문화의 가치와 만났을 때 일어나는 상호작용에 의해 의미가 창출된다. 이 단계에서 기호가 작용하는 또 다른 방법으로써 Barthes는 '신화(myth)'의 개념을 도입해서 내포적 의미를 두 번째 단계의 기호표현이라 하고, 신화는 기호내용이라 했다. 여기에서 신화란 문화적으로 어떤 것을 생각하고 이해하는 방법이나 개념, 즉 문화적 의미를 말한다. 이러한 의미작용과정의 2단계를 나타내면 [그림 7-11]과 같다.

그림 7-11 Barthes의 의미작용과정 2단계

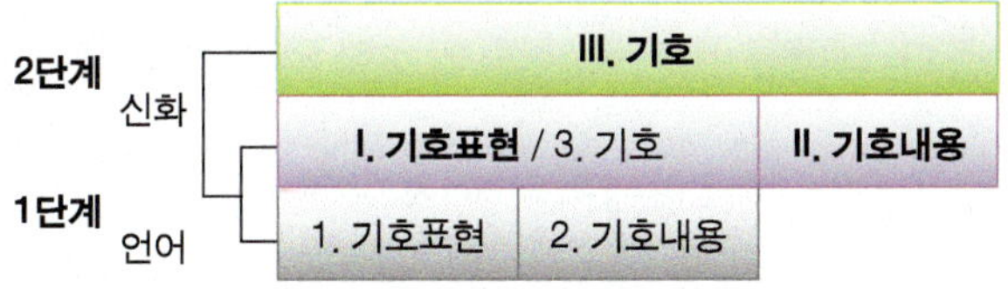

(2) 기호학적 마케팅

기호학은 기호의 표현양식(기호표현)에서 표면적 의미(외연적 의미)와 심층적 의미(내포적 의미)를 찾아가는 것을 연구하며, 아울러 기호를 통한 의미형성과정과 의사소통과정의 구조와 해석을 연구하는 학문이다.

따라서 이런 기호학을 마케팅에 적용시킨 '기호학적 마케팅(semiotic marketing)' 관점에서 볼 때, 제품이나 서비스는 일종의 기호로 간주될 수 있으며, 이들이 표현하고자 하는 기호표현(signifier, Sa)과 기호내용(signified, Sé)은 외연적 의미와 내포적 의미를 담고 있다고 한다. 그래서 소비문화 속에서 이루어지고 있는 소비자와 마케터, 혹은 소비자들 간의 상호작용은 기호와 상징을 이용한 커뮤니케이션, 즉 의미의 교환행위라고 할 수 있는 것이다.

마케팅이나 소비자행동 연구에서 기호학적 접근을 추구하는 최소한의 세 가지 이유로써 마케팅믹스 응용, 소비자행동 이해, 문화제품(cultural product) 이해 등을 들 수 있다.

- **마케팅믹스 응용** : 제품상징주의, 브랜드 심상(brand imagery), 광고메시지, 판매소구, 쇼핑경험 등과, 마케팅믹스와 직접적으로 관련된 다른 여러 현상들의 의미에 초점을 둠으로써, 기호학은 특히, 제품기획(product planning), 판매촉진을 위한 커뮤니케이션(광고 메시지의 의미 등)관리 등과 같은 마케팅전략 형성에 도움을 줄 수 있다.
- **소비자행동 이해** : 대부분의 마케팅 의사결정은 소비자행동에 관해서 어떤 가정을 두고 있기 때문에 많은 연구자들은 예술작품(문학, 시, 그림, 음악, 영화필름 등), 대중문화, 대중매체(TV 드라마 등)등의 분석을 통해 소비자행동을 형성하는 사회적 의미를 발견하고, 더 나은 이해를 할 수 있는 방향으로 기호학적 접근을 시도해 왔다.
- **문화제품 이해** : 소비상징주의(Consumption symbolism)와 마케팅심상(marketing imagery)에 대해 기호학적인 접근을 통해 대중문화의 또 다른 측면이나 오락, 예술작품과 같은 문화제품의 의미를 탐구하는데 기호학을 적용할 수 있다.

이와 같이 소비자행동이나 마케팅에서의 기호학의 적용은 소비자들의 진정한 욕구를 소비자 세계에서 나타나는 기호를 통해 파악할 수 있고, 의미작용과정을 파악하고, 이를 통해서 효율적인 촉진과 설득을 달성할 수 있으며, 소비자의 욕구를 충족시킬 수 있는 제품, 광고 등을 적절하게 생산해 낼 수 있다.

(3) 제품의 기호학적 구조

기호학 관점에서 보면, Pierce의 삼각구조에서 대상물에 대한 해석자의 의미나 반응을 전달하는 해석체(interpretant)는 대상물과 상징(기호) 간의 관계에 대한 지각을 근거로 하고 있기 때문에 제품의 상징은 해석체에 영향을 끼친다. 그리고 제품을 De Saussure의 기호학적 개념에서 보면 [그림 7-12]와 같이, 1단계에서는 디자인, 색상, 브랜드명, 기술, 물질(재료) 등으로 구성된 '기호표현'으로서의 대상물과 '기호내용'으로서의 외연적 의미(denotative meaning)를 나타내는 기호(제품)를 의미한다. 이는 2단계에서 기호표현으로써 제품(경제적)과 내포적 의미(connotative meaning)로 이루어진 '기호내용'으로 구성된 제품(문화적)을 의미하는 기호로 표현할 수 있다. 여기서 외연적 의미는 제품의 표면적 의미로써, 주로 제품의 기술적, 기능적 의미(실용적, 실체적 의미)를 말하는 것으로 소비자의 물질적 욕구에 부응하는 것이며, 내포적 의미는 제품의 심층적이고 숨겨진 의미로써, 비물질적이고 상징적 의미를 말하는 것이며, 소비자의 심리적 욕구에 부응하는 것을 말한다.

제품에 내재되어 있는 표면적 의미와 숨겨진 의미는 소비자의 소비행동에 있어서도 중요한 요소이기 때문에, 제품개념화(product conceptualization)에서 기존제품과 차별적인 특성을 나타내는 내포적 의미(컨셉트)뿐만 아니라 외연적 의미(컨셉트)를 부여할 필요가 있다. 특히 최근 소비문화의 변화로 인해 내포적 의미(감성적인 심상)에서 차별화된 독특함은 외연적 의미(기술과 기능)에서의 차별적인 특성보다 상대적으로 더 중요해지고 있다. 따라서 대상물, 즉 제품은 소비되기 위해서는 '기호'가 되어야 한다. 이런 관점에서 볼 때, 소비라고 함은 대상물(기호)의 실체적인 기능뿐만 아니라 기호학적 차별화, 즉 차별화된 내포적인 기호학적 표

그림 7-12 De Saussure의 기호학적 분석

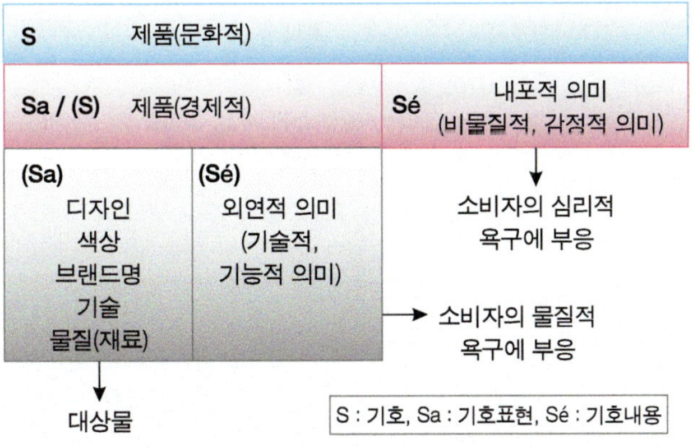

현과 후속적인 상징적인 의미를 사용하고 소유하는 것이라고 할 수 있다.

(4) 기호학적 광고 텍스트분석

광고의 기호학적 분석의 의미작용적 측면에서 살펴보면, 광고는 기호표현과 기호내용이 결합된 통합체인 총체적 기호로써 광고가 되는 것이다. 이때 기호표현으로 나타나는 1차적 의미는 객관적이고 직접적인 의미로써 외연적 의미라고 하며, 기호표현과 기호내용이 결합된 기호는 다시 기호표현이 되어 2차적 의미인 내포적 의미가 된다. 내포적 의미는 외연적 의미의 저변에 깔린 관습이나 규약, 인간의 주관적 개입에 의해 해석되는 심층적 의미라고 할 수 있다. 즉 내포적 의미의 기호내용은 1차적 의미에서의 기호표현과 외연적 의미가 결합된 기호를 기호표현이라고 할 수 있다. 이런 관계를 바탕으로 해서 '샤넬 No.5'광고(영상)를 분석해보면, [그림 7-13]과 같이 설명할 수 있다.

'샤넬 No.5' 광고를 분석해보면, 1차적 의미에서는 광고이미지 상의 제품이 기호표현이 되고, 기호내용은 마이옹 꼬띠아르, 보름달 등을 의미한다. 이런 두 결합체가 하나의 기호(샤넬 No.5, 경제적 제품)가 되는 동시에 2차적 의미에서는 다시 기호표현(제품, 마이옹 꼬띠아르, 보름달)이 되며, 내포적 의미에서는 마이옹 꼬띠아르 모델을 통해서 '프랑스적 매력, 우아함, 멋, 아름다움을, 그리고 보름달을 통해서 '꿈, 상상, 공상, 새로운 시작' 등을 상징하는 기호내용이 된다는 것이다. 따라서 2차적 의미에서 기호표현과 기호내용의 결합체가 문화적 의미를 내포하는 상징으로서의 기호(샤넬 No.5, 문화적 제품)가 된다.

그림 7-13 샤넬 No.5 광고의 기호학적 분석

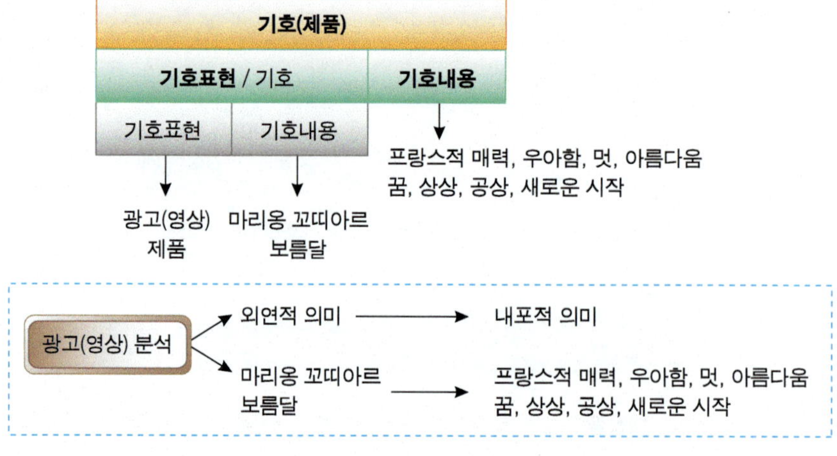

광고 7-27 **샤넬 No.5 광고**

'샤넬 No.5' 캠페인 광고영상은 마이옹 꼬띠아르 모델을 통해서 몽환적이면서 아름다운 분위기를 잘 표현하고 있으며, 보름달을 배경으로는 단순한 장식물 그 이상의 의미로 꿈과 상상을 연상시키서, 홀리데이 시즌의 분위기와 맞물려서 공상과 상상, 새로운 시작 등을 의미하는 광고영상이라고 할 수 있다. 특히 광고영상에서는 보름달이 뜬 어느 날 밤에, 파리의 다리 위에서 눈부시게 빛나는 달을 응시하던 마이옹 꼬띠아르는 평소에 상상 속에 있던 달로 갑자기 이동한다. 그곳에서 그녀를 기다리는 남자와 매혹적이면서도 장난기 있는 모습으로 춤을 추는 모습과 사랑에 빠진 두 연인이 현대적이고 경쾌한 사라반드 춤을 추며, 빙글빙글 도는 장면을 통해 진정한 사랑에 빠진 모습을 아름답게 표현하고 있다. 그리고 순식간에 다시 파리의 다리로 돌아와 그녀옆에 있는 남자를 돌아보고, 두 연인은 서로를 바라보며 미소를 짓는 장면에서 바로 꿈이 이루어지는 따뜻한 분위기를 느끼게 하면서 마지막에 샤넬 No.5와 항상 함께한다는 의미를 잘 표현해 주고 있다.

이와 같이 기호로써 광고는 기호표현과 기호내용의 결합체로써 외연적 의미와 내포적 의미를 나타내 주고 있다. 특히 이러한 의미들은 기호를 해석하는 해석자인 소비자의 문화적 지시체계(referent system)에 의해 자의적으로 해석되어 의미가 형성된다고 한다. 이런 의미형성과정을 의미작용과정이라고 하는데, Barthes는 의미작용이 두 단계를 거쳐서 이루어진다고 한다.

1단계는 기호표현과 기호내용의 결합체인 기호가 외부현실과 맺고 있는 관계를 나타내는 것이다. 즉 기호가 그 대상물을 기호표현과 기호내용으로써 나타내게 되는 과정이다.

2단계는 기호들이 사용자의 느낌이나 감정, 그들의 문화적 가치와 만났을 때 발생하는 상호작용을 말한다. 이런 문화적 가치와의 상호작용으로써 나타나는 문화적 의미는 내포적 의미로써 인간의 주관적 개입으로 발생한다. 예를 들어 자동차 광고의 경우에, 광고 속에 나타난 자

광고 7-28 샤넬 No.5 캠페인 광고

동차의 크기, 가격, 색상 등은 외연적 의미를 나타내 주지만, 그것을 소유하고 있는 사람의 사회적 지위, 부의 정도를 나타내 주는 내포적 의미가 있다. 또한 서구사회에서는 자동차가 편리함, 생활필수품, 자유, 기동성 등을 의미하지만, 우리나라에서는 부유함, 지위, 자기과시 등을 의미할 수도 있다. 이와 같이 내포적 의미는 문화의 가치에 따라 달리 해석될 수도 있다.

2. 상징적 상호작용주의

일반적으로 마케팅 자극정보에 대한 소비자들의 상징적 의미와 해석은 주로 기호학에 바탕을 둔 상징적 상호작용주의 관점에서 선행연구들이 많이 이루어졌다. 그래서 상징적 상호작용주의 개념, 상징적 상호작용주의와 소비자행동 등에 대해서 살펴보고자 한다.

(1) 상징적 상호작용주의의 개념

상징적 상호작용주의 이론(symbolic interactionism theory)은 사회학 이론의 한 부분으로써, 사회적 현실(social reality)을 설명하는데 있어서 범위가 넓은 사회구조를 중심으로 하기보다는 사회구성원들 상호 간의 일상적인 커뮤니케이션에 역점을 두고 있다. 특히 인간의 상호작용, 언어, 태도, 역할 또는 자기(self) 등에 관심을 두고 있는 이론이라고 할 수 있다. 이 이론은 여러 사회학자들에 의해 논의가 되었지만, 미드(G. H. Mead)에 의해 정립이 되었고 블루머(H. Blumer)와 그의 제자들에 의해 더욱 발전되었다.

상징적 상호작용주의 이론에 관한 연구들은 공동체에서 인간이 상호작용을 통해 느끼는 의미의 근원을 파악하기 위해서 사회적 상호작용과정을 조사함으로써 이루어졌는데, 다음과 같은 세 가지 점을 전제로 하고 있다.[12)]

첫째, 인간이 대상물(object)에 대해서 반응할 때, 단순히 물적객체로 보지 않고, 그 대상물이 갖고 있는 혹은 갖고 있다고 믿는 의미를 근거로 해서 행동한다는 것이다. 즉 대상물이 갖고 있는 고유한 속성이나 특성보다는 그것이 인간에게 주는 의미를 더 중요시 한다는 것이다.

둘째, 대상물의 의미(meaning)는 대상물 자체에 본질적으로 내재된 것이 아니라, 한 인간이 다른 인간과 갖는 상호작용과정에서 형성된다는 것이다. 즉 대상물의 의미는 인간과 대상물 간의 정적인 구조(static structure)가 아니라, 동적인 상호작용과정(dynamic interaction process)에 의해서 형성된다는 것이다.

셋째, 그렇게 형성된 대상물의 의미는 인간의 해석과정을 통해 해석이 되고 수정될 수 있는데, 대상물을 받아들이는 사람의 특성에 따라 의미가 다르게 해석될 수 있다는 것이다.

이와 같은 상징적 상호작용주의 이론에 따르면, 대상물의 의미는 대상물의 객관적인 실체나 행위자의 특성과는 관계없이 인간의 상호작용과정을 통해서 형성되기 때문에, 동일한 특성을 지닌 대상물에 대해서도 개개인의 창조적인 해석능력에 따라 상당히 다른 의미를 부여할 수도 있다는 것이다.

이러한 전제를 바탕으로 둔 상징적 상호작용주의 이론은 개인이 타인들의 세계를 이해하는 과정에 초점을 맞추고 있으며, 타인들의 행동에 단순히 반응을 한다기 보다는 그들의 행동을 해석하는데, 초점을 두고 있다. 그래서 상징적 상호작용주의 개념은 "인간이 사회생활 과정에서 주로 사회와 준거집단과의 상호작용을 통해서 자신의 행동을 어떻게 구성해야 하는지를 결정한다"는 것을 가정하고 있다.[13] 그렇기 때문에, 인간은 사회에 의해서 부여된 상징적 의미를 지닌 대상물이나 사건들과 관련해서 행동한다고 설명했다. 또한 사회와 문화는 사람들이 다른 사람과 커뮤니케이션하고 상호작용함으로써 형성되며, 이런 상호작용과정에서 사람들은 자신들을 둘러싸고 있는 대상물에 대해 의미를 부여하고, 의미를 학습하면서, 그 의미를 기초로 해서 행동한다고 보는 연구자도 있다. 다시 말해서, 인간은 사회구성원으로서 타인이나 준거집단 구성원들과 상호작용을 통해서 사회활동을 수행하는데, 그런 과정에서 대상물을 비언어적인 커뮤니케이션 수단으로 사용한다고 할 수 있다.

(2) 상징적 상호작용주의와 소비자행동

상징적 상호작용주의 이론이 소비자행동 연구분야에서는 상징적 구매행동(symbolic buying behavior)과 관련된 연구에 도입되어, 소비자의 자기개념(self-concept)과 상징적 의미에 초점을 둔 제품상징주의 연구에 매우 유용한 이론적 기초로 이용되었다.

초기 마케팅 문헌에서는 래비 스트로스(Levy-Strauss)가 상징적인 소비행동이 제품의 기능적인 효용이나 편익보다 소비자에게 더 중요하다고 제안함으로써 자기개념을 강조했다. 자기개념과 관련된 상징적인 구매행동 연구결과들은 소비자들이 특정 제품이나 서비스를 구매할 때, 흔히 자기 자신이나 자신과 관련이 있는 다른 사람들 혹은 자신이 소속한 준거집단의 구성원들과의 상호작용을 통해 형성되는 상징적 의미를 바탕으로 해서 구매한다고 보고 있다. 즉 소비자가 제품이나 서비스를 구매하고 소비할 때, 그 제품이나 서비스가 가지고 있는 상징성이 소비자가 다른 사람 혹은 의미있는 준거집단(significant reference group)과 커뮤니케이션을 하는데 중요한 사회적 도구 역할을 한다고 볼 수 있다.

이와 같이, 소비자는 제품을 비언어적인 커뮤니케이션 매체(nonverbal communication medium)로써 다른 사회구성원들과 상호작용과정에서 자신의 개성이나 특성을 표현하고 나타내기 위해 사용하는데, 가시성이 있는 제품(예, 자동차, 의류, 주택 등)인 경우에는 이러한 특징이 더 확실하게 나타나고 있다. 예를 들면, 자동차 제품들 중에서 스포츠카의 경우에는 젊음·부·힘·역동성 등의 상징적인 이미지를 나타내고, 소형차의 경우에는 귀여움·예쁜 등의 자동차 이미지를 통해 소비자 자신의 개인적 혹은 사회적 이미지를 표현한다고 할 수 있다.

이런 관점에서 본다면, 소비자의 제품구매 및 소비행동은 제품에 부여된 상징을 통해 자신의 자기개념을 형성시키며, 나아가 이를 유지·확대시킨다고 볼 수 있다. 따라서 소비자행동 연구 측면에서 볼 때, 상징적 상호작용주의 이론은 인간의 사회적 행위를 소비자의 소비행위로 간주하고, 소비자행동을 사회와 의미있는 준거집단과의 사회적 상호작용과정 속에서 이해하고 파악해야 한다는 것이다. 그래서 상징적 상호작용주의 이론은 제품-상징-소비자의 관계를 설명하는데 훌륭한 이론적 토대를 제공해 주는 것이라고 할 수 있다.[14]

3. 제품상징주의

소비자가 소비재를 기호로써 지각하고 이를 통해 타인들에게 전달하고자 하는 상징적 의미를 분석하고, 상징적인 소비현상이나 제품소비를 해석하는데, 제품상징주의와 상징적 상호작용주의 관점에서 많은 선행연구들이 있다.

(1) 제품상징주의의 개념

제품상징주의(product symbolism)에 관한 선행연구들은 앞에서 살펴본 자기개념 중에서 사회적 자기개념과 관련되어 주로 이루어졌다. Lee는 자기개념을 상징적 상호작용주의 관점에서 사회지향적 자기(상황적 자기개념)와 심리지향적 자기(실제적인 자기개념)를 포함하는 넓은 의미로 정의했다.[15] 그는 사회지향적 자기개념(socially oriented self-concept)과 사회적 상호작용과정에서 공적으로 제품을 소비하거나 커뮤니케이션을 위해 나타내 보이는 가시성 정도와 관련성이 있는지를 알아보기 위한 연구에서, 가시성이 높은 제품일수록 사회적 자기개념과 일치하는 정도가 높게 나타났음을 보여주고 있다.

사회적 자기개념과 제품특성과 관련된 또 다른 연구에서, Holman은 다른 사람에게 자기자신을 커뮤니케이션하기 위해서, 소비자가 사용하는 제품이 상징으로써 역할을 하기 위해서 갖추어야 할 조건으로 사용상의 가시성(visibility in use), 사용상의 다양성(variability in use), 개성화 가능성(personalizability) 등을 제시했다.[16]

사용상의 가시성은 제품이 소비자의 개성과 연결되기 위해서는 반드시 제품의 구매, 소비 등이 다른 사람이 쉽게 알 수 있도록 가시성이 있어야 한다는 것을 나타낸다. 사용상의 다양성은 제품이 다른 집단에 소구할 수 있는 경향을 말하며 특정 제품을 누구나 사용할 수 있다면, 그것은 상징이 될 수 없다는 것을 의미한다. 이는 제품의 구매와 소비를 근거로 소비자를 차별화하기 위한 것이라고 생각할 수 있다. 그리고 개성화 가능성은 어떤 제품이 일반 소비자의 스테레오타입 이미지(stereotypical image)를 나타낼 수 있는 정도를 말한다.

일반적으로 대부분의 남성들은 새로운 정장을 구매할 때에 다른 사람(일반적으로 아내, 동료 등)의 추천을 바탕으로 구매의사결정을 하는 경향이 많은데, 이는 사회지향적 자기개념과 제품의 의식성이 관련이 있다는 것을 보여 주고 있다.

따라서 상징으로써 제품은 소비자들이 사회구성원들과 커뮤니케이션하는 수단으로써 뿐만 아니라, 사회적 자기개념을 형성시키고, 유지·확대시키기 위해 사용된다고 볼 수 있다. 그래서 제품의 상징적 이미지는 사회구성원들 간의 상호작용을 통해 서로 비언어적인 커뮤니케이션(nonverbal communication)을 하는데, 매우 중요한 수단으로 이용될 수 있다고 본다. Wright 등에 따르면, 이런 상징적 제품이미지는 제품을 의인화 함으로써 제품에 의미를 부여하는 것이며, 주로 제품상징주의와 관련된 질문은 '이 제품을 사용하는 사람은 어떤 종류일까?', '이 제품을 사용할 사람은 어떤 특성이 있을까?', 혹은 '이 제품을 사용하는 사람의 일반적인 인상은 어떤가?' 등으로 해야 한다는 것이다.[17)]

이런 관점에서 제품상징주의에 대한 개념들을 정의해 볼 필요가 있는데, 선행연구에서는 제품상징주의에 대한 개념을 '소비자에게 제품이나 브랜드가 어떤 의미를 주며, 소비자가 그것을 구매하고 사용하면서 무엇을 경험하는지'를 나타내는 것이라고 했다. 이는 제품상징주의에 대한 개념정의가 다소 추상적이며 명확한 의미를 전달해주지 못한다고 본다.

따라서 선행연구를 토대로 제품상징주의 개념을 '소비자들이 제품의 의인화를 통해서 제품이나 브랜드 사용자들의 특성이나 인상에 기인(ascribe)하거나 부여한 의미'라고 정의한다.[18)]

그림 7-14 상징적인 제품과 자기개념의 커뮤니케이션 과정

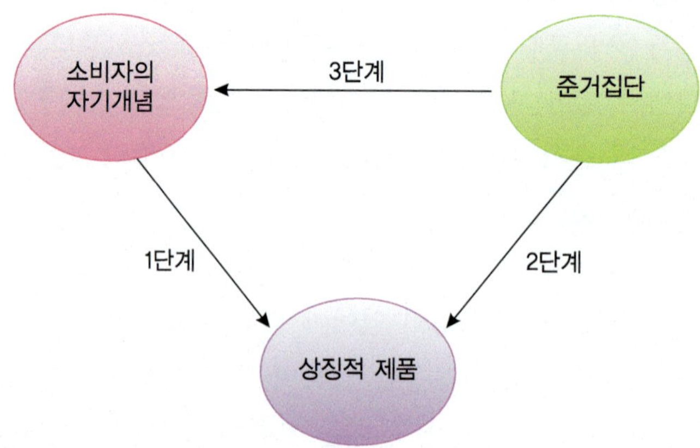

자료원 : Mowen, John C. (1995), *Consumer Behavior*, Prentice-Hall, Inc., 4th eds., p. 253.

제품상징주의 관점에서 자기개념과 상징적인 제품 간의 커뮤니케이션 과정을 살펴보면, [그림 7-14]와 같다. 1단계에서는 소비자가 청중들에게 자기개념을 커뮤니케이션할 수 있는 제품을 구매하는 것이다. 2단계에서는 소비자가 청중들이 제품의 상징적인 특성에 대해 원하는 지각을 할 것이라고 바라는 것이다. 3단계에서는 소비자가 준거집단이 자기 자신을 제품과 같은 상징적인 특성을 지니는 것으로 봐주길 원하는 것이다.[19]

이와 같이 소비자들은 다른 사람들에게 그들 자신의 자기개념 중에서 상징적인 여러 가지 측면들을 커뮤니케이션하기 위해서 제품들을 구매하는 것으로 개념화할 수 있다.

(2) 제품상징주의와 상징적 상호작용주의

제품상징주의에 대한 연구는 상징적 상호작용주의 이론관점에서 이루어졌는데, Solomon은 소비자와 타인 간에 이루어지는 상호작용과정에서 매개체로 사용되는 제품의 상징성에 초점을 맞추었다. 그리고 그는 제품상징성이 소비자의 자기고양(self-enhancement)이나 인상관리(impression management)에 사용되기 때문에, 소비자의 자기규정(self-definition)과 역할수행(role performance)의 중재자(mediator)로서 역할을 수행한다고 제안하면서 제품상징주의의 중요성을 강조했다.

Leigh and Gabel의 견해에 따르면, 소비자는 사회적 실체를 정의하고 그 실체에 적절한 행동이 후속적으로 일어날 것이라는 확신을 갖기 위해 제품상징주의를 사용한다는 것이다.[20] 따라서 제품상징주의는 사회적 역할과 관련된 행동유형을 정의하고 분류할 목적으로 사회적 행위자(social actor)에 의해 흔히 사용된다고 할 수 있다. 그리고 소비자는 자기이미지를 형성하고 역할수행의 질(quality)을 극대화하기 위해 제품에 내재된 사회적 정보에 의존한다고 볼 수 있다.

이런 관점에서 Belk는 제품상징주의를 상징적 상호작용주의 이론을 적용시켜 선물주기(gift-giving)에 관한 연구를 했다.[21] 그의 연구에 따르면, 선물은 일반적으로 상징적인 기능이 있기 때문에 선물을 주는 자와 받는 자, 그리고 상호 간의 관계를 상징화할 수 있다고 보고 있으며, 선물주기는 선물을 통해서 상대방에게 표현하고 싶은 상징적인 의미와 메시지를 전달하는 일련의 커뮤니케이션 과정으로 표현할 수 있다고 한다.

이와 같이 제품상징주의에 관한 연구는 사회학적 관점에서 자기개념을 다루는 연구와 관련이 있다. 제품상징주의 연구에서 상징적 상호작용주의 이론은 사회지향적 자기개념(socially oriented self-concept)과 제품의 과시성(product conspicuousness)의 관계를 개념화하기 위해서 도입되었다. 만일 소비자들이 제품을 소비할 때 대중을 의식하는 정도가(public consciousness) 높고, 제품의 소비상황이 사회적으로 가시성(social visibility)이 높은 것이라면, 소비자들은 소비상황에서 '의미있는 타인(significant others)'에게 그들 자신에 관해서 상징적으로 무엇인가를 커뮤니케이션하기가 쉬울 것이다. 이러한 상징적 커뮤니케이션은 특정 소비상황에서 의사전달자 쌍방이 제품에 대해 서로 공유하는 의미(shared meaning)와 경험이 존재한다는 가정을 바탕으로 하고 있다.

따라서 상징적 상호작용주의 관점에서는 사회의 기본적 특성을 개인 간의 커뮤니케이션과 상호작용시스템으로 간주하고 개인의 기본적 본성(자기)을 사회의 대상물로 보고 있다. 즉 개인은 자기 자신을 하나의 대상물(자기개념)로 보는 자기형성 과정에서도, 자기를 형성하고 표현하기 위한 수단으로 대상물(제품)이나 제스처 등과 같은 상징들을 사용한다고 할 수 있다.

참고문헌

- 고민정 (2021), 소비자행동론, 생능
- 박종오 권오영 (2022), 마케팅원론, 북넷
- 박종오 (1996), 광고표현과 제품상징주의에 관한 연구, 중앙대 대학원, 박사학위논문
- 이학식, 안광호, 하영원, 석관호 (2020), 소비자행동, 집현재
- Anand, P., & Sternthal, B. (1992), "The effects of program involvement and ease of message counterarguing on advertising persuasiveness," *Journal of Consumer Psychology*, 1(3), 225-238
- Assael, Henry (1992), Consumer Behavior and Marketing Action, 4th eds., Boston, MA : Pws-Kent.
- Belk, Russell W. (1979), "Gift Giving Behavior, *Research in Marketing*, 2, 95-126.
- Blumer, Herbert (1967), "Society as Symbolic Interaction," in *Symbolic Interaction* : A Reader in *Social Psychology*, eds. Jerome G. Manis and Bernard N. Meltzer, Boston, Mass: Allyn and Bacon, Inc., 139-148.
- Hirschman, Elizabeth C. (1980), "Attributes of Attributes and Layers of Meaning," *Advances in Consumer Research*, Vol. 7, 7-12.
- Hirschman, Elizabeth C. (1981), "Comprehending Symbolic Consumption," in *Symbolic Consumer Behavior*, eds. Elizabeth C. Hirschman and Morris B. Holbrook, Ann Arbor : *Associationfor Consumer Research*, 4-6.

- Holman, Rebecca H. (1981), "Apparel as Communication," in *Symbolic Consumer Behavior*, eds. Elizabeth C. Hirschman and Morris B. Holbrook, Ann Arbor: *Association for Consumer Research*, 7-14.
- Holman, Rebecca H. (1983), "Possessions and Property: The Semiotics of Consumer Behavior," *Advances in Consumer Research*, Vol. 10, 565-568.
- Kennedy, J. R. (1971). How program environment affects TV commercials, *Journal of Advertising Research*, 11(2), 33-38.
- Krugman, Herbert E. (1965), The Measurement of Advertising Involvement, *Public Opinion Quarterly*, 30(4), 584.
- Krugman, Herbert E. (1983), Television program interest and commercial interruption, *Journal of Advertising Research*, 23(1), 21-23.
- Lee, Dong Hwan (1990), "Symbolic Interactionism: Some Implications for Consumer Self-Concept and Product Symbolism Research," *Advances in Consumer Research*, Vol. 17, 386-393.
- Leigh, James H. and Terrance G. Gabel (1992), "Symbolic Interactionism : Its Effects on Consumer Behavior and Implications for Marketing Strategy," *The Journal of Consumer Marketing*, Vol. 9, (Winter), 27-38.
- Lloyd, D. W., & Clancy, K. J. (1991), Television program involvement and advertising response: Some unsettling implications for copy research, *Journal of Consumer Marketing*, 8(4), 61-74.
- Mick, David Glen (1986), "Consumer Research and Semiotics : Exploring the Morphology of Signs, Symbols, and Significance," *Journal of Consumer Research*, 13 (September), 196-213.
- Mowen, John C. (1995), Consumer Behavior, Prentice-Hall, Inc., 4th eds.
- Moorman, M., Neijens, P. C., & Smit, E. G. (2007), The effects of program involvement on commercial exposure and recall in a naturalistic setting, *Journal of Advertising*, 36(1), 121-137.
- Soldow, G. F., & Principe, V. (1981), Response to commercials as a function of program context, *Journal of Advertising Research*, 21(2), 59-65.
- Sternthal, Brian and C. Samuel Craig (1982), Consumer Behavior : An Information Processing Perspective, Englewood Cliffs, NJ: Prentice-Hall.
- Yerkes, Robert M. and John D. Dodson (1908), "The Relation of Strength of Stimulus to Rapidity of Habit-Formation," *Journal of Comparative Neurology and Psychology*, 18, 459-482.
- Wright, Newell D., C. B. Claiborne and M. Joseph Sirgy (1992), "The Effects of Product Symbolism on Consumer Self-Concept," *Advances in Consumer Research*, Vol. 19, 311-318.

미주정리

1) Mowen, 1995
2) 박종오 외, 2022.
3) 박종오 외, 2022.
4) 박종오 외, 2022.
5) Sternthal & Craig, 1982
6) Anand & Sternthal, 1992
7) Lloyd & Clancy, 1991, Moorman, Neijens & Smit, 2007, Soldow & Principe, 1981
8) Krugman, 1983
9) Kennedy, 1971
10) Holman, 1981
11) Mick, 1986
12) Blumer, 1967
13) Leigh & Gabel, 1992
14) 박종오, 1996
15) Lee, 1990
16) Holman, 1981
17) Wright & Claiborne & Sirgy, 1992
18) 박종오, 1996
19) Mowen, 1995
20) Leigh & Gabel, 1992
21) Belk, 1979

참고 URL 주소

- https://blog.naver.com/leonleon1/221674709903
- https://medium.com/@cfpinela/recommender-systems-user-based-and-item-based-collaborative-filtering-5d5f375a127f
- http://dove-nest.tistory.com/29
- https://blog.naver.com/stussy9505
- https://blog.naver.com/maria9189/220276188124

CHAPTER

8

소비자 기억과 지식

1. 소비자 기억
2. 소비자 지식

카스·한맥 vs 테라·켈리, 하이트진로 11년 만의 맥주시장 1위 탈환나섰다

부드러운 맛+강렬한 탄산감...하이트진로 신제품 '반전라거-켈리' 출시
하이트진로 '테라·켈리' 앞세워 맥주 시장 1위 탈환 정조준
1위 오비맥주도 기존 '카스'에 리뉴얼 한 '한맥'으로 맞불

하이트진로가 2019년 '테라' 이후 4년 만에 맥주 신제품 '켈리(KELLY)'를 선보인 가운데 국내 맥주시장 1위 경쟁이 더욱 치열해질 전망이다.

하이트진로는 기존 테라와 켈리의 연합작전으로 맥주시장 1위를 탈환하겠다는 계획이지만, 2011년 맥주시장 1위 자리를 탈환한 이후 11년째 정상을 유지하고 있는 오비맥주도 기존 '카스'에 더 부드러워진 '한맥' 리뉴얼 출시하며 맞불을 놓고 있다.

▲ 하이트진로가 오는 4일 부드러움 속 강렬함의 반전 맥주 신제품 '켈리' 출시함(사진=하이트진로)

하이트진로는 4일 '테라' 이후 4년 만에 라거 계열의 신제품 '켈리(KELLY)'를 출시했다. '켈리'는 덴마크에서 북대서양의 해풍을 맞으며 자란 프리미엄 맥아만을 100% 사용하고 두 번의 숙성 과정을 거쳤으며, 일반 맥아보다 24시간 더 발아시키는 '슬로우 발아'를 통해 부드러운 맛을 실현했다. 여기에 7도에서 1차 숙성한 뒤 -1.5도에서 한 번 더 숙성시켜 강한 탄산감을 더한 '더블 숙성공법'을 적용해 부드러우면서도 강렬한 상반된 맛을 동시에 느낄 수 있다는 평가다.

하이트진로는 창립 100주년을 앞두고 소주와 섞어 마시는 소맥시장은 '테라'로, 가정용과 생맥주 수요가 많은 올몰트 시장은 '켈리'로 수요층 확대해 맥주시장 1위 탈환하겠다는 전략이다.

실제 2011년까지 맥주 시장 1위를 지켰던 하이트진로는 오비맥주의 '카스'에 밀려 2012년부터 2위로 밀려나 한때 시장 점유율이 20%대로 하락했지만, 2019년 '하이트'를 대체한 '테라'가 시장에 안착하면서 분위기가 반전에 성공했다.

'테라'는 지난해 연간 판매량이 출시 후 처음으로 10억병(330㎖ 기준)을 돌파하며, 출시 이후 올해 2월까지 누적 36억병이 판매되는 등 코로나19 여파로 위축된 주류시장에서도 성장세를 이어가고 있다. 테라 덕에 하이트진로의 맥주시장 점유율도 40% 초반을 유지하고 있다.

◀ 하이트진로, 반전라거-켈리 TV광고 (사진=하이트진로)

여기에 소비자 니즈를 반영한 신제품 '켈리'를 앞세운 '투트랙' 전략으로 맥주시장 1위 탈환에 나설 전망이다.

이를 위해 하이트진로는 신제품 '켈리'의 광고모델로 최근 대세 배우로 떠오른 '손석구'를 발탁, 출시에 앞서 TV광고를 먼저 공개하며 '켈리'에 대한 기대감을 높이고 있다.

김인규 하이트진로 대표는 "켈리는 레귤러 맥주시장에 대한 소비자들의 기대와 요구를 면밀히 관찰하고

▲ 오비맥주 한맥이 홈플러스에서 진행하는 '한식엔 한맥' 프로모션 행사와 TV 광고(사진=오비맥주)

오랫동안 연구해서 만들었다"며 "켈리를 통해 맥주시장에서 강력한 돌풍을 일으켜 국내 시장 1위를 반드시 탈환하겠다"고 강조했다.

이에 맞서 11년째 맥주시장 부동의 1위를 지켜온 오비맥주도 최근 더 부드러워진 '한맥'을 리뉴얼 출시했다.

오비맥주는 지난해 가정용 맥주시 점유율 53.7%(1~11월, 닐슨코리아 집계)로 평정했다. 오비맥주가 맥주시장을 절반이상 차지할 수 있었던 배경에는 대표 제품 '카스 프레시'가 있다. 카스프레시는 가정용 시장에서 41.3%의 점유율로 모든 맥주 브랜드 중 1위를 기록했다.

오비맥주는 카스와 함께 리뉴얼 출시한 한맥을 앞세워 맥주시장 1위를 지키겠다는 복안이다.

'한맥'은 이번 리뉴얼을 통해 한국인의 입맛에 가장 잘 맞는 부드러운 라거로 거듭나기 위해 부드러운 거품을 오랫동안 느낄 수 있도록 거품 지속력을 대폭 향상시켰다. 4단계 미세 여과 과정을 통해 부드러움을 방해하는 요소를 걸러내고 최상의 주질을 구현해 부드러운 목넘김을 극대화했다.

특히 한맥은 지난해 세계 최고 권위의 식음료 품평회인 '벨기에 국제 식음료 품평회'에 출전해 2년 연속 우수 미각상을 수상하며 제품의 풍부한 바디감과 부드러움을 높이 평가받은 바 있다.

서혜연 오비맥주 마케팅 부사장은 "소비자들에게 부드러운 순간을 선사하고자 패키지와 거품에 주안점을 두 '한맥'의 업그레이드를 진행했다"며 "더 부드러워진 목넘김과 부드럽고 한국적인 미를 강조한 디자인을 통해 대한민국을 대표하는 K-라거가 되고자 한다"고 말했다.

• 자료원 : 양길모, 브릿지경제, 2023년 4월 3일(내용일부 수정함)

소비자는 특정 마케팅 자극에 노출되면, 다양한 감각기관을 통해 해당 자극을 지각하고 이해하려 한다. 이런 감각정보는 소비자 기억과 지식의 시작이 된다. 즉 기억은 소비자가 외부 자극에 노출, 주의, 이해 등의 지각과정을 거친 결과가 두뇌 속에 지식으로 저장된 것을 말한다. 소비자는 브랜드명, 로고, 혹은 광고 이미지 등의 마케팅정보를 미래에 인출하여 활용할 수 있도록 기억에 저장해 둔다.

따라서 소비자가 어떤 기억과정을 거치는지, 기억의 구조는 어떻게 이루어져 있는지, 그리고 기억을 쉽게 할 수 있는 방법과 기억을 증진시키는 방법을 알 수 있다면, 기업은 자사의 제품이나 서비스 관련 마케팅 자극을 소비자에게 효과적으로 전달할 수 있는 방안을 모색할 수 있을 것이다. 그리고 마케터는 소비자가 제품이나 서비스에 대한 정보를 어떻게 저장하고 인출하는지를 이해할 필요가 있다. 정보는 기억 속에 단기적으로 머물 수 있고, 추가적인 처리를 위해 운영기억으로 이동할 수 있으며, 최종적으로 장기기억에 저장될 수 있다. 지식의 내용과 구조, 그리고 유연성은 새로운 정보와 기존에 알고 있던 지식을 연결하는데 영향을 미칠 수 있다. 또한 마케터는 인출실패와 오류를 줄임으로써 정보가 기억에서 인출되는 가능성을 높일 수 있다.

이에 본 장에서는 기억과정, 기억의 구조이론과 기능 등을 중심으로 살펴보고, 소비자 지식의 내용과 구조 등에 대해 설명하고자 한다.

1 소비자 기억

앞서 제7장에서 정보처리과정에 대해 살펴보았듯이, 그 핵심은 노출, 주의, 이해단계를 거치는 소비자의 지각과정이었다. 정보처리과정에서 기억은 각 단계에 걸쳐서 영향을 미치는 것으로 나타났다. 기억을 통해 소비자는 직면할 수 있는 자극을 예상할 수 있다. 그래서 소비자는 스스로 원하는 자극에 선택적 노출을 할 수 있다. 이와 유사하게 기억은 특정 자극에 집중하도록 사람의 감각체계를 안내함으로써 주의과정에 영향을 미칠 수 있다. 마지막으로 이해는 직면한 자극에 의해 기억에서 이끌어낸 기대와 연상에 의해 영향을 받는다.

1.1 기억과정

소비자의 기억과정은 제품이나 서비스와 관련된 외부 자극정보가 정보처리과정을 거치면서 형성되었거나, 또는 신념이나 태도, 지식 등을 의식적, 무의식적으로 기억 속에 저장하였다가 차후에 필요할 때에 저장된 정보를 인출하여 활용하는 과정이다. 이런 관점에서 볼 때, 기억은 컴퓨터와 마찬가지로 자극에 대한 정보의 투입, 처리, 산출 등의 과정을 통해 두뇌 속에 지식으로 저장된다고 볼 수 있다. 투입과정에서는 정보가 입력되는 부호화(encoding)가 이루어지며, 처리과정에서는 기존에 기억된 지식과 통합하여 저장된다. 그리고 산출과정에서는 저장된 정보를 필요할 때 이용하기 위해 인출(retrieval)이 된다.

기억과정을 통해서 소비자들은 광고, 판매촉진 등의 마케팅 자극뿐만 아니라, 준거집단을 통해 들은 이야기, 예전에 직접 또는 간접적인 경험 등을 통한 정보를 기억 속에 저장해 두었다가 필요할 때 인출해서 사용한다. 소비자가 기억 속에 저장된 내부정보나 지식에 의존해서 제품이나 서비스에 대해 평가하고 의사결정에 활용하는 경우를 기억기반(memory-based) 의사결정이라고 한다. 예를 들면, 소비자가 대형마트에서 식초음료를 구매할 때, 지난번에 구매했던 홍초 브랜드를 기억하고 동일한 브랜드의 식초음료를 구매했다면, 이는 소비자의 기억 속에 저장되어 있는 내부정보나 지식에만 의존하여 내리는 구매의사결정이라고 할 수 있다. 하지만, 소비자는 구매의사결정을 할 때에 소비자의 기억 속에 저장된 내부정보나 지식에만 의존하지 않는 경우가 많다. 이는 제품이나 서비스 관련 중요한 정보들이 소비자 기억에 저장되어 있지만, 저장된 정보가 구매의사결정에 충분하지 못한 경우에 외부의 마케팅 자극정보를 받아들여서 평가하고 구매의사결정에 활용하게 된다.

소비자가 외부정보에만 의존해서 제품이나 서비스에 대해 평가하고 구매의사결정에 활용하는 경우를 자극기반(stimulus-based) 의사결정이라고 한다. 예를 들면, 대형마트에서 판매하는 홍초, 미초, 백년동안, 흑초, 쁘티첼 미초 등 식초음료들 중에서 가격, 맛, 효능, 영양정보, 용량, 발효 제조방법 등을 비교하고 판촉행사 유무 등을 고려해서 구매의사결정하는 경우를 말한다.

이와 같이 소비자들은 제품이나 서비스 관련해서 내부정보를 바탕으로 평가하고 구매의사결정하는 기억기반 의사결정과 외부정보를 바탕으로 하는 자극기반 의사결정 등 두 가지 유형이 있다고 할 수 있다. 그러나 소비자들은 일반적으로 정보를 받아들여서 평가하고 구매의사결정을 할 때, 내부정보와 외부정보를 모두 사용하기 때문에 대부분의 의사결정은 결합된 형태로 이루어진다. 즉 구매시점 당시에 활용 가능한 제품관련 정보와 소비자 기억 속에 저장된 정보나 지식을 인출하여 동시에 활용하게 되는 것이다.

또한, 제품관련 중요한 정보들이 소비자 기억에 저장되고 인출과정에서 누락되거나 잊혀지는 경우가 많기 때문에 실제로는 자극기반 의사결정에 더 많이 의존하게 될 가능성이 있다. 하지만, 소비자가 특정 제품이나 브랜드에 대한 지식이 풍부하거나, 구매경험이 많거나 하는 경우에는 기억기반 의사결정에 의존할 가능성이 높다.

따라서 기억과정이 소비자 의사결정과정에 수반되기 때문에, 마케터는 소비자가 자사 브랜드와 그 차별성을 기억할 수 있도록 하는 것과 구매의사결정 시점에서 자사 브랜드에 관한 정보를 기억 속에서 쉽게 인출할 수 있도록 하는 것은 전략적 의사결정에서 매우 중요하다고 할 수 있다. 이를 위해서 마케터는 소비자의 기억구조와 기억형성과정, 정보인출과정 등과 관련된 요인에 대해 이해할 필요가 있다.

1.2 기억의 구조이론

소비자의 기억은 제품이나 서비스, 브랜드, 로고, 그리고 소비경험에 대한 지식을 축적해놓은 저장공간이다. 기억은 소비자의 사전지식을 반영하며, 새롭게 유입되는 자극정보를 해석하고 이해하기 위해서 기억 속에 저장한 것을 인출해서 활용하고 평가하는 정보처리과정을 거친 후에 차후에 필요할 때에 이용하기 위해 또다시 장기기억에 저장한다. 이러한 기억의 구조와 과정을 설명하는 대표적인 이론에는 일반적으로 정보처리수준 모델, 네트워크 모델, 다중기억구조 모델 등이 있다.

1. 정보처리수준 모델

정보처리수준 모델(levels of processing model)은 Craik & Lockhart에 의하면, 어떤 정보가 얼마나 잘 기억되는가는 입력되는 정보가 얼마나 깊이 있게 처리되었느냐, 즉 정보처리의 수준(level of processing)이 어느 정도이냐에 달려 있다고 한다.[1] 그리고 정보처리수준은 단속적이지 않고 얕은 수준의 정보처리에서 심층적인 정보처리수준에 이르는 연속선상의 한 점으로 간주되어야 한다고 한다.

이러한 정보처리수준 혹은 정보처리의 깊이(depth of processing)의 연속선상에서 사람들이 지니고 있는 제한된 정보처리용량은 정보처리에 요구되는 수준에 맞추어 할당된다고 한다. 예를 들어, 제품의 색상, 크기, 가격 등을 간단히 확인하는 정도로 낮은 수준의 정보처리과정에서는 정보처리용량이 적게 할당되어 주로 단기기억에서 정보가 처리되기 때문에, 입력되는 정보의 대부분이 소비자의 기억 속에서 금새 사라지는 경우가 많다. 반면에 신제품과 관련된 정보의 단어 하나하나보다는 전체적인 의미가 무엇인지를 분석하는 높은 수준의 정보처리과정에서는 정보처리용량이 많이 할당되어 주로 장기기억에서 정보가 처리되기 때문에, 입력되는 정보의 대부분이 소비자의 기억 속에 오랫동안 저장된다.

정보처리수준 이론에서는 부호화 유형에 따라 기억의 회상수준이 다르다고 하였다. 첫째는 초기 정보처리과정으로 자극의 형태나 구성 등 물리적 특성에 대해 기억하는 것이다. 둘째는 자극대상에 대한 청각적인 특성을 기억하는 것이다. 물리적 자극과 함께 청각적 자극이 더해지면 기억의 회상수준은 훨씬 더 높아진다. 셋째는 자극대상이나 자극의 의미를 분석하여 기존의 저장된 기억과 결합하여 더욱 숙고(elaboration)하는 과정이다. 그래서 유입된 정보를 마음속으로 반복하여 처리하는 리허설(rehearsal)을 거치지 않아도 정보처리수준에 따라 기억의 강도가 다르다는 것이다.

특히, 정보처리수준 이론에서는 다중기억구조 모델에서 주장한 리허설이 장기기억을 위한 필수과정이라는 가정과 반대되는 주장으로, 단순히 반복하여 암기하는 형태인 유지리허설(maintenance rehearsal)을 통한 정보처리는 장기기억을 향상시키지 않는다고 주장하였다. 하지만, 그 이후에 정보처리수준 모델에서 제시된 정보처리의 깊이를 실제로 측정하기 어렵다는 비판과 일부 연구에서 다양한 실험을 통해 유지리허설이 장기기억에 유용하다는 연구결과를 나타내기도 하였다.

2. 네트워크 모델

다양한 네트워크 모델(network model)에서 핵심이 되는 Collins & Loftus의 확산적 활성화 이론(spreading activation theory)에 따르면, 사람들의 기억은 하나의 구조를 가지며, 이 단일 기억구조 속에서 유입된 정보를 처리하기 위해 기억의 극히 일부분만이 활성화되어 정보를 처리한다고 가정한다.[2)]

이 이론에서는 사람들이 특정 정보에 노출될 때, 그 정보는 이미 기억 속에 저장된 다른 개념들과 연상관계를 형성하며, 형성된 연상관계를 장기기억 속에 저장한다고 본다. 그래서 기억된 정보는 연상네트워크(association network)의 형태로 저장되는 것이라고 한다.

연상네트워크는 [그림 8-1]과 같이, 여러 개의 기억된 개념들이 상호연관관계에 의해 연결된 거미줄과 같은 형태를 이루고 있다. 여기서 기억된 개념들은 마디(node)의 형태로 기억단위를 형성하며, 개념들 간의 상호연관관계는 연결고리(link)로 구성된다. 그래서 외부자극에 의해 새롭게 어떤 대상을 이해하는 것은 이와 관련된 마디들 간의 새로운 연상관계를 형성하는 과정이라고 할 수 있다. 따라서 마디 안에 저장되어 있는 내용은 유입된 정보와 관련된 개념(concept)을 말하며, 일반적으로 특정 개념들 간의 연관관계의 빈도가 높거나, 연관성의 강도가 높다면 연결고리의 길이가 짧고 굵게 표현한다. 그리고 마디를 이루는 개념은 주로 제품이나 서비스, 브랜드, 로고, 속성, 포장, 광고모델, 상징, 경험, 상황, 연상이미지 등이 될 수 있다.

네트워크 모델에서 소비자가 단기기억 속에 유입된 정보를 처리하기 위해서는 연상네트워크에서 장기기억으로부터 연관된 개념의 마디들이 활성화되어 활용 가능해야 한다. 예를 들면, IKEA라는 개념의 마디가 활성화되면, 이와 관련성이 가장 높은 브랜드 요소, 문구, 공간과 제품, 이미지 등이 먼저 활성화될 것이다. 또한 브랜드 요소가 활성화되면 로고, 파랑, 노랑 등이 활성화되지만 상대적으로 거리가 먼 Hej(헤이)!는 활성화 정도가 낮을 것이다.

그림 8-1 IKEA의 연상네트워크

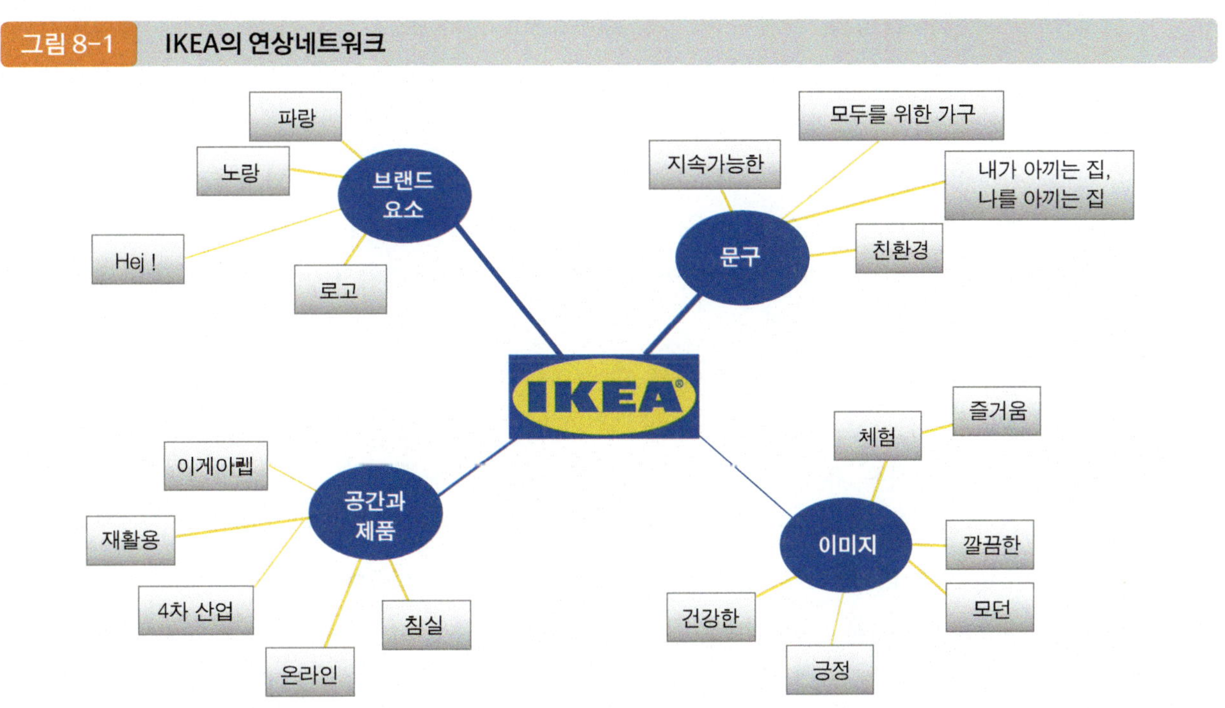

자료원 : https://blog.naver.com/voltom99

광고 8-1 **IKEA의 Hej 할로윈! 이벤트**

이와 같이 어떤 개념이 활성화되면 연결고리를 통해 관련 개념들이 계속 활성화되는데, 이런 과정을 확산적 활성화, 혹은 프라이밍 효과(priming effect)라고 한다. 물론, 활성화가 항상 자동적으로 되지는 않으며, 관련성이 강하거나 자주 연관된 경우 혹은 가장 최근에 연관된 경우 등에서 쉽게 확산적 활성화가 일어난다.

한편, 외부자극을 통해 새로운 개념이 기억될 때, 기존의 기억된 개념과 유사하거나 관련성이 있는 마디들이 활성화되어 새로운 개념을 해석하고 의미를 부여하는데 활용된다. 이런 새로운 개념은 기존의 마디와의 연상관계를 고려하여 연결네트워크에 마디로 자리하게 됨으로써 장기기억에 저장된다.

이와 같이 소비자의 장기기억 속에서 개념(마디)들 간의 연상관계를 연결고리로 만들어진 서술적 지식(descriptive knowledge)의 네트워크 모델을 스키마(schema)라고 한다. 그리고 제품과 관련된 지식을 유기적인 일련의 과정으로 묘사한 특별한 형태의 스키마를 스크립트(script)라고 한다. 이는 소비자의 장기기억 속에 저장되어 있는 일종의 절차적 지식(procedural knowledge)으로 형성된 연결네트워크를 말한다. 예를 들어, 소비자가 맥도날드와 같은 패스트푸드점을 방문하여 주문하는 일련의 과정은 소비자의 기억 속에 저장되어 있는데, 이를 스크립트라고 한다. 이런 절차적 지식이 스크립트로 소비자의 장기기억에 저장되어 있으면 의사결정상황이 발생했을 때, 인지적 과정이 없이도 바로 행동으로 이어질 수 있다.

소비자가 생수, 우유 등과 같이 생활용품인 경우에는 과거의 반복적인 구매경험으로 절차적 지식이 스크립트로 저장되어 있기 때문에 특정 브랜드의 제품을 거의 습관적으로 선택하여 구매하게 된다.

3. 다중기억구조 모델

다중기억구조 모델(multiple store model of memory)에서는 기억의 구조를 감각기억(sensory memory), 단기기억(short-term memory), 장기기억(long-term memory) 등으로 구분하고 있다.

이 모델에서 외부 마케팅 자극을 통해 유입된 제품이나 서비스와 관련된 정보들은 소비자의 오감을 통해 들어오면서 정보처리과정이 시작된다. 이때 오감을 거쳐 유입된 정보의 강도가 어느 정도 강하면 감각기억은 이를 감지하게 된다. 감각기억에 유입된 정보는 극히 짧은 시간 동안에 머물렀다가 사라진다. 이때 제품이나 서비스와 관련된 정보 중에서 계속해서 주의가 기울여지는 정보는 단기기억에서 정보처리가 이루어지지만, 주의가 기울여지지 않는 정보는 기억에서 사라진다. 일단 단기기억에 유입된 정보는 부호화 작업의 성공여부에 따라 망각되거나 장기기억으로 전이될 수 있다. 그래서 단기기억은 유입된 정보를 처리하는 부분으로, 감각기억으로부터 이전된 정보를 장기기억으로부터 인출된 관련 정보와 결합하여 해석을 하게 된다. 단기기억에서 처리된 정보 중에서 일부는 리허설을 통해 장기기억으로 이전되지만, 리허설되지 않은 정보는 망각이 된다. 단기기억으로부터 이전된 정보는 장기기억에 저장되어 비교적 영구적으로 유지되며, 차후에 장기기억 속에 저장된 정보는 특정 시점에 필요시에 단기기억으로 인출되어 활용되고, 충분히 정보처리된 후에 다시 장기기억에 저장된다.

그림 8-2 다중기억구조 모델

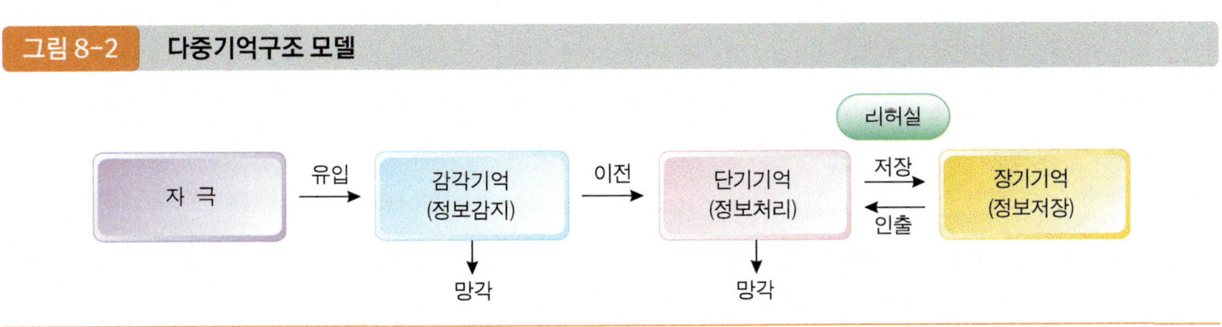

1.3 기억의 구조

기억의 구조이론에서 살펴본 바와 같이, 소비자의 기억은 감각기억, 단기기억 그리고 장기기억 등으로 구성되어 있으며, 이들 각 단계를 거치면서 기억이 전이되고 유지된다고 하는 다중기억구조 모델이 가장 일반적으로 받아들여지고 있는 모델이다. 따라서 다음에서는 소비자의 다중기억구조 모델 중에서 감각기억, 단기기억, 장기기억 등의 기능들을 중심으로 좀 더 자세하게 살펴보고자 한다.

1. 감각기억

외부 마케팅 자극으로부터 유입된 정보를 저장하기 위해서는 감각기관인 오감을 거쳐 감각기억에 도달한다. 감각기억(sensory memory)은 오감을 통해 유입된 자극정보를 감지하는 부분으로써, 감각기억 속에 1/4초에서 최대 몇 초 동안에 순간적으로 자극정보를 있는 그대로 저장할 수 있는 능력을 말한다.

소비자는 유입된 마케팅 자극정보가 어느 정도 강해져서 개인의 절대적 식역수준을 초과하면, 감각기억은 그 정보를 감지하고, 이들 중에서 관심을 끄는 정보만을 단기기억에 이전할 수 있도록 통제한다. 소비자는 유입된 자극정보를 거의 무의식 상태에서 분석하고, 추가적인 정보처리능력이 필요한지를 결정한다.

감각기억에 순간적으로 저장되는 제품이나 서비스와 관련된 정보는 소비자의 오감을 통해 유입되기 때문에, 주로 시각적 정보와 관련된 영상기억(iconic memory)과 청각적 정보와 관련된 음향기억(echoic memory)이 대부분이며, 일반적으로 음향기억이 영상기억보다는 더 오랫동안 유지된다.[3)]

이때 감각기억은 매우 짧은 순간 동안에 자극정보를 저장하는데, 예를 들어, 영화나 드라마 속 PPL광고에서 순간적으로 스쳐 지나간 특정 제품이나 브랜드를 본 듯한 화면(영상기억), 가족과 얘기를 나누고 있는 도중 TV홈쇼핑 채널에서 들리는 제품에 대한 할인정보(음향기억) 등은 계속적으로 정보처리를 위해 단기기억으로 이전하지 않으면 그 정보는 곧바로 기억에서 사라진다. 하지만 감각기억에 유입된 마케팅 자극이 소비자와의 관련성이 있거나 관심이 높다면 추가적인 정보처리 용량이 할당되어 단기기억으로 이전된다.

2. 단기기억

감각기억으로부터 이전된 정보는 기존의 지식과 연관지어서 부호화하고 해석하는 과정이 단기기억에서 처리가 된다. 단기기억(short-term memory)은 외부자극으로부터 유입된 정보를 의미있게 해석하고 이해하는 과정, 즉 정보를 처리하는 과정에서 유입된 정보가 일시적으로 저장되는 장소를 말한다. 예를 들면, 소비자가 TV광고에 대해 생각하거나, 어떤 문제를 해결하려고 적극적으로 시도할 때, 인지적 과정이 단기기억에서 발생하는 것으로 생각할 수 있다. 단기기억은 이런 기억단계에서 소비자가 유입된 정보를 적극적으로 처리한다는 점에서 운용기억(working memory)이라고도 한다.

단기기억에는 청각정보와 시각정보가 모두 일시적으로 저장될 수 있지만, 추가적인 정보처리를 위해서는 시각정보를 단어 혹은 소리로 부호화하는 것이 더 일반적이다. 이는 단기기억에서 청각자극이 시각자극보다 더 오래 유지될 수 있기 때문에 부분적으로 발생한다.

감각기억에 포함된 이미지가 주의를 기울이지 않으면, 망각이 되어 사라지는 것처럼 단기기억에 포함된 정보도 마찬가지로 사라진다. 단기기억 속에 있는 정보가 만약에 리허설하지 않는다면, 대부분은 20~30초 이내에 사라질 것이라고 한다. 리허설(rehearsal)은 정보를 장기기억으로 부호화하기 위해 마음속으로 정보를 조용히 반복할 때 일어난다. 예를 들면, 전화번호를 기억하려면 마음속으로 몇 번 반복하면서 암송하면 기억할 수 있을 것이다. 또한 단기기억 속의 정보는 단기기억의 제한된 저장용량으로 인해서 다른 정보로 대체될 때에는 망각이 되어 사라질 수도 있다.

(1) 단기기억의 정보처리

단기기억에서는 좀 더 숙고한 정보처리가 이루어지는데, 단기기억에서 처리되는 정보는 언어적 처리(discursive processing)와 심상처리(imagery processing)로 구분될 수 있다.

언어적 처리는 다른 단어나 개념을 사용하여 어떤 대상의 의미를 추론하여 처리하는 것을 말한다. 예를 들면, 소비자가 하이트진로의 Kelly 맥주를 생각할 때, 가격, 도수, 칼로리, 용량, 브랜드명 등 제품속성과 관련된 단어, 혹은 'Kelly 맥주의 알코올 도수가 TERRA 맥주보다 0.1% 낮은 4.5%라서 알코올 도수가 약하다'와 같은 개념들을 이용해서 언어적으로 정보를 처리하게 된다.

심상처리는 마음속에 어떤 감각적 이미지가 형성될 수 있도록 하는 방법으로 처리하는 것을 말한다. 소비자는 Kelly 맥주의 맛, 향기, 색상, 느낌, 브랜드 이미지, 패키지 디자인 등과 라

광고 8-2 하이트진로의 Kelly 맥주광고

거의 반전, 덴마크 프리미엄 맥아 100%, 더블 숙성 라거, 부드러우면서 탄산의 강렬한 맛 등을 연상시켜 심상(mental imagery)정보를 처리하고 기억한다.

이와 같이 단어나 이미지로 표현되는 정보는 좀 더 숙고될 수 있거나, 심층적인 사고의 과정으로 고찰될 수 있어서 기억에 도움을 줄 수 있다.

(2) 단기기억의 특성

단기기억에 있는 제품이나 서비스와 관련된 정보를 장기기억으로 이전하는 작업을 부호화(coding)라고 하며, 이는 정보단위화(chunking), 리허설(rehearsal), 재순환(recirculation) 등의 세 가지 방법을 통해 주로 이루어지고 있다. 이러한 방법은 단기기억에서의 정보처리와 장기기억에 중요한 영향을 미칠 수 있다.

첫째, 단기기억은 제한된 정보처리능력으로 인해서 특정 시점에 처리할 수 있는 능력은 한계가 있다는 것이다. 심리학자 George Miller의 마법의 숫자(magical number) 7±2법칙에 따르면, 한 번에 처리할 수 있는 정보의 양은 대개 5~9개 정도의 정보단위라고 한다.[4] 정보단위(chunk)는 정보를 처리할 수 있는 최소단위로써 한 글자, 음절, 전체 단어 등이 될 수 있으며, 상호관련성이 있는 하나의 의미있는 정보로 개념화해서 묶을 수 있다. 이와 같이 기억 대상인 자극이나 정보를 서로 의미있게 연결시키거나, 분리되어 있는 항목을 보다 큰 정보단위로 묶는 과정을 정보단위화(chunking)라고 한다. 예를 들면, 휴대전화번호 '01058269374'를 외우려고 할 때, 하나의 의미있는 정보로 개념화해서 처리할 수 없을 때는 정보단위는 11개가 된다. 그러나 '010-5826-9374'로 세 개의 정보단위로 묶어서 처리하면 기억하기가 훨씬 용이해 질 수 있다.

둘째, 단기기억은 저장시간이 매우 짧기 때문에 반복적으로 리허설하지 않으면, 쉽게 기억 속에서 망각이 되어 사라진다. 리허설에는 유지리허설과 숙고리허설이 있다.

유지리허설(maintenance rehearsal)은 단기기억에 처리된 정보가 계속해서 머물러 있도록 반복적이고 지속적으로 외우면서 정보를 저장하는 것을 말한다. 그리고 숙고리허설(elaborative rehearsal)은 유입된 새로운 정보를 있는 그대로 반복해서 외우는 것이 아니라, 기존의 지식과 연관시켜 새로운 의미를 추론하여 기억하기 쉬운 형태로 재구성하는 방법이다.

따라서 마케터는 소비자가 제품광고에 노출이 되었을 때, 이 제품을 어떻게 사용해야 할지, 자신에게 어떤 효용가치가 있는지를 한 번 더 곰곰이 생각하게 하는 광고표현을 한다면, 소비자의 기억 속에 좀 더 풍부한 연상으로 장기기억에 저장시킬 수 있을 것이다. 예를 들면, [광고 8-3]에서 처럼, Wonderbra는 자사의 제품 특성을 효과적으로 전달하기 위해서 한 번 더 숙고리허설을 하게 만드는 광고표현을 하고 있다. 즉 원드브라 때문에 양손에 쇼핑백을 들고 양산의 손잡이는, 여름에 해변에서 선탠을 했는데 원드브라 때문에 발등에 자국이, 보드판을 지우

광고 8-3 Wonderbra 광고

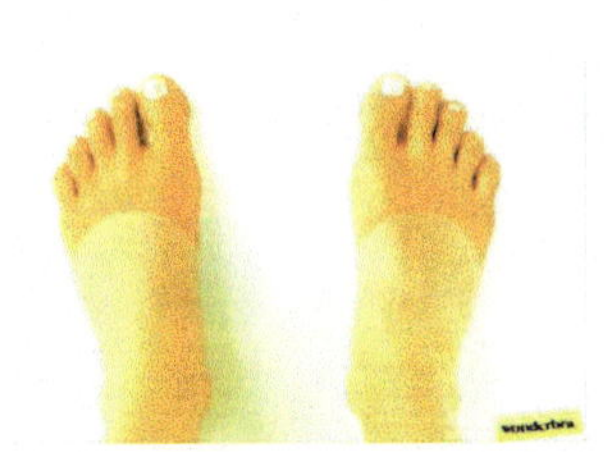

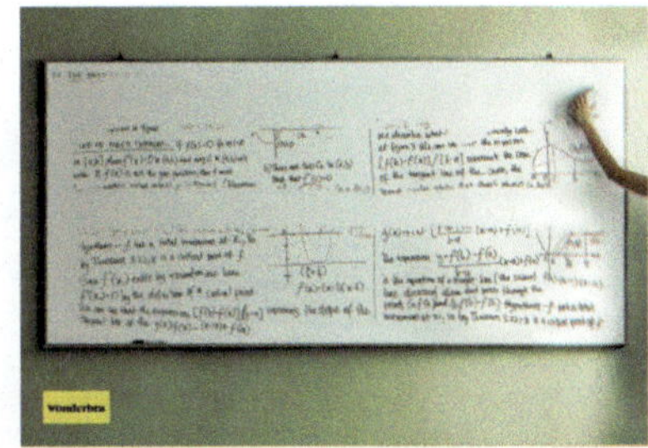

개로 지우는데 원드브라 때문에 두 줄로 지워진 것, 식탁에 접시배열에서 원드브라 착용자의 좌석은, 원드브라 착용자이기 때문에 가슴부분을 지운 넓이가 큰가, 원드브라 착용자의 지하철 안전선이 뒤에 있는 것으로 표현하는 등 소비자로 하여금 한 번 더 숙고하게 하고 있다.

셋째, 단기기억 속에서 정보는 수동적인 부호화 방법인 재순환(recirculation)을 통해서 장기기억으로 이전될 수도 있다. 소비자는 특정 정보에 반복적으로 노출되면, 해당 정보를 단기기억에서 재순환시킬 수 있다. 이는 소비자가 출퇴근길에 옥외 빌보드 광고에 지속적으로 반복노출되어 재순환될 경우에, 소비자가 의식적으로 해당 정보를 기억하려고 노력하지 않아도 저절로 기억하게 된다. 이는 리허설처럼 조용히 반복하여 되새기거나, 적극적이고 의식적으로 정보 그 자체나 그 의미를 기억하려고 노력하는 것과 다른 차이점이라고 할 수 있다. 예를 들면, [광고 8-4] 코에픽 광고에서 '코코 코에픽 콧물 잡았다 코에픽, 코코 코에픽 코막힘 잡았다 코에픽~'으로 브랜드명을 반복하는 광고음악과 같이, 소비자 스스로 되뇌기 쉬운 징글

광고8-4 코에픽 광고

(jingle)이나 짧은 광고음악(BGM)들은 슬로건이나 제품속성과 혜택에 대한 리허설을 도와서 광고메시지의 전달효과를 향상시킬 수 있다.

3. 장기기억

장기기억(long-term memory)은 소비자가 단기기억에서 처리된 모든 정보와 소비자 지식 및 경험을 차후에 다시 활용하기 위해서 영구적으로 저장되며, 정보처리용량도 무제한 가능하다. 장기기억에 저장된 정보는 차후에 단기기억에 인출되어 의사결정에 사용되거나, 혹은 단기기억에 유입된 새로운 정보를 처리하는데 사용된다.

일반적으로 소비자 기억이라고 일컫는 것은 장기기억을 말하는 것이며, 기억이 나지 않는다는 말은 단기기억에서 부호화 과정의 실패로 제품이나 서비스와 관련된 정보가 장기기억으로 전이되지 못했거나, 구매의사결정에 유용한 정보가 아니거나, 접근가능성이 떨어지는 경우, 장기기억에 존재하는 정보와 소비자 지식 및 경험이 시간의 경과로 인한 망각이나 낮은 활용빈도로 인한 기억의 감퇴로 제대로 인출되지 못한 경우를 의미한다.

따라서, 소비자는 실제로 장기기억에 저장된 정보 중에서 일부만이 인출가능하기 때문에 장기기억에 얼마나 많은 정보가 저장되어 있는가보다 구매의사결정 시점에서 정보의 유용성과 필요한 정보를 얼마나 쉽게 인출해서 활용가능한가 하는 것이 더 큰 의미가 있다.

(1) 장기기억의 특성

장기기억의 주요 특성을 살펴보면 다음과 같다.

첫째, 단기기억에서 처리된 정보나 소비자 지식이 장기기억으로 전이되어 영구적으로 저장되어, 차후에 특정 시점에서의 정보의 유용성과 접근가능성 등에 따라 언제든지 활용될 수 있다.

둘째, 단기기억에는 정보를 처리하고 저장할 수 있는 용량에 한계가 있었지만, 장기기억에는 저장용량이 무제한적이다. 따라서, 장기기억으로 이전된 제품이나 서비스와 관련된 정보나 소비자 지식이 소실되는 것은 인출하는데 실패한 것에 따른 것이다.

셋째, 소비자의 장기기억에 저장된 제품이나 서비스와 관련된 정보와 경험 및 소비자 지식들은 정보의 조직화 과정에 의해 상호 연관관계에 따라 범주화된 일종의 연상네트워크 형태로 존재한다.

마지막으로 장기기억에 저장된 정보는 상황 의존적이다. 즉 특정 정보가 단기기억에서 장기기억으로 이전되거나 인출되는 상황이 동일한 경우에 더 쉽게 인출될 수 있다는 것이다.

(2) 장기기억의 유형

장기기억에는 개념, 의사결정규칙, 과정, 감정상태 등의 정보가 저장되는데, 소비자가 기억에서 정보를 인출하려는 것을 인식하는지 여부에 따라 명시적일 수도 있고 암묵적일 수도 있다. 그래서 장기기억은 명시적 기억(explicit memory)과 암묵적 기억(implicit memory)으로 구분할 수 있다.

명시적 기억은 소비자 자신이 무엇인가를 의식적으로나 의도적으로 기억한다는 사실을 인식하는 기억을 의미한다. 이는 언어로 서술할 수 있는 기억이라서 서술기억(declarative memory)이라고도 한다. 예를 들면, 소비자는 자신이 신세계 쇼핑포털 SSG.COM에 방문해서 식료품을 쇼핑하고 주문했던 기억을 갖고 있다. 이런 명시적 기억에는 [그림 8-3]과 같이, 에피소드 기억(episodic memory), 어의기억(semantic memory) 등이 있다.

첫째, 에피소드 기억은 특정한 시간적·공간적·상황적 맥락에서 소비자가 경험한 모든 사건, 감각, 감정, 느낌 등에 대한 개인적인 기억을 말한다. 이러한 기억은 주로 감각적으로 기억되는데, 시각적 이미지, 소리, 냄새, 맛, 촉각적 감각정보 등이 포함된다. 소비자가 이벤트 행사나 시식회에 참가해 본 독특한 경험이나 매장에서 부당한 대우를 받은 경험, 가족에게 줄

그림 8-3 장기기억의 구조

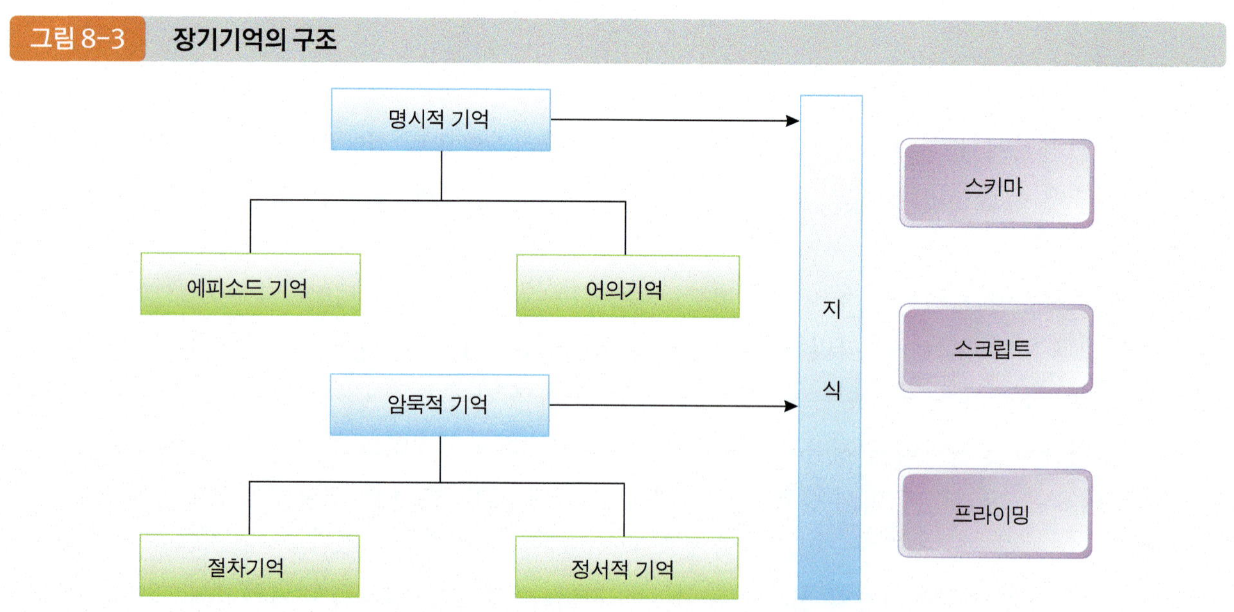

광고8-5 **GODIVA 발렌타인데이 광고**

생일선물을 산 경험, 고급 레스토랑에서 식사를 한 경험 등은 기억에 오래 남는다. 이러한 에피소드 기억은 유사한 상황이나 자극에 접하게 되면, 장기기억에 저장된 기억이 인출되어 예전의 경험한 기분이나 느낌을 유발하게 된다.

따라서 마케터는 자사의 제품이나 브랜드와 긍정적인 에피소드 기억으로 연결시킬 수 있다면 소비자의 기억과 인출을 쉽게 하는데 도움을 줄 수 있을 것이다. 예를 들면, GODIVA 광고처럼 발렌타인데이나 생일, 크리스마스, 어버이날 등 특정 기념일 행사와 연관시켜 즐거운 추억을 연상하도록 하는 광고메시지를 제공하는 것도 소비자가 기억하는데 영향을 미칠 수 있다.

둘째, 어의기억은 의미적 기억이라고도 하는데, 개인적인 에피소드나 시간적·공간적·상황적인 특수성과 무관하게 소비자가 이미 학습하고 경험한 제품이나 서비스와 관련된 속성이나 기능 등의 정보, 그리고 이와 관련된 개념이나 의미에 대한 기억을 말한다. 즉 특정 사건에서 분리된 어떤 대상에 대한 일반화된 전반적인 지식을 의미하며, 장기기억에 저장된 상당수의 지식들은 어의기억이 반영된 것이다. 예를 들면, 소비자는 코카콜라에 대한 기억을 갖고 있는데, 이는 캔이나 병에 담겨있으며, 갈색의 액체로 된 내용물이고, 약간 단맛의 탄산기가 있는 음료수라는 사실을 알고 있다. 이러한 제품의 특성과 관련된 지식은 소비자가 특정 소비경험과 연관된 것이 아니라, 코카콜라에 대한 전반적인 지식의 형태로 저장된 어의기억이라고 할 수 있다. 또한 명시적 기억 중에서 소비자의 마케팅분석 대상이 되는 기억은 주로 어의기억이라 할 수 있다.

한편, 암묵적 기억은 비서술기억(non-declarative memory)으로 소비자가 의식하지 않지만, 혹은 의도하지 않았지만, 과거의 경험을 통해 무언가를 무의식적으로 저장된 기억을 말한다. 즉 소비자가 과거에 학습한 것에 대해 언어로 서술할 수 없고 의식적인 지각도 없지만, 현재의 행동에 영향을 주는 기억을 의미한다. 예를 들면, 자전거 타는 법을 말로 표현하고 설명하기보다는 몸으로 기억하거나 예전에 강렬했던 감정의 정서적 기억 등이 있다. 또한 소비자가 어떤 웹사이트나 쇼핑 포털사이트에 방문했다는 사실을 기억하지는 못하지만, 그 사이트에서 정보검색이나 쇼핑하는 것이 뭔가 익숙하다는 느낌을 받을 수 있다. 이와 같이 암묵적 기억은 이전에 처리한 적이 있는 정보를 처리할 때, 수월하게 해주는 효과가 있다. 이런 암묵적 기억에는 [그림 8-3]과 같이, 절차기억(procedural memory), 정서적 기억(emotional memory) 등이 있다.

첫째, 절차기억은 암묵적 기억의 가장 대표적인 기억으로, 컴퓨터 키보드 빨리 치는 법, 악기를 연주하는 방법, 제품이나 서비스를 구매하고 사용하는 절차와 방법 등에 대한 기억을 말한다. 이런 기억들은 언어로 서술하기 어렵고, 의식적으로 생각하려고 하면 오히려 방해가 된다. 예를 들면, 컴퓨터 키보드로 입력할 때, 글자가 어디 있는지 생각해 보려고 하면 기억이 잘 나지 않아서 빨리 칠 수가 없다. 소비자들도 마찬가지로 스마트폰이나 냉장고 등을 실제로 구매해서 사용하기 위해서는 소비자가 구매절차와 사용방법에 대한 절차기억이 있어야 한다. 따라서 마케터는 복잡한 제품일수록 절차기억을 잘 처리할 수 있도록 구매절차나 사용방법 등을 표나 그림 등으로 도식화해서 제시한다면 보다 쉽게 이해하고 기억할 수 있을 것이다.

둘째, 정서적 기억은 암묵적 감정기억으로 자신의 의지에 의해 회상하거나 보고할 수 없는 고전적으로 조건화된 정서적 관계로 연결된 기억을 말한다. 예전에 특정 사건, 장면, 배경, 감정, 노래 등과 연관되는 강렬했던 기쁨이나 슬픔, 공포 등의 감정기억은 가장 잘 잊혀지지 않는 정서적 기억이라고 할 수 있다. 당시에 저장된 감정기억이 시간과 공간을 구별하지 못한다는 것은 때론 트라우마(trauma)로 심각한 문제를 야기하기도 한다. 하지만 정서적 기억이 사람들에게 안 좋은 영향만 미치는 것은 아니다. 암묵적 감정기억은 의식과 무의식의 경계에서 고전적 조건화에 의해 나타나는 조건화된 기억의 한 형태인데, 사건, 감정, 음악 등은 암묵적인 기억을 통해 연결된다. 어떤 음악이 감정적인 사건과 짝을 이룰 때, 그 순간에 느꼈던 감정과 기억을 되살리는 단서가 될 수 있다. 흔히 음악을 들을 때, 과거 추억과 그때의 공기, 분위기, 냄새 등을 다시 느끼는 경험을 하기도 하는데, 이때가 사람의 뇌 속에 저장되어 있는 정서적 기억이 열리는 순간이다. 이처럼 음악은 강렬한 감정을 불러일으켜 기억을 되살리기 때문에, 음악과 정서적 기억의 관계는 강력하다고 할 수 있다.

일반적으로 암묵적 기억은 명시적 기억보다 더 오래 지속되며 따로 연습이 없어도 평생 동안 기억될 수 있는 반면에, 명시적 기억은 알츠하이머병과 같은 외부적인 요소에 의해 손상되거나 망각의 법칙이 적용되어 시간이 지남에 따라 잊혀지게 되어 '기억의 부재' 속에서 사라질 수 있다.

4. 장기기억에서의 정보인출

소비자는 새로운 자극정보에 노출이 되어 정보처리과정에서 지각할 때, 관련된 정보를 장기기억으로부터 인출하게 된다. 즉 새로운 자극정보를 이해하고 해석하기 위해서 장기기억에 연상네트워크의 형태로 저장되어 있는 관련 정보나 지식을 기억해 내려고 하거나 접근하는 것을 인출(retrieval)이라고 한다. 이러한 정보의 인출은 연상네트워크의 연결고리(link)의 강도와 확산적 활성화에 의해 영향을 받는데, 이는 어떤 특정 개념과 근접하고 강하게 연결되어 있을수록 관련된 개념의 활성화가 잘 이루어지기 때문에 장기기억에서 인출이 훨씬 더 용이해진다. 또한 장기기억으로부터 인출은 소비자가 구매의사결정을 할 때, 장기기억에 저장된 정보 중에서 필요한 정보를 탐색하는 내적탐색과정에서 주로 일어난다.

(1) 정보인출의 방법

소비자가 장기기억에 저장된 정보를 인출하는 방법에는 회상과 재인이 있다. 회상은 소비자가 이미 습득하여 기억하고 있는 정보를 있는 그대로 인출해 내는 과정을 말하며, 재인은 소비자에게 제시된 정보를 알아보는지 혹은 소비자의 기억 속에 제시된 해당 정보가 존재하는지를 확인하는 과정이다.

① 회상과 재인

회상(recall)은 소비자가 기억하고 있는 정보를 인출하는 방법으로, 어떤 정보가 제시되지 않은 상태에서 저장된 정보를 기억 속에서 인출해 내는 것이다. 회상은 비보조회상, 보조회상, 순서회상 등의 방법으로 조사할 수 있다.

첫째, 비보조회상(unaided recall)은 소비자가 정보를 인출할 때, 어떤 도움이나 구체적인 인출단서의 도움없이 습득하여 저장한 정보를 기억해 내는 방법으로, 자유회상(free recall)이라고도 한다. 예를 들면, G브랜드 광고를 기억해보라고 했을 때, 어떤 광고내용을 기억하는지, 혹시 잘못 기억하고 있는 부분은 없는지 등을 조사해 봄으로써, 관련 정보들이 소비자가 어떻게 기억하고 있는지를 파악할 수 있다.

둘째, 보조회상(aided recall)은 소비자가 정보를 인출하는데, 필요한 단서(cue)나 혹은 힌트(hint) 등이 주어졌을 때, 어떤 정보가 기억나게 하는 방법이다. 예를 들면, SBS 주말드라마 '낭만닥터 김사부' 방영시간에 나간 광고 중에서 청량음료 광고를 기억해 보라고 했을 때, 광고내용을 얼마나 정확하게 기억하는지를 파악할 수 있다.

셋째, 순서회상(serial recall)은 소비자가 어떤 정보를 인출할 때, 저장한 순서에 따라 기억해 내는 방법이다. 예를 들면, 'KBS 9시 뉴스' 방영시간에 나간 일련의 광고들이 매번 같은 순서로 방송되는 경우에, 앞의 광고를 본 후에 그 다음의 광고가 무엇인지를 기억해 내는 것을 파악할 수 있다.

또한, 재인(recognition)은 소비자가 제품이나 서비스와 관련되어 제시된 정보나 혹은 광고 등을 알아보는지, 혹은 소비자의 기억 속에 존재하는지를 확인하는 과정으로, 회상보다는 단순하고 쉬운 기억과정이라고 할 수 있다. 재인을 조사하는 방법에는 양자택일형, 강제선택형, 일괄시험형 등이 있다.

첫째, 양자택일형(yes/no recognition test)은 조사하는 질문에 대해 단순히 yes/no, 혹은 맞음/틀림 등으로만 답하는 형태이다. 양자택일형으로 조사할 경우에는 'yes/no' 응답에 대해 '절대로 확신'에서부터 '단순한 추측'에 이르기까지 3~4개 척도 중에서 선택하게 하는 응답자의 확신정도를 확인하기 위한 조사도 병행하는 것이 일반적이다.

둘째, 강제선택형(forced-choice test)은 다지선다형 문제처럼, 여러 개의 예시를 제시해주고, 이 중에서 질문문항에 맞는 것을 한 개 선택하는 방법이다. 예를 들면, 다음 중에서 주말드라마 방영시간에 함께 본 광고는 어떤 것입니까? 질문에 주어진 선택안 중에서 한 개를 고르는 형태이다.

셋째, 일괄시험형(batch-testing procedure)은 여러 개의 정답과 오답을 함께 제시해 주고, 그중에서 정답을 모두 선택하게 하는 형태이다. 예를 들면, 다음 중에서 주말드라마와 함께 본 광고는 모두 선택하게 하는 방법이다.

② 회상과 재인 비교

회상과 재인은 앞서 살펴본 바와 같이, 그 기억의 원리가 매우 다르다. 이들의 특징을 구체적으로 비교해 보면, 다음과 같다.

- **인출가능성** : 재인은 일반적으로 회상보다 쉽게 할 수 있다. 기억의 인출과정을 살펴보면, 재인은 제시된 정보나 사물을 인지하는지 여부만을 확인하는 단순하고 쉬운 과정이지만, 회상은 제시된 자극을 보고 기억 속에 존재하는지를 확인하는 인출과정을 통해서, 그중에서 제시된 자극이 일치하는지를 확인하는 과정을 거쳐야 한다. 예를 들면, 누군가 500원 주화를 보여주면 단번에 500원 주화임을 알아내는 것은 재인이라고 할 수 있다. 이처럼 재인은 제시된 사물이나 단서를 간단하게 확인하는 과정이기 때문에 단순하고 쉽다. 하지만, 500원 주화의 앞뒷면을 보지 않고 그려 보라고 하면, 쉽게 그릴 수 있는 사람은 많지 않을 것이다. 동전의 그림, 숫자, 글자 등을 정확하게 기억해 내는 사람은 매우 드물 것이다. 이처럼 회상은 일단 주화의 앞뒷면에 벼이삭, 이순신, 두루미, 다보탑, 액면의 숫자나 문자 등 가능한 대안들을 기억 속에서 인출해서, 그중에서 어느 것이 옳은지를 확인과정을 거쳐야 하기 때문에 재인보다 훨씬 어렵다는 것을 알 수 있다.
- **연상단서** : 연상단서는 연상기억에 도움을 줄 수 있는 브랜드명, 로고와 심벌, 캐릭터, 패키지, 슬로건과 징글, 타이포와 컬러 등의 특징적인 자극물을 말한다. 이러한 연상단서들은 회상시키는데 중요한 작용을 하지만, 재인에는 별 영향을 미치지 못한다. 광고내용을 효과적으로 회상시키기 위해서는 소비자가 구매시점에서 POP 디스플레이, 제품패키지 등에서 광고의 연상단서를 회상할 수 있도록 한다면 구매행동으로 나타날 가능성이 높아질 수 있다.
- **기억의 방해현상** : TV광고이거나 잡지광고의 경우 대부분 여러 광고들이 한꺼번에 차례대로 노출된다. 이때 맨뒤에 나온 광고는 회상되지만, 앞에 나온 광고는 뒤에 나온 광고들 때문에 방해가 되어 회상을 잘 못할 가능성이 높다. 하지만 재인은 기억 속에 정보를 인출하는 것이 아니라, 단순히 확인하는 과정이기 때문에 광고의 노출되는 순서에 별 영향을 받지 않는다.

(2) 정보인출에 영향요인

정보인출에 영향을 미치는 요인으로는 자극정보의 현저성, 전형성, 저장된 정보와의 일관성, 중복단서 등의 마케팅 자극 특성요인과 기분, 전문성 등의 소비자 특성요인, 기억흔적과 부호화 특수성 원리 등이 있다.

① 마케팅 자극 특성요인

장기기억 속에 저장된 정보나 지식을 인출하는데, 영향을 미치는 마케팅 자극의 특성으로는 자극정보의 현저성, 전형성, 일관성, 중복단서 등이 있다.

- **자극정보의 현저성**(salience) : 마케팅 자극정보가 주변의 다른 자극들보다 현저하게 두드러져 보일 경우에 주의를 유발하고, 더 많은 정보처리노력을 기울이기 때문에 리허설

광고8-6 HEINZ의 'Pour-Perfect Bottle' 이벤트 광고

이 잘 되어 기억과 인출이 보다 잘 이루어질 수 있다. 자극정보가 주변의 다른 자극보다 대조효과로 두드러지거나, 색상이 밝고 크기가 크며, 여백을 많이 두고, 움직임이 있는 경우는 현저성이 높은 경향이 있다. 예를 들면, HEINZ는 브랜드 런칭 150주년을 맞아서 하인즈 케첩의 로고라벨을 비스듬하게 부착한 한정판 케첩 'Pour-Perfect Bottle'을 출시하였다. 하인즈 케첩보틀을 손에 쥐고 라벨이 소비자의 시선에서 똑바로 잘 보이는 순간이 가장 쉽고 완벽하게 하인즈 케첩을 요리에 뿌려서 사용할 수 있는 타이밍이라는 점을 부각시켜서 현저성을 높이고 있다.

- **자극정보의 전형성**(prototypicality) : 제품범주에서 전형적이거나 선도브랜드인 경우에는 기억을 잘하고 인출도 쉽게 할 수 있다. 이는 기억 속에서 자주 리허설되고 재순환과정을 거치기 때문에 전형성이 높은 브랜드는 다양한 개념과 연관관계를 형성하고 있으며, 기억의 흔적도 강해서 기억과 인출이 더 용이하다고 할 수 있다. 예를 들면, 콜라는 코카콜라, 소주는 참이슬, 패스트푸드는 맥도날드, 커피는 스타벅스 등과 같이 제품범주에서 대표적인 선도브랜드들은 브랜드 연상할 때, 가장 먼저 기억에서 회상될 수 있는 이점이 있다.
- **저장된 정보와의 일관성** : 소비자의 기억 속에 저장된 정보들 간에 일관성이 있다면, 정보를 훨씬 더 쉽게 인출할 수 있다. 소비자는 특정 브랜드에 관한 정보를 다양한 매체를 통해 노출이 되는데, 이때 매체마다 브랜드 이미지나 콘셉트를 다르게 전달되는 것보다는 일관성 있는 메시지가 전달된다면, 소비자가 해당 브랜드에 관해 쉽게 기억과 인출할 수 있다.
- **중복단서** : 기억의 요소들이 서로 보완되거나 연관관계를 가질 때, 기억은 향상될 수 있어서 인출가능성이 높아질 수 있다. 일반적으로 광고메시지에서 전달한 언어적 정보와 시각적 정보가 동일하거나 연관관계가 깊은 정보를 전달할 때, 차후에 그 정보에 대한 기억과 인출을 잘 할 수 있다. 예를 들면, 광고메시지, 브랜드명, 광고모델, 제품패키지 등이 동일하거나 연관성 있는 정보를 제공할 때, 각 정보에 대한 인출가능성이 높아진다.

② 소비자 특성요인

소비자의 특성요인도 장기기억 속에 저장된 정보를 인출하는데 영향을 미칠 수 있다. 소비자 특성요인에는 기분, 전문성 등이 있다.

- 소비자의 긍정적인 기분은 일반적으로 자극에 대한 회상을 더 잘 하는데 영향을 미친다고 한다. 그래서 최근에 광고들이 소비자의 감성과 긍정적인 기분을 유발하는 표현으로

자사의 브랜드 이미지를 소구하는 경향이 많아졌다. 특히 광고에서 유쾌한 장면이나 유머스럽게 표현하는 광고를 통해서 긍정적인 기분을 이끌어 냄으로써, 소비자의 기억을 인출하는데 도움을 주려고 노력하고 있다.

- 특정 제품범주에 전문적인 지식을 갖고 있는 소비자는 초심자에 비해서 그 제품범주와 관련된 연상적 네트워크의 구조가 훨씬 풍부할 수 있다. 그래서 전문지식을 갖고 있는 소비자는 정보를 인출하는 경우에, 초심자보다도 훨씬 더 광범위하고 신속하게 확산적 활성화를 통해 브랜드, 브랜드 속성, 브랜드 편익 등과 관련된 정보를 더 많이 기억해 낼 수 있다.

③ 기억흔적과 부호화 특수성 원리

장기기억 속에 연상네트워크 형태로 저장되어 있는 정보나 지식을 인출하는데, 영향을 미치는 요인으로는 기억흔적(memory trace)과 부호화 특수성의 원리(encoding specificity principle)가 있다.

- 기억흔적의 지속성(durability)과 가용성(availability)은 장기기억 속에 저장된 정보나 지식을 인출하는데 영향을 미칠 수 있다. 기억흔적의 지속성은 소비자의 장기기억에 저장된 정보나 지식의 반복적인 학습을 통해서 높일 수 있는데, 이는 장기기억 속의 개념들 간의 연관관계의 강도를 의미하는 기억흔적강도(memory trace strength)를 강하게 할 수 있다. 기억흔적은 매번 사용할 때마다 그 강도가 조금씩 증가하며, 흔적강도는 반복연습에 따라 서서히 증가할 수 있다. 그래서 기억흔적강도가 강하면 장기기억 속의 정보나 지식에 대한 접근가능성이 높아져 상대적으로 쉽게 인출될 수 있다. 물론, 연상네트워크 하에서 흔적강도가 강하면 확산적 활성화(activation)가 더 잘 이루어질 수 있다. 마찬가지로 기억흔적의 가용성도 높아질수록 기억흔적의 활성화 수준이 증가하기 때문에 훨씬 더 쉽게 인출될 수 있다.
- 부호화 특수성의 원리는 소비자가 어떤 정보를 기억할 당시의 경험이나 상황 등의 단서가 효과적인 인출단서(retrieval cue)가 될 수 있다는 것이다. 예를 들면, 학교에 다닐 때 겪었던 일은 학교라는 상황적 정보와 함께 기억을 하게 되는데, 오랜시간이 지나서 모교를 다시 방문하게 되면 평소에 잘 기억이 나지 않았던 학창시절의 추억들이 새록새록 떠올려져 기억이 날 수 있다. 이와 같이 부호화 특수성 원리에 의하면, 어떤 경험과 함께 부호화된 자극들은 이후에 사람들이 그 경험을 기억하고자 할 때 그것을 촉발시키는 인출단서 역할을 할 수 있다는 것이다.[5] 인출단서는 소비자가 장기기억에 있는 정보에 접

근하는 것을 도와주고, 기억의 활성화를 촉진하는 하나의 자극이 될 수 있다. 인출단서는 그림, 장소, 단어, 노래, 다른 사람, 심지어 향수나 기분상태 등도 될 수 있으며, 소비자가 브랜드명을 기억하는데 영향을 줄 수 있다.

따라서 부호화 특수성의 원리는 제품이나 서비스광고에서 사용한 광고모델, 광고음악, 혹은 상황 등을 POP 디스플레이나 제품패키지에 그대로 재현한 경우에서 광고메시지를 기억하는데 영향을 미칠 수 있다.

(3) 기억의 망각

소비자의 장기기억 속에 저장된 정보는 비교적 영구적으로 저장된다고 가정하고 있지만, 소비자가 반복적인 리허설을 통해 정보를 저장하더라도 의사결정할 때, 그 정보를 인출해 내지 못하는 경우가 많이 있다. 이를 장기기억 속에서 잊어버리는 망각(forgetting)이라고 한다.

망각을 통해 기억 속에 정보를 인출하는데 영향을 미치는 요인으로 쇠퇴이론, 방해이론, 초두효과와 최근효과 등 세 가지의 관점이 있다.

- **쇠퇴이론**(decay theory)은 장기기억 속에 저장된 정보를 사용하지 않고 오래될수록 그 정보가 점점 사라져서 인출되지 못하는 현상을 말한다. 즉 장기기억 속의 정보가 오랫동안 사용하지 않아서 기억흔적의 강도가 약해지는 경우에, 자극과 반응 간의 결속력이 점차 약해져서 기억 속에서 사라지기 때문에 소비자는 기억력의 감퇴를 경험하게 된다는 것이다. 이러한 기억력의 감퇴는 단지 시간이 오래되는 경우 이외에도 개념들 간의 연관관계가 이루어지는 빈도가 떨어지는 경우에도 발생한다.
- **방해이론**(interference theory)은 쇠퇴이론에서 주장하는 기억된 정보가 기억에서 사라지는 것이 아니라, 기존의 기억에 새로운 정보가 유입되면서 기존에 저장된 정보를 인출하는데 방해(간섭)하기 때문에 잘 기억하지 못한다는 것이다. 그래서 우리는 어느 순간에 기억하려고 할 때에는 기억하지 못했던 것을 나중에 시간이 한참 지나고 난 후에 다시 생각나는 현상을 경험한 적이 있을 것이다. 이런 경험이 방해이론에 따른 것이라고 할 수 있다.

  또한, 소비자의 장기기억은 연상네트워크의 형태로 저장되어 있기 때문에 연관성 방해로 인해 저장된 정보를 인출할 수 없는 경우도 있다. 연관성 방해현상은 우선 연상네트워크 내의 너무나 많은 여러 가지 개념들이 상호 밀접하게 연관되어 있는 경우, 어떤 특정 개념을 떠올리면 너무나 많은 상호연관된 개념들이 활성화되어 실제로 떠올리고 싶은 개념은 잘 기억나지 않는 경우를 말한다. 예를 들면, 소비자가 음료수를 구매하려고 할 때, 생수나 청량음료들에 대한 정보를 너무 많이 기억하고 있다면, 다른 경쟁브랜드의 제품들에 관한 정보의 연관성 방해 때문에 구매의사결정과정에서 특정 브랜드의 제품에 대한 정보를 인출하기는 어려울 수 있다.

연관성 방해현상의 또 다른 사례로는 기존에 저장된 어떤 개념이 너무 빈번하게 활성화되어 스테레오타입(stereotype), 즉 고정관념화된 경우에 새로운 개념을 잘 활성화시키지 못하는 경우도 있다. 예를 들어, Volvo자동차와 연상되는 이미지로는 항상 안전성, 뛰어난 내구성, 강인함, 탁월한 성능, 강력한 힘 등의 호의적인 연상개념도 있지만, 권위적, 보수적, 네모난 차 등 부정적 연상개념도 있다. 그래서 최근에 Volvo XC90 '오늘을 위한 선택'편 광고를 보면, 광고의 주요 콘셉트를 '오늘의 출퇴근,' '오늘의 쇼핑,' '일상을 더 자유롭게,' 심장을 뛰게 하는 사운드 기능, 실내공기 재순환시키는 공기청정시스템

광고8-7 Volvo XC90 광고 : '오늘을 위한 선택' 편

기능, 차량온도조절하는 '프리 컨디셔닝' 기능 등으로 광고하고 있다. 하지만 소비자들은 과거의 고정관념화된 연상개념들이 먼저 떠오르기 때문에 스마트한 다양한 기능에 대한 새로운 개념들이 잘 활성화되지 않아서 기억을 잘 못하고 있다.

이와 같은 연관성 방해는 이전에 학습된 정보가 새로운 정보의 학습과 인출을 방해하는 선입정보방해(proactive inhibition)와 새로운 정보가 이전에 학습된 정보의 검색과 인출을 방해하는 후입정보방해(retroactive inhibition)로 나눌 수 있다.

- **초두효과와 최근효과**는 앞서 언급한 쇠퇴이론과 방해이론을 통해 설명하는데 활용될 수 있다. 초두효과(primary effect)는 TV프로그램 광고에서 가장 먼저 나온 광고를 더 잘 기억하는 경향이 있는데, 그 이유는 이 정보를 방해할 만한 다른 유사 광고정보가 없었기 때문이다. 이 정보가 만약에 리허설과정을 거치게 된다면, 상대적으로 쇠퇴과정을 덜 겪게 될 것이다. 이와 비슷하게 최근효과(recency effect)라는 것이 있는데, 이는 가장 최근에 제시된 정보가 더 생생하게 기억하는 것을 말한다. TV프로그램 광고에서도 맨 나중에 나온 광고 역시 잘 기억하는 경향이 있는데, 이는 기억 속에서 잔상이 남아있거나, 그 다음에 방영되는 본 프로그램이 방해할 만한 유사 광고정보가 아니기 때문일 수 있다.

  일반적으로 초두효과가 최근효과보다 더 강렬하다고 하지만, 최근효과가 초두효과를 능가하는 경우도 있다고 한다. 이러한 현상이 있는 경우는 초기정보가 너무 일찍 제시되어 망각되었을 때나 최근의 정보가 현저하게 두드러지게 지각될 때, 가능하다고 한다. 그리고 초두효과의 경우 앞서 언급한 선입정보방해의 경우로, 최근효과는 후입정보방해의 경우로 간주할 수도 있다.

(4) 기억의 통제

소비자는 새로운 자극정보에 노출되면, 우선 감각기억에서부터 시작된 새로운 정보를 처리하고 저장하기 위해서, 단기기억을 거쳐 장기기억으로 정보를 이전하거나 장기기억에서 단기

그림 8-4 기억의 통제과정

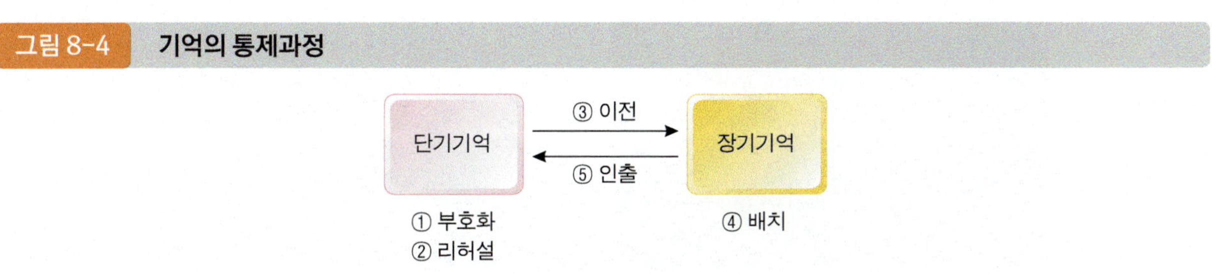

기억으로 정보를 인출하는 정보의 흐름을 통제할 수 있다. 이를 [그림 8-4]와 같이, 기억의 통제과정(memory control process)이라고 한다. 기억의 통제과정에는 부호화, 리허설, 이전, 인출, 배치 등 있다.

① 부호화

마케팅 자극정보가 노출되어 소비자의 감각기억으로부터 전달되어 주의가 집중되면, 그 정보가 단기기억에 저장되기 위해서 부호화가 이루어져야 한다. 부호화(encoding)는 자극을 감각기억을 통해 기억체계 속에서 언어나 시각적 이미지 형태로 변환시키는 과정을 말한다. 즉 기억체계가 사용할 수 있는 형태로 정보를 전환시켜 의미를 부여하는 과정을 부호화라고 한다. 예를 들면, 특정 브랜드명을 소비자에게 기억시킬 경우에 기존에 저장된 지식과 그 브랜드를 연결시킴으로써, 그 브랜드에 대한 호의적인 태도를 형성시킬 수 있다. 예를 들면, Harley-Davison 브랜드의 경우, 초기에는 당시 할리우드 영화에서 깡패, 부랑자 등 할리를

광고8-8 Harley-Davison의 광고

탄 배역으로 인해 대중들에게 부정적 이미지가 심어졌었는데, '독수리는 홀로 비상한다(The Eagle Soars Alone)'는 캐치프레이즈로 '자유와 모험'이라는 이미지(기존의 지식)를 형성시키기 시작했다. 그 이후에 전설의 팝스타 엘비스 프레슬리 모델과 터미네이터 영화에서 아놀드 슈왈제네거의 배역으로 인해 기존의 '자유와 모험'이라는 이미지에 '남성적이고, 거칠고, 반항적'이라는 Harley-Davison의 브랜드 이미지를 갖게 되었다. 이런 브랜드 이미지는 '자유에 대한 갈망,' '자유에 대한 로망,' '꿈만 꾸지마라(Stop Dreaming),' 그리고 여성고객을 타겟으로 섹시한 이미지 광고 등 다양한 광고콘셉트로 표현하고 있지만, 현재까지 '자유와 모험'이라는 기존의 소비자 지식과 일관성 있게 연상관계를 유지하면서 제품정보를 제공하고 있다.

부호화 방법으로는 의미 부호화, 시각 부호화, 청각 부호화, 촉각 부호화 등이 있다. 단기기억에서의 부호화는 주로 감각적 부호화이며, 반면에 장기기억에서의 부호화는 주로 의미 부호화의 비중이 더 크다.

의미 부호화(semantic encoding)는 소비자가 일반적으로 언어정보를 처리할 경우에, 그 의미를 부호화해서 자신이 기존에 알고 있거나 상상할 수 있는 것과 연관시켜서 단어의 의미나 맥락으로 부호화시켜 장기기억으로 이전시키는 것이다. 시각 부호화(visual encoding)는 이미지와 시각적인 감각적 정보를 부호화하는 것으로, 다소 추상적이고 심상(mental imagery)이 어려운 단어는 마음속으로 형상화하여 장기기억에 이전시킨다. 기업의 로고, 캐릭터, 디자인 등은 시각적 부호화시키는데 도와주는 중요한 단서가 될 수 있다. 청각 부호화(acoustic encoding)는 말소리, CM송이나 징글 등으로 부호화시켜 장기기억에 저장할 수 있다. 촉각 부호화(tactile encoding)는 피부감각을 통한 감촉을 부호화시켜 장기기억으로 이전시키는 것이다.

또한 소비자들은 부호화 방법 중에서 한 가지만 사용하는 것보다는 상호관련성이 높은 두 가지의 부호화를 동시에 제공하면 더 잘 기억하게 된다. 이를 이중부호화 이론(dual-encoding theory)이라고 한다. 예를 들면, 소비자에게 언어정보만 제시하는 것보다는 언어정보와 이미지 정보를 같이 제공하는 것이 기억을 증대시킬 수 있다.

② 리허설

단기기억은 감각기억으로부터 전달받은 새로운 정보를 잠깐동안 유지하고, 일부는 장기기억으로 이전시키며, 새로운 정보를 해석하기 위해서 기존의 정보를 장기기억으로부터 인출하여 활용한다. 이러한 정보를 장기기억에 이전시켜 영구적으로 저장하고 필요할 때 활용하기 위해서는 반복적인 리허설과정을 거치게 된다.

리허설에는 유지리허설(maintenance rehearsal)과 숙고리허설(elaborative rehearsal)이 있다. 유지리허설은 처리된 정보를 마음속으로 반복하여 되뇌거나 기계적으로 단순암기식으로 외우는 것을 말한다. 즉 단기기억에 있는 제품관련 정보를 보다 능동적으로 반복처리하여 장기기억으로 전이시키는 방법이다. 일반적으로 리허설을 많이 하면 할수록 제품정보에 대한 기억과 학습은 강화되어 장기기억으로 전환될 수 있다.

한편 숙고리허설은 기존의 지식과 연관시켜 새로운 정보의 의미를 추론하는 숙고된 심층적

광고8-9 Hey Dealer 광고

인 수준으로 정보처리를 통해서 단기기억에 있는 정보를 장기기억으로 전환하는 것을 말한다. 사실 반복적으로 되뇌거나 단순 암기식의 유지리허설의 과정을 통해서 기억력을 높일 수는 있지만, 얼마 되지 않아서 금방 잊어버릴 가능성이 높기 때문에 장기적으로 효과적이지 않을 수 있다. 따라서 기억의 지속가능성을 높이기 위해서는 숙고리허설 과정으로 새로 유입된 정보를 사전지식이나 경험을 통해 해석하거나, 기존 스키마와 연관시키려고 노력해야 한다. 예를 들면, Hey Dealer는 광고에서 처음 내차와 헤어져야 하는 두 배우의 불안한 감정을 비추면서 시작하다가 '헤어지자, 두려움 없이'라는 헤이딜러를 만나고, 내차와 두려움 없이 헤어지면서 해피하게 마무리되는 중고차 거래앱을 인상적으로 표현하고 있다. 이 캠페인 광고는 '헤어지자, 두려움 없이'라는 새로운 정보의 의미를 추론하게 하는 숙고리허설 과정을 거쳐서 장기기억에 저장시키게 한다.

③ 이전

이전(transfer)은 단기기억에서 리허설과정을 거친 정보는 자연스럽게 장기기억으로 옮겨지는 것을 말하며, 리허설을 거치지 않은 정보는 망각이 되어 기억구조에서 쉽게 사라진다.

④ 배치

배치(placement)는 단기기억으로부터 이전된 정보가 장기기억의 스키마에 연결되는 과정을 말한다. 이런 과정에서 소비자는 이전된 정보와 기억 속에 가지고 있던 기존의 스키마와 관련지어 자신의 방식으로 이해하고 연상네트워크를 형성하게 된다.

⑤ 인출

인출(retrieval)은 소비자는 새로운 자극정보를 이해하고 해석하기 위해서 단기기억에서 이전되거나 장기기억에 저장되어 있던 정보나 지식을 기억해 내려고 하거나 접근하는 것을 말한다. 그러나 장기기억 속에 영구적으로 저장되어 있다 할지라도, 오랫동안 저장된 정보를 사용하지 않아서 망각했거나 새로운 정보가 기존정보를 인출하는데 방해효과 때문에 잘 기억을 못할 수도 있다. 또한 소비자가 어떤 정보를 인출하지 못해서 기억할 수 없다가도 나중에 어떤 단서가 제공되면 기억이 나는 경우도 있다. 그래서 인출을 용이하게 하기 위해서는 저장할 정보를 인출단서나 맥락을 함께 장기기억에 저장하는 것이 중요하다는 것을 의미한다.

2 소비자 지식

소비자의 단기기억에서 이전이 되어 장기기억 속에 영구적으로 저장되어, 구매의사결정과정에 활용가능한 제품이나 서비스와 관련된 모든 사전정보를 소비자 지식(consumer knowledge)이라고 한다. 즉 소비자 지식은 소비자 구매행동과 관련된 정보와 경험 등을 말하며, 만약에 그런 정보와 경험이 특정 브랜드와 관련된 것이라면 브랜드 지식(brand knowledge)이라고도 한다.[6] 어떤 제품이나 서비스에 관한 특정 자극에 노출된 새로운 정보가 소비자 지식으로 전환되기 위해서는 소비자가 그 제품이나 서비스에 대해 친숙도와 전문성을 가지고 있어야 한다. 친숙도는 소비자가 제품이나 서비스에 대해 갖고 있는 축적된 경험을 말하며, 이는 주로 관련된 정보에 노출빈도가 높고 밀접한 연관성이 있을수록 증가한다. 전문성은 소비자가 제품이나 서비스를 잘 사용할 수 있는 능력을 말하며, 이는 관련된 정보들의 구조적인 관계에 대한 지식을 의미한다. 일반적으로 소비자가 제품이나 서비스에 대한 친숙도가 증가하면 전문성도 증가하게 된다.

또한, 소비자의 장기기억에 저장된 정보 또는 지식의 내용(knowledge content)은 제품이나 서비스, 브랜드, 점포, 쇼핑방법 등에 대해 학습되고 저장된 정보를 의미한다. 그리고 소비자의 지식구조(knowledge structure)는 소비자 기억 속에 제품이나 서비스와 관련된 지식을 어떻게 조직하는지를 의미한다. 이런 지식구조는 네트워크 조직을 가지고 있고, 이들이 연결되어 하나의 정보가 활성화되면, 관련된 다른 정보들이 연속적으로 활성화되어 확산이 일어난다. 이와 같이 어떤 정보가 소비자의 기억 속에서 잘 회상될 수 있도록 활성화되는 것을 프라이밍(priming)이라고 한다. 흔히 소비자들이 제품이나 서비스에 관해서 무엇인가를 안다는 것은 기억 속에 떠오르는 지식의 내용과 이들이 기억 속에서 어떻게 지식의 구조가 되어 있는지를 의미한다.

따라서 소비자 지식을 구성하고 있는 내용들 중에서 대표적인 것이 스키마와 스크립트이며, 이들이 조직하고 있는 지식의 구조와 프라이밍에 대해 살펴보고자 한다.

2.1 스키마와 스크립트

소비자의 장기기억에 저장되어 있는 지식의 내용은 아무렇게나 저장되어 있는 것이 아니라, 스키마(schema)나 스크립트(script)의 형태로 되어 있다. 스키마는 어의기억과 관련된 지식의 형태를 가지며, 이는 어떤 대상이 무엇이고, 이들이 소비자에게 어떤 의미를 갖는지에 대한 것이다. 그리고 스크립트는 절차적 기억과 관련된 지식의 형태를 가지며, 이는 어떤 대상을 어떻게 활용하는지와 관련되어 있다.

1. 스키마

스키마(schema)란 제품이나 서비스, 브랜드, 사람, 사물, 행동, 상황 등 어떤 대상이나 개념과 관련된 개별지식과 사전경험들이 구조적으로 연계되어 일반화된 지식체계를 말한다. 즉 어떤 대상이나 개념과 관련된 연상들을 나타내는 서술적 지식들이 서로 네트워크 형태로 연결되는 연상네트워크(associative network)의 집합을 의미한다. 예를 들면, '아메리카노 커피'에 대한 스키마는 여러 가지 연상을 갖는데, 칼로리가 낮으며 검정색이고, 쓴맛이 나며, 카페인 음료이고, 맛이 좋다는 것 등이다.

소비자는 다양한 대상에 대해 스키마를 가지는데, 자신이 살아가면서 가지는 누적된 경험을 토대로 형성된다. 즉 소비자는 제품범주(자동차, 냉장고, 스마트폰 등), 브랜드(스타벅스, 맥도날드 등), 세일즈맨(보험, 화장품 등 판매원), 기업(삼성, 애플 등), 장소(에버랜드, 쁘띠 프랑스 등), 광고(코카콜라, TERRA 맥주 등) 등 소비생활과 관련된 다양한 개념들에 대한 스키마를 기억 속에 저장하고 있다. 하지만, 이러한 스키마는 고정된 것이 아니라, 새로운 정보가 들어오고 시간이 지남에 따라 조금씩 변한다. 예를 들면, 아파트, 냉장고, 세탁기 등과 같이, 과거에는 기능적 속성이 중요시되던 제품들이 브랜드 이미지나 디자인과 같은 상징적 속성이 중요한 제품으로 바뀐 것은 소비자의 제품범주에 대한 스키마가 변했기 때문이다.

이런 제품범주에 대한 스키마변화에 맞추어, 삼성전자는 소비자 개인의 라이프스타일과 취향을 맞추는 '비스포크(BESPOKE)' 콘셉트를 냉장고, 김치플러스, 큐브냉장고, 정수기, 세탁기, 건조기, 에어드레서, 신발관리기, 전자레인지, 식기세척기, 에어컨, 공기청정기, 무선청소기 등 생활가전 전체로 확대하고 있다. 그래서 삼성전자는 주방, 거실, 침실, 세탁실 등에서 사용하는 가전제품에 소비자 개인의 개성을 반영하고 공간을 통일감 있게 구현하는 맞춤형 홈 솔루션 '비스포크 홈(BESPOKE HOME)'을 통해 집안 어디에서나 비스포크 가전의 가치를

광고8-10 **삼성 BESPOKE 김치플러스 광고**

경험하도록 공간·시간·생태계 확대를 추구하고 있다.

이와 같이 스키마의 형성과 변화는 소비자들의 제품범주에 대한 속성, 신념 및 태도의 형성이나 변화를 가져온다. 따라서 마케터는 표적시장의 소비자들이 자사가 원하는 정보들로 구성된 스키마를 형성하도록 노력할 필요가 있다. 또한 기존의 자사에 대한 스키마가 바람직하지 않은 경우에는 이를 변경하려는 노력으로 재범주화를 할 필요가 있다.

(1) 브랜드 스키마

제품범주에 대한 스키마 사례로 아메리카노 커피에 대해 살펴보았는데, 소비자는 또한 브랜드에 대한 스키마도 갖고 있다.

브랜드 스키마(Brand Schema)는 소비자가 특정 브랜드를 생각하면, 이와 관련해서 떠오르는 모든 연상의 집합을 말하며, 이는 마케팅 활동에 직접적으로 영향을 받는다. 예를 들면, 스타벅스 브랜드를 연상하면, 녹색, 에스프레소, 커피향, 분위기, 고급스러움, 대화, 음악, 친구들, 사이렌… 등 수많은 것들이 연이어 생각날 것이다. 이러한 브랜드 연상들이 결합되어 전체적인 인상인 브랜드 이미지를 형성한다.

이와 같이 브랜드 스키마를 구성하는 일반적인 지식의 유형은 다음과 같은 요인들에 의해 형성된다.[7)]

- 브랜드의 제품속성 : 기능, 성능, 원료, 소재 등
- 브랜드의 비 제품속성 : 가격, 사용자, 개성, 체험 등
- 브랜드의 편익 : 기능적, 상징적 또는 사회적, 심리적 편익 등
- 브랜드의 감정 : 느낌, 정서, 태도 등
- 브랜드에 대한 경험과 행동

(2) 스키마 접근법에 따른 정보처리

소비자가 특정 제품범주 내에서 신규로 출시한 브랜드에 노출이 되면, 소비자 자신이 기존에 갖고 있는 스키마를 바탕으로 해서 그것과 불일치하는 신규 브랜드의 정보를 처리하게 된다. 이러한 신규 브랜드에 대한 정보처리방법에는 동화과정과 조정과정이 있다.

① 동화과정

동화과정(assimilation process)은 신규 브랜드의 속성정보가 기존 제품범주에 대해 가지

그림 8-5 스키마 접근법에 따른 불일치한 정보처리

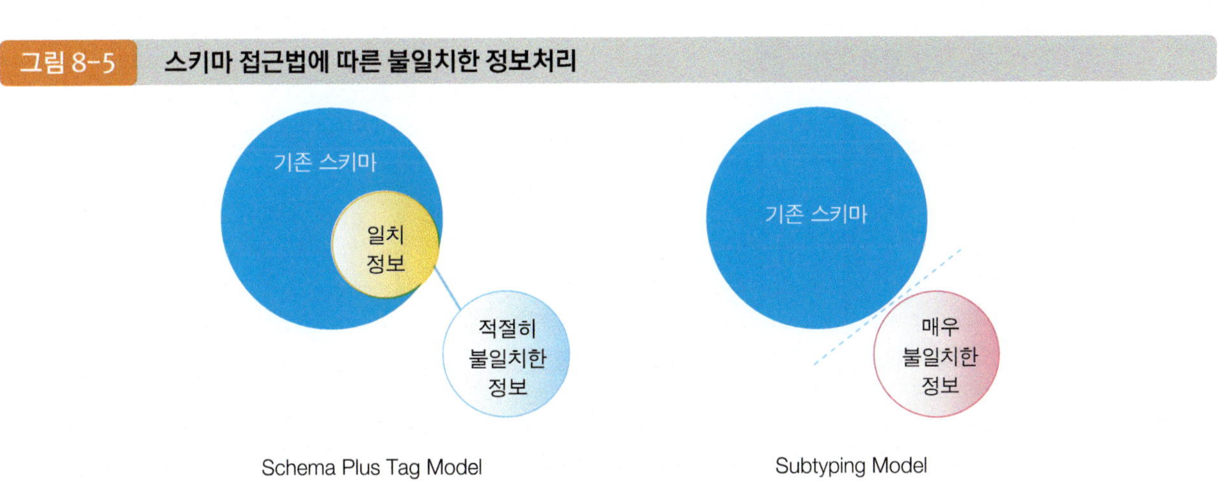

자료원 : 곽준식, 브랜드 런칭 : 스키마 접근법을 이용한 브랜드 포지셔닝, 유니타스브랜드, 시즌1/Vol.6, 2008.8

고 있는 소비자의 스키마와 중간정도의 불일치(moderately discrepant)가 발생한 경우에 나타난다. 즉 [그림 8-5]와 같이, 일반적으로 기존 제품범주의 스키마와 일치하는 속성들은 신규 브랜드로 복사가 되지만, 기존 스키마와 일치하지 않는 속성은 기존 스키마에 포함되지 않고 독특한 꼬리표(unique tags)로 연결되는데, 이것을 '스키마 플러스 태그모델(Schema Plus Tag Model)'이라고 한다. 스키마 플러스 태그모델에 따르면, 차별화된 브랜드는 기존 제품과 공통 속성을 공유하면서도 차별화된 속성은 꼬리표의 형태로 연결되어 있다고 볼 수 있다.[8)]

이러한 스키마 플러스 태그모델의 바탕이 되고 있는 것은 Mandler의 중간 불일치 효과(effect of moderately incongruity)이론이다. 이 이론에 따르면, 소비자들의 제품선호도는 [그림 8-6]과 같이 역U자 형태를 띠게 된다고 한다. 소비자는 새로운 정보를 처리하려고 할 때, 그 내용이 기존의 제품과 매우 유사하여 자신의 스키마와 일치할 경우에는 너무 익숙하고 진부하게 생각되어 정보처리량이 미미하며, 동시에 호감도 역시 낮아질 수 있다. 하지만, 소비자들의 선호도는 기존제품과 유사성이 적을수록(차별성이 클수록) 점차적으로 증가하다가 그 정도가 중간을 지나치면 제품선호도가 감소하게 된다는 것이다. 왜냐하면 적절하게 불일치한 정보는 관련 정보에 대한 현저성(salience, 생생함)을 높여 소비자들로 하여금 더 잘 기억하게 만들지만, 기존에 잘 알고 있는 정보나 너무 다른 정보에 대해서는 사람들이 정보처리를 잘하려고 하지 않기 때문이다. 즉 새로운 정보의 내용이 너무 낯선 경우에도 소비자의 스키마와 매우 불일치하여 기존의 정보처리체계로 처리가 되지 않아서 정보처리에 대한 동기가 낮아지고 숙고과정(elaboration processing)에서 기존 스키마와의 불일치를 해소하기가 쉽지 않

그림 8-6 스키마의 중간 불일치 효과

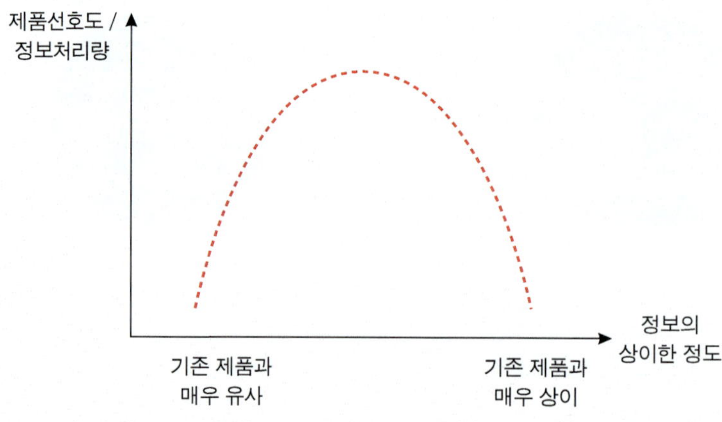

기 때문에, 그 과정에서 파생되는 부정적 감정으로 인해 제품에 대한 평가가 많이 낮아지고 호감도도 떨어진다.

따라서 소비자는 새로운 정보가 자신의 스키마와 중간정도의 불일치한 정보에 대해서는 처리동기가 발생하여 최소의 노력으로 정보를 처리하고자, 기존의 지식 안에서 새로운 정보를 범주화해서 처리를 하게 된다는 것이다. 이러한 정보처리과정에서 불일치 해소를 위한 숙고 가능성이 높아지고, 이를 통해 기존 스키마와의 불일치가 해소되면, 숙고과정에서 파생된 긍정적인 감정이 소비자의 제품에 대한 평가를 더 호의적으로 만들어 제품선호도가 높아질 수 있다.

스키마 플러스 테그모델을 이용하여 마케터는 자사의 신규브랜드가 기존제품과 적절히 다른 특성을 가지고 있는 경우에, 제품범주 내에서 다른 브랜드들과 차별화된 제품속성으로 차별적 포지셔닝전략(differentiated positioning strategy)을 모색해 볼 필요가 있다. 차별적 포지셔닝을 하기 위해서는 제품범주 내에서 다른 브랜드들과 중요한 속성이나 제품특성들을 공유하면서, 차별화되거나 구별되는 신규브랜드의 속성이나 제품특성들을 위주로 우월하게 포지셔닝하는 것이다. 즉 신규브랜드가 기존제품과 다른 독특한 특성이나 속성들을 가지고 있는 경우에, 기존 제품범주 내에서 다른 브랜드들과 차별화된 제품으로 포지셔닝하는 것으로 시장의 선도브랜드가 많이 활용하는 방법이다.

차별적 포지셔닝의 장점은 더 넓은 시장을 대상으로 기존 브랜드를 대체할 수 있는 장점이 있지만, 스키마 플러스 테그모델에서 말하고 있는 것처럼 독특한 꼬리표로 형성된 신규브랜드의 두드러진 속성이나 제품특성은 시간이 지나면서 약화되기 때문에 기존 스키마에 흡수되지 않고 차별성을 지속적으로 유지하기 위한 마케팅커뮤니케이션 전략이 필요하다. 또한, 또 다른 신규브랜드도 자신만의 독특한 꼬리표를 만들어 시장에 진입하기 때문에 지속적으로 차별성을 확보하는데 한계가 있다는 단점이 있다.

따라서 차별적 포지셔닝전략은 복잡한 제품범주 안에서 신규브랜드의 시장 내 수용을 촉진시키기 위한 경우에 효과적이며, 시장을 계속적으로 지배하기 원하는 선도브랜드에 적합하다. 그리고 시장의 소비자들은 1능 제품을 사고 싶어하는 소비자들도 많지만, 그렇지 않은 소비자들도 많기 때문에 그런 소비자들을 타겟으로 하는 정반대의 법칙(The Law of the Opposite)과 유사하다고 할 수 있다.

② 조정과정

조정과정(accommodation process)은 신규브랜드의 속성정보가 기존 스키마와 매우 불일치(strongly discrepant)가 발생한 경우에 나타난다. 일반적으로 스키마는 새로운 정보로 인해 원래 형태를 변화시키는 것에 강력하게 저항하는 특성이 있다. 그래서 [그림 8-5]와 같이, 기존 스키마와 매우 불일치한 정보가 들어오면, 기존 스키마는 조정과정을 통해 불일치한 정보를 받아들이기 위한 하위범주를 만드는데, 이러한 과정을 '서브타이핑 모델(Subtyping Model)'이라고 한다. 즉 기존의 제품범주를 세분화해서 더 하위범주의 개념으로 구체화시켜 대표성을 갖는 전략을 의미한다. 예를 들면, 비비고는 만두시장에서 왕교자 하위범주를 창출함으로써 현재 가정간편식(HMR) 제품범주 전체를 아우르는 패밀리 브랜드로 성장했으며, 불닭볶음면도 마찬가지로 라면시장에서 매운볶음면 하위범주를 창출했고, 꼬꼬면은 하얀국물 하위범주를 창출해 현재의 시장지위를 얻었다. 이렇게 서브타이핑을 통해 만들어진 하위범주는 기존의 제품범주 내의 다른 브랜드와 공유되는 특성은 적지만, 기존 제품범주 내의 다른 브랜드와 구별되는 정보는 많다는 특성이 있다.

따라서 새로운 범주 혹은 서브타이핑 존(subtyping zone)을 만들기 때문에 광고방식 자체가 제품의 속성이나 특성을 교육하는 내용의 광고를 많이 하게 된다. 기존의 스키마와 너무 다르기 때문에 제품의 속성이나 특성을 알리기 위한 것이 주된 광고 목적이기 때문이다.

이러한 신규브랜드가 기존 제품과 매우 다른 특성을 갖고 있는 경우에, 마케터는 서브타이핑 모델을 이용하여 신규브랜드를 기존 제품범주와 구별되는 하위(니치)시장으로 하는 서브타이핑 포지셔닝전략(subtyping positioning strategy)을 모색해 볼 필요가 있다. 즉 기존의 제품범주에 있는 시장을 이원화하여 새로운 하위 제품 범주의 시장에서 선도자가 되는 것이 서브타이핑 포지셔닝전략인데, 주로 후발브랜드가 흔히 사용하는 방법이다.[9)]

서브타이핑 포지셔닝전략은 비비고, 불닭볶음면, 꼬꼬면 등과 같이 후발브랜드가 하위범주에서 자신만의 영역을 만드는 방법으로 많이 이용되지만, 선도브랜드를 재포지셔닝하는 방법으로도 많이 활용된다. 예를 들면, 타이레놀은 순한 두통약이라고 서브타이핑 포지셔닝하면서 기존의 선도브랜드인 아스피린을 독한 두통약으로 재포지셔닝하였으며, 천연조미료로 서브타이핑 포지셔닝한 다시다는 선도브랜드였던 미원을 인공조미료로 재포지셔닝하여 성공을 거두었다.

서브타이핑 포지셔닝전략을 효과적으로 하기 위해서는 신규브랜드의 차별적 속성이나 제품특성을 더욱 강력하게 소비자에게 인식시킴으로써, 신규브랜드만의 고유한 세분시장을 형성하도록 하면 된다. 서브타이핑 포지셔닝전략은 일단 하위(니치)시장을 형성하게 되면, 경쟁적

표 8-1 차별적 포지셔닝전략과 서브타이핑 포지셔닝전략

	차별적 포지셔닝전략	서브타이핑 포지셔닝전략
정보처리 모델	스키마 플러스 태그모델 (Schema Plus Tag Model)	서브타이핑 모델(Subtyping Model)
개 념	제품범주 내 다른 브랜드와 차별화된 제품으로 포지셔닝	제품범주와 구별되는 하위(니치)시장을 형성할 수 있는 제품으로 포지셔닝
방 법	제품범주 내의 다른 브랜드들과 중요한 속성 또는 제품특징을 공유하고 구별되는 속성에서 우월하게 포지셔닝함	차별적인 속성을 더욱 강력하게 포지셔닝함으로써 전체시장 내 브랜드 포지션에서 떨어진 고유한 하위(니치)시장을 형성함
장 점	넓은 시장형성 가능	경쟁적 위치를 잘 방어할 수 있음
단 점	지속적인 차별화가 어려움	고유한 하위(니치)시장 형성이 어려움
적합한 상황	• 복잡한 제품범주 내 신규브랜드의 수용을 촉진시키고자 하는 경우 • 지속적인 신제품개발로 시장지배력을 유지하려는 선도브랜드	• 다양성을 추구하는 소비자(variety seeking consumer)가 많은 경우 • 새로운 시장개척을 통해 시장을 바꾸려는 후발브랜드
유사개념	정반대의 법칙(The Law of the Opposite)	영역의 법칙(The Law of the Category)

자료원 : Mita Sujan and James R. Bettman(1989), "The Effects of Brand Positioning Strategies Strategies on Consumers' Brand and Category Perceptions: Some Insights from Schema Research, 26(4), pp.454-467.

위치를 방어하기 용이하다는 장점이 있다. 다만 서브타이핑 포지셔닝전략을 통해 자신만의 하위(니치)시장을 형성하지 못하는 경우에는 기존 제품범주에도 포함되지 못한 채 소비자의 인식에서 빠르게 사라져 버린다는 단점이 있다. 서브타이핑 포지셔닝전략은 다양성을 추구하는 소비자들이 많은 경우에 효과적이며, 선도브랜드가 만들어 놓은 틀을 깨고자 하는 후발브랜드에 적합하다. 그리고 기존의 제품범주에서 2등하는 것보다는 최초로 뛰어들 새 영역을 개척하는 전략을 추구하는 영역의 법칙(The Law of the Category)과 유사하다. 예를 들면, Apple iPhone이 차지하고 있는 iOS 운영체계 시장과 달리, 삼성갤럭시는 서브타이핑 포지셔닝을 통해 Android 운영체계로 하위(니치)시장에서 1등을 하고 있는 것처럼 어떤 점이 더 나은가 보다는 어떤 영역에서 최초인가를 추구하는 전략이다.

2. 스크립트

스크립트란 제품이나 서비스와 관련된 지식을 유기적인 일련의 과정으로 묘사한 특수한 형태의 스키마를 말한다. 이는 소비자의 장기기억 속에 저장되어 있는 일종의 절차적 지식

(procedural knowledge)으로 형성된 연상네트워크라고 할 수 있다. 즉 특정 상황이나 정형화된 맥락에서 활동을 수행하기 위한 적절한 행동순서를 포함하는 지식을 의미한다. 예를 들면, 소비자들이 영화관람, 병원진료받기, 홈쇼핑에서 제품구매하기 등의 활동을 어떻게 수행하는지에 대한 일련의 과정은 자신의 기억 속에 저장되어 있는데, 이를 스크립트라고 한다. 그리고 소비자가 레스토랑에서 메뉴를 주문하고 식사를 마친 후에 식판 반납하기, 후식 주문하기, 계산하기 등에 관한 스크립트를 갖고 있는데, 이는 정형화된 맥락에서 적절한 행동을 수행할 수 있도록 한다.

이와 같이 소비자는 스크립트가 있는 경우에는 주어진 상황에서 효율적인 정보처리를 통해 적절한 행동을 신속하고 쉽게 수행할 수 있도록 해준다. 하지만 소비자가 처음으로 무언가를 해보는 경우에, 예를 들면, 에어비앤비(Airbnb)를 통해서 휴가여행지에서 숙소를 처음 빌려보는 일은 스크립트가 없기 때문에 쉽게 과업을 수행할 수가 없어서 다소 시행착오를 겪어면서 지연될 수 있다.

2.2 지식의 구조

장기기억 속에 저장된 제품이나 서비스와 관련된 정보나 소비자 지식은 연상원리(associative principle)에 따라 복잡한 구조의 연상네트워크 구조를 형성하고 있다. 연상네트워크는 하나의 개념이 활성화되면, 그 개념은 그와 연결된 다른 개념들을 연속적으로 활성화시켜 새로운 정보를 처리하는데 활용된다.

1. 연상네트워크 조직과 확산적 활성화

연상네트워크 조직과 관련된 대표적 이론인 네트워크 모델은 사람들이 특정 정보에 노출될 때, 그 정보는 이미 기억 속에 저장된 다른 개념들과 연상관계를 형성하며, 형성된 연상관계를 장기기억 속에 저장한다고 본다. 이때 기억된 정보는 연상네트워크(association network)의 형태로 저장되며, 여러 개의 기억된 개념들이 마디(node)의 형태로 기억단위를 형성하며, 개념들 간의 상호연관관계는 연결고리(link)로 구성된다.

따라서 네트워크 모델에서는 외부자극에 의해 새롭게 어떤 대상을 이해하는 것은 이와 관련된 마디들 간의 새로운 연상관계를 형성하는 과정이라고 할 수 있다.

그림 8-7 **Apple의 연상네트워크**

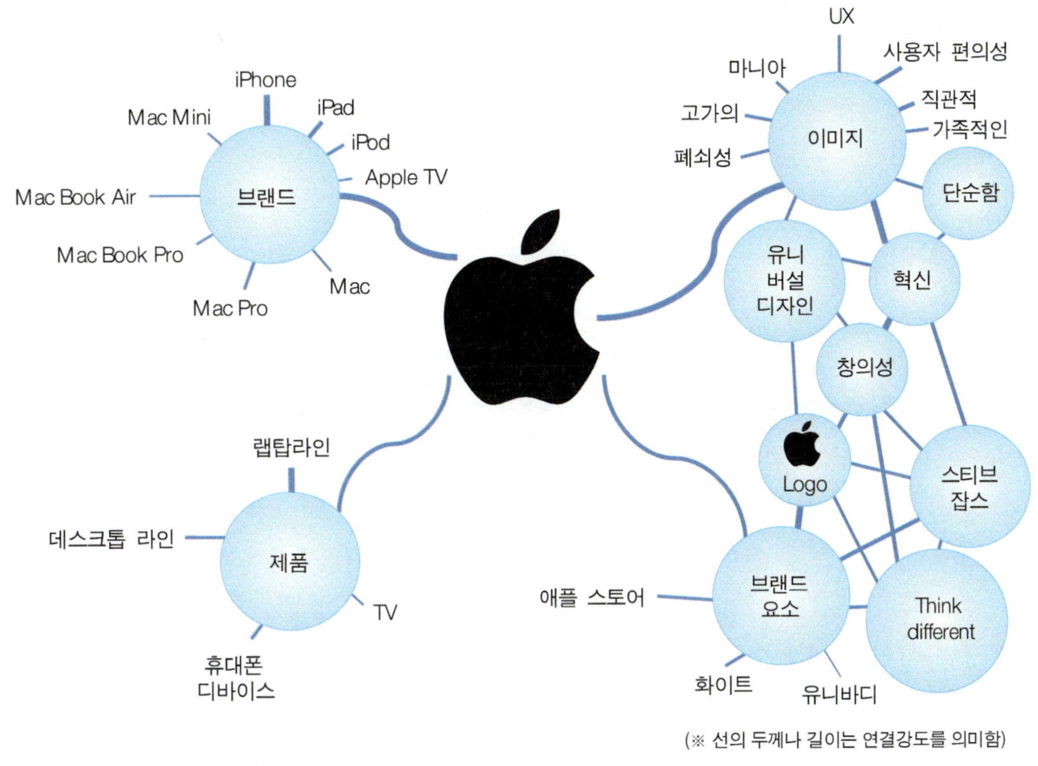

자료원 : 애플 코드와 씨드 : iDENTIFY, 유니타스브랜드, 시즌2.5/Vol.31, 2013.6(내용일부 수정함)

[그림 8-7]과 같이, 어떤 소비자의 장기기억 속에 저장된 Apple 브랜드의 연상네트워크로 이루어진 지식의 구조는 각각의 원이 Apple과 연관성을 가지고 있는 개념으로 네트워크 상에서 하나의 마디로 표현된다. 각각의 개념들은 연관관계를 형성하고 있으며, 그 관계는 각 개념들 간에 연결고리로 표현된다. 일반적으로 특정 개념들 간의 연관관계의 빈도가 높거나, 연관성의 강도가 높다면 연결고리의 길이가 짧고 굵게 표현한다. 예를 들어, 소비자의 단기기억에 iPhone14 Pro에 대한 정보가 새로 유입되어 장기기억으로 전환되면 장기기억 속에 이미 저장되어 있던 Apple 브랜드의 지식과 연계되고, 기존 iPod에 대한 정보와 강하게 연관되어 저장될 수 있다. 또한, Apple의 이미지의 개념이 활성화되면 이 개념과 강하게 연관된 혁신의 개념이, 그 다음으로 창의성 개념이 활성화되는 확산적 활성화 효과가 발생될 수 있다.

이와 같이 장기기억에 저장되어 있는 개념들은 서로 그물처럼 형성되어 있는 연상네트워크는 하나의 개념이 활성화되면, 그 개념은 그와 연결된 다른 개념들을 연속적으로 활성화시켜 새로운 정보를 처리하는데 활용된다. 이런 새로운 정보를 처리하기 위해서, 장기기억으로부터 단기기억으로 이전되어 어떤 개념이 활성화되는 것은 그 개념이 네트워크로 연결된 관련정보들 간의 활성화과정을 거치기 때문인데, 이를 확산적 활성화의 효과라고 한다. 확산적 활성화는 강하게 연결된 개념들 간에는 거의 무의식적으로 이루어지지만, 그렇지 않은 경우에는 많은 시간과 인지적 노력이 필요하다.

2. 프라이밍

소비자는 새로운 정보에 노출이 되었을 때, 이를 처리하기 위해서 장기기억에 저장되어 있는 연상네트워크 상에 있는 연상개념을 단기기억으로 이전시켜 활성화 과정을 거치게 된다. 이와 같이 먼저 제시된 사전정보(장기기억 속의 연상개념)가 그 다음에 제시된 정보(새로운 노출정보)를 처리하는데 영향을 주는 현상을 프라이밍(priming)이라고 한다. 그리고 소비자가 새로운 노출정보를 받아들이기 전에 특정된 사전정보를 회상하게 되면, 그 사전정보의 의미나 이미지가 자신의 의지와는 상관없이 새로운 노출정보에 대한 사고와 판단에 영향을 주는 것을 프라이밍 효과(Priming effect)라고 말한다. 예를 들면, 대형마트는 냉동만두, 수입육, 계절과일 등 신제품을 출시할 때 판촉행사로 시식이나 시음코너를 운영하는 경우가 많은데, 이런 판촉행사도 신제품 판매를 촉진하기 위한 프라이밍 효과를 활용한 것이다.

프라이밍 효과는 처음 얻은 사전정보가 한 제품에 대한 직접적인 평가를 하지는 않지만, 그것이 제품을 평가하는 해석에 영향을 주게 되어 평가에 간접적인 영향을 끼치게 된다. 또한 새롭게 노출된 어떤 정보단서가 그와 관련된 다른 사전정보들을 활성화시킬 때, 먼저 처리한 새롭게 노출된 정보단서를 프라이밍 자극물(priming stimulus)이라고 하고, 그 다음에 활성화된 정보는 타겟정보(target information)라 한다. 예를 들면, POP 디스플레이, 패키지, 전단지 등에 부착된 광고사진은 해당 브랜드의 광고내용을 연상시키는데 영향을 미치는 프라이밍 자극물로 작용할 수 있다.

소비자는 일반적으로 주변의 모든 사물이나 사람 등 대상물에 대해 같은 범주 내에서의 유사성에 따라 체계적이고 위계적으로 구조화된 범주화를 일으키며 장기기억 속에 저장을 하게 된다(사전정보). 이런 과정에서 새로운 정보(프라이밍 자극물)에 노출이 되면, 범주화를 시킨 장기기억 속의 사전정보와 비교하여 새로운 정보를 해석하고 평가(프라이밍)하게 된다.[10] 이때 새로운 정보가 장기기억 속의 사전정보와 일치하는 경우에는 긍정적 프라이밍이 발생하여 반응이 빨라지지만, 불일치하는 경우에는 부정적 프라이밍이 일어나 인지과정을 거치면서 반응이 늦어진다. 예를 들면, 편의점 CU는 대한제분의 곰표와 맥주제조사 세븐브로이가 협업해서 수제맥주인 '곰표밀맥주'를 유통업체 브랜드(PB: private brand)로 출시해서 3일만에 10만 개를 완판하고, 일주일 만에 30만 개를 돌파하는 등 큰 성공을 거두고 있다. 이 제품은 기존의 CASS 맥주나 TERRA 맥주들처럼 비슷한 맛과 풍미를 갖고 있지만, 유명 제조업체 브랜드(NB: national brand) 제품은 분명히 아니다. 하지만 '곰표밀맥주' 제품에 대한 특성들은 이미 유명 제조업체 브랜드 제품으로 경험을 한 적이 있고(사전정보), 그 맛과 풍미 등의 제품 특성들이 유사하다고 여겼을 때(새로운 정보), 소비자들은 유통업체 브랜드 제품이지만, 기존의 제조업체 브랜드 제품들처럼 좋게 평가(프라이밍)하여 구매를 하게 된다.

참고문헌

- 고민정 (2021), 소비자행동론, 생능
- 곽준식 (2008), 브랜드 런칭 : 스키마 접근법을 이용한 브랜드 포지셔닝, 시즌1/Vol.6, 유니타스브랜드.
- 우석봉(2007), 브랜드 심리학, 학지사
- 이학식, 안광호, 하영원, 석관호 (2020), 소비자행동, 집현재
- Alba, Joseph W. and J. Wesley Hutchinson (1987), "Dimensions of Consumer Expertise," Journal of Consumer Research, 13 (March), 411-454.
- Collins, Allan M. and Elizabeth F. Loftus (1975), "A Spreading-Activation Theory of Semantic Processing," Psychological Review, 82(6), 407-428.
- Craik, Fergus I. and Robert S. Lockhart (1972), "Levels of Processing: A Framework for Memory Research," Journal of verbal Learning and Verbal Behavior, 11(6), 671-684.
- Mita Sujan and James R. Bettman(1989), "The Effects of Brand Positioning Strategies Strategies on Consumers' Brand and Category Perceptions: Some Insights from Schema Research, 26(4), 454-467,
- Murdock, Bennet B., Jr. (1962), "The Serial Position Effect of Free Recall," Journal of Experimental Psychology, 64(5), 482-488.
- Neisser, Ulric (1967), Cognitive Psychology, Englewood Cliffs, NJ: Prentice-Hall.
- Tulving, E., & Schacter, D. L. (1990). Priming and human memory systems. Science, 247(4940), 301-306.

미주정리

1) Craik & Lockhart, 1972
2) Collins & Loftus, 1975
3) Neisser, 1967
4) https://lawsofux.com/millers-law/
5) Tulving & Schater, 1990
6) Alba & Hutchinson, 1987
7) 우석봉, 2007
8) 곽준식 (2008)
9) Mita & Bettman, 1989
10) http://www.sisunnews.co.kr, 2017

참고 URL 주소

- https://lawsofux.com/millers-law/
- http://www.sisunnews.co.kr/news/articleView.html?idxno=61482

CHAPTER

태도 I : 소비자의 신념과 태도

1. 소비자 신념
2. 소비자 태도

소비자의 마음을 캐치한 기아차의 슈퍼볼 광고

슈퍼볼만큼 인기 많은 하프타임쇼 & 광고들

바로 얼마 전인 2월 13일 2023년 미국 슈퍼볼 결승전이 끝났다. 미국 최대 행사 중 하나인 만큼 슈퍼볼을 통해서 한 해의 트렌드를 살펴볼 수 있다. 슈퍼볼만큼이나 유명한 건 경기사이에 진행되는 '하프타임쇼'이다. 누가 그 해의 하프타임쇼에 서는지, 어떤 퍼포먼스를 하는지 등이 최대의 관심사가 된다. 올해 하프타임쇼에는 2018년 이후로 공백기를 가졌던 리한나가 공연하기로 하면서, 전 세계적으로 엄청나게 주목을 받았다.

슈퍼볼이 이렇게 화제가 되는 만큼, '슈퍼볼 광고'도 미국에서 가장 비싸다고 한다. 2022년 슈퍼볼 광고는 역대 최대 가격을 갱신했다. 2022년 기준 슈퍼볼 중계에 붙는 광고비는 30초당 550만 달러로, 한화로는 약 65억에 달한다. 그래서 여기에 광고를 하는 건 주로 글로벌한 브랜드들이다. 그만큼 슈퍼볼 전용 광고를 공들여 제작하기 때문에, 여러 브랜드들이 슈퍼볼을 위해서 제작한 광고를 찾아보는 재미도 있다.

슈퍼볼 광고는 30초라는 시간적인 제약이 있다. 그렇기 때문에 짧지도 길지도 않은 스토리라인으로 이루어져 있다. 또 스펙타클한 풋볼경기의 앞뒤로 붙는 광고인만큼, 영화의 한 장면처럼 스케일이 큰 액션씬을 연출하거나 리드미컬한 편집을 활용한다.

◆ 기아차 텔루라이드 광고: Binky Dad

한국 브랜드 중에서는 기아차가 광고를 진행했다. 기아차는 2022년에도 순수 전기차 '기아 EV6' 광고를 로보독(Robo dog)이라는 제목의 슈퍼볼 광고를 냈다. 이 광고는 1분 10초 분량의 광고는 299달러로 판매 중인 로봇 강아지의 모습을 보여주는 것으로 시작된다. 로봇 강아지는 주인에게 사랑받고 있는 다른 개를 창밖으로 지켜보며 부러워한다. 그러던 중 EV6를 충전하는 남성을 발견하게 되고, 그에게 마음을 빼앗겨 매장을 탈출한다. 로봇 강아지는 복잡한 도심을 헤치며 EV6를 쫓아간다. 마침내 차량근처까지 도달한 로봇 강아지는 EV6를 향해 건물옥상에서 뛰어내린다. 하지만, 그 순간 배터리가 다 떨어져 전원이 방전된다. 강아지의 주인이 전기차를 충전하면서, 로보독의 배터리도 함께 충전하자 로봇 강아지는 다시 활기찬 모습으로 돌아온다. 그 후 강아지와 주인이 함께 드라이브를 즐기는 것으로 마무리된다.

이 광고는 스토리가 아주 직관적이다. 로봇 강아지라는 비유를 통해서 순수전기차 '기아 EV6'는 활기차

고, 귀여우며, 편리하게 충전된다는 인상을 준다. 기아는 전기차를 홍보하기 위해 이 광고를 만든 것이다.

올해는 기아가 미국에서 출시한 탈루라이드(Telluride X-Pro)를 홍보하기 위한 광고를 진행했다. 빙키대드(Binky Dad)라는 제목으로, 아이가 사용하는 공갈 젖꼭지(Binky)를 놓고 온 아빠가 기아 탈루라이드를 타고 빠른 속도로 질주해 공갈 젖꼭지를 찾아 돌아온다는 줄거리이다.

오래된 고전영화이지만, OST만큼은 모르는 사람이 없는 영화〈록키〉의 배경음악을 사용해서 더욱 생동감 있고 코믹한 느낌을 살렸다. 아이의 아빠는 산맥을 넘고, 공사판을 지나 심지어 슈퍼볼 경기장을 가로질러서 젖꼭지를 찾는데, 결말에서야 자신이 찾아온 공갈 젖꼭지가 잘못된 것이라는 걸 깨닫는다.

포브스에 따르면, 광고가 나온 이후에 car.com라는 미국의 유명 자동차 관련 웹사이트에서 기아의 트래픽이 230% 증가했다고 한다. 이 광고의 성공요인을 크게 두 가지로 꼽을 수 있다. 먼저 기아는 슈퍼볼 광고가 송출되기 이전부터 인스타그램을 통해 티저 사진을 공개하며, 신차광고에 대한 기대감을 불러일으켰다. 그리고 광고의 결말을 세 가지 버전으로 만들어서 틱톡으로 공개했다. 이렇게 마케팅에 공을 들인 만큼 광고에 대한 관심도가 올라갔으며, 긍정적인 결과를 낳았다.

두 번째로는 '가족'을 타겟으로 한 탈루라이드 모델을 홍보하기 위해서, 아이를 위해 무엇이든 하는 가정적이고, 이상적인 아버지를 주인공으로 삼았다. 아이의 아빠가 탈루라이드를 빠르게 몰며 험한 지형을 질주하는 모습을 통해서 탈루라이드의 튼튼함과 빠른 속도, 날렵한 디자인 등을 보여줬다. 그러다 보니 '가족을 위한 차' 그리고 '젊은 느낌의 튼튼한 차'라는 이미지를 둘 다 잡을 수 있었다.

• 자료원 : 마케팅연구소 소마코, 오토모빌 코리아, 2023년 2월 23일(내용일부 수정함)

소비자의 신념, 태도와 행동의 개념들은 서로 밀접하게 연결되어 있으며, 이런 개념들은 소비자행동을 이해하는 데 기반이 되는 가장 핵심적인 개념들로써, 그동안 소비자행동 연구에 있어서 중요한 연구주제가 되어 왔다. 특히 소비자의 태도 형성 및 변화는 소비자행동 분야의 어떤 다른 단일주제보다 더 많은 연구의 대상이 되었다.

사실 특정 제품이나 서비스, 브랜드 등의 속성별 평가나 전반적인 평가는 소비자에 따라 다를 수 있다. 즉 특정 제품이나 서비스, 브랜드에 대한 평가는 소비자마다 긍정적으로 할 수도 있고, 부정적으로 할 수도 있기 때문에, 그에 따른 신념, 태도와 행동도 달라질 수 있다는 것이다.

어떤 제품이나 서비스의 속성이나 전반적인 평가가 좋다는 신념이 있다면, 태도가 호의적으로 형성될 수 있으며, 태도가 호의적일수록 구매행동으로 이어질 가능성이 높다는 것이다. 예를 들면, 자동차와 같은 제품은 연비, 가속력, 실내 공간, 디자인, 배기량, 편의장치 등과 같은 물리적, 기능적 속성들이 신념이나 태도 형성에 영향을 미칠 수 있으며, 커피와 같은 제품들은 향, 맛, 브랜드, 분위기 등과 같은 물리적, 감성적 속성들이 신념이나 태도 형성에 영향을 미칠 수 있다. 이와 같이 제품이나 소비자의 특성에 따라 신념이나 태도에 영향을 미치는 속성이나 전반적인 평가가 다르기 때문에, 신념, 태도와 행동의 형성과 변화에 영향을 미치는 요인들을 이해하는 것은 마케터에게 가장 중요한 소비자행동 개념들이다.

따라서 본 장에서는 소비자의 신념, 태도와 행동 간의 상호관련성에 대해 살펴보고, 그런 지식이 어떻게 마케터에게 도움을 줄 수 있는지에 대해 논의하려고 한다.

1 소비자 신념

1.1 소비자 신념의 개념

소비자 신념(consumer belief)은 소비자가 제품이나 서비스 등의 대상물과, 그의 속성이나 혜택 간의 관계에 대해 가지는 인지적 지식(cognitive knowledge)을 의미한다.

대상물(objects)은 소비자가 신념이나 태도를 가지는 제품이나 서비스, 사람, 기업, 사물 등

그림 9-1 대상물, 속성, 혜택 간의 신념 형성

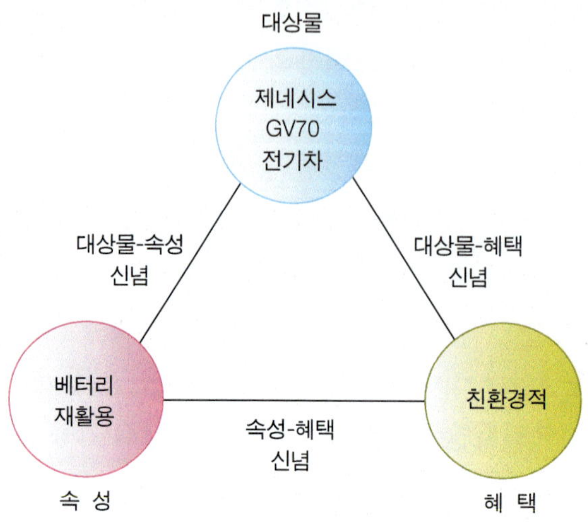

이 될 수 있다. 속성(attributes)은 어떤 대상물이 가질 수도 있고, 가지지 않을 수도 있는 특성이나 기능을 말하며, 혜택(benefits)은 속성이 소비자에게 제공할 수 있는 긍정적인 결과들이다.

마케터는 대상물, 속성, 혜택 등에 관한 신념이 소비자의 지각을 나타낸다는 것을 인식해야 하며, 신념은 소비자마다 각기 다를 수 있다. 그리고 표적시장의 소비자가 특정 브랜드에 대해 가지고 있는 신념은 해당 브랜드 관리자의 신념과도 상당히 다를 수 있다. 따라서 마케터는 자사제품이나 브랜드에 대한 소비자 신념을 어떻게 인식시키고 마케팅전략에 활용할 것인지에 대한 노력을 해야 할 것이다.

소비자 신념은 [그림 9-1]과 같이, 대상물, 속성과 혜택 등을 연결하는 관계에서, 대상물-속성 신념, 속성-혜택 신념, 대상물-혜택 신념 등의 신념들이 형성된다. 이러한 신념들은 인지적 학습의 결과이며, 소비자가 대상물, 속성과 혜택 간에 형성되는 연상을 나타낸다.[1)]

1. 대상물-속성 신념

어떤 대상물이 특정 속성을 가지고 있다는 지식을 대상물-속성 신념이라고 한다. 예를 들면, '제네시스 GV70 전기차는 안전하고 편의기능이 뛰어나다'라는 신념은 '제네시스 GV70 전기차'라는 대상물과 '안전하고 편의기능이 뛰어나다'라는 속성과 연결시키는 것이다. 유사

광고 9-1 **제네시스 GV70 전기차 광고**

하게, 제네시스 GV70 전기차의 속성은 베터리 충전을 통해 재활용 가능하다는 신념이 있다.

이와 같이 대상물-속성 신념은 제품이나 서비스, 사람 등과 같은 대상물에 속성을 연결한 것을 의미한다. 대상물-속성 신념을 통해 소비자는 다양한 속성 측면에서 대상물에 대해 알고 있는 것을 정의하게 된다. 그래서 대상물-속성 신념은 일반적으로 기업의 광고촉진에 따라 속성에 대한 소비자 평가가 다를 수 있다.

대상물-속성 신념은 광고촉진 활동으로 인해 후광효과(halo effect)가 발생이 되어 속성에 대한 평가가 잘못 지각될 수도 있다. 후광효과는 제품의 어떤 한 속성이 좋거나 나쁘다고 생각하면, 다른 속성에 대해서도 마찬가지로 좋거나 나쁘다고 추측하는 것을 의미한다. 이런 후광효과는 브랜드의 명성이 높은 경우에는 더 크게 나타나기 때문에 유명 브랜드의 기능적인 속성이나 품질 등에 대해 실제보다 더 높게 평가하는 경향이 있다.

2. 속성-혜택 신념

소비자는 문제를 해결하고 결핍된 욕구를 충족하기 위해서 제품이나 서비스를 추구하게 된다. 그래서 소비자가 추구하는 속성들은 문제를 해결하고 욕구를 충족시켜 줄 수 있다고 인식할 수 있는 혜택들을 제공하는 것들이다. 예를 들면, 〈표 9-1〉과 같이 자동차의 경우에는 일반적인 속성과 혜택 간의 관계를 나타내 주고 있다. 이와 같이 속성-혜택 신념은 특정 속성이 특정 혜택을 가져오거나 제공하는 정도에 대한 소비자의 지각을 의미한다. 따라서 '제네시스 GV70 전기차'의 경우는 배터리 충전을 통해 재활용이 되거나, 친환경 가죽시트를 사용한다는 제품의 속성은 친환경의 혜택을 제공하는 것으로 지각할 수 있다.

표 9-1 자동차의 일반적 속성과 혜택

속 성	혜 택
급가속	머리가 뒤로 제쳐지도록 스릴감을 줌
뛰어난 핸들링	구불구불한 도로를 더 신속하게 운전할 수 있음
작은 사이즈	연비효율 향상
좋은 연비	경비절감
낮은 고장수리 빈도	비용과 시간절약

3. 대상물-혜택 신념

신념의 세 번째 유형은 대상물과 혜택에 의해 형성되는 것이다. 그래서 대상물-혜택 신념은 특정 제품이나 서비스, 사람 등이 특정 혜택으로 이어지는 정도에 대한 소비자의 지각이라고 할 수 있다.

따라서 대상물-혜택 신념은 소비자가 '제네시스 GV70 전기차'를 친환경적인 자동차로써 환경에 도움을 줄 것이라고 지각하는 것을 의미한다.

이와 같이 제품이나 서비스와 같은 대상물이나 그의 속성, 혜택 등에 대해 부여하는 신념이나 그 중요성은 소비자 개인마다 다르다. 따라서 마케터는 표적시장의 소비자가 중요하게 생각하는 속성이나 혜택 등을 찾아내고, 이를 제품개발 단계에서부터 적극적으로 반영할 뿐만 아니라, 마케팅 커뮤니케이션 전략을 통해서 소비자 신념 형성에 영향을 미칠 수 있는 속성이나 혜택 등을 부각시키는 노력이 필요하다.

또한, 신념은 정보획득방법에 따라 서술적 신념, 추론적 신념, 정보적 신념 등으로 구분할 수 있다.[2)]

첫째, 서술적 신념(descriptive belief)은 소비자가 직접적으로 개인적인 경험을 토대로 형성된 대상물과 속성 간의 연결로 형성될 수 있다. '제네시스 GV70 전기차는 승차감이 좋고 편안하다'라는 생각은 자동차를 직접 탑승해보고 갖게 되는 신념이다. 이런 서술적 신념은 소비자가 직접 경험한 것을 토대로 지각을 구성하고 있기 때문에, 서술적 신념을 토대로 형성된 태도는 변화시키기 어려우며, 그 대상물에 관한 행동과도 관련성이 높을 수 있다.[3)]

둘째, 추론적 신념(inferential belief)은 대상물과 속성 간의 연결관계에 대한 추론으로 형성된다. 흔히 소비자들은 가격과 품질 간의 추론을 통해서, '가격이 비싼 제품은 품질이 좋을 것이다'라고 생각한다. 마찬가지로 브랜드와 품질 간에 추론을 통해서, 소비자가 브랜드와 제품속성, 혜택, 행동 등과 상관관계로부터 형성된 신념으로 제품의 성능과 품질에 대해 추론하는 것을 의미한다. 예를 들면, 소비자가 벤츠자동차는 고품질, 고급스러움이라는 추상적 개념과의 연관성을 사전에 학습했다면, 그 상관관계로부터 벤츠자동차는 고품질이며, 높은 사회적 지위를 나타낼 수 있다고 추론할 수 있다. 이러한 추론을 통해서 소비자는 신념을 형성할 수 있다.

셋째, 정보적 신념(informational belief)은 광고 등과 같은 외부 정보원에서 제공되는 정보를 통해서 획득하게 된다. 소비자가 '제네시스 GV70 전기차는 1회 충전으로 최대 400Km를 달릴 수 있다'라는 광고에 노출되고, 이 정보를 수용하게 되면 정보적 신념이 형성된다. 광고와 같이 외부 정보원에 노출된 모든 정보내용이 정보적 신념으로 형성되는 것은 아니고, 소비자가 수용하는 경우에만 정보적 신념으로 형성된다. 하지만, 소비자가 노출된 광고메시지 내용의 수용여부와 상관없이 서술적 신념을 형성할 수도 있는데, 이런 서술적 신념은 2차 서술적 신념이라고 한다. 정보적 신념은 그 신념의 정보가 사실일 때, 브랜드 태도에도 영향을 미칠 수 있으며, 소비자의 욕구와 필요에 관련성이 높은 현저한 속성(salient attribute)들일 때 극대화될 수 있다.[4)]

1.2 현저한 신념

신념은 앞서 살펴본 정보획득방법에 따른 분류와 달리, 신념체계는 기억 내에 저장된 여러 가지 의미들을 연결하는 연상네트워크로 구성된다.[5] 이런 연상네트워크 상에서 신념들은 마디(node)들로 구성되는데, 소비자의 기억용량은 제한적이기 때문에 한 번에 의식적으로 활성화되어 검토되는 신념은 몇 개에 불과할 정도로 제한적이다. 이렇게 소비자의 기억 속에서 활성화되어 검토되는 신념은 두드러지게 현저한 신념(salient belief)이라고 한다. 이는 특정 시

광고 9-2 TERRA 광고

그림 9-2 TERRA 브랜드의 신념과 태도

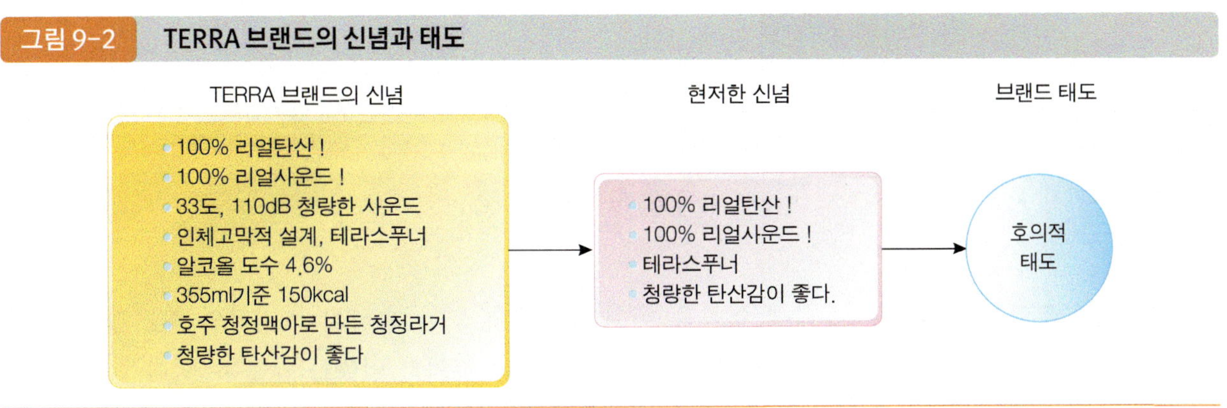

점이나 특정 상황에서 활성화되는 신념들로 소비자의 대상물에 대한 태도 형성에도 영향을 미칠 수 있다. 즉 현저한 신념은 소비자가 제품에 대한 태도를 형성할 때, 많은 제품속성에 대한 신념들 중에서 상대적으로 먼저 떠오르는 일부 신념들을 말하며, 이들을 토대로 태도를 형성한다는 것이다.[6] 예를 들면, [그림 9-2]의 TERRA 브랜드의 신념과 태도에서처럼, '100% 리얼탄산,' '알코올 도수 4.6%,' '355ml기준 150kcal' 등 많은 제품속성에 대한 신념들 중에서 '100% 리얼탄산,' '100% 리얼사운드,' '청량한 탄산감이 좋다' 등 일부 현저한 신념들이 태도형성에 영향을 미쳐서 TERRA 브랜드의 호의적인 태도가 형성된다.

1.3 속성의 중요도

속성은 소비자에 따라 그 중요성이 크게 다를 수 있다. 속성의 중요도(attribute importance)는 특정 유형의 제품 또는 서비스에 대한 속성의 중요성에 대한 소비자 개인의 일반적인 평가로 정의될 수 있다.

정보처리과정 관점에서 볼 때, 속성의 중요도는 특정 속성에 대해 어느 정도 주의집중하느냐에 따라 직접적으로 영향을 받는다고 한다. 따라서 소비자가 어떤 특정 속성에 더 많은 주의를 기울일수록 그 속성이 더 중요해질 수 있다. 일반적으로 [그림 9-3]과 같이, 속성의 중요도에 영향을 미치는 요인들로는 메시지 수신자의 특성, 광고의 특성, 수신자의 반응기회에 영향을 미치는 요인 등이 있다.[7]

첫째, 메시지 수신자의 특성은 주의에 영향을 미칠 수 있다. 소비자의 문화적 규범과 가치

그림 9-3 TERRA 브랜드의 신념과 태도

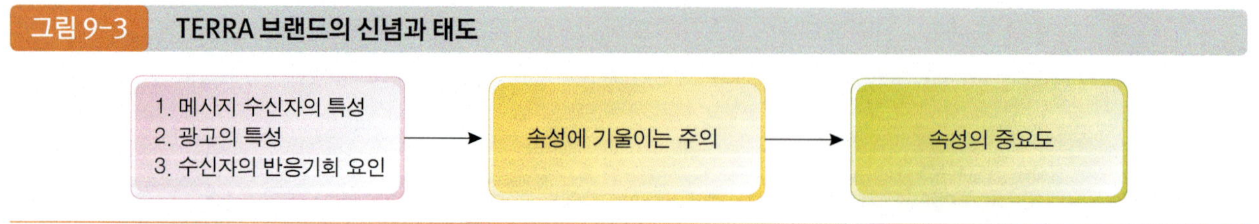

관은 주의를 기울이는 방식에 영향을 미칠 수 있다. 또한 속성이 소비자의 자기개념(self-consept)에 얼마나 밀접하게 연결되어 있는지에 따라 주의가 영향을 받을 수 있다.

따라서 만약 소비자가 환경친화적이라는 자기개념을 갖고 있다면, '제네시스 GV70 전기차'의 배터리 재활용 속성에 더 많은 주의를 기울일 수 있다.

둘째, 광고의 특성도 속성에 주의를 기울이는데 영향을 미치는 요인일 수 있다. 속성에 소비자의 주의를 끌고, 인지능력을 할당하게끔 영향을 미치는 광고는 지각된 속성의 중요도 증가를 초래할 수 있다. 매우 구체적이고 생생한 속성과 관련된 광고카피는 속성에 주의를 집중시키고, 지각된 중요도를 증가시킬 수 있다. 예를 들면, [광고 9-2] TERRA 광고에서 '100% 리얼탄산,' '100% 리얼사운드,' '33도 110dB 인체고막적 설계,' '테라스푸너' 등의 생생하고 위트있는 광고카피 등은 소비자의 주의를 집중시킬 수 있다.

셋째, 메시지 수신자의 반응기회 요인은 주의에 영향을 미칠 수 있다. 반응기회 요인은 속성에 대한 정보를 어느 정도로 처리해야 하는지를 결정하는 요인이다. 속성에 관한 정보가 반복되고, 소비자가 속성에 관한 정보를 처리하는데 산만하지 않는 경우에 반응기회는 증가할 수 있다.

따라서 마케터는 표적시장의 소비자가 특정 제품이나 서비스의 속성에 할당하는 상대적인 중요도를 파악하는 것은 매우 중요한 일이라고 할 수 있다. 제품의 속성에 따라 중장년층의 세분시장에서는 속성의 중요도가 높지만, MZ세대의 세분시장에서는 그 속성의 중요도가 낮거나 거의 없을 수도 있다. 예를 들면, '제네시스 GV70 전기차'의 배터리 충전속성이 친환경적인 가치관을 지닌 소비자에게는 중요도가 매우 높지만, 그렇지 않은 소비자에게는 그 속성의 중요도가 낮거나 거의 없을 수도 있다. 이런 소비자에게는 오히려 배터리 충전의 속성보다도 연비와 같은 경제적인 속성의 중요도가 더 높을 수도 있다.

또한 마케터는 광고캠페인 전략에서도 자사의 제품속성들 중에서 어떤 속성을 부각시켜서 소비자의 주의를 끌 것인지를 광고크리에이티브 제작단계에서도 고려해야 할 것이다.

2 소비자 태도

소비자 태도는 관여도와 함께 소비자행동을 이해하는데 기반이 되는 가장 핵심적인 개념의 하나로써, 그동안 소비자행동 연구에서 중요한 연구주제가 되어 왔다.

소비자가 제품이나 서비스의 속성들에 대해 가지는 신념에 따라, 소비자 태도와 행동에 영향을 미칠 수 있다. 예를 들면, 스위스의 초고가 명품시계 브랜드 파텍필립(Patek Philippe)은 1년에 5만~6만 개 정도의 한정 생산량으로 세계 부유층 소비자를 대상으로 구매이력과 라이프스타일을 살펴보고, 파텍필립의 가치를 이해할 만한지를 판단해서 판매한다. 그리고 '당

광고 9-3 **파텍필립 광고**

신은 파텍필립을 소유한 것이 아니다. 다음 세대를 위해 잠시 맡아두고 있을 뿐이다'란 광고 카피는 세월이 지날수록 가치를 더해 가는 제품을 만들어 내겠다는 파텍필립이 나아갈 브랜드 가치의 지향점을 나타내 준다. 그래서 소비자는 아마도 파텍필립 브랜드와 명품, 럭셔리, 전통, 성공, 희소성 등의 개념들과의 연상관계를 토대로 브랜드에 대한 신념을 갖고 있을 것이다. 즉 소비자는 파텍필립 시계가 '초고가의 명품이다,' '성공을 상징한다,' '희소성이 높은 가치가 있다' 등의 신념을 가질 수 있다. 이러한 신념은 소비자의 태도(파텍필립 브랜드나 스타일을 좋아하는지)와 행동(파텍필립 매장을 방문해서 구매할 것인지)에 영향을 미칠 수 있다. 그 이후에 소비자의 태도는 대상물의 기능적 특성(시계의 정확성)이나 정서적 특성(명품브랜드 소유함으로써 갖게 되는 자부심)에 기반한다.

따라서 마케터는 소비자로 하여금 새로운 신념과 연상관계를 통해서 호의적인 브랜드 태도를 구축하고 구매의사결정을 하는 방법을 고려해야 한다.

2.1 소비자 태도의 개념

소비자 태도(consumer attitude)는 소비자가 제품이나 브랜드, 혹은 가격, 디자인, 원산지 등과 같은 특정 대상에 대해 일관성 있게 호의적/비호의적, 긍정적/부정적으로 반응을 나타내려는 학습된 심리적 경향(psychological tendency)으로 정의할 수 있다. 즉 소비자 태도는 소비자가 특정 대상에 대해 내리는 주관적 판단이 반영된 전반적인 평가라 할 수 있다.

브랜드에 대한 전반적인 평가를 의미하는 브랜드 태도(brand attitude)는 소비자가 일관성 있게 호의적 혹은 비호의적으로 브랜드를 평가하려는 경향이라고 할 수 있다. 이런 브랜드 태도는 제품이나 서비스의 구매행동이나 브랜드의 지속적인 성공여부에도 영향을 미치는 중요한 변수가 될 수 있다. 따라서 마케터는 자사의 제품이나 서비스, 브랜드에 대한 호의적인 태도가 형성되고 유지할 수 있도록 노력해야 할 것이다.

1. 태도란 무엇인가?

소비자 신념은 소비자가 제품이나 서비스 등의 대상물과, 그의 속성이나 혜택 간의 관계에 대해 가지는 인지적 지식(cognitive knowledge)을 의미한다. 반면에 소비자 태도는 소비자가 어떤 대상물이나 속성, 혜택 등에 대해 가지는 느낌(feelings)이나 감정적 반응(affective responses)이라고 할 수 있다.

소비자 태도는 어떤 대상물이나 속성, 혜택 등에 대하여 특정한 기간 동안에 지속되며, 주어진 상황 하에서 소비자의 경험이나 학습을 통하여 형성되는 내적감정이라고 할 수 있다. 이런 특정 대상에 대한 긍정적 혹은 부정적인 감정의 정도를 나타내고, 경험이나 외부정보 등에 의하여 형성되거나 변화된다. 그래서 태도를 조사할 경우에는 직접 관찰하기 어렵기 때문에 질문이나 행동으로부터 추론할 수 있다.

다음은 소비자가 콜라, 사이다 등의 탄산음료에 들어가는 다량의 설탕, 인산과 벤조산칼륨 같은 보존제, 황색5호와 적색40호 및 청색1호와 같은 다량의 인공색소 등의 식품첨가물에 대한 태도 형성 과정을 살펴보기로 하자.

우선, 인공식품 첨가물에 대한 소비자 태도는 TV, 신문, 잡지 등 외부 정보원천에서 제공된 각종 정보에 대한 인지적 학습(cognitive learning)을 통해 부정적 생각이 들었거나, 건강관

광고 9-4 코카콜라의 '리얼매직'편

련 각종 방송프로그램에서 인공첨가물이 암이나 당뇨병, 천식, 비만 등 건강에 미치는 유해성 장면을 시청하고 느낀 부정적인 감성적 경험(affective experience), 혹은 운동 후에 갈증이 난 경우에 탄산음료보다는 생수를 마시거나, 패스트푸드점에서 햄버거와 아메리카노 커피를 주문하는 소비자 자신의 행동적 지각(behavioral perceptions)에 의해 영향을 받게 된다.

이와 같이 소비자는 자신의 지각 속에 인공첨가물이 들어간 탄산음료에 대해서 얼마만큼의 비호의적인 태도를 갖고 있는지를 다양한 반응을 통해 나타내고 있다. 즉 소비자는 인공첨가물에 대한 인지적 학습을 통한 부정적인 생각(인지반응)과 유해성 장면을 시청한 후의 부정적으로 느낀 감정적 경험(감성반응), 그리고 탄산음료보다는 생수나 아메리카노 커피를 주문하는 구매회피(행동반응) 등과 같이, 관찰가능한 다양한 반응들을 외부로 표출하게 된다.

따라서 마케터는 이러한 소비자의 인지적, 감성적, 행동적 반응들로부터 소비자의 지각 속에 형성된 인공첨가물이 들어간 탄산음료에 대한 태도는 부정적일 것이라 추론하게 된다. 그리고 소비자는 탄산음료에 대한 자신의 부정적인 태도를 학습하여 장기기억 속에 저장하고 적어도 일정기간 동안은 지속적으로 태도를 유지하게 된다.

2. 소비자 태도의 특성과 기능

(1) 태도의 특성

소비자 태도는 소비자가 특정 대상물에 대한 호의적 또는 비호의적으로 전반적인 평가를 통해 그 대상물을 판단하고 반응하는 경향이다. 태도에는 다음과 같은 몇 가지 중요한 특성을 갖고 있는데, 이들은 소비자의 태도와 행동을 이해하는데 중요하다고 할 수 있다.

첫째, 소비자 태도는 반드시 소비자가 평가할 수 있는 실체가 있는 어떤 대상물(objects)과 관련이 있다. 소비자 태도의 대상물에는 기업, 제품이나 서비스뿐만 아니라, 브랜드, 가격, 원산지 등 제품이나 서비스와 관련된 속성들이 있으며, 광고, 판매촉진, 유통 등의 마케팅믹스 활동도 포함된다.

어떤 대상물에 대한 소비자 태도는 또 다른 대상물의 태도에도 영향을 미칠 수 있다. 예를 들면, 어떤 기업에 대한 소비자 태도는 그 기업의 제품이나 서비스에 대한 태도에 영향을 미칠 수 있으며, 광고에 대한 소비자 태도는 특정 브랜드 광고에 대한 평가를 의미하기 때문에, 그 브랜드에 대한 태도에도 영향을 미칠 수 있다. 또한 특정 브랜드에 대한 소비자 태도는 그 브랜드 구매에 가장 영향을 많이 미칠 수도 있다.

둘째, 소비자 태도는 일관성이 있으며 지속적이다. 소비자가 어떤 대상물에 대해 가지는 태도는 일시적인 것이 아니라, 일관성 있고 지속적으로 유지될 수 있는 것이다. 물론 태도가 영구적으로 변하지 않는다는 의미는 아니며, 상황에 따라 변할 수도 있다. 일관성이 있다는 것은 소비자의 태도와 행동이 부합된다는 의미이다. 예를 들면, 어떤 소비자가 평소에 친환경적인 전기차를 너무 좋아한다고 할 때, 차후에 자동차를 구매하는 경우에 전기차를 구매할 것이라는 예측이 가능하다. 반면에 전기차가 상대적으로 화재위험이 높다는 부정적인 신념을 갖고 있는 소비자는 내연기관차를 좋아해서 그의 태도와 일치하는 내연기관차를 구매할 것이다.

셋째, 소비자 태도는 심리적 경향(psychological tendency)이다. 심리적 경향은 소비자가 태도 대상물에 대해 호의적/비호의적, 긍정적/부정적으로 반응을 하게 하는 일종의 심리적인 편향(bias)으로써, 개인적 성향(disposition)이나 선유경향(predisposition)이라고도 불린다. 이러한 심리적 경향에 의해 소비자는 일반적으로 자신의 태도와 일치하는 방향으로 의식적, 혹은 무의식적으로 반응을 한다. 따라서 마케터는 소비자의 호의적/비호의적, 긍정적/부정적인 반응, 즉 소비자 태도를 통해 향후의 행동을 예측할 수 있다.

넷째, 소비자 태도는 선천적으로 타고난 것이 아니라, 태도 대상물에 대한 소비자의 인지적 학습, 감성적 경험, 과거 행동들에 대한 지각을 통해 영향을 받으며, 이것을 학습된 선유경향(learned predisposition), 혹은 후천적으로 습득한 행동성향(acquired behavioral disposition)으로 부른다. 즉 소비자 태도는 가족이나 준거집단, 뉴스나 광고매체 등으로부터 나온 정보, 개인적 경험, 개성 등에 의해 영향을 받으며 학습을 통해 형성된다.

따라서 소비자 태도는 학습에 의해 변할 수도 있다. 소비자는 특정 제품이나 서비스, 브랜드 등에 대한 새로운 정보를 접하게 되면, 기존의 태도를 더 강화할 수 있고, 기존의 태도를 완전히 변경할 수도 있다는 것이다. 예를 들면, 특정 브랜드를 구매한 경험을 통해 만족했거나 선호하기 때문에 그 브랜드에 대한 긍정적인 태도가 더 강화되어 반복구매로 나타날 수도 있다. 하지만, 경쟁브랜드의 신제품이 출시되는 경우에 신제품에 대한 기대감과 동기부여로 호의적인 태도가 형성이 되어 브랜드 전환이 일어날 수도 있다.

다섯째, 소비자 태도는 양가성(ambivalence)을 가진다. 양가성은 일반적으로 다른 사람이나 사물, 또는 상황에 대해서 서로 반대되는 감정이나 태도, 경향성이 동시에 존재하는 것을 말한다. 즉 소비자가 동일한 브랜드의 한 측면은 매우 긍정적으로 평가하지만, 다른 측면에 대해서는 매우 부정적으로 평가하는 것이 가능하다고 볼 수 있다. 소비자 태도가 양가성이 있을 때, 흔히 주변의 준거집단의 영향을 받는 경향이 있다. 예를 들면, 소비자는 쇼핑하면서 긍정적, 혹은 부정적 속성을 동시에 가진 제품에 대해 구매결정을 못해서 망설이는 경우에, 쇼핑에

동반한 주변에 친구나 가족이 살것을 권하면 그 제품을 구매할 가능성이 높아질 수 있다.

마지막으로, 소비자 태도는 강도(strength)나 확신(confidence)으로 표현될 수 있다. 태도의 강도는 태도가 의사결정과 행동에 중대한 영향을 미치는 정도를 말한다. 태도는 강도의 수준에 따라 강한 태도와 약한 태도가 존재할 수 있다. 그리고 소비자는 간혹 강한 확신이 있는 경우에는 매우 강력한 태도를 갖기도 하지만, 때로는 태도에 대한 확신이 거의 없는 경우도 있다.

이러한 태도의 강도나 확신은 지속성(persistence), 저항성(resistance), 접근가능성(accessibility) 등과도 관련이 있다. 소비자가 확신을 갖고 있는 태도는 오래 지속되지만, 그렇지 않은 경우는 지속성이 매우 짧을 수도 있다. 그리고 태도는 변화에 대한 저항성으로도 설명이 될 수 있다. 소비자가 특정 브랜드에 대해 충성도가 높거나 전문성이 있는 경우에는 저항성으로 인해 다른 브랜드로 쉽게 전환하지 않지만, 충성도가 없거나 잘 모르는 브랜드인 경우에는 태도를 더 쉽게 바꾸는 경향이 크다.

또한, 태도의 강도가 강하면 기억에서 접근가능성이 높아질 수 있다. 태도의 접근가능성은 어떤 태도가 장기기억 속에서 단서가 주어졌을 때, 얼마나 쉽게 인출되는지를 말한다. 소비자가 체험마케팅(experiential marketing)을 통한 직접적인 경험이나 반복적인 광고메시지를 통해 습득한 브랜드 태도는 소비자의 장기기억 속에서 쉽게 접근가능하기 때문에 실제 소비자 행동에도 영향을 미칠 수 있다. 따라서 태도가 강할수록 접근가능성이 높으며, 구매행동에도 더 강하게 영향을 줄 수 있다.

(2) 태도의 기능

소비자가 왜 대상물에 대한 태도를 지속적으로 유지하고, 태도가 구매의사결정과정에서 어떤 심리적 기능을 수행하는지는 태도의 다양한 기능 때문일 것이다. 이는 소비자가 자신의 어떤 동기와 목적을 달성하기 위한 수단으로 태도를 형성·유지·활용하기도 한다는 것이다. 예를 들면, 최근 알바몬(albamon)은 '알바의 포텐을 리스펙트' 광고캠페인으로 크게 주목을 받고 있다. 소비자의 알바몬 브랜드에 대한 호의적인 태도를 가지고 있는 많은 소비자들 중에는 아르바이트생을 존중하고 단순히 돈을 벌기 위한 수단일 뿐만 아니라, 자신의 성장잠재력과 가능성을 찾기 위한 활동이라는 메시지 때문일 수 있다. 하지만, 아르바이트를 하는 각 장면마다 '알바몬 알바덕' 가사를 반복하는 광고음악 때문에 호의적인 태도를 형성하는 경우도 있을 것이다. 또는 알바몬을 통한 아르바이트생으로서 존중받는다는 자기이미지(self-image)를 표현할 수 있다는 목적을 달성하기 위해 호의적인 태도를 형성하는 경우도 있을 것이다.

광고 9-5 **알바몬 광고**

즉 소비자는 서로 다른 동기와 목적을 달성하기 위한 수단으로 제품이나 서비스에 대한 태도를 형성하고, 유지하며, 표현한다는 것이다. Katz는 태도 형성 및 변화의 동기적 프로세스 모형에서 태도의 기능을 실용적 기능, 자아방어적 기능, 가치표현적 기능, 지식조직 기능 등의 네 가지 유형으로 분류하고 있다.[8]

광고 9-6 **호관원 광고**

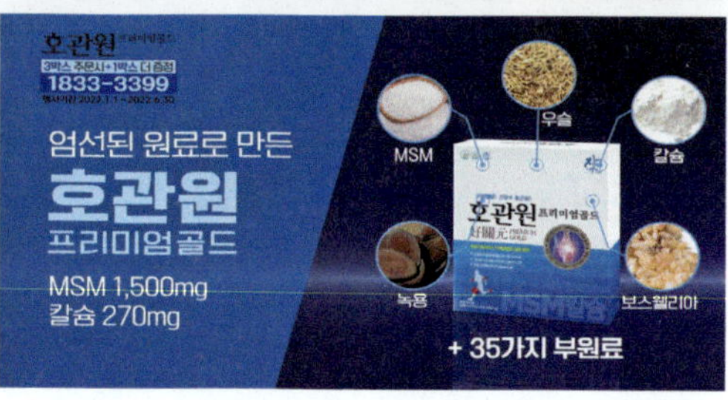

① 실용적 기능

소비자 태도는 소비자가 즐거움이나 보상적인 혜택을 주는 대상물에 대해 호의적으로 반응함으로써, 보상을 극대화하려는 실용적 기능(utilitarian function)을 수행한다는 것이다. 즉 소비자는 구매의사결정과정에서 '최소의 비용과 최대의 혜택'이라는 실용적인 문제를 가장 잘 해결해 줄 수 있는 제품이나 서비스에 대해 호의적인 태도를 형성하려고 한다. 예를 들면, 관절건강 영양제 '호관원'은 관절과 연골에 좋은 MSM(식이유황), 칼슘 등의 성분들로 실용적인 기능을 강조하는 광고를 하고 있는데, 관절고통에서 벗어나려고 하는 소비자는 그런 실용적인 혜택을 충족함으로써 호관원에 대해 호의적인 태도를 가질 수 있을 것이다.

② 자아방어적 기능

소비자 태도는 소비자가 외부의 위협적인 자극으로부터 자아(ego)를 방어하고 내적갈등을 해소해 주는데 도움이 되는 대상에 대해 우호적으로 반응하도록 작용함으로써 자아방어적(ego-defensive function) 기능을 수행한다. 따라서 소비자는 사회적으로 바람직하지 않은 가치관이나 행동 등과는 연관시키지 않고, 사회적 수용, 자신감 등과 관련하여 자아방어에 도움되는 대상에 대해 호의적인 태도를 갖는다. 예를 들면, 페브리즈맨은 남자 냄새제거에 초점을 두고 '윽 쩐내, 정장엔 페브리즈맨' 이라는 주제로 옷이나 쇼파 등에 남자 냄새로 걱정하는 소비자에게 소구하는 자아방어적 광고사례이다.

광고 9-7 페브리즈맨 광고

③ 가치표현적 기능

소비자 태도는 소비자가 자신의 가치나 자기이미지(self-image)를 효과적으로 표현하는데 도움을 주는 대상물에 대해 호의적으로 반응하도록 작용함으로써 가치표현적 기능(value-expressive function)을 수행한다. 화장품이나 향수 등의 제품광고들은 제품의 성능이나 효과 등의 물리적 속성보다는 매력적 외모나 성적매력 등 제품이미지를 매력적으로 표현하고 있는데, 이는 제품의 실용성보다는 상징적인 면을 강조하여 소비자의 자기이미지를 높이고자 하는 가치표현의 욕구를 충족시켜 주고자 하는 것이다. 예를 들면, 고혼진(KOHONJIN) 화장품 광고는 고혼진을 통해 예쁜 매력, 미백, 동안 등을 표현하고 싶은 소비자에게 호의적인 태도

광고 9-8 고혼진 광고

형성으로 자신의 가치를 효과적으로 표현하도록 도와주고 있다.

④ 지식조직 기능

소비자 태도는 소비자가 접하는 많은 정보를 조직하고, 새로운 정보를 판단하는데 활용하기도 한다. 이러한 태도의 지식조직 기능(organization of knowledge function)은 소비자가 대상물에 대해 갖고 있는 복잡하고 애매모호한 자극정보를 이해하는데 지침으로 작용할 수 있다. 즉 소비자들은 자신을 둘러싸고 있는 환경과 상호작용하면서 어떤 대상물에 대한 지식을 습득함으로써, 그 대상물에 대한 태도를 형성하게 된다. 소비자가 태도를 가지고 있으면, 수

광고 9-9 LG전자의 'OLED TV'와 '투명 OLED 터치 사이니지' 광고

많은 정보를 체계적으로 조직하는 일이 훨씬 쉬워진다. 예를 들면, 특정 브랜드에 대한 태도가 호의적이라면, 그 브랜드에 대한 긍정적인 정보만이 선택적으로 지각되어 그 브랜드에 대한 지식을 조직하는 경우에 활용될 것이다. LG전자의 OLED TV광고를 본 소비자는 디스플레이 화질 선명도와 그 성능이 매우 뛰어나다고 생각하고 호의적인 태도를 갖고 있을 것이다. 이런 소비자는 OLED 디스플레이에 대한 기술적으로는 정확히 잘 모르지만, 최근에 LG전자의 '투명 OLED 터치 사이니지' 브랜드에 대한 긍정적인 정보만 선택적으로 지각하고 그 브랜드에 대한 지식을 조직하고 정리하는데 활용될 수 있다.

2.2 소비자 태도의 구성요소

소비자 태도의 구성요소와 관련된 연구는 그 관점에 따라 여러 가지 있지만, 태도의 구조적인 차원에 따라 3요소 모델(tripartite model), 단일차원적 모델(unidimensional model), 다차원적 모델(multidimensional model) 등을 중심으로 살펴보려고 한다. 이러한 모델들은 태도의 구성요소 및 그 구성요소들이 어떻게 서로 관련되고 배열되어 있느냐에 따라 구분될 수 있다.

1. 3요소 모델

소비자 태도의 구성요소는 전통적인 관점에서 인지(cognition), 감성(affect), 행동(behavior) 요소 등이 별도로 분할된 것으로 보는 3요소 모델(tripartite model)이 있다.[9] 이 모델은 잠재적 태도와 그의 인지적, 정서적, 행동적 표현 사이의 관계를 설명하는 잠재변수 모델이다. 즉 태도의 3요소 모델은 [그림 9-4]와 같이, 잠재변수(소비자의 태도)가 태도 대상물(예: 제품이나 서비스, 브랜드, 사람 등)에 대한 인지적, 감정적, 행동적 요소의 세 가지 유형의 반응을 표현하도록 유도한다는 가정에 기초한 잠재변수 모델이다. 이 모델은 소비자 개인의 태도에 대한 측정모델로 사용되는 것 외에도, 태도와 관련된 개인의 행동에 대한 설명을 논리적으로 나타낸다.[10]

그림 9-4 3요소 모델

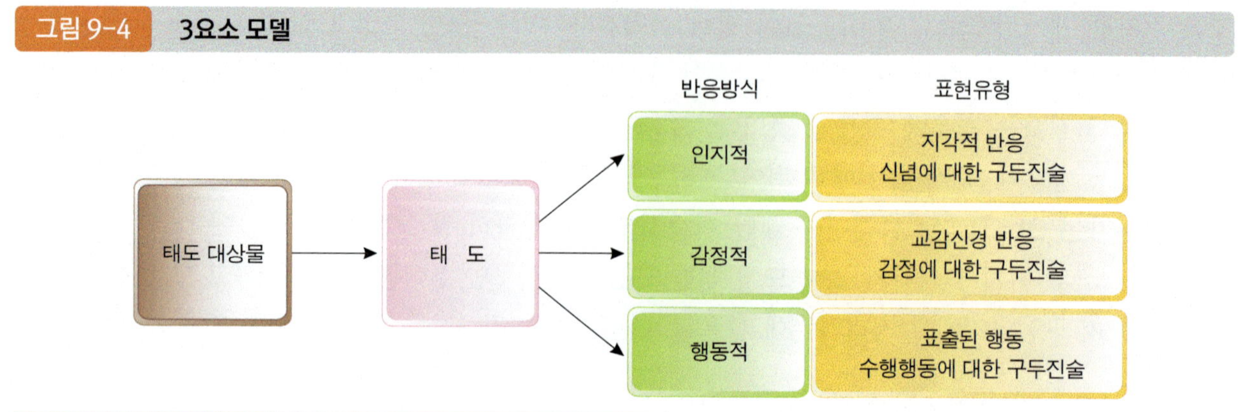

(1) 인지적 요소

3요소 모델에서 첫 번째의 구성요소는 소비자 개인의 태도 대상물에 대한 직접적인 경험과 각종 정보원천으로부터 나온 관련 정보에 의해 형성된 개인의 지식과 지각으로 이루어져 있다. 이러한 개인의 지식과 지각은 흔히 신념이라고 한다.

인지적 요소에는 제품이나 서비스 등과 같은 대상물이 가지는 속성에 대한 정보적 신념(informative beliefs)과 이들이 가져다주는 혜택 혹은 가치들을 고려하는 평가적 신념(evaluative beliefs)이 있다.

인지적 요소는 소비자의 인지적 반응을 통해 측정하게 되는데, 주로 소비자의 지각적 반응이나 신념에 대한 구두진술 등을 통해 측정할 수 있다. 예를 들면, iPhone 14 Pro의 '카메라 성능과 디스플레이는 최고라서 성공할 것'이라고 말할 때처럼, 개인이 대상물에 갖고 있는 신념에 대한 구두진술(verbal statements)을 하거나, 지각적 반응(perceptual responses)을 표현하는 것은 태도의 인지적 반응을 나타내는 것이다.

(2) 감정적 요소

특정 제품이나 브랜드에 대한 소비자의 감동이나 정서적인 느낌이 소비자 태도의 감정적 요소를 구성하고 있다. 이들 감동이나 정서적인 느낌은 근본적으로 태도 대상물에 대한 소비자 개인의 전반적인 평가를 의미한다. 즉 소비자가 태도 대상물에 대해 어느 정도로 호의적 혹은 비호의적으로 생각하느냐, 긍정적 혹은 부정적 느낌이나 감정 등을 나타내는 것이다. 예를 들면, iPhone 14 Pro의 카메라로 찍은 사진이나 동영상 디스플레이 화질을 보고 '좋아서 환호성'을 지르거나, '기뻐하는 모습'을 표현하거나, 혹은 '제품이 너무 좋다'라고 하면서 그 대상

광고 9-10 iPhone 14 광고

물에 내해 호의석으로 평가하는 것은 태도의 감정적 반응을 나타내는 것이다.

(3) 행동적 요소

3요소 모델에서 마지막 구성요소는 소비자 개인이 태도 대상물과 관련된 특정 행동을 할 가능성이나 경향을 말한다. 즉 행동적 요소는 태도 대상물에 대한 행동적 반응을 나타내는 것으로, 일반적으로 행동의도를 의미한다. 예를 들면, iPhone 14 Pro를 '구매할 것이다'라고 구매의도를 나타내거나 혹은 과거 소비자 자신의 수행행동에 대한 구두진술로 '구매했다'라고 하거나 표출된 행동(overt actions)으로 행동적 반응을 나타내는 것이다.

따라서 행동적 요소는 소비자가 제품이나 서비스에 대하여 구매여부, 구매의도, 추천의도 등을 가지는 요소로써, 소비자 욕구와 제품이나 서비스, 브랜드에 대한 신념을 고려하여 제품이나 서비스를 평가하고, 이를 바탕으로 구매결정을 하게 된다.

2. 단일차원적 개념모델

3요소 이론의 잠재변수 모델과는 달리, 소비자 태도를 단일차원적 개념(unidimensional concept)으로 접근하였다. 이는 [그림 9-5]와 같이, 태도의 세 가지 차원의 요소 중에서 느낌이나 감정적 요소만을 태도로 보고, 인지적 요소와 행동적 요소를 분리하여, 인지적 요소는 태도에 영향을 주는 선행요인인 신념으로 개념화하였으며, 행동적 요소는 감정적 요소에 의해 영향을 받아 형성된 결과적 요인으로 개념화하였다.[11] 즉 신념(belief) → 태도(attitude) → 행동의도(Behavioral intention)의 인과관계를 이루고 있다고 볼 수 있다. 예를 들면, 소비자가 특정 제품에 관한 다양한 외부자극을 통해 신념이 형성되면(iPhone 14 Pro의 카메라와 디스플레이 성능이 매우 뛰어나다), 이 신념이 태도 형성에 영향을 미치며(iPhone 14 Pro의 카메라와 디스플레이 성능 때문에 좋아한다), 그 결과로써 구매의도가 형성(iPhone 14 Pro를 구매할 것이다)되는 인과관계가 구성된다는 것이다.

예를 들면, 단일차원적 개념모델은 두 명의 소비자가 만약에 iPhone 14 Pro의 제품의 디자인과 카메라 성능 등 상이한 현저한 신념(salient beliefs)을 토대로 동일하게 '좋아한다'고 했다고 가정해보자. 이런 감정적 요소만으로 태도를 평가했을 때, 기본적으로 소비자의 신념과 지식을 측정하지 않고는 소비자가 전반적인 평가(iPhone 14 Pro 제품을 좋아한다)를 하는데 영향을 미치고 있는 신념과 지식을 정확히 이해할 수 없다는 단점이 있다.

이러한 단일차원적 개념모델은 그 이후에 좀 더 확장되어 [그림 9-6]과 같이, 인지, 감정,

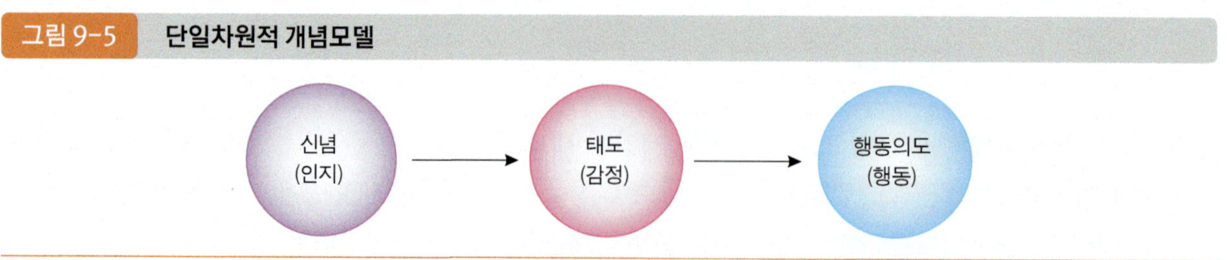

그림 9-6 효과계층 모델

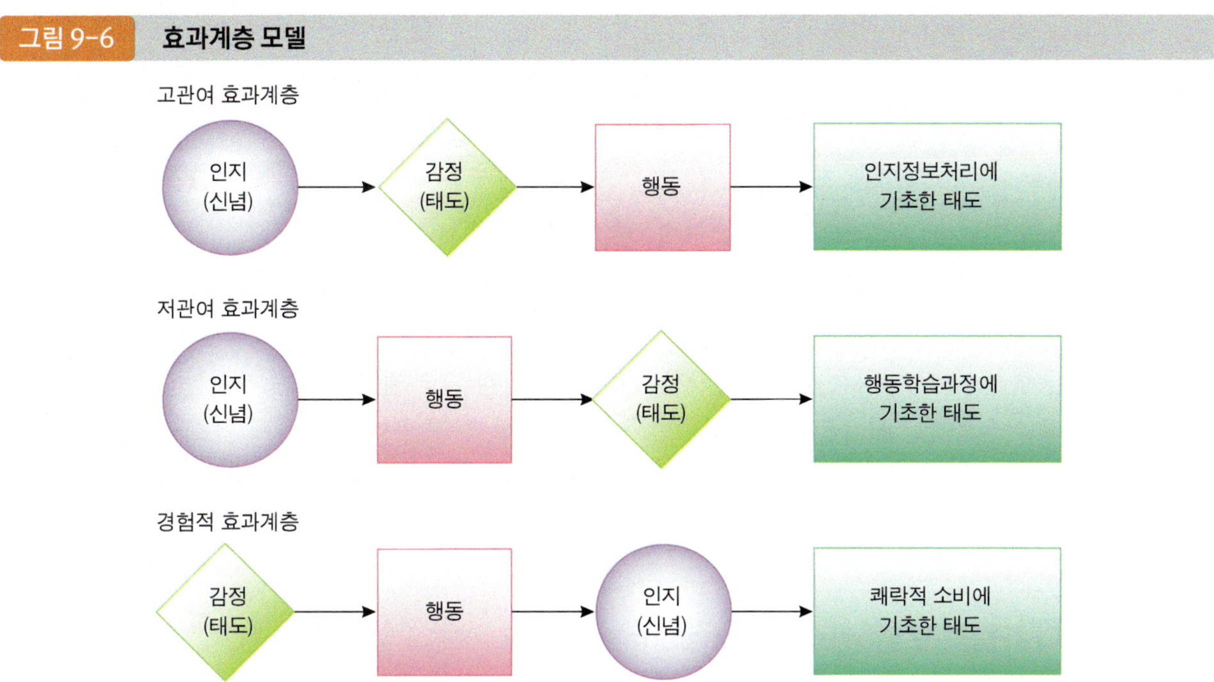

행동 등의 태도 구성요인들 간의 관계가 어떤 인과관계적 계층구조를 이루고 있는지에 따라 3가지 효과계층 모델(hierarchy of effect model)로 구분된다.[12] 단일차원적 견해에 따르면, 감정이 태도에 해당되기 때문에, 첫째는 인지(신념)를 감정(태도)의 선행요인으로 보며, 행동을 감정(태도)의 결과요인으로 보는 고관여 효과계층 모델이다. 즉 인지(신념) → 감정(태도) → 행동과정을 거치는 효과계층 모델로써, 이러한 유형은 주로 인지적 정보처리에 기반을 둔 태도유형이다.

일반적으로 소비자가 TV, 냉장고 등 고관여 제품을 구매하는 경우에는 적극적인 정보탐색을 통해 습득한 정보를 바탕으로 제품속성에 대한 신념을 갖게 된다. 고관여 구매의사결정에서는 인지과정에서 형성된 신념을 바탕으로 평가함으로써, 제품에 대한 감정, 즉 태도가 형성되고, 태도 형성의 결과에 따라 구매행동에 영향을 미칠 수 있다는 것이다.

둘째는 저관여 상황에서 제품의 구매행동과 관련해서는 행동적 학습과정에 기초한 효과계층과정, 즉 인지 → 행동 → 감정(태도)과정을 거치는 저관여 효과계층 모델이다. 소비자는 일상적인 편의품이나 생활용품을 구매하는 경우에 평상시 알고 있던 지식이나 신념에 따라 구매하는 경우가 많이 있다. 특히 특정 브랜드에 대해 사전지식이 없거나 감정(태도)이 형성되어 있지 않는 경우에는 일단 그 브랜드를 구매하고 난 후에 사용해 본 경험을 통해서 구매한 브랜드에 대한 평가와 감정(태도)을 형성하기도 한다. 예를 들면, 과자나 음료수 등 신제품이 출시되면, 소비자는 인지적 평가를 하기 전에 일단 구매해서 먹어보는 행동적 학습을 한 후에 만족하면 호의적인 태도를 형성할 수 있다.

셋째는 구매상황에서 느낌이나 감정에 의해 구매행동이 일어날 수 있는 감성적인 제품은 쾌락적 소비에 기반을 둔 효과계층과정, 즉 감정(태도) → 행동 → 인지과정을 거치는 경험적 효과계층 모델이다. 소비자는 향수나 커피같은 감성적 제품의 경우에 구매시점에서의 감성적 성향이 구매행동에 영향을 미칠 수 있으며, 구매경험을 한 이후에 제품에 대한 인지과정에서 신념이 형성될 수 있다는 것이다. 따라서 이런 경험적 효과계층과정을 거치는 제품들은 감성적인 광고나 모델, 배경음악, 브랜드명, 상점분위기 등에 대한 소비자의 호의적인 감정이 유발되면, 구매행동이 이루어지고, 그 결과로 제품에 대한 인지과정을 거쳐 신념이 형성될 수 있다.

3. 다차원적 모델(multidimensional model)

최근에는 감정적 요소, 인지적 요소, 행동적 요소가 통합되어 소비자 태도를 형성한다는 관점인 다차원적 개념에서 접근하고 있다. 즉 다차원적 개념은 소비자 태도를 감정적, 인지적, 행동적 측면에서 특정 대상물에 대해 감지하고 있는 개인의 내적상태로, 그 대상물에 대한 감정뿐만 아니라 지각이나 행동경향까지도 통합적으로 포함한다는 것이다.

소비자 태도는 [그림 9-7]과 같이, 인지적 학습, 감성적 경험, 행동적 지각 등을 통해 형성되며, 마찬가지로 인지적, 감성적, 행동적 반응 등의 다중반응변수(multiple response

그림 9-7 다차원적 개념모델의 형성과정과 측정

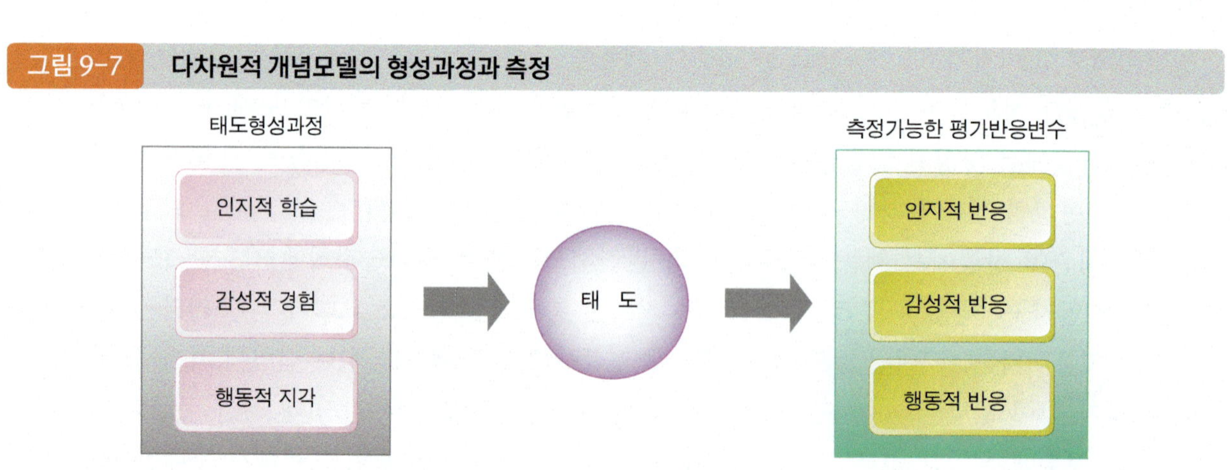

variables)들에 의해 표현되는 다차원적 개념(multidimensional construct)으로 간주한다. 따라서 소비자 태도의 측정도 인지적, 감성적, 행동적 반응 등의 세 가지 차원에 대한 전반적인 평가반응변수를 통해 측정된다. 물론, 소비자 태도가 인지적, 감성적, 행동적 측면 중에서 어느 부분에서 더 큰 영향을 받는가에 따라, 혹은 인지적, 감성적, 행동적 반응 등의 상황적 영향력의 순서에 따라 인지기반, 감성기반, 행동기반의 태도로 구분될 수 있다. 하지만, 태도라는 개념을 대표하는 실제 신경생리적(neuro-physiological) 메커니즘과 소비자 반응의 복잡성 및 다양성을 고려할 때, 소비자의 태도는 인지, 감성, 행동 등의 세 가지 차원 중 어떤 하나에 초점을 맞출 것이 아니라, 세 가지 차원이 모두 통합된 전반적인 태도 대상에 대한 평가의 개념으로 이해할 때, 소비자 태도의 형성과정 및 측정도구에 대한 설명력이 보다 향상될 수 있다고 본다.

이러한 소비자 태도에 관한 다차원적 개념모델은 브랜드 태도를 측정하기 위해서 여러 가지 브랜드 속성에 걸쳐 특정 브랜드가 소비자 욕구들을 얼마나 잘 충족시키는가를 보여주는 다속성 태도모델(multiattribute attitude model)의 근간이 된다.

2.3 소비자 태도의 형성

초기 태도의 형성에 관한 연구는 주로 태도와 행동 간의 연관성에 초점을 두고 이루어졌으며, 태도와 행동을 관련시켜서 태도의 예측력(predictive power)을 증명하려고 노력했으나 그 결과는 다양하게 나타났다. 이러한 사실은 Festinger의 인지부조화(cognitive dissonance)이론과 Krugman의 수동적 학습(passive learning)이론이 발표되면서, 태도는 특정 조건이 충족될 때만 행동에 영향을 미치고 항상 행동에 영향을 미치지는 않는다는 결과를 나타냈다.

그 이후에 Rosenberg의 기대-가치이론(expectancy-value theory)과 Fishbein의 다속성 모델(multi-attribute model) 등 태도모델이 개발되어 마케팅에 널리 이용되어 왔는데, 이 모델들은 모두 태도를 소비자 욕구와 연결되어 있는 많은 기준에 입각해서 브랜드를 평가한 결과로 간주하였다.

이와 같이 태도모델은 태도 형성과정과 브랜드 선택 및 구매의도 등과 관련하여 설명하기 위한 도구로써, 다양한 태도모델들이 제안되었다. 태도모델은 고관여 상황과 저관여 상황에 따라 그 차이가 구분된다.

1. 고관여 상황에서 태도모델

소비자들이 자사의 제품이나 브랜드가 저관여도 수준이라고 한다면, 마케터는 단기매출액 증대에 초점을 맞추고 판매전략을 전개하려고 할 것이다. 기업의 마케터 입장에서는 소비자들이 자사의 제품이나 브랜드에 대해 높은 수준의 관여도를 갖게 함으로써 지속적인 구매행동으로 나타나길 원할 것이다.

그래서 대부분의 소비자행동과 관련된 이론들은 저관여보다는 고관여 제품이나 브랜드에 초점을 맞추어 진행되는 경우가 많다. 고관여 상황에서 태도 형성과 관련된 이론들 중에서 전통적인 견해는 인지적 학습이론이다.

인지적 학습이론(cognitive learning theory)에서는 소비자가 제품이나 브랜드의 속성에 대한 신념에 의해서 태도를 형성하고, 그 태도를 바탕으로 해서 구매결정여부를 결정한다는 것이다. 인지적 학습이란 소비자가 구매결정을 하기 전에 제품이나 브랜드에 대한 속성신념(attribute beliefs)–태도(attitude)–구매의도(purchase intention) 등의 단계를 말하는 인지적 과정을 통해 제품이나 브랜드에 대한 태도가 형성된다는 것을 의미한다.

인지적 학습이론을 바탕으로 한 대표적인 모델이 다속성 태도모델(multi-attribute attitude model)이다. 이 모델은 태도 대상에 대한 소비자의 평가는 그 대상이 가지고 있는 속성들에 대한 신념에 의해 결정된다고 가정을 하고 있다. 따라서 다속성 태도모델, 확장된 Fishbein 모델, 그리고 계획적 행동모델 등을 중심으로 살펴보고자 한다.

(1) 다속성 태도모델

다속성 태도모델은 여러 가지 유형으로 개발되어 마케팅 분야에서 적용되어 왔는데, 공통적인 특징은 다음과 같다.

첫째, 태도는 특정 브랜드의 속성에 대한 소비자의 신념과 속성에 부여하는 가치에 의해서 결정된다는 점이다. 예를 들면, 코카콜라는 탄산함유량이 많고 당도가 높은 청량음료라고 믿고 있으며, 탄산함유량이 많고 당도가 높은 콜라에 높은 가치를 부여하는 소비자는 코카콜라를 구매할 것이다.

둘째, 다속성 태도모델은 보상적 모델이라는 점이다. 즉 특정 브랜드가 한 가지 속성에 대해 약점이 있는 경우에 다른 속성이 갖고 있는 강점에 의해 보상될 수 있다. 왜냐하면, 다속성 모델에서는 모든 속성에 대한 평가점수를 합해서 브랜드에 대한 호의적/비호의적 태도를 결

그림 9-8 **전형적인 다속성 태도모델**

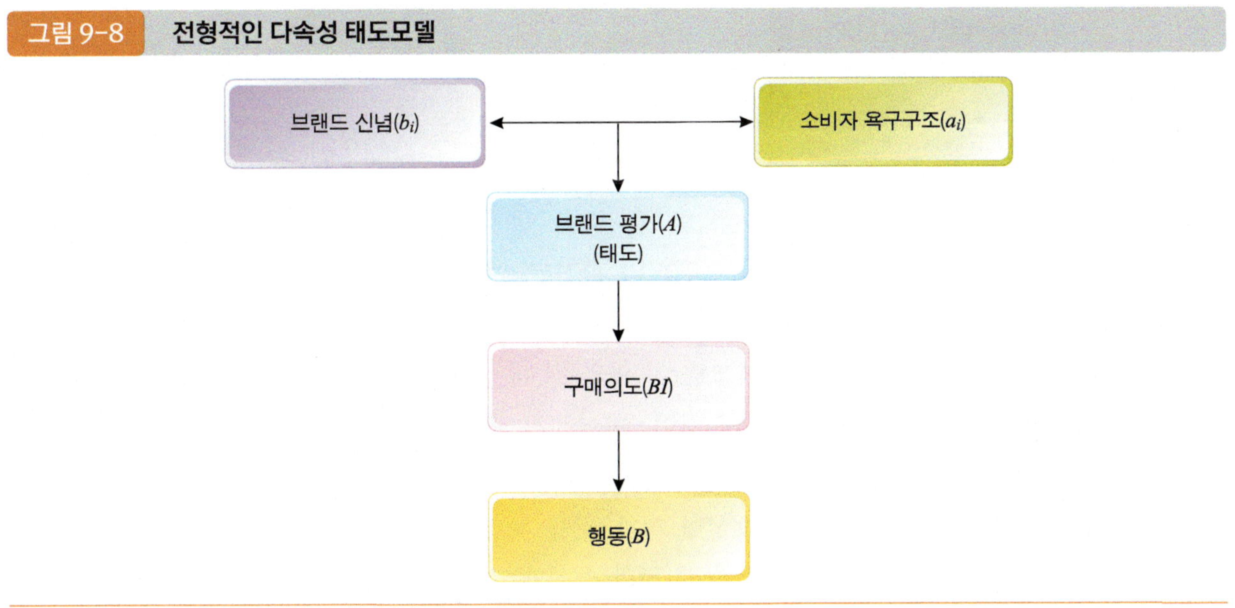

정하기 때문이다.

일반적으로 표준적인 다속성 태도모델에서는 [그림 9-8]과 같이, 특정 브랜드에 대한 평가(A), 즉 전반적인 태도는 그 브랜드의 속성에 대한 신념(b_i)과 소비자 욕구구조(속성 그 자체에 부여하는 가치(ai) 또는 속성에 대한 지각된 평가(e_i)로 나타냄)를 반영하여 결정되는데, 그러한 태도는 구매의도(BI)를 형성시켜 행동(B)을 결정한다는 것이 전형적인 다속성 모델이다.

다속성 태도모델들은 소비자 태도를 결정하는데 있어서 영향을 미치고 있는 브랜드 신념(b_i)의 성격에 관해서는 의견의 차이가 없으나, 소비자 욕구구조 혹은 가치요소(ai 또는 e_i)에 대한 정의와 이 요소를 강조하는 정도는 관점에 따라 조금씩 차이가 있다.

① Fishbein의 다속성 태도모델

인지적 학습모델을 기초로 개발된 다속성 태도모델(multi-attribute attitude model) 중에서 대표적인 모델인 Fishbein의 다속성 태도모델은 신념/평가모델(beliefs/evaluation model)이라고도 한다. 이 모델에 의하면 특정 대상물(제품이나 서비스, 브랜드, 사물, 사람 등)에 대한 태도 형성은 그 대상물이 가지고 있는 현저한 속성들(salient attributes)에 관한 신념을 인지하고, 그 속성들에 대한 평가에 의해 결정된다고 한다. 즉 제품이나 브랜드에 대한 태도는 브랜드가 가지고 있는 여러 개의 현저한 속성들에 대한 신념과 평가에 의해서 형성되는 모델이라고 할 수 있다. 그리고 현저한 속성에 대한 신념은 소비자가 제품이나 브랜드에

그림 9-9 **Fishbein의 다속성 태도모델**

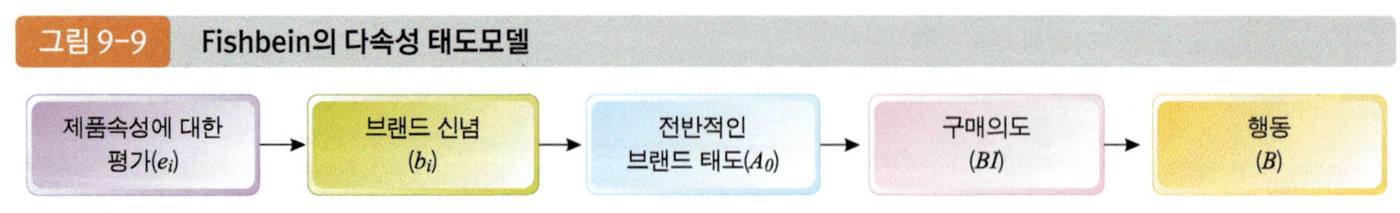

대한 태도를 형성할 때, 제품이나 브랜드와 관련된 수많은 속성들 중에서 상대적으로 먼저 떠오르는 일부 중요한 속성에 대한 신념을 말한다.

다속성 태도모델을 요약하면, [그림 9-9]와 같이 나타낼 수 있다. 예를 들면, 대부분의 치약 브랜드들은 향, 맛, 충치예방, 시린이, 치석제거, 염증예방, 잇몸보호 등의 특정 속성에 탁월한 기능이 있다고 주장한다. 평소에 시린이로 인해 불편함을 겪고 있는 소비자의 경우는 치약의 주요 속성들 중심으로 각 속성별 평가(e_i)를 하였다. 이 평가를 통해 자신에게 중요도가 높은 시린이, 염증예방, 잇몸보호 등 현저한 속성에 대해 효능이 있는 브랜드 중에서, 특히 부광약품의 '시린메드' 치약은 시린이를 완화하는데 탁월한 효능이 있다는 믿음으로 신념(b_i)을 가지면, 이 브랜드에 대해 호의적인 태도(A_0)가 형성된다. 호의적인 브랜드 태도가 형성되면 그 브랜드를 구매할 의도(BI)가 생겨나고, 차후에 적절한 상황이 되면 실제로 구매행동(B)을 하게 된다.

광고 9-11 **부광약품의 '시린메드' 광고**

Fishbein의 다속성 태도모델에서는 소비자의 태도를 다음의 수식과 같이, 여러 개의 제품 속성에 대한 소비자의 신념과 그 속성에 대한 지각된 평가의 결합식으로 표현될 수 있다.

$$A_0 = \sum_{i=1}^{n} b_i e_i$$

A_0 : 대상에 대한 태도(attitude toward the object)

b_i : 속성 i에 대한 소비자 신념(belief)의 강도

e_i : 속성 i에 대한 소비자의 지각된 평가(evaluation)

n : 태도에 영향을 미치는 현저한 속성(salient attributes)의 수

위의 수식에 따르면, 대상에 대한 태도(A_0)는 제품이나 브랜드의 평가에 중요하게 고려되는 n개의 속성에 의해서 결정된다. 예를 들어, 승용차에 대한 소비자의 제품에 대한 평가가 경제성, 디자인, 승차감, 연비, 편의사양 등 다섯 가지 현저한 속성들에 주로 영향을 받는다면, 이러한 속성들에 대한 신념과 평가가 태도를 형성하는 결정모델이 된다.

속성 i에 대한 소비자 신념의 강도(b_i)는 어떤 브랜드의 특정 속성을 어느 정도 가지고 있는지에 대한 소비자의 주관적 평가를 의미한다. 이런 신념은 광고, 판매촉진 등 외부 마케팅 자극이나 소비자의 경험 등에 의해 결정된다. 소비자의 신념의 강도는 다음과 같이 측정될 수 있다.

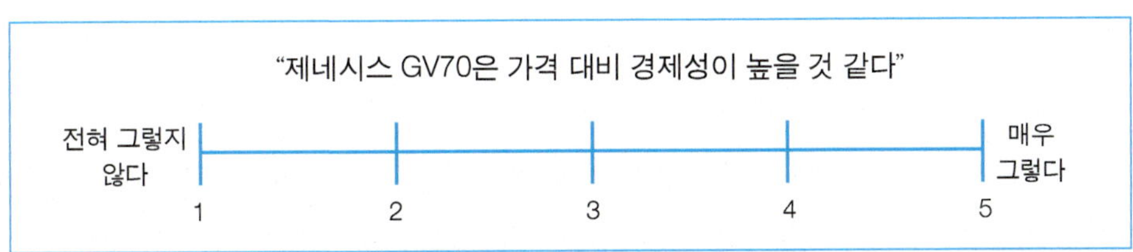

속성 i에 대한 소비자의 지각된 평가(e_i)는 어떤 제품군의 특정 속성에 대해 소비자가 어느 정도 바람직하다고 생각하는지 정도를 평가하는 것이다. 신념의 강도가 특성 브랜드에 대한 평가라면, 지각된 평가는 특정 브랜드와는 상관없이 승용차나 TV, 냉장고 등과 같이 제품군에 대한 평가라고 할 수 있다. 속성 i에 대한 소비자의 바람직한 정도의 평가는 다음과 같이 측정할 수 있다.

표 9-2 Fishbein의 다속성 태도모델을 활용한 소비자 태도 사례

제품속성	중요도(e_i)	신념(b_i)		
		현대아이오닉6	테슬라 모델3	BMW i4
가격 대비 경제성 비경제적(1) – 경제적(5)	5	5	4	4
디자인 / 스타일 매우 나쁨(1) – 매우 좋음(5)	5	4	5	5
승차감 매우 떨어짐(1) – 매우 뛰어남(5)	4	3	4	5
연비(1회 충전 주행거리) 매우 낮음(1) – 매우 높음(5)	3	5	4	3
배터리 용량 매우 작음(1) – 매우 큼(5)	2	4	3	5
A/S 매우 나쁨(1) – 매우 좋음(5)	2	5	3	4
브랜드 태도(합계)		90	85	92

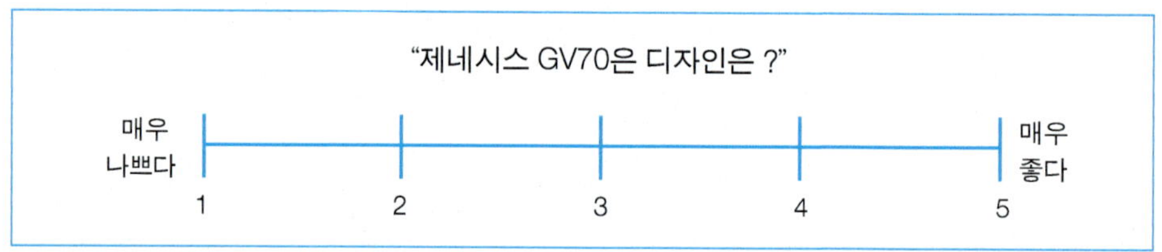

따라서 Fishbein의 다속성 태도모델을 활용하여 〈표 9-2〉와 같이, 대표적인 중형 세단 전기차 브랜드들에 대한 태도를 형성한다고 가정할 때, 'BMW i4 전기차'에 대한 태도가 가장 호의적인 것으로 추론할 수 있다.

② 신념/중요도 모델

신념/중요도 모델(beliefs/importance model)에 따르면, 특정 브랜드에 대한 태도(A_0)는 그 브랜드가 갖고 있는 속성들에 대한 신념의 강도(b_i)와 각 속성의 중요도 평가(Ii)에 의해 결정된다고 한다. 이 모델은 Fishbein의 초기모델인 신념/평가 모델과 유사하지만, 소비자 조사에 있어서 속성 i에 대한 소비자의 지각된 평가(e_i)는 중요도 평가(Ii)로 측정하는 것이 보다 편리하다고 하여 개발되었다.

신념/중요도 모델에서는 소비자의 태도를 다음의 수식과 같이, 여러 개의 제품속성에 대한 소비자의 신념과 그 속성에 대한 지각된 중요도 평가의 결합식으로 표현될 수 있다.

$$A_0=\sum_{i=1}^{n} b_i I_i$$

A_0 : 브랜드에 대한 소비자의 전반적인 태도

b_i : 속성 i에 대한 소비자 신념의 강도

Ii : 속성 i에 대한 소비자의 지각된 중요도 평가

n : 태도에 영향을 미치는 현저한 속성의 수

속성 i에 대한 소비자의 지각된 중요도 평가(Ii)는 어떤 제품군의 특정 속성에 대해 소비자가 어느 정도 중요하다고 생각하는지 정도를 평가하는 것이다. 지각된 중요도 평가는 지각된 평가와 마찬가지로 제품군에 대한 평가라고 할 수 있다. 속성 i에 대한 소비자의 중요도 평가는 다음과 같이 측정할 수 있다.

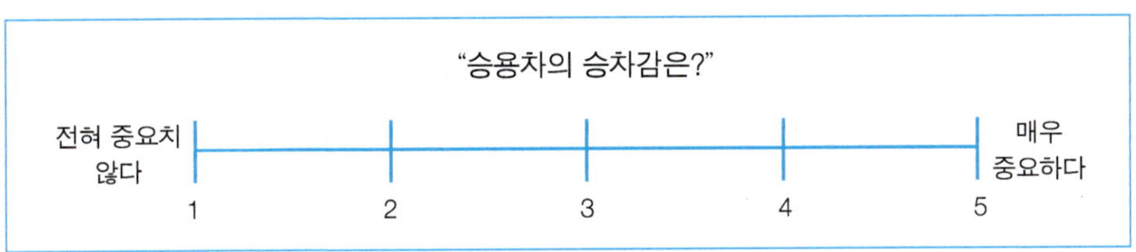

③ 이상점 다속성 태도모델

이상점 다속성 태도모델(Ideal Point Multiattribute Attitude Model)은 신념/중요도 모델의 변형으로써, 소비자에게 제품의 주요 현저한 속성의 중요도와 속성별 성능의 이상적인 수준을 확인하게 하고, 제품의 주요 속성들을 대상으로 각 브랜드 제품들을 평가하게 함으로써, 각 브랜드 제품이 소비자가 이상적으로 생각하는 제품과 얼마나 괴리되어 있는지를 나타낼 수 있는 모델이다.

따라서 특정 속성에 있어서 특정 브랜드 제품이 이상점에 근접할수록 소비자가 호의적인 태도를 형성한다. 물론 각 속성 상의 괴리는 그 속성에 부여되는 중요성으로 가중되어야 하며, 이상점 모델은 다음과 같은 수식으로 나타낼 수 있다.[13)]

$$A_P=\sum_{i=1}^{n} W_i|I_i-B_i|$$

A_P : 브랜드 P에 대한 소비자 태도(attitude)
W_i : 속성 I에 소비자가 부여하는 중요도에 대한 가중치(weight)
I_i : 속성 i에 대한 소비자의 이상점(Ideal Point)
B_i : 브랜드 P의 속성 i의 실제 성능에 대한 소비자 신념(belief)
n : 브랜드 P가 제공하는 주요 속성의 수

예를 들면, 이상점 다속성 태도모델을 활용하여 〈표 9-3〉과 같이, 소비자에게 5점 척도를 사용하여 탄산함유량, 갈증해소, 상쾌함, 단맛, 햄버거와 마시기 등 중요한 콜라음료의 다섯 가지 주요 속성에서 코카콜라, 펩시콜라에 대한 태도를 형성한다고 가정할 때, 소비자가 지각하는 이상적인 콜라와 코카콜라와의 괴리는 19점이며, 펩시콜라와의 괴리는 26점이다.

따라서 Fishbein의 다속성 태도모델과는 달리, 이상점 다속성 태도모델에서는 태도점수가 0에 근접할수록 소비자가 생각하는 이상적인 제품과 유사하다는 것을 의미한다. 이에 따라 소비자가 펩시콜라보다는 코카콜라에 대해 보다 호의적인 태도를 형성하고 있는 것으로 추론할 수 있다. 반면에 펩시콜라의 경우는 탄산함유량이나 단맛 등의 속성에서 이상점과의 괴리가 크기 때문에 이런 속성을 변화시킴으로써, 보다 호의적인 소비자 태도를 유도해 낼 수 있을 것이다.

표 9-3 이상점 다속성 태도모델을 활용한 소비자 태도 사례

제품속성 측정	중요도(W_i)	이상점(I_i)	신념(B_i)	
			코카콜라	펩시콜라
탄산함유량 적음(1)-많음(5)	5	5	4	2
갈증해소 매우 나쁨(1)-매우 좋음(5)	3	5	3	4
상쾌함 매우 나쁨(1)-매우 좋음(5)	2	4	3	4
단맛 매우 적음(1)-매우 많음(5)	4	4	3	2
햄버거와 마시기 매우 나쁨(1)-매우 좋음(5)	2	3	4	3
브랜드 태도(합계)			19	26

④ 다속성 태도모델의 마케팅 시사점

다속성 태도모형은 태도를 구성하는 인지구조를 분석하여 태도 형성 및 변화에 대한 전략을 제시할 수 있다는 점에서 유용한 소비자 분석방법이라고 할 수 있다. 또한 다속성 태도모형은 마케터에게 소비자들의 태도 및 행동변화를 유도할 수 있는 마케팅전략을 개발하는데 유용한 도구로 활용될 수 있다.

Fishbein 모델 및 이상점 모델과 같은 다속성 태도모델을 이용하면, 각 대상물에 대한 태도를 측정할 수 있으며, 호의적 혹은 비호의적인 태도를 형성한 이유와 효과적으로 태도를 변화시킬 수 있는 방법을 파악할 수 있기 때문에 소비자의 태도예측이 가능하게 된다. 특히, 소비자 신념이나 속성 중요도, 이상점 등의 수정을 통해서 기존의 태도를 변화시키는 데 활용되는 방법들은 마케팅전략 수립과정에도 많은 시사점을 줄 수 있다.

따라서 마케터는 다속성 태도모델을 활용하여 소비자가 자사제품이나 브랜드에 대해 갖고 있는 태도를 형성하고 변화시킬 수 있는 방법으로 다음과 같은 전략을 사용할 수 있다.

첫째, 소비자 신념의 강도(b_i)를 변화시킬 수 있다. 태도를 변화시키기 위한 일반적인 전략은 제품과 광고전략을 통해서 제품속성과 관련된 신념의 강도를 변화시키는 것이다. 앞서 살펴본 〈표 9-2〉의 예를 보면, 현대 아이오닉6의 경우, 소비자 신념에 있어서 상대적으로 약점인 승차감 속성을 품질개선으로 신념을 강화해서 태도점수를 향상시킬 수 있다. 또한 신념의 강도는 소비자의 주관적인 판단이기 때문에 실제 승차감이 떨어지지 않음에도 불구하고, 소비자의 인식이 부정적으로 형성되어 있는 경우에는 설득적인 광고메시지를 통해 소비자의 인식을 변화시키는 노력이 필요하다.

둘째, 속성과 관련된 소비자의 중요도 평가(e_i)를 변화시킬 수 있다. 중요도 평가에 대한 변화는 신념과 관련된 소비자의 평가방식에 영향을 주는 것을 의미한다. 이 전략은 특정 속성의 중요도 가치를 재평가하도록 소비자에게 설득하는 것이다. 〈표 9-2〉의 예를 보면, 현대 아이오닉6의 경우, 연비(1회충전 주행거리)에서는 다른 브랜드에 비해 상대적으로 좋은 신념을 형성하고 있기 때문에 자사에 대한 신념의 강도가 높은 연비라는 속성의 중요성을 더욱 부각시켜서 소비자들의 인지구조를 변화시킬 수 있다.

셋째, 소비자가 제품구매를 통해 추구하는 핵심적인 혜택을 중심으로 시장을 세분화하는 혜택세분화(benefit segmentation) 과정에서 다속성 태도모형의 구성요소인 속성 중요도가 세분화의 기준으로 활용될 수 있다. 예를 들어, 중형 세단 전기차를 구매하는 경우에, 다른 많은 속성들 중에서 특히 가격 대비 경제성이나 연비(1회충전 주행거리)를 중요하게 생각하는 집단과 디자인이나 배터리 용량을 중요하게 생각하는 집단으로 구분하여 시장세분화를 할 수 있다.

넷째, 자사브랜드가 차별화된 중요한 속성을 가지고 있다면, 그 속성을 중요한 속성으로 부각시켜서 소비자들의 인지구조에 추가하는 것이다. 소비자들이 어떤 대안을 평가할 때 그 제품과 관련된 모든 속성을 고려하는 것은 매우 어렵다. 그래서 소비자들은 모든 속성 중에서 자신이 상대적으로 중요하게 생각하는 현저한 속성과 관련된 신념을 형성하고 평가하게 된다. 소비자들이 일반적으로 중요하게 고려하지 않는 속성이나 잘 인식하지 못하고 있는 속성을 찾아내거나 부각시켜서 소비자들이 현저한 속성으로 지각할 수 있도록 하는 것이다. 〈표 9-2〉의 예를 보면, 현대 아이오닉6의 경우에 소비자들이 속성의 중요도 평가에서 상대적으로 낮은 A/S(애프터서비스) 속성에서 신념의 강도가 높기 때문에, A/S속성을 광고메시지에서 부각시켜서 현저한 속성으로 인식할 수 있도록 함으로써 태도점수에 긍정적 변화를 가져올 수 있다.

넷째, 상대 경쟁사의 속성에 대한 신념을 변화시키는 전략도 고려해 볼 수 있다. 자사의 특정 속성에서 특장점이 있으면, 상대 경쟁사의 속성과 비교함으로써, 자사제품의 속성에 대한 긍정적 신념을 형성할 수 있을 뿐만 아니라, 경쟁사 제품속성에 대해서는 부정적 신념으로 변화시킬 수 있다. 예를 들면, LG전자는 자사의 OLED TV와 삼성전자의 QLED TV 간의 번인 현상이나 화질의 선명도를 비교하는 광고를 통해서 자사제품의 우수한 속성을 부가시켜서 긍정적 신념을 형성하면서, 상대 경쟁사인 삼성전자의 QLED TV 제품속성에 대한 부정적 신념으로 변화시키려는 광고메시지를 통해 성공을 했다.

마지막으로, 다속성 태도모형 중 특히 이상점 다속성 태도모형은 신제품개발과정에서 매우 효과적으로 활용될 수 있다. 예를 들어, 삼성전자의 갤럭시 S23 시리즈 신제품 스마트폰을 개

그림 9-10 합리적 행동이론의 구조

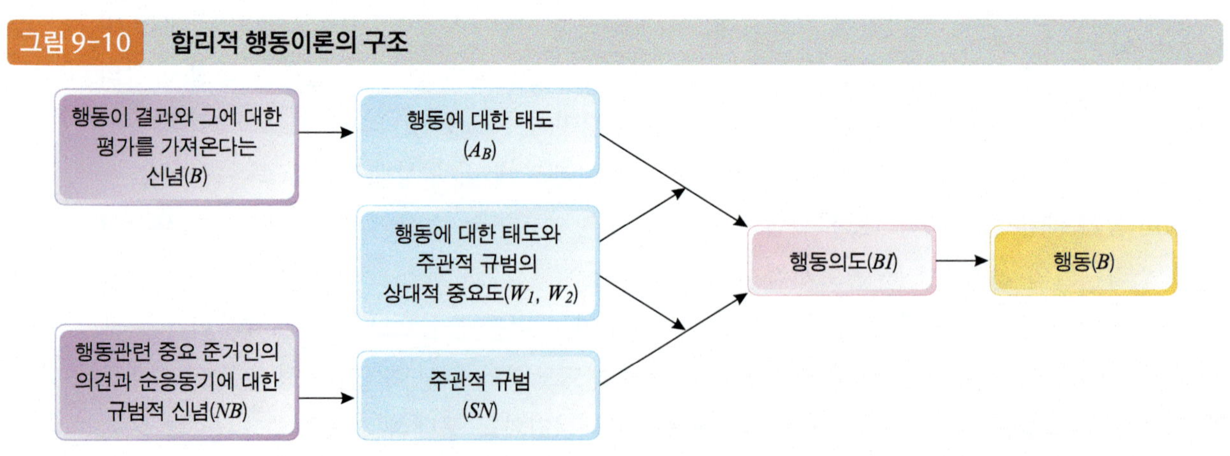

자료원 : Ajzen, I. & Fishbein, M. (1980). Understanding attitudes and predicting social behavior. Englewood Cliffs, NJ: Prentice-Hall.

발한다고 가정할 때, 이상점 다속성 태도모형을 활용한다면, 우선 표적시장의 소비자들이 가장 이상적으로 생각하는 스마트폰의 스타일(풀터치, 슬라이드, 폴더)이나 카메라 기능(1억 800만, 2억 화소), 배터리 용량(3900mAh, 4700mAh, 5000mAh) 등 각 속성별 이상점을 마케팅 조사를 통해 파악한 후에, 그 이상점에 가장 근접한 스마트폰을 개발할 수 있을 것이다.

(2) 확장된 Fishbein 태도모델

합리적 행동이론(TORA: Theory of Reasoned Action)은 초기 Fishbein의 다속성 태도모형의 한계점을 보완하기 위해서, 확장된 Fishbein 모델(Extended Fishbein Model)을 개발하여 소비자의 실제 구매행동에 대한 예측력과 설명력을 높이고자 하였다.[14]

합리적 행동이론에 따르면, [그림 9-10]과 같이 인간의 행동은 합리성에 의한 자발적인 통제하에, 행동이 결과와 그에 대한 평가를 가져온다는 신념(B)으로 형성된 태도(A_B)와 행동관련 중요준거인의 의견과 순응동기에 대한 규범적 신념(NB)에 의한 주관적 규범(SN)으로부터 심리적 부분의 영향을 받아 결정된다는 것이다. 이런 과정에 행동에 대한 태도(A_B)와 주관적 규범(SN)의 상대적 중요도(W_1, W_2)가 행동의도(BI)에 영향을 미친다. 그리고 행동(B)은 행위자의 의지에 따라 통제할 수 있기 때문에, 행동의 직접적인 결정요인은 행동에 대한 태도가 아니라, 행동을 수행하려는 행동의도(BI)로 본다는 것이다.

확장된 Fishbein 모델은 [그림 9-11]과 같이, 합리적 행동이론에 토대를 두고 있으며, 다음과 같은 특징을 나타내고 있다.[15]

첫째, 대상물에 대한 태도가 아닌 행동에 대한 태도를 다루고 있다는 것이다. 초기 Fishbein의 다속성 태도모형에서는 대상물에 대한 태도를 측정하고자 하였으며, 대상물에 대한 태도는 제품의 물리적 속성에 의해 결정된다는 것이다. 하지만, 확장된 Fishbein 모델은 대상물과 관련된 행동에 대한 태도를 측정하며, 이는 그 제품을 소비하는 소비자가 얻을 수 있는 혜택에 의해 결정된다고 보았다. 즉 제품 자체에 대한 태도 대신에 실제 제품을 구매하는 행동에 대한 소비자의 태도(A_B)를 측정하여 사용하는 것이다. 왜냐하면, 소비자가 실제 구매행동에 대한 태도형성은 제품구매의 시기나 개인적인 특수한 상황이 영향을 미치기 때문이다.

이러한 구매행동에 대한 태도(A_B)는 구매 이후에 제품이 실제로 가져다 줄 수 있는 결과(혜택)에 대한 신념(b_i)과 구매행동의 결과 그 자체에 대한 주관적인 평가(e_i)에 의해 영향을 받게 된다는 것이다. 따라서 구매행동에 대한 태도(A_B)는 제품의 구매행동이 가져다 줄 결과 i에 대한 소비자의 신념(b_i)과 구매행동의 결과 i에 대한 소비자의 평가(e_i)로 표현될 수 있다.

그림 9-11 확장된 Fishbein 모델의 구조와 특징

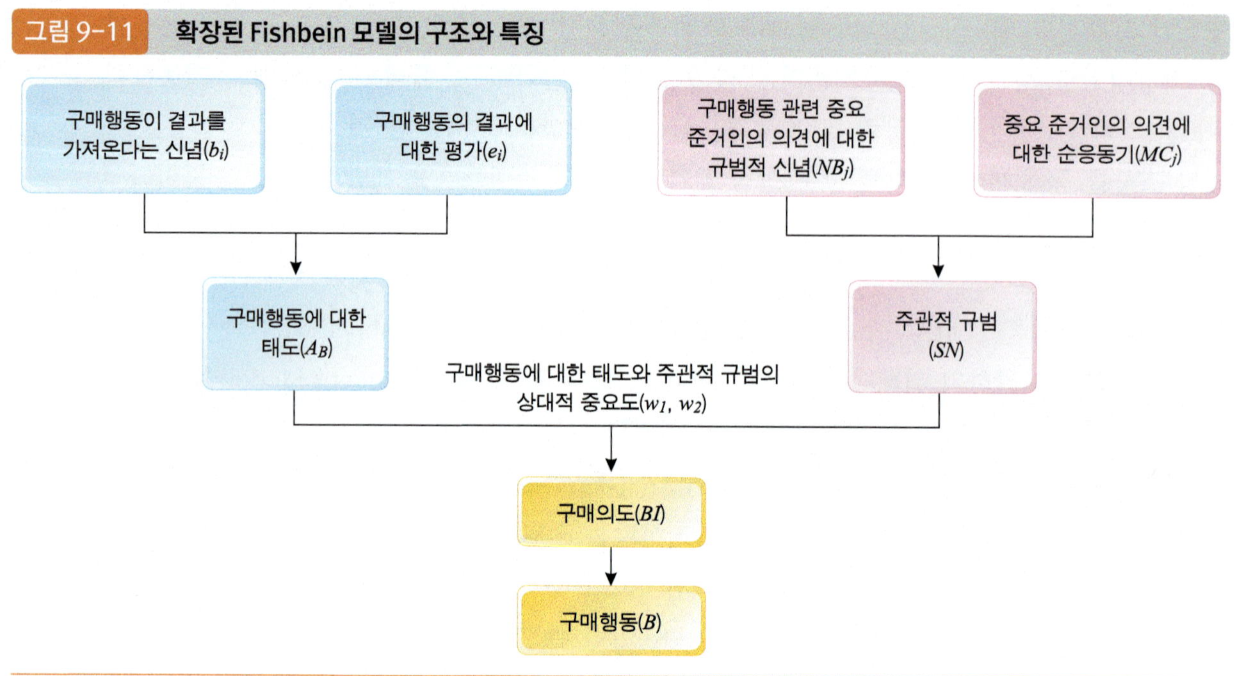

예를 들면, 20대 후반 미혼남성 직장인 A씨와 30대 중반의 기혼남성 전문직 B씨의 현대자동차 2023 SUV '코나 일렉트릭(KONA Electric)'에 대한 태도를 디자인과 성능, 그리고 승차감 측면에서 측정한다고 가정해보자.

〈표 9-4〉와 같이, 직장인 A와 전문직 B의 '코나 일렉트릭(KONA Electric)' 자동차에 대한 신념(b_i)은 아마도 두 사람 모두 호의적으로 나타날 가능성이 높다. 그러나 직장인 A씨는 아

표 9-4 코나 일렉트릭(KONA Electric)의 구매행동에 대한 태도 사례

3개월 내에 코나 일렉트릭(KONA Electric)을 구매한 후에	신념(b_i)	평가(e_i)	
		직장인 A	전문직 B
주변 사람들이 호기심으로 자꾸 쳐다볼 것이다. 전혀 아니다(1) – 매우 그렇다(5)	5	5	5
가격대비 높은 가치를 누릴 수 있을 것이다. 전혀 아니다(1) – 매우 그렇다(5)	5	2	5
승차감이 좋아서 편안하게 운전할 것이다. 전혀 아니다(1) – 매우 그렇다(5)	4	3	5
구매행동에 대한 태도(A_B) 점수		47	70

광고 9-12 코나 일렉트릭(KONA Electric) 광고

직 경제력이나 여유시간이 부족하고 평소 교외로 드라이브를 잘 나가지도 않으며, 내성적인 성격탓에 다른 사람들의 시선을 부담스러워한다. 반면에, 전문직 B씨는 경제적인 여유가 있고 시간이 날 때마다 교외 드라이브를 즐기며, 남들에게 자신만의 개성을 표현하는 것을 즐긴다. 이런 경우에, 실제로 3개월 내에 '코나 일렉트릭(KONA Electric)'의 구매행동에 대한 태도(A_B)는 전문직 B씨의 경우 매우 호의적인 평가(e_i)를 할 수 있지만, 직장인 A씨는 상대적으로 비호의적인 평가(e_i)를 할 수도 있다.

둘째, 행동에 영향을 미치는 요인으로 주관적 규범을 고려하였다. 주관적 규범(subjective norm)은 준거집단의 구성원이 자신의 행동에 영향을 줄 것이라는 개인적인 생각을 의미하는 규범적 신념(normative beliefs)과 그 준거집단에 순응하려는 순응동기(motivation to comply)에 의해서 영향을 받는다.

따라서 주관적 규범(SN)은 소비자의 중요 준거인 j의 구매행동 관련 의견에 대한 자신의 규

표 9-5 코나 일렉트릭(KONA Electric)의 구매의도에 대한 주관적 규범의 사례

	규범적 신념(NBj) 반대한다(1)-찬성한다(5)		순응동기(MCj) 따르지 않는다(1)-따른다(5)		주관적 규범(SN)점수
	직장동료	배우자/연인	직장동료	배우자/연인	
직장인 A	4	3	5	5	35(=20+15)
전문직 B	4	5	3	3	27(=12+15)

범적 신념(NB_j)과 중요 준거인 j의 의견에 순응하고자 하는 동기의 정도를 나타내는 순응동기(MC_j)로 표현될 수 있다.

앞서 살펴본 사례에서 직장인 A씨와 전문직 B씨의 주관적 규범을 〈표 9-5〉와 같이, 가정할 때 전문직 B씨에 비해 직장인 A씨가 '코나 일렉트릭(KONA Electric)'의 구매의도에 두 명의 중요한 준거인인 직장동료와 배우자/연인이 보다 긍정적인 영향력을 행사하는 것을 알 수 있다.

셋째, 실제 행동에 직접적으로 영향을 미치는 요인은 태도가 아닌 구매하려는 행동의도이기 때문에 행동의도를 통해 행동을 측정하였다. 확장된 Fishbein 모델에서는 행동의도(BI : behavioral intention)에 영향을 미치는 요인으로 구매행동에 대한 태도(A_B)와 주관적 규범(SN)을 고려하였다. 즉 구매행동에 대한 태도와 주관적 규범을 함께 고려하여 구매의도를 예측하고 있다. 이때 소비자 개인의 사전경험에 의해 결정된 구매행동에 대한 태도와 주관적 규범 간의 상대적 중요도 혹은 가중치(w_1, w_2)를 함께 고려하고 있으며, $w_1+w_2=1$이다.

만일 직장인 A씨는 상대적으로 개인의 구매행동에 대한 태도(A_B)에 더 높은 가중치($w_1=0.8$)를 부여해 온 반면, 전문직 B씨는 주관적 규범(SN)에 더 높은 가중치($w_2=0.8$)를 부여해 왔다고 가정한다면, 직장인 A씨(39.8점)가 전문직 B씨(34.6점)보다 '코나 일렉트릭(KONA Electric)'의 구매의도가 더 높을 것으로 예상할 수 있다. 물론, 구매행동에 대한 태도와 주관적 규범에 대해 소비자가 할당하는 가중치에 따라 그 최종결과는 달라질 수 있다.

이상에서 살펴본 확장된 Fishbein 모델은 다음과 같은 수식으로 나타낼 수 있다.

$$B \approx BI = w_1 A_B + w_2 SN$$

여기서 $A_B = \sum_{i=1}^{n} b_i e_i$, $SN = \sum_{i=1}^{m} NB_j MC_j$

위의 식에서 B: 구매행동, BI: 구매의도, A_B: 구매행동에 대한 소비자의 태도, SN: 주관적 규범, w_1과 w_2: 소비자 개인의 사전경험에 의해 결정된 구매행동에 대한 태도와 주관적 규범 간의 상대적 중요도 혹은 가중치로, $w_1+w_2=1$이다.

또한, 구매행동에 대한 태도(A_B)는 제품의 구매행동이 가져다 줄 결과 i에 대한 소비자의 신념(b_i)과 구매행동의 결과 i에 대한 소비자의 평가(e_i)의 결합식으로 표현된다. 주관적 규범(SN)은 소비자의 중요 준거인 j의 구매행동관련 의견에 대한 자신의 규범적 신념(NB_j)과 중요 준거인 j의 의견에 순응하고자 하는 동기의 정도를 나타내는 순응동기(MC_j)의 결합식으로 표현된다. 마지막으로, n과 m은 각각 구매행동이 가져다 줄 주요 결과의 총 개수와 중요 준거인의 총 수를 나타낸다.

(3) 계획적 행동모델

합리적 행동모델은 소비자가 대상물에 대한 구매행동에 호의적인 태도를 가지고 있거나 혹은 자신에게 중요한 준거인들이 그 구매행동을 지지할 것으로 생각한다면, 그 구매의도를 갖고 이에 따라 구매행동이 수행되는 것으로 본다. 그러나 소비자가 구매행동에 호의적인 태도나 준거인의 적극적인 지지를 받아서 구매의도를 갖고 있다고 할지라도, 특정 기간에 한정판매나 이벤트 행사로 인해 이미 매진되었을 것이라 생각하고 구매를 포기하는 경우(구매의도가 형성되지 않음), 구매하려고 매장에 갔는데 품절로 인해 구매를 할 수 없는 경우(구매의도는

그림 9-12 계획적 행동모델의 구조

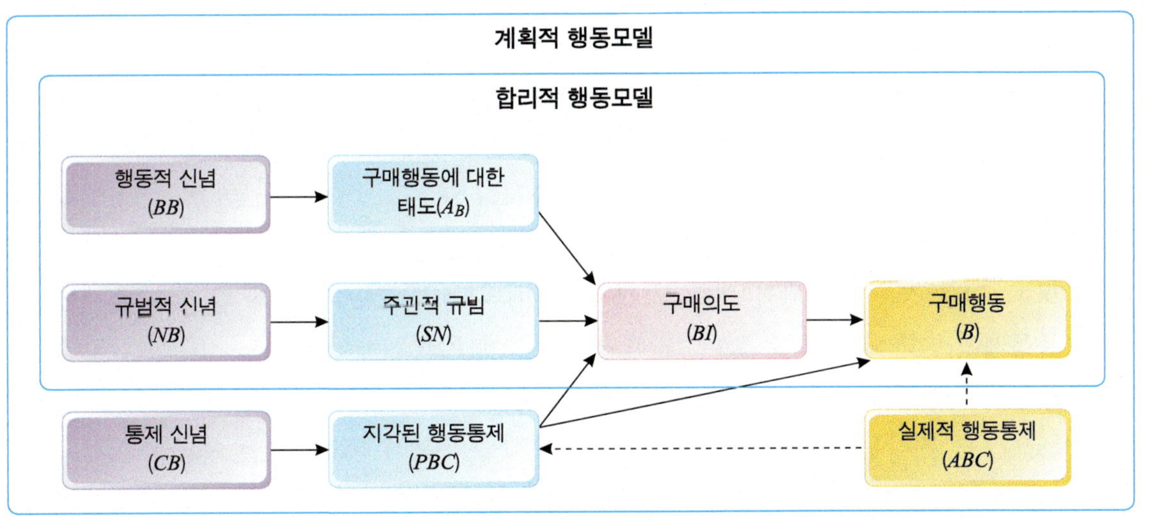

자료원 : Ajzen, I. (2000), TpB diagram, The theory of planned behavior. Retrieved from http://people.umass.edu/

있으나 구매행동이 수행되지 못함)에는 소비자행동을 설명하지 못한다.

이와 같은 상황을 설명하기 위해서 합리적 행동이론 이후에 계획적 행동이론(TPB : Theory of Planned Behavior)이 제시되었다. 계획적 행동모델은 [그림 9-12]와 같이 구매행동에 대한 태도와 주관적 규범만을 고려하는 합리적 행동모델과 달리, 지각된 행동통제라는 요인을 추가적으로 고려하여 구매의도에 영향을 미칠 수 있다고 하였다. 그래서 소비자의 자유의지에 의한 자발적인 구매(volitional purchase)와 비자발적인 구매(non volitional purchase)의 경우를 모두 포괄하는 모델이다.[16)]

이 모델에서 지각된 행동통제(*PBC* : perceived behavioral control) 개념은 소비자에 의해 지각된 행동통제의 용이성, 즉 소비자가 실제 구매행동을 수행하는 것이 얼마나 쉽다고 지각하는지를 의미한다. 예를 들면, 다이어트나 금연, 마약과 같이 일반적으로 소비자들이 스스로의 행동을 통제하기가 쉽지 않은 경우에 지각된 행동통제는 거의 대부분은 구매의도에 직접적인 영향을 미치게 되지만, 경우에 따라서는 실제로 경험한 행동통제는 구매행동수행 여부에까지 직접적으로 영향을 미칠 수 있다. 마찬가지로 사치성 명품의 충동구매나 쾌락적 제품의 구매과정에 있어서, 소비자들 간의 지각된 행동통제력의 차이는 전반적인 소비자 태도형성 및 변화과정 모델의 설명력과 예측력을 높일 수 있다. 이와 같은 소비자의 지각된 행동통제 용이성에는 실제 행동수행과정에 소요되는 시간적 · 경제적 · 인지적 자원을 소비자가 얼마나 보유하고 있는가(resource availability)의 정도와 소비자가 성공적으로 행동을 통제한 빈도(successful control frequency)에 관련된 통제신념(control belief)이 주로 영향을 미치게 된다.

따라서 앞서 언급한, 특정 기간에 한정판매나 이벤트 행사로 인해 이미 매진되었을 것이라 생각하고 구매를 포기하는 경우는 소비자가 지각된 행동통제가 낮아서 구매의도가 형성되지 않았다고 볼 수 있다. 반면에, 구매하려고 매장에 갔는데 품절로 인해 구매를 할 수 없는 경우는 소비자의 지각된 행동통제는 높으나 실제적 행동통제가 낮아서 구매의도대로 구매행동을 수행하지 못했다고 볼 수 있다. 실제적 행동통제(*ABC* : actual behavioral control)란 소비자가 수행하고자 하는 행동을 실제로 수행할 수 있는가를 의미한다.

또한, 많은 경우에 실제적 구매행동(*B*)은 구매의도(*BI*)뿐만 아니라, 그 행동에 대한 적절한 행동통제에 따라 달라질 수 있다. 지각된 행동통제(*PBC*)는 어느 정도 정확성을 갖고 실제적 행동통제를 반영하는 정도로 구매의도와 상관없이 실제적 구매행동을 예측하는데 도움을 줄 수 있다. 즉 지각된 행동통제는 실제적 행동통제를 부분적으로 반영할 수도 있어서 구매의도를 통해서 간접적으로 구매행동에 영향을 미칠 수 있으며, 구매행동을 직접 예측하는데도 이용될 수도 있다.

2. 저관여 상황에서 태도모델

앞서 살펴 본 고관여 상황에서 태도 형성 모델들은 대상물의 속성에 대한 소비자 신념과 평가를 바탕으로 태도 형성과 변화과정에 대해 설명한 것이다. 하지만 일상적으로 저관여 상황에서도 소비자의 정보처리, 의사결정, 태도변화 등이 이루어지는 경우도 많다는 것이다. 그래서 저관여 상황에서 태도 형성 모델들은 고관여와 달리 저관여 상황에서는 인지적 학습이론의 방식으로 태도 형성과 변화가 잘 이루어지지 않는다고 제안하고 있다.

저관여 상황에서 태도 형성 모델은 소비자 의사결정과정이나 정보처리에 많은 영향을 미쳤다. 마케팅 커뮤니케이션 자극에 노출되었을 때, 소비자가 어떻게 태도 형성하고 변경하느냐에 관한 연구는 주로 관여도에 따라 태도형성 과정이 다르다는 점을 밝혔다. 저관여 상황에서 소비자 태도에 관한 대표적인 이론으로는 Krugman의 저관여 효과계층 모델과 Zajonc의 단순노출효과 이론이 있다.

(1) Krugman의 저관여 효과계층 모델

소비자가 일상생활에서 편의품이나 생활용품 등을 구매할 때, 고관여 제품이나 서비스와 달리 그 속성들에 대한 신념이 구체적으로 형성되지 않은 상태에서 광고, 판매촉진 등의 마케팅 자극에 노출된 후에, 일단 제품이나 서비스를 먼저 구매하고 사용경험을 통해 나중에 브랜드를 평가하는 경우가 자주 일어난다는 것이다. 그래서 소비자는 일반적으로 저관여 제품이나 서비스 광고에 노출되었을 때, 그 정보를 소극적이고 수동적으로 처리하기 때문에 저관여 제품이나 서비스의 경우에 태도형성이 어려울 것이라고 한다. 그러나 Krugman의 저관여 효과계층 이론에 따르면, 브랜드명과 같은 단순한 정보에 자주 노출되게 되면, 강도가 약한 정보하고 할지라도 반복노출로 인해 기억 속에 저장되었다가 제품이나 서비스를 구매하게 되는 상황이 되면 브랜드가 기억에서 인출되어 구매행동에 영향을 미치게 되고, 일단 구매한 후에 사용경험을 통해 태도가 형성된다고 하였다.[17] 이러한 Krugman의 견해는 그 이후에 Ray 등에 의해 이론적으로 체계화되었다.

앞서 [그림 9-6]의 효과계층 모델에서 살펴보았듯이, Ray 등은 저관여 상황 하에서는 인지 → 행동 → 태도의 과정을 통해 행동학습과정에 기초해서 태도가 형성된다고 하였다. 즉 고관여 상황 하에서는 인지 → 태도 → 행동의 과정을 통해서 복잡한 인지정보처리과정에 기초해서 태도가 형성되는 것과 달리, 저관여 상황에서의 소비자행동은 반복광고 등 비교적 단순하고 제한된 정보를 기초로 제품을 일단 구매한 후에 사용한 경험을 통해 제품을 평가하여 태도

를 형성하게 된다는 것이다.[18)]

따라서 마케터는 저관여 상황 하에서 태도형성을 하기 위해서는 브랜드명, 캐릭터, CM송 등 브랜드를 연상시킬 수 있는 간단한 반복광고를 통해 노출을 극대화시키는 것이 효과적일 수 있다. 또한, 소비자들이 자사의 저관여 제품에 대한 직접적인 시용구매를 촉진시킬 수 있는 샘플, 쿠폰, 무료시음 등 다양한 판매촉진 수단들을 활용하면 도움이 될 수 있을 것이다.

(2) Zajonc의 단순노출효과

소비자들은 일상생활 속에서 대부분의 광고노출은 TV시청, 모바일이나 컴퓨터로 인터넷 검색할 때 주의가 다른 곳에 집중된 상황에서 발생한다. 이러한 단순노출이 소비자에게 어떤 대상물에 대해 반복적으로 발생하는 경우에는 그 대상물에 대해 호의적인 태도가 형성된다는 것이다.[19)] 반복적인 단순노출이 자극정보에 대한 호감이나 친밀감을 증가시킬 수 있다는 단순노출효과(mere exposure effect)는 Robert Zajonc의 연구를 통해 많은 관심을 끌게 되었다.

단순노출효과는 특히 소비자가 음료수, 아이스크림, 주방세제, 식초, 화장지 등의 편의품과 같은 저관여 제품을 구매할 경우에 더 크게 영향을 미친다.

소비자가 평소에 TV와 라디오 광고를 통해 반복적으로 노출된 브랜드의 제품을 마트의 진열대에서 보게 되면, 다른 브랜드의 제품들보다 더 친숙함을 느끼기 때문에 구매선택을 할 가능성이 높다.

이와 같이 소비자는 광고에 대한 우연적인 반복노출만으로도 광고하는 브랜드의 제품에 대한 선호도가 증가되고,[20)] 해당 브랜드의 제품이 소비자의 고려대상 브랜드군에 포함될 가능성도 높아질 수 있다.[21)] 특히, 저관여 제품들의 경우 반복노출로 인해 형성된 브랜드 인지도가 제품 선택에 큰 영향을 미치게 되는데, 진실성 효과(truth effect)에 의하면, 평소에 많이 보고 듣고 경험하여 친숙한 제품일수록 소비자가 믿고 구매할 가능성이 커진다는 것이다.[22)]

이와 같이 자극정보에 반복노출되는 경우에 자극에 대한 친숙성과 선호도 증가될 수 있지만, 일정 수준 이상으로 과다노출되면, 식상해서 광고효과가 떨어지는 지침효과(wearout effect)가 나타나기 때문에 오히려 부정적인 태도가 형성될 수도 있으니까 주의해야 한다.

따라서 마케터는 소비자가 반복노출로 인해서 지침효과가 나타나지 않도록 광고콘셉트는 유지하면서 창의적인 메시지를 통해 변화를 주는 것이 효과적이다. 이러한 단순노출효과는 최근에 급속하게 증가하고 있는 PPL(product placement), 빌보드광고(billboard ads), 배너광고(banner ads) 등을 통해 많이 활용되고 있다.

참고문헌

- 김학윤 (2021), 소비자행동, 무역경영사
- 이학식, 안광호, 하영원, 석관호 (2020), 소비자행동, 집현재
- Ajzen, Icek (1985), "From Intentions to Actions: A Theory of Planned Behavior," in J. Kuhl and J. Beckmann (eds.), Action Control: From Cognition toBehavior, New York, NY: Springer-Verlag, 11-39.
- Ajzen, I. (2000). TpB Diagram. The Theory of Planned Behavior. Retrieved from http://people.umass.edu/aizen/tpb.diag.html
- Ajzen, I. & Fishbein, M. (1980), Understanding attitudes and predicting social behavior, Englewood Cliffs, NJ: Prentice-Hall.
- Cacioppo, John Y., Richard E. Petty, & Katherine J. Morris (1983), "Effects of Need for Cognition on Message Evaluation, Recall, and Persuasion," Journal of Personality and Social Psychology, 45:4, 805-818.
- Chang, Chingching (2007), " Diagnostic Advertising Content and Individual Differences," Journal of Advertising, 36:3, 75-84.
- Deckers, Lambert (2005), Motivation: Biological, Psychological, and Environmental, second ed., Pearson Education, Inc., Boston.
- Ginter, James L. (1974), "An Experimental Investigation of Attitude Change and Choice of a New Brand," Journal of Marketing Research, 11 (1), 30-40.
- Hawkins, Scott A. and Stephen J. Hoch (1992), "Low-Involvement Learning: Memory without Evaluation," Journal of Consumer Research, 19 (September), 212-225.
- Janiszewski, Chris (1993), "Preattentive Mere Exposure Effects," Journal of Consumer Research, 20 (December), 376-392.
- Kaiser, Florian G. and Mark Wilson (2019), "The Campbell Paradigm as a Behavior-Predictive Reinterpretation of the Classical Tripartite Model of Attitudes," European Psychologist, 24(4), 359-374.
- Katz, Daniel (1960), "The Functional Approach to the Study of Attitudes," Public Opinion Quarterly, 24 (Summer), 163-204.
- Krugman, H. E.(1965), "The Impact of Television Advertising: Learning without Involvement," Public Opinion Quarterly, 29(Fall), 349-356.
- Lutz, Richard J. (1981), "The Role of Attitude Theory in Marketing," in Perspectives in Consumer Behavior, Harold H. Kassarjian and Thomas S. Robertson, eds., Englewood Cliffs, NJ: Prentice Hall.

- Mowen, John C. (1995), Consumer Behavior, Prentice-Hall, Inc., 4th eds.
- Ray, M. L.(1973), Marketing Communication and the Hierarchy-of- Effects, Marketing Science Institute.
- Rosenberg, Morris (1988), "Self-Concept Research: A Historical Overview," Social Forces, 68:1, 34-44.
- Rosenberg, M. J., & Hovland, C. I. (1960), Cognitive, affective, and behavioral components of attitudes. In C. I. Hovland & M. J. Rosenberg (Eds.), Attitude organization and change: An analysis of consistency among attitude components (pp. 1-14). New Haven, CT: Yale University Press.
- Shapiro, Stewart, Deborah J. MacInnis, and Susan E. Heckler (1997), "The Effects of Incidental Ad Exposure on the Formation of Consideration Sets," Journal of Consumer Research, 24 (June), 94-104.
- Solomon, M. R. (2014), Consumer Behavior: Buying, Having and Being 11th, Pearson Prentice Hall.
- Tian, Kelly Tepper, William O. Bearden, & Gary L. Hunter (2001), "Consumers' Need for Uniqueness: Scale Development and Validation," Journal of Consumer Research, 28 (June), 50-66.
- Zajonc, Robert B. (1968), "The Attitudinal Effects of Mere Exposure," Journal of Personality and Social Psychology," 9(Monograph Supplement No. 2, Part 2) 1-27.

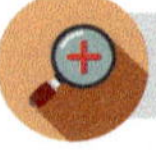

미주정리

1) Mowen, 1995
2) Cacioppo, Petty, & Morris, 1983
3) Chang, 2007
4) Tian, Bearden, & Hunter, 2001
5) Deckers, 2005
6) Rosenberg, 1988
7) Mowen, 1995
8) Katz, 1960
9) Rosenberg, & Hovland, 1960
10) Kaiser, & Wilson, 2019
11) Lutz, 1981

12) Solomon, 2014
13) Ginter, 1974
14) Ajzen & Fishbein, 1980
15) Fishbein & Ajzen, 1975
16) Ajzen, 1985
17) Krugman, 1965
18) Ray, 1973
19) Zajonc, 1968
20) Janiszewski, 1993
21) Shapiro, MacInnis, & Heckler, 1999
22) Hawkins & Hoch, 1992

참고 URL 주소

- https://blog.naver.com/tanpopoca/222423420842
- https://post.naver.com/viewer/postView.naver?memberNo=55886690&volumeNo=34606962
- http://webzine.kyowon.co.kr/Magazine/SubView?page=1&code2=5&n=1263&dp1=1&dp2=0&dp3=0

CHAPTER

10

태도 II : 태도의 측정과 변화

1. 태도 측정
2. 태도 변화

CJ푸드빌 뚜레쥬르 소비자 분석 및 '신선함' identity 확립을 위한 전략

◆ 투사법의 문장완성검사, 무의식 구현, 주제통각검사 등을 이용한 소비자 인식조사 사례

프랑스어로 '매일 매일'이라는 뜻의 TOUS les JOURS
천연 재료와 전통 방식으로 진심을 담은 건강한 빵을 만든다

>> 매장에서 직접 구운 신선한 빵을 제공하는 국내최초 오픈 베이커리

◆ 뚜레쥬르의 타겟과도 일맥상통하는 2030여성전문 잡지에서 진행한 설문조사.

뚜레쥬르와 빵에 대한 소비자 인식 조사
검사 후 추가 인터뷰를 진행해 자세한 답변 유도

뚜레쥬르에 대한 소비자 인식 조사

(1)파리바게트의이미지를그려보기
▷경쟁브랜드인식조사
(2)뚜레쥬르의이미지를그려보기
▷뚜레쥬르의인상및인식
(3)뚜레쥬르의뜻은?
▷브랜드정체성인지도
(4)뚜레쥬르가파리바게트에비해나은점은?
▷강점인식정도
(5)뚜레쥬르가어떠한제과점인지정의내려보기
▷인식의구체화)

제과점에 대한 일반적 소비자 인식 조사

(1)문장완성검사
내가구매하고싶은빵이란__________한빵이다.
(2)무의식의구현
맛있는빵혹은제과점그려보기
이상적인제과점의모습은?
(3)주제통각검사:그림제시후설명시키기
두곳의빵집사이에서있는사람,그의선택은?

>> 일주일에 3번 이상 빵을 구매하는 지인들을 대상으로 조사 실시

◆ '신선함'은 주로 연기가 모락모락 나는 그림으로 표현되었음

제과에 대한 일반 소비자들의 의식 분석 결과,
신선함에 대한 사람들의 의식을 구체화 시킬 필요가 있음을 인식

소비자가 느낀 가치, 맛·가격·신선함!

1차조사의 결과 소비자들은
맛, 가격, 신선함에 높은 가치를 매기는 것을 확인
BUT, 맛·가격은 차별화시키는 것이 어렵다고 판단

>> 뚜레쥬르 브랜드 전략인 '신선함'을 내세운 차별화 시도

◆ 단일 '파란색'으로만 승부하는 파리바게트와 달리, 녹색과 갈색으로 승부하는 뚜레쥬르는 이미지 전달력이 약함

뚜레쥬르에 대한 인식조사 결과를 바탕으로 문제점 도출
브랜드 이미지 전달에 문제가 있음을 발견

경쟁사보다 약한 이미지 전달력

(1) 파리바게트는 확실한 브랜드 이미지가 존재하나, 뚜레쥬르의 경우 뚜렷한 브랜드 이미지가 없음
(2) 뚜레쥬르의 의미를 모름
(3) 뚜레쥬르는 하나로 통일되는 이미지가 없음
(4) 뚜레쥬르 빵에 대해 신선하다는 의식이 없음

>> 신선하고 건강한 브랜드 이미지가 소비자에게 전달되지 않음

◆ 주제통각검사에서도 '신선함', '맛', '건강함' 등의 키워드가 나왔음

신선함에 대한 소비자의 의식 조사는
이전에 조사한 소비자들을 대상으로 한 번 더 실시

신선함에 대한 소비자 검사 항목 구성

(1)문장완성검사

신선함이란 ________ 이다.

(2)무의식 표현검사

신선함을 느낀 경험은?
신선하다고 생각하는 색깔은?
신선함을 그림으로 표현해보자

신선함에 대한 소비자 주제 통각 검사

당신은 음식의 신선함을 중요하게 생각하는 사람이다.
당신은 빵을 먹어보지 않은 두 제과점 사이에 서있다.

당신은 어느 한 제과점의 빵이 더 신선하다고 판단했다.
그 이유는 무엇인가?

◆ 이슬맺힌 사과, 팔딱팔딱 뛰어노는 물고기, 깊은 산속 옹달샘, 갓 구워 연기가 나는 머핀, 신선한 야채와 과일 등이 그려졌음

소비자들이 느끼는 '신선함'
2차 조사를 통해 구체화시킨 신선함을 바탕으로 새로운 전략 제시

>> 소비자 무의식 속 '신선함'을 내세운 차별화 전략 도출

◆ 지금의 빵 포장지는 그냥 일반 봉지포장. 이보다 더 신선하고 자연적인 느낌을 주기 위해 후면 친환경 용지, 전면 비닐로 처리된 포장지를 제안했음.

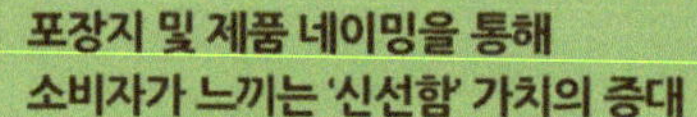

포장지 및 제품 네이밍을 통해
소비자가 느끼는 '신선함' 가치의 증대

>> 시각적 '신선함'을 주는 요소를 고려해 추가시킴

◆ "매일매일" 네이밍 추가로, 신선함과 재미를 주는 변화가 있으면 좋을 것 같음.

'매일매일'을 brand logo에 추가함으로써
매일 신선한 빵을 굽는다는 브랜드 정체성 전달

◆ 갓 구운 빵 냄새로 후각을 자극하고 신선하고 맛있는 빵의 느낌 전달

향기마케팅으로 갓 구운 빵 냄새를 소비자들에게 전달해
후각을 자극하고 신선하고 맛있는 빵의 느낌을 줌

갓 구운 빵을 매장 입구에 진열

환기구를 입구 상단에 설치해 외부에 향기 전달

>> Perception 중 후각은 제품에 대한 인지와 매장 분위기를 형성하는 요소로 빵의 신선함과 밀접한 관계

◆ 빵 나오는 시간에 대한 전달도 신선함을 떠오르게 할 수 있을 것 같아서 CJ ONE APP을 통해 푸쉬알림으로 근처 뚜레쥬르 매장(관심매장)의 빵 나오는 시간 전달하는 것도 고려해 볼만함

뚜레쥬르 입구에 제빵사의 얼굴과 이름을 적은 명패를 설치하고
해당 매장의 빵 나오는 시간을 전달해줌

제빵사 명패로 '직접 구운 사실' 인지

빵 나오는 시간을 효과적으로 전달

심층분석결과, 신선함에 직접적으로 제빵사 언급

BUT, 대부분 소비자는 뚜레쥬르 매장에서
직접 빵을 만든다는 사실을 모르고 있음

제빵사 명패를 통해 직접 만드는 사실을 인지
빵이 나오는 세 번의 시간을 크게 나타냄에 따라
직접 빵을 만든다는 사실을 알림

◆ 뚜레쥬르 하면 'fresh', 'healthy'의 스키마가 떠오를 수 있게 하는 광고를 제안함

신선함을 직관적으로 보여주는 광고 제작으로
소비자 무의식 속 뚜레쥬르와 신선함의 결합

광고 스토리보드

신선함을 떠올릴 스키마를 제공

타 빵집 광고와 똑같은 메시지를 전달하는
현재의 광고는 소비자에게 기억되지 않는다.

따라서 '뚜레주르 = 신선함' 을 더욱 강조하기 위해
신선함 하면 떠오르는 것들을 광고에 배치하다.

직접적인 연관성이 없으나 신선함이라는 공통된
요소를 지닌 이미지들을 제시하고

마지막에 뚜레주르의 로고와 슬로건을 보여주며
'뚜레주르 = 신선함' 의 공식을 심어준다.

• 자료원 : 안혜연, CJ푸드빌 뚜레쥬르 소비자 분석 및 '신선함' identity 확립을 위한 전략(내용일부 수정함)

앞서 제9장에서는 소비자 신념과 태도를 형성해가는 과정에 대해 살펴보았다. 본 장에서는 소비자 태도의 측정과 변화에 관한 다양한 이론들을 설명하려고 한다. 우선 태도의 측정과 관련해서는 일반적으로 많이 활용하고 있는 리커트 척도와 어의차의 척도 등을 살펴본다. 그리고 이러한 측정도구로 측정하기 어려운 태도 대상물에 대한 소비자의 인지적, 감성적, 행동적 반응측정에 보완적으로 활용할 수 있는 기법들을 간략하게 설명하고자 한다.

또한, 소비자 태도의 변화에서는 소비자에게 형성된 태도나 평가가 외부 마케팅 자극이나 개인적인 경험에 의해서, 어떻게 변화될 수 있는지를 구매의사결정 전과 후로 구분하여 태도 변화를 살펴보려고 한다.

1 태도 측정

1.1 소비자 태도의 측정

소비자행동 연구에서 태도는 주로 리커트 척도와 어의차의 척도를 활용해서 측정된다. 먼저 리커트 척도(Likert scale)는 설문조사 등에 사용되는 심리검사를 통한 응답척도의 하나로, 소비자에게 태도 대상물의 평가와 관련된 문장을 제시해 주고, 응답자가 제시된 문장에 대해 얼마나 동의하는지를 답변하게 해서, 그 동의하는 정도를 측정하는데 활용된다.

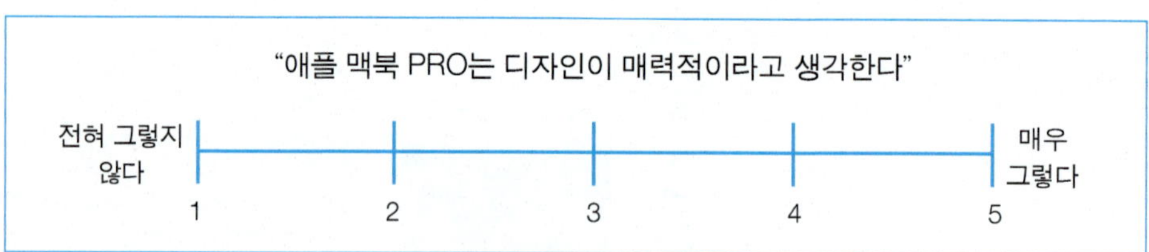

반면에, 어의차이 척도(Semantic Differential Scaling)는 어떤 대상물에 대해 서로 상반되는 두 개의 형용사를 배치하여 대상물의 속성에 대한 평가를 내리도록 하는 척도로써, 소비자에게 태도 대상물의 평가와 관련된 양극형용사(bipolar adjective)를 제시해 주고 양극단의 연속선 상에서 주관적인 평가를 유도하는 방법이다.

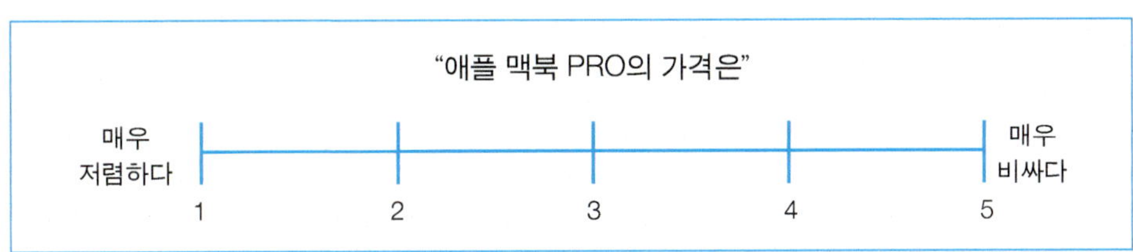

어의차이 척도의 측정대상에는 리커트 척도와 마찬가지로 제품, 서비스, 브랜드, 가격, 디자인 등 소비자 태도의 대상물들이 모두 포함될 수 있으며, 측정도구로는 앞서 예시된 것과 같은 등간척도가 많이 사용되는 편이다. 그리고 척도는 주로 5점 혹은 7점 척도와 같이 중립적 반응(7점 척도의 4점, 5점 척도의 3점) 표현이 가능한 홀수척도, 6점 혹은 10점 척도와 같이 중립적 반응이 불가능한 짝수 척도가 모두 사용될 수 있다. 일부 연구에서는 소비자들로부터 보다 숙고된 태도 도출을 위해서는 짝수척도를 활용해야 한다는 주장도 있다.[1)]

또한, 투사법에서 많이 활용되는 은유나 비유의 방법을 통해서도 태도 대상물에 대한 인지 및 감성반응을 측정하여 소비자의 태도를 파악할 수 있다. 투사법(projective technique)이란 비교적 모호하고 구조화되지 않은 자극을 제공함으로써, 소비자 자신의 성격이나 기능에 따라 구성해 내도록 요구하는 조사방법이다. 투사법에서의 소비자의 반응은 그 소비자의 욕구, 동기, 감정 및 정서가 투영되어 있다고 본다.

투사법에는 어떤 단서자극에 대해 연상을 알아보는 연상기법(association technique: 단어 연상검사 등), 어떤 자극을 보고 창조적 혹은 구성적 산물(그림이나 이야기)을 산출하도록 하는 구성기법(construction technique: 주제통각검사 등), 미완성된 자극을 피검사자에게 제시하여 완성하도록 하는 완성기법(completion technique: 문장완성검사 등), 어떤 사진이나 그림 등을 선택하도록 하는 선택기법(choice or ordering technique : 스톤의 선다형 로샤 검사 등), 구성기법과 유사하나 피검사자의 최종적 결과보다 산출하는 과정을 중요시하는 표현기법(expressive technique: 인형놀이 등) 등이 있다.

투사법 조사의 장단점으로는 조사의도가 뚜렷하지 않아 소비자가 의도적으로 반응을 왜곡할 가능성이 적다. 그리고 자기보고식 조사로는 알기 어려운 내면의 갈등, 욕구, 대인관계 등을 알아낼 수 있는 장점이 있다. 단점으로는 객관적인 해석이 어려운데, 이는 해석자의 주관적인 요인이 개입될 가능성이 있어 그 신뢰성이나 타당성에 의문이 제기될 수 있는 단점이 있다. 따라서 조사를 실시하고 적절하게 해석하기 위해서는 경험이 풍부한 전문가가 필요하다. 다수를 대상으로 간편하게 시행하기 어렵다. 예를 들어, 도입 사례에서 CJ푸드빌의 뚜레쥬르를 대상으로 한 소비자 인식조사는 투사법의 문장완성검사(sentence completion tests), 빵이나 제과점 등의 단어연상법(word association tests)을 통한 무의식구현, 그림을 제시하고 묘사하는 주제통각검사(thematic apperception tests) 등을 이용한 조사결과를 마케팅전략에 활용할 수 있다.

다음에서는 리커트 척도와 어의차이 척도를 통해 측정하기 힘든 소비자의 태도 대상물에 대한 인지적, 감성적, 행동적 반응측정에 보완적으로 활용할 수 있는 기법들을 간략하게 설명하고자 한다.

1. 인지적 반응과 태도 측정

(1) 인지적 반응

소비자들이 일상생활 속에서 외부로부터 유입되는 정보를 처리하는 과정을 통해 사고하는 인지활동의 결과로 여러 가지 인지적 반응을 나타내게 된다. 인지적 반응(cognitive response)이란 외부정보를 처리하는 중이나 처리 후에 발생하는 적극적인 사고과정 또는 인지활동을 말한다. 예를 들면, 소비자들은 광고메시지를 접한 후에 메시지 자체("TERRA맥주는 100% 리얼탄산, 청정라거")보다는 메시지에 대한 자신의 반응("이 광고메시지는 믿을 수 있다")을 기억한다. 따라서 소비자들은 광고메시지가 전하는 제품속성 정보를 있는 그대로 받아들이기 보다는 해당 정보에 노출되는 과정에서 발생하는 개인의 생각인 인지적 반응에 따라 수용여부를 결정한다.

인지적 반응에는 일반적으로 긍정적 반응인 메시지에 대한 지지주장(support argument)과 정보원 지지(source bolsters) 등이 있으며, 부정적인 반응인 메시지에 대한 반박주장(counter argument)과 정보원 격하(source derogation) 등이 있다. 소비자들은 어떤 메시지를 들으면서, 그 메시지가 의미하는 내용에 동의할 수도 있고 부정할 수도 있다. 만약에 소비자가 광고메시지에 노출된 후에, 긍정적인 인지적 반응의 수가 부정적인 인지적 반응의 수보다 더 많으면, 광고에 포함된 정보를 받아들여 설득이 될 수 있다.

따라서 브랜드 태도와 관련된 인지기반 모델에서는 소비자가 광고에 노출된 후에 긍정적인 인지적 반응의 수가 더 많이 발생했을 때, 브랜드 관련해서 긍정적인 인지구조가 형성되고, 그 이후에 브랜드에 대한 태도가 호의적인 태도가 형성된다고 한다.

따라서 마케터는 긍정적인 브랜드 태도를 제고하고, 소비자의 구매의도를 증가시키기 위해서 소비자 신념과 인지적 반응에 영향을 미치려고 노력해야 한다. 이런 노력의 일환으로 마케터는 소비자들이 중요하게 생각하는 속성에 대한 신념을 변화시키거나, 자사제품의 새로운 속성이나 특정 속성의 중요성을 부각시키는 등 소비자의 신념과 인지적 반응에 영향을 미치고, 이를 통해 호의적인 태도형성 및 변화를 시킬 수 있는 전략을 개발해야 한다.

(2) 인지적 반응의 측정

소비자의 제품에 대한 전반적인 평가인 태도나 신념, 속성 중요도, 주관적 규범, 순응동기 등 태도모형에서 활용되는 대부분의 인지적 반응은 리커트 척도나 어의차이 척도를 사용하여 측정할 수 있다. 하지만, 주어진 항목들 이외에 소비자가 자유롭게 떠올리는 생각, 즉 인지적 반응(cognitive response)은 측정할 수 없다. 따라서, 아래와 같이 태도의 대상물에 대해 머릿속에서 자유롭게 떠오르는 생각을 기술하도록 유도하는 사고목록화 기법(thought listing technique)을 활용하여 소비자의 자유의지에 의한 태도의 대상물에 대한 인지적 평가반응을 측정할 수 있다. 즉 사고목록화 기법은 아래와 같이, 개방형 질문(open-ended question)을 통해 소비자가 광고메시지나 브랜드 등 제시된 정보를 본 후에 갖게 되는 생각이나 느낌을 자유롭게 기술하도록 해서 조사하는 방법이다.

"애플 맥북 PRO 브랜드에 대해 생각나는 점을 자유롭게 적어 주세요."

"TERRA 맥주 광고를 본 후에 떠오르는 생각을 자유롭게 적어 주세요."

이와 같은 인지적 반응은 연구과제와 무관한 2~3명의 독립적인 조사자들 간의 토론과 합의에 의해 긍정적, 부정적, 중립적인 인지적 반응으로 구분된다. 특정 대상물에 대해서 소비자가 '디자인이 멋있다', '매력적이다', '잘 어울린다' 등과 같이, 대상물의 차별적인 특성, 속성과 기능 등에 대한 고려없이 제품에 대한 소비자의 전반적, 혹은 단순한 평가적 사고(whole or simple evaluative thought)에 의한 인지적 반응이 있다. 그리고 제품의 구체적인 속성과 기능을 바탕으로 'TERRA는 100% 리얼탄산 맥주라서 맛이 좋을 것 같다' 등과 같이 속성지향적 사고(attribute-oriented thoughts)에 의한 반응, '노트북보다는 태블릿PC와 유사한 디자인과 가벼워서 마음에 든다' 등과 같이 유사성에 기반을 둔 카테고리 지향적 사고(category-oriented thoughts)에 의한 반응, 제품평가와는 무관한 사고(irrelevant thought)에 의한 인지적 반응 등으로 구분된다.[2)]

일반적인 분석과정에서는 전체 인지적 반응과 각 유형별 인지적 반응의 개수, 혹은 전체 인지적 반응의 개수에서 각 유형별 인지적 반응이 차지하는 비율, 예를 들어, 전체 인지적 반응 개수에서 긍정적·부정적 인지적 반응의 개수가 차지하는 상대적인 비율(ratio) 등의 변수가 활용될 수 있다.

2. 감정적 반응과 태도 측정

(1) 감정적 반응

소비자들은 즐거움, 기쁨, 흥미, 행복감, 온화함, 유쾌함, 따뜻함 등의 긍정적 감정요소들과 두려움, 분노, 공포 등의 부정적 감정요소들을 통해서 태도가 형성되고 변화되기도 한다. 즉 소비자들은 광고노출을 통해서 유발된 감정적 반응(emotional responses)에 의해 광고태도가 형성되고, 형성된 광고태도는 브랜드 태도에 영향을 미치는 것으로 나타나고 있다. 소비자의 감정적 반응은 광고를 보는 동안에 소비자가 가질 수 있는 느낌(feeling), 혹은 감정(emotion, affect)을 말한다. 이런 감정적 반응을 유발하는 자극에 의한 태도변화는 주로 느낌이나 감정지향적인 광고에 의해 유발된다. 이런 유형의 광고는 신념에 영향을 미칠 수 있는 제품의 특징과 편익 등의 정보제시를 통한 인지적 반응보다는 소비자에게 특정 감정을 유발시키는데 주안점을 두고 있다. 예를 들면, 기업은 웃음을 주는 유머, 정, 사랑, 고향의 향수, 따뜻함 등을 주는 감성광고, 성적매력을 나타내는 성적소구광고, 유명 연예인, 음악이나 배경장면 등을 이용한 광고 등을 통해 긍정적인 감정을 유발시켜 브랜드 태도를 형성하고 변화시키려고 노력하고 있다. 물론 공익광고 중에는 술, 담배, 마약 등과 같은 제품의 경우, 두려움이나 걱정을 유발시키는 공포소구를 통해 오남용을 억제하기 위한 감정적 반응을 통해 태도변화에 영향을 미치기도 한다.

일반적으로 고관여 상황과 제품에서는 제품의 속성을 중심으로 한 이성적 소구를 통한 광고전략이 지속적인 태도를 형성하거나 구매행동을 유발시키는데 긍정적인 영향을 미친다고 한다. 하지만 저관여 상황과 제품에서는 감성적 소구를 통한 광고전략이 태도를 형성하고, 반복노출광고로 광고효과를 높임으로써 구매행동으로 연결될 수 있다.

(2) 감정적 반응의 측정

소비자의 제품에 대한 감정적 반응의 측정은 인지적 반응의 측정과 마찬가지로 제품에 대한 감정적 평가와 관련된 문장에 대한 동의의 정도를 리커트 척도를 활용하여 측정하거나, 개인의 감정이나 감성을 표현하는 형용사를 포함한 어의차이 척도를 활용하여 쉽게 측정할 수 있다.

이러한 방법은 대부분의 경우 소비자 자신의 현재 감정을 스스로 보고하는 자기감정보고(self-report of affect)의 형태로 감정반응을 측정하는 방법이며, 다음과 같은 심리-생리학적 기법(psycho-physiological technique)들도 많이 활용되고 있다.

① 피부전도반응 테스트

갈바닉 피부전도반응(GSR: Galvanic Skin Response) 테스트는 교감신경계가 활성화되면서 땀샘을 자극하여 분비된 소량의 땀 때문에 변화하는 피부의 전기전도를 측정하는 방법이다. 많은 경우 땀은 스트레스나 감정적인 자극에 대한 반응으로 배출되며, 강력하게 형성된 태도, 특히 감정적 차원에서 강하게 형성된 태도를 외부에 표현하는 경우 땀이 배출되기도 한다. 그러나 피부전도반응(GSR) 테스트는 부정적인 감정과 긍정적인 감정에 대한 반응이 제대로 구별되지 못해 태도의 중요한 속성 중의 하나인 호의성 척도 상에서의 극성이나 방향성이 올바르게 반영되지 않을 수 있다.

또한, 피부전도반응(GSR) 테스트는 자극에 대한 감정적 반응 이외에 인지적 자극, 특히 마케팅 자극의 신기함(novelty), 스키마 불일치(schema incongruity), 의외성(unexpectedness) 등에 의해 발생될 수 있다는 단점도 있다.

② 동공확장 측정법

동공확장(Pupil Dilation) 측정법은 소비자는 자극에 대한 감정적 변화에 따른 동공확장의 정도를 측정하는 방법이다. 즉 소비자가 어떤 자극물을 보고 있을 때, 동공확장의 정도는 그 자극물에 대한 관심도나 감정적 반응을 나타낸다고 한다. 예를 들면, 소비자는 자신이 싫어하거나 혐오스러운 시각적 자극에 노출되었을 경우에는 동공이 수축하고, 반면에 자신이 좋아하는 제품이나 매력적인 시각적 자극에 노출된 경우에는 동공이 확장된다고 한다.[3)]

따라서 소비자는 외부 자극정보에 대한 좋고, 싫어함 등의 감정적 변화에 따라 동공의 크기가 변화하는 데, 이런 동공의 변화는 각각 비호의적이거나 호의적인 태도와 연관지을 수 있다는 것을 나타낸다. 하지만, 피부전도반응(GSR) 테스트와 마찬가지로 태도의 방향성과 무관하게 동공이 확장되거나 수축되는 반응도 자주 발생될 수 있다는 단점도 가지고 있다.

③ 안면근육의 움직임 측정법

우리는 일상적으로 난처한 일을 겪는다든지, 보고 싶지 않은 사람을 만나서 같이 있을 때 무의식적으로 얼굴을 찡그리는 경우가 흔히 있지만, 반대로 좋은 소식을 듣거나 반가운 친구를 만났을 때는 얼굴에 미소를 짓게 된다.

이러한 얼굴표정은 비언어적 커뮤니케이션 수단으로서 다양한 감정을 통해 충분한 의사전달 역할을 수행할 뿐만 아니라, 개인이 특정한 감정을 경험하게 되면 신체적인 변화가 유발되며 위계적 순서에 따라 얼굴표정에도 인과적인 효과가 발생한다. 그래서 얼굴표정과 감정은 서로 밀접한 연관성을 갖고 있다고 할 수 있다.

이와 같이 소비자가 얼굴표정을 통해 다양한 감정을 드러낼 때, 사용하는 안면근육의 움직임(Facial Electromyographic(EMG) Activity)을 측정해서 소비자의 감정반응을 측정할 수 있다.[4] 따라서 소비자가 노출된 자극정보에 대해 긍정적인 감정을 갖는지, 혹은 부정적인 감정을 갖는지를 얼굴표정에서 드러난 안면근육의 움직임을 측정해서 파악할 수 있고, 그에 따라 소비자의 태도형성과 행동양식에도 상이한 결과가 초래될 수 있다.

한편, 안면근육의 움직임, 근전도나 뇌파, 혹은 fMRI기법 등과 같이, 소비자가 뇌의 특정 부위를 사용함에 따라 달라지는 뇌의 산소사용량을 촬영하는 뇌영상(brain imaging)기법을 활용하여 감정적 반응을 측정하기도 한다.

3. 행동적 반응과 태도 측정

(1) 행동적 반응

태도의 행동적 요소는 어떤 개인이 태도 대상물과 관련된 구체적인 행동을 착수하거나, 어떤 특정한 방식으로 행동하려는 가능성을 말한다. 제품이나 서비스를 통해 형성된 소비자의 태도는 특정 행동적 반응으로 이어진다. 이런 행동적 반응(behavioral response)과 관련된 선행연구에서 서비스 접점에서 발생되는 소비자의 감정은 미래의 행동의도에 결정적인 역할을 수행한다고 하였고,[5] 소비자는 부정적 감정상태일 때보다 긍정적 감정상태일 경우에, 더 높은 구매의도와 소비성향을 보인다고 하여 소비자의 감정적 반응이 행동적 반응에 유의한 영향이 있음을 확인해 주고 있다.[6] 다시 말해서, 소비자가 제품이나 서비스와 관련된 신념이나 지식들에 대한 자신의 평가에 기초하여 태도 형성과 변화에 영향을 미쳐서 행동의도와 행동으로 나타난다는 것이다.

이런 행동의도는 다양한 분야의 연구에서 합의된 정의없이 포괄적으로 사용되는 개념이다. 인간의 행동은 행동의도가 선행되어 나타나지만, 인간의 복잡한 사고과정 속에서 행동의도가 모두 행동으로 나타나는 것은 아니며, 기타 개입요인에 의해 실제 행동이 결정된다는 것이다.

소비자행동과 관련된 선행연구에서 행동의도는 주로 재구매 의도와 구전의도를 측정하는 항목을 포함하여 주로 만족에 관한 결과변수로 사용되었다. 그러나 행동의도는 긍정적 행동의도뿐만 아니라 부정적 행동의도도 포함하는 개념이다. 즉 재구매의도, 구전의도와 같은 긍정적 행동의도와 다른 브랜드로의 전환의도, 불평의도와 같은 부정적 행동의도로 구분된다.[7] Fishbein과 Ajzen은 합리적 행위이론에서 태도-행동을 예측하는데 행동의도를 매개변수로 사용하여 태도가 행동의도의 선행변수가 된다는 것을 확인하였다.[8] Oliver는 유통환경에서 나타난 소비자의 만족과 태도, 재구매의도에 관한 연구에서 소비자의 만족이 태도에 긍정적인 영향을 미치며, 긍정적인 태도가 재구매의도를 증가시킨다는 결과를 나타냈다.[9]

(2) 행동적 반응의 측정

소비자행동 연구에서 행동적 반응은 소비자가 실제로 수행하는 행동에 대한 관찰을 통해 측정되기보다는 감성적 반응의 측정과 마찬가지로 소비자들 스스로의 행동이나 행동의도에 대한 자기보고(self-report) 형태로 주로 측정된다. 물론, 소비자가 여러 기간에 걸쳐 특정 제품과 관련하여 수행한 유사한 행동들에 대한 평균적인 측정치(multiple acts measure)는 실제 행동의 수행여부와 높은 상관관계를 지닐 수도 있다. 하지만, 소비자가 행동측정에 대한 인지를 하고 있는 경우에 행동적 왜곡반응(response distortion) 현상이 발생될 수 있는 여지가 많다. 그래서, 제품의 구매나 할인, 무료샘플, 쿠폰, 구매시점 자극물 등을 통한 행동적 반응은 실제로 확인할 수 있는 소비자 패널데이터를 활용하는 것이 더 바람직할 수 있지만, 이런 경우에 행동적 반응 이외에 인지적 반응이나 감성적 반응은 동시에 측정할 수 없기 때문에 소비자 선택행동의 원인과 결과에 대한 심층적인 분석에 많은 제약이 따른다.

행동적 반응을 측정하는 방법은 문화인류학의 대표적 연구조사방법의 하나인 에스노그라피(Ethnography) 방법에서 주로 사용되는 참여-관찰기법이 많이 활용되고 있다. 즉 에스노그라피 방법은 [그림 10-1]과 같이, 그리스어로 사람을 뜻하는 'Ethno'와 기록 혹은 기술(writing)을 뜻하는 'Graphia'의 합성어로, 쉽게 말해서 '사람에 관한 기술'이라는 의미이다. 대화뿐만 아니라 변화, 제스처, 주변상황에 대한 반응까지 함께 확인하며, 사용자를 둘러싼 세계를 깊이 있게 경험하고 이해하여 사용자와의 공감대를 통해 인사이트(insight)를 이끌어 낼 수 있는 장점이 있는 방법이다.[10] 이는 사용자가 의식하지 않고 행동하는 과정에서 발생하는 의미있는 행동이나 말들을 찾아내고, 이를 분석하여 잠재적인 사용자의 페인 포인트(Pain Point, 불편함을 느끼는 지점)와 욕구를 발견할 수 있다.

에스노그라피 방법을 통해 연구자가 매장이나 개별 소비자의 집을 방문하여 제품과 관련된 소비자의 행동을 수동적으로 관찰하거나, 보다 적극적으로 소비자의 입장에서 생각하고 행동

그림 10-1 에스노그라피 구성요소

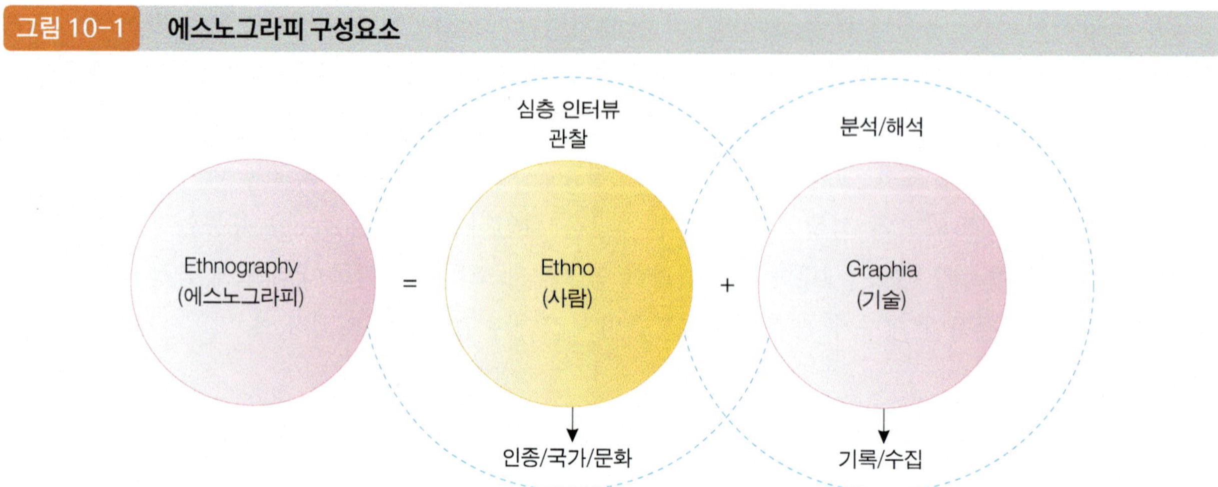

자료원 : http://webzine.kyowon.co.kr/Magazine/SubView?page=1&code2=5&n=1263&dp1=1&dp2=0&dp3=0

하는 자연주의적 탐구조사(naturalistic inquiry)를 통해 일상생활에서 분리되지 않은 있는 그대로의 소비자 라이프스타일과 실제 행동유형을 파악하기도 한다. 또한 소비자가 제품의 전달과정에서 받은 경험분석으로는 제품을 구매하고 활용하는 과정에 안내사항은 충분한지, 바로 사용하기 쉬운지, 제품을 사용하기 위해서 번거로운 점은 없는지에 대한 고객경험을 기준으로 찾아보는 방법이 있다.

최근에는 직접 관찰이 아닌 비디오카메라를 설치하여 장시간 녹화하고 이를 분석하는 비디오 에스노그라피(Video Ethnography) 기법이 주로 사용된다. 비디오 에스노그라피는 특정 장소에 카메라를 고정시켜 놓고 소비자의 제품사용 행태를 관찰하는 방법이다. 소비자의 사전 동의 하에 카메라를 설치한 후, 조사대상자는 어느 정도 시간이 지나면 카메라에 대해 무신경해졌을 때, 그들의 무의식적인 행동을 여과없이 관찰가능하다는 장점이 있다. 연구주제에 따라 거실, 부엌, 작업실, 차량 등에서 며칠 동안 진행하는 상황을 녹화해 관찰하는 것이 가능하지만, 소비자에 대한 사전동의를 구하는 과정이나 대량의 비디오 데이터를 분석해야 하는 과정 등으로 인해 매우 어려운 조사방법 중 하나다. 예를 들면, 한 세탁세제 회사에서는 주부들이 빨래한 뒤 냄새를 맡아보는 행위에 주목해 세제에 좋은 향기를 추가했다. 무의식적 행동에서 이끌어낸 비디오 에스노그라피의 대표적 사례이다.

이와 같이, 참여-관찰을 통해 수집된 자료는 추가적으로 개별 인터뷰나 설문조사를 통해 수집한 자료들과 함께 통합적으로 분석되어 제품개발이나 디자인에 반영시킬 수 있는 다양한 고객 인사이트(customer insight)를 발굴하는 데 사용된다.

광고 10-1 **LG전자의 '오브제컬렉션 더블 매직스페이스' 냉장고 광고**

소비자 조사에 에스노그라피 기법을 활용하는 국내 대표적인 기업으로 삼성전자의 UDS (user driven sensing), LG전자의 LSR(life soft research), 그리고 아모레퍼시픽의 DCC(direct consumer contact) 등이 다양한 디자인 리서치 전담조직을 운영하고 있다.

에스노그라피 방법을 활용해 출시된 제품의 사례로는 [광고 10-1]의 LG전자의 '오브제컬렉션 더블 매직스페이스' 냉장고의 경우, '매직스페이스'라는 '냉장고 안 미니 냉장고'로 불리는 신개념 수납공간을 갖추고 있다. 초기 LG 전자의 매직스페이스 냉장고 개발할 때, 에스노그라피 조사를 통해 소비자가 상대적으로 자주 사용하지 않는 냉동실을 아래로 배치하고 주로 사용하는 냉장실과 채소칸을 위쪽으로 배치하고, 자주 꺼내먹는 음식을 '매직스페이스'에 넣어두면 문을 여는 빈도와 냉기 손실을 절반으로 줄일 수 있는 디자인으로 많은 인기를 얻었다.

2 태도 변화

2.1 소비자 태도의 변화

일반적으로 태도는 오랜 시간에 걸쳐서 다양한 요인들에 의해 형성되며, 소비자행동에도 영향을 미치는 가장 중요한 변수이다. 일단 형성된 태도는 비교적 안정된 균형상태를 이루고 있으며, 특히 태도의 인지적 요소와 감정적 요소가 균형을 이루어 지속되는 경우에는 여러 가지 다양한 환경적인 영향변화에 대해서도 일관성을 유지하려는 경향을 나타낸다. 그러나 이와 같이 태도 변화가 어렵다고 하지만, 소비자 태도가 일관성을 유지하지 못할 정도로 강한 외부 자극이 주어지면 태도의 안정성은 무너지고 소비자는 기존의 태도를 재구성하게 된다. 이때 소비자 태도의 변화의 정도는 소비자 경험의 정도, 목표, 가치 등과 마케팅 자극 등 외부적 요인에 따라 달라질 수 있다.

따라서 소비자 태도의 변화는 마케팅전략의 중요한 목표라고 할 수 있다. 실제로 기업의 광고촉진비 중에서 상당한 부분이 제품이나 서비스와 관련된 추가적인 정보제공이나 설득적 커뮤니케이션 활동을 위해 제공함으로써, 소비자의 브랜드 태도와 선호도를 변화시키기 위해 사용되고 있다.

이와 같이 소비자 태도의 변화는 기업의 마케팅 자극인 설득 커뮤니케이션 과정을 통해 실현되는데, 이런 과정을 통해 소비자가 자사의 제품, 브랜드, 기업 등에 대해 호의적인 태도를 형성하도록 하여 구매행동으로 이어지는 과정으로 나타나게 된다.

따라서 소비자 태도의 변화에서는 소비자에게 형성된 태도나 평가가 외부 마케팅 자극이나 개인적인 경험에 의해서 어떻게 변화될 수 있는지를 구매의사결정 전과 후로 구분하여 태도변경을 살펴보려고 한다.

1. 구매 전 소비자 태도의 변화

소비자 구매의사결정 전의 소비자 태도를 변경하기 위한 전략으로는 다속성 태도모델, 균형이론, 기능이론, 사회판단이론 등이 있다.

(1) 다속성 태도모델과 태도변화

다속성 태도모델에서 태도는 대상물에 대한 신념강도, 평가를 위한 속성의 수, 평가속성의 중요도 등을 변화시켜서 대상물에 대한 전반적인 태도를 변화시킬 수 있다.

첫째, 제품이나 서비스의 속성에 대한 신념을 변화시키는 것이다. 소비자들이 부정적인 신념에 대해서는 제품개선을 통해 신념의 강도를 더 높게 인식하도록 노력하거나, 실제보다 속성을 낮게 평가하는 경우에는 광고전략을 통해 속성에 관한 정보를 정확하게 전달할 수 있어야 한다.

둘째, 소비자들이 평가하는 기준에 새로운 속성을 추가해서 호의적인 태도형성을 할 수 있어야 한다. 소비자들이 중요하게 인식을 하지 못하는 속성 중에서 자사제품의 독특하고 차별화된 속성이 있으면, 광고전략을 통해서 평가기준 속성에 포함될 수 있도록 인식시켜야 한다. 예를 들면, 진로소주에서는 소비자들이 기존의 소주음료에서 별로 중요하게 생각하지 않았던 '제로 슈거'라는 속성을 강조하면서 다이어트나 당 성분에 민감한 소비자들의 호의적인 태도를 강화할 수 있다.

셋째, 소비자들이 인식하고 있는 평가속성에 대한 중요도를 변화시킨다. 자사제품이 가지고 있는 강점 속성의 중요도는 부각시키고, 약점 속성의 중요도에 대해서는 낮출 수 있도록 광고

광고 10-3 진로소주의 '우리 두껍'편

메시지를 통해 인식시켜야 한다.

(2) 비교판단이론

소비자가 특정 브랜드의 제품을 평가하는 경우, 흔히 '성능이 좋다', '가격이 비싸다', '디자인이 좋다', '마음에 든다' 등과 같은 주관적인 판단이나 태도를 형성할 때, 다른 브랜드의 제품들과 주로 비교하게 된다. 예를 들면, 마시는 링거(ringer)음료인 '링티(LingTea)'가 소비자들이 수분보충을 위한 용도로 이용한다면, 생수나 이온음료와 비교해서 수분 보충효과가 탁월하다는 평가로 호의적인 태도가 형성될 수 있다. 그리고 약국용 제품인 '링티 플러스'는 병원에서 링거수액과 비교해서도 가루 한 포를 물 500ml에 녹여 마시면 되기 때문에 훨씬 간편한 장점과 피로개선 효과 등이 탁월하다고 해서 호의적인 태도가 형성될 수 있다. 이처럼 소비자의 제품에 대한 평가는 대부분 상대적인 평가가 주를 이루고 있다.

광고 10-4 링티(LingTea) 광고

따라서, 제품에 대한 소비자의 태도가 긍정적 혹은 부정적으로 형성되고 변화되는 과정은 어떤 비교기준(point of comparison) 혹은 준거기준(frame of reference)을 갖도록 유도하는 것과 밀접한 관련이 있다. 이와 관련된 대표적인 비교판단이론이라 할 수 있는 적응수준이론(adaptation level theory)과 사회판단이론(social judgment theory)에 대해 살펴보고자 한다.

① 적응수준이론

적응수준이론(adaptation level theory)에서 지각을 결정하는 것은 현재 초점의 대상이 되고 있는 주자극(focal stimuli)뿐만 아니라, 주자극 이외에도 행동유발에 영향을 줄 수 있는 신체적, 사회심리적 요인의 연관자극(contextual stimuli)과 현 상황에 영향을 줄 수 있는 개인적인 신념, 태도, 과거의 경험 등의 잔여자극(residual stimuli)도 있다고 한다. 즉 개인은 자신이 가지고 있는 준거점(reference point) 또는 적응수준과 비교하여 지각하는데, 대상물이 그 수준에서 현저하게 벗어나게 되면 주의를 기울이게 된다는 것이다.

적응수준이론에 따르면, 소비자가 태도 대상제품을 다른 어떤 제품들과 비교할 때, 적응수준에 따라 호의적인 태도를 형성할 수도 있으며 비호의적인 태도를 형성할 수도 있다. 적응수준이란 비교 혹은 준거기준을 의미하며, 소비자의 제품에 대한 평가는 태도 대상제품이 어떠한 상황이나 배경 하에서 비교되는가와 밀접한 관련이 있기 때문에 맥락효과(context effect)

광고 10-5 칠성사이다 ZERO 광고

가 발생하게 된다.

일반적으로 적응수준이론에서는 태도 대상제품에 대한 평가가 준거기준이 되는 제품들에 대한 평가와 대조효과(contrast effect)를 보이는 경우가 대부분이다. 예를 들면, 롯데칠성음료의 '칠성사이다 ZERO'는 다른 탄산음료와 달리, ZERO가 단순히 칼로리 0이라는 의미를 넘어서 칠성사이다만의 자산인 깨끗하고 청량하다는 이미지가 '음식과 함께' 먹었을 때, 그 음식의 본연의 맛을 한층 더 살려준다는 차별화된 푸드페어링 콘셉트로 기존의 청량음료와 대조효과로 성공을 거두고 있다.

② 사회판단이론

Sherif의 사회판단이론(social judgment theory)에 의하면 [그림 10-2]와 같이, 개인은 설득메시지에 노출되었을 때, 그 메시지가 수용영역(latitude of acceptance)에 속하면 동화효과(assimilation effect)로 인해서 메시지가 자신의 의견과 매우 가깝게 여겨지므로 메시지의 주장내용을 받아들일 가능성이 높아져서 설득이 이루어질 수 있다.[11] 거부영역(latitude of rejection)에 속하면 대조효과(contrast effect)로 인해서 자신의 의견으로부터 멀어지는 위치에 있기 때문에 메시지 내용을 반박할 가능성이 높아져서 설득이 이루어지지 않을 수 있다. 그리고 중립영역(latitude of noncommitment)에 속하면 수용도 아니지만, 그렇다고 거부도 아닌 입장을 취한다.

따라서 어떤 설득메시지에서 주장하는 바가 수용영역에 들게 될 것인지, 거부영역에 들게 될 것인지 하는 것은 설득이 일어날 것인지 아닌지를 결정하는 중요한 요인이 될 수 있다.

이와 같이 적응수준이론에서 주로 나타나는 대조효과 이외에도 사회판단이론에서 많이 발생하는 동화효과(assimilation effect)와 같은 제품맥락효과도 있다. 예를 들면, [광고 10-6]과 같이, 삼성전자 미국법인은 'On the fence(울타리 위에서)'라는 제목으로 '갤럭시Z 플립

그림 10-2 메시지의 수용, 중립, 거부영역

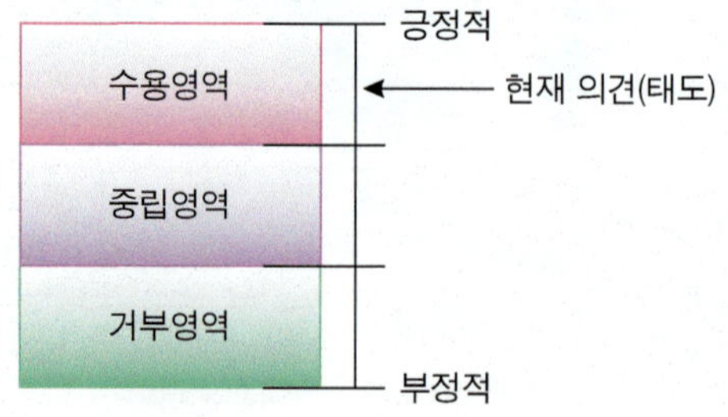

4' 광고에서, 여성은 울타리에 걸터앉은 남자를 향해 '나도 너처럼 울타리에 앉아 애플과 삼성 사이에서 고민하곤 했었다' '나도 (애플에서 삼성으로) 바꾸고 싶지만 친구들이 어떻게 생각할지 모르겠다' (남성), '(갤럭시Z 플립4가 있으면) 그들은 널 절대 혼자 두지 않을 거야'(여성)라고 말하며 남자에게 갤럭시Z 플립4를 건네며 안심시킨다. 남성에게 '멋지다', '한번 보고 싶다'며 관심을 보이기 시작한다. 영상은 남성이 울타리에서 뛰어 내리면서 '울타리에서 내려올 시간(Time to get off the fence)' '갤럭시는 당신을 기다리고 있다(The Galaxy awaits you)'라는 문구로 마무리된다. 이런 광고에서 삼성전자는 젊은 세대들 사이에 아이폰에 대한 선호도가 월등하게 높기 때문에 아이폰을 저격하기 위한 비교광고를 한 것이다.

만약에 이런 비교광고에서 아이폰에 대한 소비자의 브랜드 충성도가 매우 높았다면, 이 광고메시지는 소비자의 거부영역 내에 떨어져서 소비자의 '갤럭시Z 플립4'에 대한 태도를 오히려 더 나쁘게 변화시켰을 것이다. 즉 거부영역 내에 속하는 메시지가 대조효과(contrast

광고 10-6 삼성전자 갤럭시Z 플립4의 'On the fence(울타리 위에서)' 편

effect)로 인해서 오히려 더 부정적인 태도가 형성될 것이다. 그러나 만약 메시지가 소비자의 현재 태도와 비슷하여 수용영역 내에 떨어졌다면, 이 메시지는 소비자들의 '갤럭시Z 플립4'에 대한 태도를 긍정적으로 변화시키는 역할을 했을 것이다. 즉 수용영역 내에 속하는 호의적 메시지가 동화효과(assimilation effect)를 일으켜 태도가 긍정적으로 변화할 것이다.

(3) 균형이론

사람의 마음은 현재 상호연결되어 있는 지각된 태도들 사이에 논리적이고 일관성 또는 조화를 유지하고자 하는 경향이 있다. 그래서 이런 지각된 태도들 간에 불균형이 발생하면, 사람의 마음은 자동적으로 평형을 이루려는 성향을 갖고 있기 때문에 마음속의 여러 가지 생각들 간의 조화가 이루어지기를 바란다고 가정하는 것이 인지적 일관성(cognitive consistency)이라고 한다. 즉 인지적 일관성은 상호연결된 태도들의 논리적이고 일관된 세트를 유지하려는 인간의 성향에 적용되는 것이다. 따라서 유능한 마케터는 의도적으로 인지적 불일치를 만들어 냄으로써, 소비자들이 자신들의 인지시스템의 균형을 되찾기 위해 태도를 바꾸도록 유도할 수도 있다.

인지적 일관성이 작동되고 있는 메커니즘을 설명하기 위해, 먼저 균형이론을 설명하는 것이 필요한데, 인지적 일관성 이론의 대표적인 이론이 Heider의 균형이론(balance theory)이다.

Heider의 균형이론에 따르면, 사람들은 기본적으로 자신의 신념과 태도들 간에 조화(일관성)를 유지함으로써 심리적 안정을 느끼며, 만약 태도들 간에 불균형이 발생하는 경우에는 이를 회복하기 위하여 기존의 태도를 변화시켜 심리적 안정을 되찾으려 한다는 것이다.[12] 그리고 이러한 태도변화 과정을 설명하기 위하여 다음과 같이 개인(P: person)과 관련자극(X), 태도대상(O: attitude object) 등 세 요소들 간의 관계를 이용하여 태도변화 과정을 설명할 수 있다. 개인은 태도주체로서 주로 소비자를 말하며, 관련자극은 소비자와 관련된 제3자로서 타인이나 광고모델, CM송, 아이디어, 혹은 제품디자인 등과 같은 차별적인 속성이 될 수 있으며, 태도 대상은 제품이나 브랜드 등을 지칭할 수 있다. 이들의 각 구성요소는 서로 긍정적인 관계(+) 혹은 부정적인 관계(−)를 가진다. 만약에 각 구성요소 간의 관계가 (+)이면 태도는 균형상태에 있고, (−)이면 불균형상태에 있다고 할 수 있다. 그리고 이러한 세 요소들 중에서 어느 두 요소들 간의 관계는 긍정적(+)이거나 부정적(−)인 관계로 설정되고, 이렇게 도출된 세 개의 값이 곱해진 결과가 '+'이면(예: +, +, + 혹은 +, −, −) 균형상태로 보고, '−'이면(예: −, −, − 혹은 +, −, +) 불균형상태로 본다.

또한, 사람들은 태도들 간에 일관성을 유지하면서 항상 균형상태를 유지하길 좋아한다. 만약에 이런 균형상태가 깨어져 불균형상태에 놓이게 되어 인지부조화(cognitive dissonance)상태에 놓이게 되면 심리적으로 불안정감을 느끼게 된다.

따라서 이런 불균형상태를 해결하기 위해서 ① 소비자 자신의 태도를 바꾸거나, ② 관련자극의 태도를 변경하거나, ③ 태도 대상의 부정적인 면 대신에 긍정적인 면을 봄으로써 균형을 회복하려고 노력하게 된다. 그래서 심리적으로 안정을 되찾아서 편안해지기 때문이다. 예를 들면, [그림 10-3]과 같이, 특정 소비자가 'MEGA COFFEE' 브랜드가 잘 알려져 있지 않고 관심이 없어서 그다지 좋아하지 않았다. 그런데 소비자는 평소에 손흥민 선수를 좋아하고 있는 상태에서 MEGA COFFEE 모델로 출연한 광고를 보고 심리적 불균형상태에 처하게 되었다. 이런 경우에 소비자는 세 가지 유형으로 태도변경을 통해서 균형상태를 유지하려고 할 것이다.

첫째, (A)의 경우에는 소비자가 좋아하는 모델 손흥민으로 인해서, 손흥민이 광고하는 MEGA COFFEE에 대한 좋지 않은 태도를 호의적인 태도(+)로 전환함으로써 균형상태를 유지하려고 할 것이다. 이런 태도변화는 마케터의 입장에서는 광고메시지를 통해 자사브랜드에 대한 태도변경을 한 경우이기 때문에 가장 바람직한 경우라고 할 수 있다.

둘째, (B)의 경우는 소비자가 손흥민을 좋아하지만, MEGA COFFEE는 잘 알려져 있지 않

그림 10-3 균형이론에 의한 MEGA COFFEE 태도변화

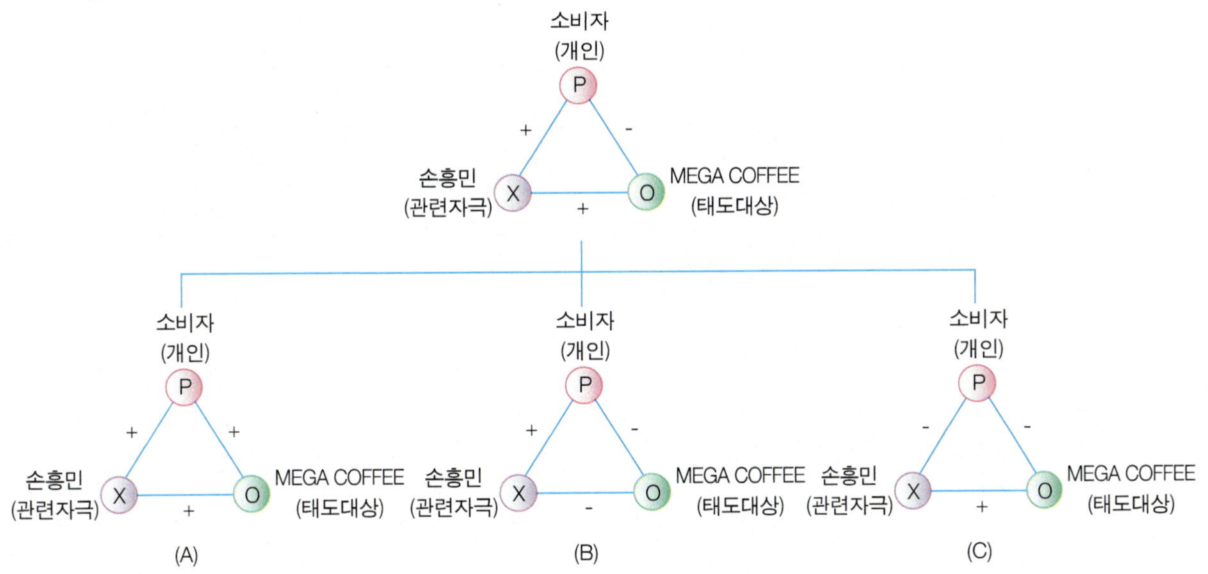

고 관심이 없어서 자신이 그다지 좋아하지 않는데, MEGA COFFEE의 모델로 등장한 손흥민이 광고를 하고 있지만, 그가 정말 MEGA COFFEE가 좋아서 하는 행동은 아니라고 생각(−)하면서 균형상태를 유지하려고 할 것이다.

셋째, (C)의 경우는 소비자가 좋아하지 않는 MEGA COFFEE를 광고하는 손흥민에 대해 좋은 감정을 버리고 부정적 태도(−)로 전환하면서 균형상태를 유지하려고 할 것이다. 이런 태도변화는 가장 부정적인 태도변경으로써, 이는 모델에 대한 신념의 강도가 브랜드에 대한 기

광고 10-7 MEGA COFFEE 광고

존 신념보다 약하기 때문이다.

위의 MEGA COFFEE 사례를 요약해서 설명하면 다음과 같다.

- 소비자는 MEGA COFFEE 제품이 잘 알려져 있지 않고, 관심이 없어서 그다지 좋아하지 않는다(PO= −).
- 그러나 소비자는 손흥민 선수를 매우 좋아한다(PX=+).
- 그런데 손흥민 선수가 MEGA COFFEE 제품의 광고모델로 선정되어 나온다. (XO=+)
- 소비자는 손흥민 선수가 MEGA COFFEE 제품의 광고에 출연한 것을 보고 심리적 불균형이 발생한다.
- 소비자는 균형상태로 태도변화를 하기 위해 MEGA COFFEE에 대한 태도를 호의적으로 바꾼다.

따라서 균형이론에 따르면, 소비자들이 호감을 느끼고 있는 광고모델을 이용하여 소비자 태도를 변화시킬 수 있다고 본다.

2. 구매 후 소비자 태도의 변화

소비자 구매의사결정 후의 소비자 태도를 변경하기 위한 전략으로는 인지부조화 이론, 귀인이론 등이 있다.

(1) 인지부조화 이론

Festingger의 인지부조화 이론(theory of cognitive dissonance)에 따르면, 소비자가 인식하고 있는 두 가지 이상의 인지적 요소들 간에 불일치가 발생하면, 심리적으로 상당히 불편함을 느끼게 된다는 것이다.[13] 인지(cognitive)라고 하는 것은 어떤 대상물에 대하여 소비자가 갖는 신념일 수도 있고, 그 대상물에 대한 태도 혹은 그 대상물과 관련된 행동일 수도 있다. 이들 인지적 요소들 중에서 두 개의 신념 간에, 신념과 태도 간에, 혹은 태도와 행동 간에 불일치가 발생하면, 소비자는 심리적으로 불편함을 느끼는 인지부조화(cognitive dissonance)를 경험하게 된다. 소비자 태도와 관련하여 소비자가 경험하는 인지부조화는 제품을 구매한 후에 구매결정에 대한 심리적 갈등으로 인한 불편함을 말한다. 이는 주로 구매 전에 가진 사전 기대치와 구매 후 느끼는 실제 성과치 간의 불일치가 발생하는 경우에 나타난다.

이러한 인지부조화는 소비자가 자신의 행동, 태도, 신념들 간의 불일치가 있음을 인식할 때

생기기 때문에, 불일치되면 행동, 태도, 또는 신념을 변경시켜 이들 간의 일관성을 회복하도록 노력하게 된다는 것이다. 다시 말해서, 신념과 행동이 불일치되면 인지 상의 스트레스를 일으키는데, 그런 스트레스를 감소시키는 방향으로 행동을 수정하거나 신념을 수정하는 방향으로 간다는 것이다. 그래서 소비자 자신의 마음과 행동이 일치하는 방향으로 맞추어 자기합리화를 시키는 쪽으로 인지적 스트레스를 없애는 것을 의미한다. 이런 경우에 일반적으로는 행동을 수정하기보다 신념을 강화하는 쪽으로 가게 된다. 또한, 인지부조화의 강도는 구매결정이 심리적 혹은 금전적인 측면에서 매우 중요하거나, 이미 알고 있는 좋은 대안들이 많이 존재하고 쉽게 구할 수 있을 때 더욱 커진다.

소비자가 일단 인지부조화를 경험하게 되면, 이를 해소하기 위한 방향으로 다음과 같이 태도변화를 모색하게 된다.

첫째, 저관여 제품보다 고관여 제품을 구매한 이후에 인지부조화가 발생할 가능성이 더 크다고 할 수 있다. 이는 고관여 제품인 경우에, 만약 구매결정이 잘못되면 초래될 심리적·금전적인 손실이나 위험이 더 크기 때문에 인지부조화가 발생하기 쉽다. 예를 들어, 승용차, 주택, 가구 등과 같은 고관여 제품의 구매자들 사이에 흔히 인지부조화가 많이 나타난다. 심리적 긴장감인 인지부조화를 해소시키기 위해서, 소비자는 자신이 선택한 제품에 대한 긍정적인 정보를 탐색하거나, 혹은 선택하지 않은 제품에 대해서는 부정적인 정보를 수집하여 받아들임으로써 심리적으로 불편한 긴장감을 소멸시키려 노력한다.

둘째, 소비자가 구매한 제품이나 서비스에 관한 불일치 정보에 노출이 되는 경우에 인지부조화가 발생할 가능성이 크다. 이때 소비자는 그동안 호의적인 태도를 가지고 있던 브랜드에 대해 부정적인 정보를 접하게 되면, 소비자는 의도적으로 그 정보의 신뢰성을 문제 삼아서 평가절하하거나 왜곡함으로써 인지적 균형상태를 유지하려고 노력한다. 예를 들면, 주부가 냉장고, TV 등과 같은 고관여 제품을 구매한 후에, 평소에 친하게 지내던 옆집의 친구를 불러서 자랑을 했는데, 친구가 비싸게 구매했다고 하든지, 냉장고 실내공간이 좁다든지, TV화면이 작다든지, TV화질이 좀 떨어진다는 등 부정적인 정보에 노출이 된 경우에, 친구가 나가고 없을 때, 냉장고나 TV에 대해서 잘 알지도 못하면서 괜히 헛소리한다고 하면서 정보의 신뢰성을 문제 삼아서 인지적 부조화를 해소하려고 노력할 것이다.

셋째, 소비자가 상황에 따라 원하는 행동을 못하거나, 원하지 않는 행동을 하게 되는 경우와 같이, 태도 불일치 행동을 한 후에 인지부조화가 발생하기 쉽다. 소비자가 평소에 호의적이었던 브랜드의 제품은 구매하지 않고, 파격세일하는 경쟁브랜드를 구매한 후에 인지부조화를 해소하기 위해서, 경제적 이점에 대한 만족감으로 스스로 자신을 위안 삼는 행동을 할 것이다.

이와 같이 인지부조화 이론은 소비자의 태도변화의 원인을 설명해주는데 가장 설득력 있는 이론으로 받아지고 있다. 따라서 마케터는 구매 후 행동단계에서 한 가지 중요한 임무는 소비자들이 구매결정 후에 가지게 되는 인지부조화를 축소시키고 구매결정에 대한 확신을 심어주는 일일 것이다. 그래서 판매 직후에 소비자들에게 효과적인 광고커뮤니케이션, 애프터서비스와 수선유지, 제품보증제도 실시, 서신이나 안내책자 발송, 전화통화 등을 통해서 구매자의 선택이 현명했음을 확인시켜 줌으로써, 구매 후 인지부조화를 감소시키려는 소비자들의 의도를 도와줄 수 있고, 자사의 제품을 구매했을 때 느낄 수 있는 부조화의 원인을 제거시킬 수 있다.

(2) 귀인이론

귀인이론에 따르면, 소비자는 구매 후에 자신의 구매행동에 대한 적절한 이유를 찾는 경향이 있는데, 이러한 구매행동에 대한 귀인(attribution)은 대안들을 충분히 평가하지 않고 특정 브랜드의 제품을 구매했을 때 보편적으로 나타난다. 이와 같이 소비자가 구매행동에 귀인시키는 이유는 구매행동의 결과를 통해서 태도변화가 일어나는 단서로 작용하기 때문이다.

이와 같이 특정한 행동이 발생한 원인을 추론하는 Bernard Weiner의 귀인이론에 따르면, 인간의 행동은 환경적 요인(환경, 상황적 조건)과 개인적 요인(개인의 능력, 동기, 성향, 성격, 기질 등)으로부터 영향을 받기 때문에 그 결과에 대한 원인을 내적귀인(internal attribution) 혹은 성향적 귀인(dispositional attribution)과 외적귀인(external attribution) 혹은 상황적 귀인(situational attribution)으로 나눌 수 있다.[14] 실제로 일어나는 귀인과정은 자동적이고 빠르다. 특히 예상치 못한 일이거나, 부정적이고 불행한 일에 대해서는 더 빠르게 일어나는데, 이는 위험에 대한 원인을 빠르게 판단해야 생존가능성이 높아지기 때문이다.이렇게 귀인과정이 자동적이고 빠르게 일어나다 보니 오류와 편향이 나타나기 쉽다. 오류(error)는 지각상의 착오를 의미하며, 편향(bias)은 특정집단에 대해 한쪽으로 치우친 의견이나 견해를 갖는 태도를 말한다.

마찬가지로 소비자는 구매의사결정과정, 특히 구매한 후에 기대에 부응하지 못해 불만족이 발생했거나, 자신의 신댁행동으로 인해 예상지 못한 결과가 발생하면 그에 대한 원인을 찾게 된다. 이때 그 원인을 소비자는 자신의 탓으로 돌리는 내적귀인과 판매원이나 외부의 상황 탓으로 돌리는 외적귀인의 과정을 통해 나름대로 논리적인 인과추론 작업을 수행하여 심리적 불편함을 해소한다. 즉 내적귀인의 경우에는 기대불일치에 따른 인지부조화를 줄이는 경향이 있어 차후에도 초기 호의적인 태도가 유지되는 경향이 있지만, 외적귀인의 경우에는 기대불일치에 대한 인지부조화가 오히려 확대되는 경향이 나타나서 구매한 이후에 브랜드에 대한 태도가 더 악화될 수 있다. 반면에 소비자가 구매한 후에 기대에 일치하는 경우에는 내적귀인을 통해 특정 브랜드에 대한 긍정적인 태도가 더욱 강화될 수 있다.

예를 들면, 소비자가 가전제품을 구매한 후에 사용과정에서 고장이 발생한 경우에, 고장의 원인이 일시적이고 소비자 사용상의 과실로 발생한 것이라면 소비자는 내적귀인을 통해 제품에 대한 자신의 기존 태도를 최소한 유지하려고 노력하겠지만, 만약 고장이 자주 일어나고 그 원인이 자신의 과실이 아니라 제품의 문제나 판매원이 통제할 수 있었던 문제라고 판단된다면 외적귀인을 하고 매우 부정적인 태도로 변화하게 될 것이다. 이와 같이 소비자는 구매한 이후에 발생하는 문제에 대한 인과추론과정에서 근본적인 귀인오류(fundamental attribution error)를 범할 수 있다. 근본적인 귀인오류란 사람의 행동에는 다양한 원인이 있음에도 불구하고, 이런 원인을 무시하고 행위자의 내적특성 혹은 외부 상황적 특성 탓으로 돌리는 오류를 말한다. 즉 귀인오류는 내적귀인에 의한 자기향상편향(self-enhancing bias)과 외적귀인에 의한 자기방어편향(self-protective bias)이 발생될 가능성이 높다. 그리고 다른 사람의 행동에 대한 원인은 기질적 귀인을, 자신의 행동에 대한 원인은 상황적 귀인을 할 가능성이 높다고 한다.

대표적인 귀인이론으로는 자기지각이론(self-perception theory)과 공변원리(co-variation principle)와 통합원리(configuration principle) 등이 있다.

① 자기지각이론

Bem의 자기지각이론(self-perception theory)에 따르면, 사람들이 타인의 행동를 관찰함으로써 그 행동의 원인을 추론하듯이 자신의 행동에 대한 인과추론을 한다는 것이다. 즉 소비자들도 마찬가지로 다른 사람들의 행동을 관찰함으로써 그들의 태도를 추론하듯이, 자기 자신의 제품이나 브랜드에 대한 태도가 불확실하거나 애매모호할 경우에 스스로의 행동과 그러한 행동이 일어나는 상황을 관찰함으로써 태도를 추론하는 경향이 있다는 것이다.[15] 예를 들면, 어떤 사람이 스타벅스 커피전문점을 자주 이용하는 것을 관찰하였다면, 그가 그 커피전문점을 좋아하는 것으로 추론할 수 있을 것이다. 소비자 자신도 마찬가지로 자주 다니는 커피전문점이나 레스토랑이 있었다면, 평소에 자신의 행동에 대해 깊게 생각하지 못했을지라도 타인이 혹은 자신의 행동을 관찰해보고 태도를 충분히 추론해 볼 수 있을 것이다.

이와 같이 소비자가 자신의 행동과 그 행동과 관련된 상황을 고려하여 제품에 대한 스스로의 태도를 유추하는 것은, 앞서 언급한 귀인이론에서의 인과관계 설정을 통한 태도의 형성과정과 유사하다. 예를 들어, 삼성 NEO QLED와 LG OLED TV에 대해 선호도가 확실하게 없는 소비자에게 마케터는 가격할인, 쿠폰, 사은품 제공 등을 통해 제품구매를 촉진하는 경우가 많다. 이런 촉진행사를 통해 구매한 후에, 소비자는 자신이 의사결정과정에서의 행동을 통해 선택한 TV브랜드에 대해서 호의적인 태도를 유추하는 내적귀인을 할 수도 있다. 하지만, 가격할인, 쿠폰, 사은품 등과 같은 외적귀인을 통해 자신의 구매를 정당화할 가능성도 존재한다.

이러한 내적귀인보다 외적귀인에 의한 경우, 소비자가 구매한 제품에 대한 태도가 호의적으로 형성될 가능성은 낮아진다. 이와 같은 현상을 구매의사결정과정에 있어서 제품에 대한 자연스러운 관심과 흥미와 같은 내적보상(intrinsic reward) 대신에 가격할인이나 쿠폰 등의 외적보상(extrinsic reward)에서 구매행동의 결과에 대한 원인을 찾는 것을 과다정당화 효과(overjustification effect)라고 표현한다.

따라서, 마케터는 소비자의 구매동기는 충분히 유발시킬 수 있으면서 그러한 유인책에 대한 과다정당화 효과의 발생을 최소화시킬 수 있는 판매촉진 활동을 수행해야 할 것이다.

자기지각이론을 활용한 태도변화에는 다음과 같은 Foot-in-the-door 기법과 Door-in-the-face 기법 등이 있다.

- FITD(Foot-in-the-door) 기법

  자기지각이론을 활용한 대표적인 소비자 태도변화의 기법이 바로 Foot-in-the-door(문간에 발 들여놓기)기법이다. 이 기법은 소비자가 수락하기 쉬운 부탁을 요청하고 수락하면, 이후에 더 큰 요청에 대하여 소비자가 수락하도록 유도하는 기법이다. 예를 들어, 대형마트의 시식코너에서 쇼핑하던 소비자에게 직원이 시식을 부탁하는 경우, 소비자가 맛을 보게 되는데, 이때 직원이 '맛있죠?' '지금 구매하시면 1+1입니다'라고 하면, 소비자가 그 제품을 장바구니에 담는 경우가 많이 일어난다. 이와 비슷하게, 의류판매점에서 판매원이 소비자에게 한번 입어볼 것을 권유해서 입어보는 경우에, 너무 잘 어울린다고 하면서 권유할 때, 소비자가 구매할 가능성이 높아진다고 한다. 이와 같이 소비자는 자신이 제품에 대한 태도가 불확실하고 애매모호할 경우, 시식이나 시음, 무료샘플이나 사은품 등을 받고 마케터의 작은 요구를 수용한 스스로의 행동을 통해 제품에 대한 자신의 태도를 유추하고, 그러한 태도를 기반으로 미래의 제품구매 요구에도 더 잘 수용하게 되는 것이다.

- DITF(Door-in-the-face) 기법

  FITD와 대비되는 기법으로는 마케터가 소비자에게 처음에 제품구매와 같은 매우 부담스러운 요구를 한 뒤 사은품이나 무료샘플과 같은 작은 호의를 제공하고 그에 대한 수용을 유도하는 Door-in-the-face(면전에서 문닫기) 방법이 있다. 이 기법은 소비자가 수락하기 어려운 부탁을 요청하고 거절하면, 첫 번째 요청보다 부담이 작은 요청을 하여 소비자가 수락하도록 유도하는 기법이다. 즉 소비자는 마케터의 과도한 요구에 처음에는 문전박대식으로 거절을 하지만, 그 후 제공되는 작은 호의를 수용하게 되면 궁극적으로는 제품구매와 같은 초기의 요구에 응할 가능성이 높아진다는 것이다. 예를 들면, 보험이나 화장품 판매원이 소비자에게 보험가입이나 화장품구매를 요청하면 거절하지만, 주변에 친구들 소개해 달라고 두 번째 요청하면 난감해하지만 수락하는 경우가 많이 일어난다.

이와 같이, FITD기법과 DITF기법은 최초 접근방법에서의 차이가 있을 뿐 소비자의 행동개입을 유도하고 스스로 그러한 행동의 관찰을 통해 궁극적인 태도변화를 유도하는 기법이라는 점에서는 동일하다고 볼 수 있다.

② 공변원리

Kerry의 공변원리(Covariation Principle)는 사람들이 많은 상이한 조건들을 살펴서 어떤 특정의 효과와 원인 사이에 연결을 찾는 경향이 있다는 것을 의미한다. 즉 만일 많은 상이한 상황 속에서 어떤 특정한 효과와 원인이 연계되어 있으면, 그 효과를 그 원인 탓으로 돌리게 된다. 따라서 그 원인은 항상 그 효과와 공변한다는 것이다. 마찬가지로 소비자의 제품관련 문제나 결과를 발생시키는 원인에 대한 인과관계 추론과정은 일반적으로 어떠한 유형의 정보를 사용할 수 있는가에 의해 많은 영향을 받는다.[16]

소비자는 인과관계 추론과정에서 주로 활용가능한 정보들 중에서 제품별 특이성(distinctiveness), 개인별 일치성(consensus), 상황별 일관성(consistency) 등을 고려하여, 여러 가지 가능한 원인들 중 가장 핵심적인 원인을 규명하게 된다.

첫째, 제품별 특이성이란 모든 제품들로 일반화 가능성이 있는지와 관련된 것으로, 주어진 상황에서 특정 제품만이 항상 어떤 소비자에게 문제를 일으키거나 결과를 제공하는지 여부와 관련된다.

둘째, 개인별 일치성은 개인별로 일반화 가능성이 있는지와 관련된 것으로, 주어진 상황에서 모든 소비자들이 공통적으로 특정 제품과 관련된 문제를 경험하거나 결과를 제공받는지 여부와 관련된다.

셋째, 상황별 일관성은 상황별로 일반화 가능성이 있는지와 관련된 것으로, 어떤 소비자가 여러 다양한 상황에서 특정 제품과 관련된 문제나 결과를 경험하는지 여부와 관련된다.

표 10-1 공변원리에 따른 내적/외적귀인

<table>
<tr><td rowspan="2">제품별 특이성</td><td rowspan="2">이 " 대상(제품)"에만 해당하는가?</td><td rowspan="4">높으면
외적귀인</td><td>예(높음)</td><td>외적귀인</td></tr>
<tr><td>아니오(낮음)</td><td>내적귀인</td></tr>
<tr><td rowspan="2">개인별 일치성</td><td rowspan="2">다른 " 행위자(소비자)"에도 해당하는가?</td><td>예(높음)</td><td>외적귀인</td></tr>
<tr><td>아니오(낮음)</td><td>내적귀인</td></tr>
<tr><td rowspan="2">상황별 일관성</td><td rowspan="2">다른 " 시점(상황)"에도 해당하는가?</td><td rowspan="2">낮으면
외적귀인</td><td>예(낮음)</td><td>외적귀인</td></tr>
<tr><td>아니오(높음)</td><td>내적귀인</td></tr>
</table>

자료원 : http://todays-review.tistory.com/55]

이러한 원인들 중에서 〈표 10-1〉과 같이, 제품별 특이성과 개인별 일치성의 경우에 높으면 외적귀인, 낮으면 내적귀인으로 판단하고, 반면에 상황별 일관성의 경우에는 낮으면 외적귀인, 높으면 내적귀인으로 판단한다는 것이다. 예를 들면, 소비자의 특정 제품이 문제가 발생하였는데, 이 제품만이 문제가 생겼고(제품별 특이성, 높음), 다른 소비자에게도 문제가 발생했으며(개인별 일치성, 높음), 특수한 상황에서만 문제가 발생했다면(상황별 일관성, 낮음) 소비자는 자신의 실수로 인한 내적귀인이 아닌 외적귀인의 문제로 판단하게 된다는 것이다.

마케터의 입장에서는 〈표 10-2〉와 같이, 소비자가 어떤 제품이 차별적인 혜택과 우월한 제품성능을 제공하는 원인에 대한 인과관계를 설정하는 경우에만 제품귀인(product attribution)이 발생되기를 원할 것이다. 예를 들어, 삼성전자의 갤럭시 S23 스마트폰은 다양한 통화상황에서 모든 소비자들에게 우수한 통화품질을 제공할 수 있다고 한다. 그러나 갤럭시 S23 스마트폰이 일부 소비자들에게는 특수한 상황에서 문제를 일으킨다면, 그 소비자들은 문제에 대한 원인을 상황적 특수성에 연관시키는 상황적 귀인(situational attribution)을 하게 될 가능성이 높다. 물론, 이런 경우라고 할지라도, 상황적 특수성과 상관없이 모든 상황에서 문

표 10-2 공변원리의 적용사례

제품별 특이성	상황별 일관성	개인별 일치성	귀인의 유형
높음	높음	높음	제품귀인
높음	낮음	낮음	상황적 귀인
높음	높음	낮음	개인별 제품귀인
낮음	높음	낮음	개인귀인

제가 발생된다면, 이들 소비자들이 구입한 갤럭시 제품들만 불량인 것으로 인과관계를 설정하는 개인별 제품귀인(person by product attribution)이 일어난다. 마지막으로, 항상 특정 소비자에게만 모든 브랜드의 스마트폰 제품들이 여러 다양한 상황에서 문제를 발생시킨다면, 이때는 소비자 개인을 원인제공자로 간주하는 개인귀인(person attribution)이 일어나게 된다.

③ 통합원리

공변원리와 달리, 소비자가 제품관련 문제나 결과를 발생시키는 여러 원인들에 대한 정보를 관찰하고 수집하는 것이 불가능하거나, 여러번 관찰하지 않고 단 한 번의 관찰을 통해서 인과추론 하기도 한다. 이와 같이 제품별 특이성, 개인별 일치성, 상황별 일관성 등과 관련된 정보가 존재하지 않거나 부족한 경우, 통합원리(Configuration Principle)는 소비자가 자신의 사전지식이나 경험을 통해 학습한 여러 가지 다양한 인과관계에 대한 개별지식들이 통합된 인과스키마(causal schema)를 적용하여 인과관계를 추론하고 예측하는 과정을 의미한다. 인과스키마는 소비자가 과거에 발생된 사건들의 인과관계를 관찰하여 이를 장기기억에 축적한 것을 말하며, 차후에 유사한 문제가 발생할 경우에 인과스키마를 통해 신속한 귀인이 이루어질 수 있다.

대표적인 인과관계 스키마로는 다음에서 설명할 할인원리(discounting principle)와 증강원리(augmentation principle)를 들 수 있다.

- 할인원리

  할인원리(discounting principle)는 제품관련 문제나 결과를 발생시키는 원인의 수가 증가하면 할수록, 그중에서 단 한 가지의 특정 원인이 그 결과를 유발시킬 가능성이 낮아지는 현상을 의미한다. 예를 들어, 소비자가 몇 달 전에 구매한 LG전자의 트롬 드럼세탁기가 고장나서 서비스센터에 전화를 걸면, 항상 상담원은 전원관련 차단기가 내려져 있는지, 급수는 잘 되는지, 도어가 열려 있지는 않은지, 에러 표시창에 점검 에러표시는 무엇인지 등의 여부를 물어본다. 이는 곧 고장의 원인이 여러 가지가 있을 수 있음을 보여주며, 소비자가 생각하는 원인, 즉 제품 자체의 불량가능성에 대한 개연성을 감소시키는 역할을 하는 것이다.

  반면, 소비자의 입장에서는 상담원이 제시한 드럼세탁기 고장과 관련된 여러 가지 원인들은 사전에 쉽게 예측할 수 있기 때문에 인과관계설정 과정에서 사용되는 정보로서의 유용성(informativeness)은 평가절하되게 된다.

따라서, 제품의 많은 장점과 함께 약간의 단점도 솔직하게 제시하는 양면소구광고(two-sided ads)나 실제 구매자나 사용자들로부터의 가공되지 않은 구매후기는 사전에 예상하지 못한 정보로써 소비자 구매의사결정과정에서 유용하게 활용된다.

- 증강원리

소비자는 어떤 문제나 결과를 발생시키는 여러 대체원인들이 부정적인 상관관계가 존재한다면, 귀인의 확신성이 감소되지만, 두 개 이상의 원인들이 상호 보완적인 작용을 한다면, 인과관계에 대한 확신성은 더 증가될 수도 있다. 이와 같이 원인들 중에서 특정 결과를 발생시키는 촉진원인(facilitating cause)과 억제시키는 억제원인(inhibitory cause)들이 있다. 증강원리에 따르면, 어떤 문제나 결과와 관련된 부정적인 상관관계를 가지고 있는 여러 촉진원인과 억제원인이 동시에 존재하는 상황에서, 소비자는 그 결과를 촉진원인에 의해 발생한 것으로 귀인하는 인과스키마로 추론하게 된다는 것이다. 예를 들어, [광고 10-8]의 대원제약의 '다짜고짜 콜대원' 광고에서 볼 수 있듯이, 지하철 안에서 왼쪽에 서 있는 승객이 재채기가 나올려고 하는데, 어! 어! 하는 표정으로 사람들이 쳐다본다. 드디어 재채기를 하는데, 여자 머리카락이 날려서 옆에 있는 아저씨가 가발 쓴 듯한 느낌을 주면서 재미있는 장면이 연출되는데, 옆에 아이가 들고 있던 팝콘이 날리고, 다른 승객들이 날아가고 피하며 날리가 난다. 그때 콜대원 먹고 있는 박지환 배우만 무사하고, '피할 수 없는 감기엔' '액상으로 빠르게 다짜고짜 콜대원' 카피를 통해 묻지도 따지지도 말고 콜대원을 먹어라는 광고이다. 이 광고에서 감기와 재채기 때문에 머리카락과 팝콘이 날리고, 한바탕 소란스러운 장면이 연출되는 등과 같은 억제원인들이 존재하는 환경에서도 콜대원 먹은 박지환 승객 한명만 온전하고, 피할 수 없는 감기엔 다짜고짜 콜대원 먹으면 안전하다는 제품의 우수성에 대한 메시지를 통해 촉진원인 설정을 더욱 강화시킬 수 있다.

광고 10-8 대원제약의 '다짜고짜 콜대원' 광고

2.2 태도 변화와 숙고가능성 모델

지금까지 구매 전과 후 태도 변화와 관련된 여러 가지 이론적 모델에 대해 설명하였는데, 각 이론에서 어떤 변수들이 어떻게 태도 변화에 영향을 미치는지 그 과정을 살펴보았다. 마지막으로 숙고가능성 모델을 통해서 태도 형성과 변화를 관여도 수준에 따라 어떤 과정을 거치는지에 대해 고찰하려고 한다.

1. 숙고가능성 모델

소비자 태도 형성과 변화의 인지적 프로세스 모형들 중에서 가장 널리 알려져 있는 모델은 Petty & Cacioppo의 숙고가능성 모델(ELM: elaboration likelihood model)이다. 숙고(elaboration)란 소비자가 광고메시지 정보에 노출되어 주의를 기울이며, 자신의 욕구와 관련지어 정보를 처리하려는 노력의 정도를 말한다.[17] 숙고가능성 모델은 [그림 10-4]와 같이, 소비자가 제품관련 정보를 수용 혹은 취득하게 되면, 정보처리에 대한 동기(motivation)와 정보처리를 위한 능력(ability)을 가지고 있는가에 따라 태도형성과 변화의 결과가 달라진다. 숙고가능성 모델에서 핵심적인 개념이라고 할 수 있는 정보처리동기와 정보처리능력을 구체적으로 살펴보면 다음과 같다.

그림 10-4 숙고가능성 모델

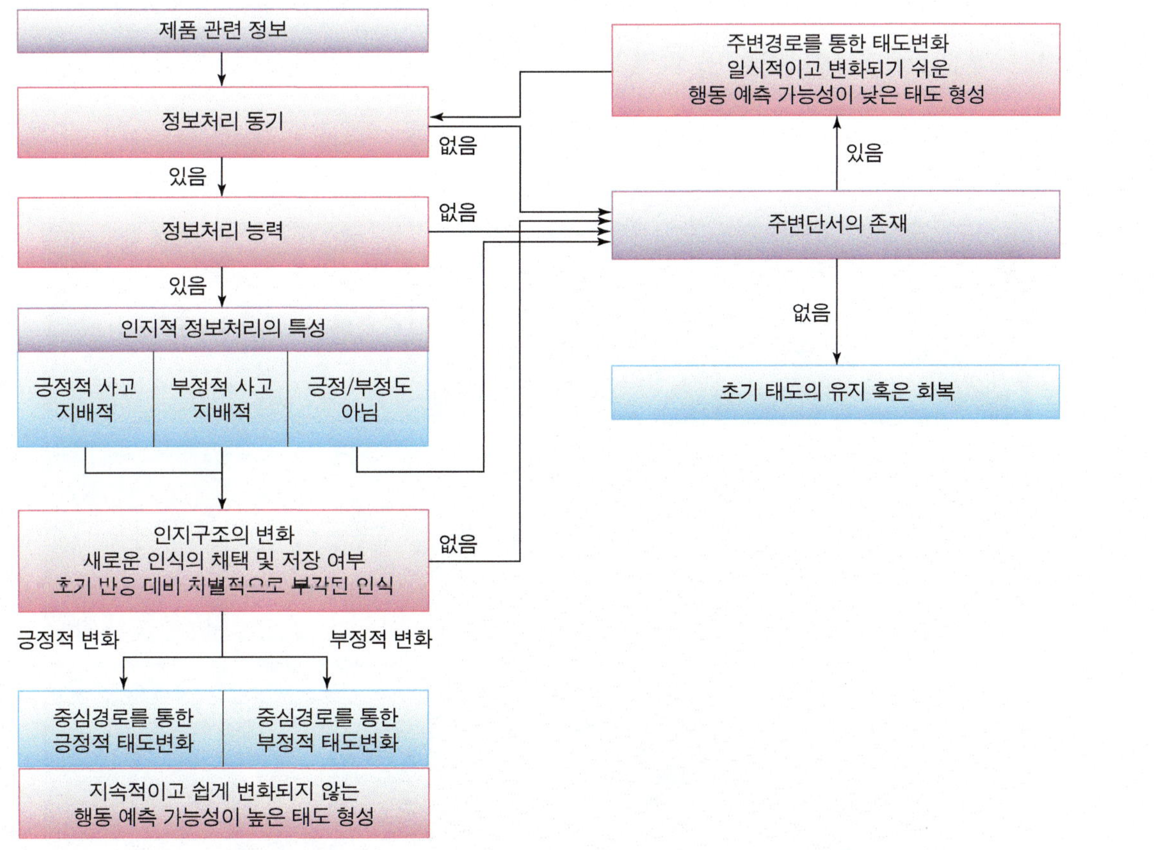

첫째, 정보처리에 대한 동기는 관여도와 밀접한 관련성이 있다. 소비자가 제품이나 제품구매에 대한 개인적 연관성(personal relevance)이나 중요도(personal importance)가 높거나, 의사결정에 대한 개인적 책임감(personal responsibility)이 크거나, 지각된 위험(perceived risk)이 높은 경우에는 관여도가 높기 때문에 정보처리에 대한 동기가 높아진다. 그리고 다양한 이슈에 대해 숙고하는 개인적 성향을 일컫는 인지욕구(need for cognition)가 높을 때도 마찬가지로 정보처리에 대한 동기가 높아질 수 있다. 따라서 소비자는 개인적으로 관여도나 인지욕구가 높은 상황에서 제품과 관련된 정보처리에 대한 동기는 일반적으로 높아진다는 것이다. 예를 들면, 펀드투자를 위한 금융상품에 가입하려는 소비자는 시중의 은행이나 증권회사 등 각종 금융기관에서 제공하는 투자상품 정보와 관련하여 높은 개인적 연관성과 중요도를 지각하게 됨에 따라 체계적인 정보처리에 대한 동기가 높아지게 된다. 따라서 정보처리에 대한 동기는 투자상품과 투자상품 가입에 대한 소비자의 관여도를 높이거나 내리는 것과 밀접하게 연관되어 있으며, 이는 태도형성과 변화에도 영향을 미칠 수 있다.

둘째, 소비자가 정보처리에 대한 동기를 가지고 있다고 해도 제시된 정보를 처리하고 이해할 능력이 없으면, 체계적이고 분석적인 정보처리는 불가능하다. 소비자의 정보처리능력에 영

광고 10-9 **KB 차차차 광고**

향을 미치는 변수들로는 정보나 메시지의 난이도, 주의분산(distraction), 정보의 반복(repetition), 사전지식, 메시지 이해력 등이 있다. 즉 소비자는 정보의 난이도와 주의분산정도가 높으면 정보처리능력이 낮아질 수 있지만, 반복적으로 노출된 정보가 이해하기 쉽다든지, 정보와 관련된 사전지식을 충분히 갖고 있는지, 메시지 이해력이 높은 경우에는 정보처리능력이 높아진다. 예를 들어, 중고차를 매매하고자 하는 소비자가 'KB 차차차'와 같은 중고차 전문업체의 TV와 인쇄광고를 통해 반복적으로 노출되고, 광고메시지 주장에 친숙하며 제품정보가 이해하기 쉽게 제시된다면, 소비자의 정보처리동기와 능력이 모두 높기 때문에 중고차매매와 관련된 정보를 중심경로(central route)를 통해 긍정적이고, 지속적인 태도를 형성할 가능성이 높아진다. 그러나 정보처리동기와 능력 중 어느 하나라도 부족한 경우에는 숙고가능성이 낮아져서 주변경로(peripheral route)를 통해 중고차에 대한 태도를 형성하든지, 초기 태도가 있다면 초기 태도를 유지하게 된다.

이와 같이, 정보처리에 대한 동기와 능력의 수준이 모두 높은 경우, 즉 숙고가능성이 높을 때는 주로 제품의 핵심적인 속성과 기능 등의 주요 정보에 의해서 영향을 받아 태도형성 및 변화된다. 이때 제품정보를 중심단서(central cues)라고 하고, 이런 제품정보는 중심경로(central route)를 통해 처리되며, 태도형성 및 변화가 이루어진다. 하지만 정보처리동기와 능력 중에서 어느 하나라도 낮은 경우, 즉 숙고가능성이 낮을 때는 광고모델, 배경음악, 색상, 유머 등 제품평가에 별로 중요하지 않은 정보를 주변단서(peripheral cues)라고 하고, 이런 제품정보는 주변경로(peripheral route)를 통해 처리되며, 태도형성 및 변화가 이루어진다.

따라서 일반적으로 고관여 상황과 제품의 경우는 중심경로를 통해 태도를 형성 및 변화할 가능성이 높으며, 저관여 상황과 제품의 경우는 주변경로를 통해 정보를 처리함으로써 태도를 형성 및 변화할 가능성이 높다.

2. 숙고가능성 모델의 연구사례

숙고가능성 모델을 검증한 대표적인 연구사례에서, 중심경로와 주변경로를 통한 소비자 태도형성 및 변화과정에 대해 자세하게 살펴보기로 한다. 먼저 [그림 10-5]와 같이, 소비자의 관여도 수준에 따른 태도 형성 및 변화와 관련된 연구결과를 살펴보면, 소비자가 제품과 관련해서 개인적 연관성과 중요도가 높은 고관여 상황의 소비자는 광고모델의 유명도와는 상관없이 마케터가 제공한 제품의 핵심적인 속성과 기능 등의 설득적인 메시지 주장의 차이만이 태

그림 10-5 관여도 수준에 따른 태도형성 및 변화[18)]

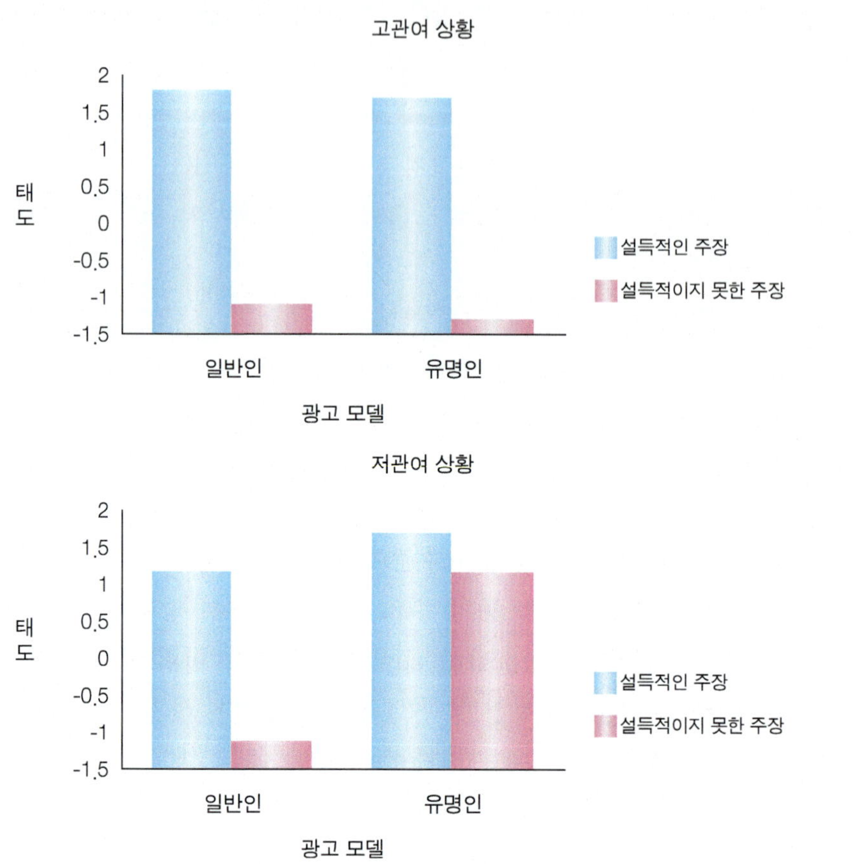

도형성과 변화과정에 영향을 미치는 것으로 나타났다.

한편, 저관여 상황의 소비자는 제품평가와 관련이 별로 없는 광고모델과 같은 주변단서의 차이에 따라 태도가 크게 영향을 받는다. 예를 들어, 일반인이 광고모델인 경우에는 제품의 핵심적인 속성과 기능 등의 설득적인 메시지의 차이에 영향을 받는데, 반면에 유명인 모델이 광고에 활용된 경우에는 정보의 설득적인 메시지의 차이와 무관하게 모두 호의적인 태도를 형성하였다.

따라서 고관여 상황의 소비자는 중심경로를 통해 제품의 핵심적인 기능과 속성 등에 대한 숙고과정을 통해 보다 지속적이고 쉽게 변화되지 않으며, 향후 실제 구매행동을 쉽게 예측할 수 있는 태도 형성과 변화하는 것으로 파악할 수 있다. 반면에, 저관여 상황의 소비자는 주변경로를 통해 제품의 핵심적인 속성이나 기능과는 무관한 주변단서에 의지하여 일시적이고 쉽게 변화되어 실제 구매행동을 예측하기 힘든 태도 형성과 변화하는 것을 알 수 있다.

숙고가능성 모델에서 주의해야 할 사항은 중심경로-주변경로에 의한 태도형성 및 변화의 구분은 존재하지만, 제품의 핵심적인 속성이나 기능 등과 관련된 중심단서와 제품과 별로 관련이 없는 주변단서로 이분법적인 구분은 존재하지 않는다는 것이다. 즉 숙고가능성 모형에서는 유명인 광고모델은 주변단서, 제품의 핵심속성이나 기능 등과 관련된 정보는 중심단서로 절대적으로 구분되지 않는다.

따라서, 중심경로-주변경로에 의한 태도 형성 및 변화는 모든 유형의 정보에 대한 소비자의 숙고가능성 정도에 의해서만 결정된다. 예를 들어, [그림 10-6]과 같이, 고관여 상황에서는 설득적인 주장의 경우에는 제공된 개수가 3개에서 9개로 증가할 때 더욱 긍정적인 태도 변화가 유발되었지만, 설득적이지 못한 주장의 경우에는 오히려 많이 제공하는 것이 태도를 더 부정적

그림 10-6 관여도 수준에 따른 주변단서(설득적 주장의 개수)의 다중역할[19)]

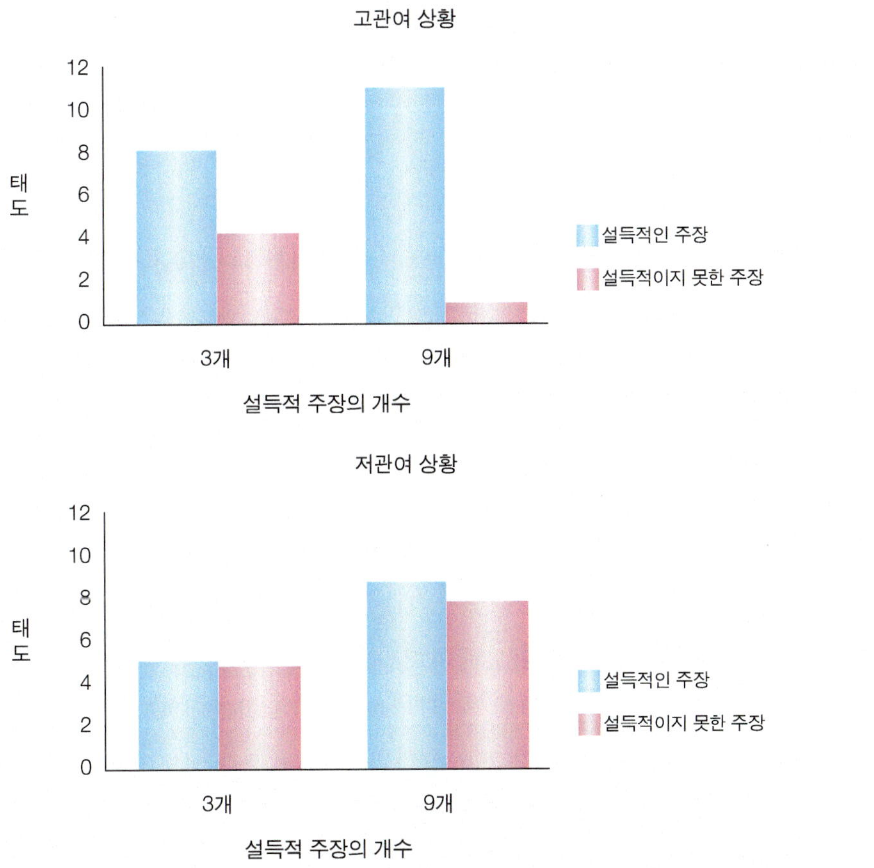

으로 변화시키고 있다. 반면에, 저관여 상황에서는 설득적인 주장이 설득력의 강도와는 상관없이 무조건 많은 정보를 제공하는 것이 효과적인 것으로 나타났다. 그래서 설득적인 주장의 개수는 저관여 상황에서는 주변단서로서의 역할을, 고관여 상황에서는 설득력이 강한 주장의 경우에만 추가적인 지지주장, 즉 제품관련 핵심정보로서의 역할을 동시에 수행하고 있다.

3. 숙고가능성 모델의 마케팅 시사점

숙고가능성 모델은 광고와 같은 외부 마케팅 자극에 대한 소비자의 반응을 효과적으로 유도하기 위한 마케팅전략을 수립하는데 많은 시사점을 제공한다.

첫째, 표적시장 내에 소비자의 관여도 상황과 수준에 따라 차별화된 광고메시지의 형식과 내용으로 정보를 제공함으로써, 소비자의 호의적인 태도를 유도하는 커뮤니케이션 전략을 수립해야 한다는 것이다. 예를 들면, 고관여 상황과 제품 소비자에게는 제품의 차별화된 속성이나 기능, 혜택 등 중심단서를 강조하는 커뮤니케이션을 통해 설득력 있게 제시하는 것이 효과적이다. 하지만, 저관여 상황과 제품 소비자에게는 구체적인 제품정보보다는 유명 광고모델, 배경음악이나 장면, 유머 등 주변단서를 주로 활용해서 빠른 태도형성과 변화를 유도하는 것이 효과적이다.

둘째, 광고메시지의 특성에 따라 효과적인 매체선정도 달라져야 할 것이다. 고관여 상황과 제품과 관련된 구체적인 정보를 제공하여 중심단서로 소구하고자 하는 경우에 매체특성을 고려할 때, TV, 라디오 등과 같은 방송매체보다는 신문, 잡지 등과 같은 인쇄매체가 더 효과적일 것이다. 반면에, 고관여 상황과 제품과 관련된 광고모델, 배경음악 등 주변단서로 소구하고자 하는 경우에는 신문이나 잡지매체보다는 TV 방송매체를 통한 광고영상이나 음악 등을 활용해서 감성을 유발하는 것이 효과적일 것이다. 또한 인쇄매체 중에서도 광고이미지를 소구하는 경우에는 칼라색상을 고려할 때, 신문보다 잡지광고가 더 효과적일 수 있다.

셋째, 광고메시지 특성에 따라 중심단서 혹은 주변단서 중에서 어느 한쪽에 더 초점을 두기도 하지만, 경우에 따라서는 두 가지 단서를 함께 사용하는 광고도 많이 있다. 자동차, 침대 등 고관여 상황과 제품에 관한 광고메시지인데도 불구하고 유명모델(주변단서)을 등장시켜 주의를 유발하고, 핵심적인 구체적인 정보(중심단서)를 간략하게 제시하는 광고도 흔하다. 마찬가지로 유산균 음료나 치약 등 저관여 상황과 제품에 관한 광고메시지에서도 제품관련 구체적인 정보(중심단서)를 전달하기 위해서 과학자, 의사, 약사 등 전문가 모델(주변단서)을 등장시키는 차별적인 광고도 많이 있다.

참고문헌

- 김학윤 (2021), 소비자행동, 무역경영사
- 이학식, 안광호, 하영원, 석관호 (2020), 소비자행동, 집현재
- Ajzen, Icek (1985), "From Intentions to Actions: A Theory of Planned Behavior," in J. Kuhl and J. Beckmann (eds.), Action Control: From Cognition to Behavior, New York, NY: Springer-Verlag, 11-39.
- Ajzen, I. (2000), TpB diagram, The theory of planned behavior. Retrieved from http://people.umass.edu/
- Ajzen, I. & Fishbein, M. (1980), Understanding attitudes and predicting social behavior, Englewood Cliffs, NJ: Prentice-Hall.
- Barsky J., & L. Nash (2002), "Evoking emotion: Affective keys to hotel loyalty," Cornell Hotel and Restaurant Administration Quarterly, 43(1), 39-46.
- Bem, Daryl J. (1972), "Self-Perception Theory," in L. Berkowitz (ed.), Advances in Experimental Social Psychology, Vol. 6, New York, NY: Academic Press, 1-62.
- Bloemer Josée and Gaby Odekerken-Schröder (2003), "Antecedents and Consequences of Affective Commitment," Australasian Marketing Journal, 11(3), 33-43.
- Festinger, Leon (1957), A Theory of Cognitive Dissonance, Evanston, IL: Row, Peterson.
- Fishbein, Martin and Icek Ajzen (1975), Belief, Attitude, Intention, and Behavior: An Introduction to Theory and Research, Reading, MA: Addison-Wesley.
- Heider, Fritz (1958), The Psychology of Interpersonal Relations, New York, NY: Wiley.
- Hess, Eckhard H., Allan L. Seltzer, & John M. Shlien (1965), "Pupil Response of Hetero- and Homosexual Males to Pictures of Men and Women: A Pilot Study," Journal of Abnormal Psychology, 70, 165-168.
- Kelly (1967), "Attribution Theory in Social Psychology," in D. Levine (ed.), Nebraska Symposium on Motivation, Vol. 15, Lincoln, NE: University of Nebraska Press, 192-238.
- Nowlis, Stephen M., Barbara E. Kahn and Ravi Dhar (2002), "Coping with Ambivalence: The Effect of Removing a Neutral Option on Consumer Attitude and Preference Judgments," Journal of Consumer Research, 29 (3), 319-334.
- Oliver, R. L. (1980). "A cognitive model of the antecedents and consequences of satisfaction decisions," Journal of Marketing Research, 17 (Nov), 460-469.
- Oliver, R. L. (1981), "Measurement and Evaluation of Satisfaction Processes in Retailing Setting," Journal of Retailing, 57, 25-48.
- Petty, Richard E. and John T. Cacioppo (1986), Communication and Persuasion:Central and

Peripheral Routes to Attitude Change, New York, NY: Springer-Verlag.
- Petty, Richard E., H. Rao Unnava, and Alan J. Strathman (1991), "Theories of Attitude Change," in Thomas S. Robertson and Harold H. Kassarjian (eds.), Handbook of Consumer Behavior, Englewood Cliffs, NJ: Prentice-Hall, 241-280.
- Petty, Richard E., John T. Cacioppo, and David Schumann (1983), "Central and Peripheral Routes to Advertising Effectiveness: The Moderating Role of Involvement," Journal of Consumer Research, 10 (September), 134-148.
- Petty, Richard E.and John T. Cacioppo (1984), "The Effects of Involvement on Responses to Argument Quantity and Argument Quality: Central and Peripheral Routes to Persuasion," Journal of Personality and Social Psychology, 46, 69-81.
- Sherif Muzafer and Carl I. Hovland, (1991), Social Judgment: Assimilation and Contrast Effects in Communication and Attitude Change, Oxford England: Yale University Press.
- Spies, K., Hesse, F. and Loesch, K. (1997), "Store Atmosphere, Mood and Purchasing Behavior," International Journal of Research in Marketing, 14, 1-17.
- Stepper, Sabine and Fritz Strack (1993), "Propioceptive Determinants of Emotional and Nonemotional Feelings," Journal of Personality and Social Psychology, 64, 211-220.
- Sujan, Mita (1985), "Consumer Knowledge: Effects on Evaluation Strategies Mediating Consumer Judgments," Journal of Consumer Research, 12 (June), 31-46.
- Weiner, B. (1985). "An attributional theory of achievement motivation and emotion," Psychological Review, 92(4), 548-573.
- Zeithaml, V. A., Berry, L. L., & Parasuraman, A. (1996), "The behavioral consequences of service quality," Journal of Marketing, 60 (Apr), 31-46.

미주정리

1) Nowlis, Kahn, & Dhar, 2002
2) Sujan, 1985
3) Hess, Seltzer, & Shlien, 1965
4) Stepper & Strack, 1993
5) Barsky & Nash, 2002
6) Spies, Hesse, & Loesch, 1997
7) Bloemer & Odekerken-Schröder, 2003, Zeithaml, Berry & Parasuraman, 1996
8) Fishbein & Ajzen, 1975

9) Oliver, 1981
10) http://webzine.kyowon.co.kr
11) Sherif & Hovland, 1991
12) Heider, 1958
13) Festinger, 1957
14) Weiner, 1985
15) Bem, 1972
16) Kelly, 1967
17) Petty & Cacioppo, 1986
18) Petty, Cacioppo, & Schumann, 1983
19) Petty & Cacioppo, 1984a, 실험2

참고 URL 주소

- https://blog.naver.com/tanpopoca/222423420842
- https://post.naver.com/viewer/postView.naver?memberNo=55886690&volumeNo=34606962
- http://webzine.kyowon.co.kr/Magazine/SubView?page=1&code2=5&n=1263&dp1=1&dp2=0&dp3=0

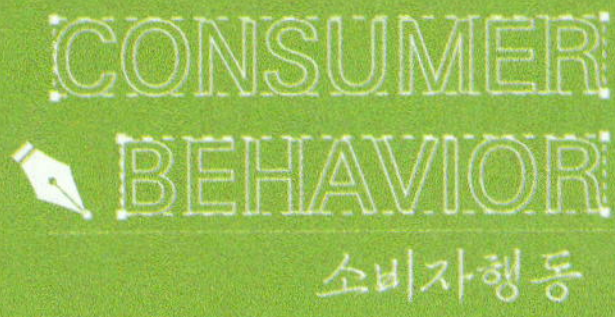

PART
05

소비자 구매의사결정과정

CHAPTER 11 구매 전 의사결정 :
문제인식, 정보탐색과 대안평가
CHAPTER 12 구매의사결정
CHAPTER 13 구매 후 행동

CHAPTER

11

구매 전 의사결정 : 문제인식, 정보탐색과 대안평가

1. 의사결정유형
2. 문제인식
3. 정보탐색
4. 대안평가

2023년, 디지털 네이티브를 위한 체험마케팅의 변화

체험마케팅(Experiential marketing)은 오랫동안 실제 세상에서 대면하는 오프라인 체험만을 일컫는 용어로 활용되어 왔다. 하지만 요즘은 디지털 기술이 반영되지 않은 체험마케팅 사례를 보기가 힘들어졌다. 페이스북, 인스타그램 등의 소셜 미디어가 MZ세대에 주류 미디어로 자리잡은 후로는 더욱 그렇다.

최근에 체험마케팅의 디지털화, 즉 DX(Digital Transformation, 대면 체험과정의 일부 또는 전체를 디지털 기술로 대체하는 디지털 트랜스포메이션) 시도는 디지털 환경에 발맞춰 그 방식도 진화하고 있다. 웹3.0을 기반으로 디지털 환경이 급격히 변화하는 지금, 체험마케팅이 디지털 요소와 어떻게 접목되는지 살펴본다면 다음 세대를 위한 마케팅 전략을 세우는 데 좋은 준비 운동이 될 것이다.

먼저, 브랜드의 대면 체험과정에 디지털 요소를 물리적으로 결합하는 방식이 있다. 앞서 언급한 오프라인 공간에서의 체험을 소셜미디어에 올리는 것이 대표적이다. 최근에는 소셜미디어, 맵 등 다양한 모바일 앱을 활용한 체험방식 등도 선보인다. 디지털 리워드(디지털 기버웨이, 디지털 굿즈 등을 포함한 개념, 원격으로 제공할 수 있는 선물)로 브랜드별 NFT를 제작, 배포해 브랜드만의 유니크한 디지털 체험을 선사하기도 한다. 대면 체험의 매력을 유지하면서도, 디지털 기능으로 체험의 질을 풍부하게 확장할 수 있다는 장점이 있다.

◆ 대면 체험을 '복제'한 디지털 체험

팬데믹 시대를 지나며 비대면 디지털 체험이 인기를 끌고, 그중 몰입도가 높은 메타버스의 활용은 짧은 기간에 많은 사례를 남겼다. Travis Scott의 콘서트는 인기게임 '포트나이트'에서 진행되었으며, 천만 명 이상이 동시 접속했다. 시시각각 변하는 뛰어난 그래픽과 자유도를 바탕으로 성황리에 진행되었다. 나이키, 구찌, 맥도날드 등 유행에 민감한 글로벌 브랜드들은 '로블록스(Roblox)', '모여라 동물의 숲' 등 다양한 메타버스 플랫폼에서 리테일 매장이나 팝업스토어를 선보여 소비자들의 반향을 일으켰다. 이들은 단지 대면 체험을 비대면의 메타버스 플랫폼으로 옮긴 것이 아니라, 각 메타버스 플랫폼의 화법을 잘 이해하고 녹여 퀄리티 높은 디지털 체험을 끌어내 좋은 평가를 받았다.

혹자는 메타버스 체험을 디지털 광고의 관점으로만 볼지도 모른다. 하지만 메타버스가 표방하는 '디지

▲ 높은 자유도로 몰입감을 높인 메타버스 콘서트 Travis Scott & Fortnite, Astronomical (출처: Travis Scott 유튜브)

털 트윈'은 단순히 시공간을 복제하는 기술이 아니다. 웨어러블 디바이스 등의 기술 발전을 통한 '감각의 복제', 나아가 '체험의 복제'로 진화하며 브랜드 체험마케팅의 일환이 될 것이다. 너무 먼 이야기로 느껴진다면, 현존하는 기술로 디지털 세계와 현실의 경계를 허무는 프로젝트들을 살펴보자.

◆ 대면 체험과 디지털 체험의 '융합'

'공존'의 방식이 현실과 가상 세계를 물리적으로 결합하려는 시도였다면, '융합'은 동일한 콘텍스트를 통해 현실과 가상 세계를 이어 디지털 체험을 현실 체험으로, 현실 체험을 디지털로 옮겨가는 방법이다.

유구한 역사 동안 큰 변화 없이 제품과 브랜드를 고수해온 코카콜라는 2021년 'Real Magic'이라는 슬로건으로 브랜드 혁신 플랫폼인 '코카콜라 크리에이션(Coca-Cola Creation)'을 런칭하며, 놀라운 시도를 선보이고 있다. 그중 하나가 올 초 글로벌 인기게임 '포트나이트'의 속 음료로 선보인 '코카콜라 제로 슈가

▲ (좌) 게임 포트나이트 속 코카콜라의 가상 세계인 픽셀 포인트 아일랜드, (우) 코카콜라 메타버스 속 음료인 코카콜라 제로 슈가 바이트(출처: 코카콜라 크리에이션)

▲ 마인크래프트와 협업해 신상품을 선보인 버버리(출처: 버버리 홈페이지)

바이트(Sugarbyte)'다. 코카콜라는 게임개발사와 협력해 '포트나이트' 게임 속 가상 세계인 '픽셀 포인트 아일랜드(Pixel Point Islands)'를 제작했다. 네온 빛이 환상적인 이 섬에서, 유저들은 네 가지 게임을 통해 '슈가 바이트' 콜라를 접할 수 있다. 코카콜라는 보랏빛 캔에 픽셀화된 로고가 돋보이는 이 에디션을 '첫 메타버스 속 음료'로 발표했다.

여기서 끝이 아니다. 코카콜라는 이 에디션을 실제 제품으로 출시한다. 상상도 못했던 픽셀맛(Pixel flavored) 콜라로, 게임에서 선보인 아이템 그대로의 '슈가 바이트'를 재현했다. 우리가 사는 현실과 메타버스를 콘텍스트로 연결해 현실과 가상의 디지털 체험을 모두 만족시킨 것이다.

게임 '마인크래프트'에서 런웨이를 하며 신상품을 선보인 버버리, '포트나이트'와 협업해 게임과 이벤트를 진행한 폴로 등 세계관을 융합하며 몰입도와 재미를 높인 캠페인들이 점차 많아지는 추세다.

◆ URL과 IRL(In Real Life)의 동행

빠르게 변화하는 디지털 환경에서, 앞서 정리한 체험마케팅 방식들도 금방 사라지거나 잊힐지 모른다. 그러나 분명한 것은 대면의 체험마케팅과 디지털 요소는 이제 불가분의 관계라는 것, 디지털 체험이 많아질수록 실제 현실, 즉 IRL(In Real Life) 체험에 대한 니즈 역시 많아진다는 것이다. 현실에서의 체험은 디지털 체험에 더 몰입하게 하고, 디지털 체험은 현실의 체험을 풍부하게 한다는 점에서 앞으로도 체험마케팅의 디지털 트랜스포메이션은 더 활발하고 다양해지리라 전망한다.

● 자료원 : 이선종, Cheil magazine, 2023년 1월 13일(내용일부 수정함)

소비자들은 일상생활에서 많은 구매의사결정을 하게 된다. 소비자들의 구매의도와 구매행동을 이해할 수 있다면, 마케터는 소비자들의 욕구와 필요를 효율적으로 충족시켜줄 뿐만 아니라, 소비자들의 만족을 극대화시킬 수 있을 것이다. 하지만, 소비자 구매행동을 이해한다는 것은 그렇게 쉬운 일은 아니다. 왜냐하면, 소비자행동은 정치·경제·사회·문화·기술 등 여러 가지 환경요인들 뿐만 아니라, 기업이 수행하는 마케팅활동을 통해 전달되는 다양한 자극과 소비자의 개인적·심리적 요인들에 의해 나타나는 소비자 반응의 결과이기 때문이다.

소비자행동에 대한 대부분의 연구들은 주로 마케팅 자극물이나 기타 자극물 등이 소비자의 블랙박스(black box) 속에서 정보처리과정을 거친 후에 관찰가능한 일련의 반응, 즉 제품선택, 상표선택, 점포선택 그리고 구매시기와 구매량의 선택 등으로 변환되는 구매의사결정과정에 대해 분석하고 설명하는 데 초점을 두고 있다. 다시 말해서 소비자행동은 소비자들이 시장의 여러 가지 환경적인 요인과 다양한 마케팅 믹스전략에 대해 어떠한 반응을 하며, 어떻게 구매의사결정을 하고 구매한 제품이나 서비스를 사용하며 처분하는지에 대해 묘사하는 것이다.

소비자들은 일반적으로 제품을 구매할 때, [그림 11-1]과 같이 ① 문제인식, ② 정보탐색, ③ 대안평가, ④ 구매의사결정, ⑤ 구매 후 행동 등 소비자 구매의사결정과정을 따른다. 구매의사결정과정의 다섯 단계는 제품이나 서비스에 대한 문제인식 단계에서 구매 후 행동단계에 이르기까지 소비자가 이동하는 일반적인 구매의사결정과정을 나타낸 것이다. 그리고 이러한 소비자의 구매의사결정과정은 소비자가 문제를 해결하는 의사결정유형에 따라 영향을 받을

그림 11-1 구매의사결정과정

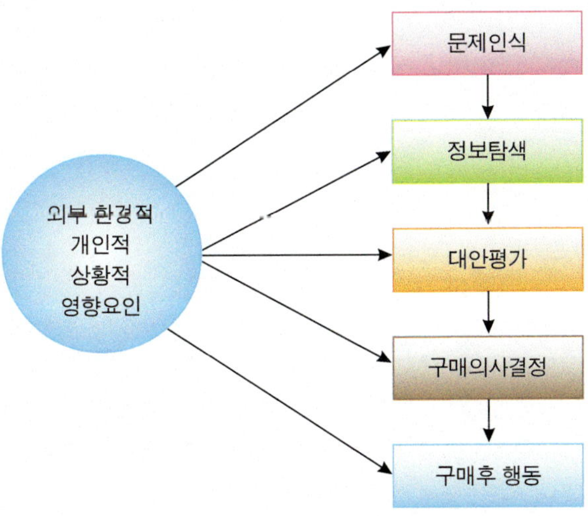

수 있다.

따라서 본 장에서는 우선 소비자가 문제를 해결하는 의사결정유형에 대해 살펴보고, 구매의사결정과정 중에서 전 단계인 문제인식, 정보탐색, 대안평가 단계에 관해서 먼저 고찰한다. 그리고 구매의사결정 단계와 구매 후 단계는 제12장, 제13장에서 각각 살펴보고자 한다.

1 의사결정유형

소비자가 문제를 해결하는 의사결정의 유형은 [그림 11-2]와 같이, 소비자의 관여도 수준, 고려한 대안의 수, 정보탐색의 정도, 제품이나 서비스의 비용, 의사결정에 투입할 수 있는 탐색시간의 길이 등에 따라 문제해결유형을 일상적 의사결정, 제한적 의사결정, 포괄적 의사결정으로 구분할 수 있다. 소비자의 관여수준은 아마도 문제를 해결하는 의사결정유형을 분류하는 데 가장 중요한 결정요인이 될 것이다. 관여도는 소비자가 대안을 탐색, 평가하고 구매의사결정과정에 들이는 시간과 노력의 양을 나타낸다.

그림 11-2 소비자 의사결정유형

저 ← 소비자 관여도 → 고

소비자 구매의사결정과정의 특성	일상적 문제해결	제한적 문제해결	포괄적 문제해결
대안의 수	한 개	소수 몇 개	많음
정보탐색	내적	주로 내적	내적, 외적
비 용	낮음	중간	높음
탐색시간	짧음	중간	높음

1.1 일상적인 의사결정

일상적인 의사결정(routine decision making)은 특별하게 문제를 해결하기 위해 의사결정이 이루어지지 않기 때문에 습관적인 의사결정(habitual decision making)이라고도 한다. 일상적인 의사결정은 일반적으로 구매빈도가 빈번하게 일어나고 저가격의 제품이나 서비스에 대한 구매의사결정이 이루어질 때 주로 관련이 있다. 일상적인 의사결정은 구매의사결정과정에서 문제가 인식되면, 소비자들은 구매하기 전에 대안을 탐색하거나 구매의사결정을 하는 데 시간을 별로 들이지 않고 문제를 해결하려고 하기 때문에, 주로 저관여 제품과 관련해서 의사결정이 이루어질 때 행해진다.

소비자들은 상점의 진열대에 진열된 제품을 보거나, 광고에 노출되어서야 비로소 욕구인식을 경험하는 일상적인 반응행동에 관여한다. 소비자들은 제품범주에 있는 여러 개의 브랜드들에 친숙하지만, 보통 한 가지 선호브랜드로 문제해결을 하며, 대안에 대한 평가도 거의 이루어지지 않는다. 소비자들은 우선 브랜드를 선택해서 구매하고, 나중에 제품의 평가가 이루어지기는 하지만, 기대했던 성과에 못 미쳤을 경우에만 평가가 행해진다. 만약 구매한 브랜드 제품이 기대했던 만큼 성능이 좋아서 만족한다면, 소비자들은 반복구매가 일어날 수 있으며, 차후에 브랜드 충성도가 형성이 될 것이다. 예를 들면 소비자들은 비누, 치약, 세제 등을 구매하려고 슈퍼마켓에 가서 어떤 브랜드를 사야하는지를 고민하면서 10분 이상 서 있지는 않을 것이다. 아마도 반복구매를 통해서 상점진열대에 가서 늘 가족들이 사용하던 브랜드를 선택하거나, 아니면 다른 어떤 브랜드든지 쉽게 선택해서 구매할 것이다.

광고 11-1 일상적 의사결정 제품

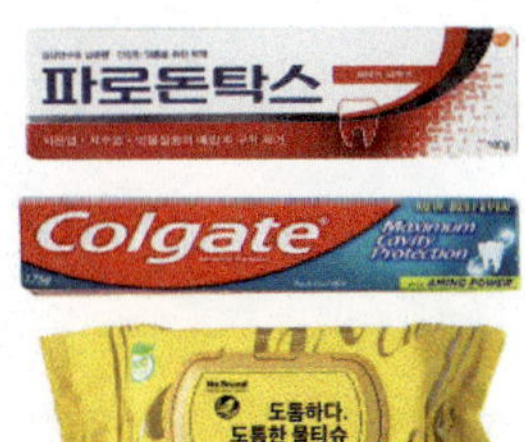

1.2 제한적인 의사결정

제한적인 의사결정(limited decision making)은 소비자가 예전에 제품을 구매해 본 경험이 있으나, 이용가능한 브랜드와 친숙하지 않을 때 발생한다. 제한적 의사결정은 일상적인 의사결정유형보다는 관여도 수준이 비록 높지만, 주로 저관여 제품들과 관련이 많다. 왜냐하면, 소비자들은 여러 가지 대안들을 고려하거나 정보를 탐색하는 데 있어서 일상적인 의사결정과 포괄적인 의사결정의 중간정도의 노력을 기울이기 때문이다. 예를 들면, 당신이 슈퍼마켓에 가서 어린 자녀에게 자주 사주던 (주)오리온의 '마켓오 브라우니' 제품이 상점진열대에 없을 경우, 다른 대안으로 같은 (주)오리온의 '바이트'나 '다쿠아즈' 등을 선택해야 할지, 아니면 비슷한 해태제과의 '오예스'나 기타 다른 브랜드 제품들을 대안으로 선택해야 할지를 고려한다고 생각해 보자. 최종 선택하기 전에, 아마도 당신은 새로 선택한 브랜드를 어린애들이 좋아할 것인지, 또는 제품의 영양가, 칼로리 등의 성분들을 비교하기 위해서 유사제품 브랜드들을 집어서 살펴볼 것이다.

제한적인 의사결정은 어떤 감성적이거나 상황적인 욕구로 인해 일어날 수도 있다. 예를 들면, 기존에 사용하고 있던 제품이 만족스럽지 않거나 자주 사용해서 싫증이 나서 새로운 브랜드나 신제품을 구매하려고 의사결정을 할 수도 있다. 이런 의사결정은 단지 새롭거나 진기한 선택대안들에 대한 평가가 이루어질 수 있다. 그렇지 않으면, 다른 사람들이 구매하거나 예견되는 행동을 따라서 구매할 수도 있다. 예를 들면, 레스토랑에서 식사를 할 때, 와인을 별도로 주문하는 경우에 다른 사람의 주문을 따라하든지 아니면 주문을 하지 않을 수도 있다.

광고 11-2 오리온의 마켓오 브라우니와 해태제과의 오예스 광고

광고 11-3 제한적 의사결정 제품 : 메디안과 젠티스트의 신제품 치약, 라이온코리아의 친환경 비누 광고

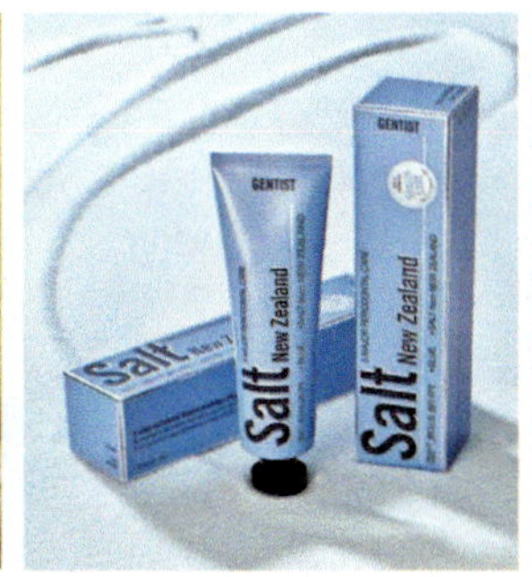

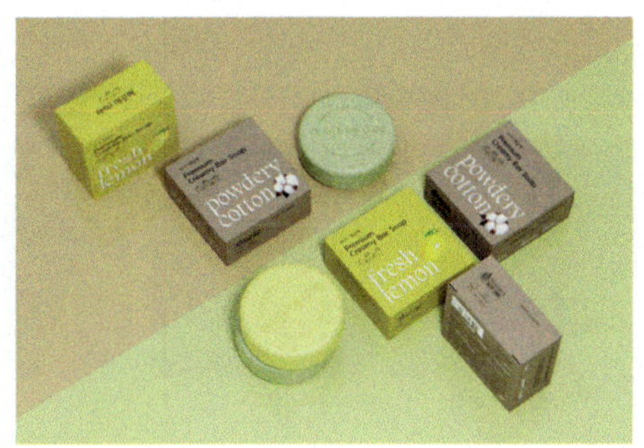

1.3 포괄적인 의사결정

소비자들은 친숙하지 못한 제품, 고가제품, 빈번하게 구매하지 않는 제품 등을 구매할 때, 포괄적인 의사결정(extended decision making)을 실행할 것이다. 이런 과정은 소비자 문제를 해결하기 위한 의사결정유형 중에서 가장 복잡한 유형이며, 소비자 측면에서 고관여 제품들과 주로 관련이 있다. 예를 들면, 주택, 자동차, 컴퓨터, 카메라, 해외휴가 등의 구매는 문제를 해결하기 위해 포괄적 의사결정을 요구할 것이다. 고관여 제품을 구매하려는 소비자들은 이용가능한 제품범주나 브랜드 대안들에 관해서 가능한 한 많은 정보탐색을 해서 완전한 의사결정을 하길 원할 것이다. 그리고 소비자들은 저관여 제품을 구매할 때와 달리 고관여 제품을 구매할 때는 구매 후에 인지부조화를 항상 경험하게 된다. 그래서 고관여 제품을 구매하는 소비자들은 구매 이후에 겪게 되는 인지부조화를 줄이기 위해서 사전에 포괄적인 정보탐색을 하며, 필요하다면 전문가나 준거집단의 구성원들과도 상담이나 조언을 구하기도 한다. 그리고 소비자들은 충분하고 철저하게 의사결정을 준비하기 위해 많은 시간과 노력을 기울이고 각 대안들을 평가하기 위해 여러 가지 평가기준들을 사용한다.

앞에서 살펴본 문제해결을 위한 세 가지 의사결정유형은 소비자들이 제품을 구매할 때, 항상 변화하지 않고 그대로 고정되어 있는 것은 아니다. 예를 들면, 일상적으로 구매하는 제품이 이제는 더 이상 만족스럽지 못하다면, 소비자들은 또 다른 어떤 브랜드로 전환하기 위해서 제한적인 문제해결 혹은 포괄적인 문제해결유형을 실행할 것이다. 그리고 처음에 포괄적인 문제해결을 이용한 사람은 차후에 구매 시에는 일상적 혹은 제한적 문제해결유형을 사용할지도 모른다. 예를 들면, 첫아이의 엄마는 기저귀를 구매하기 전에, 여러 브랜드를 포괄적으로 평

광고 11-4 포괄적 의사결정 제품

가할지도 모른다. 그러나 그 후에 기저귀를 구매할 경우에는 일상적인 문제해결유형을 취할 수도 있다.

1.4 의사결정유형과 관여도

소비자들은 일반적으로 제품을 구매할 때, 문제인식, 정보탐색, 대안평가, 구매의사결정, 구매 후 행동 등의 구매의사결정과정을 거치게 된다. 이런 과정은 소비자들이 어떻게 의사결정을 하는지를 연구하는 데 지침이 된다.

소비자들의 구매의사결정과정은 [그림 11-3]과 같이, 문제해결을 위한 의사결정유형에 따라 달라질 수 있기 때문에, 중요한 것은 소비자들의 의사결정과정에서 모두 다섯 단계를 밟을 것이라고 가정해서는 안 된다는 것이다. 일반적으로 소비자는 가격이 높고 개인에게 중요한 제품인 고관여 제품의 경우에는 보다 많은 정보를 탐색하고, 더 신중하게 대안을 비교하고 평가하는 복잡한 의사결정과정을 거치게 된다. 그렇지만, 가격이 낮고 별로 중요하지 않은 제품인 저관여 제품의 경우에는 정보탐색을 거의 하지 않거나 전혀 하지 않고, 대안을 비교하거나 평가과정을 생략하기도 하는 비교적 단순한 일상적인 의사결정과정을 거치게 된다. 또한 소비자들은 경우에 따라서는 의사결정과정의 각 단계를 거치면서 도중에 그만 둘 수도 있고, 심지어는 구매를 하지 않을 수도 있다.[1]

그림 11-3 의사결정유형과 관여도

자료원 : Hawkins, Del I., David L. Mothersbaugh and Roger J. Best(2007), *Consumer Behavior : Building Marketing Strategy*, 10th ed., McGraw-Hill, p. 511.

2 문제인식

소비자의 의사결정과정은 내외적 자극에 의해 일어나는 정보처리과정을 통해 해결해야 할 필요가 있는 욕구인식이나 소비문제를 확인할 때, 일반적으로 시작된다. 소비자들은 일상생활에서 회사에 출근할 때 무엇을 입을지, 점심식사는 무엇을 할지, 사용하고 있던 낡은 TV나 냉장고를 언제 바꿔야 할지 등과 관련된 의사결정을 해야 할 때, 일반적으로 문제인식을 할 수 있다. 이러한 문제인식은 제품이나 서비스의 취득뿐만 아니라, 소비·처분에 이르기까지 관련이 있기 때문에 중요하다.

2.1 문제인식의 특성

소비자 구매의사결정과정에서 첫 번째 단계인 문제인식 단계는 [그림 11-4]와 같이, 소비자들이 실제 상태(actual state)와 바람직한 상태(desired state) 사이에 상당한 차이가 발생했을 때 일어난다. 이러한 차이의 정도가 크든지, 그 문제의 중요성이 클 때, 동기유발이 강하게 일어난다. 충분한 동기유발이 있어야 문제인식 단계에서 구매의사결정과정을 거쳐서 구매행동으로 이어질 수 있다.

동기유발은 내·외적 자극을 통해서 활성화된다. 문제인식은 소비자가 내·외적 자극을 통해 노출되고 환기될 때까지 그 욕구가 잠재되어 있을 수 있다.

1. 내적 욕구변화

소비자의 내적 욕구변화로 인해 문제인식을 할 수 있다. 소비자는 욕구수준의 변화에 따라 낮은 단계에서 욕구가 충족되면, 보다 높은 단계의 욕구가 활성화되어 새로운 욕구가 발생될

그림 11-4 문제인식 : 실제 상태와 바람직한 상태의 변화

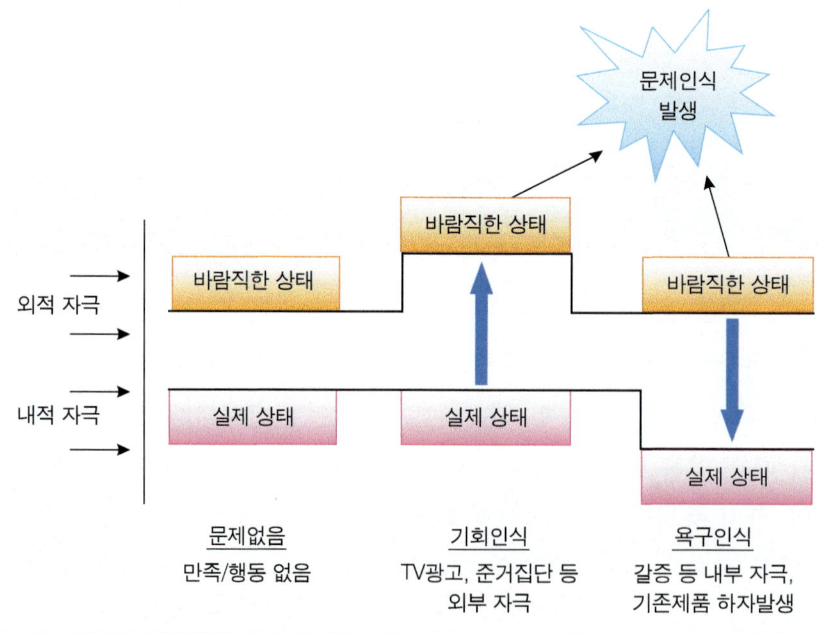

수 있다. 예를 들면, 배고픔이나 갈증, 두통 등의 내적 자극으로 인해 문제인식을 할 수 있다. 그래서 식사를 하거나 갈증을 해소하기 위해 체리에이드 음료수를 마실 수도 있고, 두통이 와서 아스피린을 찾아서 욕구충족을 하고 나면, 그 다음에 보다 높은 단계의 욕구를 위해 문제인식을 할 수도 있다는 것이다.

2. 외적 자극

소비자가 일상생활을 하면서 외부환경적인 자극에 의해 문제인식이 발생할 수도 있다는 것이다. 기업이 제공한 마케팅 커뮤니케이션 자극을 통해서 문제인식을 할 수도 있고, 가족이나 친구, 직장동료 등의 준거집단의 영향을 받아서 문제인식을 할 수도 있다. 예를 들면, TV에서 연예인이 입고 나온 유명브랜드 Chanel 핸드백을 사고 싶어하는 경우, Audi 자동차에 대해 친구의 얘기를 듣고 갖고 싶어하는 경우, 타인이 사용한 Christian Dior 향수의 향을 맡고 나서 향수제품을 사고 싶어하는 경우, 세일행사 광고를 보고 Soda 구두를 구입해야겠다고 생각하는 경우, 품질이 개선된 신제품 광고를 보고 새로운 욕구를 인식한 경우 등이 있다.

3. 기존제품의 사용상황 변화

소비자가 사용하던 기존제품의 사용상황이 변화되어 새로운 욕구가 발생이 되어 문제인식을 할 수도 있다. 현재 사용 중에 있는 제품이 고장이 나거나, 제품을 다 사용했거나, 기능이 떨어져 제품에 불만족스러운 경우에 현재의 욕구수준이 낮아져서, 바라는 욕구수준과 현저하게 차이가 나서 문제인식을 하게 되는 경우에도 구매의사결정과정을 시작하게 된다. 예를 들면, 사용하고 있던 비누나 치약이 다 떨어졌다든지, 아니면 휴대폰의 기능이 떨어지거나 고장이 잦은 경우 문제인식을 하게 된다.

이와 같이 내·외적 자극이나 기존제품의 사용상황이 변화되어 문제인식을 할 수도 있지만, 그 외에도 소비자들이 새로 이사를 한다든지 해서 주거환경이 변화되거나, 출산이나 결혼 등 가족생활주기가 변하거나, 생일·결혼기념일·회갑 등 각종 기념일이 있는 경우에도 문제인식을 할 수도 있다.

2.2 문제인식의 유형

문제인식을 활성화시키기 위한 노력들 중에서 기본적인 뚜렷한 차이는 일차적 수요를 자극하기 위해 시도할 것인지, 아니면 선택적 수요를 자극하기 위해 시도할 것인지에 달려 있다. 일차적 수요(primary demand)는 어떤 제품범주의 전체 매출에 대한 수요를 말하며, 선택적 수요(selective demand)는 제품범주 내에 있는 각 경쟁업체의 매출에 대한 수요를 나타낸 것이다. 그래서 문제인식을 야기시키는 방법으로 일차적 수요를 자극하는 본원적 문제인식(generic problem recognition)과 선택적 수요를 자극하는 선택적 문제인식(selective problem recognition) 등이 있다.[2)]

본원적인 문제인식은 특정 제품범주 전체에 대한 욕구(일차적 수요)를 자극해서 한 제품에 대한 전체시장의 규모를 키우려고 하는 것을 의미한다. 일차수요를 촉진시키기 위해 쇠고기, 닭고기, 우유, 계란, 오렌지 주스, 돼지고기 등의 산업계 차원에서 주로 이루어진다. 예를 들면, 소비자가 일상생활에서 흔히 치킨과 맥주, 햄버거나 피자와 콜라 등과 같이, 특정 음식이나 제품을 떠올리면 연상되는 것들이 있는데, 캐나다 퀘백(Quebec) 낙농조합은 우유와 잘 어울리는 쿠키, 빵 등으로 우유 팩 형태를 먹음직스럽게 재치있는 비주얼 광고로 잘 표현하고 있다. 특히 '우유와 함께라면 뭐든지 더 맛있다(Everthing's better with milk)'라는 카피내용으로 본원적인 문제인식을 이끌어내는데 초점을 두고 있다. 이처럼 정부나 산업계 차원에서 행하는 공동홍보용 캠페인 광고는 제품전체의 시장규모를 키우기 위해 본원적 문제인식에 초점을 둔 것이다.

광고 11-5 Quebec 낙농조합의 우유광고

기업들이 본원적 문제인식을 활성화시켜서 전체 제품시장을 확대하고 촉진하려고 하는 것은 주로 다음과 같은 상황일 때다. 즉 소비자들이 경쟁제품 간의 차이를 크게 인식하지 못할 때, 제품수명주기 상의 도입기 단계일 때, 문제인식 후 외적탐색이 제한적이기 쉬울 때, 산업 전체에 협력적인 노력이 있을 때, 기업이 높은 시장점유율을 가지고 있을 때, 문제가 잠재적이거나 중요성이 낮을 때 등과 같은 상황에서 일차적 수요를 촉진시키는 것이 효과적이기 때문이다.

선택적 문제인식은 어떤 제품범주 내에서 특정 브랜드에 대한 욕구(선택적 수요)가 자극될 때 일어난다. 대부분의 제품이나 브랜드 광고를 하는 마케터는 자사제품이나 브랜드의 차별성이나 우수성을 강조하면서 선택적 문제인식을 자극해서 매출액이나 시장점유율 유지 및 확대를 모색하려고 노력하고 있다. 선택적 문제인식에는 소비자의 구매동기에 따라 이성적 소구를 통한 문제인식과 감성적 소구를 통한 문제인식방법이 있다.[3)]

1. 이성적 문제인식

소비자의 이성적 구매동기를 자극해서 기능적이고 실용적인 욕구를 환기시켜서 문제인식을 불러일으키는 것을 말한다. 즉 경쟁제품보다 자사제품이 서비스의 품질, 수명, 성능, 가격 등과 같은 기능적인 특성이 분명하고 차별적인 경우에 그런 점들을 통해 문제인식을 활성화시킬 수 있다. 예를 들면, British Airways는 빠른 체크인의 속도를 재미있게 보여주는 다양한 버전의 인물사진을 촬영해 여권의 프레임으로 포스트를 제작하였다. 그리고 광고에도 '매우 빠르다'라는 서비스의 속성을 엄청나게 빠른 속도로 부는 바람을 만난 사람들의 인물사진으로 표현하여 빠른 체크인/탑승수속을 연상시키면서 문제인식을 유발하고 있다. 그리고 특히 제품사용 전후를 비교하거나, 경쟁제품과의 직접 비교광고를 통해 자사제품이나 브랜드의 장점을 강조하는 것은 선택적 문제인식을 활성화해서 효과적일 수 있다. 예를 들면, 버거킹(Burger king)은 '불에 직접 굽는 직화구이(frame grilling)' 패티로 만든 Whopper Burger라는 핵심적인 브랜드/제품속성을 7개 줄이 그려진 그릴 패턴을 브랜드의 상징적인 요소로 시각화하였다. 그리고 'The other guys don't have any marks(다른 브랜드 버거의 패티에는 이런 그릴마크가 없어요)'라는 위트넘치는 카피가 돋보인다.

버거킹은 맥도날드, Subway, KFC, 기타 햄버거 전문판매점 등 경쟁매장 근처에 전략적으로 옥외광고를 진행해 다른 패스트푸드의 버거와 확실하게 차별화되는 버거킹만의 강점을 내세우면서, 소비자에게 경쟁사 제품과 비교하는 선택적 문제인식을 자극하고 있다.

광고 11-6 제품의 특성을 강조한 이성적 문제인식 : British Airways 광고

광고 11-7 비교광고를 통한 선택적 문제인식 : 버거킹 광고

2. 감성적 문제인식

소비자의 감성적 구매동기를 자극해서 문제인식을 활성화시키려는 것으로, 주로 정, 사랑, 성, 두려움, 놀라움 등의 감성적인 소구방법을 이용해 소비자의 감성을 환기시키는 방법을 의미한다. 이런 소구방법을 이용해서 다른 사람들에게 관심을 끌고 싶어하거나, 다르게 보이고 싶어하는 사회적 욕구를 자극하거나, 과시적인 제품을 통해 이미지 광고표현으로 바람직한 상태와 실제상태의 현저한 차이인식으로 문제인식을 야기시킬 수 있다. 예를 들면, 비너스(Venus)는 오래된 브랜드임을 강조하기 위함인지 유물스런 카세트 플레이어에서 흘러나오는 오래된 노래가 시작되면서 레트로 감성으로 호감도를 최대치로 끌어올린 광고에서, 여름이 사랑스러운 이유에 대한 답으로 한껏 설레는 표정으로 여행준비물을 캐리어에 담으면서 한밤에 펼쳐지는 나만의 패션쇼를 준비한다. 그리고 여름이 좋은 이유는 어른에게도 방학을 주기 때문인데, 가장 마지막 장면에서 캐리어에 담은 여행용품은 비너스 브라인데, 실제로는 바로 그 순간이 여행을 떠나기 전 가장 설레이는 포인트이고, 감성적인 느낌을 보는 소비자에게 잘 전달하면서 선택적 문제인식을 불러일으키고 있다.

이와 같이 선택적 문제인식은 특정 제품범주 내에서 자사제품이나 브랜드의 시장점유율을 유지하고 높이기 위해 문제인식을 야기시키는 데 초점을 두고 있는 반면에, 본원적 문제인식

광고 11-8 **제품의 감성적인 표현을 통한 선택적 문제인식 : VENUS 광고**

을 증가시키는 것은 특정 제품의 전체시장 자체를 확대시키기 위해 일차적 수요를 자극하는 데 의미를 두고 있다.

3 정보탐색

소비자들은 문제를 인식하고 나면, 인식한 문제를 해결하기 위해 대안을 찾기 위한 정보탐색을 하게 된다. 정보탐색은 최적의 대안을 찾기 위해 정보를 수집하는 과정을 말한다. 정보탐색은 일반적으로 기억 속에 저장된 의사결정과 관련된 지식을 조사해 보고 인출해 내는 것을 말하는 내적탐색과 시장에서 수집된 정보로 이루어진 외적탐색으로 나눌 수 있다.

3.1 내적탐색

소비자가 문제인식을 경험하고 나서, 이를 효과적으로 해결해 줄 수 있는 제품이나 서비스에 관한 정보를 얻기 위해 기억 속에 저장된 정보를 회상해 내는 과정을 내적탐색(internal search) 과정이라고 한다. 저장된 정보는 주로 제품이나 서비스와 관련된 사전 구매경험으로부터 나온다. 예를 들면, 쇼핑하는 동안에 당신이 얼마 전에 구매한 적 있는 P&G의 프링글스 감자칩 제품을 보았다면, 당신의 기억 속에 저장되어 있는 정보를 탐색해서, 아마도 당신은 그 감자칩 제품이 맛이 좋았다든지, 손님들이 맛이 좋아 칭찬했다든지, 혹은 손님들에게 대접하기가 쉬웠다든지 등의 기억을 할 수 있을 것이다.

소비자가 내적탐색을 통해 의사결정을 하려고 한다면, 우선 소비자는 자신의 기억 속에 있는 관련정보를 자연스럽게 회상하게 된다. 이때 올바른 의사결정을 할 만큼 충분한 정보가 저장되어 있어야 하며, 그 정보를 회상할 수 있는 능력이 있어야 한다. 또한 회상정보를 통해 꽤 만족스러운 선택대안이 있으면 곧바로 그 대안이 구매될 가능성이 있다. 이런 내적탐색은 신속하게 탐색이 이루어질 수 있고, 비용과 시간을 적게 들이고도 원하는 정보를 수집할 수 있다는 장점이 있어서 일반적으로 저관여 제품들에 관한 의사결정을 할 때 주로 이용된다. 하지만 대부분 내적탐색을 통해 수집된 정보가 제한적이고, 불충분한 경우가 많아서 고관여 제품의 경우에는 추가적인 정보수집을 위해 외적탐색을 할 수 있다.

3.2 외적탐색

외적탐색(external search)은 내적탐색과 다르게 소비자가 자신의 문제를 해결할 만큼 충분한 정보를 갖고 있지 못한 경우에, 더 많은 정보를 수집하기 위해 시간과 노력을 기울여서 외부에 있는 정보원으로부터 정보를 탐색하는 것이다. 외적탐색은 당면한 문제를 해결하기 위해 정보탐색이 이루어지는 구매 전 탐색(pre-purchase search)과 때때로 발생하는 구매욕구와 관계없이 평소에 비교적 정규적으로 정보를 탐색하는 계속적 탐색(ongoing search)이 있다.[4] 예를 들면, 소비자가 Nintendo Switch의 소프트웨어 게임제품을 구매하기 위해 관련 잡지를 읽어보고 판매점을 방문했다면 구매 전 탐색이라고 할 수 있지만, 게임제품에 대해서 평소에도 관심이 많아서 잡지를 꾸준히 구독했다든지, 인터넷 검색을 하거나 주변에 친구나 전문가들에게 지속적으로 조언이나 정보를 수집해 왔다든지 하는 행동은 계속적 탐색이라고 한다.

1. 외적탐색의 특성

소비자가 외적탐색을 어느 정도 하는가는 욕구인식의 강도, 제품이나 서비스에 대한 관심의 정도·지식·사전경험·지각된 위험 등에 달려 있다. 그리고 기억하고 있는 정보의 양, 추가적

광고 11-9 Nintendo Switch의 소프트웨어 광고

인 정보획득의 용이성과 가치, 시간과 노력의 정도, 정보탐색으로부터 얻는 만족감의 정도 등에 의해 결정된다.

일반적으로 외적 정보탐색은 구매제품에 대한 지각된 위험이 증가할 때, 정보탐색이 커지고 훨씬 더 많은 대안들을 고려할 것이다. 주로 개인적으로 중요한 제품이거나 고관여 제품인 경우에는 정보탐색의 양, 시간과 노력 등이 증가한다. 예를 들면, 당신이 자동차를 한 대 구매하는 것은 비누나 치약 등 일상용품을 구매하는 것보다 구매의사결정 시에 비용 때문에 상대적으로 지각된 위험이 높다고 할 수 있다. 그래서 자동차 모델, 연비, 내구성, 실내공간, 탑승인원 등에 관한 자세한 정보의 탐색과 더 많은 정보수집을 위해서 노력과 시간을 기울일 것이다. 왜냐하면, 자료수집하는데 걸리는 시간이 자동차를 잘못 구매했을 때 지불하게 되는 대가보다 작기 때문이다.

2. 외적탐색의 원천

외적탐색이 이루어지는 경우에 소비자는 정보를 어디서 수집할 것인가를 고려해야 한다. 일반적으로 소비자들은 구매하려고 하는 제품과 관련해서 인터넷을 검색해 보거나, 신문이나 잡지를 읽어보거나, 판매원과 상담을 하는 등 다양한 정보원을 통해 외적탐색이 이루어진다. 이러한 외적탐색이 이루어지는 원천에는 구매 전 탐색이나 계속적 탐색 어느 것이든지 다음과 같이 네 가지 유형이 있다.[5)]

- **개인적 원천**(personal sources) : 가족, 친구, 이웃, 직장동료, 기타 지인들 등을 통해 정보를 수집할 수 있다. 이런 준거집단이 제공해 주는 의견이나 정보는 비용이 적게 들고 비교적 신뢰성이 높다고 지각하는 경향이 있다.
- **상업적 원천**(commercial sources) : 기업이 마케팅 커뮤니케이션 전략을 통해 제공하는 광고, 홍보, 포장, 판매원, POP 디스플레이, 판촉물, 팜플릿 등에 의해서 정보를 수집하는 것을 말한다. 이런 정보는 소비자가 시간과 비용을 적게 들이고도 쉽게 정보를 얻을 수 있는 이점이 있지만, 정보의 신뢰성이 낮게 평가되는 경향이 있다.
- **중립적 원천**(neutral sources) : 신문이나 잡지기사, 정부기관 보고서, 방송뉴스, 소비자 관련 보고서, 기타 비상업적 매체 등에서 제공하는 각종 정보를 말한다. 이런 정보는 소비자들이 신뢰성이 높고, 실제적으로 편견이 거의 없는 것으로 지각하는 편이다.
- **경험적 원천**(experiential sources) : 소비자 자신이 제품이나 서비스를 직접 사용해 보거나, 시험조작을 직접 경험해 보고 정보를 수집하는 것을 말한다.

이와 같이 소비자들이 이용가능한 원천은 여러 가지 있지만, 정보수집에 드는 시간과 비용, 그리고 신뢰성 정도에 따라 달라질 수 있다. 일반적으로 대안의 종류가 많고, 여러 대안별 제품속성을 탐색할 경우에는 기업에서 제공하는 정보원천인 상업적 원천을 바탕으로 정보수집이 이루어지겠지만, 위험을 높게 지각하는 경우라면 개인적 원천이나 중립적 원천을 통해 정보를 수집하려 할 것이다. 소비자 자신이 과거에 구매경험이 있다면 직접 판매점을 방문해서 정보를 수집할 것이다. 따라서 마케터는 소비자가 의존하는 정보원천을 파악하고, 각 정보원천이 다음 단계의 구매의사결정과정에 어떤 영향을 미치는지 잘 파악해야 한다.

3. 외적탐색에 영향을 미치는 요인들

소비자들은 기억 속에 저장된 정보, 내적탐색을 통해 의사결정에 반영하기도 하지만, 대부분 내적탐색은 정보의 한계가 있어서 비용이나 시간이 많이 드는 외적탐색을 통해 정보를 수집하게 된다. 외적탐색 과정은 시간과 비용, 정보의 과부하, 의사결정의 지연 등으로 인해서 매우 선택적으로 이루어지는 경향이 많다. 일반적으로 소비자의 외적탐색의 정도는 구매제품의 특성, 소비자의 특성, 구매상황 등에 따라 다르게 나타날 수 있다.

(1) 제품의 특성

제품의 특성은 정보탐색 수준에 중요한 영향을 미친다. 일반적으로 편의품(convenience products)은 소비자들이 자주 반복적으로 최소한의 노력으로 구매하는 제품들이기 때문에 정보의 탐색수준이 매우 낮다. 편의품보다 선매품(shopping products)의 경우는 가격, 스타일, 품질 등을 비교하며, 시간과 비용이 더 들기 때문에 정보탐색 수준이 더 높아진다. 그리고 전문품(speciality products)은 특별한 구매노력을 기울여야 하기 때문에 편의품이나 선매품보다 더욱 많은 정보탐색이 이루어진다.

(2) 소비자의 특성

소비자는 동일한 제품이라도 관여수준에 따라 정보탐색의 양은 달라질 수 있다. 저관여 제품이나 서비스와 관련해서 소비자는 구매상황이 중요하지 않거나 지각된 위험이 낮기 때문에 정보탐색의 양이 적어도 된다. 하지만, 고관여 의사결정상황에서는 불확실성이나 지각된 위험이 크기 때문에 많은 정보탐색이 필요할 것이다.

소비자의 구매와 관련된 제품에 대한 경험이나 습득한 지식의 양과 질에 따라 정보탐색의

그림 11-5 소비자 지식과 외적 정보탐색 관계

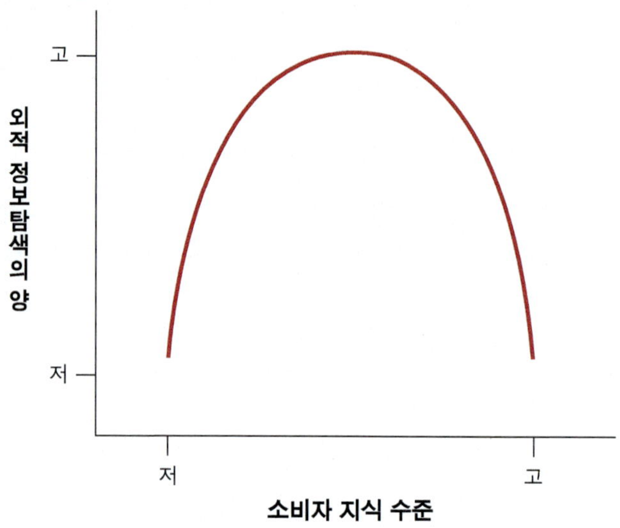

자료원 : Blackwell, Roger D. Paul W. Miniard and James F. Angel(2006), *Consumer Behavior*, Thomson South-Western, 10th, p. 125.

양과 수준도 달라질 수 있다. 일반적으로 소비자는 자신의 경험이나 제품과 관련된 지식수준이 낮으면 많은 정보탐색이 이루어지리라 생각되지만, 기술적으로 복잡한 제품인 경우에는 오히려 정보탐색을 많이 하더라도 자신이 없어 정보탐색을 적게 할 수도 있다. 반면에 경험이나 지식수준이 높은 경우는 잘 알고 있기 때문에 정보탐색이 낮지만, 효율적으로 탐색이 가능한 점이 있다. 따라서 소비자 지식과 외적 정보탐색 간의 관계는 [그림 11-5]와 같이, 역U자형 관계일 수 있다.[6)]

소비자 개인의 정보처리능력에 따라 정보탐색의 양이 달라질 수 있다. 즉 정보처리능력이 부족한 경우에 많은 정보가 오히려 정보과부하 현상 때문에 정보탐색의 양이 줄어들 수 있다. 그리고 일반적으로 학력수준이 낮고, 연령이 높고, 소득수준도 높을수록 시간적 기회비용을 높게 생각하기 때문에 정보탐색의 양이 줄어드는 경향이 있다.

(3) 시장의 특성

소비자의 정보탐색의 양이나 수준은 대안의 수, 점포분포, 정보의 이용가능성 등의 시장특성에 따라 달라질 수 있으며, 소비자의 쇼핑행동에도 영향을 미칠 수 있다. 확실히 문제인식을 해결할 제품이나 서비스, 점포, 브랜드 등과 관련된 대안의 수가 많을수록 외적탐색의 양은 많아진다. 극단적인 경우로 전기, 가스 등과 같은 공기업의 독점제품의 경우는 정보탐색의 욕구가 거의 없다. 반면에 소비자가 고려할 수 있는 대안의 수가 지나치게 많으면 오히려 정보과부하가 일어나서 쇼핑을 하기가 어려울 수도 있다.

또한, 점포의 수, 위치, 소점포 간의 거리 등은 소비자들의 구매 전 정보탐색을 위해 상점을 방문하는 횟수에 영향을 줄 수 있다. 점포가 밀집된 쇼핑센터, 백화점 등은 점포 간의 근접성으로 인하여 추가적인 탐색에 소요되는 시간과 노력, 금전 등을 절약시켜 주기 때문에 외적탐색의 양을 증가시킨다. 그리고 시장의 정보이용 가능성이 지나치게 많은 경우에는 정보과부하 현상 때문에 정보탐색의 양이 줄어들 수 있다.

(4) 상황적 특성

소비자가 긴급한 구매의사결정을 해야 하는 상황이 발생하거나, 충동구매 상황이 일어난 경우에는 정보를 탐색할 시간적 여유가 적어 외적탐색이 감소할 수 있다. 그리고 매장 내 분위기가 쾌적할수록 정보탐색 양이 많아지지만, 고객들이 많이 붐비는 경우에는 정보탐색을 많이 할 수 없기 때문에 정보탐색 양과 수준이 낮을 수 있다. 그리고 선물용으로 제품을 구매하는 상황은 소비자 자신이 직접 사용하기 위해 구매할 때보다 지각된 위험이 높아지기 때문에 정보탐색의 양이 많아질 수 있다.

3.3 대안상표군

구매의사결정과정에서 대안평가 단계로 넘어가기 전에 소비자가 정보탐색을 통해 수집된 정보를 통해서 대안상표군을 구분해야 된다. 제품범주 내에는 많은 브랜드가 존재할 수 있으나, 소비자가 그 모든 브랜드를 전부 알고 있지는 않으므로 대안상표 구성에는 일부 상표가 고려대상에서 제외될 수밖에 없다. 대안상표군 구성에는 [그림 11-6]과 같이, 우선 내적탐색을 통해 기존에 알고 있던 인지상표군(awareness set)과 알지 못하는 비인지상표군(unawareness set)으로 구분된다. 그러나 소비자가 알고 있는 인시상표군 중에서도 일부는 상표가 자신의 지불능력 범위를 넘어서거나 자신의 욕구기준에 충분하지 않을 때, 브랜드를 평가할 충분한 정보를 갖고 있지 않거나 사용해 본 경험이 만족스럽지 못했을 때, 현재 사용 중인 브랜드에 만족하고 있거나 광고나 구전 커뮤니케이션으로부터 부정적인 영향을 받고 있을 때 등으로 인해 고려되지 않을 수 있다. 그래서 인지상표군 중에서 회상되는 상기상표군(evorked set), 비활성상표군(inert set), 부적절상표군(inept set) 등으로 구분된다.[7]

그림 11-6 대안상표군 분류

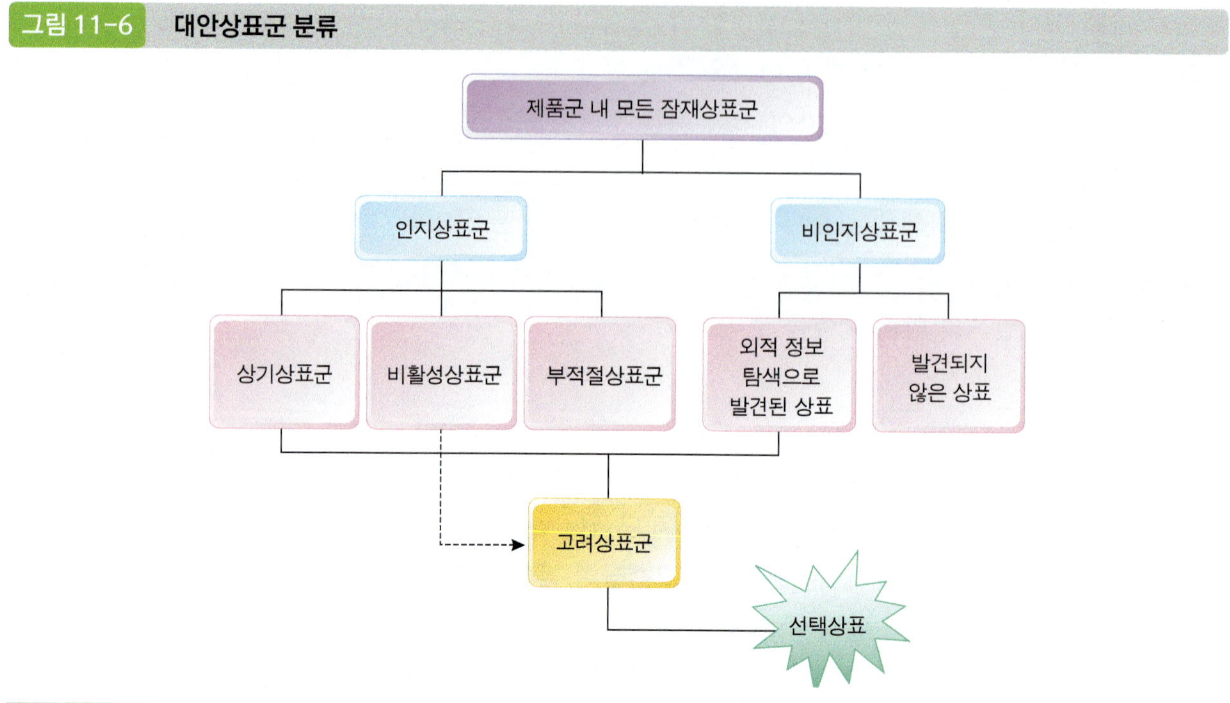

주) 점선은 내적탐색에서 비활성상표군에 있지만 외적탐색에서 발견되어 고려상표군에 포함될 수 있다는 의미임

상기상표군은 특별한 소비자 문제를 해결해 줄 수 있는 대안으로 평가될 브랜드들로 주로 구성된다. 비활성상표군은 소비자가 정보탐색은 이루어지지 않지만, 일반적으로 브랜드에 관한 우호적인 정보를 받아들일 것이다. 이는 선호하는 브랜드가 선택되지 않아서 이용할 수 없을 때 받아들여질 수 있다. 그리고 부적절상표군은 불쾌한 경험이나 부정적인 구전 커뮤니케이션으로 인하여 소비자가 적극적으로 싫어하거나 회피하는 브랜드들로 구성된다.

또한, 고려상표군(consideration set)은 상기상표군과 비인지상표군에서 외적 정보탐색과정에서 새로 발견된 브랜드들을 합친 것이며, 이 중에서 소비자는 한 브랜드를 선택하게 된다.

따라서 소비자는 우선 자신이 알고 있는 인지상표군을 중심으로 긍정적인 평가가 있을 경우에만 구매의사결정과정을 거치기 때문에, 마케터는 우선 소비자의 상기상표군을 파악해야 하며, 자사브랜드가 소비자의 상기상표군에 포함될 수 있도록 노력해야 한다.

3.4 정보탐색 방식

소비자가 구매의사결정을 위한 대안들에 대한 정보를 탐색하고 처리하는 방식에는 [그림 11-7]과 같이, 크게 브랜드별 처리, 속성별 처리, 혼합식 처리 등으로 분류할 수 있다.

1. 브랜드별 처리방식

소비자가 한 번에 하나의 브랜드를 선택해서 모든 속성과 특성에 대해 정보를 탐색한 후, 다른 브랜드도 동일한 방법으로 브랜드별로 정보를 탐색하고 처리하는 방식이다. 예를 들면, 디지털카메라 제품에 대한 브랜드별 처리방식은 우선 소니브랜드의 화소, 디자인, 라이브 뷰, 손떨림 방지 등 속성별로 정보탐색을 하고, 그다음 브랜드인 캐논도 똑같은 순서로 탐색하고 처리하는 방식이다.

2. 속성별 처리방식

제품의 특정 속성에 대하여 여러 브랜드에 대한 정보를 탐색한 후, 다른 속성도 동일한 방

그림 11-7 디지털카메라의 정보처리방식

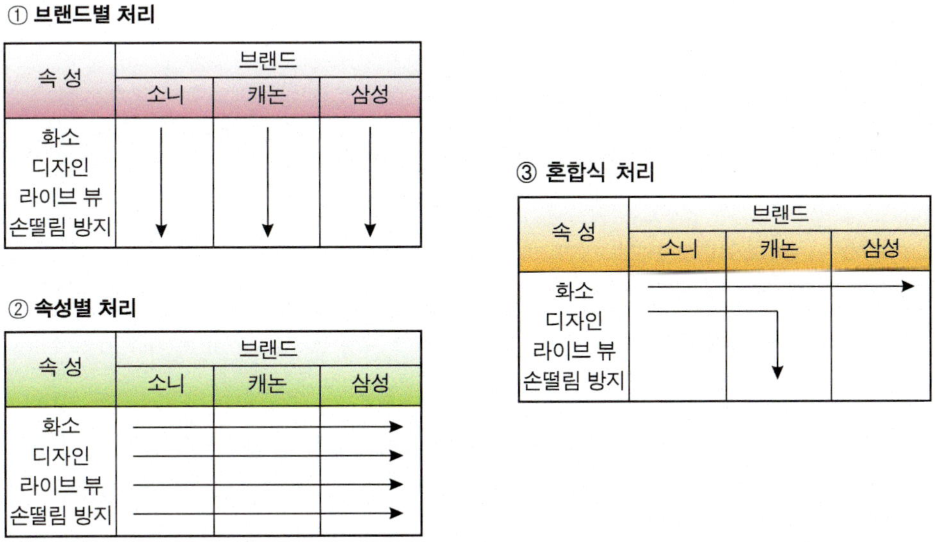

① 브랜드별 처리

속 성	브랜드		
	소니	캐논	삼성
화소 디자인 라이브 뷰 손떨림 방지	↓	↓	↓

② 속성별 처리

속 성	브랜드		
	소니	캐논	삼성
화소	→	→	→
디자인	→	→	→
라이브 뷰	→	→	→
손떨림 방지	→	→	→

③ 혼합식 처리

속 성	브랜드		
	소니	캐논	삼성
화소	→	→	→
디자인	→	↓	
라이브 뷰		↓	
손떨림 방지		↓	

식으로 브랜드별로 정보를 탐색하고 처리하는 방식이다. 예를 들면, 디지털카메라 제품에 대한 속성별 처리방식은 우선 화소 속성부터 소니, 캐논, 삼성브랜드 순으로 정보탐색을 한 후에 다음 속성인 디자인 속성도 마찬가지로 소니, 캐논, 삼성브랜드 순으로 정보탐색을 하고 처리하는 방식이다.

3. 혼합식 처리방식

두 가지 정보처리방식을 혼합한 방식으로 처음에는 속성별로 대안을 탐색하다가 마음에 들지 않는 브랜드는 정보탐색을 중단하고, 마음에 드는 다른 특정 브랜드에 대해서만 나머지 속성들에 대해 탐색하고 처리하는 방식이다. 예를 들면, 디지털카메라 제품에 대한 혼합식 처리방식은 우선 화소속성에 대해 브랜드별로 정보를 탐색하고, 그다음 속성인 디자인 속성에서는 삼성브랜드가 마음에 들지 않으면, 정보탐색을 중단하고 마음에 드는 소니나 캐논브랜드를 탐색하고 처리하는 방식이다.

이와 같이 소비자가 정보탐색하고 처리하는 세 가지 방식 중에서 브랜드별 정보처리방식이 더 많이 이용되는 경향이 있지만, 어떤 방식으로 처리하는가는 제품이나 서비스와 관련된 소비자의 특성이나 구매의사결정 단계에 따라 달라질 수 있다. 일반적으로 구매의사결정 초기에는 속성별 정보처리방법이 많이 사용되지만, 후기에는 브랜드별 정보처리방식이 이용되는 경향이 있다.

4 대안평가

선택대안의 평가는 구매할 제품과 관련하여 소비자가 기억 속의 회상에 의한 내적탐색과 정보수집에 의한 외적탐색을 통해서 고려하게 된 고려상표군(consideration set)에 포함된 브랜드들에 대한 평가를 의미한다.

대안의 평가과정은 소비자들이 대안을 선택하기 위해 우선 사용할 평가기준이나 평가방식을 결정해야 하며, 이를 통해 고려상표군에 있는 상표들을 비교하고 평가하는 것이다.[8)] 여러 대안들을 평가할 때, 소비자는 우선 제품속성들로 구성된 몇 개의 평가기준을 설정하고 선택대안들을 비교하고 평가한다. 예를 들면, 호텔의 경우는 위치, 청결함, 분위기, 가격 등이 될 수 있으며, 구강청정제의 경우는 색깔, 효과, 살균력, 가격, 맛, 향기 등이 평가기준이 될 수 있다. 이러한 평가기준들은 소비자의 내면적인 구매목적과 동기, 구매상황 등에 따라서 달라질 수 있으며, 그 기준이 객관적일 수도 있고 주관적일 수도 있다.

따라서 소비자가 대안선택에 사용할 평가기준의 특성을 살펴보고 조사방법, 평가방법 등에 대해 살펴본다.

4.1 평가기준

소비자들은 일상생활 속에서 수많은 구매의사결정에 직면하게 되는데, 그중에서 선택대안에 대한 평가가 거의 없이 구매결정이 이루어지는 경우도 많다. 별 중요하지 않은 의사결정은 대안들에 대한 평가가 특별히 요구되지도 않고 필요 없는 경우가 많으며, 경우에 따라서는 지난번 구매결정이 추가로 다른 정보를 고려하지 않고 반복되기도 한다. 그리고 제한적인 구매결정이 이루어지는 경우는 한두 가지 차원에서 상기상표군 내에서 소수 브랜드를 중심으로 비교해서 결정되기도 한다. 그리고 포괄적인 구매결정은 광범위한 내·외적 정보탐색을 통해서 다수의 선택대안이 평가기준에 따라 평가가 이루어진다.

1. 평가기준의 인지적 반응과 감성적 반응

소비자는 대부분의 제품이나 서비스의 성과에 대한 평가에 한 가지 이상의 평가기준을 활용한다. 평가기준(evaluative criteria)은 소비자가 특정 문제를 해결하기 위해 찾고 있는 제품이나 서비스와 관련된 여러 가지 차원, 혜택, 특징 등을 의미한다. 예를 들면, 향수제품을 평가할 때 평가기준으로는 향, 용량, 용기모양, 향의 지속성, 브랜드 이미지, 가격 등이 될 수 있다. 평가기준은 일반적으로 소비자들이 바라는 혜택이든, 아니면 치루게 되는 대가이든, 관련된 제품 및 서비스의 특성이나 속성들이다. 최근에 웰빙에 대한 관심이 높아진 소비자들을 대상으로 기능성 우유제품들이 많이 출시되고 있다. 그중에서도 칼로리 성분은 가능한 피하고 싶은 성분이고 칼슘성분은 소비자가 바라는 혜택에 해당이 되는데, 이에 관심이 높은 소비자들은 저지방과 칼슘성분이 대안선택에 중요한 평가기준이 될 수 있다. 이런 소비자를 대상으로 마케터는 저지방이나 칼슘성분의 제품특성을 소비자들에게 알리고 그 혜택을 강조해야 된

광고 11-10 인지적 반응 표현 : Volvo XC60 광고

다. 예를 들면, 매일유업의 '매일우유 저지방 & 칼슘,' 푸르밀의 고칼슘 저지방 '소화 잘되는 우유' 등의 우유제품을 소비자들에게 판매하면서 좋은 반응을 얻고 있다.

제품의 평가기준은 흔히 제품의 품질, 가격, 크기 등 효용적인 특성을 중심으로 상대 경쟁 기업의 제품보다 차별적인 속성들을 중심으로 많이 이루어진다. 예를 들면, 자동차의 경우 소비자들은 일반적으로 크기, 디자인, 실내공간, 가격, 연비, 속도감 등의 제품특성을 중심으로 평가기준을 사용한다. 예를 들면, Volvo XC60은 야간 주행 시 보행자뿐만 아니라, 야생동물까지 감지해 교통사고발생의 위험을 사전에 예방할 수 있는 야생동물 감지시스템(Large Animal Detection System)의 기능적인 특성을 어둠 속에 등장하는 곰, 늑대, 순록 등의 눈이 헤드라이트로 묘사해 몸집이 큰 야생동물들을 감지하는 상황을 강렬하게 전달하고 있다.

이와 같이 대안의 평가기준은 반드시 품질, 가격, 크기 등의 기능적인 속성만을 나타내는 것은 아니다. 제품이나 서비스를 구매하는 소비자들은 기능적인 특성이 중요한 속성이긴 하지만, 상징적인 제품의 경우는 감성적인 구매동기에 의해 구매될 수 있다. 이런 제품들과 관련된 구매의사결정에서 대안의 평가기준으로는 사실상 제품의 속성들을 분석하는 것보다 차라리 제품을 구매하고 사용할 때의 느낌이나 감성이 더 중요한 평가기준이 될 수 있다. 감성적인 평가기준으로 스타일, 맛, 위신, 브랜드이미지, 성적소구 등이 있으며, 감성을 바탕으로 한 의사결정은 일반적으로 마케팅에서 고려되는 인지적 의사결정보다 다른 전략을 필요로 한다. 이러한 감성적인 결정을 요하는 경우, 마케터는 적절한 감성적인 반응을 제공할 수 있는 제품이나 서비스를 디자인해야 한다. 그리고 소비자들이 소비경험을 하는 동안이나 경험 후에 느

광고 11-11 **감성적 반응 : Mercedes Benz EQ 광고**

낄 수 있는 방법을 시각화할 수 있도록 도움을 주어야 한다. 특히 신제품인 경우에는 그 제품을 사용하고 느끼는 감성적인 반응을 상상할 수 있는 기초가 될 수 있기 때문에, 제품속성과 관련된 것보다는 감성적인 장면을 묘사하는 것이 도움이 될 수 있다. 예를 들면, Mercedes Benz EQ 자동차의 경우는 친환경을 상징하는 자연과 동물의 이미지를 배경으로 로고를 상징화하며, 100% 친환경 전기자동차의 지속가능성에 대한 의지를 표현하고 있다. 그리고 기후변화 위기로 인해 발생하는 자연재해의 이미지들을 배경으로 로고가 드러나도록 하는 방식으로 'The best or nothing'이라는 기존의 슬로건을 'Nature or nothing'으로 변경한 것도 인상적이다.

2. 평가기준의 수와 중요도

제품이나 서비스의 평가기준은 제품의 유형에 따라 평가기준의 수가 다를 수 있는데, 일반적으로 비누, 치약, 세제, 과자, 샴푸 등의 편의품은 자주 반복적이고 일상적으로 구매해서 사용하는 제품들이기 때문에 평가기준의 수가 극소수이거나 거의 사용하지 않는다. 반면에 의류, 가구, TV, PMP 등의 선매품에서 명품시계, 구찌핸드백, 유명디자인의 의류 등 전문품으로 갈수록 제품이나 상황적인 특성까지도 평가기준의 수에 영향을 미쳐서 대안 평가기준의 수가 많아질 수 있다.

또한, 각 평가기준의 중요도가 제품이나 서비스의 구매의사결정에 중요한 영향을 미칠 수 있다. 각 평가기준은 개별소비자마다 각기 다를 수 있기 때문에 마케터는 소비자들의 중요도를 파악하는 것도 효과적인 마케팅 전략수립에 중요한 영향을 미칠 수 있다. 예를 들면, 휴대폰을 구매하려고 제품속성을 평가하는 경우에, 가격, 디자인, 통화음질, 크기, 배터리 수명 등을 중요한 평가기준으로 고려할 수 있지만, 이 중에서 가격을 가장 중요한 평가기준으로 삼고 브랜드를 평가할 수도 있다. 그러나 가장 중요한 기준이라고 해서 반드시 결정적인 평가기준이 되지는 않는다. 다시 말해서 가격요인이 가장 중요한 평가기준이라고 하더라도 가격이 비슷한 경우에 휴대폰을 구입하기 위해 다른 평가기준으로 디자인, 통화음질, 크기, 배터리 수명 등에 중요도를 부여해 함께 평가할 수도 있다. 이런 평가기준에 있어서 중요시하는 제품의 속성과 각 제품의 속성별 평가점수는 개별소비자에 따라 달라질 수 있다.

3. 평가기준의 상황적 특성

제품이나 서비스의 평가기준으로 상황적 특성을 들 수 있다. 상황적 특성은 일반적으로 사용목적에 따라 평가기준이 다를 수 있다. 건강에 관심이 많은 한 소비자가 운동을 하기 위해 신발을 구매하려고 고려하는 평가기준으로 디자인, 가격, 충격흡수성, 품질, 경량성, 내구성, 마찰력, 신축성 등 여러 가지 기준을 생각할 수 있지만, 사용목적과 상황에 따라 달라질 수 있다. 예를 들면, 마라톤을 하기 위해서 운동화를 구매하려고 하는 경우에, 평상시 연습할 때는 일반적으로 무릎관절보호 때문에 충격흡수성이 가장 중요하게 고려해야 하는 기준이 될 수 있지만, 대회시합에 참가하는 상황일 때는 경량성이 가장 중요하게 생각하는 평가기준이 될 수 있다.

또한, 평가기준은 소비자가 자신이 사용하기 위해 구매할 때와 다른 사람에게 선물하기 위해 구매할 때 평가기준이 달라질 수 있다. 예를 들면, 자신이 사용하기 위해 핸드백을 구매할 때는 가격이나 품질 등 실용적인 평가기준을 주요 고려사항으로 할 수 있지만, 선물할 때는 상대방의 입장에서 고려하다보니 브랜드 명성, 디자인, 가격이나 기타 사회적 위험 등이 중요한 평가기준이 될 수 있다.

4.2 평가기준의 조사

마케터는 소비자들이 대안들을 평가하는 데 사용하는 평가기준은 주로 제품속성은 어떤 것이 있는지, 속성에 대해 어떻게 지각하고 있는지, 속성의 상대적 중요도는 어느 정도인지 등을 조사하고 분석하여 마케팅 전략수립에 활용할 수 있어야 할 것이다. 일반적으로 평가기준을 조사하는 방법에는 직·간접 질문법, 척도법, 지각도 분석 등이 있다.

1. 직·간접 질문법

소비자들에게 제품이나 서비스와 관련된 평가기준에 대해서 직·간접적으로 질문을 해서 조사하는 방법이다. 직접 질문법은 소비자들에게 직접 평가기준을 질문해서 조사하는 방법으로 가장 많이 사용되는 방법으로 소비자들이 가장 많이 응답하는 기준이 중요한 평가기준이 된다. 간접질문법은 소비자들이 직접 질문하게 되면 회피하거나 왜곡해서 응답할 가능성이 높은 질문인 경우 간접적으로 우회적 질문방법으로 조사하는 방법이다. 예를 들면, '친구나 일반소비자들은 어떤 속성에 대한 평가기준을 어떻게 생각하겠는가?'와 같은 간접화법으로 조사하는 것을 말한다. 이런 조사방법은 조사대상자의 견해나 신념을 조사하기는 하지만, 극히 일반적이고 상식적인 수준에서 조사할 가능성이 매우 높다는 단점이 있다.

2. 척도법

척도법은 소비자에게 제품이나 서비스와 관련된 속성들에 관해 중요하게 생각하는 정도를 척도를 이용해서 직접 표시하게 하는 조사방법을 말한다. 척도법(scale method)에서 가장 간단하게 조사하는 예로는 'QLED TV의 디자인에 대해서 어떻게 생각하십니까?'로 질문하고, 응답자가 '예,' '아니오'로 응답하게 하는 조사방법이다. 그러나 이 기법은 평가기준의 중요성 정도를 파악할 수 없다. 그래서 일반적으로 중요도를 조사할 때는 아래와 같이 질문내용을 리커트 척도(Likert's scales)를 이용해서 조사대상자가 제품이나 서비스의 속성별로 중요하게 생각하는 정도를 표시하게 해서 조사하는 방식이 있다. 그러나 이 방법은 속성별 상대적 중요도는 측정할 수 없는 단점이 있다. 그래서 또 다른 조사방법으로는 고정총합 척도법(constant sum scales)이 있는데, 이 방법은 소비자들에게 몇 가지 평가기준을 제시하고 중요도에 따라 각 평가기준의 순위를 평가하도록 하는 방법이다.

그림 11-8 다차원 척도법의 사례

〈A브랜드와 B브랜드〉

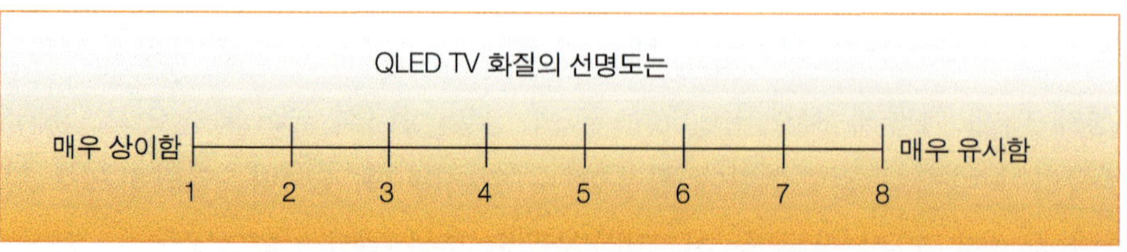

그림 11-9 중요도 측정과 고정총합 척도법의 사례

〈중요도 측정의 예〉

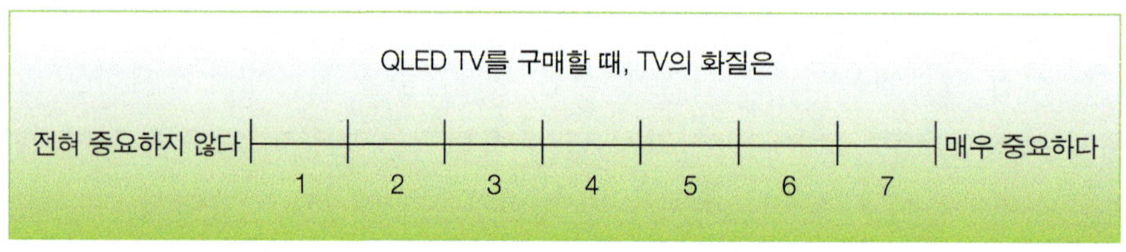

〈고정총합 척도법의 예〉

다음 각 속성의 상대적 중요도를 합계 100점이 되도록 점수를 표시하시오.

화질 (　　　)
크기 (　　　)
디자인 (　　　)
가격 (　　　)
소비전력 (　　　)

100

3. 지각도

지각도(perceptual map)는 소비자들이 제품이나 서비스의 평가기준을 결정하는 데 유용한 간접기법이다. 지각도는 평가기준에 이용되는 속성의 유사성을 측정해서 좌표상에 나타내는 방법이다. 지각도는 요인분석(factor analysis), 다차원 척도법(MDS:multi-dimensional scale), 대응분석(correspondence analysis) 등을 통해 그릴 수 있다. 다차원 척도법은 조사대상자를 측정해서 상표 간의 유사성의 정도를 다음과 같이 7~10점 척도로 표시하게 된다. 예를 들면, A브랜드와 B브랜드 간의 상이함과 유사함 정도를 리커트 척도 상에 표시하게 하면 된다.

다차원 척도법을 통해 가장 일반적으로 지각도를 나타내는데, 지각도(perceptual map)는 여러 대상들(상표, 기업 등)에 대해서 조사대상자들에게 속성별로 유사성 정도를 응답받아서 소비자의 지각을 나타내는 그림이다. 즉 어떤 대상이 소비자의 지각(마음)속에 차지하는 상대적 위치를 포지셔닝이라고 하고, 자사제품을 포함한 시장 내 경쟁제품의 위치를 2~3차 공간에 작성한 지도를 포지셔닝 맵(positioning map)이라고도 하며, 주로 시장세분화 전략을 통해서 포지셔닝 전략을 수립할 때 유용하게 사용되고 있다. 예를 들면, [그림 11-10]과 같이 스낵시장을 높은 영양가, 자연식품, 준비하기 쉬움, 다른 스낵과 잘 어울림, 경제적, 손님에게 접대하기 쉬움, 좋은 맛, 저칼로리 등 8가지 스낵 속성별로 MDS 분석하여 좌표상에 다차원으로 표시한 것이다. 이 분석을 통해 마케터 측면에서는 신제품을 통해 진출하려는 시장을 선정할 수가 있다. 즉 세분시장 1의 경우는 브랜드 A와 브랜드 B가 이미 진출해 있지만, 가장 크고 매력적이기 때문에 시험제품을 세분시장 1을 표적시장으로 해서 영양가가 높고 자연식품으로 만들어 마케팅 커뮤니케이션 전략을 통해 소비자의 지각 속에 포지션시키는 노력을 하면 될 것이다. 그리고 세분시장 3과 세분시장 6도 고려해 볼 수 있는데, 다른 스낵과 잘 어울림, 경제

그림 11-10 스낵시장에 대한 지각도 분석 사례

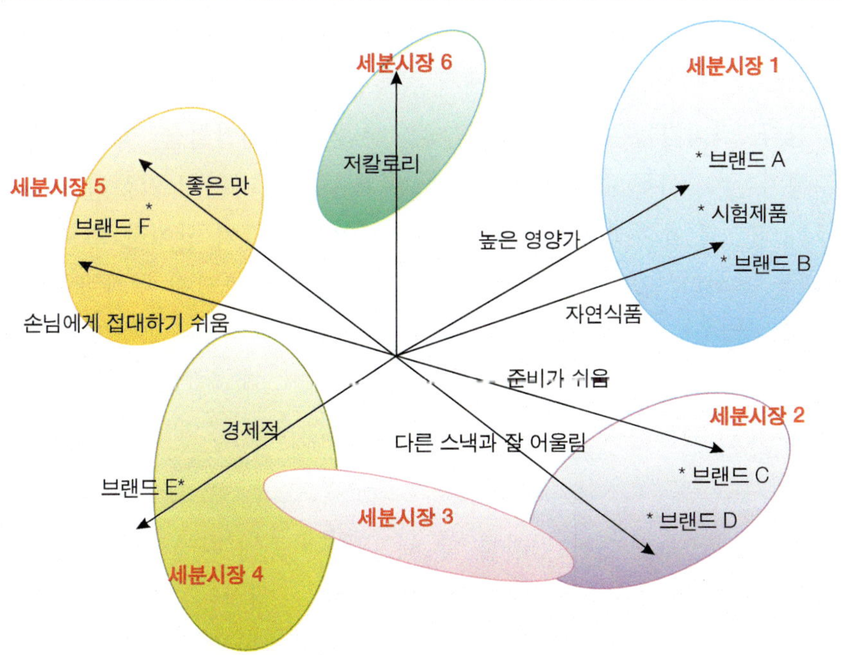

적인 속성을 주장하는 세분시장 3과 저칼로리 속성을 내세우는 세분시장 6은 비록 작은 세분시장이지만, 아직 틈새시장으로 비어 있기 때문에 진출할 전략을 모색해 볼 수 있을 것이다.

4.3 평가방법

소비자가 평가대상이 되는 고려상표군을 평가하는 기준과 중요도가 설정이 되면, 각 기준별로 선택대안들을 평가해야 한다. 소비자가 선택대안들을 평가하는 방법은 사전에 이미 존재하는 소비자의 기억 속에 저장된 제품평가방법을 따르는 것과 내·외적탐색을 통해서 취득한 정보를 바탕으로 새로운 평가방법을 구성하는 것 등으로 두 가지 방법이 있다.

첫째는 소비자가 선택대안들을 평가할 때, 자주 반복적으로 구매경험이 있는 경우에는 기억 속에 저장되어 있는 평가형식을 따르기 때문에 주저함이 없이 의사결정이 단번에 이루어질 수도 있다. 예를 들면, 칠성사이다와 킨사이다, 하이트맥주와 오비맥주, McDonald's와 Burger King 등에서 선호하는 상표를 선택하라고 하면, 대부분은 쉽게 대답을 할 수 있을 것이다. 이러한 사전 평가형식은 소비자가 직·간접적으로 구매경험을 바탕으로 하느냐도 상당히 중요하다. 실제 제품을 사용한 경험에서 나온 사전 평가형식이 소비자의 기억 속에 존재할 때는 구매의사결정 시에 사전 평가형식을 이용하는 것을 더 선호할 것이다.

둘째는 소비자는 내·외적탐색을 통해서 취득한 정보를 바탕으로 새로운 평가방법을 구성하는 것을 말한다. 소비자들은 외적 정보탐색을 통해 선택대안들을 평가할 때, 제품속성을 기준으로 주로 평가한다. 이들 속성들 중에서 어떤 속성들이 자신이 인식하고 있는 문제를 해결해주고, 욕구와 필요를 효과적으로 충족시켜 줄 것인지를 각기 상이한 속성의 묶음으로 각 제품을 인식한다는 것이다. 일반적으로 대안들의 평가방식은 보상적 평가방식과 비보상적 평가방식으로 나누어진다.

1. 보상적 방식

소비자가 상표대안들에 대한 평가를 할 때, 평가기준에 따라 각 대안들이 갖고 있는 개별 속성들은 강점과 약점들을 갖고 있을 수 있다. 이때 소비자는 각 브랜드에 대해 어떤 평가기준의 약점을 다른 평가기준의 강점으로 보완하여 전반적인 평가를 할 수 있는데, 이런 평가방

표 11-1 MP3 플레이어 브랜드의 보상적 평가방식

브랜드 \ MP3 P 속성	가 격	디자인	재생파일	용 량	색 상	무 게	크 기
중요도	30%	20%	20%	10%	10%	5%	5%
삼성 YP-S5	6	9	10	10	8	8	8
소니 NWE394/R	5	10	9	8	8	8	9
아이리버 IRS-B202	10	7	8	8	8	10	10
브리츠 BZ-MP4580BL	9	8	6	6	7	9	7

삼성 YP-S5 = 6(0.3) + 9(0.2) + 10(0.2)+10(0.1)+ 8(0.1) + 8(0.05) + 8(0.05) = 8.2
소니 NWE394/R = 5(0.3) + 10(0.2)+ 9(0.2) +8(0.1) + 8(0.1) + 8(0.05) + 9(0.05) = 7.75
아이리버 IRS-B202 = 10(0.3)+ 7(0.2) + 8(0.2) + 8(0.1) + 8(0.1) + 10(0.05)+ 10(0.05)= 8.6
브리츠 BZ-MP4580BL= 9(0.3) + 8(0.2) + 6(0.2) + 6(0.1) + 7(0.1) + 9(0.05) + 7(0.05) = 7.6

식을 보상적 방식(compensatory rule)이라고 한다. 보상적인 평가방식에서는 각 브랜드는 모든 차원 혹은 속성들에 대해 평가되며, 전체적인 평가는 각 속성들에 대한 가중평점의 총합이 되고, 가장 높은 총합 점수를 획득한 브랜드가 구매된다. 예를 들면, 소비자가 MP3 플레이어를 구입하려고 할 때, 중요시하는 제품의 속성과 각 제품의 속성별 평가점수가 다음 〈표 11-1〉과 같다고 가정하자. 각 평가기준의 가중치는 가격 30%, 디자인 20%, 재생파일 20%, 용량 10%, 색상 10%, 무게 5%, 크기 5% 등의 중요도를 각각 부여하고, 각 브랜드별로 속성별 평가점수가 1에서 10까지 점수를 부여한다고 하면 제시된 〈표 11-1〉과 같다. 이는 속성의 평가점수에 가중치를 곱하여 그 합산점수가 높은 브랜드일수록 호의적인 점수를 얻어서 가장 높은 점수를 획득한 브랜드가 선택되게 된다.

따라서 이 소비자는 MP3 플레이어에 대한 각 대안들을 평가한 결과, 아이리버 IRS-B202 브랜드가 가장 많은 평가점수를 받았기 때문에 선택할 가능성이 가장 높다. 비록 보상적 평가방식을 통해 소비자들이 선택대안들을 평가한다고 할지라도 소비자 개개인마다 속성별 가중치 부여와 브랜드별 평가점수 부여가 주관적이기 때문에 궁극적인 평가결과는 소비자마다 다르게 나올 수 있다.

2. 비보상적 방식

비보상적 방식(noncompensatory rule)은 보상적 평가방식과는 달리, 브랜드 대안들에 대한 평가기준들 상호 간의 높은 속성점수가 낮은 속성점수를 서로 보완할 수 없는 방식으로써,

어떤 결정적인 속성들에 의해서 브랜드가 선택되는 비교적 간단한 방식이다.

따라서 모든 속성에 대한 종합점수보다 대안선택에 결정적인 영향을 미치는 주요 속성이 중요하다. 소비자는 여러 가지 다양한 비보상적 방식을 사용할 수 있는데, 각 형태는 사전편집식, 순차제거식, 분리식, 결합식 등의 방식이 있다. 〈표 11-2〉는 소비자가 대안선택을 하기 위해 긍정적인 고려상표군에 있는 샴푸브랜드들의 속성별 평가수준을 나타낸 것이다.

(1) 사전편집식

사전편집식(lexicographic rule) 방식은 속성들의 중요도에 따라 우선순위를 부여하고, 1순위의 속성에서 가장 뛰어난 대안의 상표를 선택하는 방식이다. 만약 1순위에서 가장 뛰어난 대안이 없이 두 개 이상의 동일한 대안들이 있다면, 2순위 속성으로 넘어가 비교해서 최종안을 선택한다. 예를 들면, 〈표 11-2〉에서 소비자가 모발 손상케어 속성을 가장 중요시하고, 모발윤기 속성을 두 번째로 중요하게 여긴다면, TS 브랜드가 선택될 것이다.

(2) 순차제거식

순차제거식(sequential elimination rule) 방식은 사전편집식 방식처럼 가장 중요한 속성부터 차례로 덜 중요한 속성에 이르기까지 우선순위를 매기고, 각 속성에 대해 허용할 수 있는 최소수용기준(cut-off point)을 설정해서 평가하는 방식이다. 즉 이런 최소수용기준을 충족시키지 못하는 대안부터 순차적으로 브랜드를 제거해 나가면서 최종적으로 남는 대안을 선택하는 방식이다. 예를 들면, 〈표 11-2〉에서 소비자가 샴푸브랜드의 평가기준에서 최소수용기준을 각 속성에 대하여 4점 이상으로 한다면, 속성별로 4점 미만 브랜드를 차례로 제거하다 보면 케라시스 브랜드가 선택대안으로 고려될 것이다.

표 11-2 샴푸브랜드의 비보상적 평가방식

평가기준	브랜드			
	TS	보타랩	케라시스	비달사순
손상케어	5	5	4	4
모발윤기	4	3	5	2
향	3	3	4	3
보 습	3	2	4	2

광고 11-12 **TS 삼푸와 botalab 삼푸 광고**

(3) 분리식

분리식(disjunctive rule) 방식은 소비자가 각 상표가 충족시켜야 할 속성에 대한 최소수용기준을 설정해 놓은 경우이다. 특히 중요시 여기는 한 가지 혹은 두 가지 기준에서 허용할 수 있는 최소수용기준을 초과해야 선택될 수 있기 때문에, 이런 경우에는 일반적으로 특정 기준의 최소수용기준이 높게 설정될 것이다. 예를 들면, 〈표 11-2〉에서 샴푸브랜드의 평가기준에서 모발윤기 속성을 특히 중요시하고 최소수용기준을 5점으로 설정한 경우에 케라시스 브랜드가 선택될 수 있을 것이다. 그리고 분리식 방식은 두 가지 이상 속성을 기준으로 대안들을 평가할 수도 있다. 예를 들면, 손상케어 속성과 모발윤기 속성에 매우 효능이 좋으면 대안을 선택할 경우에, 이 두 가지 속성으로 분리식 방식을 적용해서 각 속성에 대한 최소 수용기준을 5점으로 하면, 손상케어 속성에서 TS 브랜드와 보타랩 브랜드가 선택되고, 모발윤기 속성에서 케라시스 브랜드가 각각 선택될 수 있다.

(4) 결합식

결합식(conjunctive rule) 방식은 분리식 방식과 달리, 각 대안들의 속성을 평가하는 데 있어서 모든 제품속성에서 모두 최소수용기준을 초과할 때 선택하는 방법이기 때문에 최소수용기준이 비교적 낮게 설정될 것이다. 그래서 단 한 개의 속성에서라도 최소수준에 미달된다면 대안선택에서 탈락한다. 결합식에 적용할 때 복수의 대안이 선택대안으로 포함되는 경우에 최소수용기준을 높여 다시 평가하거나 선택된 대안들 중에서 다른 방식을 적용해서 최종안을 선택할 수 있다.

결합식 방식으로 〈표 11-2〉에 제시된 샴푸브랜드들에 대해 적용해 보면, 소비자가 샴푸상표의 평가기준에서 각 제품속성의 최소수용기준을 3점으로 한다면, 보타랩은 보습속성에서, 그리고 비달사순은 모발윤기와 보습 속성에서 최소수용기준을 초과하지 못해서 선택대안에서 탈락된다. 그래서 모든 속성에서 최소수용기준을 초과한 TS 브랜드와 케라시스 브랜드가 선택대안으로 고려될 수 있을 것이다.

분리식과 결합식의 차이를 살펴보면, 분리식에서는 여러 속성들의 평가기준들 간의 관계가 '또는(or)'의 관계로 연결된다면, 결합식에서는 '그리고(and)'의 관계로 연결된다는 점에서 차이가 있다. 즉 분리식은 손상케어 또는 모발윤기를 잘 해주는 브랜드 대안을 선택하지만, 결합식은 손상케어와 모발윤기를 동시에 최소수용기준 이상이 되어야 브랜드 대안을 선택하게 된다.

이와 같이 대안의 평가방식에는 보상적 평가방식과 비보상적 평가방식들이 있으며, 비보상적 평가방식에는 사전편집식, 순차제거식, 분리식, 결합식 등 네 가지 평가방식들이 있다. 이런 평가방식을 거치며 최적의 대안을 선택할 수 있지만, 경우에 따라서는 고려대안들 중에서 수용가능한 대안이 없을 경우에는 대안선택을 포기할 수도 있고, 아니면 추가로 정보탐색을 다시 해서 대안평가 단계를 거칠 수도 있다.

3. 소비자의 휴리스틱 방식

소비자들은 일반적으로 모든 의사결정 상황에서 보상적 혹은 비보상적 방식과 같은 복잡한 대안의 평가방식으로 하지 않는다. 실제로 소비자들은 일상생활 속에서 매우 단순하게 대안을 평가하고 선택하는 경향이 많다. 이런 단순하게 대안평가하는 방식을 휴리스틱 방식(heuristic rules)이라고 할 수 있다.

(1) 휴리스틱의 개념

소비자들은 대안평가과정에서 확고하게 정해져 있는 전략을 따르는 것이 아니라, 휴리스틱이라고 하는 비교적 단순하고 유연하며 변화하는 의사결정 상황에 쉽게 맞추어 소비자 나름대로의 의사결정규칙을 사용하고 있다.

휴리스틱(heuristic)이란 소비자가 직관이나 경험적으로 학습하여 장기기억 속에 저장되어 있는 의사결정과정을 단순화시켜주는 하나의 지름길이자 의사결정의 규칙 혹은 지침이라고 할 수 있다.[9] 예를 들면, 소비자들이 흔히 '가격이 비싸면 품질이 좋을 것이다', '광고를 많이 한 브랜드가 좋다' 등과 같이, 대안선택과정에서 고려해야 하는 수많은 요인들을 동시에 고려하지 않고, 직관이나 과거의 경험 혹은 논리적 사고 등에 의해 문제해결과정을 단순화시켜 대안을 선택하는 것이다. 이는 소비자들이 직관이나 과거경험과 학습에 의해 그러한 경험적 의사결정의 규칙을 장기기억 속에 저장해두고 있다는 말이다.

(2) 휴리스틱의 종류

소비자의 문제해결에 중요한 휴리스틱에는 휴리스틱의 탐색, 평가, 선택 등 세 가지 형태가 있는데, 이를 살펴보면 다음과 같다.

① 휴리스틱 탐색

휴리스틱 탐색(heuristic search)은 경험적으로 얻을 수 있는 지식에 기반하여 탐색하는 방법을 말한다.

- **매장선택** : 소비자들은 흔히 매장과 관련된 단순한 선택으로, 대형점포가 소형점포보다 값이 싸다거나, 할인매장에 있는 제품들이 백화점에서 구입할 때보다 저렴하다고 생각한다. 그리고 특정 제품을 구매하려고 할 때, 주로 특정 매장에만 찾아가서 구매하는 경우도 많다. 예를 들면, 어떤 소비자가 가전제품 구매하려고 할 때, 테크노마트에서만 구입한다고 하는 경우에 휴리스틱을 사용하고 있다고 할 수 있다.
- **정보의 원천과 신뢰성** : 구매하려는 제품에 관한 정보를 찾아보기 위해서 인터넷 검색을 통해 제품관련 정보를 읽어본다. 정보의 내용이 객관성이 높으면 잘 믿지만, 특정 제품에 대한 광고와 함께 제시된 제품의 정보나 기능검사결과에 대해서는 잘 믿지 않는다.

② 휴리스틱 평가

휴리스틱 평가(Heuristic Evaluation)는 인간의 직관이나 경험에 기반하여 문제를 해결하거나 학습 혹은 발견하는 방법을 말한다.

- **핵심적 기준**(key criteria) : 제품과 관련된 주요 속성이나 성분 중에서 가장 중요하게 생각하는 기준을 정하는 것이다. 예를 들면, 식품류를 평가할 때, 흔히 염분, 칼로리, 지방 등의 함량을 다른 식품제품과 비교를 하기 위한 중요한 기준으로 고려한다.
- **부정적 기준**(negative criteria) : 핵심적인 기준으로 삼는 것 중에서 함량이 높을 경우에 특히 부정적인 결과를 나타낼 때, 그 기준에 대해 중요도를 증가시킨다. 예를 들면, 다이어트에 민감한 소비자의 경우에 칼로리 함량이 높을 경우에 부정적 기준으로 가중치를

두고 선택을 할 수 있다.

- **유의적 차이**(significant difference) : 특정 기준에 있어서 여러 대안들 간에 유의적으로 별로 차이가 없을 때는 이 기준을 무시할 수 있다. 예를 들면, 염분함량을 부정적 기준으로 생각하는 소비자가 라면제품을 구매하려고 여러 브랜드를 비교했는데, 브랜드별 염분함량에서 차이가 있긴 하지만 유의적인 차이가 없다면 그 기준은 무시될 수 있다.

③ 휴리스틱 선택

휴리스틱 선택(Heuristic Choice) : 어떤 사안 또는 상황에 대해 분석을 하기보다 제한된 정보만으로 즉흥적이고 직관적으로 판단하고 선택하는 의사결정방식을 말한다.

- **친숙하고 구매빈도가 높은 제품인 경우** : 소비자는 반복광고를 통해서 친숙해지면, 단순히 그냥 마음에 들어서 선택할 수도 있다. 소비자가 과거에 구매한 경험이 있거나, 지난번 선택했던 것에 만족을 했거나, 주변 사람들의 조언이 있다든지, 쿠폰이나 할인 등과 같은 판촉수단에 이끌려서 선택할 수도 있다.
- **사전 정보나 지식이 없어서 잘 모르는 제품이나 새로운 신제품인 경우** : 다른 사람이 구매한 후에 사용해 보고 난 후기나 의견을 들어보거나, 전문가의 조언이나 판매원의 설명을 들어보고 구매한다.

이외에도 휴리스틱 선택에 소비자가 자주 활용하는 기준으로는 브랜드 충성도가 높은 것을 선택하거나, 원산지(country of origin)의 브랜드명을 믿고 구매하는 경우도 많다. 따라서 마케터는 자사의 제품 브랜드가 소비자에게 브랜드 충성도를 높일 수 있는 전략으로, 소비자가 휴리스틱을 통해 자사브랜드를 간단하게 선택할 수 있도록 노력해야 할 것이다.

4.4 대안평가의 영향요인

1. 소비자 의사결정의 휴리스틱과 편향

소비자들은 복잡한 문제를 단순화시켜서 나름대로 직관이나 경험에 의한 휴리스틱으로 사물을 평가하고 판단을 한다. 이러한 휴리스틱 방법은 인지적 노력을 줄이기 때문에 평가에 사용될 수 있는 모든 정보를 사용하지 않고 축소하거나 간과해서 처리함으로써 발생할 수 있는 편향(bias)의 가능성에 대해 살펴보고자 한다.

(1) 대표성 휴리스틱

대표성 휴리스틱(representativeness heuristic)이란 하나의 사건이 어떤 카테고리의 전형적인 특성을 대표하거나 필수 속성차원에서 유사성이 높은 경우에, 그 사건의 발생 확률을 높게 추정하는 성향을 말한다.[10] 예를 들면, 소비자가 어느 지역의 태국음식전문 프랜차이즈 '쏭타이' 음식점에 우연히 들렀는데, 점원의 서비스가 매우 불친절해서 앞으로 쏭타이 음식점을 다시는 가지 않을 것이라고 마음을 먹었다. 사실은 이 소비자에게 불친절한 서비스 때문에 기분을 상하게 한 매장은 많은 쏭타이 프랜차이즈 음식점 중에 단지 한 곳인데도 불구하고, 마치 모든 쏭타이 음식점에 대한 평가로 일반화시켰기 때문이다. 이는 한 번의 불쾌한 사건이 쏭타이 전체매장의 서비스를 대표하는 것으로 휴리스틱했기 때문이라고 할 수 있다.

이와 같이, 어떤 자료원이 전체집단에 대한 유사성이 있다고 생각이 되면, 그 집단을 대표한다고 보는 것이 대표성 휴리스틱이다. 즉 대표성 휴리스틱에서는 어떤 사건이 발생할 객관적인 확률을 추정하는 의사결정의 문제가 유사성이나 대표성에 대한 의사결정의 문제로 간주된다.

또한 대표성 휴리스틱은 도박사의 오류(gambler's fallacy)라는 편향(bias)을 유발하기도 하는데, 이는 사람들이 적은 수의 정보원천으로부터 획득한 정보가 보다 큰 모집단을 대표할 것이라고 예측하는 성향을 가지고 있기 때문이다. 예를 들면, 도박에서 10번 중에 줄곧 8번을 잃기만 하던 사람이 이번엔 꼭 이길 거라고 생각하는 오류를 말한다. 하지만 이기고 질 확률은 언제나 50 대 50이다. 즉 확률에서는 앞 사건의 결과와 뒤 사건의 결과가 서로 독립적인데, 도박사의 오류는 이를 이해하지 못해서 발생한다.

실제로 많은 소비자들이 구매행동과 가장 근접한 시점에 획득한 제한된 소수의 정보만을 가지고 대표성을 추론하고 최종적인 의사결정을 내리는 경우를 흔히 볼 수 있다. 예를 들어, 소비자가 제품구매 전 오랜 기간에 걸쳐 제품에 대한 정보를 탐색하고, 몇 개의 대안들 간에 평가를 수행하다가 실제 구매시점 직전에 취득한 몇 가지의 주요한 정보만 활용하여 구매의사결정을 내린 후에 후회하기도 한다.

기업은 대표성 휴리스틱을 마케팅전략에 활용할 수도 있다. 예를 들면, 펩시(Pepsi)는 코카콜라(Coca-Cola)와 함께 콜라 음료업계의 양대산맥이지만, 만년 2인자다. 그래서 이를 극복하기 위해서 펩시는 소비자들이 코카콜라를 선택하는 까닭은 반드시 맛 때문일까? 펩시는 그런 이유보다는 '다들 코카콜라를 사서 마시니 나도 코카콜라를 먹는다'라는 이런 심리가 작용해서 습관적으로 구매하기 때문이라고 분석했다. 즉 소비자들은 콜라를 고를 때 맛과 가격을 비교하는 것이 아니라, '콜라를 대표하는 음료는 코카콜라지!'라는 고정관념, 즉 대표성 휴리

광고 11-13 펩시 챌린저(Pepsi Challenge)와 필크 챌린지(Pilk Challenge) 캠페인

스틱으로 선택한다는 것이다. 그래서 펩시는 '펩시챌린저(Pepsi Challenge)'라는 캠페인을 통해 코카콜라와 펩시를 비교하는 블라인드 테스트(blind test)에서 더 맛있는 콜라로 펩시를 선택하는 이미지를 광고에 활용해서 '콜라는 코카콜라'라는 고정관념에 균열을 내고자 한 펩시의 전략이 멋지게 성공을 거둔 적이 있다. 최근에 펩시가 크리스마스와 틱톡에 맞춰 새로운 '필크 챌린지(Pilk Challenge)' 캠페인을 선보였다. 주제는 펩시(Pepsi)와 우유인 밀크(milk)를 합친 필크(Pilk)로, 실제로 콜라와 우유를 섞은 이색음료를 뜻한다.

(2) 가용성 휴리스틱

가용성 휴리스틱(availability heuristic)은 사람들이 자신의 머릿속에서 떠오르는 객관적인 정보의 내용이 아니라, 그러한 정보가 머릿속에서 얼마나 쉽게 떠오르는가를 기준으로 판단을 하는 성향을 의미한다.[11] 즉 사람들은 어떤 사건이 미디어에 자주 보도되어 자신이 자주 본 것, 가까이에 있어서 쉽게 사용할 수 있는 것, 최근에 가장 인상 깊게 경험한 것 등은 자신의 머릿속에 쉽게 떠오르게 되고, 그 결과 사건의 발생가능성을 크게 과대평가하게 되는데, 이러한 인지편향을 가용성 휴리스틱이라고 한다. 예를 들면, 팬데믹 관련 뉴스에 많이 노출된 사람들은 암, 당뇨, 고혈압, 천식 등의 위험보다 코로나의 위험을 훨씬 크게 생각하고, 백신 부작용 보도에 자주 노출된 사람들은 부작용의 빈도 혹은 가능성을 더 높이 평가한다. 더욱이, 의약품 부작용은 흥미성, 영향성, 근접성 측면에서 희귀할수록 흥미로운 콘텐츠가 되기 마련이며, 이러한 콘텐츠는 기억에서 잘 사라지지 않는다. 결과적으로, 가용성 휴리스틱에 의해 백신 부작용같은 희귀한 부작용의 가능성은 머릿속에서 부풀려진다.

따라서, 사람들은 자신의 머릿속에서 쉽게 떠오르는 정보의 중요도를 매우 높게 평가하는 반면에, 머릿속에서 쉽게 떠오르지 않는 정보의 중요도를 매우 낮게 평가하는 편향을 보이기도 한다. 또한, 제품의 객관적인 성능과 기능의 차이와는 관계없이, 구매이유를 머릿속에서 좀 더 쉽게 떠올릴 수 있는 브랜드의 제품일수록 좀 더 호의적으로 평가하는 경우도 있다. 결국, 마케터는 소비자의 머릿속에서 제품에 대한 구체적인 정보나 구매에 관한 이유가 좀 더 쉽게 인출될 수 있도록 광고촉진 전략을 수행해야 할 것이다.

(3) 기준점 효과와 조정 휴리스틱

기준점 효과는 닻 내림 효과(Anchoring effect)라고도 하는데, 배가 항구에 정박하여 닻을 내리면 닻을 내린 지점에서 멀리 벗어날 수 없듯이, 처음 제시된 의견이나 이미지가 기준점이 되어 인간의 사고과정에 개입하여 판단이나 선택에 영향을 미치는 현상을 말한다. 기준점 효과에 의하면, 인간은 특정 의견이나 이미지에 노출될 경우, 새로운 정보를 수용하거나 처음부터 다시 생각을 하는 등 검토를 거치지 않고 일정 범위 내에서만 부분적으로 자신의 판단이나 선택을 수정하는 경향이 있다. 이런 경우에 처음에 설정한 기준점에 영향을 받아 이후 적절한 조정을 하지 못하여 의사결정의 편향이 생겨나는 경우를 기준점 효과와 조정 휴리스틱(anchoring and adjustment heuristic)이라고 말한다.[12)]

기준점 효과와 조정 휴리스틱은 소비자 구매의사결정과정뿐만 아니라, 협상의 상황에 이르기까지 광범위하게 나타나고 있다. 예를 들면, 맥도널드나 버거킹 매장에 가면, 가격표에 단품과 세트메뉴 가격을 동시에 표기해 놓고 세트메뉴가 저렴하다고 세트메뉴를 구매하도록 촉진하고 있다. 이런 경우 소비자는 단품가격에 기준점을 설정해 놓고 세트메뉴를 구매하는 것이 합리적인 소비를 한다고 생각하기 쉽기 때문에 이런 방법으로 소비를 촉진시키는 것이다. 마찬가지로 [광고 11-14]와 같이, 맥도날드의 '맥런치' 이벤트 행사와 농림축산식품부의 할인행사에서, 제품의 정상가격은 작고 흐리게 제시되어 있으며 할인가격이 크게 제시되어 있다. 이 경우 소비자는 정상가격에 기준점을 설정하기 때문에 대부분의 경우 가격할인으로 인한 많은 경제적 이득을 얻을 수 있다고 생각하게 된다. 그래서 가격표에 원가를 보이게 한 후에, 그 밑에 할인가를 동시에 보이게 하여 비교를 하게 하는 것이 기준점 효과라고 한다.

그러나 경우에 따라서는 많은 소비자들이 각 제품의 정상가격을 정확히 기억하지 못하는 경우가 많기 때문에 제품의 실제 가치를 기초로 한 적정가격과의 비교가 어렵게 된다. 때로는

광고 11-14 맥도날드의 '맥런치' 이벤트와 농림축산식품부의 할인행사

권장 소비자 가격이 10만 원인 제품을 3만 원에 파격할인하는 경우처럼 마케터가 제시한 권장 소비자 가격을 믿지 못하는 경우에도 기준점으로 설정된 믿기 힘든 권장 소비자 가격은 구매의사결정에 많은 영향을 미치게 된다.[13]

비즈니스 과정에서 기준점 효과를 보면, 비즈니스 파트너와 협상을 할 때도 초반에 상대방에게 가격을 제시하는 사람에게 유리한 방향으로 조율될 가능성이 높아진다. 먼저 제시한 협상 가격이 기준점이 되기 때문에 일부러 더 높은 가격을 불러서 상대방을 자극하는 방식이다. 상대방은 손해를 보지 않는 장사를 하려고 높게 책정된 가격을 기준점으로 해서 그 가격을 깎아서 협상을 진행하게 된다는 것이다.

(4) 소유효과 휴리스틱

소유효과(endowment effect)는 보유효과라고도 하는데, 사람들은 어떤 대상을 일단 소유하고 나면 그것을 갖고 있지 않을 때보다 그 가치를 주관적으로 훨씬 높게 평가하는 성향을 말한다.[14] 이런 소유효과를 활용해서 기업은 소비자들에게 제품을 먼저 사용하게 하여 자신의 것으로 인식하게 한 후에, 구매결정권을 부여하는 것이다. 그러면 소유효과에 따라 소비자는 자신이 소유했던 제품을 놓치기보다 계속 사용하는 것을 선택하게 된다. 예를 들면, 종종 TV 홈쇼핑에서 쇼호스트가 '한 달간 무료로 사용해보고 마음에 안 들면 반품하세요'라고 유혹하며 구매를 유도하는 상황을 목격할 수 있는데, 이 역시 소비자가 일단 자신이 소유하여 사용한 제품을 쉽게 반품하기 어렵다는 소유효과의 특성을 잘 활용한 것이다. 여기에 숨은 비밀이 있는데, 바로 소유효과라는 인지적 휴리스틱 편향을 마케팅 수단으로 활용한다는 것이다. 즉 무료 사용기간이 지나고 반품하려고 하면 내 것이 아님에도 '이 제품 나름 괜찮은데!' 하면서 다른 제품보다도 높게 평가하면서 때론 상실감을 느끼게 된다. 이렇듯이 소유효과는

광고 11-15 경동나비엔의 체험매장과 '단꿈체험소' 광고

손실을 회피하고자 하는 기본 심리에서 비롯된 것이다.

또한, 소유효과는 소비여력이 줄고 소비심리가 움츠러든 요즘 먼저 사용해보고 구매하는 '체험마케팅'에도 활용될 수 있다. 최근에 기업은 오프라인 매장을 통해 소비자들의 쇼핑체험이나 경험공간을 제공하기 위해서 플래그십 스토어(flagship store)와 팝업스토어(짧은 기간 운영하는 임시매장)를 운영하는 경우도 많이 있다. 예를 들면, 경동나비엔은 온수매트 온도의 중요성과 숙면솔루션 제공을 위해 홈페이지에 온라인 숙면플랫폼 '단꿈상점'을 오픈했다. 이런 팝업스토어 운영을 통해 누구나 참여할 수 있는 콘텐츠를 대거 선보인 가운데 신제품 온수매트 'EQM591'을 2주간 체험할 수 있는 숙면플랫폼 '단꿈체험소'를 통해 많은 호응을 받았으며, 총 3차에 걸쳐 300명에게 온수매트 체험기회를 제공했다. 체험기간 종료 후 사용제품의 구매를 원하면 50% 할인했는데, 그 결과 1·2차 체험단 200명 중 66%에 해당하는 131명이 구매를 희망했다.

이와 같이 체험마케팅은 제품이나 브랜드에 관심이 있는 고객들이 직접 경험할 수 있도록 한 뒤 구매를 유도하는 방식이다. 매체를 통한 간접 경험보다 직접 체험하는 것이 구매를 이끌어내는데 유리하기 때문이다.

2. 소비자 선택과 행동경제학

소비자들은 일상생활에서 구매의사결정과 관련해서 매장이나 인터넷 등의 온/오프라인에서 소비자 선택을 기다리는 자동차, 가전제품과 같은 고관여 제품에서부터 커피, 음료수, 세탁서비스 등 편의품과 같은 저관여 제품에 이르기까지 수십 종에 달하는 다양한 종류의 제품이나 서비스 중에서 소비자들이 선택할 수 있는 대안의 수는 점점 더 많아지고 있다. 소비자는 일반적으로 선택할 수 있는 대안의 수가 많아질수록, 선택과정에 있어서 더 많은 자유스러움을 느낄 수 있기 때문에 최종적인 구매의사결정 이후 더욱 강한 확신감이나 만족감, 혹은 행복감을 가질 수 있다고 생각할 수 있다. 하지만, 한편으로는 구매의사결정과정에서의 과잉선택(over-choice) 상황은 고려해야 할 대안의 수도 많아지고 당연히 포기해야 할 것도 많아질 수 있다. 그래서 '기회비용'이 커질 수 있기 때문에 제품이나 서비스를 선택해서 얻은 만족감은 반대로 포기해야 했던 대안에 대한 아쉬움과 후회로 인해 오히려 자신의 선택에 대한 낮은 확신감으로 이어질 수도 있다고 한다.

(1) 프로스펙트 이론

행동경제학(behavioral economic)에서 소비자들은 제한된 합리성에 따라 의사결정을 한다는 것이다. 제한된 합리성(bounded rational)이란 비합리적이고 제멋대로인 예측 불가능한 소비자행동이 아니라, Ariely가 주장하듯이 비합리적이기는 하지만, 일정한 경향을 갖고 있어 예측 가능한 비합리성(predictably irrational)을 의미한다.[15] 다시 말해서 소비자는 효용을 극대화해주는 최적의 대안을 찾는 것이 아니라, 최소한의 조건을 충족시키는 대안을 찾는다는 것이다.

행동경제학의 창시자라고 할 수 있는 Kahneman & Tversky의 프로스펙트 이론(Prospect Theory)에서는 제한된 합리성 하에서 의사결정을 내리는 사람들이 합리성 가설을 중심으로 하는 전통적인 경제학의 기대효용이론이 예측하는 바와 다르게 사고하고 행동할 수 있음을 다양한 실험을 통해 입증하고 있다.[16] [그림 11-11]의 가치함수는 프로스펙트 이론의 핵심적 사항을 잘 보여주고 있다. 프로스펙트 이론의 가치함수에서 X축은 어떤 대상이 실제로 가지고 있는 내재적 가치(intrinsic value)를 나타내고, Y축은 그 대상에 대한 주관적인 지각된 가치(perceived value)를 의미한다. 이 가치함수는 다음과 같은 세 가지 중요한 특성을 가지고 있다.

첫째, 프로스펙트 이론의 기본이자 가장 핵심적인 내용인 준거점 의존성(reference dependence) 경향이다. 이는 소비자들이 어떤 대상에 대한 생각과 행동은 그 대상을 어떻게 표현하는가에 따라 달라질 수 있다는 것을 의미한다. 즉 동일한 문제도 이것이 긍정적으로 표현되느냐 부정적으로 표현되느냐, 혹은 손실 또는 이득으로 제시되느냐 등에 따라 소비자들의 지각과 선택 및 만족이 달라질 수 있다는 것이다. 예를 들어, [그림 11-11]에서 볼 수 있듯이, 카지노에서

그림 11-11 프로스펙트 이론의 가치함수 예시

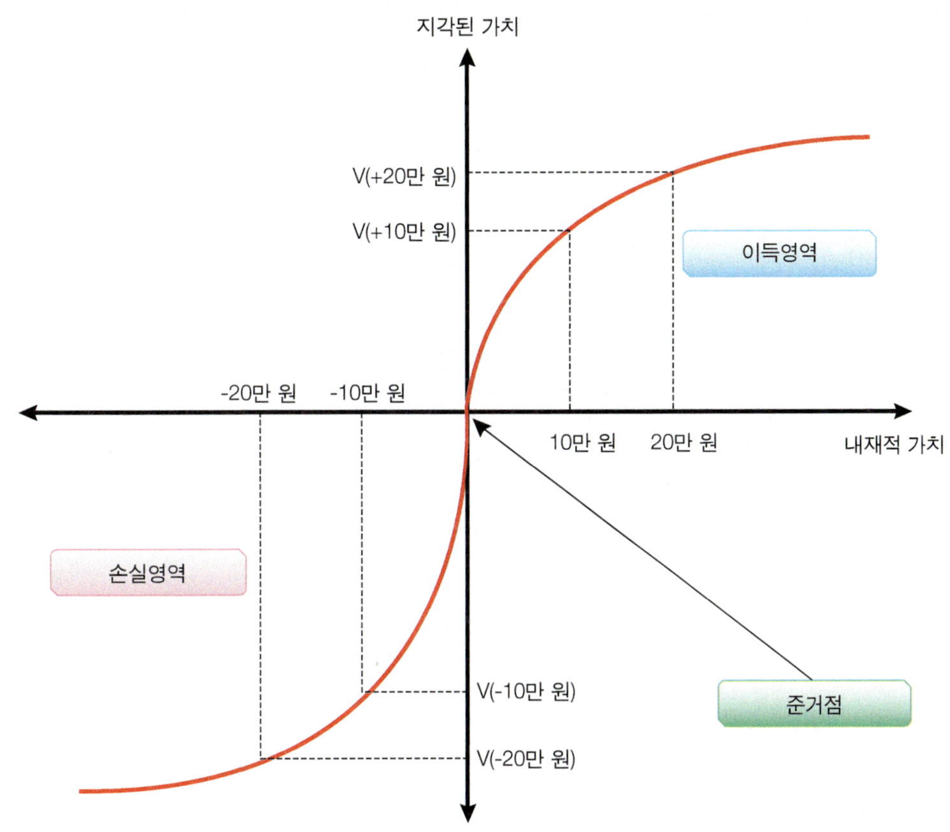

어떤 사람이 처음 10만 원을 딴 경우와 이미 10만 원을 따고 있던 사람이 추가적으로 10만 원을 딴 경우를 비교할 때, 전자의 경우가 후자보다 명목가치가 10만 원으로 동일한 내재적 가치를 지닌 화폐에 대해 사람들이 지각하는 가치가 가치함수 곡선상 확연하게 큰 것으로 나타나고 있다. 마찬가지로, 처음 10만 원을 잃은 경우와 추가적으로 10만 원을 더 잃어 20만 원을 잃게 된 경우를 비교하면, 전자의 경우가 동일한 10만 원에 대해 주관적으로 지각하는 부정적인 효용의 크기가 후자보다 더 크다는 것을 알 수 있다.[17]

따라서 이러한 준거점 의존성과 관련된 마케팅 시사점은 마케터가 소비자에게 어떠한 준거점(reference point) 혹은 프레임(frame of reference)을 설정하여 제공하는가에 따라 의사결정의 결과가 달라질 수 있음을 의미한다. 예를 들면, A소비자가 기아자동차 K3를 구매하는데, 가격이 1,800만 원이었다. 판매대리점에서 이벤트 행사로 100만 원을 즉석에서 할인해준다고 한다. 하지만 A소비자는 1,800만 원 가격에 단지 100만 원밖에 할인을 안해준다는 생각에 썩 마음에 차지 않았다. 그런데 B소비자도 마찬가지로 K3 자동차를 같은 가격으로 1,800만 원에 구입하였는데, 얼마 후에 100만 원의 할인 금액을 현금으로 리베이트(rebate)로 돌려받았다. 그때 B소비자가 느낀 즐거움은 마치 숨겨둔 비상금을 잊고 있다가 다시 찾았을 때와 비슷한 감정 상태였다. 왜 이들 두 소비자의 감정은 이렇게 다르게 나타났을까? 그 이유는 A소비자의 준거점은 1,800만 원이었고, B소비자의 준거점은 0원이었기 때문인데, 이런 점을 고려하면서 가치함수를 다시 살펴보면 쉽게 이해될 수 있을 것이다.

둘째, 손실회피(loss aversion) 성향이다. 손실영역에서의 가치곡선이 이득영역에서의 가치곡선보다 더 가파르게 변화하기 때문에 같은 절대값을 가지는 경우에 손실이 이득보다 훨씬 더 크게 느껴진다. 그래서 소비자들은 손실을 회피(loss aversion)하려는 경향을 나타낸다는 것이다.[그림 11-3]의 가치곡선을 잘 살펴보면, 준거점을 원점이라고 가정했을 때 사람들은 10만 원을 땄을 때보다 10만 원을 잃었을 때 상대적으로 더 주관적 가치의 상실감을 경험하게 됨을 알 수 있다. 대부분의 사람들이 내기나 도박을 꺼리는 이유 역시 손실회피 성향에 따르면, 돈을 땄을 때의 쾌락보다 돈을 잃었을 때 아픔이 더 크게 느껴지기 때문이다. 이는 곧 현재의 대안 혹은 기본적으로 주어진 디폴트 옵션(default option, 어떤 특정한 선택의 변경이 없다면 원래 주어진 대로 자동으로 선택되는 것)에 만족하고 변화를 꺼리는 현상유지편향(status-quo bias)으로 나타나게 된다.

셋째, 민감도 체감의 법칙이다. 민감도 체감성(diminishing sensitivity)이란 이익이나 손실 모두 사람들의 주관적인 지각된 가치의 변화정도는 가치곡선의 기준점(0)에서의 거리에 따라 감소하는 경향을 반영하고 있다. 즉 이익과 손실의 내재적 가치가 작을 때에는 민감하지만, 각각의 가치가 커짐에 따라 주관적인 지각된 가치의 변화정도가 감소하는 특성을 말한다. 예를 들면, 주식투자를 한 소비자가 처음 10만 원의 손실을 본 경우에는 매우 크게 느껴지지만, 만약에 1천만 원을 탕진하고 난후에 추가로 10만 원을 더 손실을 본 것은 전혀 아무런 느낌이 없을 수 있다. 마찬가지로 처음 주식투자로 10만 원의 수익은 매우 의미가 있지만, 만약에 1천만 원의 수익을 거둔 후에 추가로 얻은 10만 원의 수익은 별 의미가 없게 느껴질 수도 있다.

(2) 심리적 회계

Thaler는 심리적 회계(mental accounting)를 사람들이 동시에 혹은 시간적 차이를 두고 발생되는 여러 개의 이득과 손실을 조직화하고 평가하며, 계속적으로 추적하기 위해 사용하는 일련의 인지적 운영활동으로 정의하고 있다.[18] 즉 심리적 회계란 기업이 자산, 부채 등 각각의 계정에 따라 자금을 분류하듯, 개인도 저마다의 마음속 계정항목에 따라 같은 돈이라고 해도 부여하는 의미와 소비에 관한 의사결정을 달리하는 것을 말한다. 예를 들면, 식료품 구매와 관련된 '쇼핑계좌,' 여행경비 관련 '휴가계좌,' 예기치 못한 경비를 위한 '비상금계좌,' 외상구매를 위한 '신용카드계좌,' 등이 있을 수 있는데, 이들은 각각의 예산범위와 화폐금액과 연관되어 있다.

심리적 회계가 소비자의 구매의사결정과정에 미치는 영향을 살펴보고자 한다. 우선 소비자가 신용카드를 사용할 때 현금사용보다 카드수수료 지불 등 더 많은 비용을 부과하지만 신용카드를 즐겨 쓰고 사용할 때 구매욕구가 더 활발해지는 것도 바로 심리적 회계 때문이다. 소비자가 신용카드 사용은 현금을 사용할 때보다 돈을 쓴다는 느낌이 훨씬 적어 지출이 쉬워질 수 있다. 즉, 신용카드를 사용하면 구매하는 순간에 느끼는 지출의 고통이 경감되고, 신용카드로 인해 일종의 분리감(detachment)이 생겨 지출에도 무감각해질 수 있다는 것이다. 이와 관련하여 어떤 한 실험에서 참가자 30명에게 월말 청구서를 확인하기 전에 카드대금을 계산해보라고 했더니, 각 개개인은 카드대금을 평균 30퍼센트가량 낮게 계산했다는 것이다.

마찬가지로 심리적 회계의 또 다른 예로, 소비자가 '뮤지컬 영웅' 공연 티켓을 15만 원 지불하고 미리 구매했으나 잃어버린 경우와 공연장에 도착해서 구매하려고 했으나 가는 길에 15만 원을 잃어버린 경우가 있다고 가정해보자. 이런 경우에 역시 후자는 공연 티켓을 다시 구매할 확률이 상대적으로 높을 수 있다는 것이다. 그 이유는 전자의 경우 소비자의 마음속에서는 이미 뮤지컬 공연 항목에 대한 지출이 완료되었지만, 후자의 경우는 아직 지출이 완료되지 않았기 때문이라 볼 수 있다. 이렇게 동일한 비용을 두고, 소비자는 그 돈의 맥락·성격·목적 등에 따라 심리적으로 다른 가치를 책정하게 된다.

심리적 회계의 한 유형으로 '하우스 머니효과(house money effect)'가 있다. 여기서 '하우스'는 도박장을 의미하는데, 사람들이 도박을 해서 딴 돈과 일을 해서 번 돈에 대해 확연히 다른 소비성향과 위험선호도를 보이는 것을 가리키는 말이다. 그래서 '공돈효과'라고도 한다. 도박을 하는 과정도 마찬가지다. 카지노에서 현금을 쓰지 않고 칩을 사용하는 이유도 도박꾼들의 돈에 대한 심리적 부담을 줄여 대담하게 만들기 위해서다. 이와 마찬가지로 주식시장에서 개인투자자들이 주식투자를 통해 수익을 올리는 경우에, 이를 마치 도박에서 돈을 딴 것과 같이 취급하여 그 가치를 평가절하하고 위험관리에 소홀해지는 경향을 의미한다.

따라서, 이러한 공돈효과에 빠진 투자자들은 단기 급등종목에 매력을 느끼게 되고 대박을 터뜨리기 위해 위험을 추구한다. 하지만 장기간에 걸쳐 적금이나 이자율이 높은 정기예금으로 갈아타는 발품을 팔아 힘들게 모은 돈으로는 상대적으로 가치가 높고 안전한 곳에 재투자하려 할 것이다. 공돈효과 역시 소비자가 마음속에서 주식투자 이익자금과 적금 이익자금을 별도의 계좌로 처리를 하기 때문에 나타나는 현상이라 할 수 있다.

이러한 심리적 회계이론을 바탕으로, Thaler는 프로스펙트 이론의 가치함수 상의 이득과 손실의 상황을 보다 세분화하여 여러 개의 손실과 이득에 관한 쾌락적 편집규칙(hedonic editing rule)으로 세 가지를 제시하였다.

첫째, '이득은 분리하고 손실은 통합하라'는 것으로, 이는 곧 '기쁨은 나누면 배가 되고, 슬픔은 같이 하면 반이 된다'라는 속담과도 유사한다고 볼 수 있다. 예를 들어, 이득이 순차적으로 여러 번 발생하는 경우, 각각의 이득이 개별적으로 제시될 때가 총합으로 제시될 때 보다 주관적으로 지각하는 가치가 더 커질 수 있다. 반면 해외유학을 가서 대학의 등록금을 납입하는 경우와 같이 1년 혹은 2년간 일련의 손실이 순차적으로 발생하는 경우에, 등록금이 수업료와 해외연수경비 등의 항목들로 계속적으로 분리되어 청구된다면, 총합으로 제시될 때 보다 주관적으로 지각하는 부정적 효용이 더 커질 수 있다.

둘째, '큰 이득과 작은 손실은 합하라'는 것으로 복권에 당첨되어 당첨금을 수령할 때 제세공과금을 내는 경우와 같이, 큰 이득이 먼저 발생한 후 작은 손실이 발생할 경우 이득과 손실이 합해졌을 때, 소비자의 주관적인 지각된 가치를 향상시킬 수 있다. 즉 제세공과금을 제외한 당첨금을 받는 경우가 당첨금과 분리해서 개별적으로 제시되는 경우보다 주관적으로 지각하는 가치가 더 높을 수 있다.

셋째, '큰 손실과 작은 이득은 분리하라'는 것으로, 앞서 살펴본 K3 자동차 구매상황과 같이, 손실이 먼저 발생하고 리베이트나 추가할인으로 인한 작은 이득이 발생할 경우에는 항상 손실과 이득을 분리하여 개별적으로 제시하는 것이 소비자가 주관적으로 지각하는 가치를 향상시킬 수 있다고 한다. 이것을 흔히 실버라이닝(silver lining) 효과라고 말하는데, 이는 곧 언제나 불행 속에 작은 행복이 존재한다는 의미로 받아들일 수 있다.[19)]

심리적 회계와 관련된 또 하나의 개념이 감정적 회계이다. 감정적 회계(emotional accounting)란 소비자가 갖고 있는 여러 항목의 계좌와 관련된 긍정적 또는 부정적 감정의 강도가 구매행동에 중요한 영향을 준다는 사실이다. 일반적으로 소비자들은 실용적 구매가 부정적 감정에 대처하는데 도움이 되기 때문에 부정적 환경에서 받은 돈(예, 병문안 온 친척으로부터 받은 돈, 도박에서 딴 돈 등)은 쾌락적 구매(유흥비, 여행비 등)보다 실용적 구매(생활비, 학원비 등)에 더 많이 소비할 것이다. 그래서 소비자가 만약에 카지노에서 딴 돈은 쉽게 낭비하는 경우도 많은데, 이때 부정적 환경에서 번 돈을 조금 떼어 의식적으로 기부 등의 선행에 먼저 쓰고 나면 그 돈이 의미있게 사용되어 긍정적 감정이 느껴진다. 그리고 난 후에 나머지 돈을 휴가나 갖고 싶은 물품을 사는 경우도 있는데, 이를 감정적 회계라고 할 수 있다. 이런 심리적 회계와 감정적 회계는 분명히 소비자마다 다를 수 있으므로, 마케터는 표적시장의 태도와 감정을 조사하고 이해해야 한다.

(3) PAD 효과

PAD 효과(Pennies-a-Day, PAD Effect)란 소비자들은 가격정보를 제시할 때, 전체 지불할 금액을 제시하는 경우보다 장기간에 걸쳐 여러 번의 작은 금액으로 분리하여 제시할 때, 즉, 새로운 준거점을 제시할 때 소비자들은 상대적으로 작은 손실로 지각될 수 있다는 것을 말한다. 이를 푼돈효과라고도 한다.[20) 예를 들면, 소비자들은 제품가격을 10만 원을 일시불로 지불하는 경우보다 10개월 무이자 할부로 1만 원씩 지불하는 경우에 더 많은 구매의사결정을 내리는 경우가 많다. 이와 마찬가지로 대부분 TV 홈쇼핑에서 자주 판매하는 방식으로, '한 달에 단돈 OOO원'이라고 하면 쉽게 구매의사결정을 내리게 되는 경우를 주변에서 흔히 볼 수 있다.

TV 홈쇼핑뿐만 아니라 PAD 전략은 자동차와 같은 고가의 제품구매, 특히 최초구매자를 유도하는데 빈번하게 활용되고 있으며, 그리고 헬스클럽, 골프연습장 등 지속적으로 구매되는 제품이나 서비스 구매를 유도하는데 효과적으로 활용되고 있다. 예를 들면, [광고 11-16]과 같이, 쌍용자동차는 올 뉴 렉스턴 및 뉴 렉스턴 스포츠&칸 등을 할부로 구입하면, 선수금 없는 12개월 무이자 할부 또는 최저 20만 원부터 월 할부금액을 내 맘대로 설계하는 '스마트 맞춤할부' 신규 운영한다. 그리고 한국GM의 쉐보레(Chevrolet)는 자사의 플래그십 모델이자, 풀사이즈 SUV인 타호 구입 시 고객이 행복 할부 프로그램을 선택하면 최초 1년간 무이자 할

광고 11-16 쌍용자동차의 렉스턴 스포츠&칸과 한국GM의 쉐보레 광고

부혜택을 제공한다는 광고를 하고 있다. 이와 같이 자동차 회사에서 소비자가 지불해야 하는 전체비용을 무이자 할부로 월 단위로 나누어 제시한 경우가 전체비용을 한 번에 제시한 경우보다 거래비용을 낮은 수준으로 지각하도록 하는 전략이다. 이런 전략은 제품의 총액을 일시불의 형태로 제시하는 통합프레이밍(aggregate framing)보다 지불해야 할 금액의 총액을 매우 작은 수준으로 나누어 제시하는 분리프레이밍(segregate framing)으로 소비자의 구매의향을 높이는 PAD 효과를 활용하는 것이다.

(4) 후회이론

후회이론(regret theory)이란 사람들은 자신이 실수했다는 사실을 확인시켜주는 행동을 회피하려는 경향이 있으며, 후회감정을 최소화하기 위해 효용이 적은 쪽을 선택하는 비합리적인 행동을 한다는 것이다.[21] 예를 들면, 지금 당장에 100만 원을 받을 수 있는 기회와 한달 후에 추첨을 통해 1,000만 원을 받을 수도 있는 기회 중에서 한 가지를 선택해야 한다면 사람들은 어떤 선택을 더 많이 하게 될까? 이런 경우에 대부분의 사람들은 한 달 후 추첨에서 탈락할 경우 느끼게 될 후회감정을 최소화하기 위해 지금 확실한 이익이 되는 100만 원을 선택하게 될 가능성이 높아지게 되는 것이다. 이때 선택 결정을 하기 전에 예상되는 후회를 '예상 후회(anticipated regret)'라고 한다.[22]

이와 같이 대부분의 사람들은 작지만 확실한 이득과 크면서 불확실한 이득 사이에서 선택할 때 위험을 회피하려는 경향이 있다. 이를 '후회회피 현상'이라고 하는데, 이익이 크면 큰 만큼 리스크도 높다는 것을 알고 있기 때문이다. 이런 후회를 피하려는 욕망이 야기할 수 있는 효과는 사람이 전혀 행동하지 않도록 유도하는 것인데, 이를 '비 행동 불활성'이라고 부른다. 예를 들어 30% 세일을 놓친 주부가 그 기회가 사라졌음에도 불구하고 20% 세일을 외면한다. 30% 세일 때 놓친 것이 후회가 되기 때문이다.

마찬가지로 소비자들은 어떤 물건을 사고 나면 잘못 산것 같아서 후회하는 경향이 있는데, 이때의 후회를 '구매자의 후회'라고 한다. 일부 업체들이 이런 후회를 막기 위해 '구입 후 마음에 들지 않으면 언제든지 환불해 드립니다'라고 하면서 구매를 유도하고 있다. 이것은 구매자의 후회를 막기 위한 마케팅전략이라고 할 수 있다.

3. 소비자 선택의 정당화와 맥락효과

소비자가 구매의사결정과정에서 대안에 대한 평가와 선택은 그 대안에 대한 선호도뿐만 아니라 그 대안이 어떤 맥락 안에서 제시되는가에 의해서도 영향을 받게 된다. 특히 소비자가 명확한 선호도를 갖고 있지 않은 경우, 소비자의 대안평가나 최종선택은 항상 마케터가 설정하는 의사결정의 프레임이나 구매상황이나 시점에 제공되는 각종 마케팅 자극정보에 의해 많은 영향을 받게 된다.

소비자의 대안에 대한 평가와 선택에 있어서 맥락효과라는 것이 있다. 맥락효과(context effect)란 소비자에게 새로운 정보가 제시되었을 때, 소비자 자신이 이미 가지고 있는 정보나 상태에 의해 해당 정보의 해석이 달라지는 것을 의미한다. 객관적인 기준에 의해서 정보를 판단하는 것이 아니라, 주변의 맥락이나 이전에 이미 도래한 요인들에 따라 정보를 다르게 해석될 수 있다. 이런 맥락효과는 기존 시장상황이라는 맥락에 새로운 대안으로서의 제품이나 서비스가 제시되었을 때 나타날 수 있는데, 대표적인 현상으로 유인효과(attraction effect)와 타협효과(compromise effect), 유사성 효과(similarity effect)가 있다. 그리고 소비자의 머릿속에 형성된 고려상표군의 구성을 변화시킬 수 있는 빈도효과(frequency effect)과 범위효과(range effect), 마지막으로 후광효과와 프레이밍 효과에 대해 살펴보고자 한다.

(1) 유인효과와 타협효과

유인효과(attraction effect)는 새로운 선택대안이 도입됨으로써, 오히려 기존의 선택대안이 더 매력적이게 되는 현상을 말한다. 예를 들면, [그림 11-12]와 같이, 어떤 소비자가 제품을

그림 11-12 맥락효과 : 유인효과 및 타협효과

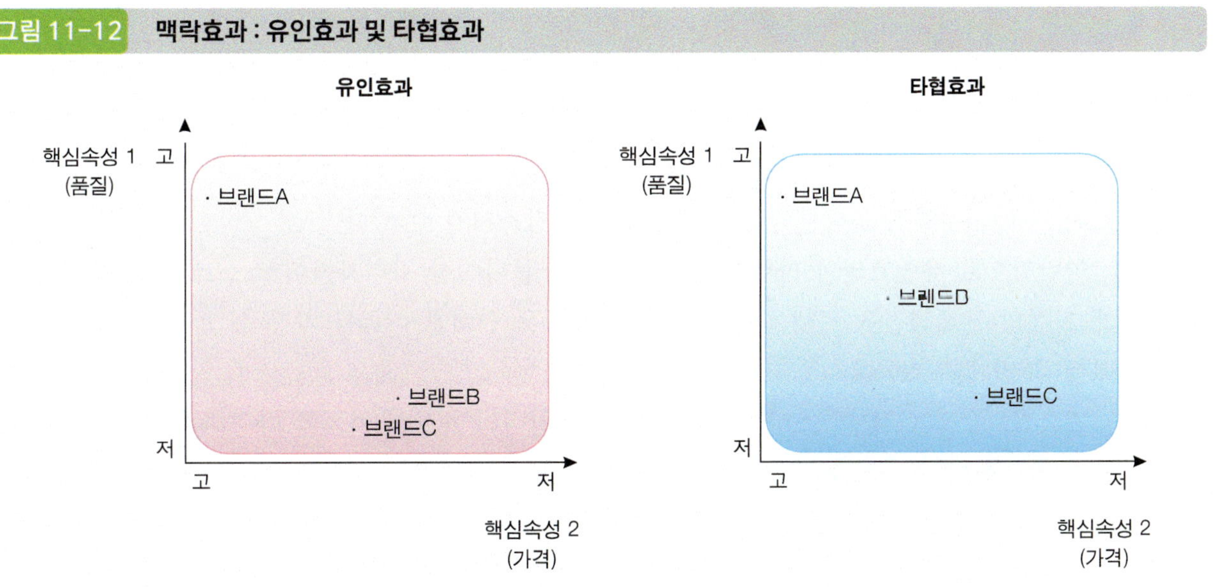

구매하는 과정에서 2개의 핵심 속성(예, 품질, 가격)을 고려하며, 경쟁사의 브랜드 A(고품질, 고가격)와 자사의 브랜드 B(저품질, 저가격)를 소비자가 고려하는 2개의 제품이라고 가정해보자. 기존 자사브랜드 B보다 상대적으로 열등한 브랜드 C(브랜드 B보다 저품질, 약간 고가격)가 신규로 시장에 진입할 경우, 소비자는 브랜드 B를 선택하는 확률이 증가하게 된다는 것이다. 즉 미끼상품의 역할을 하는 브랜드 C를 비대칭적으로 지배(asymmetrically dominating)하고 있는 기존 브랜드 B의 선택확률이 높아진다는 것이다. 이와 같이 기존의 대안(브랜드 B)보다 열등한 대안(브랜드 C)이 신규로 도입됨으로써, 기존 대안의 선택확률이 증가되는 현상을 유인효과라고 한다.

따라서 유인효과는 [그림 11-12]와 같이 미끼상품인 브랜드 C가 브랜드 B에 근접해서 포지셔닝 될 때, 불확실한 선호도를 갖고 있는 소비자는 마치 핵심속성 1(품질)보다는 핵심속성 2(가격)가 더 중요한 속성인 것으로 지각하기 때문에 결국 핵심속성 2의 차원에서 가장 지배적인 브랜드인 B에 대한 선호도가 증가함으로써 선택확률이 높아지게 된다.

한편, 타협효과(compromise effect)는 어떠한 속성에 있어서 양극단에 있는 선택대안에 비해 중간의 선택대안이 더 선택될 수 있는 확률이 높은 현상을 말한다. 즉 타협효과는 [그림 11-12]의 유인효과에서 대안(브랜드 C)처럼 모든 속성(예, 품질, 가격)에서 다른 대안(브랜드 B)에 의해 지배되는 것이 아니라, 어느 한 가지 속성(예, 가격)에 있어서 극단적인 값을 갖는 극단적 대안(브랜드 C)이 선택집합에 추가된 경우에 경쟁브랜드 A에 대한 브랜드 B의 상대적인 점유율이 증가하는 현상을 말한다. 이런 현상은 소비자가 2개의 핵심속성 중에서 가중치가 유사하든지, 어느 것이 중요한지에 대한 불확실성이 존재하거나, 상호 상충관계(예, 고품질-고가격, 저품질-저가격)가 있는 경우에, 2개의 핵심속성이 일정 수준에서 결합한 것으로 판단되는 대안(중품질, 중가격)을 선택하는 성향을 의미한다. 그래서 소비자는 브랜드 A와 브랜드 C와 같은 극단적인 선택을 회피(extremeness aversion)하고 '중간(브랜드 B)'을 선택함으로써, 구매의사결정에 따른 위험을 상대적으로 감소시킬 수 있다.

일반적으로 유인효과와 타협효과는 선호도가 불확실한 소비자들이 스스로나 주변사람들에게 자신의 문제해결을 위해 특정 브랜드의 제품을 선택한 이유를 가장 쉽게 정당화하고 합리화할 수 있게 보조한다.

결론적으로, 대부분의 소비자들은 자신에게 최대의 효용과 가치를 제공하는 제품보다는 선택의 정당화나 합리화를 위한 이유를 가장 쉽게 생각할 수 있는 제품을 선택하는 성향이 있다. 이러한 성향은 특히 소비자의 선호도가 불확실하거나 저관여 상태에서의 구매의사결정과정에서 발생되기 쉬우며, 이러한 성향에 기반한 소비자 선택의 유형을 Simonson은 이유기반

선택(reason-based choice)이라고 부르고 있다.[23)]

(2) 유사성 효과

유사성 효과(similarity effect)는 소비자에게 새로운 선택대안이 제시된 경우에, 이미 시장에 존재하는 기존제품과 유사할수록 이 선택대안의 선택확률이 낮아지는 현상으로, 유인효과와는 반대의 개념으로 볼 수 있다. 예를 들면, 과거에 비락식혜와 가을대추 음료, 허니버터 칩 등 신제품이 출시되자마자 폭발적인 인기와 매출을 기록했지만, 그 후에 유사한 모방제품들이 쏟아져 나오면서 치열한 경쟁 끝에 기존제품들의 시장점유율이 상대적으로 더 많이 줄어드는 효과가 있었는데, 이런 현상을 유사성 효과라고 할 수 있다.

(3) 빈도효과와 범위효과

빈도효과(frequency effect)는 기업이 자사브랜드가 상대적으로 경쟁우위에 있는 경우에, 신규브랜드가 추가되면, 해당 속성에 대한 빈도가 증가하여 속성의 중요도를 증가시킬 수 있다. 그래서 소비자는 해당 제품에 보다 많은 주의를 기울여서 선택의 가능성이 증가하게 되는 효과를 말한다. 예를 들면, [그림 11-13]과 같이 자사브랜드 B가 상대적으로 우위를 점하고 있는 핵심속성 2(가격)의 차원에서 상대적으로 열등하지만, 경쟁브랜드 A(고가격)보다는 우월한 성능을 보이는 신규브랜드 C(중가격)를 투입함으로써, 소비자가 지각하는 기존의 자사브

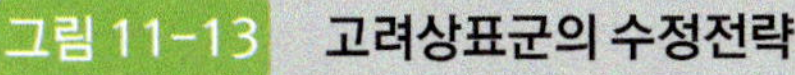
그림 11-13 고려상표군의 수정전략

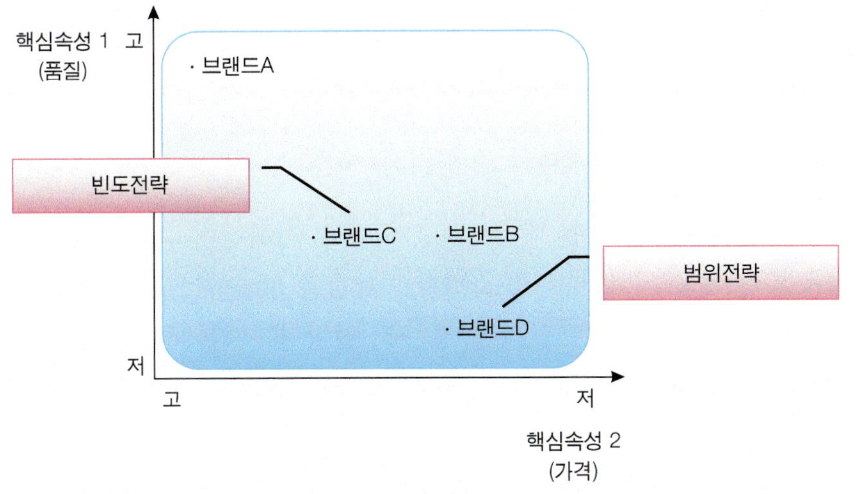

랜드와 경쟁브랜드 간의 심리적 거리를 더 멀게 만들어 차별화시키는 전략이라고 할 수 있다. 즉 이러한 경우에 브랜드 B는 브랜드 C가 브랜드 A를 효과적으로 견제할 수 있는 파이터 브랜드(fighter brand)로서의 역할을 함으로써 빈도전략을 효과적으로 수행한다고 볼 수 있다.

이런 경우에, 브랜드 C는 자사에서 의도적으로 신규브랜드로 런칭시킬 수도 있지만, 후발 경쟁업체에서 모방브랜드로 새롭게 시장에 진입해서 파이터 브랜드로써 역할을 할 수도 있다. 예를 들면, 비타500 음료가 출시되면서 기존의 건강음료 시장에서 독보적인 위치를 차지하고 있던 박카스 음료를 위협하게 되었다. 그 이후에 비타700, 비타1000 등 모방 신제품이 나타났지만, 오히려 비타500에 대한 충성도만 더 강화시키는 결과를 초래했다. 이와 같이 유사브랜드가 시장에 출현함으로써 기존 브랜드에 오히려 도움이 되는 요인이 되기도 한다.

한편, 범위효과(range effect)는 [그림 11-13]과 같이, 기존의 시장에서 자사브랜드 B가 비대칭적으로 지배되는(예, 품질에서 브랜드 A에 상대적으로 지배됨) 경우에 자사브랜드보다 훨씬 더 열등한 신규브랜드 C를 추가하면, 경쟁브랜드 A가 상대적으로 우위에 있는 속성(예, 품질) 차원에서 그 범위가 더 증가하게 된다.

따라서 신규브랜드 D로 인해서 상대적으로 경쟁브랜드 A와의 지각된 거리가 근접하게 설정되어, 소비자가 자사브랜드 B와 경쟁브랜드 A 간의 속성의 차이에 대한 중요성을 감소시켜서, 심리적 차이도 감소시키게 된다. 이런 현상을 범위효과라고 한다. 예를 들면, 소비자에게 선택받고자 하는 대안(브랜드 B)을 중간으로 보이게 미끼제품의 평가를 아주 높게 혹은 낮게 책정하는 것이다.

이와 같이, 빈도효과와 범위효과 역시 핵심 브랜드(브랜드 B)에 의해 브랜드 C와 D가 최소한 비대칭적으로 지배되고 있는 의사결정대안이라는 점에서는 유인효과나 타협효과와 많이 흡사하다고 볼 수 있으며, 소비자가 구매의사결정을 정당화하거나 합리화하기 용이하게 만드는 맥락효과의 유형이라고 할 수 있다.

(4) 후광효과와 프레이밍 효과

후광효과(halo effect)는 어떤 대상이 가진 두드러진 특징이 그 대상의 다른 모습을 평가하는데 영향을 주는 것을 의미한다. 즉 소비자가 제품을 평가하는 경우에 일부분의 특성에 주목하여 전체평가에 영향을 주는 심리적 경향을 말한다. 예를 들면, 샤넬(Chanel), 프라다(Prada) 등의 명품브랜드는 신제품이 출시되어도 명품브랜드의 후광효과로 명품으로 분류된다는 것이다. 또한 조르지오 아르마니(Giorgio Armani)는 브랜드 확장전략으로 엠포리오 아르마니, 아르마니 진, 아르마니 익스체인지, 아르마니 코스메틱, 아르마니 호텔/리조트 등으로 사업영역을 다양하게 확장시켰지만, 모두 명품대우를 받는 브랜드가 되었다.

한편, 프레이밍 효과(framing effect)는 동일한 내용의 정보라고 할지라도 그 정보를 소비자에게 어떻게 표현하느냐, 즉 프레이밍하느냐에 따라 다르게 소비자가 지각하여 그에 따라 대안평가와 선택도 달라지는 현상을 말한다. 예를 들면, 혈당수치를 걱정하는 소비자들은 '10% 설탕' 함량인 초콜릿보다 '90% 무설탕' 함량의 초콜릿을 더 선택한다는 것이다. 이는 앞에서 살펴본 프로스펙트 이론의 준거점을 설탕 함량이냐, 무설탕 함량에 두느냐에 따라, 소비자가 다르게 생각하도록 한다는 것이다.

참고문헌

- 김학윤 (2021), 소비자행동, 무역경영사
- 박세범, 박종오 (2013), 소비자행동, 북넷
- 박종오, 권오영 (2022), 마케팅, 북넷
- 이학식, 안광호, 하영원, 석관호 (2020), 소비자행동, 집현재
- Ariely, Dan (2008), Predictably Irrational: The Hidden Forces That Shape Our Decisions, New York, NY: HarperCollins.
- Blackwell, Roger D., Paul W. Miniardand James F. Engel (2006), Consumer Behavior, 10th ed., Thomson South-Western.
- Chen, Serena and Shelly Chaiken (1999), "The Heuristic-Systematic Model in Its Broader Context," in S. Chaiken and Y. Trope (eds.), Dual-Process Theories in Social Psychology, New York, NY: The Guilford Press, 73-96.
- Gourville, John T. (1998), "Pennies-a-Day: The Effect of Temporal Reframing on Transaction Evaluation," Journal of Consumer Research, 24(March), 395-408.
- Hawkins, Del I., David L. Mothersbaugh and Roger J. Best (2007), Consumer Behavior, 10/e, McGraw-Hill Irwin.
- Kahneman, Daniel and Amost Tversky (1979), "Prospect Theory: An Analysis of Decisions under Risk," Econometrica, 47, 313-327.
- Laurent, Gilles & Jean-Noel Kapferer (1985), "Measuring Consumer Involvement Profiles," Journal of Marketing Research, Vol. 22, No. 1 (Feb., 1985), 41-53.
- Mowen, John C. (1995), Consumer Behavior, Prentice-Hall, Inc., 4th eds.
- Simonson, Itamar (1989), "Choice Based on Reasons: The Case of Attraction and Compromise Effects," Journal of Consumer Research, 16(September), 158-174.
- Thaler, Richard H. (1980), "Toward a Positive Theory of Consumer Choice," Journal of Economic Behavior and Organization, 1, 39-60.
- Thaler, Richard H. (1985), "Mental Accounting and Consumer Choice," Marketing Science, 4, 199-214.
- Tversky, Amos and Daniel Kahneman (1973), "Availability: A Heuristic for Judging Frequency and Probability," Cognitive Psychology, 4, 207-232.
- Tversky, Amos and Daniel Kahneman (1974), "Judgment under Uncertainty: Heuristics and Biases," Science, 185, 1124-1131.
- Wansink, Brian, Robert J. Kent, and Stephen J. Hoch (1998), "An Anchoring and Adjustment Model of Purchase Quantity Decisions," Journal of Marketing Research, 35(February), 71-81.

- Well, William D. and George Gubar (1966), "The Life Cycle Concept," Journal of Marketing Research, Vol. 2, November, 355-363.
- Zaichkowsky, Judith Lynne (1994), "The Personal Involvement Inventory : Reduction, Revision, and Application to Advertising", Journal of Advertising, 23(4), 59-70.

미주정리

1) Hawkins, & Mothersbaugh & Best, 2007
2) Blackwell, & Miniardand, & Engel, 2006
3) Hawkins, & Mothersbaugh & Best, 2007
4) Blackwell, & Miniardand, & Engel, 2006
5) Hawkins, & Mothersbaugh & Best, 2007
6) Hawkins, & Mothersbaugh & Best, 2007
7) Laurent, & Kapferer, 1985
8) Mowen, 1995
9) Chen & Chaiken, 1999
10) Tversky, & Kahneman, 1974
11) Tversky, & Kahneman, 1974
12) Tversky, & Kahneman, 1974
13) Wansink, & Kent, & Hoch, 1998
14) Thaler, 1980
15) Ariely, 2008
16) Kahneman, & Tversky, 1979
17) 박세범, 박종오, 2013
18) Thaler, 1985
19) 박세범, 박종오, 2013
20) Gourville, 1998
21) https://blog.naver.com/mcc7718/222623707343
22) https://blog.naver.com/lki60031/222638724208
23) Simonson, 1989

CHAPTER

12

구매의사결정

1. 구매행동
2. 상황적 요인과 소비자행동
3. 쇼핑행동

CJ·신세계·롯데, '옴니채널'로 꺾이지 않는 브랜드 터치

팬데믹에 거대 성장한 이커머스 시장과 엔데믹 전환 이후 중요성이 극대화되고 있는 오프라인 시장을 결합하는 옴니채널(Omni channel) 전략이 날이 갈수록 중요해지고 있다.

옴니채널은 하나의 회사가 온라인, 모바일, 오프라인 등 여러 채널을 운영하면서 모든 채널을 연결해 소비자에게 언제, 어디서든 동일한 가격과 프로모션, 메시지를 전달하는 채널전략을 말한다.

◆ CJ그룹, 전 계열사 연계한 고객 맞춤형 서비스 'CJ 옴니' 구축 시동

최근 CJ그룹은 전 계열사 역량을 통합한 고객 맞춤형 서비스 구축에 나섰다. CJ그룹은 통합멤버십 CJ ONE 애플리케이션에서 CJ옴니서비스 서비스 신규 동의를 받고 있다. CJ제일제당, CJ CGV, CJ푸르밀 등 CJ그룹 계열사들도 홈페이지, 자사앱 등의 개인정보처리 방침에 CJ옴니서비스를 추가했다.

CJ의 옴니채널은 기존 통합멤버십 서비스인 CJ ONE을 기반 삼아 진행된다. 이전까지 계열사의 포인트 통합서비스를 제공해 왔다면, 앞으로는 영화, 외식, 쇼핑, 뷰티, 공연, 배송 등 CJ그룹 계열사들의 상품과 서비스, 데이터, 채널 등을 유기적으로 연계해 신규 서비스를 개발, 제공하고 최적화해 나갈 것으로 기대된다.

▲ CJ ONE의 원더풀 캠페인 이미지(자료원 : CJ ONE 홈페이지)

앞서 CJ그룹은 CJ올리브영을 통해 옴니채널 전략을 추진한 경험이 있다. 2022년을 건강한 아름다움을 지향하는 '옴니채널 라이프스타일 플랫폼' 도약의 원년으로 삼고 혁신한 결과, H&B(Health&Beauty) 분야의 독보적인 점유율을 지켰다.

◆ 신세계그룹, 고객혜택 강화한 통합 멤버십 강화

신세계그룹도 옴니채널 구축에 적극적이다. 신세계몰, 신세계백화점, 이마트몰, 트레이더스, 신세계라이브쇼핑 등을 아우르는 신세계그룹의 온라인 쇼핑 플랫폼 SSG닷컴은 지난해 G마켓과 통합멤버십 서비스를 성공적으로 론칭하며, '원 디지털 유니버스'의 초석을 다졌다.

신세계백화점이 O2O(online to offline) 서비스 확대를 위해서 비대면 트렌드에 맞춰 온라인과 오프라인 쇼핑의 장점을 결합한 특별한 콘텐츠를 내놓은 것이다.

신세계는 본점 지하 1층에 SSG닷컴 상품픽업 전용공간인 '익스프레쓱(EXPRESSG)'을 선보였다. SSG닷컴에서 구매한 후 백화점에서 찾는 '매장 픽업'에서 한 단계 더 진화된 O2O 서비스다. 기존 매장 픽업은 상품을 판매하는 브랜드 매장에 일일이 찾아가 수령해야 했지만, 익스프레쓱은 픽업 전용 공간에서 한번에 다양한 제품을 찾을 수 있어 고객 편의성을 높였다. 옷을 입어보는 피팅룸이 마련돼 있는 것은 물론, 수선과 교환까지 현장에서 바로 신청할 수 있어 원스톱 쇼핑이 가능하다.

하지만, SSG닷컴이 신세계 본점과 연계한 픽업서비스 '익스프레쓱(EXPRESSG) 수령 서비스'를 접는다. 전 백화점 점포에서 이용가능한 '매직 픽업'으로 픽업 서비스를 일원화한다는 구상이다. 특히 매직픽업은 신세계 본점으로 제한된 '익스프레쓱'과 달리 전 점포에서 이용가능한 서비스다. '익스프레쓱'처럼 특정 공간에서 픽업은 불가능하지만, 각 매장별로 제품을 주문한 후 픽업이 가능하다.

쓱닷컴의 온라인 장보기 역량을 G마켓에 이식해 원하는 시간에 문앞에 신선상품을 배달해주는 스마일프레시 서비스를 론칭하고, 공동으로 스마일클럽 멤버십을 운영해 고객혜택을 넓혔다.

▲ SSG닷컴의 옴니 서비스 안내 문구와 '익스프레쓱(EXPRESSG)'(자료원 : SSG닷컴 홈페이지)

◆ 롯데그룹, 버티컬 플랫폼 & 온·오프라인 채널구축노력

▲ 롯데ON에서 상품구매
→ 원하는 지점에서 상품구매 수령

▲ 세븐일레븐 편의점에서 반품
→ 롯데ON 온라인몰 환불

(자료원 : 롯데ON 스마트픽 서비스 소개)

롯데는 지난 몇 년간 유통혁신 키워드로 옴니채널을 강조해오면서, 롯데 유통계열사들은 오프라인 매장에서 '옴니존', '옴니스토어', '스마트픽' 등의 실험을 거듭했다. 또 신세계의 SSG닷컴처럼 롯데백화점, 롯데마트, 롯데슈퍼프레시, 토이저러스, 롯데홈쇼핑, 롯데하이마트 등을 아우르는 통합 온라인몰 '롯데ON'을 내놓았다. 그리고 롯데백화점 MD의 경쟁력을 살린 버티컬 플랫폼과 온·오프라인 옴니채널 구축에 집중했다. 프리미엄 뷰티전문관 '온앤더뷰티'와 명품전문관 '온앤더럭셔리', 패션전문관 '온앤더스타일'을 개시하고 온라인과 오프라인에서 서비스한다.

● 자료원 : 최소원, The PR타임즈, 2023년 2월 1일. 배지윤, news1, 2022년 12월 22일 (내용일부 수정함)

소비자는 문제인식-정보탐색-대안평가로 구성되는 구매 전 의사결정단계에서 자신의 문제를 해결해 줄 브랜드 대안들을 비교평가한 후에, 구매단계에서 특정 브랜드를 구매하기로 결정하고, 실제로 구매과정으로 진행하면서 제품구매에 대한 의사결정을 내리게 된다. 물론, 구매의사결정단계에서 소비자가 결정하는 사항은 제품의 구매여부나 어떤 제품을 구매할 것인지에 대한 것이 가장 중요한 의사결정문제라고 볼 수 있다. 이와 더불어 구매시점, 구매장소, 그리고 지불방법 등과 같은 의사결정과제들도 매우 중요하게 고려되어야 한다. 예를 들어, 백화점이나 TV홈쇼핑을 통해 필요한 제품관련 정보를 취득한 소비자가 인터넷 최저가 검색을 통해 Gmarket이나 옥션에서 해당 제품을 구매하기도 하며, 휴대폰이나 컴퓨터, 혹은 자동차의 경우 소비자는 좀 더 개선된 기능, 품질, 디자인의 제품을 바라거나 현재 제품의 가격이 좀 더 떨어질 것을 기대하며 최종적인 구매결정을 연기하기도 한다.

이와 같이, 구매과정에서는 특정 브랜드에 대한 결정뿐만 아니라, 그 브랜드를 취급하는 여러 점포들 중에서 특정 점포의 선택 및 점포 내에서의 쇼핑과정이 포함된다. 그리고 소비자는 관여도 수준과 예전에 구매경험에 따라 다양한 구매의사결정유형을 나타낸다.

또한 구매과정에서 특정 브랜드와 구매장소 결정 외에도 또 하나의 중요한 영향요인이 상황적 요인이다. 예를 들면, 소비자가 와인을 구매할 때, 자신이 직접 마시기 위해 구매하는 것과 타인에게 선물하기 위해서 구매할 때는 브랜드 선택에서부터 구매과정이 다를 수 있다.

1 구매행동

1.1 구매행동의 유형

소비자 구매형태에는 구매계획을 매장에 가기 전에 미리 정했는지 여부에 따라 계획적 구매, 비계획적 구매 등으로 구분할 수 있다. 계획적 구매에 의한 소비자 구매행동은 관여수준과 구매결정방식에 따라 다양한 유형으로 구분할 수 있다. 고관여/저관여 상황에 따라, 기본적으로 복잡한 의사결정, 다양성 추구, 브랜드 충성도, 관성적 구매 등에 의한 구매행동으로 구분할 수 있다.

비계획적 구매는 문제인식이 없거나 매장을 방문하기 전까지도 구매의도가 없는 상황에서 발생되는 구매행동이다. 비계획적 구매의 유형에는 다양성이나 새로움에 대한 단순한 충동구매, 상기효과에 의한 구매, 암시효과에 의한 구매, 계획적 충동구매 등이 있다.

1. 계획적 구매

계획적 구매(planned purchasing)는 소비자가 제품이나 서비스를 구매하기 이전에 구매해야 할 제품이나 브랜드를 미리 결정하고, 실제로 구매행동에서도 사전에 결정한 제품이나 서비스를 그대로 구매하는 것이다.

계획적 구매에 의한 소비자 구매행동은 관여수준과 구매결정방식에 따라 다양한 유형으로 구분할 수 있다. [그림 12-1]과 같이, 고관여/저관여 상황하에서 선호하는 구매결정방식에는 소비자가 제품이나 서비스를 최초 구매할 때는 많은 정보와 대안을 중심으로 합리적인 방법에 의한 인지적 구매결정(cognitive decision making) 방식을 주로 많이 사용한다. 그리고 소비자가 제품이나 서비스를 반복구매할 때는 안전한 구매를 위해 평소에 명성이 높고 브랜드 충성도가 있는 제품을 일상적으로 선택하고 구매하는 습관적 구매결정(habitual decision making) 방식을 많이 활용한다. 따라서 소비자의 구매의사결정 행동의 유형은 고관여/저관여 상황에 따라, 기본적으로 복잡한 의사결정, 다양성 추구, 브랜드 충성도, 타성적 구매 등에 의한 구매행동으로 구분할 수 있다.

그림 12-1 구매행동유형과 구매결정방식

(1) 복잡한 의사결정

복잡한 의사결정(complex decision making)에 의한 구매행동은 고관여 상황 하에서 구매대안을 결정하는데 있어서 완벽하고 신중하게 하기 위한 인지적 구매결정방식으로 신제품을 구매하는 소비자의 구매행동을 말한다. 즉 소비자는 구매결정을 할 때마다 가능한 한 많은 정보를 탐색하고, 다양한 대안들을 자세히 비교·평가한 후에, 대안선택을 매우 신중하게 생각하고, 가장 선호하는 선택대안을 구매하는 포괄적 의사결정으로 문제해결하는 방식을 말한다.

이런 구매행동유형에서의 주요 특징으로는 제품 자체에 대한 관여수준이 높을 뿐만 아니라, 구매결정과정에 대한 관여정도도 매우 높다. 그리고 소비자가 효과계층 모델에서 제시된 신념 → 태도 → 행동과정을 거치는 일반적인 고관여 구매의사결정과정에서 나타나는 행동유형이다. 즉 인지적 요소에 의해 신념을 형성하고, 대상물에 대한 태도를 결정한 후에 구매행동과정을 거친다는 것이다. 이와 같은 구매결정행동은 인지적 학습과정을 통해서 개발되기 때문에 가장 합리적인 것으로 평가되지만, 구매결정에 많은 시간과 노력이 필요하다.

따라서 마케터는 소비자들에게 제품속성과 상대적 중요도와 관련된 자극정보를 통해 인지적 학습을 할 수 있도록 하고, 인쇄매체를 통해 브랜드의 편익을 자세하게 기술함으로써 제품특징을 차별화할 필요가 있다.

(2) 브랜드 충성도

소비자가 고관여 제품이나 서비스를 구매한 후에 만족하는 경우에 그 브랜드의 제품이나 서비스에 대해 호의적인 태도를 형성하여 다시 반복구매를 하게 되는데, 이를 브랜드 충성도라고 한다.

브랜드 충성도(brand loyalty)에 의한 구매행동은 고관여 상황 하에서라도 구매때마다 많은 시간과 노력을 기울이지 않고 복잡한 의사결정을 할 필요가 없이, 평소에 선호하는 브랜드만을 반복적으로 구매하는 일상적인 의사결정으로 문제해결하는 방식을 말한다.

이런 구매행동유형에서의 주요 특징으로는 단순한 타성적 구매행동과 달리, 브랜드에 대한 관여수준이 높을 때 소비자는 브랜드 충성도에 의한 구매를 할 가능성이 높다. 고관여 제품일지라도 가구처럼 브랜드에 대한 관여수준이 낮으면, 일반적으로 복잡한 의사결정에 의한 구매행동을 하지만, 반대로 승용차와 화장품처럼 브랜드 관여수준이 높은 제품은 브랜드 충성도에 의한 구매를 할 가능성이 높다. 이와 같은 구매결정행동은 시간과 노력을 상당히 절약할 수 있으며, 잘못된 구매결정에서 오는 사회적·심리적·재정적 위험을 사전에 예방할 수 있는 비교적 안전한 구매행동유형이다.

따라서 마케터는 브랜드 충성도가 높은 소비자들에게 자신들의 선택에 확신을 가질 수 있도록 하기 위한 강화광고(reinforcement advertising)를 해야 한다. 그리고 효과적인 광고메시지를 통한 사용량이나 구매량을 증가시키는 방안을 모색해야 할 것이다.

(3) 다양성 추구

소비자들은 저관여 상황 하에서는 구매에 따른 사회적 · 심리적 · 재정적 위험부담이 적기 때문에, 저관여 제품을 구매할 때는 구매결정에 크게 신경을 쓰지 않는 경우가 많다. 즉 소비자들은 대안에 대한 적극적인 정보탐색을 하려고 하지도 않고, 브랜드 대안을 비교 · 평가하는데에 많은 시간과 노력을 기울이려고 하지 않는다.

이와 같이 다양성 추구(variety-seeking)에 의한 구매행동은 소비자들이 저관여 제품을 구매할 때는 구매결정에 크게 신경을 쓰지 않고, 점포 내에 진열되어 있는 몇몇 브랜드만을 간단하게 비교평가하고 곧바로 최종 선택을 해서 제한적 의사결정으로 문제해결하는 방식을 말한다. 구매결정을 내리는 것을 다양성 추구(variety-seeking)에 의한 구매행동이라고 한다. 이는 주로 소비자가 이전에 구매한 적이 있는 브랜드에 대해 싫증이 났거나, 또는 단지 새로운 것을 추구하려는 의도에서 다른 브랜드로 전환할 때 하는 구매행동유형이다. 즉 앞서 살펴본 브랜드 충성도에 의한 구매와 달리, 소비자는 특정 브랜드에 특별히 집착하지 않고 상황에 따라, 그리고 작은 판촉행사에도 이끌려서 브랜드변경을 하고 다양한 브랜드를 구매하려고 한다.

다양성 추구(variety-seeking)에 의한 구매행동의 주요 특징으로는 구매결정을 위해서 대안을 비교 · 검토하는 인지적 노력을 기울이기는 하지만, 주로 점포 내에서 아주 짧은 시간에 정보탐색, 대안평가, 구매결정을 거의 동시에 하기 때문에 구매결정단계를 구분해서 식별하기 어려울 수 있다. 이런 구매행동유형은 소비자가 효과계층 모델에서 제시된 신념 → 행동 → 태도과정을 거치는 일반적인 저관여 구매의사결정과정에서 나타나는 행동유형이다. 그리고 대안에 대한 의미있는 평가도 구매 이후에 사용과정에서 이루어질 수 있으며, 브랜드 전환이 일어나는 것도 사용하고 있는 브랜드에 대한 불만족 때문이라고 하기보다는 식상함을 줄이고 변화를 추구하려는 욕구 때문이라고 할 수 있다.

따라서 마케터는 자사기업이 시장을 선도하는 기업인 경우에는 후발 경쟁기업들과 차별화를 해야 한다. 후발기업인 경우에는 특별한 이벤트, 저가격, 쿠폰, 무료샘플 등의 판촉행사를 통해 시용구매를 자극하고 브랜드 전환을 유도하거나, 포장리뉴얼 등을 통해 자사제품이 새로운 점들을 제시하는 광고를 제공함으로써 다양성 추구에 의한 구매행동를 촉진해야 할 것이다. 시장 선도기업인 경우는 진열선반대 공간에 자사제품들을 가득 채우고, 자주 상기광고를 통해 타성적 구매행동을 촉진해야 할 것이다.

(4) 타성적 구매

타성적 구매행동(inertia buying behaviour)은 소비자가 제품사용경험이 있는 저관여 제품을 구매할 때, 다양성 추구에 의한 구매행동과는 달리, 브랜드를 자주 변경하지 않고 특정 브랜드만을 반복해서 구매하는 일상적인 의사결정으로 문제해결하는 방식을 말한다. 또한 소비자의 호의적인 태도를 가진 특정 브랜드를 반복구매하는 브랜드 충성도에 의한 구매행동과도 다르며, 타성적 구매행동은 단지 구매노력을 덜기 위해 이전에 구매한 브랜드를 습관적으로 타성에 의해 반복구매하는 것으로 저관여 구매상황에서 주로 일어난다. 예를 들면, 생수, 음료수, 설탕, 밀가루 등과 같은 제품을 구매하기 위해 소비자들이 제품범주에 깊게 관여하지 않고 단순히 매장을 방문하여 브랜드와 관계없이 타성에 의해 대안을 선택해서 구매한다. 이와 같이, 타성적 구매와 브랜드 충성도에 의한 구매는 일상적 의사결정행동이라는 점에서 외형상 행동양식은 비슷하지만, 실제로 행동동인은 전혀 다른 차이가 있다.

타성적 구매행동의 주요 특징으로는 저관여 제품은 구매에 따른 위험부담이 적을 뿐만 아니라, 특히 브랜드 차별화가 되어 있지 않으면 브랜드 간의 품질차이가 크게 지각되지 않는다. 그렇기 때문에 소비자들은 굳이 번거러운 구매의사결정을 하지 않으며, 구매 후에 대안평가를 신중하게 하지도 않는다. 그리고 소비자가 예전에 사용해 본 제품에 별다른 불만이 없는 한 동일한 브랜드를 습관적으로 반복구매를 한다는 것이다.

따라서 마케터는 저관여 구매상황 하에서 반복광고를 통해 인지도를 높이고 브랜드 친숙도를 높임으로써, 타성적 구매를 유도할 수 있도록 노력해야 할 것이다.

2. 비계획적 구매

비계획적 구매(unplanned purchasing)는 소비자가 문제인식이 없거나 매장을 방문하기 전까지도 구매의도가 없는 상황에서 발생되는 구매행동이다. 즉 소비자가 사전계획에 의해 제품을 구매하는 것이 아니고, 매장에서의 제품진열, 광고연상 등에 의해 즉석에서 이루어지는 구매행동을 말한다. 이와 유사하게 충동구매(impulse buying)는 제품이나 서비스가 주는 신기함이나 자극에 의하여 즉흥적으로 구매행동을 하는 것이다. 즉 비계획적 구매가 반드시 충동구매인 것은 아니다. 예를 들면, 소비자가 대형마트 매장을 방문했는데, 진열대에 놓여 있는 시리얼 제품을 보고 아침 식사용이 떨어졌다는 사실을 기억해 내고 매장 내에서 구입하기로 결정한다. 그런 후에 여러 브랜드의 포장에 인쇄된 영양성분에 관한 정보를 비교검토하고 가장 영양가가 높은 특정 브랜드를 선택했다고 가정해 보자. 이런 경우에 소비자는 비계획적인 구매를 한 것이지 충동구매를 한 것은 아니라고 할 수 있다. 또한 광고보다는 포장이 제품의 이점을 더 잘 전달해 주는 주요 수단으로 이용되고 있음을 알 수 있다. 때론 점포 내 자극이 일반적인 광고커뮤니케이션 수단보다도 구매의사결정에 훨씬 더 큰 영향을 미치고 있다는 것을 이해할 수 있다.

이러한 충동구매에는 주로 제품진열이나 POP 디스플레이 등 판촉수단에 의해 제품이나 서비스에 대하여 강한 호의적 감정이 발생되는 순간에 즉각적으로 구매하는 즉시성이 있다. 이때의 소비자는 심리적 충동이 강하고, 저항하기 어려운 강박성이 있으며, 흥분이나 즐거움 또는 긴장감 등의 정서를 갖는다. 또한 인지적 요소가 구매하려는 제품이나 서비스 평가에 반영되지 않아서 구매 후에 후회나 경제적 부담 등을 겪기도 한다.

비계획적 구매의 유형에는 순수한 충동구매, 상기효과에 의한 구매, 제시효과에 의한 구매, 계획적 충동구매 등이 있다.

- **순수한 충동구매**(pure impulse buying) : 소비자가 다양성이나 새로움을 추구하는 구매로써, 정상적인 제품이나 브랜드 이외의 독특한 제품이나 브랜드를 구매하는 행동을 말한다. 즉 지금 당장 필요하거나 당분간 구매할 필요가 없는 제품이나 서비스를 순간적인 충동에 의해서 구매하는 경우를 말한다.
- **상기효과에 의한 구매**(reminder effect buying) : 소비자가 필요한 품목이긴 하지만, 매장에 들어가기 전까지는 쇼핑의도에는 포함되지 않았던 품목으로써, 선반이나 진열대에서 그 제품을 보자마자 필요성이 상기되어 구매하는 행동을 말한다.
- **제시효과에 의한 구매**(suggestion effect buying) : 소비자가 신제품이나 특정 제품에 대해 사전 지식이 전혀 없었기 때문에 구매필요성을 느끼지 못하고 구매계획도 세우지 않았는데, 매장 내에서 판매촉진행사에 노출이 되어 자극을 받고 사전계획도 없이 구매하는 행동을 말한다.
- **계획적 충동구매**(planned impulse buying) : 소비자가 세일행사 광고를 보고 특별 할인판매, 쿠폰할인이나 경품판매행사를 실시하고 있는 제품을 사려고 계획하고 매장에 갔지만, 어떤 제품을 구매할 것인가에 대해서는 비계획적이었으며, 매장에 진열되어 있는 제

품을 즉흥적으로 구매하는 행동을 말한다.

이러한 비계획적 구매를 유발시키는 주요 요인들을 살펴보면, 다음과 같다.

- **매장 내의 자극요인** : 진열, 포장, 가격할인, 경품판매, 쿠폰할인 등 판매촉진행사를 통한 마케팅 자극요인들은 소비자의 비계획적 구매행동에 영향을 줄 수 있다.
- **제품 특성 요인** : 주로 편의품, 저가품, 비내구재, 보관상 쉬운 제품 등은 소비자가 구매하는데, 부담을 주지 않기 때문에 쉽게 충동구매의 대상이 될 수 있다.
- **개인적 특성 요인** : 일반적으로 소비자의 인구통계적 특성 변수는 충동구매와 별로 상관관계가 없지만, 쇼핑빈도가 높은 소비자일수록 비계획적 구매가능성이 높다고 한다.

따라서 마케터는 소비자의 비계획적인 충동구매를 자극하고 유인하기 위해서, POP 디스플레이, 경품 및 할인행사 등 다양한 판매촉진활동을 강화할 필요가 있다.

1.2 구매동기와 구매유형

소비자 구매행동은 구매동기(purchase motivation)에 따라 실용적 구매와 쾌락적 구매로 구분할 수 있다. 실용적 구매는 소비자가 실용적인 문제를 해결하기 위한 도구나 수단으로써, 제품을 구매하는 것을 말한다. 쾌락적 구매는 소비자가 제품이 갖는 상징적 의미나 심미적 특성 등을 표현하는 이미지, 사용경험을 통한 즐거움, 흥분감, 환상적인 느낌 등의 감정적 추구를 위해 제품을 구매하는 것을 말한다.

1. 실용적 구매

소비자행동 연구에서 정보처리과정 모델에서 살펴보았듯이, 소비자는 제품이나 서비스의 효용가치를 생각하여 구매의사결정 시에 많은 양의 정보를 바탕으로 대안을 평가하고 통합하여 효용의 극대화를 추구하는 최적의 대안을 선택한다고 하였다. 따라서 실용적 구매(utilitarian purchase)는 일반적으로 소비자의 기능적인 욕구, 즉 소비자가 가지고 있는 실용적인 문제를 해결하기 위한 수단으로써, 제품이나 서비스를 구매하는 것을 말한다. 예를 들면, 갈증해소를 위해서 생수나 음료수를 장거리 편리한 이동수단으로서 자동차나 모터사이클을 구매하는 것이 실용적 구매라고 할 수 있다.

실용적 구매의 주요 특성을 살펴보면, 다음과 같다.

- 실용적 구매의 대상물은 주로 필수품이 해당된다. 필수품은 실용적인 목적을 위해 사용되며, 일상생활 속에 불필요한 점들을 해결해 주고, 기본적인 삶을 영위하는데 필요한 제품들을 말한다. 이런 제품들은 주로 제품의 기능적인 측면에 의해 구매동기가 유발되며, 속옷, 에어컨, 식탁, PC, 침대 등이 포함된다.
- 제품평가 시에 쾌락적 속성보다는 실용적 속성에 더 비중을 두고 구매한다는 것이다. 어떤 소비자가 삼성의 갤럭시 S23, 애플의 아이폰14 등 스마트폰 구매를 위해서 대안을 평가할 경우에 스마트폰의 쾌락적인 특성(디자인, 터치감 등)보다는 기능적인 특성(내구성, 통화음질 등)에 더 비중을 두고 구매한다는 것이다.
- 제품의 구매 및 소비의 목적이 정서적 욕구보다는 이성적인 욕구를 만족시켜 주는데 있다. 일반적으로 소비자들은 비누, 치약, 세제, 냉장고, 세탁기, 승용차 등과 같은 실용적인 제품들은 제품의 기능적 특성으로 효용적 가치를 높여주고 이성적 욕구를 충족시켜 주는 것이 중요하다.

광고 12-1 실용적 구매 : 아이폰14 Pro '충돌방지 기능'편 광고

- 제품을 선택할 때 제품의 속성에 따라 발생하는 감정상태가 동일하지 않다. 제품을 선택할 경우에 실용적인 속성이 강한 제품의 경우에 대개 일상생활에 필요한 필수품이기 때문에 소비자 자신의 선택에 대해 정당화 시키기가 용이하다.

2. 쾌락적 구매

정보처리과정 모델에 초점을 둔 소비자행동 연구는 단지 소비자들이 유형적이고 효용적인 이익에 가치를 두는 제품이나 서비스에 적용하기는 적당하지만, 소비자들의 정서적인 욕구를 만족시키는데에 한계가 있다고 할 수 있다. 그래서 소비자행동 연구는 기존의 기능적이고 실용적인 구매와 소비관점에 개인적인 주관과 쾌락적 가치에 초점을 둔 경험적 관점(experiential view)을 적용하기 시작했다. 경험적 관점에서 소비자들은 주어진 사회적 상황에서 제품이나 서비스의 효용가치를 극대화하는 것보다는 쾌락적 만족에 더 많은 관심과 초점을 두고 있다. 따라서 쾌락적 구매(hedonic purchase)는 상징적 욕구와 체험적 욕구를 충족시키기 위해서 시각, 청각 등 다감각적(multisensory)이고 환상적이며, 정서적인 특성과 느낌에 초점을 두고 구매하는 것을 말한다.

쾌락적 구매의 주요 특성을 살펴보면, 다음과 같다.

- 쾌락적 구매의 대상물은 주로 사치품이 해당된다. 사치품은 주로 쾌락적인 즐거움을 위해 소비되는 경향이 크며, 기쁨, 풍요로움, 안락함 등의 상황을 제공하는 제품들을 말한다. 이런 제품들은 주로 쾌락적이고 감각적인 재미나 즐거움, 기쁨, 흥미 등을 느끼게 하며, 시각, 청각 등 다감각적이고 경험적인 소비를 제공하며, 보석, 디자이너 옷, 명품가방, 고급시계, 골프클럽, 요트 등이 포함된다.
- 제품평가 시에 실용적 속성보다는 쾌락적 속성에 더 비중을 두고 구매한다는 것이다. 앞서 제시한 사례에서 스마트폰을 구매하는 소비자의 경우도 기능적인 특성(내구성, 통화음질 등)보다 쾌락적인 특성(디자인, 터치감 등)에 더 비중을 두고 구매한다는 것이다. 물론 소비자에 따라서는 기능적 특성과 쾌락적 특성, 둘 다에 관심을 갖고 구매할 수도 있다. 그렇지만 제품을 사용하고 소비하는 동기에 따라 제품을 주로 쾌락적으로 지각하느냐, 아니면 실용적으로 지각하느냐를 결정하는데 중요하다. 예를 들면, 주로 업무용이나 주변에 지인들과 통화목적으로 주로 사용하기 위해 스마트폰을 구매한다면 실용적인 제품이 되지만, 친구와 채팅이나 게임을 즐기기 위해 구매한다면 쾌락적인 제품이 될 것이다.

광고 12-2 쾌락적 구매 : 뮤지컬 영화 '인어공주' 광고

- 제품의 구매 및 소비의 목적이 이성적 욕구보다는 정서적인 욕구를 만족시켜 주는 데 있다. 일반적으로 소비자들은 오페라, 발레, 뮤지컬, 영화, 콘서트, 연극, 스포츠 경기 등의 쾌락적인 제품들은 복합적인 환상을 불러일으키거나 소비자에게 깊이 내재하는 정서적인 욕구를 만족시켜 주는 제품들이다. 이런 쾌락적인 제품들을 소비할 때는 정서적인 행동을 유발하고 요구한다. 예를 들면, 오페라나 발레를 감상하기 위해서는 소비자 개인의 다감각적인 이미지를 사용하고 정서적인 활동을 해야 만족을 얻을 수 있다.
- 제품을 선택할 때, 제품의 속성에 따라 발생하는 감정상태가 동일하지 않다. 제품을 선택할 경우에 쾌락적인 속성이 강한 제품의 경우에 사치스러운 생활에 필요한 제품이기 때문에 자신의 선택에 대해 죄책감 같은 감정이 들 뿐만 아니라, 정당화시키기가 어렵다. 그래서 쾌락적인 제품과 자선기부를 패키지로 함께 판매함으로써 자선기부를 통해 죄책감을 줄이는 마케팅전략이 상당히 효과적일 수 있다. 예를 들면, 고급 디너쇼와 자선기부를 함께 하는 이벤트행사를 개최하는 경우에, 개별적으로 각각 제공하는 것보다 더 높은 가치와 혜택을 제공해 줄 수 있다.

2 상황적 요인과 소비자행동

소비자들의 구매행동을 잘 이해하기 위해서는 구매행동이 일어나는 상황, 소비자가 반응하는 제품이나 광고물과 같은 주요 자극, 소비자 특성 등에 대해 잘 알아야 할 것이다. 특히 구매상황은 흔히 구매의사결정과정에 중요한 영향을 미친다. 소비자의 무드, 시간, 쇼핑환경 등의 구매상황 요인들은 제품을 어떻게 평가하고 선택할 것인지에 영향을 미치는 중요한 요인들이다. 이러한 상황적인 요인들은 비계획적인 구매를 하도록 하거나 혹은 계획된 구매를 연기하도록 자연스러운 의사결정을 유발할 수도 있다.

따라서 본 절에서는 우선 상황적 요인의 유형과 특성들에 대해 살펴보고, 상황요인이 구매반응과 소비자행동에는 어떻게 영향을 미치는지에 대해 살펴본다.

2.1 상황적 요인의 유형

소비자행동에 영향을 미치는 상황적 요인에는 커뮤니케이션 상황, 구매상황, 사용상황, 처분상황 등으로 크게 네 가지 유형의 상황을 들 수 있다. 이러한 소비자의 상황은 소비자행동이 특정 시간이나 장소에서 발생하는 상황에서 형성되는 일시적인 환경적인 요인들로 구성된다. 소비자의 상황은 문화와 같이 장기적인 환경요인이나 장기적인 특질을 나타내는 개인의 개성과 달리 비교적 단기적인 사건이나 해프닝이다.

이러한 상황적 요인은 [그림 12-2]와 같이, 상황적 요인의 특성, 마케팅전략 등과 더불어 개별 소비자의 특성에 영향을 미치고, 궁극적으로 소비자의 반응인 구매의사결정과정에도 영향을 미친다.

1. 커뮤니케이션 상황

소비자가 정보를 받고 있는 커뮤니케이션 상황(communication situation)은 소비자행동에도 중요한 영향을 미칠 수 있다. 즉 마케팅 커뮤니케이션에 노출되는 상황이 소비자가 혼자냐

그림 12-2 **구매행동유형과 구매결정방식**

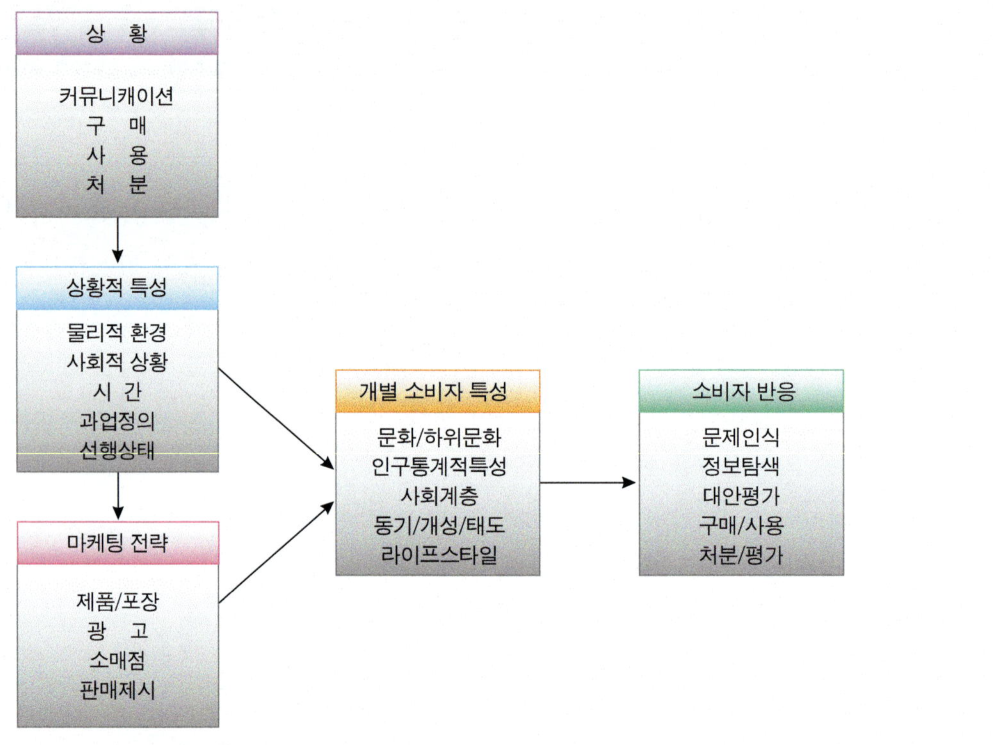

자료원 : Hawkins, Del I., David L. Mothersbaugh and Roger J. Best(2007), *Consumer Behavior*, McGraw-Hill Irwin, 10th ed., p. 485.

그룹으로 있느냐, 기분이 좋으냐 나쁘냐, 바쁠 때냐 아닐 때냐, 집거실에서 노출되느냐 길거리에서 노출되느냐 등에 따라 광고노출, 주의, 이해 그리고 기억할 가능성 등의 노출효과가 많이 달라질 수 있을 것이다. 마찬가지로 광고가 노출되는 TV 프로그램의 성격이 슬픈 드라마냐, 아니면 즐겁고 재미있는 오락프로그램이냐에 따라서도 영향을 미칠 수도 있다.

그래서 마케터들은 광고효과를 높이기 위해서 적절한 매체상황에 자사의 광고를 내보내려고 노력을 많이 한다. 그리고 마케터는 소비자들이 제품에 관심을 많이 가지고 있고, 커뮤니케이션을 잘 받아들이는 상황에서 효과적으로 광고메시지를 전달할 수 있을 것이다.[1)]

2. 구매상황

구매상황(purchase situation)도 소비자행동에 영향을 미칠 수 있다. 구매시간은 소비자에게 정보처리하거나, 구매의사결정, 어떤 구매행동을 수행하는데 영향을 미칠 수도 있다. 소비자는 의사결정할 시간이 부족한 경우에는 제한된 정보처리를 할 것이다.

예를 들면, 소비자가 쇼핑시간이 없어서 식료품 가게에서 15분 내에 30여 개의 품목을 구매해야 할 때, 각 품목당 많은 정보를 처리할 시간이 없기 때문에 제한된 정보처리를 해서 구매의사결정을 해야 할 것이다. 그리고 가정에서 엄마와 자녀가 함께 쇼핑하는 경우에 혼자 쇼핑할 때와 달리 구매의사결정에 자녀의 쇼핑장소, 선호하는 품목과 브랜드 등 자녀의 의견이 구매의사결정에 영향을 미칠 수 있다. 그리고 구매 당시에 소비자 자신의 기분, 방문한 가게에 선호하는 품목이나 브랜드가 없을 때, 상점에 들어갔는데 계산대에 줄이 길게 서 있을 때 등 여러 가지 구매상황이 소비자행동에 영향을 줄 수 있다.

따라서 마케터는 자사의 제품판매를 확대하기 위해서는 이러한 구매상황이 어떻게 영향을 미치는지를 파악해서 효과적인 마케팅전략수립에 반영해야 할 것이다.

3. 사용상황

소비자가 제품이나 서비스를 구매해서 사용하는 상황(usage situation)이 어떠하냐에 따라 소비자행동은 달라 질 수 있을 것이다. 예를 들면, 어떤 소비자가 평소에 즐겨 마시는 특정 와인제품이나 브랜드가 있다면, 저녁에 손님을 초대해서 접대하는 경우나, 아니면 사회적인 관계를 맺고 있는 귀한분에게 선물용으로 구매하고자 하는 경우에 와인제품과 브랜드에 대한 구매의사결정 자체가 많이 다를 수 있다. 그리고 레저 스포츠에 관심이 많은 소비자가 운동을 하려고 신발을 하나 구매하려고 할 때, 예전같으면 운동화 한 컬레로 여러 가지 운동을 다 했지만, 요즈음은 축구, 야구, 조깅, 마라톤, 워킹 등 각 스포츠 종목마다 전문화가 달라서 소비자가 어떤 사용상황이냐에 따라 구매의사결정이 다를 수 있다.

따라서 마케터는 자사의 제품에 대한 소비자들의 사용상황을 이해하고 마케팅커뮤니케이션 전략에 활용할 수 있다면 매출액이나 수익을 향상시키는 데 도움을 줄 수 있을 것이다.

4. 처분상황

소비자들은 제품을 사용하기 전후로 제품이나 제품포장에 대해 어떻게 처분할 것인가를 고려해야 한다. 요즈음 사회적으로 환경오염문제가 심각하게 대두되다 보니까 이와 관련된 친환경 제품개발과 재활용 포장의 사용은 기업뿐만 아니라 소비자에게도 중요한 문제이다. 그래서 제품을 사용하고 나서 처분이 용이하냐를 주요 의사결정요소로 고려하는 소비자의 경우는 구매의사결정 시에 쉽게 재활용 가능한 제품을 구매하려고 할 것이다. 따라서 소비자들이 신제품구매 전후로 이루어지는 처분과 관련된 의사결정을 어느 시점에서 하느냐를 고려한다면, 이런 점들은 마케터에게는 마케팅기회를 제공해 줄 수도 있을 것이다.

2.2 상황적 요인의 특성

상황적 요인들은 앞에서 논의된 것처럼, 커뮤니케이션 상황, 구매상황, 사용상황, 처분상황 등으로 구분할 수 있는데, 이런 상황적 요인과 더불어 상황적 요인의 특성을 살펴보면, 물리적 환경, 사회적 상황, 시간, 과업정의, 선행상태 등 다섯 가지로 구분해 볼 수 있다.

1. 물리적 환경

물리적 환경(physical surroundings)은 소비자의 구매행동이 발생하는 주변의 구체적인 물리적·공간적인 환경요소들을 말한다. 이런 물리적 환경에는 장식, 소음, 음악, 조명, 날씨, 상품구성, 색상, 매장 혼잡성 등 소비자행동에 영향을 미칠 수 있는 요소들이 포함된다. 그리고 이러한 요소들은 시각, 청각, 후각, 촉각 등 인간의 감각체계를 통해 소비자의 지각에도 영향을 미칠 수 있다. 이런 물리적 환경은 특히 소매점에서 소비자들의 행동, 신념, 태도 등에 영향을 미칠 환경요소들이 많이 있다. 예를 들면, 소매상들의 건물이나 상점 인테리어, 제품구색, 진열상태, 조명, 레이아웃, 색상, 판매원의 용모, 향기, 내부비품, 음악 등은 쇼핑하는 소비자들에게 특별한 느낌을 주며, 중요한 구매학습효과를 통해 쇼핑경험이나 차후의 구매의도에 큰 영향을 미치는 중요한 내·외적요인들이다. 이외에도 넓은 주차공간, 옥외조명시설, 넓은 쇼핑공간 등은 안전을 고려한 야간쇼핑객들이나 노인소비자들에게 영향을 줄 수 있을 것이다.[2)]

쇼핑환경은 일반적으로 소비자들의 구매의사결정에 많은 영향을 미치기 때문에 대부분의 마케터들은 쇼핑환경에 많은 관심을 갖고 있다. 백화점, 레스토랑, 편의점, 은행 등 거의 대다수의 소매점들은 가능한 최고의 쇼핑환경을 조성하려고 노력하고 있다. 외부의 상점 디자인, 상점 레이아웃, 상점설비, 색상, 조명, 향기, 음악 그리고 기타 상점의 환경요소들은 소비자들의 무드나 구매의사결정에 영향을 미칠 수 있다. 또한 많은 소비자들은 붐비고 혼잡한 상점에서는 짜증이 나서 사고 싶은 마음이 있었던 제품조차도 사려고 하지 않을 수도 있다. 그러나

그림 12-3 매장분위기와 쇼핑행동과의 관계

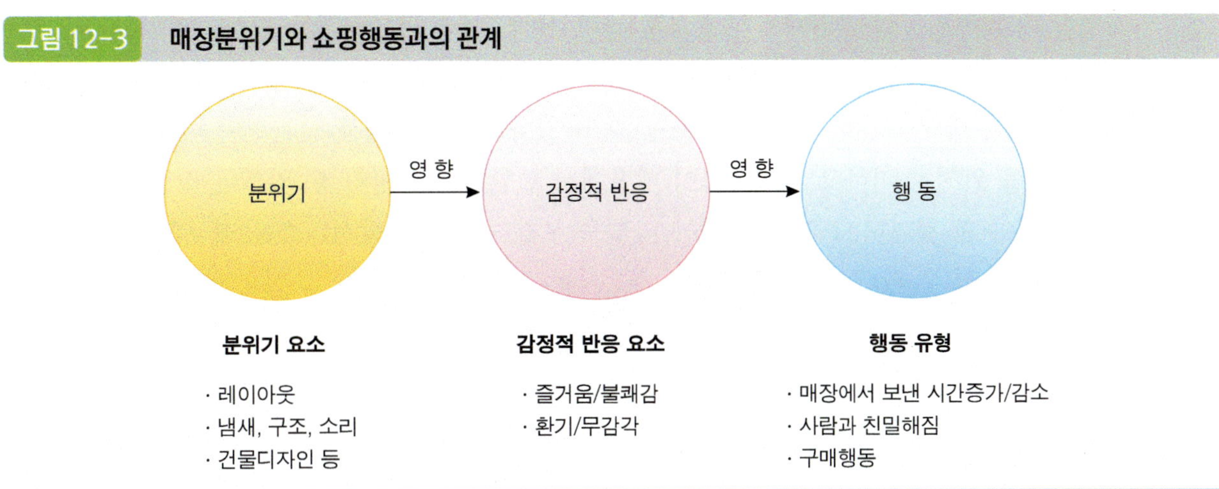

자료원 : Robert Donovan and John Rossiter(1982), "Store Atmosphere : An Environmental Psychology Approach," *Journal of retailing*, Vol.58, Spring, pp. 34~57.

흥미를 느끼게 하는 밝은 색상과 화려한 디스플레이는 소비자들에게 새롭고 과감하게 무엇인가를 구매하도록 자극을 줄 수도 있다. 예를 들면, 레스토랑에서 경쾌하고 빠른 음악을 들은 고객은 더 많이 먹는 경향이 있으며, 술집의 고객들은 오히려 음악이 부드러움을 느낄 때 술을 더 많이 마시기 쉽다.

이와 같이 여러 가지 소매점의 물리적 특성들을 흔히 소매점 분위기라고 하는데, 소매점 분위기는 점포이미지와 점포품질과 연관해서 소비자들이 판단하기 때문에 소비자들의 무드, 재방문의지, 쇼핑행동 등에도 많은 영향을 미치는 중요한 요소들이다. 매장분위기와 쇼핑행동과의 관계는 [그림 12-3]과 같이, 매장분위기가 소비자들을 환기(밝은 색상, 강한 냄새 등)시키고 긍정적인 감정이 이미 존재할 때, 구매자들은 매장에서 더 많은 시간을 보내고 사람들과 친밀해지는 경향이 있다. 이런 경향은 구매를 증가시키는 원인이 될 수도 있다. 반면에 환경이 불쾌하다면 증가된 환기는 구매감소를 야기시킬 것이다.[3)]

2. 사회적 상황

소비자들은 구매나 소비상황에서 가족, 준거집단, 손님 등 다른 사람이 존재할 때 의사결정이 달라질 수 있는데 이를 사회적 상황이라고 한다. 만일 어떤 소비자가 특정 동호회에 가입되어 있어 정기적인 모임을 갖는다면, 옷, 음료수, 액세서리 등을 구매할 때, 제품이나 브랜드 선택에 관해 모임회원들을 의식하거나 영향을 받을 것이다. 실제로 매장에서 친구들과 함께 쇼핑할 때 판매원들의 판매제시가 효과를 감소시키는 경우가 많이 일어난다. 그리고 소비자들이 여성 생리대, 콘돔, 보청기 등과 같은 민감한 제품들을 구매할 때는 구매상황에 다른 사람이 있는 경우에 거북해하거나 당혹해 할 때도 있다. 이러한 제품과 관련된 마케터는 사회적 상황요소를 완전히 피하고 소비자들이 매장에서 편안하게 쇼핑할 수 있도록 진열대 위치선정을 고려해야 할 것이며, 또한 신중하게 라벨을 부착해서 홈 배달서비스를 제공하는 방법도 하나의 전략이 될 수 있다.

3. 시 간

시간은 소비자행동에 중요하게 영향을 미치는 상황적 요소이다. 구매하는데 이용가능한 시간의 양은 실제로 소비자 구매의사결정에 많은 영향을 미친다. 구매의사결정의 시간이 많으면, 정보탐색이나 평가부터 많은 시간을 들여서 철저하고 합리적인 최선의 의사결정을 하지만, 반면에 시간이 짧을 때는 시간적 압박을 받기 때문에 정보탐색이나 평가시간이 부족하여 최선의 의사결정을 하지 못하는 경우가 많이 일어난다. 그리고 제한된 구매시간으로 인해서 시간압박을 받기 때문에 소비자들은 구매시간도 정규적인 쇼핑시간 이후에 쇼핑하는 경향이 많고, 품목 수도 제한적이며, 충동구매하는 경향이 상당히 많은 것으로 나타났다. 그래서 최근에 일부 매장에서는 야간개장을 하는 경우도 많이 늘어나서 늦은 시간이지만 편안하게 쇼핑을 할 수 있도록 하고 있다.

4. 과업정의

과업정의(task definition)는 소비자가 구매나 소비활동을 하는 이유를 말하는데, 앞서 설명한 소비상황과 밀접한 관련이 있다. 즉 소비자가 제품이나 서비스를 구매할 때, 자기가 사용하기 위해서 구매하는지, 아니면 손님에게 선물하기 위해서 구매하는지 등과 같이 구매동기와 관련될 수도 있다. 그리고 가족들이 함께 사용하는 주방용품이나 비누, 치약, 삼푸 등의 세면도구와 같은 제품들은 구매상황뿐만 아니라, 구매의사결정 전반에 걸쳐 개별제품과는 다를 수 있다. 이와 같이 구매동기가 다른 구매상황에서는 소비자의 쇼핑전략이나 구매기준이 달라질 수 있기 때문에, 마케터는 자사제품 소비자들의 과업정의를 파악하고 마케팅 믹스전략에 활용할 수 있어야 할 것이다.

5. 선행상태

소비자가 구매나 소비상황에서 일시적으로 갖는 배고픔, 갈증, 피곤함, 졸림 등의 생리적 현상과 무드(mood) 등을 선행상태(antecedent states)라고 한다. 이런 선행상태도 소비자의 구매나 소비행동에 많은 영향을 미칠 수 있다. 무드는 특정 상황이나 시간에 발생하는 일시적인 느낌상태를 말하며, 특히 소비자들은 자신들의 무드상태와 같은 감정적인 정보를 회상할 때 더 잘 할 수 있다. 이를 테면 사람들이 슬플 때 그들은 슬픈 정보를 더 잘 회상하고, 반대로 행복할 때 행복한 정보를 더 잘 기억하는 경향이 있다. 그래서 좋은 무드상태에 있는 소비자가 의사결정할 때 좋은 무드상태에 있지 않은 소비자들보다 더 자발적으로 정보처리를 하며 더 많은 시간을 할애한다는 것이다. 소비자들이 제품을 구매할 때, 자신들의 무드나 생리적 상태는 어떤 제품을 구매하고 브랜드를 어떻게 평가할 것인지에 크게 영향을 미칠 수 있다. 예를 들면, 한동안 먹지 않아서 배가 고픈 소비자는 식료품 가게에서 다른 제품이나 브랜드보다 더 구미가 당기고 만족스럽게 보이는 것을 신중하게 선택하기 위해서 더 많은 시간과 돈을 소비할 것이다. 반면에 스트레스가 있고 피곤해서 지친 소비자는 쇼핑이 브랜드, 품질, 가격 등을 고려하지 않고 필요한 제품을 간단히 선택함으로써 가능한 빨리 해치우는 따분한 일이 될 수도 있다.

2.3 상황적 요인과 소비자행동

소비자행동 모형은 일반적으로 소비자행동에 영향을 미치는 요인으로 소비자 특성, 상황적 요인, 마케팅전략 등으로 구분하고 있다. 앞서 살펴본 [그림 12-2]와 같이, 상황적 요인과 관련해서 상황적 특성, 마케팅전략, 개별 소비자 특성 간의 영향관계를 나타낼 수 있다. 즉 소비자들은 흔히 상황에 따라 소비자 반응이나 구매행동이 다르게 나타날 수 있다는 것이다. 예를 들면, 광고나 상점 내 디스플레이가 소비자들의 관심을 끌 수 있지만, 매장의 혼잡성이 높을 때는 주의를 끌지 못할 수도 있다. 경우에 따라, 소비자가 비구매 상황에서는 광고메시지에 설득당할 수도 있지만 정작 구매하려고 매장에 가 있을 때는 설득을 안 당할 수도 있다.

3 쇼핑행동

소비자는 어떤 브랜드에 대한 구매결정을 한 후에 어디에서 구매할 것인가를 결정하는 점포 선택과 관련된 쇼핑행동을 하게 된다. 그리고 소비자는 제품구매를 위해서 매장을 방문하지만, 경우에 따라서는 특정 제품구매를 계획하지 않고 쇼핑을 갔다가 소비문제를 인식하고 쇼핑행동을 할 수도 있다.

3.1 쇼핑행동의 특성

쇼핑(shopping)은 소비자가 구매할 가능성이 있는 공간에서 소비지향적인 이동을 말한다. 소비자는 각자의 쇼핑동기를 갖고, 온라인 쇼핑도 있지만 대부분 지리적 이동을 수반하는 공간행동을 통해서 소매매장시설, 제품이나 브랜드, 종업원들이나 다른 고객들과의 상호작용하여 독특한 경험을 체험하게 된다. 소비자의 쇼핑동기를 분석해 보면, 제품구매와 직접적으로 관련이 없는 여러 요인들에 의해서 소비자 구매행동이 영향을 받고있다는 것을 파악할 수 있다.

따라서 소비자들은 다양한 쇼핑동기를 가지고 쇼핑매장을 방문하게 되는데, 어떤 쇼핑동기로 쇼핑매장에서 제공하는 쇼핑가치를 어떻게 평가하는지에 따라 쇼핑행동에도 영향을 미칠 수 있다고 한다.

1. 쇼핑동기

소비자의 쇼핑동기(shopping motivation)는 소비자들에게 쇼핑을 하도록 유도하는 힘을 의미하며, 구매동기는 실제 제품을 구매하게 만드는 동인이라고 할 수 있다. 제품구매가 쇼핑동기의 하나가 될 수는 있지만, 제품구매의 목적 이외의 다양한 쇼핑동기가 존재하기 때문에 쇼핑이 반드시 구매로 이어지는 것은 아니다. 따라서 소비자들의 쇼핑동기와 쇼핑행동을 이해하는 것은 매우 의미있는 일이다. 왜냐하면, 소비자들은 쇼핑동기에 따라 제품의 구매장소,

구매방법, 구매행동 등이 달라지기 때문이다.

쇼핑동기에 관한 연구는 학자들에 따라 여러 가지로 구분하고 있다. Tauber에 따르면, 소비자들은 단순히 제품이나 서비스의 필요에 의한 구매목적 이외에 여러 심리적 욕구를 충족시키려는 목적으로 쇼핑을 하며, 심리적 쇼핑동기는 6가지의 개인적 동기와 5가지의 사회적 동기로 구분하였다.[4)]

(1) 개인적 동기

개인적 동기는 역할수행, 기분전환, 자기만족, 새로운 트렌드 학습, 신체적 활동, 감각적인 자극 등의 동기로 분류된다.

- **역할수행**(role-playing) **동기** : 소비자는 자신이 속한 사회적 지위나 역할, 예를 들면, 가정에서 부모나 아내의 역할로써 구매행동을 하는 경우가 많다.
- **기분전환**(diversion) **동기** : 소비자가 일상생활에서 벗어나 오락을 즐기기 위해 쇼핑하거나, 혹은 매장에 진열된 제품들을 구경하거나 매장을 방문하면서 기분을 전환하는 수단으로 쇼핑하기도 한다.
- **자기만족**(self-gratification) **동기** : 소비의 기대효용에 의한 행동이 아니라, 구매과정에 따른 효용에 의해서 동기부여될 수도 있다. 즉 구매과정 중에 소비자 자신의 감정변화에 따라 쇼핑하는 경우도 있다. 이는 소비자가 기분이 우울할 때, 무엇인가를 구매함으로써 기분이 좋아지는 것을 의미한다.
- **새로운 트렌드 학습**(learning about new trends) **동기** : 쇼핑은 소비자 태도와 라이프스타일을 반영하는 제품과 트렌드에 관한 정보를 소비자에게 제공한다. 따라서 소비자는 매장에 방문하여 다양한 제품들을 살펴보고 느끼며, 최근 트렌드 변화를 이해하는데 필요한 정보를 수집하기도 한다.
- **신체적 활동**(physical activity) **동기** : 쇼핑센터 내에서 걸어 다니면서 신체적 운동을 하기 위해서 쇼핑을 할 수도 있다.
- **감각적인 자극**(sensory stimulation) **동기** : 매장 내에 좋은 음악과 향기, 안락함 등을 즐기면서 많은 감각적 혜택을 주는 쇼핑을 즐기기 위해서 쇼핑하러 간다는 것을 의미한다.

(2) 사회적 동기

사회적 동기는 타인과의 사회적 경험, 타인과의 의사소통, 동료와의 친화력, 지위 및 권위, 바겐세일의 즐거움 등의 동기로 구분되어 진다고 하였다.

- **타인과의 사회적 경험**(social experiences) **동기** : 소비자들이 다른 사람들과의 사회화, 만남의 기회를 갖기 위해서 쇼핑한다.
- **타인과의 의사소통**(communication with others) **동기** : 쇼핑은 유사한 관심을 가진 고객이나 판매원들과의 대화를 통해 상호작용을 할 수 있는 기회를 제공한다.
- **동료와의 친화력**(peer group attractions) **동기** : 특정 매장은 그들의 동료집단에게 어울릴 수 있는 공간적 장소를 제공하기 때문에 준거집단과의 만남의 장을 제공할 수도 있다.
- **지위 및 권위**(status and authority) **동기** : 소비자는 자신의 사회적 성공을 과시하거나 신분을 표현하는 수단으로써 활용하거나, 다른 사람들로부터 관심과 존경을 받기 위해서 쇼핑을 할 수도 있다.
- **바겐세일의 즐거움**(pleasure in bargaining) **동기** : 쇼핑은 특별세일과 비교구매, 흥정 등을 통해 낮은 가격으로 현명한 구매를 하는 데서 오는 즐거움을 제공한다.

이와 같이 Tauber의 연구를 바탕으로 Westbrook and Black은 쇼핑동기를 기대효용, 역할수행, 협상, 선택 최적화, 소속, 권력, 자극 등 7가지 유형으로 구분하고 있다.[5] 즉 기대효용(anticipated utility) 동기는 쇼핑을 통해 구매한 제품에서 제공되는 혜택을 의미하며, 역할수행(role enactment) 동기는 문화적으로 정해진 역할을 하기 위해 쇼핑하는 것을 말한다. 협상(negotiation)동기는 바겐세일을 통해 경제적 이점을 추구하기 위해 쇼핑하는 것이며, 선택 최적화(choice optimization) 동기는 소비자 자신의 욕구에 맞는 알맞은 제품을 자세히 탐색하기 위해 쇼핑하는 것을 의미한다. 소속(affiliation)동기는 다른 사람들과 직·간접적으로 관계하기 위해 쇼핑하는 것을 의미하며, 권력(power and authority)동기는 보다 높은 사회적 지위를 달성하기 위해 쇼핑하는 것을 말한다. 마지막으로 자극(stimulation)동기는 새롭고 재미있는 자극을 추구하기 위해 쇼핑하는 것을 의미한다. Westbrook and Black의 연구는 쇼핑의 실용적인 측면과 쾌락적인 측면의 요소들을 포함하여 쇼핑동기를 유형화하였다는 특징을 갖고 있다.

2. 쇼핑가치

쇼핑가치(shopping value)란 특별히 소비자가 소비를 통해 달성할 수 있는 최종상태에 관한 신념이다. 쇼핑가치를 일반적으로 실용적 가치와 쾌락적 가치로 구분하는 것은 계획적이고 합리적인 쇼핑을 지향하는 소비자의 성향과, 쇼핑을 하나의 놀이로 인식하며 충동쇼핑과 쾌락적인 경험을 추구하는 소비자들의 성향을 잘 설명해 줄 수 있기 때문이다. 이러한 쇼핑가치는 소비자들의 소비경험과 소비행동을 이해하는 변수로써 상당한 영향력을 가지고 있다. 또한 소비자들이 실제 소비상황에서 경험할 수 있는 감정적 반응은 매우 다양하기 때문에 쇼핑가치를 고찰함에 있어서 실용적 가치와 쾌락적 가치가 동시에 고려되어야 한다.

(1) 실용적 가치

실용주의적인 소비자들은 쇼핑을 통해 자신이 계획했던 목적을 성공적으로 달성했을 때, 쇼핑의 가치를 인식하게 된다. 소비자가 인식하는 쇼핑의 실용적 쇼핑가치(Utilitarian shopping value)는 실제적 상태의 욕구충족을 위해 재화나 용역을 얻는 데서 발생하며, 쇼핑 경험을 촉진하는 소비욕구가 얼마나 달성되는가에 따라서 좌우된다고 하였다. 즉 실용적 효용을 통하여 충족되는 욕구는 제품 그 자체로부터 생기는데, 실용적 가치는 앞으로의 어떤 구매에 사용될 정보나 지식의 습득을 통해서도 얻을 수 있다

따라서 실용적 쇼핑가치를 중요시하는 소비자들의 구매행동은 논리적이며 합리적이고 과업 관련성이 높다. 이뿐만 아니라, 이런 소비자들은 합리적인 구매의사결정을 위해 쾌락적 쇼핑가치를 추구하는 소비자들에 비해 상대적으로 많은 정보탐색과정을 거친다.

실용적 쇼핑가치는 쇼핑 시 마음속의 어떤 의무감과 관계가 있어 쇼핑을 어떤 것을 획득하기 위한 '일(work)' 또는 심부름(errand)으로 간주하고 반드시 완수해야 할 목적으로 인식하는 것이다.

실용적 가치는 소비상황에서 소비자들이 경험하는 다양한 쇼핑의 속성에 따라 소비자가 지각하는 정도는 달라질 수 있다. 소비자들은 그들이 원하는 제품이나 서비스를 찾는 과업이 달성됐을 때, 실용적 가치를 경험하며, 실용적 가치는 수단적이고 외재적인 특징을 갖는다. 제품과 서비스의 물리적 속성은 인지적 과정을 통해 소비자에게 실용적 가치를 지각할 수 있게 하며, 필요로 하는 제품을 획득하였을 경우 소비자의 실용적 가치는 더 높게 지각될 수 있다. 또한 소비자가 제품을 획득하기 위해 더 많은 노력을 하게 됐을 때, 실용적 가치는 더욱 크게 된다.

(2) 쾌락적 가치

쾌락적 쇼핑가치(hedonic shopping value)는 실용적 쇼핑가치에 비해 보다 주관적이고 개인적이며, 이러한 쾌락적인 쇼핑가치를 지닌 소비자들은 특정한 목적의 성취보다는 재미와 즐거움을 통해 쇼핑의 가치를 지각하게 된다.

쾌락적 가치는 쇼핑을 통해 얻어지는 오락적이고, 감정적인 자산이다. 또한 과업완수에 대

한 결과이기 보다는 추상적이고 주관적이며 개인적이다.

최근에 소비자들은 실제 매장에서 뿐만 아니라, 온라인 쇼핑몰에 관한 연구에서도 쇼핑만을 목적으로 하지 않고, 단지 방문의 경험을 즐기기도 하는 것으로 나타났다. 쇼핑은 다양한 탐색, 저렴한 상품찾기, 단지 둘러보는 활동으로부터 즐거움을 창조하는데, 탐색에 있어서는 구매가 필연적으로 일어나는 것이 아니다. 탐색의 과정에서 재미있는 경험은 온라인 쇼핑몰을 어떻게 사용하는지 학습하게 하면서 즐거움을 촉진시키고, 시간이 지날수록 더욱 편안함을 느끼게 한다는 것이다.

이와 같이, 쾌락적 가치는 쇼핑의 잠재적인 즐거움, 재미(fun) 및 정서적인 가치(emotional worth)를 반영하여 쇼핑을 통해 자유로움을 느끼고 환상적인 기분과 해방감을 느끼게 되는 경험을 제공한다. 그러나 소비자의 가치체계는 매우 복합적이고 쇼핑상황에 따라 달라질 수 있으므로, 소비자는 쇼핑경험을 통해 실용적 가치와 쾌락적 가치의 조합으로 평가하기도 한다.

따라서 실용적 및 쾌락적 쇼핑가치는 상호 독립적이 아니라 공존하는 가치이다. 그래서 소비가치를 두 가지 차원으로 구분한 연구는 실제 쇼핑행동 연구들에서 많이 나타나고 있다. 즉 쇼핑가치를 제품과 서비스의 획득을 위한 일(work)의 차원과 즐거움을 얻는 재미의 차원으로 구분하여 연구한 결과들이 많이 보고되고 있다.

3.2 쇼핑행동과 소매점

쇼핑행동은 소비자 자신이 원하는 제품을 획득하기 위한 하나의 과업으로 생각할 수도 있고(과업지향적 쇼핑), 즐거움을 얻기 위한 수단으로 생각할 수도 있다(경험적 쇼핑). 과업지향적 쇼핑에서는 이성적이고 체계적인 사고를 토대로 주로 실용적 가치를 추구한다. 경험적 쇼핑에서는 쾌락적 가치가 지배적 역할을 하며, 오락적 요소나 정서적 가치에 따라 행동하게 된다. 이런 구분은 어떤 효용가치를 얻기 위해서 행동하는 것과 좋아하고 즐기기 위해서 행동하는 것과의 차이를 반영한 것이다.

1. 쇼퍼와 쇼핑환경

보편적으로 시중에 판매되고 있는 제품이나 서비스를 소비하는 소비자의 개념은 매우 광범위하게 사용되는데, 경우에 따라서는 특정 제품을 판매하는 기업의 마케터나 공급자들도 다른 시점에서는 소비자가 될 수 있다.

따라서 소비자라는 개념은 가장 흔하게 사용되는 개념으로 이미 제품을 구매한 사람을 의미하지만, 차후에 구매하려고 하거나 구매할 가능성이 있는 사람은 잠재소비자라고 하기 때문에 포괄적으로 사용되고 있다. 쇼퍼(shopper)는 분명한 목적을 가지고 제품을 구매할 의사가 있는 사람을 뜻하기 때문에 구매의사결정과정의 구매과정에서 가장 관심을 가져야 할 대상이기도 하다.

(1) 쇼퍼의 유형

쇼퍼의 심리적·행동적 특성에 따라 많은 연구자들이 소비자를 유형화시켜왔다. 하지만 Westbrook and Black은 소비자들의 쇼핑동기를 근거로 소비자들을 유형화시키는데 활용하기도 했다. 그들은 쇼핑동기를 제품지향적 동기, 경험적 동기, 이 두 가지 동기를 결합한 혼합동기 등의 세 가지 동기로 분류하였는데, 여기에서 경험적 동기는 쾌락적 또는 여가선용적 동기로도 불리는 것으로 소비자행동의 중요한 전조현상이라고 하였다.[6] Bellenger and Korgoankar는 이런 경험적 동기를 갖고 쇼핑을 하는 소비자들, 즉 여가적 쇼퍼(recreational shopper)는 저렴한 제품 그 자체보다는 개선된 서비스와 점포환경에 더 흥미를 갖는 집단으로, 구매보다는 쇼핑 그 자체를 즐긴다고 하였다. 이런 경험적 동기와는 상반된 제품지향적 동기는 실제 구매와 관련된 소비자들, 즉 경제적 쇼퍼(economic shopper)는 저가격에 양질의 제품을 구매하는 것을 목적으로 쇼핑하는 집단으로, 다른 사람들과 어울리거나 혼잡함을 즐기고 환대를 보고 듣기 위해서 쇼핑을 하는 여가적 쇼퍼와는 구분된다고 하였다.[7] Dawson, Bloch and Ridway는 한 경험적 동기를 가진 소비자는 기혼보다 미혼이 많으며, 연령, 교육수준, 수입도 낮은 반면에, 제품지향적 동기가 목적인 사람이 상대적으로 연령과 교육수준이 높고 수입도 많다고 하였다.[8] 그 외 Moschis는 쇼핑행동과 쇼핑동기를 혼합하여, 점포충성형 쇼퍼(store-loyal shoppers), 상표충성형 쇼퍼(brand-loyal shoppers), 특별쇼퍼(special shoppers), 심리·시회학적 쇼퍼(psychosocializing shoppers), 상호의식형 쇼퍼(inter-conscious shoppers), 그리고 문제해결형 쇼퍼(problem-solving shoppers) 등으로 구분하고 있다.[9]

한편, Nielsen Norman Group은 온라인 쇼핑몰을 방문하는 온라인 쇼퍼들을 제품에 초점을 둔 쇼퍼, 쇼핑몰을 둘러보는 쇼퍼, 꼼꼼히 계획하고 구매하는 쇼퍼, 세일타겟 쇼퍼, 일회성 쇼퍼 등 5가지 유형으로 분류하고 있다.[10]

첫째, 제품에 초점을 맞춘 쇼퍼들(Product-focused shoppers)은 이미 구매할 제품모델과 옵션을 정확히 알고 있기 때문에, 쇼퍼들은 원하는 품목을 쉽게 찾아서 카트에 추가하고 체크아웃하기를 원하며, 다른 제품을 둘러보지 않는다는 것이다. 이러한 쇼퍼에게 업셀링(up selling)을 제안할 수 있지만, 기본적으로 다른 구매는 생각하지 않고 있기 때문에, 곧바로 구매할 상품만 결제할 가능성이 크다고 할 수 있다. 따라서 마케터는 효과적인 검색도구와 간소화된 체크아웃은 이러한 쇼퍼들을 돕는 가장 좋은 방법이 될 수 있다.

둘째, 쇼핑몰을 둘러보는 쇼퍼들(Browsers)은 호기심이 많고 시간을 낭비하며, 구매할 상품을 고르기 위해 신상품을 탐색하기도 한다. 그리고 온라인에서 제품을 확인하고, 오프라인에서 구매하거나 혹은 오프라인에서 미리 제품을 확인하고 온라인에서 구매하기도 한다. 이러한 쇼퍼들은 당장은 아니지만, 어느 정도 구매에 대한 욕구가 있기 때문에 쇼핑몰을 둘러보는 행동을 한다. 따라서 이러한 쇼퍼들의 경우, 마케터는 '신규 도착,' '인기' 및 '판매' 항목에 대한 링크를 포함하면 도움이 될 수 있다.

셋째, 꼼꼼히 계획하고 구매하는 쇼퍼들(Researchers)은 구매를 결정하기 전에 여러 쇼핑몰에 방문하여 제품에 대한 정보(가격, 기능비교, 리뷰 등)를 수집하는 것이 주요 목표가 될 수 있다. 제품의 상세한 내용이나 구매자의 후기를 꼼꼼히 살펴보고 의사결정을 한다. 그리고 관심있는 상품은 장바구니에 담아 두고, 그 후에 장바구니 페이지로 돌아와 상품리스트를 보며 구매하지 않을 상품을 삭제하여 최종 구매상품을 선택하게 된다. 따라서 마케터는 이러한 쇼퍼들을 구매자로 전환하여 사려 깊고 관련된 내용과 세부이미지로 질문에 대한 답을 얻을 수 있도록 해야 한다. 자사의 상품이 어떻게 다른지(더 나은지) 보여주는 비교차트는 신뢰를 얻는 데 도움이 될 수 있다.

넷째, 세일타겟 쇼퍼들(Bargain-Hunters)은 여러 쇼핑몰에서 제공하는 할인혜택 혹은 기획전을 둘러보며 저렴한 제품을 구매하고자 한다. 그리고 저렴한 가격의 제품을 구매하고 싶기 때문에 가격비교를 위해 특정 사이트로 재방문하기도 한다. 또한 쇼퍼들은 뉴스레터를 구독하고, 쿠폰코드를 찾는 것과 같은 더 많은 비용을 절약하기 위해 추가적인 노력을 기울일 것이다.

따라서 마케터는 상품페이지에 '할인품목'을 포함하고, 할인금액을 표시하며, 자동으로 할인을 추가하고, 쿠폰적용을 쉽게 할 수 있도록 해야 한다.

다섯째, 일회성 쇼퍼들(One-Time Shoppers)은 앞서 살펴본 '제품에 초점을 맞춘 쇼퍼,' '쇼핑몰을 둘러보는 쇼퍼,' '꼼꼼히 계획하고 구매하는 쇼퍼,' '세일타겟 쇼퍼' 등과 다른 유형의 쇼퍼들일 수도 있다. 이 유형의 쇼퍼들은 일회성으로 필요에 의해 방문하고 있기 때문에 구매 이후에 사이트를 재방문할 의사가 없다. 따라서 마케터는 다양한 제품을 쉽게 표시하고, 계정을 만들지 않고도 게스트로 체크아웃할 수 있는 사이트의 탐색기능을 제공하면 도움이 될 수 있다.

(2) 쇼핑환경의 변화

디지털시대에 고객들은 흔히 유명백화점이나 브랜드숍에 들러 마음에 드는 제품이 있으면, 꼼꼼히 살핀 뒤 주문은 온라인 쇼핑몰에서 하는 경우가 많다. 이는 오프라인 매장은 직접 만져보고 제품의 품질과 색상, 크기 등을 확인할 수 있고, 의류제품과 같은 경우에는 직접 입어볼 수도 있기 때문에 똑같은 제품을 비싸게 구입할 필요가 없다고 생각한다. 게다가 온라인 쇼핑몰에서는 할인쿠폰 등을 적용하면 최대한 저렴하게 구매할 수도 있다. 이처럼 오프라인 매장에서 상품을 보고 온라인을 통해 최저가격 상품을 찾는 경우를 '쇼루밍(showrooming)' 현상이라 한다. 이런 경우에 말 그대로 오프라인 매장은 단지 전시실(showroom) 역할만 한다는 의미에서 나온 용어다.

물론 이와 반대로 온라인에서 제품정보와 가격을 확인한 후에, 오프라인 매장에서 구매하는 소비형태를 웹루밍(Webrooming) 혹은 역 쇼루밍(Reverse-Showrooming) 현상이라고 한다. 그리고 오프라인에서 제품을 보고 그 자리에서 스마트폰 등으로 구매하는 경우는, 쇼루밍에 모바일을 결합한 '모루밍(Morooming)'이라 부른다. 이러한 여러 가지 현상들은 디지털시대에는 일반적인 구매현상이라고 할 수 있다.

최근 쇼루밍과 웹루밍을 넘나들며 소비하는 이른바 '크로스오버 쇼핑(Cross-over shopping)' 현상이 늘어나면서, 모바일, 온라인과 오프라인을 결합하는 유통융합현상이 기업에도 늘고 있다. 다시 말해서 온·오프라인의 다양한 유통채널을 결합하여 관리하는 옴니채널과 온라인과 오프라인을 결합한 서비스 방식인 O2O(Online to Offline) 역시 증가하고 있다. 모바일을 통한 배달주문 서비스나 택시호출 서비스 등이 대표적인 O2O서비스이다.[11)]

옴니채널(omnichannel)은 고객이 온라인, 오프라인, 모바일 등 다양한 경로를 통해 상품을 검색하고, 구매할 수 있도록 한 유통서비스인데, 각 유통채널의 특성을 결합해 어떤 채널에서든 같은 매장을 이용하는 것처럼 느낄 수 있도록 하는 쇼핑환경을 말한다. 옴니채널의 가장 큰 특징은 백화점, 온라인 쇼핑몰, 대형몰, 홈쇼핑 등 온·오프라인 매장의 차이를 없앤다는 것인데, 온라인에서 확인한 제품을 동일한 가격과 프로모션으로 바로 오프라인 매장에서 구입할 수 있다는 것이다. 그리고 방문한 오프라인 매장에 소비자가 원하는 물건이 없을 때는 가장 가까운 다른 오프라인 매장에서 구입할 수 있도록 소비자를 유도하는 것이 가능하다. 또한 오프라인 매장에서 원하는 제품을 구매했을 때, 직접 들고 갈 수도 있지만, 집에서 가장 가까운 매장에서 집으로 해당 제품을 배송해 줄 수 있다. 그리고 온라인에서 제품을 구입했을 때도 본사 매장에서 제품을 배송하지 않고, 소비자와 가장 가까운 지역의 매장에서 제품을 배송하여 운송시간을 절약하는 것도 옴니채널이 갖고 있는 장점이라고 할 수 있다.

옴니채널의 주요 사례로, 롯데는 소비자가 다양한 유통채널을 하나로 느낄 수 있도록 온라인과 오프라인을 유기적으로 연결하는 옴니채널을 구축하고 있다. 온라인으로 주문한 후 상품을 백화점 전용코너에서 찾는 '스마트픽(Smart Pick)' 서비스를 시작으로, 스마트픽에서 한 걸음 더 나아가 '크로스픽(Cross Pick)' 체계를 갖추고 있다. 크로스픽은 롯데계열사끼리 연계해 소비자가 산상품을 슈퍼나 편의점 등 가까운 롯데매장에서 찾을 수 있는 서비스다. 롯데마트는 온라인 주문 후 근처 롯데슈퍼매장에서 찾아가는 스마트픽 서비스를 매장뿐만 아니라 주유소, 휴게소, 자동차 전용매장 등으로 확대하며 고객만족도를 높여가는 중이다.

2. 소매점 선택

쇼핑행동에서 가장 중요한 결정 중의 하나는 매장선택과 관련된 의사결정이라고 할 수 있다. 소비자는 매장을 직접 방문할 것인지, 인터넷쇼핑을 할 것인지, TV홈쇼핑을 할 것인지를 선택해야 하며, 또한 구체적으로 어떤 쇼핑몰이나 매장을 선택할 것인지에 대해 결정해야 한다. 소비자들의 소매점 선택과 관련된 구매방법은 점포구매와 무점포 구매로 구분할 수 있다. 소비자들은 일반적으로 매장을 직접 방문해서 제품이나 서비스를 구매하지만, 최근에 인터넷이나 모바일, TV홈쇼핑 등을 통한 무점포를 통해 구매하는 비중도 많이 증가하고 있다.

(1) 점포 구매행동

소비자가 직접 점포를 방문해서 구매하려고 하는 경우에는 어떤 점포를 선택할 것인지를 결정해야 할 것이다. 소비자가 점포를 선택할 때, 경우에 따라서는 복잡한 의사결정을 거치기도 하지만, 일반적으로 소비자는 평소에 점포충성도가 있는 매장을 선택하는 경향이 있다. 소비자는 브랜드에 대한 선택뿐만 아니라, 특정 점포에서의 쇼핑경험이 만족스러웠다면 계속해서 선호하기 때문이다. 그러나 특정 점포에 대해 충성도가 없는 경우에는 여러 점포대안들을 대상으로 검토한 후에, 방문할 점포를 선택해야 한다.

① 점포선택

소비자의 점포선택과정에 관한 연구모델은 연구자에 따라 다양하지만, Monroe and Guiltnan은 가계/소비자 특성과 소매업체의 전략을 포함시킨 점포선택 모델을 [그림 12-4]와 같이 제시하였다.[12] 즉 소비자가 점포를 선택함에 있어서, 위치(주거지 등), 인구통계적 특성, 라이프스타일 등의 소비자의 특성에 영향을 받으며, 이런 소비자 특성들이 쇼핑/탐색에 대한 일반적 의견과 행동(쇼핑 및 구매욕구, 정보탐색활동 등), 대체적인 점포들을 평가하는데 이용되는 편리성, 판매원, 제품구색, 점포시설, 입지 등과 같은 점포속성의 중요도, 점포속성의 지각 등에 영향을 미친다. 또한 이런 과정에 소매업체의 마케팅전략(소매점 광고나 POP 디스플레이 등)에 의해 영향을 받을 수도 있다. 이렇게 형성된 점포에 대한 속성과 중요도는 소비자 자신의 쇼핑계획과 재무적 예산에 대한 전략을 고려하여 점포에 대한 태도를 형성하게 되며, 이는 점포선택에 중요한 역할을 한다는 것을 나타내주고 있다. 이러한 일련의 과정을 통해서 점포선택은 점포 내 정보처리에 영향을 주고, 궁극적으로 제품과 브랜드 구매결정에 이르게 된다는 것이다. 또한 점포선택에 대한 만족은 차후에 긍정적인 점포이미지를 형성하고 강화시켜서 그 점포를 재방문할 가능성이 증대된다. 이와 같은 점포이미지 강화가 지속적으로 이루어지면, 점포충성도가 생성되고 높이는데 영향을 미칠 수도 있다.

그림 12-4 점포선택 모델

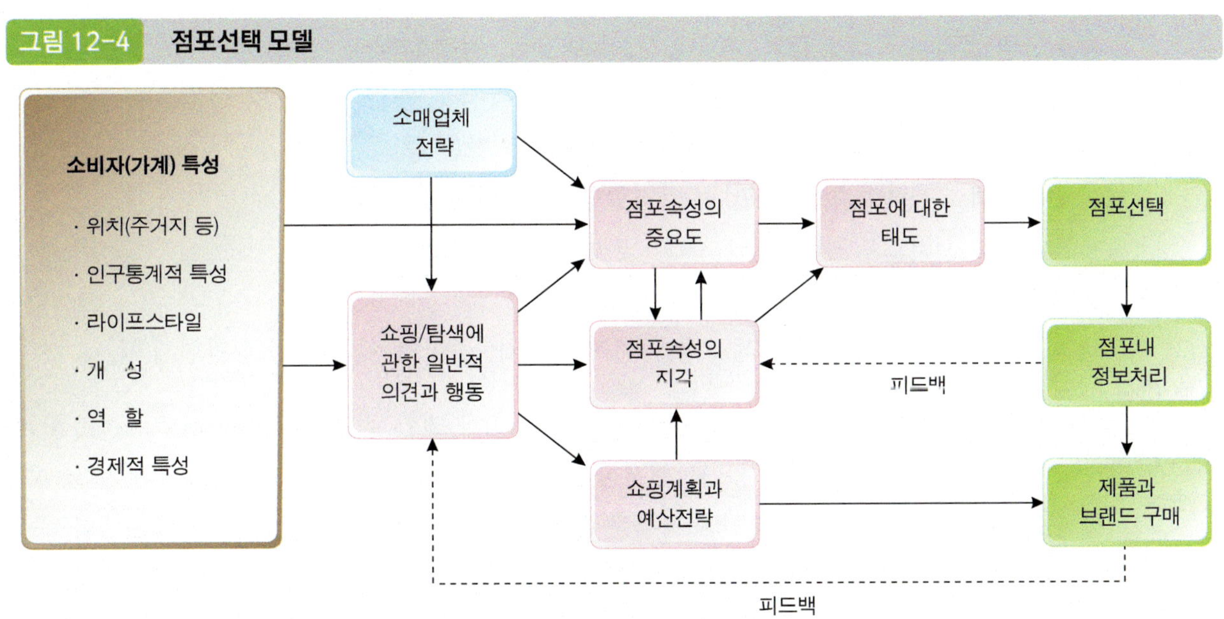

자료원 : Monroe, K. B. and Guiltnan J. P. (1975). "A Path-Analytic Exploration of Retail Patronage Influence." Journal of Consumer Research, Vol. 2, pp. 19-28.

② 점포선택의 기준

소비자들이 점포를 선택할 때, 일반적으로 다양한 점포속성들을 기준으로 평가하게 된다. 일반적으로 소비자들은 제품을 구매하기 위해서 쇼핑을 하며, 이때 소비자들은 브랜드의 선택에 앞서 먼저 점포를 선택하고, 그 후 브랜드에 의한 제품을 구매하게 된다. 이는 소비자들이 점포선택에 있어서 그들의 마음속에 어떤 점포를 평가하는 기준을 마련해 놓은 다음, 방문한 점포가 지니는 특성을 서로 비교하여 수용가능한 점포와 수용불가능한 점포로 분리하고 있는 것을 의미하는 것이다

점포속성(store attribute)은 점포이미지를 구성하는 요소로써, 제품차원과 서비스차원 등 다양한 차원을 포함하는 점포평가기준이며, 소비자가 중요시하는 속성은 점포선택에 영향을 미친다. 즉 어떤 점포에서 구매하느냐에 따라 중요시하는 속성이 달라질 수 있다는 의미인데, 점포속성은 대개 취급하는 제품의 구색, 가격, 입지와 같은 실질적인 점포속성과 제공되는 서비스, 친절정도, 점포분위기 등의 상징적인 점포속성으로 나눌 수 있다.

점포선택행동을 결정하는 중요한 변수로써, 점포속성에 대해 많은 연구가 이루어져 왔는데, Kelly and Stephenson은 점포애고동기(store patronage motive)에 초점을 맞추고, 다음과 같이 8개의 주요 차원으로 제시하고 있다.[13)]

- **점포의 일반적 특성** : 명성, 점포 수, 점포분위기(예, 조명, 음악, 향기) 등
- **점포의 물리적 특성** : 규모, 휴식공간, 실내장식, 청결성 등
- **편리성 및 입지조건** : 소요시간, 위치, 거리, 주차시설 등
- **취급제품** : 다양성, 신뢰성, 품질수준, 제품구색 갖춤 등
- **판매정책** : 가격수준, 신용판매, 가격할인, 기타 판촉활동 등
- **판매원과 서비스** : 친절, 배달, 교환 및 반품처리, 보증 등
- **점포의 광고** : 정보제공능력, 신뢰성, 소구점 등
- **점포에 대한 준거집단의 지각** : 잘 알려져 있는가, 좋아하는가, 추천할 만한가 등

이러한 제품속성들을 기준으로 소비자들은 각 점포에 대한 점포이미지(store image)를 개발하고, 자신이 가장 선호하는 점포를 선택하게 된다.

한편, 최근에 한 연구조사에서 소비자들은 온라인 거래가 활성화되면서 온라인 매체와 플랫폼 선택도 점포선택과 마찬가지로 중요한 고려요인으로 대두되고 있다. 일반적으로 제품구색, 유행제품, 명성, 신뢰성, 지불수단 등은 온라인과 오프라인에서 공통적으로 중요한 속성으로 고려하는 것으로 나타났다. 그리고 온라인에서는 가격, 판촉과 엔터테인먼트 등의 속성을 중

요하게 고려하는 반면에, 오프라인에서는 제품과 서비스 관련 속성들을 더 중요한 속성으로 고려한다고 한다.

③ 점포이미지

점포이미지((store image)는 점포의 개성이라고 할 수 있으며, 객관적 속성과 주관적 속성의 상호작용으로 형성된다고 하였다. 객관적 속성은 비교적 측정이 가능한 상품구색, 가격정책, 점포배치, 품질, 신용정책 등 관찰이 가능한 기능적인 측면과, 주관적 속성인 쾌적한 분위기, 매장에서 느끼는 즐거움이나 편안함, 친밀감, 소속감 등과 같은 심리적 측면이 결합되어 형성된다고 한다. 또한, 일부 연구자들의 경우에 점포이미지는 소비자가 점포에 대해 갖는 전반적인 인상이며, 기능적 점포이미지와 상징적 점포이미지로 구분하여 연구를 진행해 왔다. 앞서 살펴본 바와 같이, 기능적 점포이미지는 머천다이즈, 품질, 가격, 서비스 등의 객관적인 속성으로부터 반영된 이미지라고 할 수 있으며, 상징적 점포이미지는 점포의 고급스러움, 현대적임, 우아함 등과 같이 특정 점포의 정형화된 개성을 의미하므로 소매점의 점포이미지의 개념에 보다 적합하다고 할 수 있다.[14)]

따라서 점포이미지는 다양한 마케팅 자극에 노출됨으로써, 형성되는 특정 점포에 대해 소비자가 가지게 되는 전반적인 인상이라고 할 수 있다.[15)] 이는 소비자의 점포선택행동에 영향을 미칠 뿐만 아니라 점포충성도에도 영향을 미치는 중요한 요인으로 인식되고 있다.

④ 점포충성도

소비자들이 점포선택과정을 거쳐서 특정 점포에 대해 만족하게 되면, 소비자들의 점포선택은 습관적으로 변하게 된다. 이런 과정에서 형성된 점포이미지는 소비자들의 점포선호도에 결정적인 영향을 미치게 된다. 그리고 점포에 대한 호의적인 이미지가 지속적으로 유지되는 가운데 점포충성도가 형성되며, 장기적으로 선호하는 점포애고행동(store patronage behavior)의 바탕이 된다.

충성도(loyaty)는 심리적 과정의 결과로 나타나는 태도이며, 몰입, 긍정적 태도, 사전지식, 일치감, 신뢰에 의해 뒷받침되는 성향으로써, 브랜드 충성도, 고객충성도, 점포충성도, 서비스충성도 등으로 분류된다.

점포충성도(store loyalty)에 관한 연구는 매우 포괄적인 개념이기 때문에, 그 정의도 연구자에 따라 다양하게 제시되고 있다. 점포충성도에 대한 선행연구자들의 관점을 살펴보면, 크게 행동적 및 태도적 접근방법, 그리고 통합적 접근방법으로 나누어 볼 수 있다.[16)] 첫째, 행동적 접근방법은 점포충성도를 일정기간 동안의 특정 점포에 대해 반복적인 구매성향으로 정의

하고 있다. 둘째, 태도적 접근방법은 점포충성도를 소비자의 실제적인 구매행동이 아닌 점포에 대한 소비자의 선호도 또는 심리적 몰입으로 정의하였다.[17] 이런 접근방법에서는 점포충성도를 특정 점포에 호의적인 태도를 보이는 구매의도, 즉 미래의 구매가능성으로 파악하고 있다. 셋째, 통합적 접근법은 점포충성도를 소비자의 태도적·행동적 구성요소를 포괄하는 개념으로 받아들이고 있다. 이런 접근방법에서 Dick & Basu는 점포충성도를 특정 점포에 대해 소비자의 호의적인 태도 및 그에 따른 반복구매행동을 보이는 성향으로 정의하는 것이 점포충성도 개념을 포괄적으로 이해할 수 있다고 하였다.[18] 이러한 통합적 접근방법에 따라 점포충성도는 특정 점포에 대해 일정 기간동안 보이는 태도적 측면인 점포선호, 우호적인 구전노력, 재구매(재방문)의도 뿐만 아니라, 행동적 측면인 반복구매행동의 정도 등을 모두 포괄한다고 볼 수 있다.

따라서 소비자가 쇼핑 및 구매목적을 위해 선택한 점포 내의 정보처리와 제품선택을 통해 만족하면, 점포에 대한 긍정적인 이미지가 형성되고 지속적으로 강화되어 재방문 가능성이 높아져 점포충성도를 형성하게 된다.

(2) 무점포 구매행동

소비자가 직접 점포를 방문하지 않고 구매하는 방법으로써 인터넷 쇼핑몰, 모바일 쇼핑, TV홈쇼핑, 직접 판매, 자동판매기, 카탈로그 마케팅, 텔레마케팅 등의 다양한 무점포 소매상들을 통해 구매행동을 할 수 있다. 이런 무점포 소매상들 중에서 대표적인 인터넷 쇼핑몰, 모바일 쇼핑, TV홈쇼핑 등을 중심으로 살펴보고자 한다.

① 인터넷 쇼핑몰

■ 인터넷 쇼핑몰의 특성

인터넷 쇼핑몰은 인터넷 상의 가상공간에 제품을 진열하고 판매하는 소매형태를 의미한다. 인터넷 쇼핑몰은 거래대상에 따라 개인소비자들을 대상으로 하는 B2C 온라인 쇼핑 사이트와 기업들을 대상으로 하는 B2B 마켓플레이스(marketplace)가 있다. 또한 개인을 대상으로 하는 쇼핑몰은 일반적인 온라인 쇼핑몰과 오픈마켓(open market)으로 구분할 수 있다. 오픈마켓은 G마켓, 옥션, 11번가 등과 같이 일반적인 온라인 쇼핑몰과는 달리, 개인판매자들이 인터넷에 직접 제품을 올려 판매하는 곳을 의미한다.

인터넷 쇼핑몰은 시간 및 공간 상의 제약이 없이 주문을 받을 수 있고, 매우 상세한 제품정보를 제공하며, 쌍방향 커뮤니케이션과 고객들의 클릭행동에 대한 풍부한 데이터를 토대로 시

광고 12-3 오픈마켓 : G마켓 광고

장상황 변화에 신속하게 대응할 수 있어 개별화된 서비스를 제공할 수 있다는 장점이 있다.

■ 인터넷 쇼핑몰의 구매행동

인터넷 쇼핑몰을 찾는 소비자들의 목적은 구매 전에 정보탐색을 위한 것과 실제로 구매하기 위한 것으로 구분할 수 있다. 그래서 소비자들은 자신들이 갖고 있는 인터넷 쇼핑몰에 대한 이미지, 경험, 정보 등을 바탕으로 쇼핑몰을 선택하게 된다. 일반적으로 정보탐색을 목적으로 쇼핑몰을 찾는 소비자들은 다양한 상품구색을 갖추고 있는지, 가격비교는 용이한지, 제품평가 정보는 충분한지, 쇼핑몰을 신뢰할 수 있는지 등을 고려하게 된다. 그리고 실제 구매를 하기 위해 찾는 소비자들도 마찬가지로 쇼핑몰이 다양한 구색을 갖추고 있는지, 가격이 저렴한지, 쇼핑몰 콘텐츠를 잘 갖추고 있는지, 신뢰할 수 있는 결재와 배송시스템, 제품교환 및 환불시스템 등을 잘 갖추고 있는지 등에 따라 쇼핑몰 선택은 달라질 수 있다. 또한 온라인 광고, 팝업광고, 브랜드커뮤니티, 블로거 등을 통한 온라인 마케팅 자극을 통해 쇼핑몰에 접속하는 경우도 많다.

한편, 특정 쇼핑몰을 선택한 소비자들의 구매행동은 쇼핑몰의 특징이나 소비자의 개별특성에 따라 다르게 나타날 수 있다. 쇼핑몰에서의 소비자 구매행동은 쇼핑몰의 제품구색, 쇼핑의 용이성, 결재와 배송시스템, 제품교환 및 환불시스템, 정보보안시스템 등의 쇼핑몰 특성에 의해 영향을 받을 수 있다. 예를 들면, 특정 쇼핑몰이 다양한 제품구색을 갖추고 있다고 할지라도, 제품교환이나 정보보안시스템이 불안하다면 소비자들은 구매를 포기하고 다른 쇼핑몰로 이동할 가능성이 높다. 그리고 소비자의 개인적 특성인 인터넷 이용능력이나 경력, 쇼핑성향, 정보탐색능력, 대금지불능력 등도 인터넷 쇼핑몰에서의 구매행동에 영향을 미칠 수 있다. 예를 들면, 정보탐색능력이 뛰어난 실용적인 쇼핑성향을 가진 소비자는 제품 관련 특성이나 가격비교 등을 위해 여러 쇼핑몰을 쉽게 넘나들겠지만, 정보탐색능력이 떨어지면서 쇼핑 자체를 즐기는 쾌락적 쇼핑성향을 가진 소비자는 제품구색이나 콘텐츠가 다양하면 상대적으로 이동성은 낮을 것이다.

② 모바일 쇼핑

모바일 쇼핑(mobile shopping)은 소비자가 휴대형 정보통신단말기를 이용한 무선인터넷을 통해 이루어지는 제품이나 서비스 등을 구매하는 것을 의미한다. 소비자가 모바일을 통해 주로 구매하는 대상품목은 의류, 생활용품 등 유형적 제품, 영화나 공연티켓 등과 같은 서비스를 구매하는 등 다양하다고 할 수 있다.

이러한 모바일을 통해 쇼핑하는 소비자들은 주로 소셜커머스 및 오픈마켓을 통해 구매행동을 많이 한다고 한다. 그리고 소비자들이 모바일 쇼핑을 선호하는 이유는 시간 및 장소의 제약이 없기 때문이며, 그 외 저렴한 가격, 쿠폰 및 포인트 등의 할인혜택도 모바일 쇼핑을 이용하는 주된 이유로 나타났다. 한편, 모바일 쇼핑거래는 기업측면에서 볼 때, 다른 거래방식에 비하여 이동성이 뛰어나며, 실시간으로 이용하는 소비자의 정보를 파악할 수 있다. 따라서 이용하는 소비자의 구체적인 정보를 바탕으로 세분화된 일대일 마케팅을 통해 개별화된 서비스를 제공할 수 있다는 장점이 있다. 그래서 기존 TV홈쇼핑 업체, 인터넷 쇼핑몰 업체, 백화점이나 대형마트 등도 다양한 스마트폰 어플리케이션(smartphone application)을 개발하고 있으며, 위치기반 서비스(LBS)나 증강현실(AR) 기술을 활용하고 있다.

따라서 모바일 쇼핑은 인터넷 쇼핑몰 구매행동과 마찬가지로 소비자들이 정보탐색이나 구매과정에서 발생할 수 있는 각종 위험에 대해 높게 인식하는 경향이 있기 때문에, 기업은 해당 사이트가 안전하고 신뢰성이 있는지에 대해 위험을 감소시키고 이를 해소하는 방안을 모색해야 한다. 예를 들면, 제품이나 해당 사이트의 신뢰성이 있고 객관적인 정보제공이나, 실구매자 의견정보제공, 배송과정의 실시간 상품추적시스템 도입 등으로 소비자들의 불확실성을 줄일 수 있어야 한다.

③ TV홈쇼핑

TV홈쇼핑(television home shopping)은 기업이 CATV를 통하여 제품정보를 제공하고 소비자는 전화를 통해 주문함으로써 이루어지는 판매방식을 의미한다. TV홈쇼핑은 크게 두 가지로 구분된다. 첫째, 홈쇼핑 채널방식이다. 우리나라에서는 GS, NS(농수산), 롯데, 현대, CJ온스타일, 홈앤쇼핑, 공영쇼핑 등의 7개 홈쇼핑 전문 CATV방송국이 있는데, 전문적인 프로그램 진행자인 쇼호스트가 제품을 소개하고, 시청자들이 전화로 주문을 하는 판매방식이다. 둘째, TV광고방식이다. TV광고방식은 직접 반응광고(direct response advertising)와 인포머셜(informercial)로 구분할 수 있다. 직접 반응광고는 30초~1분 사이의 짧은 TV광고를 통해 제품을 소개하고 주문을 받는 것이며, 인포머셜은 30분~1시간 정도의 상대적으로 긴 시간에 제품을 소개하는 것이다.

한편, 최근에 KT, SK브로드밴드, LG유플러스 등 통신업체가 운영하는 IPTV의 보급확대와 젊은 소비자층의 증가로 인해 T-커머스(T-Commerce) 시장이 높은 성장세를 보이고 있다. 현재 T-커머스는 기존 TV홈쇼핑 업체가 운영하는 롯데OneTV, NS샵플러스, GS MY SHOP, 현대홈쇼핑 플러스샵, CJ온스타일 플러스 등과 비TV홈쇼핑 사업자가 운영하는 KTH, 아이디지털 홈쇼핑, SK스토아, 신세계라이브쇼핑, 더블유쇼핑, 쇼핑엔티 등으로 구분된다.

광고 12-4 TV홈쇼핑 광고

GS SHOP

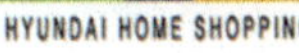

T-커머스는 텔레비전(Television)과 상거래를 뜻하는 커머스(Commerce)의 합성어이다. T-커머스는 TV를 통해 거래가 이루어진다는 점에서 TV홈쇼핑과 유사하지만, T-커머스는 소비자가 인터넷 텔레비전을 통해 이루어지는 전자상거래 서비스로, 인터넷TV와 리모컨만을 가지고 상품정보를 검색하고 구매와 결제까지 할 수 있는 양방향 쇼핑이 가능하다는 특징이 있다. 또한 T-커머스는 기존 생방송위주로 편성된 TV홈쇼핑과 달리, 통상적으로 녹화방송으로만 진행되기 때문에 소비자로서는 시간제약이 없이 언제든지 원하는 제품을 쇼핑할 수 있다는 장점이 있다. 이런 특징으로 T-커머스 사업자는 소비자 데이터를 바탕으로 시청자의 소비패턴에 따라 콘텐츠를 다르게 송출하는 큐레이션 서비스가 가능하다.

소비자들은 TV홈쇼핑에서 채널선택의 중요한 영향요인으로 다양하고 정확한 제품정보의 신뢰성, 거래의 안전성 등이며, T-커머스의 경우는 양방향 쇼핑이 가능하기 때문에 직접 소통하는 욕구도 강하게 나타나고 있다. 따라서 TV홈쇼핑 채널에서는 소비자들이 지각된 위험을 줄이고, 안전하고 신뢰성 있는 쇼핑을 할 수 있도록 다양한 기능들을 개선하는데 노력하고 있다. 예를 들면, TV홈쇼핑 채널인 CJ온스타일과 T-커머스 채널인 CJ온스타일 플러스에서는 기존에 한 가지 상품을 소개하는데에 집중했다면, 현재 판매 중인 상품과 연계된 여러 상품을 모바일에서 함께 볼 수 있도록 하는 '모바일 큐레이션' 기능을 구현했다. 즉 모바일 앱에서 현재 판매되고 있는 상품과 함께 연계된 좋은 상품을 제안하거나 고객취향에 맞게 다른 상품을 소개하는 식이다. 그래서 고객은 수동적인 입장에서 벗어나 CJ온스타일이 큐레이션 한 상품을 모바일에서 취향에 맞게 골라보며 쇼핑을 즐길 수 있다. 그리고 CJ온스타일은 생방송 중에 고객과 문자로 직접 소통하는 '라이브 톡'과 같은 기능도 강화했으며, 대화창을 통해 고객과 관계를 구축하고 소통하는 장을 운영하고 있다. 또한 '취향쇼핑' 경험을 제공하는 큐레이션 기능도 강화했는데, 패션의 '셀렙샵(CELEBSHOP)' · 리빙의 '올리브마켓(Olive Market)' · 뷰티의 '더뷰티(The Beauty)' 등 3대 전문숍을 통해 기존 구매이력과 앱이용 경험에 따라 취향에 맞는 상품을 제안받을 수 있다. 즉 패션은 스타일링 콘텐츠로, 리빙은 전문가 큐레이션, 뷰티는 전문가 리뷰콘텐츠 중심으로 차별화된 경쟁력을 추구하고 있다.

참고문헌

- 김종의(2005), 소비자행동, 형설출판사.
- 김학윤(2021), 소비자행동, 무역경영사.
- 박종오, 권오영(2022), 마케팅, 도서출판 북넷.
- 안광호, 이윤주(2002), 쇼핑가치가 점포이미지와 인터넷 쇼핑몰에서의 소비자구매의도 간의 관계에 미치는 영향에 관한 연구, 소비자학연구, 제13권 제4호, 12. 101-122
- 이영주, 박경애, 허순일(2002), "온라인과 오프라인의 점포속성 비교", 한국의류학회지, 26(8), pp.1265-1273.
- 이옥희, 김지수(2007), "한국의류산업학회지,"할인점 의류매장 점포충성도에 대한 점포이미지와 전환장벽의 영향력에 관한 연구," 순천대학교, 제9권, 제4호, pp. 419-417.
- 이학식, 안광호, 하영원, 석관호(2020), 소비자행동, 제7판, 도서출판 집현재.
- 주형준, 조중환(2014), 온라인 쇼핑 동기가 실용적 가치, 쾌락적 가치, 재구매의도에 미치는 영향, 생산성논집, Vol.28, No.3, 129-150.
- 최자영, 이규혜(2012) 성별, 쇼핑동기, 플로우 경험이 쇼핑행동에 미치는 영향, 디지털정책연구 제10권, 제5호, 53-66
- Babin, Barry J., William R. Darden, and Mitch Griffin (1994), "Work and /or Fun: Measuring Hedonic and Utilitarian Shopping Value," Journal of Consumer Research, 20(March), 644-645.
- Baker, J., Grewal, D. and Parasuraman, A. (1994), "The Influence of Store Environment on Quality Inferences and Store Image," Journal of the Academy of Marketing Science, 22(4), 328-339.
- Bellenger, D. N. and Korgaonkar, P. K.(1980), "Profiling the Recreational Shopper," Journal of Retailing, 56(3), 77-91.
- Carpenter, J. M., and M. Moore (2009), "Utilitarian and Hedonic shopping value in the us discount sector," Journal of Retailing and Consumer Services, 16(4), 68-74.
- Czepel, A.J. and Gilmore R. (1987) "Exploring the Concept of Loyalty in the Service Challenge: Integrating for Competitve Advantage," American Marketing Association, 91-92.
- Dawson, S., Bloch, P. H. and Ridway, N. M. (1990), "Shopping Motives, Emotional States and Retail Outcomes," Journal of Retailing, 16(14), 408-427.
- Dick, A.S. and Basu, K. (1994), "Customer loyalty: Toward and integrated conceptual framework," Journal of the Academic of Marketing Science, 22(Spring), 99-113.
- Gerpott, T.J., Rams, and A. Schindler (2001), "Customer Retention, Loyalty, and Satisfaction in the German Mobile Cellular Telecommunications Market," Telecommunications Policy, Vol.25, 249-269.

- Hawkins, Del I., David L. Mothersbaugh and Roger J. Best (2007), Consumer Behavior, 10/e, McGraw-Hill Irwin.
- Hoffman, D. L., and T. P. Novak (1997), "A New Marketing Paradigm for Electronic Commerce," The Information Society, 13(1), 43-54
- Holbrook, M. B., and E. C. Hirschman (1982), "The Experiential Aspects of Consumption: Consumer Fantasies, Feeling, and Fun," Journal of Consumer Research, 9(2), 132-140.
- Kelly, Robert F. and Stephenson, Ronald (1967), "The Semantic Differential: An Information Source for Designing Retail Patronage Appeals," Journal of Marketing, Vol. 31, No. 4, pp. 43-47.
- Lee, M., and L.F. Cunningham (2001), "A Cost/benefit Approach to Understanding Service Loyalty," The Journal of Service Marketing, Vol.15, No.2, 113-130.
- Louviere, J.J. and Johnson, R.R. (1990) "Reliability and validity of the brand-anchored conjoint approach to measuring retailer image," Journal of Retailing, 66(4), 359-382.
- Martineau, P. (1958) "The Personality of Retail Store," Harvard Business Review, 36, 47-55.
- Monroe, K. B. and Guiltnan J. P. (1975). "A Path-Analytic Exploration of Retail Patronage Influence," Journal of Consumer Research, Vol. 2, 19-28.
- Moschis, G. P. (1976), "Shopping Orientations and Consumer Uses of Intermation," Journal of Retailing, 52(summer), 61-70.
- Mowen, John C. (1995), Consumer Behavior, Prentice-Hall, Inc., 4th eds.
- Nielsen Norman Group (2014), Designing for 5 Types of E-Commerce Shoppers by Amy Schade.
- Stephenson, Ronald (1969), "Determinants of Retail Patronage," Journal of Marketing, 33(3), 57-61.
- Tauber, Edward M. (1972), "Why do people shop?," Journal of Marketing, 36(Oct.), 46-49.
- Westbrook, R. A. and William C. Black (1985), "A Motivation-based Shopper Typology," Journal of Retailing, 61(1), 79-103.

미주정리

1) Hawkins, Mothersbaugh, & Best, 2007
2) Hawkins, Mothersbaugh, & Best, 2007
3) Mowen, 1995
4) Tauber, 1972

5) Westbrook, & Black, 1985
6) Westbrook, & Black, 1985
7) Bellenger & Korgoankar, 1980
8) Dawson, Bloch, & Ridway, 1990
9) Moschis, 1976
10) Nielsen Norman Group, 2014
11) 박종오, 권오영, 2022
12) Monroe, & Guiltnan, 1975
13) Kelly, & Stephenson, 1967
14) Baker, Grewal, & Parasuraman, 1994
15) Louviere & Johnson, 1990
16) Dick, and Basu, 1994
17) Gerpott, Rams, & Schindler, 2001, Lee & Cunningham, 2001
18) Dick, and Basu, 1994

참고 URL 주소

- https://brunch.co.kr/@groobee/74
- https://www.nngroup.com/articles/ecommerce-shoppers/

CHAPTER

13

구매 후 행동

1. 소비자 만족과 불만족
2. 구매 후 인지부조화
3. 구매 후 만족행동
4. 구매 후 불평행동
5. 제품처분

고객이 가장 추천하는 기업의 순 추천지수(NPS: Net Promoter Score)조사 결과를 살펴보니…

2022년 조사 결과, 15개 산업·12개 기업, 16년 연속 1위…
여성·고소득·높은 연령일수록 추천 의향 높아

'고객이 가장 추천하는 기업, 즉, 순 추천지수(KNPS: Korean Net Promoter Score)'는 산업별 상품 또는 서비스 경험자인 고객이 이를 다른 사람에게 얼마나 추천하고자 하는지 조사한 지수(指數)이다. KNPS는 한국능률협회컨설팅(KMAC)이 2001년부터 축적해 온 '고객 추천' 관련 데이터를 바탕으로 2007년에 처음 시작됐다.

KNPS는 어떤 기업의 제품이나 서비스에 만족한 고객은 그 기업을 계속 이용하게 되고, 또 새로운 고객까지 추천하게 되어 기업의 성장이 이어질 수 있다는 전제로 시작됐다. 즉, KNPS 조사는 기업이 성장할 수 있는 미래 가능성을 예측하게 해 준다. 이뿐만 아니라 '미래 대응' 전략까지 준비하고 만들 수 있게 한다는 데 큰 의미가 있다. KNPS 지수는 다차원적 분석 및 검증을 통해 매출 증가율과 가장 상관관계가 높은 산출식으로 측정됐다. '타인추천 의향'을 묻는 7점 척도의 문항에서 '적극추천(6~7점)' 응답자 비율과 '비(非)추천(1~4점)' 응답자 비율차이로 산출된다.

◆ 제조업이 서비스업보다 순 추천지수 높아

2022년 산업분야별 KNPS 지수에서는 제조업의 음식료품과 가전 · 사무기기가 70점 후반대의 높은 수준을 기록하며 산업전체 KNPS를 이끌었다. 음식료품에서는 건강 및 1인 가구 관련 식문화 트렌드가 반영된 제품 출시가 긍정적인 영향을 미쳤던 것으로 보인다. 다른 산업보다 적극 추천 의향에서 가장 높은 비율을 보였던 가전 · 사무기기 분야는 글로벌 시장에서 입증된 품질에 편리함 · 프리미엄 트렌드까지 적극 반영한 제품출시가 주효했던 것으로 판단된다. 반면, 서비스업은 유통 · 엔터테인먼트를 제외한 모든 산업군(群)에서 상대적으로 낮은 추천도(60점대)를 기록했다. 특히 종합레저시설 · 워터파크 · 고속버스 · 저비용항공 등 코로나19의 직접적인 영향을 받았던 산업이 다수 포함된 기타 일반 서비스는 회복추이를 보였으나 여전히 추천이 낮았다.

16년 연속 1위 기업

소비재	참치캔	동원F&B(동원참치)
	화장지	유한킴벌리
내구재	에어컨	LG전자
	휴대폰(스마트폰)	삼성전자
	PC	
	TV	
	부엌가구	한샘
	일반승용차	현대자동차
	RV승용차	
서비스업	생명보험	삼성생명
	대형서점	교보문고
	검색포털사이트	Naver(네이버)
	시내 · 시외전화	KT
	이동전화	SK텔레콤
	종합레저시설	에버랜드

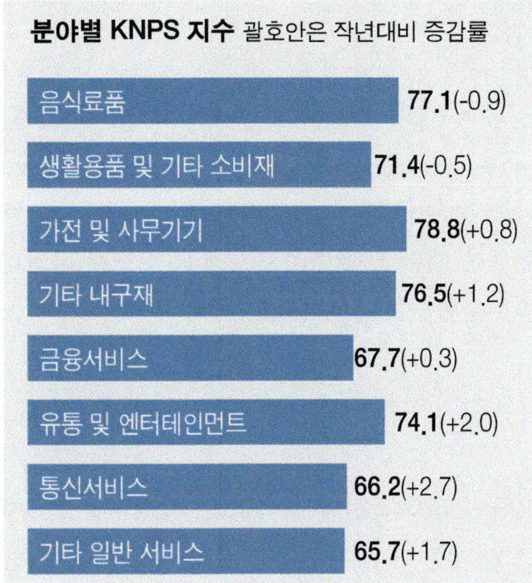

지난해 대비 추천 · 비추천 비율증감을 살펴봤을 때, 제조업과 서비스업의 경우 대체로 중립비율은 감소하고 적극 추천비율이 증가하는 모습을 보였다. 8개 분야 중 통신서비스(▲2.2%p), 유통 · 엔터테인먼트(▲2.0%p), 기타 일반서비스(▲1.4%p) 등에서 특히 적극 추천의향 고객의 증가폭이 큰 것으로 나타났다. 추천 고객확보를 위한 기업들의 노력이 효과적이었던 것으로 판단된다.

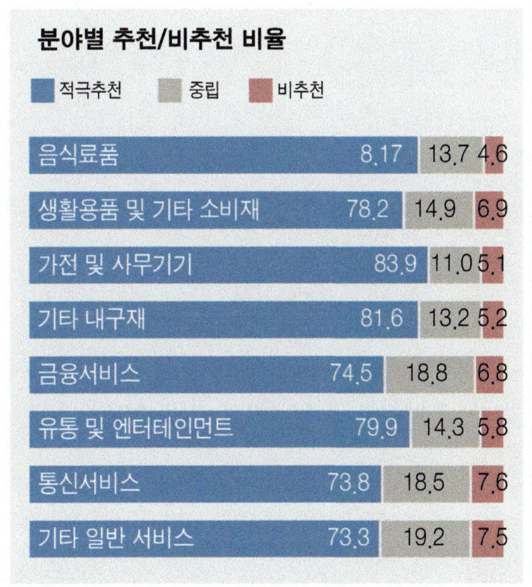

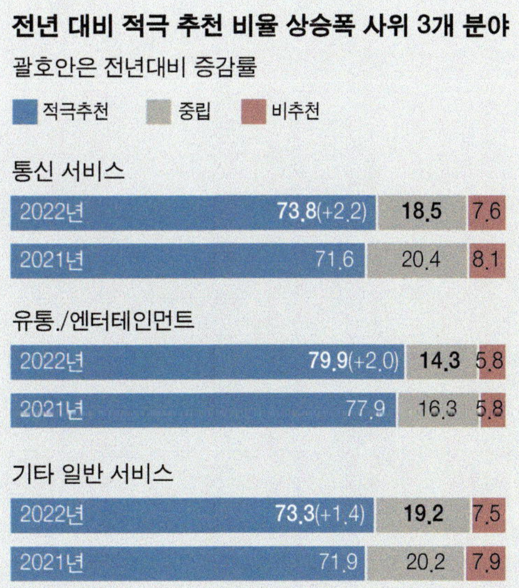

◆ KNPS 16년 연속 1위는 총 15개 산업·12개 기업

KNPS에서 16년 동안 줄곧 고객들로부터 최고의 추천을 받은 산업은 ▲소비재 2개 ▲내구재 7개 ▲서비스업 6개 등 총 15개로 집계됐다(기업 수는 12개). 16년 연속 1위가 유지된 산업은 소비재 제조업 중 약 8%, 내구재 제조업 중 약 27%, 서비스업 중 약 11%였다. 내구재 제조업에 속한 기업들에 대한 고객 충성도가 높은 것으로 나타나, 해당 산업기업의 고객추천을 높이기 위한 활동이 우수했다고 볼 수 있다.

◆ 여성, 고소득층, 높은 연령일수록 추천 의향도 높아

KNPS 응답자 특성별 분석결과, 성별로는 동일한 제품과 서비스를 경험하더라도 남성보다 여성의 '순 추천지수'가 높은 것으로 나타났다. 특히 여성이 주요 구매층인 생활용품 및 기타 소비재의 경우, 그 차이가 더 두드러졌다. 다만, 서비스 이용에서 성능이나 속도 등 세부정보가 중요한 통신산업의 경우 남성의 '순 추천지수'가 더 높았다. 또한 고소득 집단일수록 '순 추천지수'도 증가하는 경향을 보였으며, 특히 월 소득 300만 원 미만의 집단과 타 집단 간에는 확연한 차이가 있었다.

연령별 분석을 보면, 나이가 많을수록 '순 추천지수'도 증가하는 경향을 보였다. 이는 소득과도 연관된다고 볼 수 있다. 나이 들수록 대부분 소득이 높아지고 이를 바탕으로 안정적인 경제생활과 동시에 폭넓은 소비 및 선택도 가능해지기 때문이다.

• 자료원 : 이예은, 조선일보, 2022년 12월 21일(내용일부 수정함)

소비자의 구매의사결정과정은 구매결정행동으로 모든 것이 종결되는 것이 아니라, 제품이나 서비스에 대한 사용경험을 바탕으로 심리적·행동적 반응을 하게 되는데, 이를 구매 후 행동이라고 한다.

일반적으로 소비자들은 제품을 구매할 때, 즉 구매행동을 통해 어떤 결과를 기대하게 된다. 이러한 기대가 얼마나 잘 일치했느냐, 아니면 불일치했느냐에 따라 구매한 결과에 대해 만족을 하느냐, 혹은 불만족을 하느냐가 결정된다. 그리고 소비자들은 구매결정이 내려진 후에 다양한 인지, 태도 혹은 신념 사이에 심리적인 내적갈등으로 인해 인지부조화를 겪는 경우가 종종 있다.

이와 같이 소비자가 구매 후 느끼게 되는 기대불일치와 만족, 혹은 불만족 등은 구매 후 느끼는 대표적인 심리적 반응이라고 할 수 있다. 이런 심리적 반응으로 인해 다양한 구매 후 행동적 반응이 나타난다. 즉 구매 후 행동으로 인지부조화를 해소하기 위한 행동, 만족했을 때의 행동, 불만족했을 때의 불평행동 등을 들 수 있다.

따라서 본 장에서는 구매 후 행동으로 소비자의 심리적 반응과 행동적 반응에 초점을 두고, 기대불일치 이론을 중심으로 만족과 불만족, 구매 후 인지부조화, 불평행동, 제품처분 등에 대해 살펴본다.

1 소비자 만족과 불만족

소비자들은 제품이나 서비스를 취득해서 소비·처분하는 의사결정을 한 후에 자신의 결정내용에 대한 결과들을 평가해 볼 수 있다. 그들은 평가결과가 그들의 당초 목표나 욕구를 충족시켜줄 수 있다면, 만족을 느낄 것이다. 그리고 부정적인 평가결과가 나올 때, 불만족을 느낄 것이다.

실제로 소비자 만족과 불만족은 소비자가 구매한 제품에 대해 사전에 가지게 되는 전반적인 느낌이나 태도 등에 의해 영향을 받는다. 일반적으로 제품에 대한 만족은 사전기대를 충족시키거나 초과한 정도에 따라 이루어진다. 제품에 대한 사전기대와 실제로 제품을 구매한 후에 사용하면서 느끼는 지각된 성과 간의 차이에서 고객의 만족과 불만족이 나타난다고 한다.

이러한 소비자 만족과 불만족을 설명해 주는 대표적인 선행연구가 기대불일치 이론과 공정성 이론, 귀인이론 등을 들 수 있는데, 이들 이론과 관련해서 살펴보고자 한다.

1.1 기대불일치 이론

기대불일치 개념은 소비자 만족/불만족과 관련된 연구에서 가장 중요한 개념인데, 이는 소비자가 사전에 제품에 대한 기대와 실제 성과 간의 긍정적이든, 부정적이든, 불일치가 일어났을 때 발생한다. 이런 개념을 토대로 기대불일치 모델(expectancy disconfirmation model)은 [그림 13-1]과 같이 기대했던 성과와 실제 지각한 성과를 비교하여 만족, 혹은 불만족이 발생한다고 가정하는 모델이다.

- 기대(expectation) : 소비자는 제품이나 서비스를 구매하기 전에 어떤 기대를 갖게 되며, 소비자의 사전기대는 광고와 판매원을 통한 마케팅 커뮤니케이션, 친구나 가족 등과 같은 비공식적인 정보원, 개인적인 사용경험 등의 정보를 통해서 형성된다. 그리고 기대는 제품이나 서비스의 품질이나 성능, 직접 제품을 구매하기 전에 발생하는 비용과 노력,

그림 13-1 기대불일치 모델

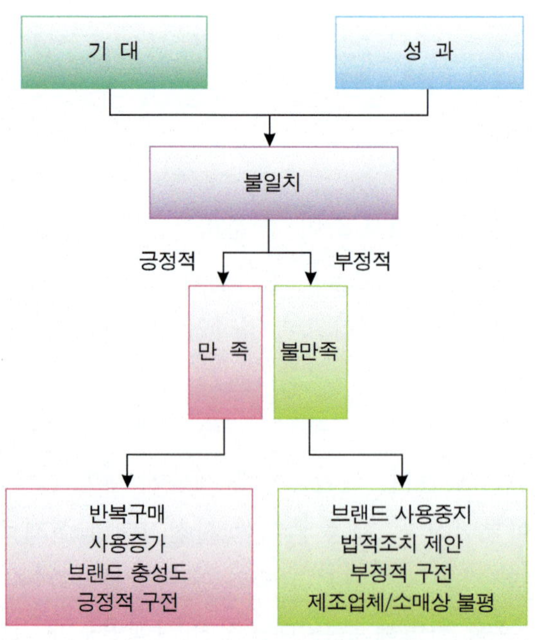

제품구매로 인해 사회적 이득이나 손실 등과 관련이 있을 수 있다.

- **지각된 성과**(perceived performance) : 소비자가 제품을 구매해서 사용해 보고 느낀 주관적 판단에 의한 지각된 성과이기 때문에 동일한 제품이라고 할지라도 개별소비자가 느끼는 지각된 성과는 각기 다를 수 있다. 지각된 성과는 기대와 일치, 혹은 불일치를 통해 만족/불만족에 직·간접적으로 영향을 미칠 수 있다.
- **일치/불일치**(confirmation/disconfirmation) : 소비자가 구매 전 가지고 있던 사전기대와 구매 후에 지각한 제품의 실제 성과를 비교했을 때, 기대했던 것이 실제 성과보다 클 때는 부정적 불일치라고 하며, 부정적 불일치가 클수록 불만족이 크게 발생할 수 있다. 하지만 반대로 기대했던 것보다 실제 성과가 클 때는 긍정적 불일치라고 하며, 긍정적 불일치가 클수록 만족이 더 커질 수 있다.

기대불일치 이론에서 볼 때, 구매 후 실제 성과는 소비자가 구매한 제품이나 서비스를 실제 사용해 봄으로써, 구매의사결정과정에 중요하게 고려했던 주요 속성들에 대한 소비자의 주관적 느낌이나 판단으로 결정된다. 그리고 소비자의 기대는 구매의사결정 행동을 통해 충족이 되었던지, 그렇지 않든 간에 만족의 중요한 결정요소라고 할 수 있다. 예를 들면, 어떤 소비자가 실제 제품성능보다 약간 낮은 기대를 갖고 중고자동차를 한 대 샀는데, 놀랍게도 제품의 성능이 기대이상으로 너무 좋은 경우에 구매에 대한 만족감으로 자신의 의사결정에 대해 주변 사람에게 자랑하거나 매우 기뻐할 것이다.

이와 같이 소비자가 제품에 대한 기대치가 낮다고 생각하고 구매를 했는데, 막상 제품을 구매한 후에 실제 성과는 기대를 훨씬 초과했기 때문에 소비자의 만족은 매우 높을 것이다. 반대로 높은 기대를 하고 자동차를 한 대 구입했는데, 막상 구매 후에 성과가 기대보다 훨씬 모자라는 경우에는 제품성능이 소비자의 기대를 충족시켜 주지 못했기 때문에 불만족을 느낄 것이다.

따라서 마케터는 실제 제품성과에 비하여 비합리적으로 지나치게 높은 기대는 불만족을 초래하므로, 제품의 성능을 고려하여 현실적인 메시지를 전달해야 한다. 예를 들면, 젝시믹스(XEXYMIX)는 자신감 있고 활동적인 젊은 세대들을 타겟으로 주목받고 싶어하고 멋지고 당당하게 만든다는 제품의 특성을 현실적인 광고메시지로 잘 전달하고 있다.

광고 13-1 **젝시믹스 광고**

1.2 기대불일치와 관련된 이론들

소비자의 기대성과와 실제 사용해 보고 지각된 성과 간의 차이에 관한 기대불일치 모델의 후속 연구에서도 기대가 성과에 영향을 미치는 것으로 보고 있다. 이와 관련된 이론에는 동화이론, 대조이론, 동화–대조이론 등이 있다.

1. 동화이론

동화이론(assimilation theory)은 기대와 성과 간의 불일치가 생기면, 성과가 기대보다 높거나 낮아도 소비자는 그 차이를 실제보다 줄여서 기대에 가깝게 인식하려고 지각한다는 것이다. 이런 경우에 기대와 성과 간의 차이에서 오는 심리적 불안정감을 줄여서 좀 더 긍정적으로 인식하려는 것이다. 이 이론에 의하면, 소비자는 실제보다 만족이나 불만족을 적게 느끼는 것으로 받아들일 수 있다. 만일 이 이론을 적용시켜서 촉진활동을 하는 경우에 기대를 크게 가지면, 제품성과를 높게 평가하기 때문에 제품을 과대표현하는 것이 효과가 있다는 것이다.

2. 대조이론

대조이론(contract theory)은 동화이론과 반대로, 기대와 성과 간의 차이가 발생하는 경우에 그 차이를 실제보다 더 크게 확대해서 인식한다는 것이다. 이런 경우에 기대와 성과 간의 차이에서 오는 만족과 불만족을 확대하여 느끼는 것으로 받아들일 수 있다. 만약 이 이론에 따라 촉진활동을 하는 경우에 제품속성에 관하여 과소주장하였을 때, 소비자 만족은 더욱 확대해서 느낀다는 것이다.

3. 동화-대조이론

동화-대조이론(assimilation-contract theory)은 위의 두 가지 효과를 혼용해서 제시한 것으로, 기대와 성과 간의 차이를 수용할 수 있는 허용범위를 설정해서 불일치 정도가 작아서 허용범위 내에 들면, 동화이론에 따라 그 차이를 축소해서 성과와 기대 간의 차이가 거의 없는 것으로 인식한다는 것이다. 반면에 기대와 성과 간의 차이가 커서 허용범위를 초과하면, 기대와 성과 간의 차이를 더 크게 확대해서 대조이론을 적용해서 지각한다는 것이다. 만약 이 이론을 적용시켜 촉진활동을 한다면, 광고메시지 표현을 통해 기대감을 제품성과보다 약간 높은 수준으로 조성하여야 하지만, 소비자가 수용할 수 있는 허용범위 내에서 이루어져야 한다는 것이다.

1.3 공정성 이론

공정성 이론(equity theory)은 소비자는 자신의 투입(가격)을 그에 대한 결과(제품성과)와 비교하고, 그 둘 사이의 비율을 다른 사람의 투입에 대한 결과를 비교하여 자신의 비율이 다른 사람의 비율보다 클수록 만족하게 된다는 것이다. 즉 소비자가 만족을 결정하는데, 비교 대상이 되는 다른 사람은 일반적으로 거래 상대방(판매자)이나, 혹은 동일한 제품을 구매한 다른 소비자를 의미한다. 투입요소는 교환과정에 행사하게 되는 정보, 노력, 돈, 시간 등을 의미하며, 결과요소는 교환으로부터 받는 혜택으로 시간절약, 제품이나 서비스의 성과, 보상 등이 포함된다.

공정성 이론에 따르면, 소비자 자신과 거래 상대방의 투입(가격) 대비 결과(제품성과)의 비율이 같다고 느낄 때는 공정한 상태로 인식하여 현 상태에 비교적 만족을 느낀다는 것이다. 그리고 투입(가격) 대비 결과(제품성과)의 비율이 적다고 느낄 때는 부정적인 불공정성을 인식하고 불만족을 느낀다는 것이다. 또한 투입(가격) 대비 결과(제품성과)의 비율이 크다고 느낄 때는 긍정적인 불공정성을 인식하고 만족을 느낀다는 것이다.

1.4 귀인이론

귀인이론(attribution theory)은 소비자가 구매 후 자신의 행동을 정당화시킬 수 있는 이유를 탐색하고, 그것에 의해 자신의 구매 후 태도 형성 또는 변경한다는 것이다. 즉 구매 후에 불만족이 발생했을 때, 제품을 구매하게 된 원인이 자신에게 있는지, 아니면 타인에게 있는지, 책임을 어디에 돌리는지 등에 따라서도 불만족의 크기와 행동이 달라질 수 있다.

이와 같이 귀인이론은 잘못된 구매행동의 원인을 누구에게 두느냐 하는 것과 관련된 이론이다. 이 이론은 마케터가 소비자의 긍정적인 태도를 강화시켜 재구매를 유도하기 위해서는 소비자가 최선의 구매결정을 했다는 것을 확신할 수 있도록 다양한 마케팅 커뮤니케이션 정보를 제공해 주고, 지속적인 고객관리를 통해 만족을 느낄 수 있도록 해야 한다는 점을 시사하고 있다.

2 구매 후 인지부조화

소비자들은 일상생활에서 여러 가지 제품이나 서비스에 관한 구매의사결정과정을 통해 구매를 하게 되는데, 이런 과정에서 아무리 꼼꼼하게 정보탐색이나 평가과정을 거쳐서 구매결정을 하더라도 구매 후 자신이 한 구매결정을 제대로 했는지에 대해 흔히 의심과 걱정을 하게 된다.

앞서 제9장에서 자세히 살펴보았듯이, 소비자들은 구매결정이 내려진 후에 그들의 다양한 인지, 태도 혹은 신념 사이에 심리적인 내적갈등을 종종 느끼는 경향이 있는데, 이를 인지부조화(cognitive dissonance)라고 한다. 인지부조화는 소비자가 대안들 중에서 구매결정을 내리기가 어렵고 비교적 내구적인 의사결정을 한 후에 의심이나 걱정 등으로 나타나는 일반적인 소비자 심리적 반응이다. 이런 인지부조화의 강도는 구매결정이 심리적, 혹은 금전적인 측면에서 매우 중요하거나, 관여도가 높아서 의사결정을 쉽게 변경할 수 없거나, 이미 알고 있는 좋은 대안들이 많이 존재하고 쉽게 구할 수 있을 때, 더욱 커진다. 예를 들면 승용차, 주택, 가구, 냉장고 등과 같은 제품의 구매자들 사이에 흔히 인지부조화가 나타난다. 인지부조화는 심리적 긴장감을 야기시킴으로써 소비자는 선택한 대안에 대한 긍정적인 정보나, 혹은 선택하지 않은 대안에 대해서는 부정적인 정보를 추구하여 나름대로 부조화를 해소하려고 한다.

소비자는 인지부조화가 일단 발생되면 심리적으로도 불안정감과 불편감을 느끼며, 제품이나 서비스를 이용해야 되기 때문에 이를 적극적으로 해소해야 한다. 이를 해소하지 못하면 구매한 제품이나 서비스를 반품하거나 부정적인 태도가 형성되어 재구매가 발생되지 않을 뿐만 아니라, 타인들에게도 부정적인 구전효과가 나올 가능성이 높다.

그래서 소비자가 인지부조화를 줄이는 방법으로는 스스로 대안평가에 사용했던 평가기준, 혹은 중요도 등을 조절해서 제품이나 서비스의 성과를 낮게 조절함으로써 심리적으로 안정감을 느낄 수 있다. 그리고 선택대안의 속성들 중에서 장점을 더 강하게 느끼며, 신념의 강도를 조절하고, 단점과 관련된 속성을 약하게 조절해서 부조화를 줄일 수 있다.

이러한 개인적인 인지부조화 해소노력과 더불어, 기업의 마케터 측면에서도 소비자들이 구매결정 후에 가지게 되는 부조화를 축소시키고, 구매결정에 대한 확신을 심어주는 일은 구매 후 행동단계에서 마케팅의 중요한 임무 중에 하나일 것이다. 그래서 판매 후에 소비자들에게

광고 13-2 **브랜드 로고를 통한 신념강화 : BURBERRY 광고**

중요한 속성에 대해 신념을 강화시킬 수 있는 효과적인 광고커뮤니케이션 전략을 수행해야 할 것이다. 그리고 판매 이후에 지속적인 고객관리차원에서 시행하는 애프터서비스(A/S)와 수선유지, 제품보증제도 실시, 서신이나 안내책자발송, 전화통화 등을 통해서 구매자의 선택이 현명했음을 확인시켜 줌으로써, 구매 후 인지부조화를 감소시키려는 소비자들의 의도를 도와줄 수 있고, 자사의 제품을 구매했을 때, 느낄 수 있는 인지부조화의 원인을 제거시킬 수 있다.

3 구매 후 만족행동

소비자가 구매 후 행동과정에서 만족을 느끼는 경우에 나타날 수 있는 주요 행동으로 고객충성도, 긍정적인 구전효과, 재구매의도 등의 행태로 나타날 수 있다. 그래서 소비자의 만족에 대한 개념을 우선 살펴보고, 만족을 통해 소비자가 행동할 수 있는 고객충성도, 긍정적 구전효과, 재구매의도 등에 대해 고찰한다.

3.1 소비자 만족의 개념

일반적으로 소비자는 제품이나 서비스를 구매한 후 경험하게 되는 만족/불만족 상태에 따라, 차후에 그것을 재구매할 것인지를 결정하고, 주변 사람들에게 호의적 혹은 비호의적인 구전효과 등의 다양한 구매 후 행동을 하게 된다. 그래서 소비자의 만족이나 불만족은 결정적으로 소비자의 재구매의도에 크게 영향을 미치기 때문에 소비자 만족이라는 개념은 소비자행동 분야에서도 상당히 중요한 개념이라고 할 수 있다.

소비자 만족과 관련된 선행연구들은 대개 소비경험으로부터 얻어진 결과로써, 혹은 평가의 과정으로써 두 가지 관점에서 정의하고 있다.

첫째, 소비경험으로부터 얻어진 결과로 보면, 소비자 만족은 불일치된 기대와 고객이 소비경험에 대해 사전적으로 가지고 있던 감정과 결합하여 발생하는 종합적인 심리상태라고 한다.[1]

둘째, 평가과정을 중시하는 입장에서 보면, 소비자 만족은 제품에 대한 사전적 기대와 소비경험 후 지각된 제품성과 차이에 대한 소비자의 평가적 반응이라고 한다.[2] 이외에도 기존의 연구들을 고찰해 보면, 소비자 만족을 인지적인 측면과 감정적인 측면에서 구분하여 정의를 내리기도 하지만, 소비자 만족에 대해 한마디로 정의하기는 매우 어렵다고 할 수 있다.

일반적으로 소비자 만족에 대한 접근은 소비자들의 제품구매 후 제품성과에 대한 소비자의 기대수준과 실제 제품성과 간의 차이, 즉 불일치에 대한 지각정도에 달려 있다는 기대-성과 불일치 패러다임 관점에서 설명할 수 있다고 한다. 그러나 Tse and Wilton은 소비자 만족은 기대와 불일치만으로는 충분히 설명될 수 없으며, 어떤 상황에서는 지각된 성과만으로도 소비자 만족에 대한 설명이 가능하다는 연구결과를 제시하였다.[3] Oliver and DeSarbo의 연구에서도 만족을 예측하기 위해 사용된 기대, 지각된 성과, 불일치, 공정성, 귀인 등의 5개 변수 중에서 지각된 성과가 불일치 다음으로 중요한 변수임을 밝히고 있다.[4] 그뿐만 아니라, Anderson and Sullivan은 소비자 만족이 불일치와 지각된 성과의 함수로 가장 잘 설명되며, 기대는 만족에 직접적인 영향을 주지 못한다고 밝히고 있다.[5]

이와 같이 소비자 만족의 개념은 소비자가 제품이나 서비스를 구입하고, 경험하게 되는 만족 혹은 불만족 여하에 따라 고객충성도, 구전효과와 재구매의도, 불평행동 등의 구매 후 행동으로 나타난다.

광고 13-2 제품의 만족감 표현 : 가희 '한겹크림' 광고

3.2 고객충성도의 개념과 유형

소비자 구매의사결정과정에서 구매 후 행동으로 고객충성도, 구전, 재구매의도 등을 고려해 볼 수 있다. 기업에서 마케팅전략의 핵심은 소비자 만족과 고객충성도를 높여 고객유지율을 최대한 증가시키는 것이며, 마케팅에 관한 기존 연구들도 신규 고객창출보다 기존 고객관리가 더 효율적이며 질적인 성과지표인 고객충성도가 양적인 성과지표인 시장점유율보다 기업이익과 더욱 밀접한 관련이 있음을 보여주고 있다.[6)]

1. 고객충성도의 개념

고객충성도의 개념적 정의는 선행연구를 살펴보면, 행동적 및 태도적 접근방법, 그리고 통합적 접근방법으로 크게 나누어 볼 수 있다.

우선 고객충성도를 일정기간 동안에 특정 제품 및 서비스에 대한 소비자의 반복적인 구매성향으로 정의하고 있는 행동적 접근방법과 고객충성도를 특정 제품 및 서비스에 대한 선호도 또는 심리적 몰입으로 정의하고 있는 태도적 접근방법으로 구분된다.

이런 두 가지 개념의 정의들을 통합하여, Dick and Basu는 고객충성도를 특정 제품 및 서비스에 대한 호의적 태도와 반복구매성향 모두에 의한다는 통합적 접근방법을 제시하였다.[7] 통합적 접근법에 의하면, 고객충성도를 소비자가 어떤 브랜드·제품·상점 등에 보이는 상대적 태도(relative attitude)와 그들의 애고행동(patronage behavior) 간의 관계성으로 개념화하였다. 상대적 태도는 어떤 소비상황에서 브랜드들에 대한 지각과 태도가 우리 마음속에 공존하는 관련된 브랜드들을 상대적으로 비교하는 개념을 의미한다. 일반적으로 사람들의 상대적 태도는 강한 태도가 형성된 브랜드와 연관될 때 가장 높으며, 약한 태도를 갖고 있는 다른 브랜드와도 분명히 차이가 난다. 그리고 높은 상대적 태도는 충성도에 영향을 미칠 수도 있다.

따라서 이런 상대적 태도와 반복애고(repeat patronage)를 연결해서 고객충성도는 〈표 13-1〉과 같이, 네 가지 유형의 충성도를 나타내고 있다.

첫째, 충성도(loyalty)는 높은 상대적 태도와 높은 반복애고행동을 소비자가 갖고 있을 때 존재한다. 마케터는 종종 다른 브랜드보다 자사의 브랜드를 좋아하고 정규적으로 구매하는 이런 유형의 충성도를 형성하려고 목표를 설정하고 있다.

둘째, 잠재충성도(latent loyalty)는 소비자가 높은 상대적 태도와 낮은 반복애고를 갖고 있을 때 존재한다. 낮은 반복애고는 어떤 규범적, 혹은 상황적 영향 때문일 수도 있으며, 마케터

표 13-1 고객충성도 유형

구 분		반복애고	
		높 음	낮 음
상대적 태도	높음	충성도	잠재충성도
	낮음	의사충성도	무 충성도

자료원 : Dick, A.S and K. Basu(1994), "Customer Loyalty : Toward an Integrated Framework", *Journal of the Academy of Marketing Science*, Vol.22, No2, 99-113.

는 마케팅 커뮤니케이션 노력을 통해 그들을 붙잡을 필요가 있다.

셋째, 의사충성도(spurious loyalty)는 소비자가 낮은 상대적 태도와 높은 반복애고를 갖고 있을 때 존재한다. 이런 유형은 저가격, 저관여, 빈번하게 구매되는 품목들에 대한 전형적인 반복구매를 나타내며, 이런 제품들은 소비자들이 습관적 · 일상적 구매를 하는 것들이다.

넷째, 무 충성도(no loyalty)는 낮은 상대적 태도와 낮은 반복애고를 갖고 있을 때 존재한다.

이러한 고객충성도는 고객의 관점에서 볼 때, 충성도가 높은 소비자들은 특정 브랜드에 대해 관여도와 열정을 많이 갖고 있으며, 탐색비용이나 지각된 위험을 줄이고, 자기개념을 확대하는 것을 의미한다.

마케터 측면에서 볼 때, 고객충성도는 마케팅비용을 줄이고 브랜드 확장기회를 증가시키며, 시장점유율을 개선시키는 것 등의 많은 혜택을 초래할 수 있기 때문에 중요한 개념이라고 할 수 있다. 충성고객은 긍정적인 구전을 확산시키기 위한 좋은 자원이 되며, 가장 긍정적인 구전은 자사의 제품이나 브랜드를 적극적으로 홍보하고 옹호하는 자들이다. 많은 기업들이 고객의 보유율을 개선하기 위해 다양한 마케팅 프로그램들을 개발하고 기존의 소비자들을 보유하는 데 중요한 의미를 두고 있다. 기업들은 경쟁적 이점을 창출하는 방법으로 고객충성도를 개선하고 소비자와 기업 간의 커뮤니케이션 효과를 높이기 위해 노력하고 있다.

2. 고객충성도와 소비자 만족

고객충성도와 소비자 만족 간의 영향관계는 선행연구에서 일반적으로 만족한 소비자들은 보다 강한 재구매의도를 가지며, 그들이 다른 사람들에게 해당 제품 및 서비스를 추천하는 경향이 있다고 하면서 소비자 만족과 고객충성도 간의 관계가 있음을 나타냈다. Fornell et al.은 높은 소비자 만족도는 기업에 대한 고객충성도를 제고시키고, 가격민감도를 감소시키며, 기존 고객의 이탈방지 및 기업의 명성을 높이는 등의 이점을 가져다 준다고 하였다.[8]

소비자 만족과 고객충성도를 바탕으로 Jones and Sasser는 다음과 같이 네 가지 유형으로 구분하고 있다.[9]

- **지지자**(loyalists) : 완전히 만족한 소비자들은 높은 수준의 만족과 충성도를 갖고 있기 때문에, 기업의 활동을 적극적으로 지지하고 옹호하는 사람들이다. 긍정적인 구전으로 다른 사람들에게 자신의 경험을 공유하며, 기뻐하고 만족해하는 사람들이다.
- **배반자**(defectors) : 소비자 만족과 충성도가 중하 수준이며, 만족수준에 대해서도 완전

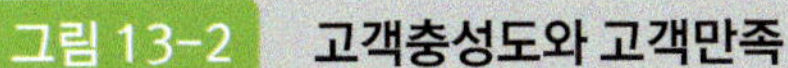
그림 13-2 고객충성도와 고객만족

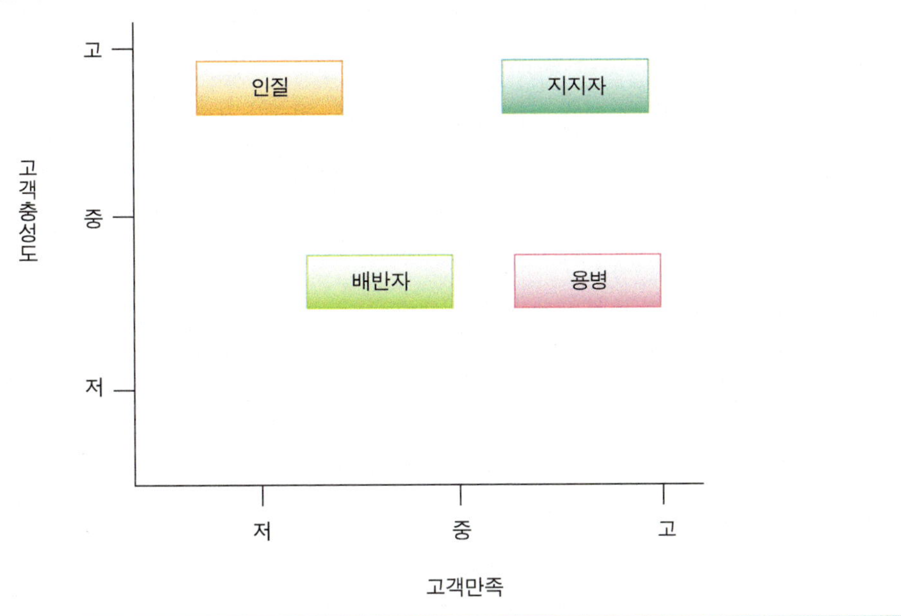

자료원 : Sasser, Jones, T. D. and Jr, W. E.(1995), "Why Satisfied Customer Defect," *Harvard Business Review*, November- December, 88~99.

히 불만족하거나, 중간수준의 불만족을 느낀 사람들이 이 그룹에 포함된다. 이 사람들은 불만족을 경험하고 브랜드 전환을 하거나, 심지어는 일부 소비자의 경우는 소비자 테러리스트가 될 정도로 심하게 부정적인 행동을 취하기도 한다. 그리고 부정적인 구전을 퍼뜨리고 실제 사실을 왜곡해서 전달하기도 한다.

- **용병**(mercenaries) : 높은 수준의 만족을 느끼지만, 중하 수준의 충성도를 나타내는 사람들이다. 회사와 어떤 관계를 형성할 의도조차도 없이, 특정 거래나 저가에만 단지 충성도가 있는 사람들로 기업에 수익이 될 정도로 소비자가 오래 머물지 않고 떠날 사람들이다.
- **인질**(hostages) : 중하 수준의 만족과 높은 수준의 충성도를 나타내는 사람들이다. 소비자들은 통신회사나 항공사처럼 독점적 기업이거나, 선택안이 부족하기 때문에 회사에 압도당하는 사람들이다.

이와 같이 고객충성도와 소비자 만족 간의 영향관계를 [그림 13-2]와 같이, 나타낼 수 있으며, 집단별 특성에 맞게 마케터는 적절한 마케팅전략을 수립해서 충성도와 만족도가 높은 소비자들을 증가시키도록 노력해야 할 것이다.

3. 고객충성도와 순 추천지수

순 추천지수(NPS: Net Promoter Score)는 Bain & Co.에 의해서 발표된 자료로, 지난 20년간 500여개 이상의 실제 사례를 분석해 본 결과, 고객충성도가 기업수익에 영향을 미치는 것으로 나타났으며, 순 추천지수가 기업의 성장성과 매우 높은 상관관계를 갖는 것으로 보고되었다. 구전효과는 고객충성도 측정의 주요 요인으로 부각되고 있으며 이를 근거로 타인추천 의향을 지수화한 것이다.

순 추천지수는 고객이 친구나 동료들에게 그 기업을 얼마나 추천하는지를 묻는 질문 한 가지로 정량화한 것으로, 고객을 추천고객과 비추천고객으로 구분해서 고객의 추천의향을 측정하는 지표다. 그리고 다른 사람에게 자기가 경험한 회사, 브랜드, 제품을 추천할 것인가 여부를 가지고 NPS는 0-10점 척도를 갖고 측정해서 다음과 같이 세 가지 범주로 고객을 분류하고 있다.

- **추천고객**(promoters) : 특정 회사의 제품이나 서비스를 지속적으로 구매를 하면서, 고객충성도가 높고, 친구나 동료들에게 적극 추천할 수 있는 열광적인 고객들(10점 척도에서 9~10점)
- **중립고객**(Passives) : 특정 회사의 제품이나 서비스에 대해 만족은 하지만, 다른 경쟁사에 의해 쉽게 넘어갈 수 있는 비열광적인 고객들(10점 척도에서 7~8점)
- **비추천고객**(detractors) : 특정 회사의 제품이나 서비스에 대해 불만족으로 인해 불행한 고객들(10점 척도에서 1~6점)

그리고 순 추천지수란 추천고객의 비율에서 비추천고객의 비율을 차감한 값으로 계산한다. 즉 NPS(%) = P(%) - D(%), 고객충성도가 높은 고객을 많이 확보한 기업은 높은 NPS를 기록할 것이며, 고객충성도가 높은 고객이 많지 않은 기업은 마이너스 NPS를 기록할 것이다.

NPS는 고객의 실제 행동과 매우 높은 상관관계를 보였으며, 추천고객일수록 비추천고객에 비해 더 많이, 더 자주 구매하며, 높은 지갑점유율(자신의 총 가용금액 중 특정 기업에 소비하는 비중)을 보이는 동시에 다른 사람들에게 매우 열성적으로 추천하고 다니는 것으로 나타났다. 또한 NPS는 기업의 성장성과도 밀접한 상관관계를 보였다. 국내의 2022년 산업분야별 '순 추천치수(KNPS: Korean Net Promoter Score)' 조사결과에 따르면, 제조업의 음식료품과 가전·사무기기가 70점 후반대의 높은 수준을 기록하며, 산업전체 KNPS를 이끌었다. 그리고 16년 연속 1위가 유지된 산업은 소비재 제조업 중 약 8%, 내구재제조업 중 약 27%, 서비스업 중 약 11%였다. KNPS 응답자 특성별 분석결과, 성별로는 남성보다 여성이, 소득은 고소득층이, 연령은 높을수록 '순 추천지수'가 높은 것으로 나타났다(제13장 도입사례 참조).

3.3 구전효과와 반복구매

소비자들은 구매의사결정과정에서 정보탐색과 대안평가단계를 거치면서 자신이 지각한 기대와 실제성과 간의 긍정적인 불일치가 발생하면 긍정적인 구전(입소문)효과와 재구매의도가 형성되고 차후에 반복구매가 일어날 수 있다. 소비자의 구전효과는 주로 친구, 회사동료, 친척, 가족 등 주로 주변사람들로 이루어지지만, 최근에는 인터넷이 발달하여 네티즌들 사이에 과거 아날로그 상황일 때보다 상상할 수 없을 정도로 빠른 시간 내에 급속하게 확산될 수 있다.

따라서 기업의 마케터는 이러한 구전(입소문)효과를 잘 관리해야 되는데, 긍정적인 구전효과는 효과적으로 얼마든지 활용과 관리가 가능하다. 예를 들면, 여고생들을 대상으로 신제품 촉진 이벤트행사를 전개하면 빠른 시간에 확산되어 구전(입소문)효과를 높일 수 있어 매출액이나 수익향상에 도움이 될 수 있다.

또한, 만족한 소비자는 재구매의도가 강하며, 차후에 그 제품이나 브랜드를 반복구매하려는 성향이 강하다. 이런 현상도 제품의 특성에 따라 달라질 수 있는데, 일반적으로 저관여 제품이나 브랜드의 경우는 구매주기가 짧아서 단기적으로는 재구매율이 높게 나타날지 모르지만, 장기적으로는 고관여 제품이나 브랜드에 충성도가 형성되면 재구매율이 높게 나타날 수 있다.

4 구매 후 불평행동

소비자는 구매 후에 자신이 선택한 대안이 기대이상인 경우는 만족을 느끼게 되고, 재구매의도로 연결되어 반복구매나 긍정적인 구전효과로 나타날 수 있다. 하지만, 선택대안이 기대에 미치지 못한 경우에는 불만족을 느끼게 되고, 이런 불만족이 어느 정도의 수준 이상이 되면, 소비자는 부정적인 재구매의도로 연결이 될 뿐만 아니라, 다양한 형태의 불평행동으로 나타날 수 있다.

4.1 불평행동의 유형

일반적으로 제품이나 서비스구매와 관련되어 불만족을 느낀 소비자들의 행동반응은 [그림 13-3]과 같이 상황이나 개인에 따라 상당히 다르게 나타난다. 대부분의 불만족한 소비자는 불평행동을 하지 않는 경우가 많지만, 일부 소비자의 경우는 적극적으로 불평행동을 취하는 수도 있다. 소비자들은 제조업체, 소매상, 규제기관 혹은 언론매체에 자신들의 불만을 호소할 수 있다. 때론 일부 소비자의 경우는 법률수단이나 정부규제기관을 통해 공식적인 배상을 청구함으로써 훨씬 더 격렬한 행동조치를 취할 수도 있다.[10]

이와 같이 불평을 취할 때 소비자들은 공적으로 불평행동을 취할 수도 있지만, 사적으로 불평행동을 취할 수도 있다. 예를 들면, 가족이나 친척, 친구나 회사동료 등 주변사람들에게 부정적인 구전을 하거나 특정 제품이나 브랜드에 대한 재구매를 하지 않거나, 점포 재방문을 거절하는 등 불평행동을 취할 수 있다. 최근에는 네티즌들이 이용하는 인터넷을 통해 빠른 시간에 급속히 퍼져나가기 때문에 그 파급효과가 상당히 크다. 그래서 기업의 마케터입장에서는 공적인 불평행동보다 사적인 불평행동을 더 중요시해서 적절하게 대처해야 할 것이다.

그림 13-3 불만족 반응에 따른 불평행동

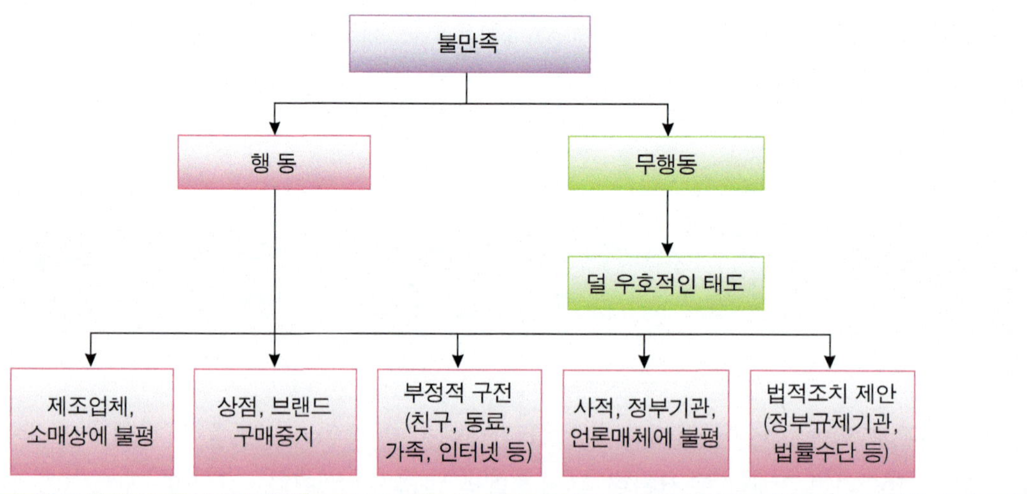

자료원 : Hawkins, Del I., David L. Mothersbaugh and Roger J. Best(2007), *Consumer behavior*, McGraw-Hill Irwin, 10/e, p. 652.

4.2 불평행동과 마케팅 전략

앞서 불평행동유형에서 살펴보았듯이, 불만족을 갖고 있는 소비자들은 행동조치를 취하지 않을 수도 있고, 제품이나 서비스를 계속 구매하는 것을 중단할 수도 있다. 그리고 불만이 있는 품목을 반품하거나, 혹은 회사나 제3자에게 불평할 수도 있고, 부정적인 구전 커뮤니케이션을 전개할 수도 있다. 이와 같이 소비자들의 불만족으로 인한 불평행동은 다양한 부정적인 결과들로 표출될 수도 있기 때문에, 마케터는 불만족에 대한 소비자들의 반응특성을 무엇보다 잘 이해해야 한다.

소비자가 불만족을 일단 행동으로 옮긴 경우에 가장 호의적인 결과는 불만사항을 기업에게 커뮤니케이션하는 것이다. 왜냐하면, 이런 불평불만사항들을 기업에게 주장하는 것은 부정적인 구전 커뮤니케이션을 극소화하고 필요한 사항들을 수정할 수 있을 것이기 때문이다. 많은 기업들이 불평을 경험한 고객들이 기업을 통해 불평을 해결하고 만족을 느낀 경우, 애초부터 문제를 경험하지 않은 고객들보다 심지어 더 큰만족을 느끼기 조차한다는 것을 발견했다. 그렇지만 아직도 불만을 가진 고객들 중에서 상당한 부분은 불평을 하지 않는 경우가 많고 또한 일부 소비자들은 감정적으로 불평과정을 처리하려는 특성이 있다.

아직도 기업들 중에 상당한 부분은 소비자들이 불평불만 사항들을 제시하기도 어렵지만, 제시한다고 해도 무반응인 경우도 많아서 효과적인 대처능력이 부족한 점이 많다. 그래서 기업은 소비자들이 불만사항들을 직접 제시할 수 있는 시스템과정이나 분위기를 조성하고, 기업 내 조직구성원들이 시의적절하고 효과적으로 응대할 수 있도록 철저한 교육이 필요하다.

최근에는 고객들이 인터넷 상에서 이메일이나 홈페이지 게시판에 회사에 대한 불만사항들을 제시하는 경우가 많은 데, 기업차원에서 빠른 응대와 처리를 해주는 경우는 오히려 소비자 만족이 증가하는 것으로 나타났다. 그리고 불평을 하는 대부분의 소비자들은 유형적인 결과를 원하는데, 효과적으로 처리를 해주지 못하는 경우에는 오히려 불만족이 커지는 현상을 나타내기도 한다.

따라서 소비자들의 불만사항이 발생하면 기업차원에서는 불만사항을 조기에 합리적으로 해결해 줌으로써, 소비자의 부정적인 구전효과를 줄이고 해소시켜서 재구매의도를 유지시키며, 긍정적인 구전효과가 나타날 수 있도록 지속적인 고객관리가 필요하다고 할 수 있다.

5 제품처분

소비자들은 사용하고 있던 제품을 여러 가지 이유로 인해 처분하게 된다. 예를 들면, 제품이 수명을 다했다든지, 제품이 망실되었다든지, 기대를 충족시켜 주지 못했다든지, 오래되어 진부하다든지 하는 경우에 처분하게 된다.

소비자의 처분행동에 대해 이해한다면, 마케팅관리 측면뿐만 아니라, 공적인 측면에서도 상당히 유용할 수 있을 것이다. 소비자가 어떻게 처분하고자 결정하는지에 대해 살펴본다.

5.1 제품처분의 대안과 결정요인

제품을 처분할 때는 [그림 13-4]와 같이, 여러 가지 대안들이 있을 수 있는데 처분방법과 제품마다 다를 수 있다. 우선적으로 제품처분과 관련된 유지, 완전처분, 일시적 처분 등에 관

그림 13-4 불만족 반응에 따른 불평행동

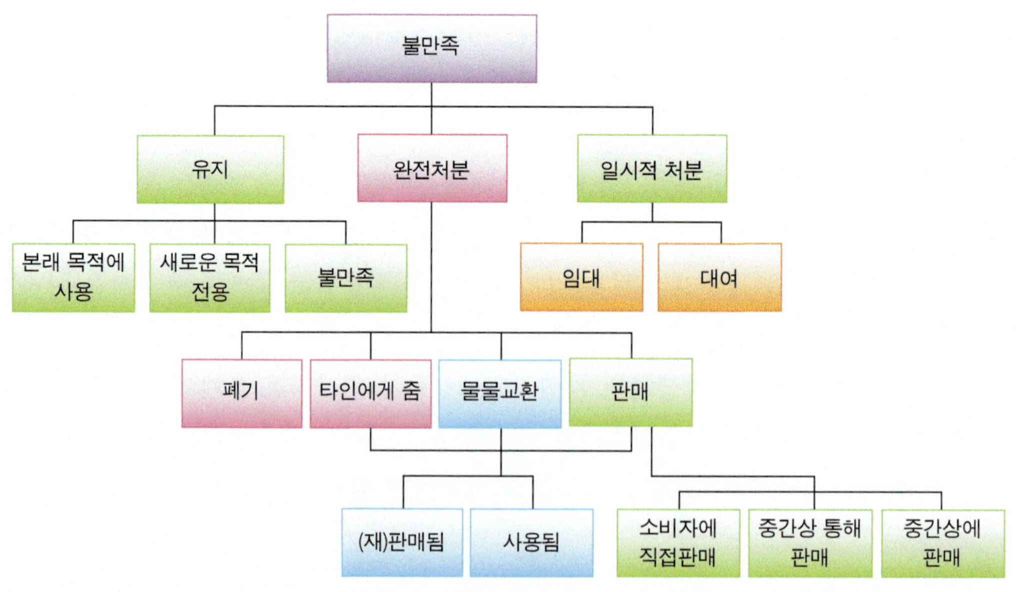

자료원 : Jacob Jacoby, Carol K. Berning, and Thomas F. Dietvorst(1977), "What about Disposition?" Journal of Marketing 41, April, p.23.

한 의사결정을 해야 할 것이다. 유지에서는 본래 목적에 사용, 새로운 목적에 전용보관으로 구분해서 의사결정을 해야 할 것이며, 일시적 처분에서는 임대, 대여 등에 관한 의사결정을 해야 할 것이다. 그리고 완전처분에서는 폐기, 타인에게 줌, 물물교환, 판매 등이 있다.[11]

그리고 제품을 처분하는데 영향을 미치는 요인은 크게 처분에 관한 의사결정자의 심리적 특

광고 13-4 네스프레소(Nespresso) 커피캡슐 재활용 광고

성, 제품자체가 갖고 있는 특성, 제품의 외부상황적 특성 등이 있다. 제품처분과 관련된 의사결정에 영향을 미치는 요인에 대해 살펴보면 다음과 같다.

- **의사결정자의 심리적 특성** : 개성, 태도, 지각, 학습, 라이프스타일, 사회계층, 준거집단의 압력, 위험감수수준 등의 소비자의 심리적 특성은 제품처분행동에 영향을 미친다.
- **제품 특성** : 제품의 상태, 수명, 크기, 디자인, 가치, 색상, 기술혁신, 내구성, 비용 등에 따라 처분행동이 달라질 수 있다.
- **제품의 외부상황** : 자금, 저장능력, 긴급성, 유행변화, 경제적·법률적 상황, 구매상황 등은 제품처분에 영향을 미칠 수 있다.

소비자들의 제품처분과 관련된 의사결정은 구매의사결정과정과 마찬가지로 처분에 관한 문제인식, 대안탐색, 평가, 처분결정, 처분 후 결과 등의 단계를 거칠 수 있다. 따라서 마케터는 처분단계별 여러 대안을 제시하여 소비자 만족을 증진시킬 수 있을 것이다.

5.2 제품처분과 마케팅 전략

소비자들의 제품처분과정을 잘 이해한다면, 마케팅 전략뿐만 아니라 공적인 정책을 수립할 때도 도움이 될 수 있을 것이다. 제품처분과 관련해서 공적인 정책이나 기업의 친환경정책 및 전략에 연관된 점이 많아 도움이 될 수 있다. 예를 들면, 제품재활용정책이나 제품처분정책, 환경오염방지, 자원의 재활용, 공해방지 등 환경정책과 유관하다고 할 수 있다.

소비자의 제품처분행동과 관련해서 여러 차원에서 기업의 마케팅 전략수립에 도움이 될 수 있다. 첫째, 소비자가 제품처분에 애로사항이 있다면 처분을 용이하게 할 수 있도록 관여해야 한다. 둘째, 신제품의 판매예측 시에 현재 사용품에 대한 수량이나 재활용 가능성 등을 고려해야 한다. 셋째, 촉진전략을 개발할 때는 처분결정에 관한 정보제공도 필요하다.

참고문헌

- Anderson, E. A. and Sullivan, M.W. (1993), "The Antecedents and Consequences of Customer Satisfaction for Firms," Marketing Science, Vol.12, Spring, 125-143.
- Dick, A. S. and K. Basu (1994), "Customer Loyalty: Toward and Integrated Conceptual Framework," Journal of the Academy of Marketing Science, 22, Winter, 99-113.
- Fornell, C., M. D. Johnson, Eugene W. Anderson, J. Cha, and B. E. Bryant (1996), "The American Customer Satisfaction Index: Nature, Purpose, and Findings," Journal of Marketing, 69, Oct., 7-18.
- Hawkins, Del I., David L. Mothersbaugh and Roger J. Best (2007), Consumer Behavior, 10/e, McGraw-Hill Irwin.
- Jacob Jacoby, Carol K. Berning, and Thomas F. Dietvorst (1977), "What about Disposition?" Journal of Marketing 41, April, 23.
- Jones, T. O. and W. E. Sasser Jr. (1995), "Why Satisfied Customer Defect," Harvard Business Review, Vol.73, 89-99.
- Oliver, R. L.(1981), "Measurement and Evaluation of Satisfaction Processes in Retail Settings," Journal of Retailing, Vol. 57, Fall, 25-48.
- Oliver, R.L., and W.S. DeSarbo (1988), "Response Determinants in Satisfaction Judgement," Journal of Consumer Research, Vol.14, 495-507.
- Tse, D.K. and P.C. Wilton (1988), "Models of Consumer Satisfaction Formation: An Extension," Journal of Marketing Research, Vol.15, May, 204-212.
- Zeithaml, V., L. Berry and A. Parasuraman (1996), "The Behavioral Consequences of Service Quality," Journal of Marketing, Vol.60, April, 31-46

미주정리

1) Oliver, 1981
2) Tse, & Wilton, 1988
3) Tse, & Wilton, 1988
4) Oliver, & DeSarbo, 1988
5) Anderson, & Sullivan, 1993
6) Jones, & Sasser, 1995

7) Dick, & Basu, 1994

8) Fornell, & Johnson, & Anderson, & Bryant, 1996

9) Jones, & Sasser, 1995

10) Hawkins, & Mothersbaugh & Best, 2007

11) Jacoby, & Berning & Dietvorst, 1977

국문색인

ㅂ

ㅅ

ㅇ

[저자약력]

박종오 교수는 Université Paris-Dauphine에서 D.E.A.과정을 하고, 중앙대학교에서 마케팅 전공으로 경영학 박사 학위를 취득하였다. 중앙대 국제경영대학원을 비롯하여 다수의 대학에서 마케팅, 광고론, 소비자행동론 등을 강의했다. 현재는 숭의여자대학교 경영과 교수로 재직 중이며, 기획처장, 교무처장, 산학협력단장을 역임하였다. 학회활동으로 한국서비스경영학회 이사, 대한경영학회 상임이사, 대한경영정보학회 이사, 한국기업경영학회 이사 등을 역임하였다. 그리고 한국마케팅학회, 한국광고학회, 한국서비스경영학회 등 주요 학회에서 활발한 학술활동을 하고 있다. 아울러 서울시 중구지역특화위원회 위원, 한국능률협회 경영연구소 평가위원, 경실련(사) 경제정의연구소 평가위원, 한국광물자원공사 공정거래 및 청렴혁신위원회 위원 등을 역임하였으며, 현재 관련 기관에서 다양한 위원회 활동을 수행하고 있다. 저서로 '마케팅', '창업경영관리', '소비자행동' 등이 있으며, 연구논문으로는 'Timeline-Based Multi-Need Analysis and Design', '고객의 지각된 기만행동이 고객충성도에 미치는 영향에 관한 연구' 외 다수의 논문을 게재하였다. 최근에는 ESG 경영, 광고, 브랜드, 마케팅문화, 마케팅윤리 등의 분야에 관심을 가지고 연구를 진행하고 있다.

소비자행동

2023년 9월 20일 1판 1쇄 인쇄
2023년 9월 25일 1판 1쇄 발행

저 자 박종오
발행인 류재식 · 박용범
발행처 도서출판 북 넷

서울시 용산구 효창원로70길 46 대신빌딩 2층
등 록 2010년 6월 7일(제2010-000069호)
전 화 (02) 395-2341
팩 스 (02) 395-2303

정가 37,000원

ISBN 978-11-86947-72-2 93320 e-mail : book2341@naver.com